让法律被信仰

中国人民大学重大规划项目
“《民法典》新规则适用要旨研究”（批准号：22XNLG01）
阶段性成果

民法典新规则解读与适用

总则编

王利明 等 编著

法律出版社 LAW PRESS · CHINA
北京

图书在版编目(CIP)数据

民法典新规则解读与适用：总则编／王利明等编著
. -- 北京：法律出版社，2023
ISBN 978-7-5197-7448-6

Ⅰ. ①民… Ⅱ. ①王… Ⅲ. ①民法-总则-法律解释
-中国②民法-总则-法律适用-中国 Ⅳ. ①D923.15

中国版本图书馆 CIP 数据核字(2022)第 251476 号

民法典新规则解读与适用(总则编)
MINFADIAN XIN GUIZE JIEDU YU SHIYONG (ZONGZEBIAN)

王利明　等编著

策划编辑 沈小英
责任编辑 毛镜澄　黄　金
　　　　 黄　筝　王　鸿
装帧设计 汪奇峰

出版发行 法律出版社
编辑统筹 法治与经济出版分社
责任校对 王　丰　郭艳萍
责任印制 吕亚莉
经　　销 新华书店

开本 710 毫米×1000 毫米　1/16
印张 45　　字数 750 千
版本 2023 年 2 月第 1 版
印次 2023 年 2 月第 1 次印刷
印刷 天津嘉恒印务有限公司

地址：北京市丰台区莲花池西里 7 号(100073)
网址：www.lawpress.com.cn
投稿邮箱：info@lawpress.com.cn
举报盗版邮箱：jbwq@lawpress.com.cn

销售电话：010-83938349
客服电话：010-83938350
咨询电话：010-63939796

书号：ISBN 978-7-5197-7448-6
定价：246.00 元
凡购买本社图书，如有印装错误，我社负责退换。电话：010-83938349

作者简介

（按姓氏笔划排序）

王利明　中国人民大学一级教授、博士生导师，中国法学会民法学研究会会长

王叶刚　中央财经大学法学院副教授

冉克平　武汉大学法学院教授、博士生导师

朱　虎　中国人民大学法学院教授、博士生导师

阮神裕　中国人民大学法学院博士后、讲师

李建伟　中国政法大学商法研究所所长，教授、博士生导师

李潇洋　中国人民大学法学院博士后、讲师

杨　巍　武汉大学法学院教授、博士生导师

陈　璇　中国人民大学法学院教授、博士生导师

竺　效　中国人民大学法学院教授、博士生导师

孟　强　北京理工大学法学院教授，民法典研究中心主任

缩　略　语*

序号	全称	简称
1	《中华人民共和国民法典》	《民法典》
2	最高人民法院《关于适用〈中华人民共和国民法典〉总则编若干问题的解释》(法释〔2022〕6号)	《总则编司法解释》
3	《中华人民共和国保险法》	《保险法》
4	《中华人民共和国企业破产法》	《企业破产法》
5	《中华人民共和国立法法》	《立法法》
6	《中华人民共和国婚姻法》(已失效)	《婚姻法》
7	《中华人民共和国继承法》(已失效)	《继承法》
8	《中华人民共和国民法通则》(已失效)	《民法通则》
9	《中华人民共和国收养法》(已失效)	《收养法》
10	《中华人民共和国担保法》(已失效)	《担保法》
11	《中华人民共和国合同法》(已失效)	《合同法》
12	《中华人民共和国物权法》(已失效)	《物权法》
13	《中华人民共和国侵权责任法》(已失效)	《侵权责任法》
14	《中华人民共和国民法总则》(已失效)	《民法总则》
15	最高人民法院《关于审理民事案件适用诉讼时效制度若干问题的规定》(法释〔2008〕11号,法释〔2020〕17号修正)	《诉讼时效司法解释》
16	最高人民法院《关于人民法院办理执行异议和复议案件若干问题的规定》(法释〔2015〕10号,法释〔2020〕21号修正)	《执行异议复议规定》

* 规范性文件顺序以在正文中第一次出现页码为序。

续表

序号	全称	简称
17	《中华人民共和国民事诉讼法》	《民事诉讼法》
18	《中华人民共和国种子法》	《种子法》
19	《中华人民共和国消费者权益保护法》	《消费者权益保护法》
20	《中华人民共和国产品质量法》	《产品质量法》
21	《中华人民共和国个人信息保护法》	《个人信息保护法》
22	《中华人民共和国母婴保健法》	《母婴保健法》
23	《中华人民共和国道路交通安全法》	《道路交通安全法》
24	最高人民法院《关于适用〈中华人民共和国民法典〉有关担保制度的解释》（法释〔2020〕28号）	《民法典担保制度解释》
25	《中华人民共和国招标投标法》	《招标投标法》
26	《中华人民共和国农村土地承包法》	《农村土地承包法》
27	最高人民法院《关于适用〈中华人民共和国婚姻法〉若干问题的解释（二）》（法释〔2003〕19号，法释〔2017〕6号修正，已失效）	《婚姻法司法解释（二）》
28	《中华人民共和国宪法》	《宪法》
29	《中华人民共和国反家庭暴力法》	《反家庭暴力法》
30	《中华人民共和国海商法》	《海商法》
31	《中华人民共和国统计法》	《统计法》
32	《中华人民共和国数据安全法》	《数据安全法》
33	《中华人民共和国公司法》	《公司法》
34	《中华人民共和国著作权法》	《著作权法》
35	《中华人民共和国反不正当竞争法》	《反不正当竞争法》
36	《中华人民共和国老年人权益保障法》	《老年人权益保障法》
37	《中华人民共和国未成年人保护法》	《未成年人保护法》
38	最高人民法院《关于贯彻执行〈中华人民共和国民法通则〉若干问题的意见（试行）》（法（办）发〔1988〕6号，已失效）	《民通意见》
39	《中华人民共和国义务教育法》	《义务教育法》

续表

序号	全称	简称
40	《中华人民共和国精神卫生法》	《精神卫生法》
41	《全国法院民商事审判工作会议纪要》(法〔2019〕254号)	《九民会议纪要》
42	最高人民法院《关于适用〈中华人民共和国公司法〉若干问题的规定(四)》(法释〔2017〕16号,法释〔2020〕18号修正)	《公司法司法解释(四)》
43	《中华人民共和国电子商务法》	《电子商务法》
44	最高人民法院《关于适用〈中华人民共和国民法典〉时间效力的若干规定》(法释〔2020〕15号)	《民法典关于时间效力的若干规定》
45	最高人民法院《关于审理技术合同纠纷案件适用法律若干问题的解释》(法释〔2004〕20号,法释〔2020〕19号修正)	《技术合同纠纷司法解释》
46	最高人民法院《关于审理买卖合同纠纷案件适用法律问题的解释》(法释〔2012〕8号,法释〔2020〕17号修正)	《买卖合同纠纷司法解释》
47	最高人民法院《关于适用〈中华人民共和国担保法〉若干问题的解释》(法释〔2000〕44号,已失效)	《担保法司法解释》
48	最高人民法院《关于适用〈中华人民共和国民事诉讼法〉的解释》(法释〔2015〕5号,法释〔2020〕20号、法释〔2022〕11号修正)	《民事诉讼法司法解释》
49	最高人民法院《关于适用〈中华人民共和国合同法〉若干问题的解释(二)》(法释〔2009〕5号,已失效)	《合同法司法解释(二)》
50	《中华人民共和国经济合同法》(已失效)	《经济合同法》
51	《中华人民共和国商业银行法》	《商业银行法》
52	《中华人民共和国土地管理法》	《土地管理法》
53	《中华人民共和国城市房地产管理法》	《城市房地产管理法》
54	《中华人民共和国证券法》	《证券法》
55	《中华人民共和国个人独资企业法》	《个人独资企业法》

续表

序号	全称	简称
56	《中华人民共和国公司登记管理条例》（已失效）	《公司登记管理条例》
57	《中华人民共和国合伙企业法》	《合伙企业法》
58	最高人民法院《关于适用〈中华人民共和国民法典〉物权编的解释（一）》（法释〔2020〕24 号）	《民法典物权编解释（一）》
59	《中华人民共和国英雄烈士保护法》	《英雄烈士保护法》
60	《中华人民共和国刑法》	《刑法》
61	最高人民法院、最高人民检察院、公安部《关于依法适用正当防卫制度的指导意见》（法发〔2020〕31 号）	《正当防卫指导意见》
62	《中华人民共和国道路交通管理条例》（已失效）	《道路交通管理条例》
63	《中华人民共和国票据法》	《票据法》
64	《中华人民共和国仲裁法》	《仲裁法》
65	《中华人民共和国劳动争议调解仲裁法》	《劳动争议调解仲裁法》
66	最高人民法院《关于适用〈中华人民共和国民事诉讼法〉执行程序若干问题的解释》（法释〔2008〕13 号，法释〔2020〕21 号修正）	《执行程序解释》
67	《中华人民共和国刑事诉讼法》	《刑事诉讼法》
68	《中华人民共和国行政诉讼法》	《行政诉讼法》
69	最高人民法院《关于适用〈诉讼费用交纳办法〉的通知》（法发［2007］16 号）	《诉讼费用交纳办法》
70	《中华人民共和国人民调解法》	《人民调解法》

序　言

《民法典》的颁布是习近平法治思想的生动实践，是党的十八大以来全面依法治国的重要成果。《民法典》完善了我国民商事法律体系，形成了以《民法典》为中心的、具有内在价值一致性的、完整的制度规则体系。《民法典》已于2021年1月1日正式施行，与之配套的系列司法解释也陆续颁行实施，我国正式迈入了民法典时代。习近平总书记指出，"民法典在中国特色社会主义法律体系中具有重要地位，是一部固根本、稳预期、利长远的基础性法律，对推进全面依法治国、加快建设社会主义法治国家，对发展社会主义市场经济、巩固社会主义基本经济制度，对坚持以人民为中心的发展思想、依法维护人民权益、推动我国人权事业发展，对推进国家治理体系和治理能力现代化，都具有重大意义"。① 《民法典》是全面推进依法治国的重要成果，必须准确理解和把握《民法典》特别是其中新规则的意旨和内涵、针对《民法典》实施中遇到的新问题、新情况进行全方位研究，从而全面理解好、实施好、贯彻好《民法典》。

一、贯彻实施好《民法典》必须加强对《民法典》新规则的解读

《民法典》的颁布和实施使我们正式进入民法典时代，几代民法学人的梦想得以实现，中国特色社会主义法律体系已经形成。随着《民法典》的颁布，大规模创设民事法律规则的时代已经结束，法治建设的任务应当是使"纸面上的法律"变为"行动中的法律"，最大限度地发挥法律适用的效果，因而我们需要从重视立法论向重视解释论转化，尤其需要重视对民法典新规则的解释适用。

---

① 习近平：《论坚持全面依法治国》，中央文献出版社2020年版，第278页。

(一)以《民法典》为依据找法

《民法典》在民事法律体系中具有基础性地位,也是民事法律适用的基本依据。以《民法典》为中心,要求将《民法典》置于找法释法过程中的核心地位,因为,一方面,《民法典》作为调整民事关系的基础性法律,统摄各个民事单行法;另一方面,只有从《民法典》出发寻找法律依据,才能节省执法和司法成本。迄今为止,我国已有279部法律,其中许多单行法都包含民事法律规范,在寻找解决民事纠纷的裁判依据时,不宜直接以单行法为依据,而应当树立以《民法典》为中心的民事实体法律适用理念。① 只有从《民法典》入手寻找法律依据,才能起到纲举目张的效果,提高执法和司法效率,保障法律适用的统一。当然,《民法典》也设置了一些引致条款,如果需要依据这些引致条款适用单行法,才应当适用单行法的规定。

(二)以《民法典》为基准适用单行法

以《民法典》为中心,要求在法律解释中处理好《民法典》与单行法的关系。《民法典》第11条规定:"其他法律对民事关系有特别规定的,依照其规定。"该条规定是《民法典》对其与单行法之间关系的直接表达,必须准确理解。从字面上看,该条可能意味着,只要其他法律与民法典规定不一致,就要适用其他法律的规定。但这种理解并不妥当,只要单行法有规定,就都优先适用单行法的规定,如此可能使《民法典》的规定沦为具文。虽然单行法相对《民法典》是特殊、具体的规定,但在《民法典》已经对单行法的规则作出修改的情况下,按照"新法优先于旧法"的原则,应当适用《民法典》。从性质上看,《民法典》第11条属于引致规范,其有效衔接了《民法典》与各民事单行法之间的关系,从而形成调整民事关系的法律整体。②

(三)以《民法典》为准绳规范释法

全面贯彻实施《民法典》,要求法官应当严格从《民法典》文本出发,准确解释

---

① 参见2021年最高人民法院《全国法院贯彻实施民法典工作会议纪要》第20条。

② 王利明:《正确适用民法典应处理好三种关系》,载《现代法学》2020年第6期。

《民法典》,把握《民法典》的立法目的和宗旨。在对《民法典》进行解释时,要始终以《民法典》的立法目的作为解释工作的指引,从文本中挖掘立法者的立法目的,从而确保立法目的的实现。在《民法典》的适用过程中,必然需要借助各种法律解释的方法,探求立法目的和意旨,从而准确适用《民法典》。《民法典》不仅为法律解释方法的运用提供了基础,而且提供了前所未有的实定法基础。《民法典》本身是法律解释的对象,其也为法律解释方法的形成和发展提供了重要依据。因此,全面贯彻实施《民法典》,必须要以《民法典》为基准和依据,运用正确的解释方法和解释规则,从而理解好、贯彻好、实施好《民法典》。由于《民法典》是目前法律体系中条文最多、体量最大、编纂结构最复杂的一部法律,要完成上述任务,必须准确解释好《民法典》,特别是其中的新规则,因为这些新规则内容复杂,在适用中会遇到各种新问题,都需要我们展开深入研究。

二、准确解释、适用《民法典》新规则

法律解释,是一个探寻立法目的和宗旨的过程,也是法官探寻法律规则立法目的和宗旨的过程。法律解释工作的重要任务是探寻立法者的意志,其根本目的就是要探求制定法的目的,通过立法目的的考量,将现行规定适用于待决案件。解释并非机械式的解释,而要依据《民法典》,实现规范储存、查漏补缺、消除矛盾冲突等多元化的法律解释功能。

(一)统一法律

法典化就是体系化,德国法学家科殷说:“统一的观点也是法学解释的基本规则之一,对契约的解释也好,对法律的解释也好,无不如此。”①《民法典》的制定起到了统一法律规则的作用。长期以来,我国在立法上采取的是“成熟一部,制定一部”的原则,单行立法模式形成了规则的不统一,甚至产生不协调的情况。而《民法典》将分散的民事法律制度整合在一起,形成一个体系化的集合体,“由法到典”也就是一个体系化的过程。《民法典》的颁布促进了民商事法律的体系化,有助于实现民事立

① [德]科殷:《法哲学》,林荣远译,华夏出版社2002年版,第211页。

法外在规则体系的一致性、内在价值体系的一致性、逻辑上的自足性以及内容上的全面性,形成在特定价值指导下的统一法律术语、法律规则和法律制度,保持法律各部分内容的相互协调和相互配合,形成严谨的体系结构。① 可以说,在《民法典》的统率下,我国民商事法律有了统一的基本规则,构成了完整的、系统化的整体。

在解释《民法典》新规则的过程中,应当始终秉持规则统一性的原则。如果确实存在用语有多义、表述不一致的现象,也要通过运用各种法律解释方法消除矛盾。例如,《民法典》总则编关于人格权以外的其他民事权利的规定,采用"依法享有"的表述(如第 114 条第 1 款规定,"民事主体依法享有物权";第 118 条第 1 款规定,"民事主体依法享有债权")。但在人格权的规定中,没有采用"依法"2 字的表述,立法目的在于,人格权保护应当保持开放性。立法者实际上是为了表明自然人的人格权,不能仅仅限于法律列举的权利,即使对于法律没有规定的新型人格权益,也要进行保护。这就意味着,必须借助体系解释等方法消除矛盾。另外,需要妥当衔接《民法典》新规则与单行法的规定。例如,对于网络侵权中的"通知—删除"规则,《信息网络传播权保护条例》第 15 条规定:"网络服务提供者接到权利人的通知书后,应当立即删除涉嫌侵权的作品、表演、录音录像制品,或者断开与涉嫌侵权的作品、表演、录音录像制品的链接,并同时将通知书转送提供作品、表演、录音录像制品的服务对象;服务对象网络地址不明、无法转送的,应当将通知书的内容同时在信息网络上公告。"依据这一规定,网络服务提供者在接到通知后,应当立即删除。《民法典》第 1195 条第 2 款规定,"网络服务提供者接到通知后,应当及时将该通知转送相关网络用户,并根据构成侵权的初步证据和服务类型采取必要措施;未及时采取必要措施的,对损害的扩大部分与该网络用户承担连带责任"。上述《信息网络传播权保护条例》的规定与《民法典》的规定不相协调。此时,应当按照上位法优先于下位法的规则,优先适用《民法典》的规则。

(二)规范储存

法典化所带来的体系化的重要功能之一就是规范存储功能,而这一功能的实

① 参见许中缘:《政治性、民族性、体系性与中国民法典》,载《法学家》2018 年第 6 期。

现,必须以法律解释为媒介。在单行法时代,往往只能针对某一具体行为进行规范,这就难免挂一漏万。但在《民法典》颁行后,对于实践中出现的新情况、新问题,不能完全依赖制定司法解释予以调整,而应当借助法律解释的方法,充分发挥《民法典》的规范储存功能,使《民法典》作为正确处理民事关系、解决民事纠纷的基本准则发挥更大作用。

《民法典》的规范储存功能往往通过引致条款和参照适用条款予以实现,此时就要求解释者准确对这些条款进行解释,以辨明哪些案件事实对应适用哪些裁判规范。《民法典》中存有大量相互援引适用的规则。据粗略统计,《民法典》有 40 多个条款属于引致条款,此类规范极大地克服了单行法难以相互引致的困难。由于单行法自成体系、相互隔离,很难通过引致形成这种互动关系。《民法典》颁布后,引致就较便利了。例如,当人格权请求权与物权请求权、侵权请求权相分离时,如果涉及侵害人格权与物权的损害赔偿,就需要引致侵权责任编的相关规定,从而形成了人格权编、物权编与侵权编规则的互动。甚至形成《民法典》与单行法之间的互动。如《民法典》第 363 条规定:"宅基地使用权的取得、行使和转让,适用土地管理的法律和国家有关规定。"

《民法典》的参照适用条款(据统计约有 27 条)极大增强了民法的体系性,不仅简化了法律条文的规定,而且极大地丰富了法律适用的规则,弥补了法律适用的空白。具体而言:一是协调了《民法典》与特别法的关系,增进了民法自身的体系性。《民法典》中的参照规范不仅包括对法典内部各项制度之间、编与编之间的相互参照,还包括依据《民法典》的规定,参照适用《民法典》之外的单行法规范。例如,《民法典》第 71 条规定:"法人的清算程序和清算组职权,依照有关法律的规定;没有规定的,参照适用公司法律的有关规定。"此类参照规则进一步密切了《民法典》与特别法的关系。二是沟通了《民法典》各编内部的关系,增进了《民法典》各编自身的体系性。例如,《民法典》第 468 条规定,非因合同产生的债权债务关系可以参照适用合同编通则的有关规定,就增强了合同编通则的体系性,充分发挥了合同编替代债法总则的功能。三是沟通了各编之间的关系,形成了强大的规范储备功能,增进了《民法典》整体的体系性。① 例如,《民法典》第 464 条第 2 款将婚姻、收养、监护等

---

① Hans Schneider, Gesetzgebung, 3. Aufl. 2002, S. 234 – 251.

有关身份关系的协议,可以参照适用合同编的规定;《民法典》第1001条规定,对自然人因婚姻家庭关系等产生的身份权利保护可以参照适用人格权保护的规定。借助这样一种参照适用,使各编之间形成完整的体系,并可以查漏补缺,弥补大量的规则缺陷。由于参照适用条款本身大都是《民法典》的新规则,如何准确适用于司法实践,必须展开深入研究。

(三)填补不足

如前所述,《民法典》所规定的引致条款、参照适用条款为查漏补缺提供了依据,在实践中应当注重充分发挥此类条款的作用。尤其应当看到,即便运用这些方法,仍然难以避免不足的存在,这就需要借助法律解释,尤其是填补不足的方法,帮助我们发现不足。对于开放的不足来说,一般较容易发现。但是,往往难以发现隐藏的不足。由于隐藏的不足多体现为法律体系内部的评价矛盾,因此,其发现需要建立在对法律规则的解释和比较的基础之上。[①] 在发现漏洞之后,也要以《民法典》为依据,准确运用类推适用、目的性扩张、目的性限缩等解释方法,有效地填补不足。[②]

(四)消除矛盾

拉伦茨指出:"法律科学最为重要的任务之一就是发现单个的法规范之间和规则体相互之间,以及它们与法秩序的主导原则之间的意义脉络,并将该意义脉络以可被概观的方式,即以体系的形式表现出来。"[③]可以说,法律解释的重要目的在于,要使法律相互之间形成一种有机的和谐。体系化要求"在法条可能的文义范围内和意义脉络范围内进行解释时应尽可能避免评价矛盾"。[④]《民法典》虽然具有极强的体系性,无论是制度层面还是价值层面,其都保持了极强的逻辑性,但这并不意味着

---

① Canaris, Die Feststellung von Lücken im Gesetz, 2. Aufl. 1983, S. 40.

② 这些解释方法的具体运用,参见王利明:《法律解释学导论——以民法为视角》(第2版),法律出版社2017年版,第585~628页。

③ [德]卡尔·拉伦茨:《法学方法论》,黄家镇译,商务印书馆2020年版,第549页。

④ [德]卡尔·拉伦茨:《法学方法论》,黄家镇译,商务印书馆2020年版,第421页。

民法内部不存在任何冲突和矛盾。事实上,在《民法典》和单行法之间仍然存在不少冲突。即便是就《民法典》内部而言,也仍然存在规则不一致的现象,这就需要通过解释来消除这种矛盾,尽可能地避免此种规范矛盾发生。例如,《民法典》第 209 条第 1 款规定:“不动产物权的设立、变更、转让和消灭,经依法登记,发生效力;未经登记,不发生效力,但是法律另有规定的除外。”依据该规定,除法律另有规定的情形外,不动产物权的变动需要办理登记,否则不发生物权变动的效力。而依据《民法典》第 397 条的规定,在建筑物抵押的情形下,该建筑物占用范围内的建设用地使用权一并抵押,抵押人未一并抵押的,视为一并抵押。依据该条规定,建设用地使用权抵押权的设立并不需要办理抵押登记,此种情形并不属于法律规定的不需要办理登记的例外情形,这就与《民法典》第 209 条第 1 款的规定存在一定的冲突,在解释上,应当将上述建设用地使用权抵押权解释为法定抵押权,其设立不需要办理抵押登记,从而消除上述规定之间的冲突。

三、准确解释《民法典》新规则、不断完善和发展民事立法

《民法典》确立了许多新的制度规则,在许多领域无法可依的局面已经基本结束,但这并不意味着民法的发展就此终止。事实上,立法者的理性总是有限的,不可能预见未来发生的一切,尤其是随着社会生活的日新月异,可能出现大量的新情况、新问题。卡纳里斯指出:“体系不是静态的,而是动态的,因此表现出历史性的结构。”①因此,解释《民法典》新规则也不能用一种封闭、僵化的立场来解释,而应当秉持一种开放立场。就《民法典》所确立的新规则而言,我们应当充分发挥法律解释的功能,以提高其立法效用。

一方面,应当根据社会发展需要,对《民法典》新规则进行合理解释。解释者应该在法律的各种可能文义之中选择最符合客观理性的语义,而不是探究立法者当时的意思。② 正如霍姆斯指出:“我们并不探求立法者的意思,我们只探求法律文本的

---

① [德]卡尔·拉伦茨:《法学方法论》,黄家镇译,商务印书馆 2020 年版,第 610 页。

② 参见[德]齐佩利乌斯:《法学方法论》,金振豹译,法律出版社 2009 年版,第 29 页。

含义。"[1]更确切地讲,解释者应当探求文本在当下的意义,而不仅仅是探求文本在立法时的意义。例如,《民法典》第994条规定:"死者的姓名、肖像、名誉、荣誉、隐私、遗体等受到侵害的,其配偶、子女、父母有权依法请求行为人承担民事责任……"关于死者人格利益中的财产利益是否受法律保护,《民法典》并未作出明确规定,立法者的意旨也不明确,但从《民法典》第994条的规定来看,在死者人格利益遭受侵害的情形下,相关主体有权请求行为人承担民事责任,而民事责任具有多种责任承担方式,其也包含了财产损害赔偿。因此,在解释上可以认为,《民法典》第994条也对死者人格利益中的财产利益提供保护。这就在一定程度上需要从有利于保护当事人的合法权益出发,准确解释相关的法律规则。

另一方面,应当用发展的观点观察《民法典》的新规则。民法的许多概念和制度本身会随着社会的发展而产生新的内涵,《民法典》所确立的新规则也不例外。诚如郑玉波先生所言,"从时间着眼,法文之解释应注意其进化性,因文字之含义每随时代之进化而变迁,一法律虽不能万古长存,然亦不可朝令夕改,因此法文之意义,自亦应与时代而俱新,否则不足以应社会之需要,但辞典在学说上颇有争议"。[2] 法律解释可以为新的规范提供经验积累,[3]新的制度体系的形成离不开既有法律解释经验的总结。所以,正是在填补不足的过程中,能够使《民法典》不断发展与完善。此外,在填补不足和消除矛盾的过程中,法律解释也成为法律体系中新规范的生长起点。

《民法典》新规则是《民法典》的亮点,也是《民法典》之特色所在,更是贯彻实施《民法典》之难点所在,因此,必须加强深入研究。为此,中国人民大学民商事法律科学研究中心申报了中国人民大学重大规划项目"《民法典》新规则适用要旨研究"(批准号:22XNLG01),组织全国一些知名的民法学者展开研究并形成本书。由于时间仓促,加上对《民法典》新规则在适用中新情况的了解不够,因此,书中的缺点和错误在所难免,恳请广大读者不吝指正。

---

① Oliver Wendell Holmes, *The Theory of Legal Interpretation*, Harvard Law Review, Vol. 12, No. 6, p. 419 (1899).

② 郑玉波:《法学绪论》,台北,三民书局2008年版,第73页。

③ 参见徐向华主编:《立法学教程》,上海交通大学出版社2011年版,第227页。

目　录

专题一　民法典与单行法的适用关系

本专题撰写人:王利明

【《民法典》及其配套司法解释的新规则】

《民法典》第 11 条:

其他法律对民事关系有特别规定的,依照其规定。

《总则编司法解释》第 1 条:

《民法典》第二编至第七编对民事关系有规定的,人民法院直接适用该规定;《民法典》第二编至第七编没有规定的,适用《民法典》第一编的规定,但是根据其性质不能适用的除外。

就同一民事关系,其他民事法律的规定属于对《民法典》相应规定的细化的,应当适用该民事法律的规定。《民法典》规定适用其他法律的,适用该法律的规定。

民法典及其他法律对民事关系没有具体规定的,可以遵循《民法典》关于基本原则的规定。

【规则由来】

《民法典》第 11 条来自原《民法总则》第 11 条,是原《民法总则》的重要新增条文。《总则编司法解释》第 1 条是对《民法典》第 11 条的具体阐释,也是本次司法解释的一大创新,之前并未有类似规定。两个条文都在回应我国民事立法法典化、体系化后面临的新问题。

【规范意旨】

民商事关系纷繁复杂,在《民法典》颁布实施之前,我国已经颁布了《公司法》《保险法》《企业破产法》等大量的民商事单行法。"法典化就是体系化",《民法典》作为基础性的法律,其颁布极大地提升了我国民商事立法的体系性,使民商事单行法在《民法典》的统率下形成了统一的整体。但也应当看到,《民法典》的许多内容和现行单行法的规定并不一致,《民法典》实施之后,虽然有 9 部法律同时废止,①但仍有大量的民商事单行法继续有效,这些单行法的规定可能与《民法典》不一致。因此,在《民法典》实施后,迫切需要回答的问题是,如何处理好《民法典》和这些单行法之间的关系。

一般认为,《民法典》第 11 条是关于一般法与特别法关系的规定,源于特别法优先于一般法的法理。我国《立法法》第 92 条也规定,同一机关制定的法律,特别规定与一般规定不一致的,适用特别规定。② 但是,《民法典》第 11 条的适用不能绝对化,不能认为只要其他法律与《民法典》规定不一致,就要适用其他法律的规定。《总则编司法解释》第 1 条更系统地回应了《民法典》的法律适用关系问题。树立基础性法律思维、体系性思维、统一思维,要求确立以《民法典》为中心的民事实体法律适用理念,准确把握《民法典》各编之间以及《民法典》与其他民事法律之间的适用关系。③ 即在民商事单行法之间存在矛盾的情况下,除非单行法的规定"属于对民法典相应规定的细化的",否则应当适用《民法典》的规定。

---

① 包括原《婚姻法》《继承法》《民法通则》《收养法》《担保法》《合同法》《物权法》《侵权责任法》《民法总则》。

② 参见黄薇主编:《中华人民共和国民法典总则编释义》,法律出版社 2020 年版,第 51 页。

③ 参见贺荣主编、最高人民法院民法典贯彻实施工作领导小组编著:《最高人民法院民法典总则编司法解释理解与适用》,人民法院出版社 2022 年版,第 60 页。

【典型案例】

案例一："黄某、中国人寿保险股份有限公司安阳分公司（以下简称安阳人寿公司）人身保险合同纠纷民事二审案"①

一审法院认为,本案系人身保险合同纠纷。兴发合作社投保的并非雇主责任险,而是人身保险,黄某作为案涉保险合同所记载的被保险人,有权就其受伤事宜向保险人请求给付保险金。本案争议的首要焦点为黄某的起诉是否过了诉讼时效。原《民法总则》第188条第1款规定:"向人民法院请求保护民事权利的诉讼时效期间为三年。法律另有规定的,依照其规定。"《保险法》第26条第1款规定:"人寿保险以外的其他保险的被保险人或者受益人,向保险人请求赔偿或者给付保险金的诉讼时效期间为二年,自其知道或者应当知道保险事故发生之日起计算。"案涉保险系船员团体人身意外伤害保险,不属于寿险范围,诉讼时效问题应适用《保险法》的特别规定,即应该适用二年的诉讼时效。黄某述称,其于2018年4月13日受伤,诉讼时效从该日开始计算,至黄某提起本案诉讼之日即2021年7月22日止,诉讼时效早已超过二年。按照黄某主张,其于司法鉴定意见书作出之后,即通过兴发合作社向安阳人寿公司进行理赔。然而,在本案中,没有证据证明黄某向安阳人寿公司主张理赔请求的具体日期。根据2020年8月14日杨某琪与朱某梦的对话,按照通常理解,安阳人寿公司解释杨某琪所指"理赔超期"系指安阳人寿公司收到理赔材料,即兴发合作社以黄某名义向安阳人寿公司申请理赔的时间已超期,在黄某不能提交其他证据推翻此说法之前,杨某琪所称的超期应予确认。据此,黄某作为被保险人,未能在保险合同约定的时效期间向保险人提出索赔请求,黄某丧失向安阳人寿公司请求保险理赔金的胜诉权。安阳人寿公司关于诉讼时效的抗辩事由成立,其关于不履行赔付义务的抗辩,于法有据,予以支持。

二审法院认为,本案系人身保险合同纠纷。当事双方争议的焦点问题是:黄某向安阳人寿公司请求保险理赔是否已经超过诉讼时效,安阳人寿公司应否承担赔偿责任。

---

① 山东省高级人民法院民事判决书,(2022)鲁民终514号。

第一,关于本案诉讼时效问题的法律适用。原《民法总则》第188条规定:“向人民法院请求保护民事权利的诉讼时效期间为三年。法律另有规定的,依照其规定。诉讼时效期间自权利人知道或者应当知道权利受到损害以及义务人之日起计算。法律另有规定的,依照其规定。但是自权利受到损害之日起超过二十年的,人民法院不予保护;有特殊情况的,人民法院可以根据权利人的申请决定延长。”《保险法》第26条规定:“人寿保险以外的其他保险的被保险人或者受益人,向保险人请求赔偿或者给付保险金的诉讼时效期间为二年,自其知道或者应当知道保险事故发生之日起计算。人寿保险的被保险人或者受益人向保险人请求给付保险金的诉讼时效期间为五年,自其知道或者应当知道保险事故发生之日起计算。”在本案中,涉案保险系团体意外伤害保险,不属于人寿保险,应适用《保险法》关于二年诉讼时效期间的规定。根据黄某的自述,涉案事故发生于2018年4月13日,至黄某2021年6月9日向一审法院提起本案诉讼,已经超过二年的诉讼时效期间,安阳人寿公司关于诉讼时效的抗辩理由成立,其无须向黄某承担赔偿责任。一审法院将黄某的起诉时间误写为2021年7月22日,法院予以纠正,但该笔误并不影响本案判决结果。

第二,关于黄某是否在诉讼时效期间内向安阳人寿公司主张了权利。黄某上诉主张,其于事故发生当天即向安阳人寿公司报案,并于2020年2月向安阳人寿公司提交了保险理赔材料,兴发合作社系安阳人寿公司在威海的销售代理,其均系通过兴发合作社工作人员朱某梦处理理赔事宜并邮寄理赔材料。法院认为:首先,“报案”与“申请理赔”是两个不同概念,报案是通知保险公司保险事故发生的事实,履行的是保险事故发生的通知义务;而申请理赔是提出赔偿或给付请求,即向保险公司表明应当赔偿或者给付自己一定数额保险金的意思表示。报案不等于申请理赔,二者是不能相互混淆或等同替代的行为。其次,根据涉案团体保险投保单显示,兴发合作社系涉案保险的投保人,朱某梦系投保人兴发合作社的工作人员,兴发合作社与安阳人寿公司之间建立的是投保人与保险人的保险合同法律关系,并非黄某上诉主张的保险代理或代办关系。且兴发合作社的企业信用信息显示的业务范围亦不包括代为办理保险业务。最后,黄某未能提交2020年2月直接向安阳人寿公司邮寄理赔材料的相关证据。综上,黄某的上述主张并无充分证据证明,法院不予支持。

第三,关于黄某主张的一审程序问题。根据最高人民法院《诉讼时效司法解释》

第3条的规定,安阳人寿公司在一审期间提出诉讼时效抗辩,符合法律规定。另,经查一审庭审笔录,记载了黄某当庭申请撤回对谢某的起诉,黄某的委托诉讼代理人在庭审笔录上签字予以确认。对于一审判决关于黄某依据《保险法》第65条第2款的规定向安阳人寿公司请求保险金的记载,一审法院在表述上确有瑕疵,但并未影响本案的判决结果。

综上所述,黄某的上诉请求不能成立,应予驳回;一审判决认定事实清楚,适用法律正确,应予维持。

案例二:"泉州江楠装饰有限公司(以下简称江楠公司)、稳踏(福建)鞋业有限公司(以下简称稳踏公司)等对外追收债权纠纷再审案"[①]

本案再审的争议焦点是:讼争房屋是否属于闽发(福建)鞋材有限公司(以下简称闽发公司)的破产财产?

福建省高级人民法院再审认为,本案闽发公司诉请江楠公司支付占有使用费,以及江楠公司、稳踏公司腾空租赁物并承担腾空费用。根据原审及再审查明的事实,闽发公司与稳踏公司于2014年6月30日签订《房屋转让合同》,后稳踏公司依约向闽发公司支付了全部的房屋转让对价款,闽发公司于2014年7月1日向稳踏公司开具了收款收据。2016年9月10日,江楠公司、稳踏公司、闽发公司三方签订《补充合同》,约定闽发公司自愿在讼争房屋已转让的情况下将租赁权、受益权一并转让给稳踏公司,租金由稳踏公司收取,此后,江楠公司也实际将讼争房屋的租金交付给稳踏公司。参照最高人民法院《执行异议复议规定》第28条的规定,"金钱债权执行中,买受人对登记在被执行人名下的不动产提出异议,符合下列情形且其权利能够排除执行的,人民法院应予支持:(一)在人民法院查封之前已签订合法有效的书面买卖合同;(二)在人民法院查封之前已合法占有该不动产;(三)已支付全部价款,或者已按照合同约定支付部分价款且将剩余价款按照人民法院的要求交付执行;(四)非因买受人自身原因未办理过户登记"。并根据最高人民法院《关于审理企业破产案件若干问题的规定》第71条第6项关于"下列财产不属于破产财产……

---

① 福建省高级人民法院民事判决书,(2021)闽民再298号。

(六)尚未办理产权证或者产权过户手续但已向买方交付的财产”的规定,本案稳踏公司在讼争房屋被法院查封之前已与闽发公司签订转让合同并支付全部转让价款,闽发公司确认收到全部购房款,讼争房屋亦已实际交付,讼争房屋至今未能办理产权过户手续,非因稳踏公司原因所致,故讼争房屋不属于闽发公司的破产财产。且晋江市人民法院已于2019年2月27日作出(2018)闽0582民初11800号民事判决,认定稳踏公司与闽发公司于2014年6月30日签订的《房屋转让合同》合法有效。因此,闽发公司应协助稳踏公司办理讼争房产的产权过户手续。原二审法院认定讼争房屋属于闽发公司的破产财产,并判决支持闽发公司的诉讼请求不当,法院予以纠正。

综上所述,江楠公司、稳踏公司提出的再审请求成立,应予支持。依照《民事诉讼法》第170条第1款第2项的规定,判决如下:撤销福建省泉州市中级人民法院(2019)闽05民终4468号民事判决及福建省晋江市人民法院(2018)闽0582民初705号民事判决;驳回闽发(福建)鞋材有限公司的诉讼请求。

案例三:“某种业科技有限公司诉某农业产业发展有限公司侵害植物新品种权纠纷案”①

某种业科技有限公司为水稻新品种“金粳818”的独占实施被许可人。某农业产业发展有限公司在不具有种子生产经营许可证的情况下,未经许可在微信群内发布“农业产业链信息匹配”寻找潜在的交易者,并收取会员费后提供种子交易信息,与买家商定交易价格、数量、交货时间后安排送交无标识、标签的白皮袋,或者包装标注为其他商品粮的“金粳818”种子。某种业科技有限公司诉请判令某农业产业发展有限公司停止侵权,并赔偿经济损失300万元。

生效裁判认为,某农业产业发展有限公司系被诉侵权种子的交易组织者、决策者,其行为构成销售侵权。由于该公司拒不提供相关账簿,故审理法院参考其宣传资料,综合考虑侵权情节推定侵权获利达到100万元以上,并以此为基数。该公司明知未经许可销售授权品种繁殖材料的侵权性质,所销售的被诉侵权种子部分包装

① 2022年2月25日最高人民法院发布人民法院贯彻实施民法典典型案例(第一批)。

未标注任何信息、部分包装标注为其他商品粮，试图掩盖侵权行为和逃避责任追究的意图明显，具有侵权恶意。其未取得种子生产经营许可证生产经营种子，可以认定为侵权行为情节严重。因此，审理法院依据《民法典》第1185条的规定，“故意侵害他人知识产权，情节严重的，被侵权人有权请求相应的惩罚性赔偿”；并依据《种子法》的规定，适用惩罚性赔偿，按照基数的二倍确定惩罚性赔偿数额，全额支持权利人诉请。

在本案中，审理法院秉持强化植物新品种权保护的司法理念，在侵权人拒不提供交易记录、相关账簿的情况下，依法适用举证妨碍制度，参考其宣传的交易额合理推定侵权获利达到100万元以上，并依法适用《民法典》及《种子法》规定的惩罚性赔偿制度，按照计算基数的2倍确定惩罚性赔偿金额为200万元，实际赔偿总额为基数的3倍。本案判决对于切实解决知识产权侵权维权难度大、赔偿数额低的问题，形成对恶意侵权行为的强有力威慑，彰显种业知识产权司法保护的力度，具有积极示范作用。

【理论阐释】

一、树立基础性法律思维处理好《民法典》与单行法之间的关系

法律依据其性质与地位可以分为根本性法律、基础性法律和一般性法律。在汉语中，“典”具有典则、典籍、典范的含义，都表达的是基础性的意义。在中国古代，所谓“典”，通常有“经典”“典范”“典籍”等含义，因此，凡是入典之律，位阶均较高。习近平总书记指出：“民法典在中国特色社会主义法律体系中具有重要地位，是一部固根本、稳预期、利长远的基础性法律，对推进全面依法治国、加快建设社会主义法治国家，对发展社会主义市场经济、巩固社会主义基本经济制度，对坚持以人民为中心的发展思想、依法维护人民权益、推动我国人权事业发展，对推进国家治理体系和治理能力现代化，都具有重大意义。”①这就精辟地揭示了《民法典》在中国特色社会

① 习近平：《充分认识颁布实施民法典重大意义，依法更好保障人民合法权益》，载习近平：《论坚持全面依法治国》，中央文献出版社2020年版，第278页。

主义法律体系中的基础性地位,也需要我们尽快形成以《民法典》作为民商事法律部门中基础性法律的法典化思维。

其实,从法典化的历史也可以看出,随着中世纪后期罗马法的复兴,自 16 世纪开始,欧洲开始推进法典化运动,其目的在于结束法律渊源多元和混乱的局面,从普鲁士、法国和奥地利等国家的法典化经验来看,其都在于使法典成为法律渊源的中心。19 世纪的法典化运动将法典中心主义推向了极致,法典曾经被奉为法律的唯一渊源,即尽可能通过民法典形成法律渊源的排他性(exclusiveness)。正如有学者所指出的,减少其他法律渊源的数量,是历史上绝大多数法典的目标。例如,“在 19 世纪,民法典在法国一直被视为核心,法律的真正心脏”。① 但自 20 世纪以来,法典中心主义现象已经出现了相当程度的缓和,许多国家都在法典之外制定了大量的单行法,判例法也发挥了越来越重要的作用,由此形成了意大利学者伊尔蒂(Irti)所说的“微系统”,导致了“去法典化”(decodification)现象的产生。② 当然,彻底去法典化只是某些学者极端的观点,《民法典》作为民法主要渊源的地位虽然受到了单行法的影响,但其基础性地位并没有被弱化,即使伊尔蒂也不得不承认,《民法典》依然是这些特别规范的制度前提。③

自新中国建立以来,曾经 4 次起草《民法典》,以建构《民法典》的基础性法律,但都没有完成。改革开放以来,为适应我国社会主义市场经济的发展和改革开放的需要,先后颁布了一大批单行法律,其中大量的都是民商事法律或者包含民商事法律规范的法律,这种单行法的立法模式也使许多法律人形成了单行法的思维定式。此种思维方式不是把法律看作有机的、逻辑的整体,而是将各单行法视作自给自足的规则体系,由此也形成了这种多元的、分散的思维方式。

在《民法典》颁布后,由“法”到“典”的重大变化在于确立了《民法典》的基础性法律地位,这实际上也树立了《民法典》在整个民商事法律体系中的中心地位,彰显

---

① Jacques Vanderlinden, Le concept de code en Europe occidentale du XIIIe au XIXe siècle: Essai de définition 72 (1967), p. 191.

② 参见[意]桑德罗·斯奇巴尼:《法典化及其立法手段》,丁玫译,载《中外法学》2002 年第 1 期。

③ 参见[意]纳塔利诺·伊尔蒂:《〈解法典化的时代〉:二十年后》,徐铁英译,载《苏州大学学报》2018 年第 2 期。

了《民法典》作为私法的基本法的地位。由"法"到"典"带来了观念上的改变之一，就是从多中心思维向基础性法律思维的转化。

首先，树立以《民法典》作为所有民商事法律的基础性法律的理念。在比较法上，民法因其悠久的历史和丰富的理论一直被认为是发展各法律部门的基础。[①] 因此，在整个民商事法律体系之中，《民法典》不仅是我国民事法律的集大成者，更是所有私法的基本法。在我国，民商事法律体系由《民法典》与大量的法典之外的民商事单行法所组成，《民法典》与这些单行法之间是主干和分支的关系，《民法典》作为主干，为各单行法提供基础性作用，而其他单行法作为分支，其生长不能脱离于主干。诚如苏永钦教授所说，单行法与《民法典》的关系，犹如行星围绕恒星运转一般。[②]《民法典》作为基本法律，是私法的核心，"不了解民法的基本原则和一般规则，也就无法理解私法的特别领域"。[③] 正是因为我国《民法典》是整个民商事法律的基础，因此，《民法典》既是民法的主要法源，又是弥补单行法规定不足、填补单行法规则漏洞的来源，还是使单行法制度规则体系融贯的基础。

其次，发挥《民法典》在统率民商事法律中的主导作用。在单行法时代，各个单行法的制度和规则自成体系，由于缺乏基础性法律的统领，不可能真正形成民商法体系。我国虽然一直秉持民商合一传统，[④]但庞大的商事法律如公司、保险、破产、票据、海商等法律，其实一直是游离在民法部门之外的，在具体适用中，与民法是相互脱离的，因而，民商合一体系并没有真正成为一种立法实践。随着《民法典》的颁布，一部基础性法律由此诞生，并可引领各个单行法，据此才真正形成了以《民法典》为统率的民商合一的法律体系。在《民法典》颁行后，充分发挥《民法典》统率各民商事法律的作用，其实就是要以《民法典》整合各个单行法，使整个民商事法律真正成

① 参见[法]勒内·达维：《英国法与法国法：一种实质性比较》，潘华仿等译，清华大学出版社2002年版，第45页。

② 苏永钦：《现代民法典的体系定位与建构规则——为中国大陆的民法典工程进一言》，载《交大法学》2010年第1期。

③ [德]卡尔·拉伦茨：《德国民法通论》（上），王晓晔等译，法律出版社2013年版，第10页。

④ 参见王晨：《关于〈中华人民共和国民法典（草案）〉的说明——2020年5月22日在第十三届全国人民代表大会第三次会议上》，载中国人大网2020年5月22日，http://www.npc.gov.cn/npc/c30834/202005/50c0b507ad32464aba87c2ea65bea00d.shtml。

为一个体系完整的统一整体。

最后,树立以《民法典》为中心的民事实体法律适用理念。[①] 如前所述,在单行法时代,面对纷繁复杂的单行法,法官时常陷入找法和用法的困境之中,尤其是当多个单行法规范都可以适用于某一法律关系时。例如,一个简单的网购商品质量纠纷,从网上已公布的案例所援引的裁判规则来看,就包括《消费者权益保护法》、《产品质量法》、原《合同法》、原《侵权责任法》以及相关的司法解释等,这种状况实际上成为法官适用法律的一大难题,也极大地妨碍了司法裁判的统一性。在《民法典》颁布之后,作为基础性法律的《民法典》将成为处理民事纠纷的主要法律依据。我国《民法典》颁布实施后,法律人要树立以《民法典》为中心的实体法适用的理念,此种理念至少包含了如下含义:一是《民法典》是民法的主要渊源,即《民法典》在解决民商事纠纷中处于法源的核心地位。二是《民法典》是裁判民事纠纷的主要依据。在不具备特别法优先于一般法等正当理由的情形下,裁判者首先应当从《民法典》各编中找法用法,而不应当在庞杂的单行法中寻找裁判依据。三是《民法典》不仅具有资讯集中的功能,而且具有一种导航功能,即引导法律人正确找法用法。法典化的功能之一是可以快速实现体系定位,其中涉及纵向的体系定位与横向的体系关联。正如有学者所指出的,这种体系定位大量减少了找法过程中搜寻、比较、权衡、记录的成本,其效益十分宏大。[②]

因此,在处理大量的民事纠纷中,找法首先要从《民法典》中寻找裁判依据。长期以来,由于我国没有《民法典》且法出多门、规则多元,法官面对众多的单行法,不仅找法困难,而且找到的裁判依据极不统一。例如,一个网购商品出现瑕疵纠纷后,有的寻找《消费者权益保护法》、有的适用原《侵权责任法》、有的适用《产品质量法》等,导致了“同案不同判”“同法不同解”的现象。在《民法典》颁布之后,法官应当逐步养成基础性法律思维方法,即树立法典化思维,首先从基础性民事法律规范中找法。也就是说,只要能够从《民法典》中找到裁判依据,法官首先需要从《民法典》中

① 2021 年最高人民法院《全国法院贯彻实施民法典工作会议纪要》第 20 条。

② 参见苏永钦:《现代民法典的体系定位与建构规则——为中国大陆的民法典工程进一言》,载《交大法学》2010 年第 1 期。

找法。单行法属于《民法典》规定的具体细化,[1]因此,只有当单行民商事法律的规定属于对《民法典》规定的具体细化时,才应当优先于《民法典》予以适用。如果单行法的规定与《民法典》的规定有冲突,则不能适用单行法的规定,以体现《民法典》的基础性法律地位。如果《民法典》及其他法律对民事关系没有具体规定,应当遵循《民法典》关于基本原则的规定。

二、树立体系化思维处理好《民法典》与单行法之间的关系

法典化就是体系化,生活关系总是体现了一定的客观关联,法学的任务就是使这些的关联变得清晰。[2] 为此,法学通过将这些生活关系进行抽象和概括,并最终形成法体系。"如同自然科学一样,法学也具有高度的系统性。从法律的一般材料中经过科学研究所得出的原则,用复杂的组合形成一个体系,以后一旦发现新的原则就归并到这个体系中去。"[3]体系化思维其实就是一种系统思维,或者说是系统论在法学上的运用。在康德看来,法恰恰是"某人的意思与他人的意思根据自由的普遍法则得以结合的诸条件之整体"。[4] 因此,法的有机体属性为法学作为一门科学奠定了基础,在法律适用中也必须从系统论出发,充分发挥其体系化的功能,才能实现法学的价值。

然而,在单行法时代,单行法的分散立法模式和自给自足的特点,易于使法律人形成一种碎片化思维,这种碎片化思维体现为,一方面,面对某一法律纠纷,法律人的思维往往局限于某一单行法。例如,合同纠纷就仅仅局限于合同法,就合同谈合同,侵权纠纷仅仅局限于侵权法,就侵权谈侵权,而往往忽略一个简单的合同纠纷可能涉及物权、侵权以及其他法律领域。这种思维方法显然具有片面性。另一方面,从价值层面看,不同的单行法的立法目的和价值是相对独立的,缺乏贯穿整个民法的统一价值基础,因此,在解释单行法规则时,只能从其特定的立法目的和价值出发。此外,单行法的制定往往是为了解决特定时期的具体问题,具有明显的时间特

---

① 参见最高人民法院《总则编司法解释》第 1 条。

② [德]卡尔·拉伦茨:《论作为科学的法学的不可或缺性》,赵阳译,商务印书馆 2021 年版,第 34 页。

③ [美]约翰·亨利·梅利曼:《大陆法系》,顾培东、禄正平译,法律出版社 2004 年版,第 66 页。

④ [德]康德:《法的形而上学原理》,沈叔平译,商务印书馆 1991 年版,第 40 页。

征和阶段特征。

《民法典》的颁布促进了民商事法律的体系化,有助于实现民事立法规则体系(也称外在体系)和内在价值体系的一致性、逻辑上的自足性以及内容上的全面性,形成在特定价值指导下的统一法律术语、法律规则和法律制度,保持法律各部分内容的相互协调、相互配合,形成严谨的体系结构。① 就规则体系而言,《民法典》的颁布使整个民商事法律形成一个有机的制度体系,这也为体系性思维提供了基本前提。诚如德国学者旺克所指出的,“适用某一法律规范,实际上就是适用整个法秩序”。② 如果要理解制度的内涵,就必须在体系之中进行,从制度与制度之间关系的角度予以把握。从碎片化思维转向体系化思维包含了如下几层含义:

(一)体系观法

梅利曼指出,“民法典‘科学化’的程度,决定着在实体法、一般法理以及关于民法总则或一般原理课程中所使用的概念和原则统一的程度”。③ 这实际上概括了体系观察的基本内容,在法律适用中,应当从体系层面观察各制度之间是否是统一的,如果存在概念、制度、规则存在不一致的现象,应当依据《民法典》的立法目的及其所作出的相关规则对其进行解释,努力消除此种矛盾和冲突现象。具体而言:

第一,概念的一致性,即法典所使用的法律概念是一以贯之的。尽管某一概念在不同的上下文语境中,其表述可能存在差别,或者具有不同内涵,但从基本方面来看,其内容具有相对的稳定性和确定的内核,同一概念在不同语境下不存在相互冲突的现象。这就是所谓的“相同概念同一解释”的规则。当然,在某些情形下,某些概念可能要作不同解释,但是解释者应当对此提供充分的论证理由。例如,《民法典》多处使用了“利害关系人”的表述,但在不同的法律关系中,利害关系人的范围存在一定的差别(如监护中的利害关系人与宣告死亡中的利害关系人的范围不同)。因此,如有正当理由,就不能对其作同一解释,而应当区别对待。消除法律概念使用的差异性,正是由“法”到“典”所要解决的重要问题。

---

① 参见[德]卡尔·拉伦茨:《德国民法通论》(上册),王晓晔等译,法律出版社 2013 年版,第 39 ~ 41 页。

② [德]罗尔夫·旺克:《法律解释》,蒋毅、季红明译,北京大学出版社 2020 年版,第 110 页。

③ [美]约翰·亨利·梅利曼:《大陆法系》,顾培东、禄正平译,法律出版社 2004 年版,第 73 页。

第二,规范的一致性,即各民事法律规范相互之间能够形成密切协调与相互衔接的关系,构成内部自洽的规范群和制度群。一方面,民法的规范群要逻辑自洽、相互衔接、功能互补、相互协调。例如,《民法典》所确认的各个请求权,如物上请求权、债权请求权、人格权请求权、继承权请求权等形成了周密、严谨的制度安排,对民事权利的保护发挥了协调一致的作用。另一方面,按照德国学者施瓦布的看法,建立"一个协调的、按抽象程度逐级划分的概念系统"构成了法典化的基本前提。[①] 例如,以租赁合同为例,就合同关系、债、总则这些规范之间而言,其等级体系表现为:租赁合同——合同——法律行为的上下位阶体系。这种规范的位阶结构也充分显示了《民法典》的形式合理性,保障了民事规范在适用上的整体效果。这种规范层级正是《民法典》所要追求的规范一致性的重要内容。

第三,制度的一致性,即民法的各项基本制度在调整社会关系的过程中形成了内在的一致性。在我国《民法典》的七编制体系中,形成了逻辑严谨的总分结构,这种结构不仅是一种简单的、形式上的安排,更是一种完美的法律规则设计的安排,总则编通过采用提取公因式的方式,确认共同适用的规则,以发挥兜底作用,而且为解释分则、解决分则的矛盾提供规则基础和价值基础。总则关于立法目的和基本原则的规定,实际上也宣示了《民法典》的基本价值,成为基础中的基础,具有"压舱石"作用。《民法典》各分编就是总则编所构建的一般规则的具体展开,也是总则中一般规定的特殊规定,各编之间、各项制度之间形成了内在的密切的逻辑关联,而这种体系化的总分结构也是准确找法、用法的基础。

(二)体系找法

法典化思维要求从整个法律体系着手,寻找可供适用的裁判依据。在法律适用中,全方位地检索《民法典》的相关规则,来解决具体的个案。《民法典》的内容本身是一个具有内在逻辑一致性的体系。而每一个个案都可能涉及多个法律规范的适用,因而需要从体系化的角度思考,确定妥当的法律依据。这就是说,在寻找大前提的过程中,首先要建立完整的、体系的观念,才能够准确把握法律,寻找到最恰当的

① 参见[德]迪特尔·施瓦布:《民法导论》,郑冲译,法律出版社2006年版,第19页。

大前提,体系找法包括以下两个方面:

第一个方面是典内找法。这就是要在《民法典》中,按照体系的观念,寻找妥当的法律适用的规则。

一是善于识别完全法条和不完全法条。完全法条包含了构成要件和法律效果,可以独立作为请求权基础。而不完全法条只是为了说明、限制或引用另一法条,如果不与其他法条相结合,通常不会发挥规范效果。① 所以,不完全法条必须与其他法条结合,才能成为请求权基础,并作为裁判规则适用。需要指出,在《民法典》颁布之后,法条直接的结合并不仅仅局限于同一章内法条的结合,而可能是同一编内法条的结合,还可能会存在不同编之间法条的结合,法律人找法就要有开阔的体系视野。例如,《民法典》第 238 条规定了侵害物权的民事责任,但是该条在性质上并不属于完全法条。该条表述为"依法"请求损害赔偿和"依法"请求承担其他民事责任。此处的"依法"就需要结合其他规则进行判断。对于后者,可以结合同为物权编的第 235 条、第 236 条的规定确定构成要件和法律效果,但对于前者,就需要适用侵权责任编的相关规则确定构成要件与法律效果。

二是把握积极要件和消极要件。在找法过程中需要把握法律规范的积极要件和消极要件。例如,关于法定抵销规则的适用,《民法典》第 568 条规定的"当事人互负债务""标的物种类、品质相同的",这些都属于积极要件;该条规定的"根据债务性质、按照当事人约定或者依据法律规定不得抵销"则属于消极要件。只有在积极要件被充分满足,而消极要件没有被满足的情况下,法条才能被援引。这就必然要求在援引该法条时,不能仅考虑积极要件,还要考虑消极要件。消极要件常常表现为特别规范,其要优先于一般规则适用。在通常情况下,抗辩事由常常成为一种消极要件,在积极要件满足的情况下,还要进一步考察是否具有否定积极要件的抗辩事由的存在。

三是构成要件和法律效果规定的结合运用。在《民法典》颁布之后,某一事实是否符合特定的构成要件,以及是否因此产生特定的法律效果,可能需要结合多个条款进行判断。例如,在侵害人格物造成精神损害的情况下,是否构成人格物可能需

① 参见黄茂荣:《法学方法与现代民法》(第 5 版),法律出版社 2007 年版,第 162 页。

要结合《民法典》第990条第2款关于新型人格利益的保护标准的规定来确定,但要判断精神损害赔偿的构成和法律效果,则需要结合侵权责任编第1183条第2款的规定予以确定。同样,原告基于被告构成侵权的事实,请求被告承担精神损害赔偿责任,这既要适用《民法典》侵权责任编中有关归责原则的规定(如《民法典》第1165条、第1166条),也应当考虑该法第1183条关于精神损害赔偿的规定。

第二个方面是典外找法。体系化的思考不应当囿于某一法律部门,而应当是在多个法律部门内查找裁判依据。许多民事案件不仅涉及实体法,而且涉及程序法。民事案件不仅涉及侵权责任,也会涉及行政责任和刑事责任。从体系化角度搜寻法律规范,寻找最具有密切联系性的大前提。例如,根据《民法典》第1034条第3款的规定,个人信息中的私密信息,优先适用隐私权的规定,隐私权没有规定的,适用有关个人信息保护的规定。这就涉及《个人信息保护法》对个人信息的保护规则。《民法典》中也通过大量的参照适用和引致条款联结了《民法典》和单行法之间的关系。

(三)体系释法

体系解释假定法律存在外在体系,立法者构建了合理的外在体系。所以,体系解释以"法律不会自相矛盾"的推定为基础。正是因为法律存在外在体系,法律本身的章节安排、各个法律条文的排列等都是合乎理性的。因此,体系解释要借助法律规则的逻辑结构,即立法者在构建规则体系时所运用的逻辑;①反之,一旦法律体系内出现了"体系违反",即出现了"规范矛盾"或"价值判断矛盾",那么便可以借助体系解释来排除这些矛盾。② 因此,体系化与法律解释具有良好的互动关系,一方面,体系化为法律解释提供了依据;另一方面,法律解释也不断丰富和完善了法律体系。

《民法典》构建了完整的制度和规则体系,为体系解释奠定了基础。一是在解释法律规则时,不能仅仅咬文嚼字,机械地解释文义,而应当将法律置于体系的框架之中理解,也就是说,要从该规则上下文之间的联系,甚至从各编的联系中确定其准确

---

① F. Bydlinski, Juristische Methodenlehre und Rechtsbegriff, Springer,1982,S.443.

② Claus-Wilhelm Canaris, Systemdenken und Systembegriff in der Jurisprudenz, Duncker & Humblot, 1983, S.95 ff.

含义。二是在适用和解释具体民法规定时,不能仅仅局限于单个法条或者民法规范,要考虑其体系性关联,形成规范群思维,即找法不能仅仅将视野局限于某个法条,而要观察、寻找与案件相关联的规范群,这就可以避免解释的机械性、减少体系性的冲突,最终形成融贯的民法典价值体系和规范体系。通过体系释法,将被解释的法律规范嵌入整体的法体系中进行解释,不仅有助于准确阐释概念和规则的法律意旨,而且有利于发现法律规则适用的缺漏,并弥补法律规定的不足和漏洞。例如,《民法典》关于人格权主体的规定有的适用自然人的表述,有的适用民事主体的规定,通过体系解释可以发现,凡是使用自然人表述的,该权利则适用于自然人,通过民事主体的表述则可以发现该主体不仅限于自然人,也包括法人与非法人组织。三是从《民法典》的整体体系中把握规则的内涵及其适用范围,最大限度地发挥法律规则的规范效用。例如,凡是《民法典》合同编的条文中采取"债权""债务",或者"债权人""债务人"的表述,表明该规则不仅可以适用于合同,还可以适用于非合同之债;而凡是表述为"合同",或"合同权利""合同义务"的,表明该规则原则上应当仅适用于合同之债。通过这种简洁的表达方式,不仅可以将《民法典》各编分散的法律规则之间隐含的内在价值关联和内在的制度脉络揭示出来,由此从隐而不彰到有机互动,而且也可以扩张法律规则的规范功能,还可以使《民法典》合同编有效发挥了债法总则的功能。当然,必须借助体系解释的方法,才能发现并且实现这些功能。

(四)体系补法

"法学最重要的任务之一就是要凸显出由这些规范而产生的意义关联。"①在单行法时代,往往只能针对某一具体行为进行规范,这样难免挂一漏万。由于单行法没有对整个私法体系进行规范,因此难以根据单行法的规定进行"补法"。相比之下,《民法典》是对整个私法体系的完整规范,在《民法典》的外在体系之下,还蕴含关于法律价值和法律原则的内在体系,借助体系解释,一是可以查漏。由于《民法典》具有强大的规范储存功能,因而从表面上看,可能欠缺某些规则,但通过直接适

① [德]卡尔·拉伦茨:《法学方法论》,黄家镇译,商务印书馆2020年版,第336页。

用和参照适用等规则发现规则,或通过体系解释,可以从《民法典》其他编相关规则的解释中发现规则。例如,《民法典》第 406 条修改原《物权法》第 191 条,删除了有关涤除权的规定,但实际上,涤除权的规则包含在《民法典》第 524 条第 1 款所确立的第三人代为履行制度之中。二是可以补缺。倘若由于现实社会的发展变化等原因导致法律规范存在漏洞时,对于这些现行法没有明确规定的情形,法律适用者可以根据《民法典》所蕴含的内在体系进行类推适用。通过体系解释使不同语境下的概念、术语保持统一的含义,也使下位规范与上位规范保持一致,并使特别规定与一般规定之间形成一个整体,以消除规则之间的冲突矛盾,有效填补法律不足。例如,《民法典》第 992 条明确规定:"人格权不得放弃、转让或者继承。"而《民法典》第 1013 条规定:"法人、非法人组织享有名称权,有权依法决定、使用、变更、转让或者许可他人使用自己的名称。"此处,该法第 1013 条规定法人可以转让其名称权,而第 992 条并未规定人格权不得转让的例外,因此二者之间就产生了一定的冲突。通过体系解释可以认为该法第 1013 条构成法人名称权的特别规范,优先于人格权的一般规范而得以适用,从而消弭二者之间的冲突。

三、树立统一思维处理好《民法典》与单行法之间的关系

单行法思维是一种割裂、分散的思维,这在很大程度上是由单行法的立法模式所造成的。一方面,单行法立法时常采取立法主体多元化的方式,部门立法替代统一立法,法律渊源众多,规范适用紊乱。同时,由于单行法常常追求自成体系,容易造成法律之间发生冲突和矛盾。例如,许多单行法在民事责任规定上极不统一,有的仅规定了行政责任和刑事责任,而没有规定民事责任;有的在民事责任规定中仅规定了损害赔偿,而没有规定其他民事责任形式,这也导致在实践中难以妥当运用民事责任方式。另一方面,单行法是在不同时期制定的,其所秉持的立法精神和理念是多元的,很难形成统一的民法基本价值,且各单行法各自形成了一种"微循环系统",互相并立、相互隔离,必然导致法律思维的分散。

由"法"到"典",要求我们形成一种统一思维,也就是说,要把民商法部门视为一个在《民法典》统率下,由众多单行民商事法律所组成的统一的、具有内在逻辑联系的整体。如果说,体系思维注重从典内观法,那么统一思维则要将视野扩展到典

之外,环顾法典与单行法的内在关联。如何处理好《民法典》与单行法的关系,这就需要转化法律思维,即应当由分散思维转变为统一思维。“统一”意味着各单行法要统一到《民法典》所确立的制度规则和价值理念之上,消除单行法之间相互隔离、相互冲突的现象。诚如卡纳里斯所说,“各种体系的共通之处仅在于,它们都追求‘统一(Einheit)’”。[①] 由此,统一思维要求将民事法律制度和规则统一到《民法典》基础性的法律制度上来。以统一思维处理好《民法典》与单行法之间的关系。

法典作为形式理性的最高体现,是成文法最完备的形式。但《民法典》归根结底只是成文法的一种,而成文法又只是法律渊源体系的一部分。这就是说,《民法典》本身不应排斥其他的法律渊源。法典与单行法总是相伴而生的,任何国家在编纂法典后,都会为解决新问题而颁布单行法,因此法典并不具有终止单行法的功能。[②] 同时,《民法典》作为基础性法律,规定的是民商事法律关系的基本规范,确定的是民商事法律关系的基本规则,因而聚焦调整特别法律关系的民商事特别法同样不能被《民法典》所取代,这就需要妥当处理《民法典》与单行法之间的关系。

一般认为,《民法典》与单行法是一般法与特别法的关系,但如此理解过于简单,依据《民法典》第 11 条的规定,“其他法律对民事关系有特别规定的,依照其规定”。从字面含义上看,似乎特别法有规定的都要适用特别法。笔者认为,此类理解并不妥当,一方面,《民法典》的许多规定已经修改了单行法规则,则应当按照“新法优先于旧法”的原则,适用《民法典》第 11 条的规定而不是单行法的规定。例如,《民法典》第 1053 条第 1 款规定:“一方患有重大疾病的,应当在结婚登记前如实告知另一方;不如实告知的,另一方可以向人民法院请求撤销婚姻。”该条规定已经修改了《母婴保健法》关于强制性婚检的相关规定。因此,就解释上而言,只能适用《民法典》的规定,而不应适用单行法的规定。另一方面,《民法典》第 11 条在很大程度上发挥引致性规范的功能,其在承认民商事单行法效力的基础上,把《民法典》与单行法有机联系起来,使二者共同构成共同调整民事关系的法律整体。

---

① *Canaris*, Systemdenken und Systembegriff in der Jurisprudenz, S. 13.

② 参见[日]穗积陈重:《法典论》,李求轶译,商务印书馆 2014 年版,第 21 页。

以统一思维处理好《民法典》与单行法之间的关系，具体表现为：第一，如果单行法规则是《民法典》规则的具体化和特定化，且不与《民法典》冲突时，则应当优先适用该单行法规则。如果不顾前述的各种限制条件，径直适用该法律适用规则，单行法都可以代替《民法典》，那么《民法典》的基础地位就不复存在了。第二，在民商事单行法之间存在矛盾的情况下，需要以《民法典》为基本的规则判断标准、基本的价值依据来处理此种规范矛盾与冲突，使法律之间形成和谐的关系，避免出现法律适用的障碍。由于立法时间、调整范围、立法目的和立法技术的不同，不同法律之间可能对同一民商事调整对象存在相互冲突的调整方式，这就有必要通过在整个私法体系居于核心地位的《民法典》来协调各单行法之间的关系，从而实现法律的统一适用。第三，如果单行法存在法律漏洞时，明确《民法典》的规范具有"补充法"的地位，①可以起到填补漏洞的作用。例如，在股权转让合同中，如果被转让的股权已经被质押，公司法对此并未规定，此时，可以参照适用《民法典》买卖合同中关于权利瑕疵的规则予以补充。第四，《民法典》对于单行法具有兜底适用的功能。在确有必要依据特别法优先于普通法的规则从单行法中找法，又难以从单行法中寻找法律依据时，要回到《民法典》中找法。

在《民法典》实施后，制定与《民法典》相配套的单行法，必须着眼民商事法律的体系化，着眼《民法典》在该体系中的基础性地位以及《民法典》是否已修改了单行法规则等，以合理确定《民法典》和单行法特别规定的适用关系。一方面，在没有充分且正当理由的情况下，单行法不能突破《民法典》的规定。《民法典》的基础性地位意味着其是调整所有民商事法律关系的基本法，立法者应当从《民法典》的原则出发，来确定是否需要进行特别立法。② 另一方面，《民法典》对单行法修正、制定也具有一定的约束作用。《民法典》作为基础性规范，在某些规则的设计上，较原则与抽象，尚没有提供非常具体明确的规范，这是因为考虑到社会生活发展变迁以及待调整对象的复杂性。例如，《民法典》第127条规定，法律对数据、网络虚拟财产的保护有规定的，依照其规定。这就为立法机关提出了制定单行法的立法任务，同时在单

① 参见唐晓晴编著：《民法一般论题与〈澳门民法典〉总则》，社会科学文献出版社2014年版，第35~36页。

② 参见苏永钦：《寻找新民法》，北京大学出版社2012年版，第39页。

行法中应当将数据和网络虚拟财产等作为一项财产权益加以保护,这就为单行法形成了一个约束性框架。换言之,民商事单行法的修正、制定不能违反或者突破《民法典》的价值体系和规则体系,要时刻关注《民法典》的基础性、典范性作用。总之,《民法典》作为调整民商事法律关系的基本法,其基础性主要就体现在为单行法奠定价值基础、补充规范漏洞和提供立法指导等方面。

四、依据《总则编司法解释》处理好《民法典》与单行法的关系

为了解决《民法典》与单行法在适用中的关系问题,《总则编司法解释》第 1 条第 2 款规定:"就同一民事关系,其他民事法律的规定属于对民法典相应规定的细化的,应当适用该民事法律的规定。民法典规定适用其他法律的,适用该法律的规定。"该规定包括如下几层含义:

第一,在民商事单行法之间存在矛盾的情况下,除非单行法的规定"属于对民法典相应规定的细化的",否则应当适用《民法典》的规定。此种做法有利于维护《民法典》与单行法之间的和谐关系,避免出现法律适用的障碍。《民法典》的基础性地位意味着其是调整所有民商事法律关系的基本法,在确定调整民事关系的法律依据时,必须首先从《民法典》中寻找裁判依据。

第二,如果单行法属于《民法典》规定的具体细化,则应当适用单行法的规定。所谓"具体细化",是指与《民法典》规定相较,单行法的规定更加具体明确,具有更强的针对性,但并不存在与《民法典》不一致的现象。例如,《个人信息保护法》关于个人信息保护的过错推定原则是《民法典》第 1165 条关于过错推定原则的具体化规定。[①] 再如,相对《民法典》营利法人的规定,《公司法》关于公司的规则就属于具体细化的规定。这意味着,在单行法的规定与《民法典》的规定存在冲突时,原则上应当适用《民法典》,以体现《民法典》的基础性法律地位,只有在单行法的规定"属于对民法典相应规定的细化的",才能优先适用单行法的规定。

第三,如果《民法典》中明确规定相关的民事关系适用单行法的规定,则应当适

---

① 贺荣主编、最高人民法院民法典贯彻实施领导小组编著:《最高人民法院民法典总则编司法解释理解与适用》,人民法院出版社 2022 年版,第 63 页。

用该单行法的规则。例如,《民法典》第1208条规定:“机动车发生交通事故造成损害的,依照道路交通安全法律和本法的有关规定承担赔偿责任。”依据该条规定,交通事故责任的承担需要适用《道路交通安全法》的相关规定。

第四,当单行法规定存在法律漏洞时,应发挥《民法典》“补充法”的功能,[①]以填补法律漏洞。例如,在股权转让合同中,如果被转让的股权已经被质押,公司法对此并未规定,此时,可以参照适用《民法典》买卖合同中关于权利瑕疵的规则予以补充。

第五,《民法典》对于单行法具有兜底适用的功能。在确有必要依据特别法优先于普通法的规则从单行法中找法,又难以从单行法中寻找法律依据时,要回到《民法典》中找法。

① 参见唐晓晴编著:《民法一般论题与〈澳门民法典〉总则》,社会科学文献出版社2014年版,第35～36页。

专题二　参照适用条款的适用

本专题撰写人:王利明

【《民法典》及其配套司法解释的新规则】

《民法典》第 71 条:

法人的清算程序和清算组职权,依照有关法律的规定;没有规定的,参照适用公司法律的有关规定。

《民法典》第 108 条:

非法人组织除适用本章规定外,参照适用本编第三章第一节的有关规定。

《民法典》第 310 条:

两个以上组织、个人共同享有用益物权、担保物权的,参照适用本章的有关规定。

《民法典》第 319 条:

拾得漂流物、发现埋藏物或者隐藏物的,参照适用拾得遗失物的有关规定。法律另有规定的,依照其规定。

《民法典》第 464 条第 2 款:

婚姻、收养、监护等有关身份关系的协议,适用有关该身份关系的法律规定;没有规定的,可以根据其性质参照适用本编规定。

《民法典》第 467 条第 1 款:

本法或者其他法律没有明文规定的合同,适用本编通则的规定,并可以参照适用本编或者其他法律最相类似合同的规定。

《民法典》第 646 条：

法律对其他有偿合同有规定的，依照其规定；没有规定的，参照适用买卖合同的有关规定。

《民法典》第 647 条：

当事人约定易货交易，转移标的物的所有权的，参照适用买卖合同的有关规定。

《民法典》第 1001 条：

对自然人因婚姻家庭关系等产生的身份权利的保护，适用本法第一编、第五编和其他法律的相关规定；没有规定的，可以根据其性质参照适用本编人格权保护的有关规定。

【规则由来】

在单行法时代，各个单行法相互独立、自成体系，对参照适用其他法律规定的规则极少作出规定，即便在一部法律内部，也很少使用参照适用条款。原《合同法》有几个条款虽然规定了参照有关规定的表述，但并没有明确使用参照适用的表述，这就严格限制了参照适用条款作用的发挥。例如，原《合同法》第 124 条规定："本法分则或者其他法律没有明文规定的合同，适用本法总则的规定，并可以参照本法分则或者其他法律最相类似的规定。"再如，原《合同法》第 174 条规定："法律对其他有偿合同有规定的，依照其规定；没有规定的，参照买卖合同的有关规定。"这些条款中的表述都不够准确。《民法典》在总结我国立法和司法实践经验基础上，规定了 28 个参照适用条款，同时继续保留了原单行法中的参照条款，并明确表述为参照适用，而不是参照有关条款，这更有利于发挥参照适用条款的功能。

【规范意旨】

《民法典》中共有 28 个条文，参照适用作为一种立法技术，其具有独特的功能：一是条文节约功能。法贵简洁，运用参照适用这一立法技术，可以避免对类似事项作出重复规定，从而可以极大地节约法律条文。二是规范储存的功能。由单行法进入法典化,借助参照适用条款,形成强大的规范储存的功能。例如,《民法典》第 468 条规定,非因合同产生的债权债务关系可以参照适用合同编通则的有关规定。实际上极大地增加了有关债权债务的规范。三是增进体系功能。借助《民法典》与单行法之间、《民法典》各编之间、《民法典》各编内的各项制度之间法律规定的相互参照,进一步增强了民法的体系性,也会充分发挥法典的体系化功能。四是填补不足的功能。借助参照适用条款,可以针对法律没有规定的空白领域,进行参照适用,弥补法律不足。而通过适用参照适用条款,也可以有效发现法律规定的不足,并通过法律解释等方法弥补法律规定的缺陷。由于参照适用条款具有上述功能,其不仅丰富了《民法典》的规则,也为《民法典》规则的解释适用提供了重要依据,甚至为今后法典化形式的立法提供了有益参考。当然,只有准确适用参照适用规范,才能实现此类条款的上述功能。

【典型案例】

案例一:"陕西迪普物业有限公司(以下简称迪普物业公司)确认合同效力纠纷案"

关于迪普物业公司行使合同解除权是否超出合理期限的问题,最高人民法院认为,解除权属于可以单方行使的形成权,为了促使权利人及时行使自己的权利,该权利之行使应当有一定的行使期限。为此,原《合同法》第 95 条规定:"法律规定或者当事人约定解除权行使期限,期限届满当事人不行使的,该权利消灭。法律没有规定或者当事人没有约定解除权行使期限,经对方催告后在合理期限内不行使的,该权利消灭。"该条规定了合同解除权应当受法律规定或者当事人约定期限的限制,此外,在对方催告后应在合理期限行使。虽然,若对方没有催告,解除权是否仍应有合理期限,该条未作明确。但最高人民法院《关于审理商品房买卖合同纠纷案件适用法律若干问题的解释》第 15 条(修改后为第 11 条)针对商品房买卖合同之解除权的行使,就未催告时的期限明确规定:"……对方当事人没有催告的,解除权应当在解除权发生之日起一年内行使;逾期不行使的,解除权消灭。"[①]根据类推适用的民法

① 法释〔2003〕7 号,2020 年法释〔2020〕17 号修改。

基本原理，本案是股权转让合同，尽管与商品房买卖合同不同，但股权转让合同与商品房买卖合同在性质上均属于价值较大的转移财产所有权的合同，具有一定的参照性。股权一旦进行工商变更登记、完成权属的转移，如果放任解除权行使的合理期限过长，不仅将使股权的归属处于长期不确定状态，影响股权的正常交易和公司的经营，也将使新股东无法安心对公司进行投入经营，无法使公司资产不断增值，违背了商事交易倡导的效率价值。因此，股权转让合同解除权的行使，即便对方不催告，亦应有合理期限。①

案例二："姜某爱、姜某波等赠与合同纠纷案"②

原告姜某爱与被告纪某兰原系夫妻，被告姜某波系姜某爱与纪某兰的儿子。2018 年 1 月 29 日，姜某爱与纪某兰到海阳市婚姻登记管理处办理了离婚登记，双方在离婚协议书中对夫妻共同财产的分割与债务承担作出约定。离婚协议中约定将位于威海市环翠区的房屋归儿子姜某波所有，该房屋的按揭贷款由男方负责全部偿还，男方对该房屋不享有任何权利，也不得要求女方及姜某波返还其偿还的房款。后姜某爱主张，其每月退休工资为 5833 元，支付完房屋的贷款 3000 元、房租 700 元及医药费后，剩余的工资每月不足 2000 元，远远不能满足城镇生活水平，且原告还要偿还婚前的债务，而被告姜某波现系 36 岁的成年人，完全有能力偿还贷款。故原告主张根据《民法典》赠与合同的规定，因赠与人经济状况发生严重变化，影响家庭生活，可以不再履行赠与义务，因而要求将离婚协议中原告为姜某波偿还威海市华辉东方城 303 号房屋贷款的赠与予以撤销。而被告姜某波、纪某兰不同意撤销，主张离婚协议书是姜某爱自愿签订的，没有胁迫、欺诈等情形，协议合法有效。目前，姜某爱没有发生重大经济和生活状况的改变，应继续按照离婚协议书的约定偿还贷款。

本案的争议焦点为姜某爱与纪某兰离婚协议书中关于姜某爱对姜某波名下的威海市环翠区偿还贷款的约定，应否参照适用《民法典》有关赠与合同的相关规定予

① 参见"陕西迪普物业有限公司确认合同效力纠纷案"，中华人民共和国最高人民法院民事裁定书，(2018)最高法民申 4613 号。

② 山东省烟台市中级人民法院二审民事判决书，(2021)鲁 06 民终 6961 号。

以撤销?

法院认为,本案中离婚协议中关于赠与子女财产的约定并不构成一般意义上的赠与合同。根据《民法典》第657条的规定,构成赠与合同的前提是赠与人将自己的财产无偿给予受赠人而不要求受赠人为此付出代价或承担任何义务。而在离婚协议中的所谓"赠与",并未在赠与人与受赠人之间达成一致,不构成赠与合同。赠与人在离婚协议中的赠与子女财产的表示,从法律角度来说,这是赠与人为换取另一方同意协议离婚而承诺履行的义务。该义务的特殊之处在于,赠与人赠与子女财产的义务不是向离婚协议相对方履行的,而是按约定向协议外第三人即子女履行。这类离婚协议中双方主要义务表现为,相对方配合赠与人办理协议离婚,赠与人向第三人即子女交付财产。在相对方已经按约定与赠与人协议解除婚姻关系的情形下,赠与人也应按约定全面诚信履行赠与子女财产的义务。而且,离婚协议系夫妻婚姻关系解除下夫妻双方自愿达成的财产清算协议,在通常情形下它不仅涉及夫妻共同财产和共同债务的处理,还可能涉及对配偶另一方的经济补偿、经济帮助、离婚过错损害赔偿、子女抚养费的承担,甚至在抚养费之外,为子女利益考虑提供更好的财产安排,"赠与子女财产"条款作为离婚协议的重要组成部分,它与离婚协议中的其他内容约定相互依存,整个离婚协议内容具有不可分的牵连性且具有"整体性"的特征,故在一般情形下离婚协议中的"赠与子女财产"条款不能任意单独撤销。

因此,离婚协议中约定将房屋赠与子女,该协议条款与子女关系、解除婚姻关系等人身关系不可分割,不同于一般的赠与,系离婚协议中约定的财产分割条款,应当适用《民法典》婚姻家庭编有关离婚的法律规定。在本案中,姜某爱与纪某兰的离婚协议书系双方以解除婚姻关系为目的而签订的,姜某爱同意协议中的全部内容而自愿签订,并无强制、胁迫的情形,该协议不违反法律法规,合法有效,原告应按约全面诚信地履行协议书中约定的全部义务。《民法典》第464条规定:"合同是民事主体之间设立、变更、终止民事法律关系的协议。婚姻、收养、监护等有关身份关系的协议,适用有关该身份关系的法律规定;没有规定的,可以根据其性质参照适用本编规定。"另,原告每月退休工资5833元,偿还两套房屋贷款3000元、房租650元及医药费后,尚余2000元左右,能够满足原告的基本生活支出,姜某爱的经济状况较之协议离婚时并没有发生显著恶化。因此,姜某爱要求撤销其与纪某兰离婚协议书中关于姜某爱对姜某波名下的威海市环翠区房屋偿还贷款的赠与的约定，法院不予支持。

案例三："李某瑞等中介合同纠纷案"①

2021年10月22日，原告李某瑞委托他人向被告的银行账户付款300,000元，当日，被告向李某瑞出具收条一份，载明收到李某瑞交来的购煤订金300,000元，此款项用于前期审批条件，如煤炭没有审批下来，订金全额退回（不计息），如煤炭批复成功，交不了煤款，此订金将不退还。2021年10月25日，李某瑞向被告发送微信称，因北方市场价格下滑，铁路运力跟不上，其和公司高管股东开视频会，半数以上都不同意该项交易（因为"风控"过不去），其也不想承担太大的责任。后双方多次通过微信和电话方式协商，李某瑞要求被告退还300,000元。案件争议点：李某瑞是否有权要求被告全额退还已经支付的订金300,000元？

法院认为，本案中双方均认可李某瑞委托被告联系求购煤炭，双方虽然未签订书面合同，但通过双方间的微信聊天记录和通话录音可以显示，案涉双方间系中介人向委托人报告订立合同的机会或者提供订立合同的媒介服务、委托人支付报酬的合同的中介合同关系。根据《民法典》第966条的规定，"本章没有规定的，参照适用委托合同的有关规定"。《民法典》第933条规定："委托人或者受托人可以随时解除委托合同。因解除合同造成对方损失的，除不可归责于该当事人的事由外，无偿委托合同的解除方应当赔偿因解除时间不当造成的直接损失，有偿委托合同的解除方应当赔偿对方的直接损失和合同履行后可以获得的利益。"

在本案中，李某瑞作为委托方有权随时解除委托合同，其于2021年10月25日向被告发送微信内容明确显示，李某瑞作出了解除中介合同关系的意思表示，因此案涉中介合同关系已经解除，案涉订金应当返还。一审中，被告提供的微信聊天记录、通话录音等证据，可以证实被告已经积极履行传递信息、沟通协调订立合同的义务，李某瑞单方解除中介合同关系必然造成被告产生直接损失和可获得利益的损失。李某瑞对其损失并未提供证据予以证实，一审法院综合考虑被告对中介活动的

① 新疆维吾尔自治区乌鲁木齐市中级人民法院二审民事判决书，(2022)新01民终1881号。

劳动付出及案涉中介合同关系解除的过错等情况,酌情认定被告向李某瑞返还150,000元,并无不当,应予维持。

案例四:"苏某孝、云南开利农业开发有限公司(以下简称云南开利公司)等股东资格确认纠纷民事二审案"①

一审法院认定,浙江开利公司注册成立于2009年2月13日,公司股东为楼某华、番某2人。2009年5月18日,浙江开利公司作出董事会决议,决定由公司出资275万元,自然人孟某国出资225万元共同组建云南开利公司。2009年5月20日,云南开利公司在云南省腾冲市注册登记成立,楼某华任公司法定代表人,公司经营范围为银杏经济林木种植;银杏叶收购、加工、销售。云南开利公司在经营过程中,因经营发生亏损,加之股东孟某国退出公司,时任浙江开利公司董事的李某虹取得浙江开利公司及云南开利公司法定代表人楼某华的同意及口头授权,找到原告苏某孝,经协商由苏某孝出资75万元购取云南开利公司30%的股权。双方于2009年12月18日签订《合作协议》,协议约定:乙方(苏某孝)认同甲方(浙江开利公司)与孟某国签订的《股份转让协议》;双方认同云南开利公司现有资产775万元,负债200万元;甲方同意乙方以75万元购取云南开利公司30%股份,乙方自愿不介入公司今后的日常管理;乙方的股份受让款须在2010年元月15日前付清,否则视为自动放弃,并应赔偿甲方相应的经济损失;负债200万元还款期限:2009年1月7日前还75万元,2010年10月31日前还65万元,2011年10月31日前还60万元,在今后成本中摊销;待按时还清200万元,依法按比例进行工商登记。协议还对经营责任、风险利润分红作了约定。2010年1月6日,苏某孝按协议约定支付股份转让款50万元,此款由李某虹收取后,并向苏某孝出具了收据一份,收据加盖了云南开利公司的印章。2010年1月26日,苏某孝支付12万元股份转让款,此款由云南开利公司当时的法定代表人楼某华收取,并向原告出具了收据,收据加盖了云南开利公司的印章。2010年2月7日,原告苏某孝支付股份转让款13万元,此款由李某虹收取,并向原告出具收据一份。至此,原告苏某孝支付完毕75万元的股权转让款。2010年7月

① 云南省保山市中级人民法院民事判决书,(2021)云05民终1216号。

13 日，浙江开利公司因自行停业被注销。2011 年 5 月 16 日，云南开利公司召开股东会，会议决议将公司原股东浙江开利公司的 102 万元股权同价转让给楼某华，楼某华占云南开利公司 94% 股权，原股东孟某国将其拥有的 30 万元股权同价转让给杜镇全，杜某全拥有云南开利公司 6% 的股权，同日全部股权转让完毕，楼某华、杜某全为成为云南开利公司的股东，楼某华仍然是云南开利公司法定代表人。2011 年 9 月 1 日，楼某华通过银行转账，向苏某孝支付 91 万元，该款并未注明是何种款项。2014 年 2 月 17 日，楼某华与杜某全、李某凡签订《云南开利公司股权转让协议》，将楼某华持有的云南开利公司 94% 的股权以 500 万元转让给其 2 人，每人为 50%，各自支付 250 万元的股价转让款。同年 2 月 24 日，云南开利公司召开股东临时会议，并作出决议，楼某华退出云南开利公司，杜某全持该公司 53% 的股权并出任公司的法定代表人，李某凡持公司 47% 的股权，成为公司股东，之后双方到公司登记机关办理了变更登记手续。但杜某全、李某凡 2 人至今并未按照《云南开利公司股权转让协议》约定支付股权转让对价款，同时也未为苏某孝办理股东资格及股权手续。

一审法院认为，《公司法》第 71 条第 2 款规定："股东向股东以外的人转让股权，应当经其他股东过半数同意。股东应就其他股权转让事项书面通知其他股东征求同意，其他股东自接到书面通知书之日起满三十日未答复的，视为同意转让……"在本案中，云南开利公司原股东为浙江开利公司及孟某国，浙江开利公司与原告苏某孝于 2009 年 12 月 18 日签订《合作协议》，约定苏某孝出资 75 万元购买云南开利公司 30% 的股权，是在云南开利公司负债的情况下，同时股东孟某国退出云南开利公司，需云南开利公司退还股东孟某国部分入股租金，用苏某孝 75 万元购买云南开利公司当时 30% 股权的款项进行支付，而《合作协议》的签订人李某虹原系浙江开利公司的董事之一，其代表浙江开利公司与苏某孝签订的《合作协议》，取得了时任浙江开利公司及云南开利公司法定代表人楼某华的许可和口头授权，并且楼某华至今认可该协议，故《合作协议》合法有效，并不违反法律禁止性规定，予以确认。苏某孝按协议约定出资完毕 75 万元之后，已经取得云南开利公司的股东资格，浙江开利公司及云南开利公司应当按照协议约定到公司登记机关为苏某孝办理其在云南开利公司的股东资格及其在公司享有的股权份额。故对原告苏某孝要求确认其享有被告云南开利公司股东资格及向原告签发出资证明书，将原告记载于股东名册,并到公司登记机关办理变更登记的诉讼请求,予以支持;对原告提出要求确认第三人楼某华向第三人杜某全、李某凡转让云南开利公司股权的行为无效的诉讼请求,因原告不是股权转让中的当事人,作为自然人的楼某华也与原告苏某孝无关联性,故不予支持。对被告提出李某虹以浙江开利公司的名义和原告签署《合作协议》,该协议是一份无效协议的抗辩意见,因与法律不符,不予采纳;对被告提出原告所支付的75万元款不是股权转让款,以及该款由第三人楼某华于2011年9月1日退还原告的抗辩意见,因无证据证明,不予采纳;对被告提出的本案已超过诉讼时效的抗辩意见,因《合同协议》未约定具体办理原告股东资格及股权比例的时限,故不予采纳。

二审法院认为,本案争议焦点为:楼某华与杜某全、李某凡之间股权转让是否有效?二审法院认为,上诉人苏某孝依据合作协议获得云南开利公司30%的股权,按照合作协议约定,在变更工商登记条件成就之前,上诉人苏某孝按股权比例承担经营责任、义务、风险,享受利润分红,上诉人苏某孝支付股权转让款后,苏某孝与楼某华之间实际构成股权代持关系,楼某华为名义股东,苏某孝为实际出资人。其间,楼某华在未征得上诉人苏某孝同意的情形下,将公司全部股权转让给杜某全、李某凡,依据最高人民法院《关于适用〈中华人民共和国公司法〉若干问题的规定(三)》第25条第1款的规定,“名义股东将登记于其名下的股权转让、质押或者以其他方式处分,实际出资人以其对于股权享有实际权利为由,请求认定处分股权行为无效的,人民法院可以参照民法典第三百一十一条的规定处理”。《民法典》第311条规定:“无处分权人将不动产或者动产转让给受让人的,所有权人有权追回;除法律另有规定外,符合下列情形的,受让人取得该不动产或者动产的所有权:(一)受让人受让该不动产或者动产时是善意;(二)以合理的价格转让;(三)转让的不动产或者动产依照法律规定应当登记的已经登记,不需要登记的已经交付给受让人。受让人依据前款规定取得不动产或者动产的所有权的,原所有权人有权向无处分权人请求损害赔偿。当事人善意取得其他物权的,参照适用前两款规定。”因受让楼某华股权的杜某全、李某凡均与楼某华系母子关系,且上诉人杜某全、李某凡并未提交其二人实际支付股权转让对价款的证据,故杜某全、李某凡不能构成善意取得。故上诉人苏某孝请求确认被上诉人楼某华将股权转让给杜某全、李某凡行为无效的诉讼请求,本院予以支持。

综上所述,二审法院认定,上诉人苏某孝的上诉请求成立,应予以支持。云南开利公司、杜某全、李某凡的上诉请求不能成立,应予驳回;一审判决认定事实清楚,适用法律部分错误,本院予以更正。

【理论阐释】

参照适用又称准用,是指法律明确规定特定法律规范可以参照适用本不属于该条规范调整范围的其他情形。在性质上参照适用属于法定类推,是就准用者与被准用者的构成要件,从规范功能及体系关联上进行比较观察,以认定在何种程度上应对被准用者赋予相当的法律效果。① 长期以来,由于我国实行单行法立法模式,各单行法之间相互独立、彼此隔离,从而导致参照适用条款的功能受限。《民法典》的颁布和民法体系化的形成,为发挥参照适用条款的功能提供了基础和便利。据统计,《民法典》中共有 28 个条文使用了"参照适用"的表述,这也可以说是《民法典》立法技术上的一个重大举措。

由于参照适用条款在《民法典》中的重要性,可以说,对参照适用条款的准确理解与适用是理解好、实施好、贯彻好《民法典》的重要环节。从司法实践来看,自《民法典》颁布以后,法官已开始大量援用参照适用条款。② 但问题在于,如何界定参照适用的内涵?如何把握其与直接适用、类推、拟制等的关系?参照适用条款的适用应当遵循哪些条件和程序?这些问题都是《民法典》实施过程中迫切需要回答的重大问题。从司法实践来看,我国司法实践对于参照适用条款也认识不一,这些现象表明在实践中对于参照适用条款究竟应当如何定性以及如何才能正确适用等问题,尚未达成共识。为此,本文拟针对这些问题谈一点看法。

---

① 王泽鉴:《民法学说与判例研究》(第 7 册),北京大学出版社 2009 年版,第 208 页以下。

② 截至 2021 年 10 月 9 日,在北大法宝"司法案例"数据库中,检索适用《民法典》的民事案件共计 707,028 件,适用参照适用条款的案例共计 1573 件。

一、适用要求之一：区分参照适用与适用

(一)参照适用和适用的相似性

参照适用又称准用,而适用也称直接适用。《民法典》在不同的条文中,分别使用了“参照适用”和“适用”的表述。甚至在《民法典》的有关条款中,同时规定了“参照适用”和“适用”。例如,关于非典型合同的法律适用问题,《民法典》第467条第1款规定:“本法或者其他法律没有明文规定的合同,适用本编通则的规定,并可以参照适用本编或者其他法律最相类似合同的规定。”《民法典》在规定参照适用和直接适用条款时,已经对二者进行了明确界分,但《民法典》在规定直接适用条款时,有时具体指明需要适用的规范,①有时只是概括地指出需要适用的规范群,而并不具体列举中适用的规范。② 这就与参照适用条款具有相似性。

就相似性而言,一方面,二者具有相似功能。参照适用和适用都是立法技术的体现,二者都旨在节省法律条款、避免规则的重复。③ 如果拟处理的案型与被适用法条的法律事实特征同一或者可被评价为同一,在法条表述上通常使用“适用”“依据”等指示词,这就是直接适用。如果拟处理的案型与被适用法条的法律事实特征仅具有相似性,在法条表述上常使用“参照适用”“准用”等指示词。④ 从形式上看,这两类条款似乎扩张了相关条款的适用范围,有观点据此将其认定为扩张解释,但事实上二者不同于扩张解释。参照适用确实扩张了被参照适用的规则的适用范围,将其扩张到了并不相同的法律关系中。例如,依据《民法典》第1001条的规定,将人格权编的规则参照适用于婚姻家庭关系之中。这表面上看起来似乎是规范的扩张适用,但就本质而言,其与扩张解释是明显不同的。因为参照适用条款并不需要借

---

① 例如,《民法典》第1065条第1款规定:“男女双方可以约定婚姻关系存续期间所得的财产以及婚前财产归各自所有、共同所有或者部分各自所有、部分共同所有。约定应当采用书面形式。没有约定或者约定不明确的,适用本法第一千零六十二条、第一千零六十三条的规定。”

② 例如,《民法典》第1030条规定:“民事主体与征信机构等信用信息处理者之间的关系,适用本编有关个人信息保护的规定和其他法律、行政法规的有关规定。”

③ 参见黄茂荣:《法学方法与现代民法》(第5版),法律出版社2007年版,第174页。

④ 参见易军:《买卖合同之规定准用于其他有偿合同》,载《法学研究》2016年第1期。

助法律解释方法而适用,只需根据立法者的规则进行适用即可,而扩张适用是一种法律解释的手段,反映了裁判者的能动性。事实上,扩张解释的产生,是因为法条的文义窄于立法者的真实意思,因而需要解释者进行扩张。而在准用、参照的情况下,法条已经明确地表述了立法者的意思,没有扩张的必要。另一方面,二者拥有共同的合理性基础。无论是参照适用还是适用,遵循的都是"平等"(Equity is equality)原则,在司法中也包括"区别原则"或"差别原则"(difference principle)。[①] 这就是说,类似事物进行类似处理,不同事物进行不同处理,才符合正义原则。参照适用和直接适用条款实际上都是从"平等原则"出发的,法律明文授权将法定案型之规定适用于另一相同或类似的案型之上,以实现类似案件的类似处理。

(二)参照适用和适用的区别

然而,虽然参照适用和适用都是重要的立法技术,但二者仍然存在本质区别。因为就参照适用而言,该规范调整的法律事实与被适用的规范调整的法律事实只是类似,而就适用而言,该规范调整的法律事实与被适用的规范调整的法律事实同一或从属。这就表明,从立法目的考量,在《民法典》中,虽然二者极其相似,但二者又是两类不同的规范。具体而言,参照适用与直接适用的区别在于:

第一,是否规定了直接适用的规范不同。参照适用是一种法定的"类推",也有学者将其称为"授权式类推适用",[②]在参照适用的情形下,法官也需要在被参照适用的规范中继续寻找裁判依据。因此,参照适用条款的适用存在继续找法的问题。从我国《民法典》的规定来看,针对大多数参照适用条款,具体如何选择法律的适用,法律规定并不具体、明确,如《民法典》第960条、第966条均规定,"参照适用委托合同的有关规定",只是明确了参照适用的方向,但是究竟委托合同章节哪些规则可得参照适用则是不明确的,还需要法官寻找具体的裁判规则。而适用并非如此,针对此类条款的适用,法律通常规定了直接适用的法律规范,不需要法官继续寻找需要可供适用的具体的裁判规范。例如,《民法典》第21条规定:"不能辨认自己行为的

---

① 王洪:《制定法推理与判例法推理》,中国政法大学出版社2013年版,第359页。

② 参见张弓长:《民法典中的"参照适用"》,载《清华法学》2020年第4期。

成年人为无民事行为能力人,由其法定代理人代理实施民事法律行为。八周岁以上的未成年人不能辨认自己行为的,适用前款规定。”从该条第2款的规定来看,对于8周岁以上的未成年人不能辨认自己行为的,则可以直接适用该条第1款的规定,并不需要找法。从司法三段论角度看,凡是规定直接适用某个条款时,该条款已经成为大前提,当然,如果适用条款本身是概括式的,则法官在适用相关的规则时还需要进行一定的找法。

第二,是否需要辨别相似性的不同。在直接适用的情形下,需要适用的规范所调整的法律关系与待适用的案件事实法律关系是同一的或具有从属性的。在直接适用的情形下,法律通常采取的是直接适用某具体规范,这表明,法律已经将已有的具体规范直接适用于法律未作规定的待决案件中,直接适用就表明无须裁判者再论证适用对象和被适用对象之间的相同性和不同性,立法者已经针对两者之间相似性作出了法律上的评价,将其作为同一化处理,此时便产生了直接适用相关的法律规范,该规范的适用无须裁判者对此进行论证。例如,《民法典》第808条规定:“本章没有规定的,适用承揽合同的有关规定。”这表明,立法者已经认定,建设工程合同与承揽合同属特别与一般的关系。也就是说,只要出现了法律规定的情形,就要直接适用某种规范。而在参照适用中,立法者并未对适用对象和被适用对象的关系作同一化处理,参照适用的规范所调整的法律关系与待适用案件事实法律关系具有相似性但并非完全相同。因此,在参照适用的情形下,裁判者还需要对构成要件的相似性进行判断,裁判者仍然有权判断法律关系是否具有相似性,哪些规范可以参照适用、哪些规范不可以参照适用。

第三,是否可以排除某些规范的适用不同。郑玉波先生指出,在准用需要变通适用、进行裁量,就性质上可用之部分则用,不可用之部分则不用;而适用则径行适用,不必有所变通。[①] 在“适用”的情形下,应当直接适用,除非某一特殊的法律关系有特别规范,否则被适用的规范均应当适用于该法律关系中,因此并没有可选择性。但在“参照适用”的情形下,法官应当进行选择,确定哪些规范可以参照适用,哪些规范不能参照。尤其是对于概括式的参照适用规范来说,适用者必须在适用中进行筛

---

① 参见郑玉波:《法谚》,台北,三民书局1984年版,第185页。

选,辨别哪些规范是可以参照适用,哪些规范是不可以参照适用的。

第四,对裁判者自由裁量权的限制不同。适用条款对于裁判者来说是一种硬约束,立法者完全代替了法官的自由裁量,直接帮助裁判者作出了规范选择和价值判断。而参照适用条款是一种软约束,它授予了法官一定的自由裁量权,可以在一定范围内进行规范选择和价值判断。由此也决定了裁判者的论证义务不同。在直接适用中,裁判者不需要论证待决案件是否符合需要直接适用的规范。而在参照适用中,裁判者要论证是否具有相似性等问题,因此其论证义务相较而言更高。①

无论是在立法还是司法实践中,严格区分适用和参照适用都是十分必要的。我国相关的司法解释和规范性文件有时也混淆上述两种不同的概念。例如,《农业保险条例》第 16 条规定:"本条例对农业保险合同未作规定的,参照适用《中华人民共和国保险法》中保险合同的有关规定。"由于农业保险是保险法律关系的一种特殊情形,所以此处的"参照适用"事实上应当为"适用"。再如,《有关担保司法解释》第 20 条的"适用"实际上属于表述错误,该条规定:"人民法院在审理第三人提供的物的担保纠纷案件时,可以适用民法典第六百九十五条第一款、第六百九十六条第一款、第六百九十七条第二款、第六百九十九条、第七百条、第七百零一条、第七百零二条等关于保证合同的规定。"其实,《有关担保司法解释》第 20 条所规定的人的担保与物的担保明显属于两种不同的关系,由于我国《民法典》第 388 条采用了功能化的担保合同概念,②因此可以在物的担保中,将提供担保的第三人的权利参照适用保证人的权利,但其应当属于参照适用,而非适用。这就是通过参照适用的方式,将有关人的担保的规则适用于物的担保的规则之中。由于"参照适用"和"适用"存在明显区别,在直接适用情况下,适用和被适用的两种法律关系是相同的或者是从属的。

二、适用要求之二:界分参照适用与类推

所谓类推适用,是指在对特定的案件缺乏法律规定时,裁判者比照援引与该案件类似的法律规定,将法律的明文规定适用于法律没有规定、但与明文规定类似的

---

① 王雷:《论身份关系协议对民法典合同编的参照适用》,载《法学家》2020 年第 1 期。

② 该条第 1 款规定:"……担保合同包括抵押合同、质押合同和其他具有担保功能的合同……"

情形。[①] 简单地说,类推适用,是指"对于法律无直接规定之事项,而择其关于类似事项之规定,以为适用"。[②] 由于刑法严格贯彻罪刑法定原则,因而严格限制类推适用方法的运用,而民法则广泛运用了类推适用的技术,并使其成为一种重要的漏洞填补的方法。王泽鉴先生认为,"法律的健全与进步,可以类推适用作为测试的指标,并因类推适用而渐趋成熟"。[③] 这也说明了类推适用在民法中的重要性。

类推与参照适用具有极大的相似性,参照适用也称为"法定的类推",[④]这表明,参照适用与类推具有一定的相似性。一方面,两者采纳的都是类比推理(Analogieschluss)的法律论证方法。类比推理实际上是对同等对待原则的适用,即将当前法律未调整或规制的案件事实,与法律上已作出规定的情形相比,如果两者的区别并未显著到足以对其区别对待的程度,那么则应当认定这两种情形之间的共同(一般性)要素即足以构成对它们赋予相同法律后果的正当根据。[⑤] 简言之,两种情况"类似"与否,"取决于它们在对法律评价具有决定性意义方面是否一致"。[⑥] 类比推理是不同于演绎推理和归纳推理的另一种逻辑方式。在逻辑学上,它是指根据两个或两类对象之间存在某些属性的相同或相似,而推导出它们的另一属性也相同或类似的推理。[⑦]"类比推理思维进程的方向,亦即它由前提得出结论的思维过程,是一种'由此及彼'的推导活动。所以说,类比推理是由'特殊'推向'特殊'的推理。"[⑧]另一方面,在具体适用中,都要求法官基于"等者等之,不等者不等之"的平等原则,进行一种相似性判断,以既有规范来处理待决案型。[⑨] 法律科学中的"类似性"判断的重心在于结论的妥当性,而非其客观上的真与假的判断问题,进行的是实质价值判断。[⑩]

尽管参照适用与类推存在上述相似性,但二者属于不同的法律方法,存在本质

---

① 参见黄茂荣:《法学方法与现代民法》(第5版),法律出版社2007年版,第492页。
② 郑玉波:《民法总则》,台北,三民书局1984年版,第21页。
③ 王泽鉴:《民法学说与判例研究》(第8册),北京大学出版社2009年版,第51页。
④ 史尚宽:《民法总论》,中国政法大学出版社2000年版,第51页。
⑤ [德]齐佩利乌斯:《法学方法论》,金振豹译,法律出版社2009年版,第98~99页。
⑥ [德]卡尔·拉伦茨:《德国民法通论》(上册),王晓晔等译,法律出版社2013年版,第106页。
⑦ 参见刘江:《逻辑学 推理和论证》,华南理工大学出版社2004年版,第189页。
⑧ 雍琦:《法律逻辑学》,法律出版社2004年版,第170页。
⑨ 参见易军:《买卖合同之规定准用于其他有偿合同》,载《法学研究》2016年第1期。
⑩ 参见刘风景:《准用性法条设置的理据与方法》,载《法商研究》2015年第5期。

区别,需要进行明确地区分,具体而言:

第一,性质不同。参照适用主要是立法技术问题,在参照适用的情形下,并不需要法官采用一定的法律技术进行解释法律,并填补法律漏洞。[①] 我国《民法典》在表述参照适用时,有的采用了“可以参照适用”,有的采用了“参照适用”。这似乎存在必须参照和可以参照的区分。但事实上,对于裁判者来说,两者的含义无太大区别。一方面,就裁判者职权角度而言,“可以参照适用”表明其有权参照适用;另一方面,就裁判者裁量权角度而言,在有参照适用条款时,应当认为存在法律规范,而不构成法律漏洞,因此在一般情形下仍然要适用参照条款所指向的规范。因而并非“要不要”参照,而应考虑于“如何”参照的问题。即便最终不参照适用,也需要对此负担论证说理的义务。而类推适用属于广义的法律解释的方法。在进行类推适用时,裁判者需要通过解释的方法确定存在漏洞,进而通过类推适用的方式填补漏洞。因此,类推适用是典型的漏洞填补手段,是在通过解释的方式续造法律。

第二,是否法定化不同。参照适用和类推适用的本质区别在于是否法定化,即是否存在法定授权。参照适用作为法定的类推适用,是立法者已经对拟调整的对象作出了明确指示,要求参照适用特定的规范。换言之,在参照适用的情形下,法律没有规定的事实包含了需要法律适用者作出决断的利益关系(Interessenlage),这一利益关系与法律已经规定的一项利益关系非常相似,以至于立法如果预料到这种情形,也会就上述法律没有规定的事实作出相应规定。[②] 而类推适用则恰恰发生于欠缺明文规定的情形,即在遇有法律漏洞的情况下,解释者依其能动性而采取的法律解释技术,此时是否进行类推适用,类推适用的对象以及产生的法律效果等,都具有较大的不确定性。在类推适用的场合,行为模式、被准用的法条以及法律后果的规定均不明确,裁判者的裁量空间较大、论证负担显然更重。[③]

第三,是否存在法律漏洞不同。如前文所述,参照适用,是指立法者从节省篇幅、防止就类似事项作出重复规定出发,所采用的一种立法技术。在参照适用的情

---

① 参见刘德福:《法律准用问题分析——以民事法律制度为例》,载《江西公安专科学校学报》2007 年第 6 期。

② Vgl. Rüthers/Fischer/Birk, Rechtstheorie, 10. Aufl., 2018, Rn. 889.

③ 刘风景:《准用性法条设置的理据与方法》,载《法商研究》2015 年第 5 期。

况下,法律已经明确规定了特定条款适用于特定情形,而没有将被准用的情形作出详细规范,因此,对参照适用的对象来说,立法者正是考虑可能存在的规则不足,所以才通过这样的立法技术,预先作出了填补规则不足的决断,这与填补法律漏洞的情形不同。在参照适用中,由于立法者已经作出了明确的适用指引,因而裁判者并不需要确定不足是否存在,同时也不必寻找作为大前提的规范。裁判者的任务主要是确定特定的法律关系与被参照适用的规范是否具有相似性。例如,《民法典》第467条第1款规定:"本法或者其他法律没有明文规定的合同,适用本编通则的规定,并可以参照适用本编或者其他法律最相类似合同的规定。"因此,在不能适用合同编通则的规定时,依照该条规定可以适用合同编分则的规定,但在确定参照适用合同编分则规定时,需要由裁判者判断争议的合同案件与合同编分则规定的哪一类典型合同最相类似,从而才能适用该类合同的相关规则。

而类推以存在法律不足为前提,即立法者对应予规整的对象没有提供相应的法律规则。[①] 类推作为一种法律不足填补方法,要求裁判者在缺乏相关裁判规范时,寻求类似法律关系中的规范,进行不足填补。[②] 但在实践中,对此容易混淆。例如,在"湖北联亮纺织有限公司(以下简称湖北联亮公司)与仙桃市天韵物流有限公司(以下简称仙桃天韵公司)等运输合同纠纷案"中,湖北联亮公司与仙桃天韵公司订立一份《货物承运合同》,约定湖北联亮公司将其生产的需要外运的货物在一年合同期内全部委托仙桃天韵公司承运。就其中一批货物,仙桃天韵公司作为托运单位又与上海永奔物流有限公司(以下简称上海永奔公司)签订了《运输合同》,合同约定由上海永奔公司作为承运单位将该批货物运至目的地。由于运输过程中货车发生火灾,致使货物全部烧毁。湖北联亮公司遂诉至法院。法院认为,"《合同法》第一百二十四条规定:'本法分则或者其他法律没有明文规定的合同,适用本法总则的规定,并可以参照本法分则或者其他法律最相类似的规定。'依照上述规定,虽然仙桃天韵公司在与湖北联亮公司订立《货物承运合同》后并没有实际运输其中一段路程,这种方式不是典型的单式联运合同方式,但与单式联运合同最为类似,可以类推适用单式

---

① 参见王雷:《论身份关系协议对民法典合同编的参照适用》,载《法学家》2020年第1期。

② Vgl. Rüthers/Fischer/Birk, Rechtstheorie, 10. Aufl., 2018, Rn. 888.

联运合同的法律规则”,依据原《合同法》第313条的规定,应当由仙桃天韵公司与上海永奔公司对湖北联亮公司的损失承担连带责任。① 该案的裁判理由值得商榷。从原《合同法》第124条的规定来看,该案应当属于参照适用即准用,因为原《合同法》第124条已就此种情形规定了准用规则,此时不存在法律漏洞,依据原《合同法》第124条的规定,该案应当属于准用原《合同法》第313条的规定,而法院认为其属于类推适用,有失妥当。

第四,立法者是否已经替裁判者作出判断不同。在参照适用之中,立法者已经代替裁判者作出了一定的判断,因而以立法的形式直接规定了具有相似性的法律关系可以适用同样的规则。因此,立法者已经为裁判者确定了找法的范围。在参照适用的情况下,由于不需要裁判者对法律关系是否类似,或是否存在法律漏洞进行判断。立法者已经在立法中作出了明确判断。“而准用则并非对于所准用之规定完全适用,仍应依事项之性质而为变通之适用者是也。”②因此,裁判者的自由裁量权较小,裁判者只不过要对参照适用的法律关系与被参照适用的法律关系的相似性等进行考量。但在类推情形下,已经存在法律漏洞,但立法者并没有替裁判者作出判断。“如果制定法以特定方式调整案件事实A,但对于相关价值评价应属同类的B案则缺乏规定,这种调整规则的缺失会被视为制定法漏洞。”③出现这样一种现象之后,如果完全由法官自己进行判断,将本来适用于A的规则适用于B,这就属于类推。类推适用则完全是由裁判者主导的找法活动,立法者在这一过程中并未出现。考夫曼指出,“类推介于‘同一’与‘差异’之间”。④ 也就是说,类推适用作为一种漏洞填补的方式,是需要法律适用者论证事物之间的相似性,即类推根据的存在,法律适用者承担的是积极的论证负担,裁判者需要对是否存在漏洞,以及法律关系的相似性,作出识别和判断,因此裁判者的自由裁量权较大,其享有判断待决案件的事实与特定法条中构成要件之间是否具有类似性的权力。但在参照适用的情形下,法律直接规定了A与B的类似,则B可以参照适用A的规范。因而以立法形式直接规定了

---

① 参见湖北省汉江中级人民法院民事判决书,(2014)鄂汉江中民二终字第00108号。

② 郑玉波:《法学绪论》,台北,三民书局2008年版,第77~78页。

③ [德]卡尔·拉伦茨:《法学方法论》,黄家镇译,商务印书馆2020年版,第470页。

④ [德]阿图尔·考夫曼:《法律哲学》,刘幸义等译,法律出版社2011年版,第94页。

具有相似性的法律关系可以适用同样的规则。从而可以避免裁判者拥有过多的自由裁量权限。

从某种意义上说,参照适用与类推适用之间实际上是一种此消彼长的关系,如果参照适用规范越多,类推适用的余地就越小,就越意味着立法者已经代替了裁判者进行了法律适用的判断。由于《民法典》大量采用了参照适用条款,所以就已经使类推适用的余地越来越小,在此种情形下,法官必须依据法律的相关规定适用参照适用条款,而因为漏洞已经不存在了,因而不能通过类推适用填补漏洞。

三、适用要求之三:区分概括参照与具体参照适用条款

按照被参照适用的是单个规范还是规范群,参照适用可以被区分为概括式的参照适用和具体参照适用。所谓具体参照条款,是指就某个别法律规定而参照适用;也就是说,被参照适用的是个别规定。例如,《民法典》第 174 条第 1 款对被代理人死亡后委托代理人实施代理行为有效的情形作出了规定,该条第 2 款规定:"作为被代理人的法人、非法人组织终止的,参照适用前款规定。"该规定即属于具体列举式的参照适用,参照适用的对象仅限于该条第 1 款规定。

个别参照类似拟制规范。但两者也存在区别。所谓拟制,是指对不同构成要件的事实明知其存在区别,而仍然规定具有相同的法律效果。例如,《民法典》第 18 条第 2 款规定:"十六周岁以上的未成年人,以自己的劳动收入为主要生活来源的,视为完全民事行为能力人。"此处所说的"视为"属于拟制,即"即是"。参照适用规范和拟制的区别主要在于:第一,拟制规范是对某一规范的构成要件进行拟制,[①]而参照适用规范则不限于对构成要件的参照。虽然二者最终的目的都是落脚于法律效果的相同处理,但实现这一效果的手段并不相同。第二,拟制规范需要借助事实的拟制以获得一定的法律效果,而参照适用则直接导致法律效果的发生。拟制在表面上是将一定的事实相等同,但立法者的目的并不在此,立法者真正追求的是将两种不同的构成要件适用相同的法律效果。拟制规范并不是意味着立法者认为拟制与被拟制的对象在事实上是一致的,而是立法者希望这两种

① 参见[德]罗尔夫·旺克:《法律解释》,蒋毅、季红明译,北京大学出版社 2020 年版,第 37 页。

不同事实可以获得相同的法律效果，也正是因为这一原因，拉伦茨称拟制为“隐藏的指示参照”。① 第三，拟制规范是不可以推翻且必须适用的，即使当事人举证证明拟制与被拟制的对象存在区别，也不能推翻此种拟制，因为立法者的目的正在于忽略此种区别。而对于参照适用来说，裁判者需要辨别可以适用的规范与不能适用的规范。

所谓概括参照条款，是指法律并不直接具体列举被参照适用的具体条款，而只是确定参照适用的大体范围，而应当依据案件的具体情形确定被参照适用的条款。《民法典》大量采用了概括参照条款，这可以说是我国《民法典》的重要特色。在《民法典》中，概括参照条款可以具体分为三大类：第一大类是各编之间的参照适用，例如，《民法典》第 464 条第 2 款将婚姻、收养、监护等有关身份关系的协议，可以参照适用合同编的规定；《民法典》第 1001 条规定，对自然人因婚姻家庭关系等产生的身份权利保护可以参照适用人格权保护的规定。《民法典》第 690 条规定，最高额保证可参照适用最高额抵押的有关规定。第二大类是各编内部的参照适用。例如，有偿合同参照适用买卖合同的规定（第 646 条），供用水、供用电、供用热力合同参照适用供用电合同的有关规定（第 656 条），行纪合同参照适用委托合同的规定（第 960 条），中介合同参照适用委托合同的有关规定（第 966 条）。第三大类是《民法典》与单行法之间的参照适用。《民法典》第 467 条第 1 款规定：“本法或者其他法律没有明文规定的合同，适用本编通则的规定，并可以参照适用本编或者其他法律最相类似合同的规定。”再如，《民法典》第 71 条规定：“法人的清算程序和清算组职权，依照有关法律的规定；没有规定的，参照适用公司法律的有关规定。”上述三大类概括参照适用规则不仅提供了大量的储备条款，同时将各编之间形成紧密联结的体系，并沟通了《民法典》与单行法之间密切适用的关系。通过此种立法技术，构建并强化了民法规范之间的体系性关联，充分发挥了《民法典》的体系效应。

严格地说，虽然上述两种参照适用条款都属于法律明确规定的参照适用条款，但在具体适用中，仍应当对二者进行必要的区分：

① 参见［德］卡尔·拉伦茨：《法学方法论》，黄家镇译，商务印书馆 2020 年版，第 334 页。

第一,是否需要寻找具体适用的规则不同。在参照规范的适用中,首先要依据参照适用的规范,进而再去寻找被参照适用的规范。在这一过程中,要区分两种不同类型的参照适用规范,二者分别遵循不同的法律适用步骤。对于概括式的参照适用来说,被参照适用并非具体规范,而是一个规范群。裁判者必须进行审查,以确定哪些规范可以参照适用,哪些规则不可以参照适用,而并非该规范群中的所有规范都必然能够被参照适用。在概括式的参照适用中,如果不加区分地一概适用被参照规范就会产生新的问题。例如,依据《民法典》第 646 条规定,所有有偿合同在缺乏法律规定时,可以参照适用买卖合同的规定,但如果在运输合同中,适用买卖合同关于孳息收取的规则,显然就不符合立法目的,甚至可能因为与《民法典》第 321 条关于孳息归属的规则出现矛盾而形成"隐藏的漏洞"。为避免出现此种情况,就要求裁判者在概括式参照适用中,必须准确判断哪些规则可以参照适用,哪些规则不能参照适用。而对于具体列举式的参照适用来说,法律直接规定了需要被参照适用的规范,裁判者无须另行找法论证。

第二,法官找法过程中的自由裁量权不同。从被参照适用的法条的具体程度来看,如果为条、款、项等属于具体参照适用;如果是节、章,乃至一个法律文本,则为概括参照适用,由此法官的自由裁量权的空间随之变动。① 对于具体参照适用条款来说,法官需要直接参照适用具体的条款,并无较大的自由裁量权。而对概括参照适用条款来说,法官在找法时的自由裁量权相对较大。当然,法官在运用概括参照适用条款时,也受到相应的限制。具体而言,此种限制包括如下几种:一是限制参照适用的规范类型。例如,《民法典》第 1001 条规定:"对自然人因婚姻家庭关系等产生的身份权利的保护,适用本法第一编、第五编和其他法律的相关规定;没有规定的,可以根据其性质参照适用本编人格权保护的有关规定。"依据该条规定,参照适用人格权的相关规定仅适用于身份权利保护的情形,即对身份权仅能参照适用人格权保护的规则,而人格权编中关于人格权的合理限制、人格利益的许可使用等规则,无法参照适用于身份权。二是对参照适用的规范范围进行限制。例如,依据《民法典》第 646 条规定,有偿合同参照适用买卖合同的规则,该条对有偿合同可以参照适用的规

① 参见刘风景:《准用性法条设置的理据与方法》,载《法商研究》2015 年第 5 期。

则的范围进行了限定,即其只能参照适用买卖合同的规则,而不能参照适用其他合同的规则。三是明确规定根据其性质参照适用。例如,《民法典》第464条第2款规定:“婚姻、收养、监护等有关身份关系的协议,适用有关该身份关系的法律规定;没有规定的,可以根据其性质参照适用本编规定。”所谓依据其性质,就是不仅要考虑被参照适用的法律规范的性质,也要考虑争议案件的法律关系的性质,并对二者进行比较,并在此基础上进行参照适用,这就为裁判者准确适用参照适用条款提供了明确的法律指引。总而言之,在整体参照适用中,法官的裁量余地更大,论证负担更重;而在个别参照适用中,法官的裁量余地更小,论证负担更轻。可以说,概括式地参照适用所提出的解释论的任务更重,对裁判者参照适用价值判断结论的妥当性提出了更高的要求。

第三,是否要确立完全法条不同。德国学者雷讷指出,在参照适用的情形下,“只有同时满足参引规范和被参引规范的构成要件时,才会发生参引规范中规定的并在被参引规范中被进一步细化的法律后果”。① 换言之,要将制定法为某构成要件所作的规定,适用于与该构成要件相类似的另一构成要件中。② 但要区分具体参照适用和概括参照适用条款。在具体参照适用的情形下,法律已经指明了参照适用的具体规范,这些具体的规范通常是完全法条,因此,在参照适用过程中,通常并不需要确立完全法条。例如,依据《民法典》第174条第2款的规定,作为被代理人的法人、非法人组织终止时,代理行为的法律效果应当参照第174条第1款代理人死亡时的规则。根据这一规定,如果代理行为满足第174条第1款所列4项中的一项,代理行为就可以有效。在这一具体参照适用中,构成要件和法律效果都已经明确,无须再寻找完全法条。而在概括参照适用的情形下,规范可能不具备完整的构成要件和法律效果,此时就应当寻找完全法条,共同构成司法三段论中的大前提。完全法条可以是一个条款,也可以是多个条款,可以在某一编寻找,也可以跨编寻找。例如,《民法典》第1001条规定,身份权的保护可以参照人格权编的规定,但由于人格权编的许多规则并非完全法条,可能在适用时还需要与侵权责任编等规则结合,共

① [德]德特勒夫·雷讷:《法学方法论的基础知识》,黄卉译,载《中国应用法学》2021年第3期。

② 参见[德]阿图尔·考夫曼:《法律哲学》,刘幸义译,法律出版社2011年版,第93页以下。

同构成完全法条,才能确定法律效果。

四、适用要求之四:明确参照适用条款的适用程序

每一种方法都具有自身所特有的目的和程序。就参照适用条款的适用而言,虽然法律明确指明了被参照适用的具体规范或者规范的范围,但这并不意味着简单地运用参照适用条款就能找到可供适用的规范。尤其是因为《民法典》参照适用条款大量采用的是概括参照条款,此类条款在具体适用中赋予了法官较大的自由裁量权,在法律划定的参照适用的范围内,法官享有具体确定被参照和参照适用的法律关系的相似性,并在此基础上确定参照适用的条款的权力。正是因为这类条款赋予法官较大的自由裁量权,准确适用此类条款需要一定的程序作为保障,以引导法官作出正确选择。如果缺乏此种程序保障,则可能难以实现相关的立法目的,也无法保障《民法典》规则的准确解释与适用。例如,《民法典》对概括参照条款经常表述为"可以根据其性质参照适用本编规定",这实际上只是为裁判者提供了具体适用规范的指引,但并没有指明究竟应当如何参照适用。

笔者认为,参照适用条款尤其是概括参照适用条款的适用程序应当从如下几个方面来考虑。

(一)考察立法目的

所谓立法目的和规范意旨考量,是指既有法律规则的立法目的可以适用于待决案件的调整。拉伦茨认为,通过指示参照得以确定的构成要件,与法律后果被指示参照的法规范之构成要件,这两者的某些要素——如互易契约及买卖契约的若干要素——相互间存在如下的关系:按照其功能以及其在构成要件意义脉络中的地位,它们应被同等看待,即应被赋予相同的法律后果。[①] 因此,参照适用只有还原到立法目的中,才能被看出是否有必要。为了追求参照适用所要达到的目的,在具体适用参照适用条款时,裁判者不仅要比较两个事实之间是否具有类似性,而且首先要考

① [德]卡尔·拉伦茨:《法学方法论》,黄家镇译,商务印书馆2020年版,第332~333页。

量立法者的立法目的,决定将特定法条参照适用是否与其立法目的相吻合。[①] 法律之所以设立参照适用条款,都是基于一定的立法目的考虑。如果法规范的保护目的存在争议或者不够清晰,那么参照适用就必须非常谨慎。[②] 例如,《民法典》第1001条之所以允许将人格权保护的相关规定适用于对自然人因婚姻家庭关系等产生的身份权利的保护上,其立法目的旨在强化对身份权的保护,尤其是注重对未成年人、老年人、妇女等弱势群体的保护。在选择哪些情形能够参照适用人格权的规则时,需要对身份权保护的立法目的进行考量。例如,男女双方签订一份离婚协议,其中既涉及财产分割内容,也涉及子女抚养、探望等内容。在离婚后,一方违约,另一方请求确认解除离婚协议,并要求对方承担违约责任。在该协议中,有关财产分割的内容,可以适用合同编中的解除、违约责任的规定,并不存在异议。但问题在于,协议中涉及子女抚养、探望等权利的保护,是应当参照适用人格权保护的规则,还是严格按照合同编的规则确定?笔者认为,出于立法目的考量,从未成年子女利益最大化角度出发,应当强化对未成年子女身份权的保护。即便存在合同约定,但如果该约定不利于保护未成年人,此时便应当参照适用人格权保护的规则,而不应当援引合同编的相关规则。

在参照适用中,虽然立法者明确了应当适用某些法律规定,但究竟是否哪些规定、适用到什么程度,则是不明确的,在《民法典》中,有关参照适用条款的表述,有的采用“可以参照”,有的直接表述为“参照”,因为这一原因,所以有学者认为,凡是用了可以参照表述的,意味着立法者的目的和意图是交由法官判断,而如果直接适用参照适用的,则意味着参照是一种义务,裁判者必须参照适用相关的规则。笔者认为,参照既然是一种法定的准用,就表明立法者已经对相关条款的参照适用作出了判断,表述为可以参照适用,表明立法者认为,相关法律关系之间的相似性还需要作进一步考察和论证,而不意味着不需要参照适用,而在没有此种表述时,相对而言,表明相关法律关系的相似性较大,法官不需要进行过多的论证。因此,凡是在参照适用条款的情形下,裁判者的裁量权不是体现在“要不要”参照这一问题上,而在集

---

① Vgl. PaulDelnoy, Elément de méthodologie juridique, Larcier, 2006, Bruxelles, p.410.

② Vgl. Möllers, Juristische Methodenlehre, 2. Aufl. 2019, § 6 Ⅲ Rn. 107.

中于"如何"参照的问题。[1] 这意味着参照适用是裁判者的强制性义务,但对于如何参照则享有自由裁量权,即便某些包含在被参照规范范围内的规则最终没有被参照适用,裁判者也需要对此负担论证说理的义务。

(二)考量相似性

在逻辑学上,类比推理原理的可靠程度是建立在两个事物相同属性之间相关程度的基础之上的。这种相关程度越高,类比推理的可靠性就越大。[2] 参照适用作为一种法定类推,这就意味着,虽然法律已经将参照的范围予以划定,但是毕竟待解决的案件能否都适用到被参照的规范,还需要将类似性予以说明。只有参照与被参照的情形包含共同的、相似性的要素,才能将法律规定情形的法律效果适用于法律未规定的情形,[3]从而完成参照适用过程。在概括性参照适用中,被参照的法律规范是多数的,但并非所有这些规范都与案件的待决事实之间存在涵摄的可能性。有一些规范依据其性质根本无法适用于被参照的对象。例如,虽然《民法典》第1023条第2款规定了声音利益的保护可以参照适用肖像权保护的规则,但对于第1019条所规定的禁止"污损肖像",在声音保护中并没有适用的余地,因而不得适用。因此,这就需要裁判者探寻待决案件的事实与可能参照适用的规范之间是否具有相似性,此时立法者的相似性判断并不清晰,有待裁判者作出进一步的细化。

认定"相似性"的学界通说是"构成要件类似说"。具体方法是假设有法定案型A,其内涵特征可析述为M1、M2、M3、M4、M5几点,系争案件B之内涵特征有M2、M3、M4、M5、M6、M7几点,相互比较可知A、B两案之相同特征为M2、M3、M4,若此3点在法律评价上对A、B两案具有重大意义,则可认定两案具有"类似性"。[4] 此种观点仍然较抽象,严格地说,在参照适用条款的适用中,相关的法律关系并不是等同的,因此很难存在上述相同的法律要素,而只能进行相似性的判断。笔者认为,相似性应当从如下几个方面考虑:

---

① 参见易军:《买卖合同之规定准用于其他有偿合同》,载《法学研究》2016年第1期。

② 参见李廉主编:《逻辑科学纲要》,湖南人民出版社1986年版,第235页。

③ Vgl. Zippelius, Juristische Methodenlehre, 12. Aufl. 2021, § 11 Ⅱ, S. 56 f.

④ 黄建辉:《法律漏洞·类推适用》,台北,蔚理法律出版社1988年版,第110页。

第一,是法律关系性质的相似性判断。《民法典》之所以设置参照适用条款,强调依据其性质参照适用,其实首先强调的还是法律关系性质的相似性。如果仔细分析合同编中的参照适用条款,可以看出,为什么有偿合同可以参照适用买卖合同的关系,乃是因为有偿合同与买卖合同一样,是一种等价交换的交易关系,都属于有偿的交易关系,在这方面,法律关系具有相似性。同样,行纪和中介合同之所以可以参照适用委托合同的规则,也是因为其都是一种提供劳务为他人处理事务的关系,而且大多以有偿的劳务关系为内容,正是基于此种法律关系的相似性,从而可以发生参照适用。

第二,是对拟参照适用的法律规定的构成要件与参照适用条款的相似性进行判断。如前所述,参照适用以类似案件类似处理为目的,即是否存在相同的法律理由(ratio legis),经由利益衡量存在同一的利益状态。① 因此,在判断相似性时必须要对构成要件的相似性进行检验。例如,在某个股权转让合同纠纷中,双方当事人订立了合同,买受人有确切证据证明,第三人对该股权享有权利。虽然《民法典》第646 条规定,"……没有规定的,参照适用买卖合同的有关规定",但并非可以适用买卖合同的所有规定。尤其是此时能否参照适用《民法典》第 614 条关于买受人中止支付价款的规则,仍需要进行相似性的判断。在股权转让的情形下,合同为有偿合同,且以价金作为永久性地获得某一权利的代价,因而与买卖合同极为相似。如果第三人对该股权享有权利,则可能使买受人难以实现订立合同的目的。因此,股权转让合同中第三人享有股权与买卖合同中第三人享有所有权两个事实具有高度相似性。因而可以参照适用《民法典》第 614 条的规则,买受人可以暂时中止合同履行。

第三,是规则的选择。在具体参照适用条款的适用中,由于立法者已经对此作出了指示,因此不存在规则的选择问题。但在概括参照适用的情形下,法官的重要任务就是筛选可以适用的规范,即可以选择哪些或应当排除哪些规范的适用,这种选择与排除既是裁判者的职权,也是其作出公正裁判所必须承担的任务。例如,《民法典》第 521 条第 3 款规定:"连带债权参照适用本章连带债务的有关规

---

① 参见王泽鉴:《民法学说与判例研究》(排合订本),北京大学出版社 2015 年版,第 84 页。

定。”依据这一规定,在连带债权法律关系中可以参照适用连带债务的规则。但在连带债权法律关系中有些规则不能参照适用。例如,《民法典》第520条第1款关于连带债务人的履行或者提存的效力规定,在连带债权关系中就无法参照适用,因为在连带债权中,债权人并不负履行义务,也不可能发生部分连带债权人履行或提存的问题。

第四,是差异性的考量。差异性的考量是从反面进行验证,从而排除法律规则的适用。此种差异性的考量主要是通过反类比的方式进行,即在比较事物间相同属性时,进一步找出它们的不同属性,然后分析这些不同属性与推理出的属性之间是否存在不相容性,从而进一步验证类比结论的可靠性。如果存在不相容性,即使是两个或两类事物之间存在许多的相同属性,类比得出的结论也是不可靠的。① 通过反类比来进一步发现两者之间的差异,从而确定其类似性的程度。在进行差异性考量时,需要对两者之间的差异性进行评价,即该差异性是否足以影响或者推翻前述类似性的初步判断结论,如果差异性的分量大于相似性,那么则不应当参照适用该规定。例如,在前述离婚协议中,关于协议中有关子女抚养、探望等权利的保护能否参照适用合同编的规则?笔者认为,合同编的规则主要是关于财产交易的规则,而子女抚养、探望等权利的保护与财产交易存在本质区别,因此无法参照适用合同编的规则。如果在进行差异性考量后,发现二者大同小异,这些差异如具有法律评价上的重要性,则需要对拟适用的法律规则进行必要的限制或者修正,再参照适用拟适用的规则。② 在进行差异性考量后,对二者的不同之处进行识别和评价,只有当形成相同性在法律评价上占有更大的分量或者价值时,才可以依据“相同情况相同处理”的法理,参照适用相关规范。如果不同性在法律评价上更突出或者更有分量,对于该情形则不能通过参照适用的方式去适用相关联的规定,“这是不同情况不同处理”的内在要求,例如,《民法典》第960条规定,行纪合同没有规定适用委托合同的相关规定,行纪合同作为一种商事合同,其与以民事、无偿为典型的委托合同存在的差异性大于相似性,因而其不宜参照适用委托合同

---

① 参见刘江:《逻辑学:推理和论证》,华南理工大学出版社2004年版,第192页。

② 参见黄茂荣:《法学方法与现代民法》(第5版),法律出版社2007年版,第192~193页。

任意解除权的规定。

在进行差异性考量时，由于比较的事物之间不可能完全相同，因此需要选择特定的比较点，而无须对相关的事项进行全面比较。比较点的分析主要应当从适用情形的类似和立法目的考量两方面进行。通过比较点的分析，如果认定其适用情形类似且符合规范目的，就可以确定二者之间具有类似性，从而完成找法的过程。例如，待决关系为 B，如果其具有重要意义的法律评价点与法律规范 A 的适用条件类似，且参照适用 A 规范符合规范目的，即可认定二者之间具有相似性与关联性，并可参照适用 A 规范调整 B 关系，从而完成找法的过程。在确定可参照适用的法律规范的过程中，关键在于确定比较点，在确定比较点时，既需要考虑待决关系自身具有重要意义的法律评价点，也需要考虑其与相关法律规范之间的关联性，此种关联性应当从规范适用条件与规范目的两个方面予以判断。

（三）体系上的检验

在完成相似性考量后，能否进行参照适用，还需要进行体系上的检验，即考察参照适用所产生的法律效果，将其置于整个法体系中进行检验，确保参照适用的价值判断结论不能与其他规定相冲突，①不能违背基本的价值目标相背离，不能违反更高层级的规范。恩吉施指出，“法学应不断地从法的整体、法的内在意义脉络出发发展更新，以此使得法的整体作为一种意义脉络清晰呈现，澄明可解”。② 从这一意义上说，法官在援引“参照适用”条款时，并不仅仅只是进行一种纯粹的技术性操作，其还需要对参照适用的结论进行整体考量，从而实现参照适用结论与法律秩序的全部评价机制相协调。例如，《民法典》第 464 条第 2 款规定了身份关系协议可参照适用合同编的规定，但不得违背婚姻家庭编特有的价值秩序，如婚姻家庭的团结、对身份的伦理考量、未成年子女的利益最大化等，如果缺乏此种体系上的检验，则可能使交易规则不当地介入身份关系之中，进而破坏身份关系的伦理性、影响身份关系的稳定。③

---

① 参见黄茂荣：《法学方法与现代民法》（第 5 版），法律出版社 2007 年版，第 494 页。

② ［德］卡尔·拉伦茨：《法学方法论》，黄家镇译，商务印书馆 2020 年版，第 218 页。

③ 参见冉克平：《“身份关系协议”准用〈民法典〉合同编的体系化释论》，载《法制与社会发展》2021 年第 4 期。

需要指出的是,参照适用条款的适用也不得与法律的规定相冲突。例如,关于祖父母、外祖父母是否为探望权的主体,《民法典》第 1086 条第 1 款规定:"离婚后,不直接抚养子女的父或者母,有探望子女的权利,另一方有协助的义务。"该条将探望权的主体限于父或母,其他主体并不属于探望权的主体。依据《民法典》第 1001 条的规定,因婚姻家庭关系等产生的对身份权利的保护,可以参照适用人格权编的规则,在适用该参照适用规则时,就不能与《民法典》第 1086 条的规定相冲突,即不能据此认定祖父母、外祖父母也享有探望权。

五、结论

德国学者施耐德(Schneider)指出:"一切法律领域都存在法律参照。"①长期以来,由于我国实行单行法的立法模式,导致参照适用规范这一重要的立法技术并没有得到很好地运用,因而在司法实践中并未引起高度重视。但在《民法典》采用参照适用的立法技术、大量规定参照适用条款后,《民法典》的体系性和逻辑性得以增强,实现了《民法典》的规范储备功能,解决了规范不足的问题,极大地避免了法律漏洞的产生。借助参照适用等立法技术,《民法典》规范基本齐备,也在一定程度上降低了司法解释创设新规则的必要性。在《民法典》颁布实施后,准确适用参照适用条款,必将进一步发挥《民法典》的体系效应,保障法官依法公正裁判,准确指引法官找法、释法。当然,立法者使用参照适用条款调整社会关系,反映了立法者以自己有限的理性来调整复杂多变的社会关系时所具有的谦卑、审慎和保持立法节约的态度,②但如果社会条件发生重大变迁,立法者也必须与时俱进,突破参照适用条款的局限,及时进行法律的立改废释工作。③

① Vgl. Hans Schneider, Gestzgebung, 2002, S. 251.
② 参见刘风景:《准用性法条设置的理据与方法》,载《法商研究》2015 年第 5 期。
③ 参见刘风景:《准用性法条设置的理据与方法》,载《法商研究》2015 年第 5 期。

专题三　诚实信用与公序良俗

本专题撰写人：王利明

【《民法典》及其配套司法解释的新规则】

《民法典》第 7 条：

民事主体从事民事活动，应当遵循诚信原则，秉持诚实，恪守承诺。

《民法典》第 8 条：

民事主体从事民事活动，不得违反法律，不得违背公序良俗。

《民法典》第 153 条第 2 款：

违背公序良俗的民事法律行为无效。

【规则由来】

《民法典》第 7 条、第 8 条以及第 153 条第 2 款均来自原《民法总则》第 7 条、第 8 条以及第 153 条第 2 款，内容无变化。

早在 1986 年，尽管表述上有所区别，原《民法通则》就已经确立了这两项基本原则。该法第 4 条规定，民事活动应当遵循自愿、公平、等价有偿、诚实信用的原则。该法第 7 条规定，民事活动应当尊重社会公德，不得损害社会公共利益，破坏国家经济计划，扰乱社会经济秩序。该法第 58 条第 5 项规定，“违反法律或者社会公共利益的”民事行为无效。

原《合同法》第6条规定,当事人行使权利、履行义务应当遵循诚实信用原则。该法第7条规定,当事人订立、履行合同,应当遵守法律、行政法规,尊重社会公德,不得扰乱社会经济秩序,损害社会公共利益。该法第52条第4项规定“损害社会公共利益”合同无效。

【规范意旨】

一、诚实信用原则

我国《民法典》第7条规定了诚信原则。诚信原则作为民法最重要的基本原则,被称为民法的“帝王条款”,是各国民法公认的基本原则。通常认为,诚实信用原则要求民事主体从事民事活动应当讲诚信、守信用,以善意的方式行使权利、履行义务,不诈不欺,言行一致,信守诺言。[①]《民法典》明确诚信原则,是贯彻社会主义核心价值观中诚信价值的具体表现,既弘扬了中华民族的传统美德,也顺应了市场经济社会对于商业伦理的要求。

诚信原则作为一项基本原则应适用于民法的整个领域,民事主体行使任何民事权利、履行任何民事义务,都应当遵守这一原则。诚信原则的功能具体表现在以下几个方面。

第一,为民事主体确立行为规则。诚信原则不仅是一项抽象的法律原则,而且依据该原则可以产生各种具体的民事义务,这主要表现在:诚实信用原则在民法中具体表现为:一是要求民事主体正当行使民事权利,禁止滥用权利、造成对他人的损害。二是忍受轻微妨害的义务。对于来自邻人轻微的妨害,应当忍受。三是以正当的方式履行义务。在合同对义务的履行没有作出明确规定的情形下,应当根据诚信原则履行义务。四是情势变更原则,在合同订立后履行完毕以前,发生了情势变更导致当事人利益失衡时,如果符合法律规定的条件,应允许当事人变更或解除合同。五是附随义务的产生,合同履行过程中,当事人应当依据诚信原则承担通知、协助、保密、忠实、告知、保护等附随义务。六是禁止从违法行为中获利原则,即任何人不

① 参见黄薇主编:《中华人民共和国民法典总则编释义》,法律出版社2020年版,第43页。

得从违法行为中获取不正当利益。诚信原则在民法中所派生的具体规则不限于此，从今后的发展趋势来看，必然会从诚信原则中产生出更多的民法规则。诚信原则不仅适用于财产法领域，也广泛适用于对人身关系的调整之中。

第二，填补法律和合同漏洞的功能。诚信原则首先可以适用于填补法律漏洞。首先，诚信原则可以运用于填补法律漏洞。也就是说，在适用法律过程中，如果出现法律漏洞，法官可以运用诚信原则对法律的漏洞作出填补。诚实信用原则的一大功能在于法的续造。其次，诚信原则也可以适用于填补合同漏洞。填补合同漏洞具体表现在：首先，合同的内容存在遗漏，即对一些合同的条款，在合同中并没有作出规定，如合同中缺少对质量条款的约定的，可以依据诚信原则填补漏洞。其次，合同中的约定不明确，或者约定前后矛盾的，可以依据诚信原则加以完善。

第三，裁判中的衡平功能。这就是说，法官在处理民事纠纷过程中，可以根据诚实信用原则对当事人之间的利益冲突进行妥当的衡量，以确定其利益取舍和排序。平等主体之间的交易关系，都是各个交易主体因追求各不相同的经济利益而产生的，而各方当事人之间的利益常常会发生各种冲突或矛盾，这就需要借助诚信原则加以平衡。① 诚信原则不仅要平衡当事人之间的利益，而且要求平衡当事人的利益与社会利益之间的冲突与矛盾，即要求当事人在从事民事活动中，要充分尊重他人和社会的利益，不得滥用权利，损害国家、集体和第三人的利益。

第四，作为解释民法的重要依据。诚信原则要求在法律与合同缺乏规定或规定不明确时，司法审判人员应依据诚信、公平的观念，准确解释法律和合同。具体来说，一方面，在适用法律方面，诚信原则要求司法审判人员能够依据诚信、公平的观念正确解释法律、适用法律，弥补法律规定的不足。可见，诚信原则实际上给予司法审判人员一定的自由裁量权，使其能够依据诚信、公平等观念适用法律、正确处理民事纠纷。另一方面，诚信原则也是司法审判人员在解释合同时所应遵循的一项原则。

---

① 参见［德］迪特尔·梅迪库斯：《德国债法总论》，杜景林、卢谌译，法律出版社2004年版，第123页。

二、公序良俗原则

公序良俗,是由“公共秩序”和“善良风俗”两个概念构成的。依据《民法典》第8条的规定,民事主体从事民事活动,不得违背公序良俗。该原则不仅适用于财产关系,也适用于人身关系,是社会主义核心价值观的体现,对于维系社会伦理和秩序具有重要意义。与《民法典》第8条的积极要求相呼应,《民法典》第153条第2款也规定违背公序良俗的民事法律行为无效。

一是具有调节性的功能。公序良俗原则可以协调个人利益与社会公共利益、国家利益之间的冲突,维护正常的社会经济和生活秩序。也就是说,这一原则实际上赋予了法官一定的自由裁量权,从而使其能够有效地调整各种利益冲突。

二是弥补强行法规范的不足。由于强行法不能穷尽社会生活的全部,其适用范围不能将各种民事活动都涵盖其中。民事活动纷繁复杂,强行法不可能对其一一作出规定,还需要通过在法律上设立公序良俗条款,对民事行为提供更全面的规则,并对其效力作出评价。公序良俗本身不是强行法,但它是沟通强行法与道德规范的桥梁,为法律引入道德规范提供了媒介。公序良俗原则也有利于避免法律的僵化,能够促进强行性法律规范与道德的有机协调,维护社会经济生活秩序的和谐稳定。

三是对私法自治合理限制。在现代社会,虽然私法自治原则可以成为社会治理的重要方式,但私法自治也可能被滥用,而对社会经济生活造成妨碍。因此,需借助公序良俗原则,对私法自治原则进行必要限制,这尤其体现在伦理生活领域。在我国,尽管为了促进市场经济的发展,需要借助自愿原则,不断扩大民事主体意思自治的范围,允许其在民事活动领域依法享有广泛的行为自由,但也需要借助公序良俗原则对民事主体的行为进行必要限制。例如,为了保护个人的人格尊严,应当对有偿代孕行为进行必要控制,以防止将人的身体作为商品进行交易的现象。公序良俗原则就是要强调民事主体进行民事活动时必须遵循社会所普遍认同的道德,从而建立稳定的社会秩序,使社会有序发展。因此,在一定程度上,公序良俗原则对自愿原则作出了限制和干预,从而保障人们依据自主自愿行为时能够符合法律的价值和目的。

【典型案例】

案例一：最高人民法院第166号指导性案例

裁判要点：

当事人双方就债务清偿达成和解协议，约定解除财产保全措施及违约责任。一方当事人依约向人民法院申请解除保全措施后，另一方当事人违反诚实信用原则不履行和解协议，并在和解协议违约金诉讼中请求减少违约金的，人民法院不予支持。

案例二："恶意抗辩案"

A建设公司通过招投标取得某项目工程，并与发包人B房地产公司签订涉案《建设工程施工合同》。事后，B公司以双方在招标前就投标方案等实质性内容进行了协商、属于"明招暗定"为由，主张合同无效。

最高人民法院在裁判论证中指出："《民法总则》第七条规定：'民事主体从事民事活动，应当遵循诚信原则，秉持诚实，恪守承诺。'《中华人民共和国民事诉讼法》第十三条第一款规定：'民事诉讼应当遵循诚实信用原则。'诚实信用原则既是民商事活动的基本准则，亦是民事诉讼活动应当遵循的基本准则。在建设工程项目中，设立招投标程序是为了保护国家利益、社会公共利益和招投标活动当事人的合法权益，提高经济效益，保证项目质量；是为了通过法定的强制的公开竞价的方式为建设单位发包工程建设项目提供平台服务，为发包人的工程建设项目选定施工人。在招投标过程中，较承包人而言，发包人掌握一定主动权。本案中，B房地产公司作为招标人，明知其与A公司于招投标之前就合同实质性内容进行谈判的行为可能导致双方其后签订的《建设工程施工合同》因违反《招标投标法》的相关规定而被认定为无效，仍然积极追求或放任该法律后果的发生，经招投标程序后与A公司签订了涉案《建设工程施工合同》，B房地产公司对该违法行为具有明显过错，应负主要责任。A公司明知违法而参与竞标，最终中标并签订涉案《建设工程施工合同》，亦存在过错，应负次要责任。综上，B房地产公司与A公司在案涉项目招投标过程中皆有违诚信原则。现在涉案工程施工过程中以及本案一审中，B房地产公司始终未对《建设工程施工合同》的效力问题提出异议,仅在一审中辩称本案不存在合同约定解除或法定解除的情形,不同意A公司有关解除合同的诉讼请求。B房地产公司在本案二审中提出涉案《建设工程施工合同》无效的上诉主张,是认为涉案《建设工程施工合同》有效将为其带来不利,或者所带来的利益小于合同无效所带来的利益,其目的是规避应承担的付款义务,免除或者减轻一审判决确定由其承担的民事责任。本院认为,合同约定应当严守,诚信观念应当强化。B房地产公司作为涉案建设工程的招标人、甲方,主导签订了涉案《建设工程施工合同》,在合同相对方A公司按约履行合同而其并未按约支付工程款,一审判决B房地产公司承担相应责任后,B房地产公司以其自身的招标行为存在违法违规为由,于二审中主张合同无效,其行为不仅违反诚实信用基本原则,而且不利于民事法律关系的稳定,属于不讲诚信、为追求自身利益最大化而置他人利益于不顾的恶意抗辩行为。合同无效制度设立的重要目的在于防止因为无效合同的履行给国家、社会以及第三人利益带来损失,维护社会的法治秩序和公共道德。而本案中,B房地产公司作为违法行为人恶意主动请求确认合同无效,如支持其诉求,意味着体现双方真实意愿的合同约定不仅对其没有约束力,甚至可能使其获得不正当的利益,这将违背合同无效制度设立的宗旨,也将纵容违法行为人从事违法行为,使合同无效制度沦为违法行为人追求不正当甚至非法利益的手段。综上。B房地产公司在二审中主张涉案《建设工程施工合同》无效,该主张有违诚信原则,故,B房地产公司关于其与A公司于招投标前就合同实质性内容进行谈判的行为违反了《招标投标法》的规定,导致涉案《建设工程施工合同》无效的主张,缺乏事实和法律依据,本院予以驳回。”①

案例三:最高人民法院第170号指导性案例

裁判要点:

违反行政规章一般不影响合同效力,但违反行政规章签订租赁合同,约定将经鉴定机构鉴定存在严重结构隐患,或将造成重大安全事故的应当尽快拆除的危房出租用于经营酒店,危及不特定公众人身及财产安全,属于损害社会公共利益、违背公

① 参见最高人民法院民事判决书,(2019)最高法民终347号。

序良俗的行为,应当依法认定租赁合同无效,按照合同双方的过错大小确定各自应当承担的法律责任。

【理论阐释】

公序良俗原则与诚实信用原则都是民法的基本原则。《民法典》总则编分别在第7条和第8条明确规定了诚实信用原则和公序良俗原则。这两项基本原则都是对民事主体行为的基本要求,从价值理念上看,公序良俗原则与诚实信用原则都体现了对社会公共道德的维护,都要反映社会主流的价值观和道德观,而且二者都在一定程度上具有弥补法律规定不足、限制私法自治的功能。① 这两项基本原则在适用中存在许多交叉和重合之处,在许多情况下,违反诚实信用原则的行为同时也违反公序良俗原则。因此,二者在适用过程中有一定的交叉,在司法实践中,往往出现同时援引两项基本原则的情况。例如,在最高人民法院公报刊载的"莒县酒厂诉文登酿酒厂不正当竞争纠纷案"中,法院在裁判中就同时援引了这两项原则进行裁判。② 这两项基本原则在适用要件、适用范围、功能等方面存在差别,应当对二者进行必要的区分,这有利于在司法实践中准确适用这两项基本原则,充分发挥二者的功能。

一、公序良俗原则与诚实信用原则适用范围的区别

诚实信用原则与公序良俗原则都起源于罗马法,但二者产生的路径并不相同。

① 参见黄薇主编:《中华人民共和国民法典总则编释义》,法律出版社2020年版,第44页、第47页。

② 山东省高级人民法院二审认为:"上诉人为与被上诉人竞争,违反国家工商行政管理局、轻工业部、商业部关于酒的商标应当同其特定名称统一起来的规定,使用与自己的注册商标完全不同的'喜凤酒'三个字作为自己酒的特定名称,从而制作出与被上诉人相近似的瓶贴装潢,造成消费者误认误购。同时,上诉人还在同一市场上采用压价的手段与被上诉人竞争,致使其在经济上遭受一定损失,上诉人的上述行为,不仅违反了民法通则第四条规定的公民、法人在民事活动中,应当遵循诚实、信用的原则,而且违反了第五条的规定,侵害了被上诉人合法的民事权益。依照民法通则第七条的规定,上诉人的这种行为,还损害了社会公共利益,扰乱了社会经济秩序,是不正当的竞争行为,必须予以制止。被上诉人由此遭受的经济损失,必须由上诉人赔偿。"参见《最高人民法院公报》1990年第3期。

诚信原则最早起源于罗马法,被称为“善意”(bona fides),[①]具有法律原则的功能。[②]一些学者认为,诚实信用原则起源于罗马法的“一般恶意抗辩”(cexceptio doli generalis)。根据裁判官法,当事人因误信有债的原因而承认的债务实际上并不存在时,可以提出诈欺抗辩,以拒绝履行。同时,依据市民法的规定,当事人如因错误而履行该项债务时,得提起“不当得利之诉”(condictio indebiti)。[③] 其对于法律关系内容的控制、填补以及合同条款的解释都能够发挥作用。[④] 当然,罗马法上的诚实信用原则仅适用于一些特殊情形,在罗马法中权利行使自由(Ouiiure utitus nemini farit inicuriam)的原则,包括行使权利不得含有加害意思(Animus Vicno nocendi)及应善意衡平(Konum acquum)进行诉讼程序的内容,[⑤]其中就包括了诚信的思想。从立法层面看,诚实信用原则最早为1804年法国《民法典》第1134条所正式确认,并为后世民法普遍认可,逐渐成为一项“帝王规则”。

公序良俗的概念同样起源于罗马法。按照罗马法学家的看法,所谓公序,即国家的安全、人民的根本利益;良俗即人民的一般道德准则,这两个概念的含义非常广泛,而且是随着社会的发展而不断变化的。例如,优士丁尼的《学说汇纂》就认为,订立合同约定终身不结婚或者必须结婚、必须信奉某种宗教或者不信奉某种宗教、限制宗教和遗嘱自由等的行为,以及以赌博为标的的行为等都属于违反公序良俗而无效的行为。[⑥] 法国《民法典》将两者统称为公序良俗。[⑦] 而德国《民法典》仅规定了善良风俗,而没有采纳公共秩序的概念。[⑧]

从公序良俗原则和诚实性用原则产生的历史渊源来看,二者产生的路径并不相同,这也导致二者在适用范围上存在一定差别。诚信原则主要适用于权利行使和债

---

① 例如,罗马法中除有所谓善意第三人、善意占有和取得及守信履约外,还有善意行为、善意诉讼等概念。

② MüKoBGB/Roth/Schubert, §242, Rn. 17.

③ 参见何孝元:《诚实信用原则与衡平法》,台北,三民书局1977年版,第14页。

④ MüKoBGB/Roth/Schubert, §242, Rn. 17.

⑤ 林诚二:《民法理论与问题研究》,中国政法大学出版社2000年版,第5页。

⑥ 参见周枏:《罗马法原论》(下册),商务印书馆1994年版,第599页。

⑦ 法国《民法典》第6条规定:“个人不得以特别约定违反有关公共秩序和善良风俗的法律。”日本民法也采纳了这种规定,参见日本《民法典》第90条。

⑧ 参见德国《民法典》第138条、第826条。

务履行之中,而公序良俗原则主要适用于维护公共道德和公共利益的情形。法国《民法典》中的诚信原则仅适用于合同法,但自 1861 年巴伐利亚王国《民法典草案》和 1866 年《德累斯顿草案》(Dresdener Entwurf)开始,诚信原则已经被视为一项债法的基本原则,①并最终在德国《民法典》第 242 条中得以确认。20 世纪以来,诚信原则在大陆法系国家民法中迅速发展。1907 年的瑞士《民法典》最早突破了诚信原则仅适用于债法的德国法模式,而将其作为民法的一项基本原则加以规定。该法典第 2 条规定,"任何人都必须诚实信用地行使其权利,并履行其义务",这不仅将诚信原则的适用由单纯约束义务人扩张至对权利人行为的规范,更将诚信原则的适用由债务关系扩张至一般的民事权利义务关系,从而真正明确了诚信原则的地位和作用。日本《民法典》最初并未规定诚信原则,但经过第二次世界大战后的修改,该法典也将其作为一项民法的基本原则加以规定。按照王泽鉴教授的看法,在德国民法中,尽管诚信原则在体系上规定于债编之中,实际上它是一项基本的法律,不仅要适用于民法,还适用于公法及诉讼法,所以诚实信用实际上被称为"帝王条款"(König Paragraph),君临一切法域。② 可见,诚信原则主要是用来规范当事人的交易行为,防止当事人从事有损商业道德的行为。

公序良俗原则也是民法中广泛适用的一项基本原则,严格地说,公序良俗是由公共秩序和善良风俗所组成的。"公共秩序"一词本身并没有十分确定的含义。"有时候它所包含的内容,完全就是法律演变过程中,立法或司法功能上,最根本的伦理、政治和社会等诸原则和概念;而某些时候,它本身就只是一法律名词,而意味着'公共利益的好处',意即任何合法行为,若有侵害大众或违反公共利益之虞时,即应加禁止。"③在缺乏可供援引的规则的情况下,法官根据公共政策的考虑而作出裁判,已成为适用法律的一种方式,④所谓善良风俗,简称良俗,也称为社会公共道德,它是指由社会全体成员所普遍认许、遵循的道德准则。⑤ 史尚宽先生认为,良俗,即

---

① Roth/Schubert, Münchener Kommentar zum BGB, § 242, Rn. 18.

② 王泽鉴:《民法学说与判例研究》,北京大学出版社 2009 年版,第 150 页。

③ 邓衍森:《法律哲学上司法造法的若干问题》,载《东吴法律学报》第 1 卷第 2 期。

④ Winfield P. H., *Public Policy in the English Common Law*, Harvard Law Review, Vol. 42, p. 76 (1928).

⑤ Brox/Walker, Allgemeiner Teil des BGB, 32. Aufl. 2008, S. 138.

善良风俗,是指“社会之存在及其发展所必须之一般道德”,且须为“现社会所行的一般道德”。[①] 依据德国《民法典》第138条第1款的规定,违反善良风俗的法律行为无效,日本《民法典》第90条、瑞士《债法典》第20条也采用了类似表述。由此可见,公序良俗原则在交易关系中,主要起到的是防止交易损害国家和公共利益的把关作用。

虽然我国原《民法总则》在确定两项基本原则时,没有界定二者不同的适用范围,但从总体上看,两者所调整的民事关系的范围不同。诚实信用原则在传统上适用于合同法等领域,但现在有逐渐扩张的趋势。通常其主要适用于财产关系,尤其是交易关系,以弥补当事人意思自治的不足,但很难适用于人身关系,如人格权、婚姻、继承等领域,在侵权责任关系中通常也不适用诚实信用原则。而公序良俗具有很强的道德评价色彩,其适用范围较广泛,可以适用于婚姻、继承等领域。从微观上看,二者在适用中也存在一定的区别,具体体现为:

第一,当事人之间的关联程度并不完全相同。诚实信用原则虽然适用范围较广泛,但当事人依据诚实信用原则所负担的义务本质上是一种较高的注意义务,其一般适用于当事人之间存在一定关联关系的情形,而善良风俗则一般适用于当事人之间不存在特别关联的情形。[②] 也就是说,在一般情况下,如果当事人之间不存在特殊关联,则应适用善良风俗原则,而不宜适用诚信原则。

第二,当事人之间是否存在允诺关系不同。依据原《民法总则》第7条的规定,“民事主体从事民事活动,应当遵循诚信原则,秉持诚实,恪守承诺”,这就意味着在诚信原则适用的情形下,一方通常对另一方作出了一定的允诺,因此依据诚信原则,当事人应当按照自己作出的允诺履行义务,言而有信。[③] 这种允诺既可能是一方对对方作出了允诺,也可能是双方互相作出的允诺。例如,在合同订立后,履行期到来前,如果一方合理信赖另一方会履行,并为履行作出准备,而另一方未尽到协力、准备等义务,也可能构成对诚信原则的违反。甚至在一方对另一方作出允诺后,如果

---

① 史尚宽:《民法总论》,中国政法大学出版社2000年版,第334页。

② 参见于飞:《公序良俗原则与诚实信用原则的区分》,载《中国社会科学》2015年第11期。

③ 参见石宏主编:《中华人民共和国民法总则条文说明、立法理由及相关规定》,北京大学出版社2017年版,第18页。

没有订立正式的书面文本，在特别情形下，法律也规定依据诚信原则，当事人应当遵循允诺。[①] 但在适用善良风俗原则的情形下，当事人之间通常并不要求存在允诺关系，只要从事某种民事活动，就应当遵守善良风俗原则，因为善良风俗是个人从事民事行为的底线性要求。

第三，双方是否存在信赖关系不同。在适用诚信原则的情形下，即便当事人没有作出允诺，但对方当事人基于信赖关系，也要求当事人在行为时必须遵守诚实信用原则，以保护当事人之间的合理信赖。19 世纪法国法社会学家杜尔克姆曾提出了社会有机体学说，认为社会是一个整体，每个人是这个整体不可分割的部分，基于社会连带的思想，所以合同各方应当负担协力义务。[②] 在市场经济社会，交易中的协作关系变得更重要。合同的双方当事人都不应辜负对方的合理期待，任何一方都必须尊重另一方的利益。正是因为合同所表现的交易不是一种零和游戏，而是一种互赢关系。因此，依据诚信原则，合同当事人负有协作、协力的义务。[③] 诚实信用原则主要是为了保护对方当事人的利益。因此，该原则往往赋予一方当事人要求另一方当事人为特定行为的权利，如合同当事人可以基于此原则要求其履行附随义务。而公序良俗原则往往侧重保护第三人的利益和一般社会大众的利益，因此，公序良俗原则的适用并不要求当事人之间存在信赖关系。从这一意义上说，公序良俗原则设定了私法自治的框架，消极地限制法律行为的效力，当事人通常并不能以此为基础，要求对方当事人为特定行为。

第四，是否涉及公共利益不同。诚实信用原则一般是对当事人之间行为的要求，一方当事人违反诚信原则，通常也只是损害对方当事人的利益，而不会损害社会公共利益。而当事人违反公序良俗原则的行为则虽未必损害对方当事人的利益，但

---

① 最高人民法院《关于审理商品房买卖合同纠纷案件适用法律若干问题的解释》(法释〔2003〕7 号，2020 年修改)第 3 条规定："商品房的销售广告和宣传资料为要约邀请，但是出卖人就商品房开发规划范围内的房屋及相关设施所作的说明和允诺具体确定，并对商品房买卖合同的订立以及房屋价格的确定有重大影响的，构成要约。该说明和允诺即使未载入商品房买卖合同，亦应当视为合同内容，当事人违反的，应当承担违约责任。"

② 参见刘波、黄昭宇：《英国学派多元主义与社会连带主义论争——一种比较视角》，载《国际观察》2009 年第 1 期。

③ 郑强：《合同法诚实信用原则价值研究——经济与道德的视角》，载《中国法学》1999 年第 4 期。

一定会危及社会公共秩序和公共利益。公共秩序包含对国家最重要的社会制度与秩序;善良风俗的范围要相对狭窄,一般是指特定社会良好的道德与观念。[①] 一般而言,就作为交易当事人的行为标准而言,诚实信用的要求显然高于公序良俗的要求。也正因如此,诚实信用原则更容易被违反,而善良风俗则旨在划定行为人行为的底线,违反善良风俗会直接导致行为无效。[②]

二、公序良俗原则与诚实信用原则的价值和功能的不同

价值是制度的灵魂,制度是价值的体现。民法原则的价值受不同历史时期、不同历史文化传统和不同社会经济条件等方面的影响。其随着社会的演进而逐渐发展和变化,许多国家的立法都对公序良俗原则和诚实信用原则作出了规定,这也反映出二者具有自身独特的价值。在我国司法实践中,法院在一些案件中之所以适用两项原则,是因为两者在价值上具有趋同性。因为公序良俗和诚实性用一样,都具有价值宣示和裁判规范的功能。[③] 而且从实践来看,二者都可发挥弥补现行法不足、限制私法自治等方面的作用,但仔细分析,二者在功能、价值等方面仍存在一定的差异。

(一)关于弥补强行法规定不足的功能

民事领域纷繁复杂,立法者受自身理性所限,不可能对全部事项作出规定,因此需要借助诚实信用和公序良俗原则弥补立法的不足。这两项原则既包含不确定概念,也是弹性条款,所以它们能够有效地弥补成文法的不足。

法律之所以需要确认公序良俗这一弹性条款,根本原因在于,强行法不能穷尽万千生活的全部,其适用范围不能将各种民事活动都涵盖其中。民事活动纷繁复杂,强行法不可能对其一一作出规定,但是法律为了实现对社会秩序的控制,需要对民事活动设定禁止性规范。这种规范不仅是要靠强行法来完成,还需要通过在法律

---

① Muriel Fabre-Magnan, Droit des obligations, 1 – Contrats et engagement unilatéral, PUF, 2016, p. 77 – 79.

② 参见于飞:《公序良俗原则与诚实信用原则的区分》,载《中国社会科学》2015 年第 11 期。

③ 参见罗时贵:《中国民法公序良俗原则的法律性质》,载《重庆大学学报(社会科学版)》2018 年第 5 期。

上设立抽象的弹性条款来实现。此种抽象的弹性条款为民事行为提供更全面的规则,并对其效力作出评价。① 例如,尽管民法中许多条款反映了很多道德规则,但民法也不可能将道德全部摄入其中。民事活动,无论是交易活动还是一般的社会生活,大都离不开道德的评价和规制,违反了社会所普遍接受的道德准则,不仅可能会给当事人造成损害,也会对社会秩序造成一定的妨害。公序良俗原则作为强行法的补充,具有配合各种具体的强行法规则对民事活动起到调控作用。正是由于这个原因,需要在民法中引入公序良俗原则。正如曾世雄所指出的,作为或不作为脱序,而强行法又苦无强制或禁止之规定可用时,公序良俗之规定,方始发生补充之功能……但公序良俗并非当然适用,唯在法律明文揭示适用下,始见功能,因而其为法源之特质已被法律规定吸收,因致常被忽略。② 可见,公序良俗对强行法规定不足的弥补作用主要体现为弥补强行法调整范围的不足,从而有效应对不断发展的社会生活和实践。

诚信原则的内涵较抽象和宽泛,这也决定了诚信原则不能像公序良俗原则那样发挥行为底线的作用。例如,斯波达(Spota)认为,诚信原则虽然是道德的体现,但只是一个中等的人的道德标准,但是何为一个中等人的道德标准,则往往难以准确界定。③ 但也有学者将诚信认为是一种交易的道德,诚信原则的作用在于,使人们在交易场上可以得到道德的保障,虽然许多强行法无法涵盖的行为也可以被解释为违反诚信原则的行为,从而使诚信原则也发挥弥补强行法规定不足的作用,但诚信原则对强行法规定的弥补作用更多地体现为对强行法规范的解释以及通过课以相关主体基于诚信原则行为的义务等方式,更好地实现强行法规范的目的。④

(二)关于对私法自治进行必要的限制

无论是诚信原则还是公序良俗原则,都旨在对私法自治进行必要的限制。⑤ 公

① 参见郑显文:《公序良俗原则在中国近代民法转型中的价值》,载《法学》2017 年第 11 期。

② 参见曾世雄:《民法总则之现在与未来》,中国政法大学出版社 2001 年版,第 28 页。

③ Véase Manual Dela Puente y Lavalle, El contrato en general, El fondo para publicacion del PUC del Peru, 1996, p. 31s.

④ 参见郑显文:《公序良俗原则在中国近代民法转型中的价值》,载《法学》2017 年第 11 期。

⑤ 参见于飞:《公序良俗原则与诚实信用原则的区分》,载《中国社会科学》2015 年第 11 期。

序良俗的原则是对私法自治的一种限制。我国台湾地区学者蔡章麟认为,诚信原则是给法官的“空白委任状”。[①] 而我国大陆学者也认为,公序良俗也具有同样的功能。[②] 然而,两者对私法自治原则限制的方式是不同的,公序良俗原则具有对行为的内容进行审查的功能,而诚实信用原则并无这一功能。

以公序良俗限制私法自治的范围,是罗马法以来公认的原则。事实上,民法对意思自治的限制也在不断加强,这种限制除表现为引入强行法规则外,还表现为在法律上确立公序良俗原则。这一原则更直接地体现在法律行为制度中,在实践中,符合公序良俗原则是法律行为生效的一个重要的条件。这就是说,任何法律行为不仅要符合法律法规的规定,还要符合公序良俗的原则。各国立法都确认了违反公序良俗或公共秩序的合同无效的原则。例如,法国《民法典》第6条规定:“个人不得以特别约定违反有关公共秩序和善良风俗的法律。”德国《民法典》第138条规定:“违反善良风俗的行为无效。”日本《民法典》第91条也规定:“以违反公共善良风俗的事项为标的的法律行为,为无效。”公共秩序和善良风俗原则对于维护国家、社会一般利益及社会道德观念具有重要价值。在我国,尽管适应市场经济的需要应当扩大民事主体的意思自治的范围,允许其在民事活动领域依法享有广泛的行为自由,然而意思自治原则必须要依赖公序良俗原则与其配套,因为法律设立公序良俗原则的一个重要目的就是对意思自治进行必要限制。我国《民法典》也通过公序良俗对个人的私法自治进行限制,例如,该法第153条规定:“违反法律、行政法规的强制性规定的民事法律行为无效,但是该强制性规定不导致该民事法律行为无效的除外。违背公序良俗的民事法律行为无效。”依据该条规定,违反公序良俗将导致民事法律行为无效。民事主体依法享有意思自治,其真实含义就是在不违反强行法和公序良俗的前提下实现意思自治。

诚信原则主要是合同履行的一项原则,通常并不对民事法律行为的内容进行审查,因此其不会对私法自治进行直接限制。也就是说,诚信原则并不对当事人违反诚信原则的效力作出明确界定,违反诚实信用原则也并不当然导致法律行为无效。

---

① 参见蔡章麟:《债权契约与诚信信用》,载刁荣华主编:《中国法学论著选集》,台北,汉林出版社1976年版,第416页。

② 参见于飞:《公序良俗原则与诚实信用原则的区分》,载《中国社会科学》2015年第11期。

在实践中,法官往往运用诚实信用原则解释当事人之间没有约定的义务和法律没有直接规定的规则,而与之相反,法官也很少以公序良俗原则为基础解释出新的规则和制度,其重要原因在于,诚信原则的内涵较宽泛,违反诚信原则的行为的严重性程度不同,很难对其效力作出统一界定。诚信原则对民事行为的调整作用主要体现为:第一,对当事人行为方式的规范,即当事人负有按照诚信原则行为的义务,这实际上也对当事人的行为具有一定的引导功能。第二,对附随义务和先合同义务的确认。现代合同法的发展趋势之一就是在合同当事人约定的内容之外,产生了附随义务。附随义务主要是依据诚信原则而产生的。它通常是指合同当事人应当对相对人负有保护、照顾、保密、通知、协助等义务。诚实信用原则是附随义务确立的重要依据。① 具体而言,在合同领域,附随义务可以存在于合同订立阶段、合同履行阶段以及合同终止之后,诚实信用原则使附随义务得以具体化和扩张。② 在合同订立阶段,尽管合同尚未成立,但当事人彼此间已具有订约上的联系,应依据诚实信用原则,负有忠实、协助、保护、保密等先合同义务。第三,衡平功能的发挥。法谚云:"法爱衡平。"法律作为一种协调社会利益关系的工具,其本身就是利益衡量的结果。诚信原则要求平衡当事人之间的各种的利益冲突和矛盾。许多学者认为,诚信原则是一项重要的衡平法。③ 史尚宽先生甚至将诚信原则视为掌握在法官手中的衡平法。④ 平等主体之间的交易关系,都是各交易主体因追求各不相同的经济利益而产生的,而各方当事人之间的利益常常会发生冲突或矛盾,这就需要借助诚信原则加以平衡。例如,一方交货在量上轻微不足且未致对方受到明显损害,则可以使出卖人承担支付违约金等责任,但不应导致合同的解除,否则对出卖人是不公平的。诚信原则不仅要平衡当事人之间的利益,而且要求平衡当事人的利益与社会利益之间的冲突与矛盾,即要求当事人在从事民事活动中,要充分尊重他人和社会的利益,不得滥用权利,损害国家、集体和第三人的利益。

---

① Vgl. MüKoBGB/Roth/Schubert, § 242 Rn. 166.

② Vgl. MüKoBGB/Roth/Schubert, § 242 Rn. 166.

③ 参见徐国栋:《民法基本原则解释》,中国政法大学出版社 2004 年版,第 71 ~ 72 页。

④ 参见史尚宽:《债法总论》,中国政法大学出版社 2000 年版,第 330 ~ 333 页。

(三)关于弘扬社会公德、维护秩序的功能

诚实信用和公序良俗之所以成为民法的基本原则,是因为它们直接关涉民法与道德之间的互动关系问题。一般来说,法律体现了最基本的道德规范,民法作为社会的基本法更是应当体现社会的道德伦理价值,因此不可避免地会出现社会生活的一些道德观念、道德规范对民法的渗透,借助诚实信用和公序良俗原则,使越来越多的道德规范被上升为民法的基本规范。[①] 另外,借助这两项原则也能有效地弘扬正确的道德观念,防止违反社会公德行为的发生。但是,这两项原则在弘扬社会公德、维护秩序的功能方面的表现形式是不同的。

公序良俗就是要以确定最低限度的道德标准的方式,强调民事主体进行民事活动必须遵循社会所普遍认同的道德,从而维护社会生活有序发展,其主要发挥一种维护行为底线的功能。刘得宽先生认为,这一概念表现出一般的伦理观念,它是"将道德伦理摄入于法的境界里,而对其违反行为从法的领域驱逐"。[②] 例如,赌债偿还合同、贬损人格尊严和限制人身自由的合同等,如果允许其生效,无疑将严重危害社会秩序。公序良俗具有一种调节性功能。在法的现实与理想之间,或者法与道德之间呈现缺口,而公序良俗原则正可以填补这一缺口。[③] 它实际上赋予法官一定的自由裁量权,公序良俗的调整机能由确保社会正义和伦理秩序向调节当事人之间的利益关系、确保市场交易的公正性转变,从而使法院不仅从行为本身,而且结合行为的有关情势综合判断其是否具有反公序良俗性。[④] 公序良俗原则还具有对利益冲突的协调功能,表现在:一方面,如果民事主体因为追求利益的最大化所从事的行为,与社会公共利益发生冲突和矛盾,无论是否存在对强行法的违反,首先应当维护社会公共利益;另一方面,一些法律法规所确定的强行法规则可能过于僵化,缺乏弹性,或者在适用中具有明显的不合理性,此时,法官就可以援用公序良俗原则以妥善解

---

① MüKoBGB/Armbrüster, § 138 Rn. 3.

② 刘得宽:《民法总则》,中国政法大学出版社 2006 年版,第 200 页。

③ [日]四宫和夫:《日本民法总则》,唐晖、钱孟洲译,台北,五南图书出版股份有限公司 1995 年版,第 209 页。

④ 李双元、温世扬主编:《比较民法学》,武汉大学出版社 1998 年版,第 70 页。

决个人利益与社会公共利益的冲突。违反公序良俗原则的行为无效，这就通过对当事人特定行为进行一种消极的、否定性的评价的方式，使相应的行为不能发挥当事人所预期的效果的方式，实现对社会公德和秩序的维护。

诚信原则主要通过积极引导的方式而不是通过消极禁止的方式来实现其弘扬社会公德、维护秩序的功能。诚信原则一般通过设定行为人所应当履行的义务，来调整交易行为。按照于飞等学者的看法，如果说违反善良风俗是一种背俗行为，那么违反诚实信用则是一种背信行为。背俗行为会涉及对普遍公共利益、社会风俗的违反，而背信行为则往往只在特定当事人之间产生效果。① 而公序良俗原则一般通过消极设定行为人不得从事某种行为的不作为义务来实现，也就是说，行为人在民事行为实施的过程中，不得从事违反该原则的行为。它通常通过课以当事人按照诚信原则行为的义务的方式，发挥弘扬公德、维护秩序的功能。诚信原则经常用于填补法律漏洞和合同漏洞。正是因为这一原因，在诚信原则的基础上产生了许多新规则，如合同正义原则、禁止暴利原则、禁止滥用权利原则、缔约过失责任规则、当事人应承担附随义务的规则等。

三、两项原则在司法实践中的具体运用

无论是诚信原则，还是公序良俗原则，都可以在裁判中加以运用。尤其应当看到，两项原则都赋予了法官一定的自由裁量权力，使法官能够根据具体案情进行具体的利益衡量。② 笔者认为，司法实践将这两项原则作为裁判规则加以运用时，首先应当遵守法律适用的基本规则：一方面，与具体的法律规则不同，除非穷尽法律规则，或在法律有明确规定时，基本原则通常不能够直接适用。法律原则的基本特点在于："它不预先设定任何确定的、具体的事实状态，没有规定具体的权利和义务，更没有规定确定的法律后果。但是，它指导和协调着全部社会关系或某一领域的社会关系的法律调整机制。"③所以在适用两项原则时，必须首先适用具体的规则，即便存在法律漏洞，也应当首先通过类推的方式适用有关的具体规定，只有在不能使用

① 参见于飞：《公序良俗原则与诚实信用原则的区分》，载《中国社会科学》2015 年第 11 期。

② 参见于飞：《公序良俗原则与诚实信用原则的区分》，载《中国社会科学》2015 年第 11 期。

③ 参见迈克尔·D. 贝勒斯：《法律的原则》，张文显等译，中国大百科全书出版社 1996 年版，第 468 页。

具体规定时,才能适用法律的基本原则。[1] 当然,在法律有特别规定时,基本原则也可能具体化为具体的法律规则,从而可以直接适用于具体案件。例如,依据原《民法总则》第153条第2款的规定,"违背公序良俗的民事法律行为无效",在此情形下,公序良俗实际上已经具体化为法律规则,可以直接适用。另一方面,无论是诚实信用还是公序良俗,它们既是基本原则,又是不确定概念,无法通过定义的方式确定其内涵,因此在具体运用中,必须要通过对概念的类型化,从而使法官在适用中能够找到更确定的标准。在对概念进行类型化时,应当遵循社会特定时期的主流价值观念。由于道德观念本身是在不断发展变化的,所以,应当以当下的价值观念作为标准。就公序良俗原则而言,拉伦茨认为,善良风俗的内容依据法伦理原则和社会伦理原则来界定,前者由法秩序内部固有的伦理价值和原则形成,后者则源于社会和经济交往中必不可少的集体价值观,[2]应当以社会的主流价值观念作为解释公序良俗内容的依据。无论是诚信原则还是善良风俗的内涵,都会随着社会变迁而变化,而且这种变化独立于实证法本身的变化。这种变化不仅体现在交往范围的观念变化上,还可能体现在整个法律共同体的基本价值上。[3] 所以,法官在解释这两项原则时不能以过去的价值观念为依据。要根据特定历史时期人们主流的道德观念、价值观念等进行判断。现阶段,要以社会主义核心价值观为指导解释这两项原则。

除遵守上述法律适用的基本规则外,诚信原则与公序良俗原则在司法实践中的具体适用也存在一定的差别,在如下情况中,法官在运用这两项原则时,还应当对二者的功能、适用范围等进行必要的区分。

(一)对合法利益的保护

民法以保护权利为中心,但除权利外,在实践中出现了大量的民事利益需要借助基本原则进行保护,诚信原则和公序良俗原则都可以成为保护民事利益的重要方式。公序良俗原则旨在通过对相关行为的效力或效果作出否定性评价的方式保护民事利益,如否定违反公序良俗的合同的效力,认定违反公序良俗损害他人利益的

① Bamberger/Roth/Wendtland, BGB § 138 Rn.4.
② Larenz/Wolf, Allgemeiner Teil des Bürgerlichen Rechts, 9. Aufl. 2004, § 41 Rn. 12ff.
③ 梅仲协:《民法要义》,中国政法大学出版社1998年版,第119页。

行为构成侵权等。同时,公序良俗所保护的民事利益的范围较广泛,并不要求当事人之间具有一定的关联关系。公序良俗原则的确定有助于形成对合法利益予以补救的标准,因为从制度设计的初衷来看,公序良俗不仅保护法律明文规定的权利,对于无明文规定的法益,也发挥重要的保护功能。一方面,公序良俗作为抽象的原则,赋予法官一定的自由裁量权,使其能够根据具体情况判断公序良俗是否受到侵害,从而确定是否应当对受害人予以保护。通过公序良俗原则确定法益的范围,将许多法律所不能包容的利益,纳入规范性调整的范围。当然,从防止诉讼泛滥、维护个人行为自由出发,并非所有受公序良俗保护的法益都应当纳入侵权法的保护范围,在法律上应当对此作出必要限制。① 另一方面,公序良俗原则可以作为判断侵害利益的行为是否构成侵权的标准。侵权责任的认定需要平衡行为自由与权益保护之间的关系,对权利以外的利益保护来说,在一般情况下,只有在行为人以违背善良风俗的方法侵犯他人的合法利益时方构成侵权。在绝大多数情况下,如果行为人没有采取不当方式故意侵害他人利益,尽管客观上造成了他人的一定损害,也不应当以此简单地认为其构成侵权,否则尽管强化了对受害人的保护,但会妨害行为人的自由。将公序良俗原则引入侵权法后,也对部分侵权行为的认定提供了一项不可或缺的标准。当然,何种行为违反了公序良俗原则,只能由法院根据具体案情作出判断和认定。②

诚信原则保护民事利益的方式主要是通过积极设定行为义务的方式予以实现的,即通过课以相对人按照诚信原则行为的义务,从而保护相对人的利益。当然,诚信原则所保护的利益主要是具有一定关联关系的当事人之间的利益。由于诚信原则的内涵较宽泛,行为人违反诚信原则可能有不同程度的区分,对于严重违反诚信原则的行为,可以认定其无效,而对轻微违反诚信原则的行为,则很难直接认定其无效。而公序良俗是对行为人行为的一种底线要求,行为人的行为一旦违反公序良俗原则,则应当直接对其作出否定性评价,如果是民事法律行为,则应当直接认定其无效。当然,诚信原则在解释相关规则、判断行为效力时,也可以发挥一种指引功能。

---

① 参见白飞鹏、李红:《私法原则、规则的二元结构与法益的侵权法保护》,载《现代法学》2002 年第 2 期。

② 李岩:《公序良俗原则的司法乱象与本相——兼论公序良俗原则适用的类型化》,载《法学》2015 年第 11 期。

(二)填补法律不足的方式

“法典不可能没有缝隙。”[①]所谓法律不足,是由于立法者未能充分预见待调整社会关系,或者未能有效协调与现有法律之间的关系,抑或是由于社会关系的发展变化超越了立法者立法时的预见范围等原因导致的立法缺陷,这种缺陷表现为:调整特定社会关系的具体法律规范的缺失,或者既有法律规范之间存在矛盾,或者既有法律规则在今天的适用明显违背了法律对公平正义的基本要求。[②] 公序良俗原则与诚信原则都具有填补法律漏洞的作用,但二者填补法律不足的方式存在一定的区别。公序良俗原则主要发挥一种维护行为底线的功能,法官通常是对其进行类型化,并判断相关行为是否违反了公序良俗原则,而没有必要据此创设新的法律规则。公序良俗原则是较抽象的原则,只有在现行法缺乏相关规定或者发生规范冲突时才能适用,以免发生“向一般条款逃逸”的现象。而诚信原则在司法实践过程中具有法律续造的功能,[③]以填补现有的法律漏洞。

(三)填补合同不足

公序良俗原则只涉及行为标准问题,其可以作为强行法并以此判断合同效力,但很难成为填补合同漏洞的依据。所谓合同漏洞,是指当事人在合同中对于合同条款没有约定或者约定不明确的现象。[④] 在出现合同漏洞之后,通过诚信原则就可以弥补合同存在的缺陷。诚信原则要求秉持诚实、恪守承诺,可以成为填补合同不足的依据。诚信原则的功能主要在于避免双方之间的义务出现失衡;在合同法领域,诚信原则主要用于维持契约正义。该原则要求当事人以正直、诚实的品格行事,顾及他方的合理利益。从诚信原则出发,发展出通知、合作、协力等契约附随义务以及情势变更等规则。诚信原则主要是要求当事人以善意方式行事。在合同法中,诚信

---

① Vgl. Hattenhauer, Einführung, in ders(Hrsg.), Allgemeines Landrecht für die preußischen Staaten von 1794, S. 1, 21.

② 在学理上,法律漏洞也通常被界定为“违反立法计划的不圆满状态”,参见黄茂荣:《法学方法与现代民法》(第5版),法律出版社2007年版,第377页。

③ MüKoBGB/Roth/Schubert, §242 Rn. 23.

④ 参见原《合同法》第61条、第139条、第141条、第154条、第156条、第159条、第160条、第161条等。

原则是合同解释的重要原则。[①] 也正是因为这一原因,诚信原则常常成为填补法律不足的基本依据。当法官在其判决缺乏其他规范的文义或者目的支持时,就可以求助于诚实信用原则。[②] 我国原《合同法》第 125 条第 1 款也确认了,诚信原则在弥补合同漏洞方面的作用。而公序良俗原则主要发挥一种维护行为底线的功能,通常难以成为合同不足填补的依据。

四、结论

我国《民法典》同时规定了诚实信用原则与公序良俗原则,二者作为民法的基本原则,在功能、适用条件等方面具有很大的相似性,在适用中也存在一定的交叉和重复。但诚实信用原则与公序良俗原则在制度功能、价值基础、适用范围等方面存在区别,在法律适用过程中需要对这两项原则进行必要区分,以保障二者的准确适用,并充分发挥其制度功能。

① Muriel Fabre-Magnan, Droit des obligations, 1 – Contrats et engagement unilatéral, PUF, 2016, p. 96 – 99.

② MüKoBGB/Roth/Schubert, § 242 Rn. 23.

专题四　绿色原则

本专题撰写人：竺　效

【《民法典》及其配套司法解释的新规则】

《民法典》第9条：

民事主体从事民事活动，应当有利于节约资源、保护生态环境。

【规则由来】

该条来自原《民法总则》第9条，是原《民法总则》的重要新增条文。

【规范意旨】

绿色原则是为了确保作为利益关联整体之中的民事主体（尤其是其中的自然人）赖以生存和发展前提的生态安全、环境良好和资源永续利用，通过节约自然资源（含能源）、保护生态和环境的要求对民事主体从事民事活动进行引导及必要限制的基本准则。

《民法典》第9条已宣示绿色原则作为民法基本原则。在司法实践中，绿色原则可发挥漏洞填补、价值宣示、规范解释和规范选择4种功能。[①] 绿色原则的漏洞填补适用,是指对于所争议纠纷,本应有民事法律规范予以调整,但尚未制定规范,可以用绿色原则解释创制适用的规范,个案性地修补该法律漏洞,解决案涉民事纠纷。绿色原则的价值宣示适用,是指针对案涉民事纠纷,存在一个可以适用的民事法律规范,适用该规范不会造成裁判结果与绿色原则的价值冲突,但可能需要通过引用绿色原则以加强说理。绿色原则的规范解释适用,是指针对案涉民事纠纷,存在一个可以适用的民事法律规范,但适用该规范可能因与绿色原则冲突而造成个案裁判结果显失公平或明显不当,在该案中用绿色原则对该规范重新进行解释符合比例原则,则应以用绿色原则解释后所新获的规范来裁判该案。而绿色原则的规范选择适用,则是指针对案涉民事纠纷存在两个以上的潜在可用的民事法律规范,但多个规范间存在冲突,引入绿色原则可以选择一个可适用之最优的规范,以作出相对妥善之个案裁判。

【典型案例】

案例一:"梁某诉某县林业局承包荒地恢复原状纠纷案"[②]

1999年5月5日,原告梁某承包了所属本村委背沟"四荒"。次年,原告根据合同约定,实施了治理工程,在承包的土地上栽植仁用杏树数株。2003年被告某县林业局以实施三北防护林项目工程为理由,把原告栽种的数亩杏树毁掉,栽上刺愧。

---

① 这一功能或司法适用路径的类型化是依循"三层分类、一分为四"的技术线路得出的。笔者所称的"三层分类",即首先,以案涉民事法律纠纷的解决是否有可能适用的民事法律规范为依据,将绿色原则可能的适用类型一分为二,其中没有可用民事法律规范的,将之归类为"绿色原则的漏洞填补适用"这一类型;其次,进一步对存在民事法律规范的案件,根据该规范适用于纠纷案件后是否与绿色原则之间存在冲突予以二次分类,即"价值一致"或"价值冲突"的两分法,其中价值一致地归类为"绿色原则的价值宣示适用";最后,对二次分类后民事规范与绿色价值存在冲突的,第三次细分为仅有一个可能适用的规范,但纠纷案件中适用该规范与绿色原则冲突,需要用绿色原则重新解释该规范以裁判案件的(归类为"绿色原则的规范解释适用"),以及存在两个以上可能适用的民事规范,但规范间存在冲突,须依据绿色原则选定一个最优的可用规范予以适用(归类为"绿色原则的规范选择适用")。具体论证过程及示例,参见竺效:《论绿色原则的规范解释司法适用》,载《中国法学》2021年第4期。

② 参见山西省石楼县人民法院民事判决书,(2017)晋1126民初188号。

2009 年被告再次在原告承包的土地上实施薪炭林工程,占用数亩土地栽上柏树,2010 年被告又将剩余的数亩土地上栽刺愧。

法院认为,原告梁某与荒地所属村委所签订的拍卖四荒合同有效、四至分明。故原告梁某取得了土地承包经营权,对其承包的集体所有的土地享有占有、使用、收益的权利。任何单位和个人不得侵犯。被告虽然是根据政府相关文件实施绿化工程,但也应当征求承包经营权人的意见,并进行相应补偿,在未征得原告同意的情况下,在其承包的四荒地内栽树,侵犯了原告梁某的合法权益,应当承担侵权责任。但被告实施的植树造林工程为国家在本区域内生态建设整体规划的一部分,也与原告承包治理四荒的目的一致。故原告要求恢复原状的请求与节约资源、保护生态环境的民法原则相悖,不宜再恢复原状,法院不予支持。被告的侵权责任应通过赔偿损失等方式承担,原告可在损失数额确认后另行起诉。

按现行法规定分析,该案与绿色原则关联的核心民事规范应是《民法典》第 236 条(原《物权法》第 35 条)物权人的排除妨害请求权。① 审理法院以绿色原则限制原告以复植被毁杏树的方式排除物权妨害的请求。该案是典型的虽有可能适用的民事规范,但因适用该规范与绿色原则所指向的价值明显冲突而可能造成有损环境公共利益的不公平结果,需要以规范解释的适用方式引入绿色原则条款,修正或重新解释所冲突之民事规范。②

案例二:“某服饰有限公司诉某房地产开发公司、某建筑工程有限公司排除妨害纠纷案”③

原告某服饰有限公司系某地块的土地使用权人。案涉土地及周边部分土地已于 2016 年被规划为居住用地、列入冻结范围,周边部分土地已被征收,案涉土地面临征收。当地政府相关部门多次与原告协商征收事宜未果。被告一(某房地产开发公司)将保障房建设工程发包给被告二(某建筑工程有限公司)施工,2018 年年初,

① 该条规定:“妨害物权或者可能妨害物权的,权利人可以请求排除妨害或者消除危险。”

② 对该案的详细分析,参见竺效主编:《环境法案例研习之绿色原则规范解释》,中国人民大学出版社 2022 年版,第 299 ~ 230 页。

③ 参见江苏省南京市浦口区人民法院民事判决书,(2019)苏 0111 民初 3351 号。

被告二在案涉土地上开始建造保障房。至 2018 年年底原告发现并起诉时，楼房主体已建成。该保障房项目占用了原告使用的部分土地（原告称“七八亩”）。原告诉请两名被告停止对案涉土地的侵害，并将在该土地上非法建造的楼房等设施拆除，排除妨害、恢复原状。

法院认为，原告领取国有土地使用权证，权利受法律保护。原《民法总则》第 9 条规定，民事主体从事民事活动，应当有利于节约资源、保护生态环境。案涉土地已被规划为居住用地，被列入冻结范围，面临征收。目前，被告二已在案涉土地上建造保障房，保障房主体已完工。考虑到保障房涉及公共利益，又考虑到拆除的代价过大，不利于节约资源、保护生态环境，原告请求拆除案涉土地上建造的保障房，法院难以支持。原告作为权利人，其根本诉求应是征收补偿事宜，原告应积极与当地政府相关部门协商征收或赔偿事宜，以维护自己合法权益，而不应寻求拆除按照规划建造的保障房。据此，依照原《民法通则》第 7 条、原《民法总则》第 9 条、原《物权法》第 117 条的规定，判决驳回原告的诉讼请求。

按现行法规定分析，就本案与绿色原则相关的民事法律关系而言，与案例一相同，能够直接适用于案件纠纷的应为《民法典》第 236 条（原《物权法》第 35 条），而非《民法典》第 323 条（原《物权法》第 117 条），后者仅为用益物权的定义性规定，而非一项具体的请求权基础。依据《民法典》第 236 条的规定，原告享有针对涉案土地的排除妨害请求权。但是直接适用该规定可能与绿色原则存在价值冲突，因此排除绿色原则的价值宣示适用路径；由于实际上仅存在一个可适用的民事规范，因此可以排除规范选择和漏洞填补的适用路径；加之具体民事规范与绿色原则之间的规范冲突，本案可尝试用绿色原则规范解释的适用路径。

绿色原则适用于规范解释应按照“民事规范识别”“冲突价值权衡”“解释方法探求”“比例原则考量”4 个步骤逐项分析，下文将对此予以详述。同时，在引用绿色原则进行裁判时，还应符合“利益平衡”“充分说理”“规范双引”3 项要求。“利益平衡”，是指法院在引用绿色原则限制原告权利后，应进行利益平衡，对原告给予利益补偿或弥补原告的损失，而非如本案仅驳回原告的诉讼请求；“充分说理”则要求法院对绿色原则导入的必要性、合比例性、利益平衡以及平衡的具体计算方案的选择等进行充分说理；“规范双引”则要求法院同时援引绿色原则条款及其通过规范解释所重新解释的具体的法律规范条款,在本案中即《民法典》第236条与第9条的双引。①

【理论阐释】

绿色原则有漏洞填补、价值宣示、规范解释和规范选择4种法律适用路径,笔者曾对我国司法实践中4种类型的适用现状进行了详细的实证研究。② 结果表明,价值宣示这一类型在我国司法实践适用绿色原则的既有案例中占比最高,数以百计。在该类型中,绿色原则的引入不会影响法官选择适用的具体民事规范与裁判路径,其所起到的是补充说理的作用。尽管多数案例存在形式化引用、未找准真正适用的民事规范以及补强说理“画蛇添足”等问题,但大体无损法治公正之根基,因而对其予以纠正的紧迫性和意义相对有限。漏洞填补类型则仅适用于找不到任何可以直接作为裁判依据的民事规范的情形,倘若有能适用的具体规范,便不能直接将绿色原则作为裁判依据,也不属于真正意义的“漏洞填补”。截至目前,我国司法实践中几乎找不到符合此种严格前提的案例。③ 规范选择类型则以针对一项具体纠纷有两个或以上相互矛盾的具体民事规范为前提,适用情形相对有限。在司法实践中仅有个别案例属于该类型,此类型研究的紧迫性和实证素材的可支撑性均不足。规范解释类型的占比虽不及价值宣示类型,但也并不少见。更重要的是,此种类型本质上是通过引入绿色原则在个案中对应适用民事规范进行重新解释、限制甚至突破,足以实质性地影响裁判路径与结果,对于当事人民事权益以及法律适用具有重要影响,是实践中亟待解决的问题。

---

① 对该案的详细分析,参见竺效主编:《环境法案例研习之绿色原则规范解释》,中国人民大学出版社2022年版,第36~41页。

② 参见竺效:《论绿色原则的规范解释司法适用》,载《中国法学》2021年第4期。

③ 在截至2022年3月已公开的裁判文书中,笔者尚未发现完全符合前述绿色原则漏洞填补适用类型之定义的典型案例。参见竺效主编:《环境法案例研习之绿色原则规范解释》,中国人民大学出版社2022年版,第12页。巩固教授《〈民法典〉绿色原则司法适用初探》一文论述漏洞填补,也未见一个案例引用或分析,也可印证。参见巩固:《〈民法典〉绿色原则司法适用初探》,载《法律适用》2020年第23期。

绿色原则规范适用解释首先需要确立几个前提:第一,必须准确解读绿色原则在民法基本原则体系中的限制性基本原则定位,[①]并在此基础上综合历史解释、体系解释和文义解释等方法准确解读该原则的立法含义。第二,必须杜绝有狭义的具体可用民事法律规范而不适用该规范的情形,[②]并且这种民事规范于个案中某一具体民事纠纷而言,只有一个。正如前文所述,本文讨论的规范解释路径已经在理论作出限定,即对于讨论的某个具体的民事纠纷点有且可能只有一个潜在可适用的民事法律规范,只是究竟是否可以适用需要个案具体分析。第三,必须是案涉民事纠纷裁判潜在可用的某一条具体的民事法律规范可能与绿色原则产生价值矛盾,[③]即经初步分析,司法人员已经在相当程度上产生了不确信,用这条形式上存在的民事规范裁判案涉纠纷可能导致不符合“民事活动应当有利于节约资源、保护生态或环境”的后果。第四,必须限于个案适用,即目的在于个案的正确裁判而非一般性地以绿色原则重新解释某个民事法律规范,以实现个案的更趋公正、更符合民法绿色基本原则所导入并追求的价值。[④]

绿色原则规范解释适用的正确技术规则应至少包括 4 个主要步骤,即民事规范识别、冲突价值权衡、解释方法探求和比例原则考量,同时应当严守利益平衡、充分说理和规范双引 3 项基本要求。

---

① 参见陈甦主编:《民法总则评注》,法律出版社 2017 年版,第 68 页。

② 例如,在某起环境侵权纠纷案中,依据原《侵权责任法》第 65 条完全可以作出公正的裁判,就无须如该案审理法院“画蛇添足”式地援引绿色原则进行补强说理,这种情形就属于存在“狭义可适用的民事规范”。参见上海市崇明区人民法院民事判决书,(2019)沪 0151 民初 3894 号。但在另一起光污染环境侵权中,可能对于其是否属于适用无过错责任归责原则的侵权责任,即原《侵权责任法》第 65 条于该案是否可以适用,则可能需要引入绿色原则予以规范解释适用,或在原《侵权责任法》第 65 条(环境侵权责任构成要件规范)与原《侵权责任法》第 6 条第 1 款(一般侵权责任构成要件规范)之间依据绿色原则进行规范选择,则这种情形就已经不再属于存在“狭义可适用的民事规范”了。参见重庆市江津区人民法院民事判决书,(2018)渝 0116 民初 6093 号。

③ 葛洪义教授主张:“法律规则是法律推理的基本前提,只有在规则的适用必然明显地导致严重违反法治的后果,才能够考虑使用法律原则进行推理。”参见葛洪义:《法律原则在法律推理中的地位和作用——一个比较的研究》,载《法学研究》2002 年第 6 期。笔者认为,本文此处所说的这种“不一致”必须已经达到了葛洪义教授所说的“严重违反法治的后果”之程度,才需要考虑个案引入绿色原则以重新解释法律规范,求得更公平合理的个案裁判结果。

④ 正如舒国滢教授所揭示:“法律原则是否真正具有可诉性,是通过个案来加以验证的,不能断言法律原则自始即无可诉性。”参见舒国滢:《法律原则适用的困境——方法论视角的四个追问》,载《苏州大学学报(哲学社会科学版)》2005 年第 1 期。

一、绿色原则规范解释适用的步骤一：民事规范识别

本文所称的“民事规范识别”,特指辨别出与绿色原则价值存在冲突的某个具体的适用于案涉民事纠纷的民事法律规范。在司法实务中,这种识别可能存在一定的难度。例如,在“郃某清诉郃某贵排除妨害纠纷案”中,原告诉请拆除被告侵占其0.5米宅基地上的建筑物,一审法院引用绿色原则认为,拆除则“社会资源造成浪费”,并针对此项诉请,依据原《民法总则》第9条和原《侵权责任法》第3条、第15条判决驳回原告此项诉请。[①] 笔者详细探究后发现,此案与绿色原则产生冲突的民事规范可能是原《物权法》第35条,后续需要考虑的应该是绿色原则是否与原告所主张的以拆除房屋的方式排除被侵占宅基地妨害存在冲突。如前所示例,该种与绿色原则相冲突的民事规范的确认过程,即为笔者所称的识别与绿色原则产生冲突的具体民事法律规范的过程。

此外,有时可能除某个表面上的案涉争议点外,还存在一个隐性的、作为前提的民事规范与绿色原则之间的冲突,须同时予以识别,方可准确作出裁判。例如,在“某银行诉某投资公司、某环保公司排除妨害纠纷案”中,从表面上,看似绿色原则与原《物权法》第35条之间存在冲突,即后续须衡量抵押物排除妨害、恢复原状的救济时间可否以绿色原则适当推迟,一审法院准确地识别了该条民事规范。但笔者深入分析后发现,该案涉及两个绿色原则规范解释的冲突点,另一个隐性的、前提性的纠纷争议是作为被告抗辩原告依据的租赁合同是否有效,即需要先行判明当抵押权在先而以抵押物为标的之后续签订的租赁合同是否可以例外生效,若该案中这一租赁合同可以例外生效,则须考虑可否以绿色原则限制原告依据原《物权法》第35条原本享有的排除妨害请求权。该案裁判文书显示,一审法院最终以绿色原则为依据认为,为了环保公益目的使用土地的后续土地租赁合同,可以例外对抗设定在先的抵押权,则此时必须准确识别其中所隐含的、前提性的案涉争议本应适用的民事法律规范是原《物权法》第190条后段“抵押权设立后抵押财产出租的,该租赁关系不得

---

① 参见贵州省剑河县人民法院民事判决书,(2020)黔2629民初49号。

对抗已登记的抵押权”之规定。[①] 如果无法识别这一隐性民事规范，则针对其所本应展开的绿色原则规范解释司法适用论证则根本无从谈起。可见，“民事规范识别”过程也包括识别这种隐性的民事规范。

二、绿色原则规范解释适用的步骤二：冲突价值权衡

本文所称的“冲突价值权衡”，是指通过价值探究、比较与衡量等方法，在绿色原则和与其冲突的民事法律规范之间，予以个案性的冲突价值之间的优先序位评判。笔者在此强调，必须仅限于采用个案的价值权衡。正如德国学者卡尔·拉伦茨曾就原则冲突和规范冲突问题主张，“不仅各种权利之间，而且各种原则之间的界限不是被一劳永逸地确定的”，“司法裁判根据相关利益在相关情况下的‘分量’来‘权衡’处于竞争之中的权利或法益，从而获得决定。然而，‘权衡’‘分量’都只是一种象征化的说法；它不是可测量的数量上的大小，而是评价行为的结果，也要同时取向个案的具体情况”，“人们采取‘在个案中的利益衡量’的方法，就是因为不存在一个可囊括所有利益和法价值的固定的位阶秩序，使人们可以照本宣科地从中得到结论”。[②] 事实上，规范与绿色原则之间的冲突，其实质是民事规范背后支撑其成立的原则与绿色原则之间的冲突，或者是民事规范背后的法律价值与绿色原则背后的法律价值之间的冲突。陈景辉教授曾系统梳理了有关原则与规则冲突时的适用学说，可资参考。[③] 就具体的权衡考量因素而言，卡尔·拉伦茨总结了利益衡量需要考量的要点，包括：“个案中涉及的一种法益相对于其他法益是否有明显的价值优先性”；就位阶相同者之间的冲突，“一方面取决于应受保护的利益被影响的程度……另一方面取决于：如果某种利益必须让步时，其受害程度如何”；“还要适用比例原则、采取最能保护他人权利的手段的原则或者尽可能轻微限制的原则”。[④] 这些都是很有益的法理引导。

---

① 事实上，该案一审裁判文书未能成功识别并援引绿色原则所解释的民事规范——原《物权法》第190条。参见湖南省邵阳市双清区人民法院民事判决书，(2019)湘0502民初2485号。

② [德]卡尔·拉伦茨：《法学方法论》，黄家镇译，商务印书馆2020年版，第508~509页。

③ 参见陈景辉：《原则、自由裁量与依法裁判》，载《法学研究》2006年第5期。

④ [德]卡尔·拉伦茨：《法学方法论》，黄家镇译，商务印书馆2020年版，第517~518页。

就本文所探讨之议题,笔者主张,再复杂的原理也应尽量描绘出可供实践应用的具体司法技术方案。为了能勾勒出可推荐给司法实务采用的民事规范与绿色原则价值冲突权衡的精简“公式”,笔者借鉴了林来梵教授等学者归纳介绍的阿列克西有关原则与规范冲突的衡量公式。① 受这些先进的法学思想的启发,笔者认为,在进行绿色原则规范解释适用的规范与原则之间冲突衡量时,真正发生冲突的是规范背后的原则与绿色原则。因此,首先需要识别冲突规范(R)背后的支撑性原则(Pr),并将绿色原则(P)与冲突规范的支撑性原则(Pr)在案涉纠纷的个案中予以充分、全面的价值衡量与比较,进而判断绿色原则在该案中是否应具有价值更优的顺位,若答案是肯定的,则应允许在该案中使用绿色原则规范解释的司法适用技术,并进行后续步骤的适用考量;反之,则应优先适用该等与绿色原则形式上冲突的已有之民事规范。例如,司法实践中常出现依据原《物权法》第 35 条(R)的规定,原告本可主张以清除林木、移除防护林复植果树、移除非法种植在小区共有绿地上树木、移除非法占用他人承包土地种植的树木或砍伐种植在他人宅基地上的树木等方式排除妨害(如典型案例二),其请求权背后的原则为《民法典》第 3 条所明文规定的民事权益受法律保护原则(Pr),进而这种权衡被转化为民事权益受法律保护原则(Pr)与绿色原则(P)之间的权衡。虽然这种权衡必须在个案中结合案情作出判断,但也必须同时准确地认识民法基本原则体系已有之基本结构,其必然在很大程度上影响这种权衡结论的判断,即此种原则冲突的权衡会在很大程度上或一般性地受《民法典》所确立的民法基本原则体系的指导和影响。具体而言,《民法典》中的民事权益受法律保护原则(第 3 条)、平等原则(第 4 条)、自愿原则(第 5 条)是围绕个人利益为中心展开的根本性的民法原则,属于基础性原则;公平原则(第 6 条)、诚信原则(第 7 条)是出于解决平等民事主体之间的利益冲突、平衡个体间利益所必须采取的一种限制;公序良俗原则(第 8 条)是通过限制个体利益以维护社会利益,从而让民事主体能够在一个善良有序的整体环境中实现个体利益的最大保护;而绿色原则(第 9 条)则是人类社会应对和解决环境问题而出现的一种新型限制,旨在平衡民事主体的个

① 参见林来梵、张卓明:《论法律原则的司法适用——从规范性法学方法论角度的一个分析》,载《中国法学》2006 年第 2 期。

人利益和环境公共利益,进而实现对民事主体个体利益的长久保护。但须强调,最终这种其他法律原则(Pr)与绿色原则(P)之间的权衡,以及随后推出的R与P之间的冲突权衡结论,均须在个案中作出,故Pr与P之间,以及R与P之间,谁都有可能在个案中获得被优先考量的地位,故此处无法给出一个统一结论,而前述民法基本原则体系仅是对权衡者的一种整体上的引导。

三、绿色原则规范解释适用的步骤三:解释方法探求

笔者此处所称"解释方法探求",是指在满足前述绿色原则规范解释司法适用步骤一与步骤二的情况下,寻找一个能将绿色原则的价值导入,以重新解释原有的与绿色原则价值冲突之民事规范的思辨和司法适用过程。笔者尝试从已有的司法实践中,归纳总结可能存在的如下几种具体解释方法,并举例说明之。

(一)扩大解释

通过对规范所涉的术语、条件等进行适当的扩大解释,可以探求绿色原则对被解释之规范的适当调试。例如,在某土地承包经营合同到期后,发包人某经济社要求,邱某甲等5名承包人返还土地并清除案涉土地上所种植的树木。在该案中,一审法院先论证说理,某经济社请求邱某甲、邱某乙、邱某丙、邱某丁、邱某戊清理涉案地块上种植的树木,既不符合双方合同约定的"使荒地变成果园,改变村庄风景,为后代有果树的理想,期满土地及果树归回生产队",又违反了"民事主体从事民事活动,应当有利于节约资源,保护生态环境"的原则,故对经济社请求邱某甲等清理树木的主张一审法院不予支持。并同时引用原《民法总则》第6条、第9条,原《合同法》第60条,《农村土地承包法》第8条等规定作出判决。[①] 虽然该案对绿色原则的适用在形式上大致还算规范,但适用绿色原则处理该案有更合理的解释技术路径,可借鉴贺剑博士评论"某添附纠纷案"所提之观点,考虑以绿色原则扩大解释最高人

① 参见广东省广州市中级人民法院民事判决书,(2019)粤01民终14489号。

民法院《关于贯彻执行〈民法通则〉若干问题的意见(修改稿)》第88条,[1]即以绿色原则将该条第3分句“不能拆除的,也可以折价归财产所有人,造成财产所有人损失的,应当负赔偿责任”中的“不能拆除”扩大解释为:虽能清除案涉土地上所种植的树木,但因此等“拆除”使发包方所获经济收益(无任何生态收益)远低于给承包方所造成的经济损失与环境公共利益(树木所能提供的生态服务价值)损失之总和,故应视为“不能拆除”。[2]

(二)权利限缩

以绿色原则限缩民事规范所包含的原有权利,可以实现个案中私权与环保公益之间的平衡。例如,在“上诉人(原审被告)刘某与被上诉人(原审原告)李某排除妨害纠纷案”中,法官以绿色原则限缩了李某依据原《物权法》第35条原本可以主张的以清除非法占有的方式排除其依法承包土地之物权妨害之权利,但考虑“移走树木可能会对树木的成活率造成一定的影响,不利于物尽其用,会损害树木的生态价值功用,与相关民事法律规定的民事主体从事民事活动,应当遵循节约资源、保护生态环境的绿色原则相悖”,故对李某权利的行使方式进行了一定限制,排除了以移走树木方式行使物权妨害排除请求权,这在具体解释方法上属于“权利限缩解释”。[3]

(三)权利推迟

通过承认民事规范所指向的权利,但推迟该权利实现的时间之方式,从而以较小的损害(相对否定权利而言)换取绿色原则价值的实现。例如,在“某银行诉某投资公司、某环保公司排除妨害纠纷案”中,为了更好地解决该案中绿色原则与原《物权法》第35条之间存在的冲突,审理法院首先承认原告基于抵押的物权排除妨害权利的存在,但考虑案涉具有环保公益项目性质的建设工程即将完工,该工程对作为

---

① 该条规定:“非产权人在使用他人的财产上增添附属物,财产所有人同意增添,并就财产返还时附属物如何处理有约定的,按约定办理;没有约定又协商不成,能够拆除的,可以责令拆除;不能拆除的,也可以折价归财产所有人;造成财产所有人损失的,应当负赔偿责任。”

② 参见贺剑:《绿色原则与法经济学》,载《中国法学》2019年第2期。

③ 参见河北省张家口市中级人民法院民事判决书,(2020)冀07民终1533号。

抵押物的土地的临时占有即将完成,所以采用对原告就抵押物所享有的排除妨害、恢复原状的物权妨害排除请求权的救济实现时间予以一定的推迟,即一改通常的权利人依法主张时即实现的惯例,而以绿色原则适当推迟了该权利的实现。①

(四)义务延长

根据案涉民事规范,当事人的义务原本应终止,但为了个案解决该规范与绿色原则之间的冲突,则采用适当延长当事人义务的方式,以平衡绿色原则背后的环境公共利益。例如,在"某村委会诉郑某土地承包经营合同纠纷案"中,承包经营合同届满后,原告本可依据原《合同法》第 235 条要求返还原物,②即合同终止后原告不再负有继续将土地交于被告使用的义务,但考虑案涉土地上被告种有树木,"在未成材之前不宜采伐",所以判决将原告原本不再负有的将土地交于被告使用之义务延长至林木成材后。这正是以绿色原则拓宽了合同届满后土地所有人的合同义务,但好在该案给予了相应的补偿。③

(五)权利否定

通过对个案中案涉民事规范所指向的当事人的某种权利予以否定,以实现绿色原则所指向的价值。当然这种方式可能对当事人的损害比较大,需要进行比例原则的必要性评价和利益平衡的合理性考量。例如,在"上诉人(一审被告)梁某与被上诉人(一审原告)某农场的土地承包经营合同纠纷二审案"中,守约方原本依据原《合同法》第 94 条第 3 项之规定享有合同解除权,④但考虑到"涉案土地上已经有上诉人种植并进入成熟期的果树、桂花树和药用植物等经济作物,解除合同并要求上诉人归还涉案土地、铲除上述植物,不利于实现节约资源、保护生态环境",二审法院纠正了一审就该项案涉纠纷的裁判,以绿色原则限制因一方违反合同付款主要义

---

① 参见湖南省邵阳市双清区人民法院民事判决书,(2019)湘 0502 民初 2485 号。

② 该条规定:"租赁期间届满,承租人应当返还租赁物。返还的租赁物应当符合按照约定或者租赁物的性质使用后的状态。"

③ 参见河北省唐山市丰润区人民法院民事判决书,(2020)冀 0208 民初 1420 号。

④ 该项规定:"有下列情形之一的,当事人可以解除合同……(三)当事人一方迟延履行主要债务,经催告后在合理期限内仍未履行……"

务,经催告仍不履行而产生的合同相对方之合同解除权。[①] 这就属于一种权利否定的路径。

(六)突破限制(或突破禁止)

对案涉民事规范原本限制或禁止的主张,以绿色原则说理后予以个案突破,以保护绿色原则背后的价值。例如,在“上诉人(一审原告)温某、李某、某酒店有限公司与上诉人(一审被告)某老干部活动中心租赁合同解除纠纷二审案”中,原本存在的民事规范最高人民法院《关于审理城镇房屋租赁合同纠纷案件若干问题的解释》(2009 年)第 11 条第 2 项明确规定,导致合同解除的违约承租人无权请求出租人赔偿剩余租赁期内装饰装修残值损失。[②] 但二审法院认为,根据绿色原则的规定,对于残存之装饰装修,一审法院认定拆除后带走不妥,应予以纠正,便以绿色原则突破了违约承租人装修残值补偿请求的一般性禁止。[③]

(七)标准细化

对民事规范原本笼统或原则性规定的内容,根据绿色原则之精神予以合理且具体的个案解释,以实现民事规范与绿色原则在个案中的平衡。例如,在“原告(反诉被告)某部队与被告(反诉原告)某专业合作社之间租赁合同解除后租赁物返还纠纷案”中,案涉纠纷原本可适用的原《合同法》第 235 条“租赁期间届满,承租人应当返还租赁物。返还的租赁物应当符合按照约定或者租赁物的性质使用后的状态”之规定,但二审法院“考虑涉案场地面积较大,苗木销售需要一定的市场需求,异地迁移亦需要合适的足够体量的土地,对季节因素要求亦较高。结合无锡地区实际情况,在一定范围内短时间找寻适合土地确有困难。就现有苗木尚生长在涉案土地的

---

① 但笔者认为,该案涉嫌不符比例原则。参见广西壮族自治区来宾市中级人民法院民事判决书,(2019)桂 13 民终 611 号。

② 该项规定:“承租人经出租人同意装饰装修,合同解除时,双方对已形成附合的装饰装修物的处理没有约定的,人民法院按照下列情形分别处理……(二)因承租人违约导致合同解除,承租人请求出租人赔偿剩余租赁期内装饰装修残值损失的,不予支持。但出租人同意利用的,应在利用价值范围内予以适当补偿……”

③ 参见山西省高级人民法院民事判决书,(2020)晋民终 57 号。

客观情况,考虑其经济价值及极大的生态价值",最终决定改判原审判决,以绿色原则合理解释了租赁物返还"符合租赁物的性质使用后的状态",并据以驳回原告(反诉被告)请求,判令被告(反诉原告)立即迁出并向其返还承租的农场内的场地之诉请。①

当然,以上仅是笔者根据已有的相关司法实践,从理论上对"规范解释"具体方法所作的种类概括和方法描述,仍属于一个开放体系,有待日后基于案例实践的丰富而进一步补充完善。

四、绿色原则规范解释适用的步骤四:比例原则考量

传统上,比例原则是宪法、行政法评价公权力运用正当性的重要原则。将该原则推广应用于私法领域,②甚至是法律原则司法适用的全领域,并上升至法理学层面予以理论揭示,其实早已有之。陈景辉教授就曾主张,将比例原则作为法律原则司法适用的限制性条件之一,并借鉴阿列克西纯粹原则冲突的标准理论,建议将"比例原则及其三项子原则:适切性原则、必要性原则与狭义的比例原则"纳入考虑。假定针对权衡原则 P1 与 P2 冲突,或前述民事规范(R)与绿色原则(P)之间的冲突转化为权衡规范背后支撑的原则 Pr 与 P 之间的冲突,陈景辉教授对比例原则应予考量的学理解答是,"适切性关注的是,所选择的手段不能在未增加原则 P1 实现程度的条件下,引发对原则 P2 的限制;必要性关注的是,在多个手段中如何作出较佳的选择,即最佳的举措是在实现一个原则时,对另一个原则限制最小的选择";"而狭义的比例原则不同于以上两个原则,它不再关心手段的问题或事实上的可能性,而是关注法律上的可能性,即关注与某一原则对立的另一原则",其要求符合对于一个原则"限制程度的提高,应当以另一原则实现的重要性程度的增强为正当化理由","如果相反,那么对于前一原则的限制就是不适当的"。③

笔者主张,将比例原则及其 3 项子原则应用于绿色原则规范解释适用之中,并

---

① 参见无锡市滨湖区人民法院民事判决书,(2017)苏 0211 民初 6406 号。

② 如纪海龙教授就主张,"在私法中,比例原则的利益衡量方法,也应得到全面的运用"。参见纪海龙:《比例原则在私法中的普适性及其例证》,载《政法论坛》2016 年第 3 期。

③ 参见陈景辉:《原则、自由裁量与依法裁判》,载《法学研究》2006 年第 5 期。

将之予以具体解读。其中,适切性子原则要求裁判选定的某一具体措施或方案对民事规范及其背后的原则之限制(于本部分文义下,也可理解为前述步骤三所探寻的具体解释方案),必须有助于提高绿色原则的实现程度。例如,在“汪某诉钟某无权占有物返还纠纷案”中,原告诉请将被告无权侵占的房屋予以归还,并恢复原状。法院审理认为,关于汪某要求钟某恢复原状的诉讼请求,因案涉汪某所有的601号房屋已经被钟某因中介误将租赁房屋错交承租的情况下予以装修,“装修后的财物与房屋已经混合,如果将其分离拆毁,势必将造成资源的浪费,从经济、环保和物的合理、有效利用的角度考虑,不宜将该房屋恢复原状”;“汪某要求钟某支付占用期间的房屋使用费,可以视为该房屋的孳息,但考虑到汪某还应当支付钟某因维护该房屋支出的必要费用,相互抵销后,本院认为钟某不必支付占用期间的房屋使用费,汪某也不必支付钟某因维护该房屋支出的必要费用”。[①] 分析可见,该案中对原告基于原《物权法》第243条冲突规范(R)及其背后的民事权益受法律保护原则(Pr)的限制,显然有助于绿色原则(P)所指向之价值的实现。[②] 因此,应判断为符合适切性子原则。

而必要性子原则要求,如果存在多个可供选择的限制措施或规范重新解释的具体方案,虽未增加绿色原则价值的实现程度,但也应选择对与之矛盾的民事规范及其背后的价值造成最小的限制之措施或方案。例如,在“上诉人(一审被告)梁某与被上诉人(一审原告)某农场之间土地承包经营合同纠纷案”中,某农场一审诉请判令解除双方土地承包经营合同,并由梁某清除承包地上的种植物,一审法院判决解除合同并由梁某清除26.66亩承包地上种植的作物;二审法院则认为,“涉案土地上已经有上诉人种植并进入成熟期的果树、桂花树和药用植物等经济作物,解除合同并要求上诉人归还涉案土地、铲除上述植物,不利于实现节约资源、保护生态环境,亦对上诉人不公平”,二审裁判进而以绿色原则限制了违反合同付款主要义务,经催告仍不履行的合同相对方本应依原《合同法》第94条第3项所享有的合同解除权。[③]

---

① 参见湖南省常德市武陵区人民法院民事判决书,(2018)湘0702民初1134号。

② 原《物权法》第243条规定:“不动产或者动产被占有人占有的,权利人可以请求返还原物及其孳息,但应当支付善意占有人因维护该不动产或者动产支出的必要费用。”

③ 参见广西壮族自治区来宾市中级人民法院民事判决书,(2019)桂13民终611号。

该案二审所选择的完全否定合同守约方的合同解除权方案(M1),相对于承认合同解除权但为了实现绿色原则的价值暂时推迟返还承包经营土地这一备选方案(M2)而言,显然后者对守约方依据原《合同法》第94条第3项(R)及其背后的诚信原则(Pr)所造成的个案限制相对更小。即个案比较可知,M2 < M1,相对于该案裁判所采用的合同解除权方案(M1),存在对R及Pr限制更小但同样可以增加绿色原则(P)价值实现的暂时推迟返还承包经营土地这一备选方案(M2)。因此,笔者认为,该案裁判所用的限制措施不符合必要性子原则的要求。也许可以改为采用判决解除双方合同,但适当延长义务,待案涉土地上已种植的植物当季收成或实现价值后再行返还土地,并应同时考虑诉讼程序法的要求,由法院向一审原告释明可以另案起诉要求补偿土地延迟返还的损失或增加诉请。当然也需指出,对于果树而非水稻之类的植被,果树可能无法通过延迟一季长成期实现其全部价值,则应考虑判决合同解除并立即返还,但土地上种植物无须清除,并应综合考虑违法性、资产价值等因素由受益方合理补偿(此内容涉及后文拟讨论的利益平衡问题,后续再详述)。事实上,从比例原则的必要性出发,以绿色原则合理推迟合同解除后无权占有人返还原物的时间之典型案例在实践中已有发生。①

狭义比例原则这一子原则要求,就裁判拟采用的具体限制措施或规范解释方案,须先行预测或评估,对民事规范及其背后支撑的原则所采取之限制的增加,应以绿色原则价值实现的同步增加为正当性前提,一旦出现或存在随着限制的增加反而出现绿色原则价值停止增加或减少的情况,就应不采取该措施或方案,或者应使具体措施或方案的限制程度止步于绿色原则价值不再增加或降低的那个点位。通过对已有案例的分析,笔者尚未找到一个可用以释明狭义比例原则要求的、妥帖的正面典型示例,我们也许可以通过反向分析得到答案。例如,在"梁某诉黄某排除妨害纠纷案"中,被告父母生前在原告所有的宅基地上种植有株苹婆,该树树龄超过30年,审理法院认为,原告作为案涉土地使用权人,有权要求被告排除妨害。原告主张,被告将案涉树木砍伐本无不当,但根据原《民法总则》第9条之规定,"案涉树木已种植多年,如果将其砍伐不利于资源的保护及有效利用,违背了物尽其用、保护环

① 参见河北省沧州市运河区人民法院民事判决书,(2018)冀0903民初3332号。

境的社会价值导向。且砍伐案涉树木并非排除妨害的唯一途径,将案涉树木搬离梁某的用地红线范围即可",并裁判以绿色原则限制原告以砍伐树木方式排除宅基地妨害的请求权。① 笔者分析,为了提高绿色原则(P)指向的价值之实现,采取限制本该适用于案涉纠纷解决的原《物权法》第35条(R)及其背后的民事权益受法律保护原则(Pr)的措施——树木留在该案原告宅基地的措施(M1)对R及Pr的限制,较之树木移植出原告宅基地的措施(M2)对R及Pr的限制而言,M1造成的限制显然大于M2;但比较可见,随着M2转向M1所随之变化的限制之增大,案涉树木存活(假设移植后能存活且存活后的环境公益相当)所能给生态、环境带来的公益,即绿色原则(P)价值的实现程度不会随之增加。因此,可以发现,没有必要在不增加绿色原则(P)的情况下,将树木移植出原告宅基地的措施(M2)"升级"成树木留在该案原告宅基地的措施(M1),即通过增加对原告宅基地及其排除物权妨害的请求权予以限制的程度,不会提高绿色原则价值的实现程度,从而可以从反向验证并坚定裁判者抉择的正确性。所以,相较而言,该案采取树木异地移植的措施符合狭义比例原则。

五、绿色原则规范解释4个适用步骤的相互关联

综合以上4个主要步骤的使用,如果经过探索仍找不到那个潜在的、与绿色原则存在价值冲突且直接指向纠纷的民事规范,则无须再予考虑绿色原则的规范解释适用。如果经仔细思量后,发现规范与绿色原则之间属于价值一致的情况,此时应将整个司法适用技术线路转化为绿色原则价值宣示适用的类型;但如果新发现其他潜在可能适用于同一案涉纠纷解决的民事法律规范,使出现存在两个以上的备选可用规范,其中至少存在一个规范与绿色原则价值相符、一个规范与之相冲突,则此时应转为尝试绿色原则规范选择的司法适用路径。

当经过步骤二的比较和权衡,发现确实需要引入绿色原则,则可以继续开展步骤三的研究。反之,则只能认为绿色原则规范解释适用尝试止步于此,转而综合考虑其他法理和法律规范以适用步骤一所识别的民事规范,或另外寻找更合适于案涉纠纷解决的民事规范,甚至其他原则。

---

① 参见广东省中山市第一人民法院民事判决书,(2019)粤2071民初6555号。

在准确识别民事规范,并经历了步骤二和步骤三的检验后,且能找到可以适用的具体解释方法,则应进入步骤四,即开展完整全面的比例原则 3 项子原则的评价。但为了觅得一个更符合比例原则的具体争议解决方案,有时可能需要从步骤四退回步骤三,更换其他解释方法或具体司法处置方案后,再次进行步骤四的比例原则考量,甚至出现多次反复,直到找到一个妥当的争议解决的司法方案。当然在实际实施过程中,对于一个熟练于绿色原则规范解释司法适用的实务人员来说,还存在将步骤四与步骤三统筹考虑,甚至步骤二、步骤三、步骤四一并综合研判的可能性。

六、绿色原则规范解释适用的 3 项基本要求

通过以上 4 个主要步骤的严密司法研判,发现案涉民事纠纷确属可以通过引入绿色原则重新解释民事规范加以解决,且可以找到个案具体可用的合理的解释方法,得出符合比例原则的具体司法裁判方案的情况,则可得出采用绿色原则规范解释适用技术的结论。但后续裁判及文书制作,还应至少符合 3 项要求:首先,绿色原则导入后若双方利益失衡,则应结合违法性、违约性、①便利双方以及符合程序法规范等因素进行适当、充分的利益平衡,②即笔者所称"利益平衡"的要求。其次,对绿色原则的导入必要性、符合比例原则性以及利益衡量和平衡的具体计算方案的选择等,在裁判文书的"本院认为"等相应部分,应进行充分说理,即笔者所称的"充分说理"要求。最后,裁判还必须在"综上所述,依照……"等语词引导的判词部分与前

① 例如,在"上诉人周某与被上诉人戴某排除妨害纠纷二审案"中,二审法院引入绿色原则限制以拆除加盖房屋方式排除物权妨害,纠正一审裁判,但未作利益平衡。实际上,该案二审法院可以明确阐释考量到上诉人周某存在违法侵占被上诉人戴某房屋的过错,加盖房屋"添附"后已无分离的可能,本应平衡不予拆除而失衡的利益,但考虑该失衡因加害人本人违法行为造成,且受害人的房屋诉讼之前已有一段时间被加害人非法无偿占用,故综合考量后不予补偿。参见湖南省湘潭市中级人民法院民事判决书,(2020)湘 03 民终 937 号。如前文关于比例原则之适切性子原则所举案例,在实践中也有采用"相互抵销"这一个案而言较恰当的措施之司法实践。参见湖南省常德市武陵区人民法院民事判决书,(2018)湘 0702 民初 1134 号。

② 如在"某电信公司诉某移动公司排除妨害纠纷案"中,在审理法院以绿色原则限制原告主张以拆除搭挂通信线的方式排除其所有的通信杆受到的物权妨害的同时,暂不评价利益平衡符合程序法等问题,仅评价利益平衡目的的补偿款的计算方法的确定,法院主张从"原告主张权利之日开始计算",而非被告侵害物权行为发生之时,有利益平衡不充分的嫌疑。参见湖北省蕲春县人民法院民事判决书,(2018)鄂 1126 民初 669 号。

述说理部分进行呼应,即必须同时至少援引绿色原则条款及其通过规范解释所重新解释的那个具体的法律规范条款,得出具体裁判事项,即笔者所称"规范双引"的要求,仅单引绿色原则条款并不是规范的判决形式,即便准确指明并援引了具体民事规范条款但不同时引用绿色原则条款,也是不正确的。①

其中,关于本文所主张的"利益衡量"这一基本要求,首先要求司法实务者在其绿色原则规范解释适用思维体系中"加载"开展利益平衡的意识。例如,在"某军分区诉某商贸有限公司返还财产纠纷案"中,审理法院以绿色原则限制了原告依被解释的已有民事规范而享有的因客观原因无法在拆除旧房后继续重建房屋以恢复原状的返还原物请求权,径直驳回原告恢复原状返还原物的诉请,而既未说明不予利益平衡的原因,也未向原告释明可以变更诉请为赔偿损失;若释明变更,则可能从绿色原则规范解释适用转化为规范选择适用,或另案诉请赔偿救济。② 而释明另案起诉救济或者释明变更诉请并在当事人变更诉请后同案裁判,③可以节省司法资源并提高止争息诉的效率。必须强调的是。"判非所请"的程序违法是必须避免的。例如,在"余某诉马某排除妨害纠纷案"中,审理法院以绿色原则限制原告以拆除房屋方式排除被侵犯宅基地妨害请求权后,径直超出诉请,判决改以一次性补偿平衡绿色原则导入后的双方利益的失衡。④ 此外,对于当事人已经在诉请返还原物时一并诉请赔偿损失的,则可根据案情考量调整补充标准,以对因引入绿色原则所造成的权利失衡予以合理平衡。⑤ 当然,也许在个案中存在无须利益平衡的情形,⑥但裁判

① 仅在判词部分援引民事规范的已有判例,参见成都市青羊区人民法院民事判决书,(2019)川0105民初1398号。

② 参见四川省康定县(现康定市)人民法院民事判决书,(2018)川3321民初12号。

③ 例如,在"某业主委员会诉张某、秦某排除妨害纠纷案"中,审理法院以绿色原则限制了原告以复植因防护林建造被毁杏树的方式排除物权妨害请求权,但裁判文书载明"经本院释明后,原告仍坚持其诉请,本院难以支持"。参见江苏省张家港市人民法院民事判决书,(2019)苏0582民初2569号。

④ 参见河南省洛宁县人民法院民事判决书,(2017)豫0328民初752号。

⑤ 例如,有判例将原每亩80元的土地承包费标准提高到350元,作为超过合同期限但以绿色原则判令限制合同到期后立即返还土地至林木成材后再返还这一延长占用期间的合理利益平衡。参见河北省唐山市丰润区人民法院民事判决书,(2020)冀0208民初1420号。

⑥ 例如,在"梁某诉黄某排除妨害纠纷案"中,审理法院以绿色原则限制原告以砍伐树木方式排除宅基地妨害的请求权,但该案采用了对案涉树木移植的办法,综合考虑后,导入绿色原则限制权利后利益暂无失衡,所以无须作出双方利益平衡,但法院未能在裁判文书中明确说明。参见广东省中山市第一人民法院民事判决书,(2019)粤2071民初6555号。

文书也应作出说明,以表明法官已进行利益平衡考量。

在司法实践中适用绿色原则普遍存在说理不充分的问题,甚至仅引用绿色原则条款而未作任何说明。[①] 对于适用绿色原则解释已有民事规范的个案性特例必须展开详细的说理论证,其实早已上升为法理学层面上的一个共识。例如,舒国滢教授坚持适用原则裁判的前提是"若无更强理由,不适用法律原则"。[②] 葛洪义教授也主张:"若要适用法律原则,则必须经过一定的特别的理性对话程序,对法律原则的内容进行认真识别。"[③]学者庞凌则从技术规范角度总结认为,法律原则必须在"充分说理基础上方可适用"。[④]

七、结论

作为民法基本原则,《民法典》绿色原则在民事司法中有其适用的空间,但需要更具针对性、理论性和可操作性的理论引导。可主要考察潜在适用民事规范存在与否、存在数量及其存在情况下规范与绿色原则是否存在价值冲突这一主线,采用"三层分类、一分为四"的绿色原则民事案件司法适用分类法,将绿色原则司法适用的潜在路径归类为"漏洞填补""价值宣示""规范解释""规范选择"4 种。其中,规范解释适用,是指有且仅有一个可适用于解决案涉纠纷的民事规范,但适用该规范会造成与绿色原则间的价值冲突,则可以引入绿色原则重新解释该规范,以作出妥善裁判。绿色原则规范解释民事司法适用可以采用"4 个主要步骤"组成的技术线路,即民事规范识别、冲突价值权衡、解释方法探求与比例原则考量。绿色原则规范解释司法适用应严格遵守利益平衡、充分说理及规范双引这"3 项基本要求"。

---

① 例如,在"某银行诉某投资公司、某环保公司排除妨害纠纷案"中,案涉两个绿色原则规范解释争议点,其中就以绿色原则限制前序抵押权对抗为环保公益目的之后续土地租赁合同,裁判文书对于绿色原则引入以认可该在抵押设立后成立的租赁合同有效的理由未予充分论证说理,并且在判词部分仅援引了绿色原则条款,而未援引案涉该点争议绿色原则所解释的民事规范原《物权法》第 190 条。参见湖南省邵阳市双清区人民法院民事判决书,(2019)湘 0502 民初 2485 号。

② 参见舒国滢:《法律原则适用的困境——方法论视角的四个追问》,载《苏州大学学报(哲学社会科学版)》2005 年第 1 期。

③ 参见葛洪义:《法律原则在法律推理中的地位和作用——一个比较的研究》,载《法学研究》2002 年第 6 期。

④ 参见庞凌:《法律原则的识别和适用》,载《法学》2004 年第 10 期。

专题五　习惯作为民法法源

本专题撰写人：王利明

【《民法典》及其配套司法解释的新规则】

《民法典》第 10 条：

处理民事纠纷，应当依照法律；法律没有规定的，可以适用习惯，但是不得违背公序良俗。

《总则编司法解释》第 2 条：

在一定地域、行业范围内长期为一般人从事民事活动时普遍遵守的民间习俗、惯常做法等，可以认定为民法典第十条规定的习惯。

当事人主张适用习惯的，应当就习惯及其具体内容提供相应证据；必要时，人民法院可以依职权查明。

适用习惯，不得违背社会主义核心价值观，不得违背公序良俗。

【规则由来】

《民法典》颁行前，我国原有的民事立法并没有对习惯的适用作出一般性规定，但在相关的法律中也规定了习惯的适用。例如，原《物权法》第 85 条规定："法律、法规对处理相邻关系有规定的，依照其规定；法律、法规没有规定的，可以按照当地习惯。"原《合同法》中也大量规定了适用交易习惯的规则，例如，该法第 61 条规定：

"合同生效后,当事人就质量、价款或者报酬、履行地点等内容没有约定或者约定不明确的,可以协议补充;不能达成补充协议的,按照合同有关条款或者交易习惯确定。"我国《民法典》在总结立法、司法实践经验基础上,于第10条规定了习惯适用的一般规则,并继续保留了原《物权法》《合同法》等法律中有关习惯的法律规定。

【规范意旨】

《民法典》第10条是关于民法渊源的规定,即明确了民事法律规范的表现形式。该条最主要的意义在于承认了习惯的民法渊源地位,这有利于丰富民法规则的内容,保持民法规则体系的开放性和有效实施。该条未具体规定适用"习惯"的积极要件,仅明确了"不得违背公序良俗"这一消极要件。但该条明确了习惯与法律适用关系,即其适用顺序在法律之后。

《总则编司法解释》第2条从以下几个方面进一步规范和完善了习惯的司法适用:第一,明确了适用习惯的积极要件,即"一定地域、行业范围内长期为一般人从事民事活动时普遍遵守的民间习俗、惯常做法";第二,明确了适用习惯的证明责任分配,以主张适用习惯的当事人举证为原则,以必要时法院依职权查明为例外;第三,强化了适用习惯的消极要件,引入了社会主义核心价值观这一价值限定。

【典型案例】

案例一:"继母居住权案"

李某是李父的女儿。2003年6月,李父与廖某登记结婚,2人属于再婚,婚后在李父所有的原房屋内居住。2005年6月,原房屋被拆迁。2005年11月,李某以65,000元的价款向第三人购买涉案房屋,李父支付了案涉房屋的购房定金5000元,该房屋登记在李某名下。由于李父与廖某无房,李某将房屋借给2人居住使用。李父曾提出让廖某居住该房屋直至终老,李某无异议。2018年10月李父去世后,李某与廖某就房屋权属和居住发生争议,李某要求廖某限期搬离,廖某则以无其他房屋居住以及支付了案涉房屋部分购房款及装修费用、案涉房屋属于其与李父夫妻共同财产为由拒绝搬离。李某因而提起诉讼,要求廖某返还房屋。

一审法院认为,李某作为案涉房屋的所有权人,对案涉房屋享有直接支配和排他的权利。现被告在原告责令其限期搬离后仍占用适用案涉房屋,没有法律依据及正当理由,属于无权占有,遂判决廖某返还房屋。

二审法院认为,廖某为李某的继母,廖某与李某的父亲在案涉房屋共同生活居住了 12 年之久,李某对此是同意的。上述事实表明,首先,廖某在案涉房屋居住有合法的理由和依据,其居住该房屋并非民事侵权行为。其次,李某对李父生前提出由廖某居住案涉房屋到终老的意思表示亦没有意见。由此可见,廖某在李父去世后继续居住该房屋是基于其为李某继母的身份并经李某及李父的同意。最后,李某在一审诉讼过程中确认李父在购买涉案房屋时支付了定金 5000 元。加之,经双方确认,廖某除涉案房屋外,没有其他房屋居住。根据《民法典》第 10 条"处理民事纠纷,应当依照法律;法律没有规定的,可以适用习惯,但是不得违背公序良俗"以及第 132 条"民事主体不得滥用民事权利损害国家利益、社会公共利益或者他人合法权益"的规定,涉案房屋虽然登记在李某名下,但不能以此否定廖某对该房屋依法享有居住的权利。二审法院撤销了一审判决并驳回李某的诉讼请求。①

案例二:"赏金托管案"

A 股份有限公司是文化创意服务众包平台 A 网的运营公司,左某于 2019 年 12 月 1 日登录 A 网发布定制聊天室软件的项目,并将 12,000 元项目开发费用交由 A 公司进行"赏金"托管。同日,左某选中 B 公司作为开发定制软件的服务商,双方在线签订《网络服务交易合同》。在 B 公司开发软件的过程中,左某与 B 公司就软件功能实现的第三方接口问题发生争议。左某向 A 公司发起维权主张,要求全额退款。A 公司核实处理后认为,左某与 B 公司均存在一定的责任,B 公司已进行了部分工作,处理结论为左某向 B 公司支付部分款项,结束交易。左某不同意支付部分款项,要求全额退款。A 公司于 2020 年 1 月 2 日拒绝左某的全额退款要求,对款项

---

① 参见广西壮族自治区梧州市中级人民法院民事判决书,(2019)桂 04 民终 991 号。该案入选最高人民法院妇女儿童权益保护十大典型案例。

未作分配。左某遂诉至法院,请求判令 A 公司返还托管的开发费 12,000 元。

法院认为,A 公司与左某、B 公司之间是典型的居间关系。本案的特殊性在于,纠纷虽然发生在左某与 A 公司之间,但纠纷双方争议的“托管赏金”模式不属于典型的居间合同的交易内容,缺乏法律直接规范,双方也缺乏明确的合同约定。依据《民法典》第 10 条“处理民事纠纷,应当依照法律;法律没有规定的,可以适用习惯”的规定,对于托管赏金的性质认定和处理应当依据互联网行业的交易习惯和合同目的进行认定。左某赏金托管的行为模式,具有明显的担保属性。在交易双方就未能正常履约发生争议时,该款项由平台继续保管至违约方责任确定下来,有利于维护交易安全,防范责任确定后履行不能的风险。如果在服务合同双方的责任确定前,平台先将交易价款退还购买方,则不能排除如果最终确定由购买方承担责任,服务商还需向购买方讨要交易价款的问题,而这就丧失了托管价款防范风险的合同目的。鉴于左某与 B 公司之间的合同状态、责任承担尚处于未确定的状态,为维护托管赏金的合同目的和交易安全,尊重该类交易的交易习惯,左某应当先行解决与 B 公司之间的合同纠纷,而无权直接要求 A 公司返还托管的赏金。①

案例三:“祭奠权案”

高甲(被告)与高乙、高丙、高丁(原告)均为同村村民,双方系同姓叔兄弟关系。2008 年 2 月 1 日,高甲从该村委会处承包了 5 亩荒山从事养殖业,签订了正式承包合同,承包期限为 2008 年 2 月 1 日起至 2038 年 2 月 1 日止。高甲在承包地内修建和经营养猪场。高乙、高丙、高丁的祖坟恰好位于高甲承包地的范围内,高甲在该墓地外围修建了围墙并在南侧留有一个角门,角门由其上锁,高乙、高丙、高丁及其亲属扫墓时需与其联系。双方为开门扫墓一事多次发生纠纷。此外,高乙、高丙、高丁在祖坟旁发现了水坑,认为是高甲蓄意破坏。高乙、高丙、高丁诉至法院,请求高某拆除围墙、填平水坑。

一审法院认为,高乙、高丙、高丁要求高甲拆除围墙以方便其上坟的依据不足,

---

① 参见重庆两江新区人民法院(重庆自由贸易试验区人民法院)民事判决书,(2020)渝 0192 民初 303 号。

其合称祖坟受损证据不足,其主张的精神损害赔偿金10,000元依据不足,因而驳回原告诉讼请求。二审法院撤销了一审判决,判决高甲不得妨碍高乙、高丙、高丁及其他亲属的祭扫活动,并于判决生效后10日内填平案涉坟墓旁的水坑、拆除所建围墙中的角门,但驳回了高乙、高丙、高丁的精神损害赔偿请求。法院的裁判理由在于:《民法典》第10条规定,处理民事纠纷,应当依照法律;法律没有规定的,可以适用习惯,但是不得违背公序良俗。祭奠是为表达对已逝亲人的哀思和怀念之情而举行的活动,祭奠作为一种情感寄托方式,它体现的是对逝者的追思、对生命的尊重。祭奠权是基于传统习俗而产生的对逝者进行祭奠的民事权利,符合民法中的公序良俗原则。高乙、高丙、高丁的祖坟事先安置,而后所在地块为高甲所承包,通过双方提供的证据及当事人陈述能够看出,高甲在高乙、高丙、高丁亲属坟墓周围开挖水坑距离坟墓较近,不符合当地殡葬习俗,高乙、高丙、高丁请求高甲填平水坑排除妨碍有事实依据。同时,高甲在涉案坟墓外围搭建围墙虽预留角门,但该角门亦由高甲控制,不利于高乙、高丙、高丁进行正常的祭奠活动,高甲应拆除预留的角门。①

高甲又申请再审,再审法院驳回了其申请,理由在于,高乙、高丙、高丁的祖坟建造在先。双方系同村叔兄弟,无论是从亲属关系而言,还是从传统风俗来说,高甲对于高乙、高丙、高丁一家的正常祭奠活动均应给予保障并提供便利。但高甲在涉案坟墓外围搭建了围墙,其虽留有角门,但角门上锁并由高甲控制,且双方为开门上坟一事多次发生纠纷并报警处理,为防止纠纷,二审判决由甲拆除角门并无不当。高甲可在不影响高乙、高丙、高丁及其亲属正常祭奠活动的情况下,另行采取其他方式保障自身的人身财产安全。由于水坑距离高乙、高丙、高丁祖坟较近,不符合当地的殡葬风俗,二审判决由高甲填平水坑,并无不当。②

案例四:"李某华诉立融典当公司典当纠纷案"③

2003年12月31日,原告李某华决定将一批K金饰品当给被告立融典当公司,立融典当公司为此出具了编号为31275134的当票一张,载明当金405,000元,当期

① 参见江苏省徐州市中级人民法院民事判决书,(2019)苏03民终7639号。

② 参见江苏省高级人民法院民事裁定书,(2020)苏民申3218号。

③ 参见《最高人民法院公报》2006年第1期。

由2003年12月31日起至2004年1月31日止。该当票当户联背面印有“典当须知”,其中第6条规定:“典当期内及典当期限届满后5日内,经双方同意可以续当。续当时当户应当结清前期利息和当期费用。”第9条规定:“绝当后,当户与典当行协议赎当的,逾期费用由双方协商确定。”按照约定,李某华将K金饰品交立融典当公司保管,立融典当公司给李某华出具了收条,并向李某华支付了约定数额的当金。

当期届满后,原告李某华没有按期赎当,也没有在当期届满后的5日内办理续当手续。2004年2月11日,李某华写下承诺书,承诺在2月20日前付清当期综合费用。2004年2月29日,被告立融典当公司收到珠宝公司开具的号码为BN977953、BN977955的现金支票两张,金额均为37,450元,支票注明用途为“还款”。2004年3月2日,上海银行以“存款不足”为由,将这两张支票退回立融典当公司。2004年3月12日,李某华书面承诺“同意先将以上K金饰品绝当,委托万融拍卖公司进行拍卖,用拍卖成交款支付首饰借款本金、息费、违约金,本次拍卖佣金、公告费、鉴定费、场地租赁费等相关费用按有关规定从拍卖所得中扣除”。2004年3月30日,李某华提起诉讼,要求赎回当物。

本案争议焦点是:绝当后,当户是否有权要求赎回当物?

上海市静安区人民法院认为:“当”,是我国历史上特有的一种通过移转动产占有进行民间融资的制度。新中国成立后,典当行业一度被取缔,改革开放后虽有恢复,但长期没有专门的法律规范,原则上只能适用有关担保的一般法律规定调整典当关系。2001年8月8日,国家经济贸易委员会制定了《典当行管理办法》(已失效),其中第3条规定:“本办法所称典当,是指当户将其动产、财产权利作为当物质押或者将其房地产作为当物抵押给典当行,交付一定比例费用,取得当金,并在约定期限内支付当金利息、偿还当金、赎回当物的行为。”第36条规定:“典当期限或者续当期限届满后,当户应当在5日内赎当或者续当,逾期不赎当也不续当的,为绝当。”第40条还规定了典当行对绝当物品的处理办法。《典当行管理办法》(已失效)是我国政府有关部门针对典当行业专门作出的行政规章,在目前处理典当纠纷中应当参照适用。2005年2月9日商务部、公安部发布了《典当管理办法》。另外,典当行业也有自己的一些行业习惯,这些行业习惯在不违反现有法律、法规禁止性规定的前提下,也应当作为处理典当纠纷时的参照。

【理论阐释】

一、民事习惯作为重要的民法渊源

民事习惯,是指在某区域范围内,基于长期的生产生活实践而为社会公众所知悉并普遍遵守的生活和交易习惯。习惯是人们长期生活经验的总结,它既是人与人正常交往关系的规范,也是生产、生活实践中的一种惯行。此种惯行得到了人们的普遍遵守,尤其是对一些习惯来说,其效力在长期的历史发展过程中已经得到了社会公众的认可,长期约束人们的行为,因此也被称为"活的法"。法谚云,"习惯乃法律之最佳说明"(Optimus legum interpres consuetudo;Optima est legis interpres consuetudo;Custom is the best interpreter of law.)。[①] 习惯可以被看作社会发展的纽带,无论社会发展变化多么迅速,其都无法摆脱与过去的纽带关系,也不可能同过去的历史完全割裂。许多法律规则都根植于习惯,并从习惯中汲取营养,习惯是重要的法律渊源。

从比较法经验来看,各国在法典化进程中大都注重对本国既有习惯做法的梳理和总结。习惯法是罗马法的重要组成部分,是罗马法的法源(Rechtsquelle)之一。[②] 根据罗马法记载,"古老的习惯经人们加以沿用的同意而获得效力,就等于法律"。[③] 习惯是法律解释的重要依据。萨维尼指出:"如果罗马法承认有权解释(authentische Auslegung)和习惯解释(usuelle Auslegung)的决定性力量,则在此承认中并未包含特殊的法观点,毋宁说,它仅仅是以下事实的一个简单推论,即制定法和习惯被承认为法律渊源。"[④]普通法又称判例法,其主要是在先例基础上形成的法律体系,但先例大量都是以习惯为基础的。故此,有学者就指出:"英格兰普通法实际上就是习惯法体系延续而来的结果(result of the survival of a system of customary law)。"[⑤]时至今日,在现代英国法上, 习惯仍属于一种重要法源,在许多领域与成文法具有同样

---

① Paulus Dig. 1.3.37.

② Savigny, System des heutigen römischen Rechts, Bd. 1, Berlin, 1840, S. 34 ff., 66, 76 ff.

③ [罗马]查士丁尼:《法学总论:法学阶梯》,张企泰译,商务印书馆1989年版,第11页。

④ Savigny, System des heutigen Römischen Rechts, Bd. 1, Berlin, 1840, S. 296.

⑤ Samuel, Common law, in: Jan M. Smits (ed.), Elgar Encyclopedia of Comparative Law, 2006, p.146.

的权威。①

近代以来,习惯的作用也得以确认。尤其是在商事领域,习惯具有非常重要的作用。可以说,近代商法(lex mercatoria)就是从习惯法发展而来的,其基本内容就是商事习惯。② 法国法学家波塔利斯曾言,法国民法典实现了成文法和习惯法的折中,③习惯法占据了民法典的重要内容。民法典中的习惯法尤其集中于所谓的"固有法"领域,如家庭法(如夫妻财产制度、收养制度)和继承制度(如长子继承制、配偶在继承法上的法律地位等)等领域。在物权法领域,人役权制度也是典型的习惯法产物。

在德国法中,习惯也占有重要地位。在历史法学派的理论之中,习惯法是基于民族确信(Volksüberzeugung)直接产生的法,法律本身就是民族习惯的产物,故习惯法和制定法、法官法都是法源,甚至可以说,习惯法甚至是最优位的法源(Rechtsquelle par excellence)或原始的法源(ursprüngliche Rechtsquelle),因为制定法是间接体现民族确信的法。④ 在德国《民法典》制定之时,关于是否应当将习惯法纳入其中,曾经引发了人们的争议。德国《民法典第一草案》第2条只是有限度地承认了习惯法的法源地位,即仅在法律援引习惯法时,习惯法上的法规范才能适用。但该规定在第二草案中被删除了。按照《民法典施行法》第2条的规定,《民法典》中的法律是指法规范(Rechtsnorm)。因此,习惯法所产生的法规范也属于《民法典》和《民法典施行法》中的法律。但德国《民法典》的起草者最终接受了温德沙伊德(Windscheid)的观点,认为司法适用习惯法并不会导致习惯法具有独立、自洽的权威(eigene, autonome Autorität),⑤即习惯法的效力并非因司法适用而产生。德国法

---

① [美]罗斯科·庞德:《法律史解释》,邓正来译,中国法制出版社2002年版,第12页。

② Moses, *The Principles and Practice of International Commercial Arbitration*, 2nd ed., Cambridge University Press, 2012, p. 64; Bederman, *Custom as a Source of Law*, Cambridge University Press, 2010, p. 117.

③ Alan Watson, *The Evolution of Western Private Law*, Johns Hopkins University Press, 2000, Ch. 5, Note 66; Levasseur, *Code Napoleon or Code Portalis?*, Tulane Law Review, Vol. 43, p. 763 (1969).

④ Stier-Somlo, Die volksüberzeugung als rechtsquelle, 1900, S. 3; Stammler, Lehrbuch der Rechtsphilosophie, 1928, S. 137; Dias, Rechtspositivismus und Rechtstheorie, 2005, S. 34; Schröder, Methodenlehre, historisch, in: Enzyklopädie zur Rechtsphilosophie, 2013, Rn. 30.

⑤ MüKoBGB/Sächer, BGB Einleitung, Rn. 93.

也保留了大量习惯,例如,德国物权法中的不少规则如土地债务、定期土地债务等规则都源于习惯法。在当今德国的实践中,习惯法也可以通过法官法(Richterrecht)而产生。[①] 例如,对商业确认函的沉默可能导致合同成立,这一规则是当前德国法中习惯法的典型。[②]

瑞士《民法典》第1条明确承认了习惯法(Gewohnheitsrecht)为法律渊源,使习惯法在法律体系中的地位得以正式确认。该法第1条第2项规定:"法律无规定之事项,法院应依习惯法裁判之。"该条规定开创了大陆法系国家确认习惯法为民法渊源的先河,同时明确了习惯法是一种补充性的民法渊源。从该条规定来看,其保持了民法渊源的开放性,除制定法外,习惯法也可以成为法官裁判案件的依据。当然,该条对习惯法的司法适用进行了限制:一是只有在法律没有就某种事项作出规定时法官才有可能援引习惯裁判;二是并非所有的习惯法都可以作为案件裁判的依据,只有公认的惯例(习惯法)可以成为裁判依据。[③] 该条确立了习惯法的法源地位,既在一定程度上赋予了法官在运用习惯法裁判时的自由裁量权,也建立了一种将习惯法导入司法的制度机制。[④]

日本《民法典》也注重借助习惯保持民法典的本土性和适度开放性。在日本《民法典》制定时,日本东京大学的毕业生团体法学士会在其发表的《关于法典编纂的意见书》中解释道:"因我国社会脱于封建旧制,于百事改观之际,变迁不宜过急……若勉强完成民法,则恐有悖民俗,致使人民受法律繁杂之苦。所以不若以近日必要事务为限,以单行法加以规定,法典应待民情风俗稳定时完成之。"[⑤]日本《民法典》的规则虽然整体上照搬了西方民法,但在家庭法等领域则借助习惯保持了一定的本土性,大量吸收了习惯的内容。日本《民法典》的许多物权规则也源于习惯。

---

① Vgl. Zerres, Bürgerliches Recht, Heidelberg, 2013, S. 10; Larenz/Wolf/Neuner, Allgemeiner Teil des Bürgerlichen Rechts, 10. Aufl., 2012, § 4 Rn. 8.

② Bork, Allgemeiner Teil des Bürgerlichen Gesetzbuch, 2006, Rn. 20.

③ 参见厉尽国:《论民俗习惯之民商法法源地位》,载《山东大学学报(哲学社会科学版)》2011年第6期。

④ 参见王洪平、房绍坤:《民事习惯的动态法典化——民事习惯之司法导入机制研究》,载《法制与社会发展》2007年第1期。

⑤ 张生:《中国近代民法法典化研究:一九〇一至一九四九》,中国政法大学出版社2004年版,第24~25页。

总之,“在现今各国法制,在民事方面,不论其法典本身有无明文规定,几无不承认习惯为法源之一种”。[①] 当然,尽管习惯在现代社会中作为一种法律渊源得到了法律的认可,但其适用范围仍然受到严格限制,主要原因在于:一方面,现代社会成文法的调整对象越来越庞杂,调整程度越来越详尽,留给习惯调整的空间在日益缩小;另一方面,随着现代社会经济的发展,社会变迁日益剧烈,社会分工日益精细,规则也日益具体,传统社会中习惯的适用空间也因而被大大压缩。这就是说,习惯直接作为案件裁判依据的功效正在逐步减弱。美国大法官卡多佐曾经宣称,“在普通法发展中,习惯在今天的创造能力已不如它在过去的年代了”。[②] 事实上,大陆法系国家也是如此。但习惯仍然是重要的民法渊源,其在民法规则的创设和解释方面仍然具有重要作用。

从我国民事立法的历史来看,我们也曾经注重对民事习惯的整理。早在清末变法时,修订法律大臣俞廉三将制定《大清民律草案》的宗旨概括为4项,即“注重世界最普遍之法则”“原本后出最精确之法理”“求最适于中国民情之法则”“期于改进上最有利益之法则”。其中,“中国民情”就包括了习惯。沈家本在《裁判访问录序》一文中就曾经指出:“夫必熟审乎政教风俗之故,而又能通乎法理之原,虚其心,达其聪,损益而会通焉,庶不为悖且愚乎。”[③]其观点旨在强调,在民法典的制定过程中,只有注重善良风俗,才能使法律不悖于民情,充分吸纳民情民意,以符合现实需要,展现时代特色。清末民初,曾经进行过两次全国性的民事习惯调查活动,民国时期曾经整理出版过民事习惯调查报告。

新中国成立以来,我国多部民事立法也充分考虑到了对生活习惯和交易习惯的尊重,早在1951年,最高人民法院西南分院在《关于赘婿要求继承岳父母财产问题的批复》中指出:“如当地有习惯,而不违反政策精神者,则可酌情处理。”有些地方法院就曾经专门整理民风民俗,并研讨其对民事审判的影响。[④] 一些法院的法官也

---

① 王伯琦:《近代法律思潮与中国固有文化》,清华大学出版社2005年版,第306页。

② [美]本杰明·卡多佐:《司法过程的性质》,苏力译,商务印书馆1998年版,第35页。

③ (清)沈家本:《历代刑法考》(附《寄簃文存》),邓经元、骈宇骞点校,《寄簃文存》(卷六),中华书局1985年版,第2237页。

④ 参见姜堰市人民法院:《司法运用习惯 促进社会和谐——人民法院民俗习惯司法运用经验》,载公丕祥主编:《审判工作经验. 3》,法律出版社2009年版,第338页。

重视援引民间习惯来解释法律或填补不足。① 我国现行法律也明确规定,在某些情形下可以适用习惯,如原《婚姻法》第50条也曾经规定:“民族自治地方的人民代表大会有权结合当地民族婚姻家庭的具体情况,制定变通规定。”这实际上是在强调对少数民族婚俗习惯的尊重。再如,原《合同法》的许多规则也都特别强调当事人的约定和交易习惯可以优先于合同法的规定而优先适用。② 尤其需要指出的是,我国原《物权法》中有多个条款都确立了习惯的法律地位,如该法第85条在处理相邻关系时也规定:“法律、法规没有规定的,可以按照当地习惯。”该法第116条规定:“法定孳息,当事人有约定的,按照约定取得;没有约定或者约定不明确的,按照交易习惯取得。”但是,碍于当时我国民事立法尚未系统化地明确习惯的法源地位,司法实践中法官不敢大量直接援引习惯裁判。在许多虽然找不到法律依据但可以寻找到习惯的情况下,法官不敢援引习惯裁判,而直接援引法律原则裁判,这样看似是“依法裁判”,实则会使法官享有过大的自由裁量权。

我国《民法典》第10条规定:“处理民事纠纷,应当依照法律;法律没有规定的,可以适用习惯,但是不得违背公序良俗。”该条确立了习惯的民法渊源地位。在《民法典》总则中确认习惯的民法渊源地位具有如下重要意义:一是丰富民法规则的渊源,保持《民法典》的开放性。法律的发展史已经证明,立法者企图通过一部法典而预见一切情况、解决一切问题的愿望是难以实现的。正如德国著名学者拉伦茨(Karl Larenz)所指出的:“没有一种体系可以演绎式地支配全部问题;体系必须维持其开放性。它只是暂时概括总结。”③社会生活纷繁复杂,一部法典不可能解决未来社会的全部问题,将习惯作为重要的民法渊源使《民法典》的规则既能根植于社会生活、适应社会经济发展的需要,又能不断与时俱进。二是有利于丰富法律规则内容,降低立法成本。将习惯纳入民法渊源体系,有利于实现立法的简约。例如,《民法典》合同编的许多规则都规定了当事人另有约定或者有交易习惯的除外,实际上是

---

① 参见2004年10月28日姜堰市(现泰州市姜堰区)人民法院审判委员会讨论通过了《关于将善良风俗引入民事审判的指导意见》,2007年又制定了《关于将善良风俗引入分割家庭共有财产的指导意见》。

② 例如,原《合同法》第61条规定:“合同生效后,当事人就质量、价款或者报酬、履行地点等内容没有约定或者约定不明确的,可以协议补充;不能达成补充协议的,按照合同有关条款或者交易习惯确定。”

③ [德]卡尔·拉伦茨:《法学方法论》,陈爱娥译,商务印书馆2003年版,第49页。

认可了其具有优先于法律的任意性规则的效力,这就有利于补充成文法在调整私人关系方面的不足,以实现立法的简约化。三是限制法官自由裁量权,保障法律的准确适用。相对法律原则,习惯的内容较具体和明晰。在缺乏具体的法律规则时,适用习惯则有利于防止法官直接援引法律原则裁判,这有利于保障法律的准确适用。在司法裁判中,习惯法的效力应弱于成文法规则,其只有在无具体的法律规则时才能适用,故此,肯定习惯的法律渊源地位并不会削弱成文法的地位,相反,可以丰富成文法的内容,并对成文法形成有益补充。① 四是有利于法律的遵守和实施。习惯,通常是指特定群体在特定时期所普遍遵守、约定俗成的习俗。由于有些习惯已经内化为人们的行为准则,②将此类习惯的内容部分上升为法律规则,符合群体的法感情,既有利于人们自觉遵守法律规则,提高民众对法律规则的认同感,也有利于保障法律规则的有效实施。

二、习惯成为民法渊源的条件

《民法典》第10条确认了习惯的法律渊源地位。《总则编司法解释》第2条进一步明确了习惯作为法律渊源的条件,即"一定地域、行业范围内长期为一般人从事民事活动时普遍遵守"。对此,理论上应当予以进一步细化与阐释。并非所有的习惯都能成为习惯法,并被认可为民法渊源。习惯作为千百年以来人们生产、生活经验的总结,林林总总、包罗万象,不可能将所有的习惯都认定为民法渊源,更不能将所有习惯都直接作为司法裁判的依据。严格地说,"习惯"一词主要是一个事实概念,不具有价值上的褒贬评判,它是人们日常生活中经过反复实践的交往规则。这些习惯能否被承认为习惯法,还需要区别对待。习惯法,是指长期和恒定、获得特定群体内心确信为行为规则的习惯。按照德国学者的观点,习惯法具备3项要件:该习惯在相当长的时间内持续适用(eine längere Zeit andauernde Übung, longa consuetudo),参与的法共同体成员(Rechtsgenossen)对该习惯的适用具有法的确信(Rechtsüberzeugung, consensus omnium),以及按照这一法的确信,在法共同体成员

---

① 参见李可:《论习惯法的法源地位》,载《山东大学学报(哲学社会科学版)》2005年第6期。

② 参见高其才:《作为当代中国正式法律渊源的习惯法》,载《华东政法大学学报》2013年第2期。

的观念中,该习惯是具有约束力的规则(eine verbindliche Norm; opinio iuris oder necessitatis)。[①] 笔者认为,并非所有的习惯都能成为民法渊源,能够作为民法渊源的习惯应当具备如下条件。

(一)积极条件

1. 具有长期性、恒定性、内心确信性。按照萨维尼的观点,在认定某一行为规则是否属于习惯时,必须存在较多数量的行为,不间断的同样行为,能在足够长的时间内重复出现、基于内心确信而作出行为等。[②] 习惯要成为民法渊源,应当具有长期性、恒定性和内心确信性的特点。一是长期性,即习惯是在人们长期的生产生活实践中形成的一些行为规则。习惯应当有一定的历史积淀,如果某一行为规则只是偶尔的适用,则不应被视为习惯。二是恒定性(constant),也称为惯行性、"反复适用性",即习惯是人们行为中确信某个习惯为生活规范,从而自觉或不自觉地受其约束,[③]属于在长期历史中形成的内容恒定的规则。习惯是人们在长期的生活和交易过程中逐步自发形成的。例如,在有些地方建造粪坑、汪溏、灰堆等,不能正对邻居家的门窗;烟囱的安置不得对准邻居的大门;在航行中,装有粪便等污秽物品的船只应当避让其他船只等,这些习惯都是人们在生产、生活过程中自发形成的。[④] 三是内心确信性(conviction)。习惯要成为民法的渊源,则其应当是基于长期的适用而产生的,而且应当被所涉及的"圈子"(Rechtskreise)认为具有法律拘束力(rechtverbindlich),即该"圈子"对这一习惯形成了统一的、占统治地位的法的确信(opinio necessitatis)。[⑤] 这就是说,特定的群体具有将其作为行为规则、约束自身行

---

① Staudinger/Honsell, Einleitung zum BGB (2013), Rn. 234. 也有学者将其总结为两项构成要件,即"长期的适用"(longa consuetudo)和"法的确信"(opinio necessitatis)。Larenz/Wolf/Neuner, Allgemeiner Teil des Bürgerlichen Rechts, 10. Aufl., 2012, § 4 Rn. 5; Hübner, Allgemeiner Teil des Bürgerlichen Gesetzbuches, 1996, Rn. 37.

② [德]弗里德里希·卡尔·冯·萨维尼:《当代罗马法体系Ⅰ:法律渊源·制定法关系·法律关系》,朱虎译,中国法制出版社2010年版,第139页以下。

③ 参见姜堰市人民法院:《司法运用习惯 促进社会和谐——人民法院民俗习惯司法运用经验》,载公丕祥主编:《审判工作经验.3》,法律出版社2009年版,第338页。

④ 参见汤建国、高其才主编:《习惯在民事审判中的运用:江苏省姜堰市人民法院的实践》,人民法院出版社2008年版,第61~62页。

⑤ Thomas Zerres, Bürgerliches Recht, 2013, S. 10.

为的内心确信。由于习惯是在共同生活中反复实践的基础上产生的,并为这一群体内心所确信,也在实践中为他们所遵循,从这个意义上说,其也是这个群体共同意志的体现。① 有的习惯已经作为行为规则存在下来,并受到了普遍认可,有的习惯仅仅是在特定条件下、特定时期内形成的,其适用需要满足一定的条件。

2. 具有具体行为规则属性。某一习惯要成为民法渊源,其应当具有具体行为规则的属性。能够作为法律渊源的习惯不同于人们内心的道德规范,其并非宽泛的道德评价标准,而应当能够具体引导人们的行为,即具有具体行为规则的属性。习惯法作为人们生产、生活中实际遵守的行为规则,相关内容应当是预先明确的,行为的界限是清晰的。它已经在社会生活实践中自发地调整人们的行为,为特定区域、行业、圈子内的社会成员所普遍认可的规则,成为这些社会成员的共同法律信念。② 如果某一习惯并不具有行为规则的属性,不应将其纳入民法渊源的范畴。同时,习惯并非由国家通过法典的形式确定下来的,其只是通过长期的适用而形成的,这种适用具有持续性、稳定性、统一性和普遍性,从而被参与的法共同体成员(Rechtsgenossen)承认为具有约束力的法规范(verbindliche Rechtsnorm)。③ 习惯发挥规范人们行为、指导人们生活的作用,虽然其没有国家强制力保障实施,但它仍然具有一定的约束力。④

3. 具有可证明性。由于作为习惯法本体的习惯是长期形成的,而且人们对此具有内心确信,因此,习惯法具有可证明性。同时,习惯法的本体是长期适用的习惯,是一项事实问题,应该遵循"谁主张,谁举证"的规则,因此,援引习惯法的当事人应当举证证明习惯法的存在。当然,在审判实践中经常出现一方当事人主张存在某种习惯,而对方当事人否定该主张的情形。此时,如果法官内心存在疑问,可以依据职权予以调查。正如王泽鉴先生所言,习惯法不得背于公序良俗,主张习惯法者,对于习惯法的存在,固应负举证责任,唯法律亦应依职权调查之。⑤

---

① 参见高其才:《中国习惯法论》,中国法制出版社 2008 年版,第 4 页。

② 参见[德]卡尔·拉伦茨:《德国民法通论》(上),谢怀栻等译,法律出版社 2013 年版,第 11 页。

③ Vgl. BVerfGE 28, 21 (28f.).

④ 参见姜堰市人民法院:《司法运用习惯 促进社会和谐——人民法院民俗习惯司法运用经验》,载公丕祥主编:《审判工作经验. 3》,法律出版社 2009 年版,第 337 页。

⑤ 参见王泽鉴:《民法总则》,中国政法大学出版社 2001 年版,第 57 ~ 58 页。

与成文法的规则不同,习惯的内涵往往并不确定,而且不同主体对某一特定习惯的认识也可能存在一定的差异,这也导致习惯的适用不同于法律规则的适用:法律规则的适用并不需要当事人证明存在特定的法律规则,法官可以直接援引适用;而在习惯适用过程中,当事人主张存在某种习惯时,其应负担相应的证明义务,即当事人应当举证证明存在该特定的习惯。在司法裁判过程中,习惯的证明与事实的证明相类似,二者均需要当事人举证证明。每一方当事人都有义务证明和质证该习惯的存在和内容。但是,对习惯的证明又不同于对事实的证明,因为:一方面,对事实的证明应当在特定的诉讼环节内进行,而习惯则可以在诉讼的任何阶段对判决产生影响;另一方面,在司法裁判过程中,当事人所证明的事实属于司法三段论的小前提,而习惯在司法裁判中则属于司法三段论的大前提。也就是说,无论习惯被用于解释法律规则,还是被用于填补法律漏洞,其实际发挥司法三段论中大前提的功能。此外,事实应当由当事人举证证明,而在司法裁判中,由于习惯主要起到案件裁判法律依据的作用,因此其既可以由当事人举证证明,也可以由法官依据职权予以查明。

(二)消极条件

习惯要真正上升为习惯法,应符合公序良俗,而且不得违反法律的强制性规定。虽然习惯可以作为法律渊源,但并不意味着所有的习惯都可以直接作为法律规则来填补漏洞。能够作为习惯法来填补漏洞的习惯,都是符合法律规定和公序良俗的习惯。[①] 那些符合公序良俗原则和国家整个法制精神相统一的习惯,可以被承认为习惯法;反之,那些违背公序良俗,与一国整体法制精神相违背的习惯,则无法被承认为习惯法。除法律有特别规定外,地方性或职业性的习惯也不能发生法的效力。[②] 因此,习惯要转化为习惯法并成为民法渊源,其必须经过"合法性"判断,即不得违反法律的强制性规定和公序良俗。

1. 不违反法律的强制性规定。无论是作为具体裁判规则的习惯,还是用于填补

① 参见郑玉波:《法谚(一)》,法律出版社 2007 年版,第 44 页。

② 王伯琦:《近代法律思潮与中国固有文化》,清华大学出版社 2005 年版,第 311 页。

法律漏洞的习惯，都应当与其他法律渊源之间保持一致性，而且其内容都不得违反法律的强制性规定。违反法律强制性规范的习惯不能作为漏洞填补的依据。例如，在我国，法官不得运用习惯来填补法律漏洞，从而将典权和居住权认定为物权。这是因为，我国原《物权法》第 5 条明确规定了物权法定原则，即物权的种类和内容由法律规定。这一法律规定属于强行性规范。法官如果依据习惯将典权和居住权认定为物权，就违反了这一强制性规定。再如，按照有的地方的习俗，“拜师学艺期间，马踩车压，生病死亡，师傅概不负责”。[①] 此类习惯显然与我国现行法中雇主应当对雇员在执行工作任务中遭受的人身伤害承担赔偿责任，以及当事人不能约定免除人身伤害的赔偿责任的法律规则之间存在冲突，因此不得作为民法的渊源。

2. 不违反公序良俗。德国法学家普赫塔曾经指出，如果习惯法与宗教规定（göttliche Vorschriften）不符，或与善良风俗相悖，或与位阶更高的法原则（höhere Rechtsprinzipien）存在冲突，那么就不应该承认习惯法的效力（Autorität）。[②] 美国法理学家博登海默认为，法院不能以一种不合理的或荒谬的习惯去影响当事人的法律权利。[③] 因此，习惯要上升为习惯法，其内容就不得违背公序良俗。[④] 比较法上普遍承认习惯不得违背公序良俗。因为公序良俗是从民族共同的道德感和道德意识中抽象出来的。如果承认与该公序良俗相悖的习惯具有法的确信，则会产生损害法秩序的后果。在我国，公序良俗在内涵上是由社会公共秩序和生活秩序，以及社会全体成员所普遍认许和遵循的道德准则所构成的，它是中华民族传统美德的重要体现，也是维护社会安定有序的基础。习惯作为法律渊源，能够弥补法律规定的不足，使法律保持开放性，但如果习惯本身与法律规则和公序良俗相冲突，甚至与整个社会公认的伦理道德观念相冲突，将其引入法律渊源体系，则可能导致体系违反的问题，也会破坏现有的法秩序。因此，法官在适用这些习惯时，应当通过法律规定和公

---

① 参见汤建国、高其才主编：《习惯在民事审判中的运用：江苏省姜堰市人民法院的实践》，人民法院出版社 2008 年版，第 288 页。

② Vgl. Puchta, Das Gewohnheitsrecht, Teil Ⅱ, 1837, S. 61.

③ 参见［美］E. 博登海默：《法理学：法律哲学与法律方法》（修订版），邓正来译，中国政法大学出版社 2004 年版，第 495 页。

④ 参见黄茂荣：《法学方法与现代民法》，中国政法大学出版社 2001 年版，第 6 ~ 7 页。

序良俗对其效力进行审查。①

总之,从法律渊源的角度来看,区分习惯和习惯法的意义在于,只有那些合法的、符合公序良俗的习惯,才能成为民法渊源。因此,我国《民法典》第10条明确适用习惯"不得违背公序良俗"。同时,根据《民法典》第8条守法原则的规定,适用习惯同样不得违反法律。只有符合法律规定和公序良俗的习惯,才能成为民法渊源。正如拉伦茨所说,不遵守交易惯例者,可能会因此遭受损害,因为法律制度通常保护那些期待或可以期待其对方当事人遵守交易惯例的一方的利益。然而,违反交易惯例,还不足以使某项行为"违法"。② 也就是说,交易惯例和商业习惯只有在符合法律制度的价值标准的范围内才具有意义,其本身并不当然属于习惯法。

三、习惯法与民法基本原则的关系

习惯法不得违反法律的强制性规定,这些规定是否包括民法的基本原则?在具体法律适用过程中,如何协调习惯与民法基本原则的关系?从原则上讲,习惯法应当符合现行法规定,包括符合法律的基本原则和价值。由于民法的基本原则通常都反映了民法的基本价值理念,因此,习惯法通常不会与民法的基本原则相冲突。习惯法和基本的法律原则和具体的法律规范在逻辑上具有一致性,习惯法的适用结果不能与法律精神和具体的强制性法律规范相冲突。否则,当事人可能会借助习惯法而规避法律的规定。习惯法之所以要符合民法基本原则,是因为民法基本原则体现了民法规则体系的基本精神和价值,其也是民法具体规则设计的基础和基本指引。如果某一习惯不符合民法的基本原则,可能导致该习惯与具体的法律规则相冲突,从而不能将其认定为习惯法。虽然习惯法应当在无具体法律规则的情形下适用,但如果适用该习惯将违背其他具体的法律规则,则该习惯的适用也欠缺正当性。

在具体法律适用过程中,习惯与基本原则也可能发生一定的冲突。例如,在"某居住权纠纷案"中,原告请求被告搬出原告三间五架梁瓦房中的西房间,被告提出,

---

① 参见广东省高级人民法院民一庭、中山大学法学院:《民俗习惯在我国审判中运用的调查报告》,载《法律适用》2008年第5期。

② [德]卡尔·拉伦茨:《德国民法通论》(上册),谢怀栻等译,法律出版社2013年版,第17~18页。

子女在原居住地居住生活已是当地的习惯，即使被告在别处已有住房，被告对原房屋仍有居住权。法院认为，习惯不得违反法律的规定，被告所主张的习惯与法律关于财产权的相关规定和精神相冲突，因此对该习惯不予采纳。在该案中，法院实际上是以基本原则否定了相关习惯的适用。笔者认为，因为当事人之间没有租赁关系，被告继续居住他人房屋，即使存在借用合同关系，在被告已经另有新居的情况下，原告也有权解除借用合同。因此，该案中被告的行为并非违反民法基本原则的问题，而是违反具体法律规则的问题。

就习惯与民法基本原则的适用关系而言，在司法实践中，习惯法在作为法律渊源的适用过程中，常常涉及其与民法基本原则之间的关系问题，即在二者均可适用的情形下，究竟何者优先适用的问题。在上文所述的居住权纠纷中，假如被告的行为并没有违反法律的具体规定，其继续居住符合当地习惯，但原告则提出，此种行为与民法的公平原则不符，在此情形下，究竟应当适用该习惯还是适用民法的基本原则，值得探讨。

笔者认为，确定习惯法与民法基本原则的关系的主要目的是确定二者的适用顺序。对于习惯法与民法基本原则的适用关系，学界存在不同观点：一种观点认为，应当优先适用法律原则，毕竟法律原则是法律明确规定的，其可以看作法律的组成部分；另一种观点认为，应当优先适用习惯法，毕竟法律原则较抽象、概括，不利于具体确定当事人的权利义务关系，而习惯法则较具体，优先适用习惯法有利于保持法律秩序的稳定。

关于习惯法与法律原则在法律适用中的顺序问题，笔者认为，应当优先适用习惯法，主要理由在于：

第一，从法律规定来看，在填补法律漏洞时，我国相关法律强调，习惯法具有优先于法律原则适用的效力。例如，《民法典》第289条确立了“法律、法规对处理相邻关系有规定的，依照其规定；法律、法规没有规定的，可以按照当地习惯”的规则。此处所说的法律法规，是指具体的法律规范，而不应包括法律的基本原则。因此，从该条规定来看，习惯法的适用顺序虽然在“法律、法规”之后，但应当在法律原则之前。同时，如果承认习惯法作为法源，即习惯法虽然不是具体的法律规则，但也是“法律”的一种，其适用顺位应当优于抽象的法律原则。

第二,从内涵来看,习惯法较之法律基本原则更具体。肯定习惯法具有优先于法律基本原则适用的效力,可以有效防止案件裁判出现"向一般条款逃逸"(Die Flucht in die Generalklauseln)①的现象。"向一般条款逃逸",是指在存在法律规则的情况下,法官不援引法律规则而直接援引法律原则来作出判决。在司法实践中,由于习惯作为法律渊源的地位不明确,所以在缺乏具体的法律规则时,法官并不主动寻找相关的习惯规则,甚至在当事人举证证明存在习惯规则时,法官也拒绝援引,而直接依据法律原则裁判。此种做法可能导致具体规则被虚化、被架空,而法官自由裁量权过大,甚至被滥用,也因此可能出现"同案不同判"的现象。② 法律原则是高度抽象的,通常只有在存在法律漏洞而又无法通过习惯等填补漏洞的情况下才能适用。在习惯可以援引的情况下,习惯比法律原则更具体、明确,以此作为裁判依据,有利于克服法官裁判的恣意,保障裁判的统一性。当然,在习惯的内容体现民法基本原则的情况下,可以将该习惯理解为基本原则的具体化从而直接适用,无须再适用法律基本原则。与民法基本原则相比,习惯法更具体,确定习惯法优先于民法基本原则适用有利于尽可能地限制法官的自由裁量权,保障法院严格"依法裁判"。

第三,从方便法官具体操作来看,在适用法律的基本原则进行漏洞填补时,法官虽然可以寻找到可供适用的法律基本原则,但是法律的基本原则都是法律的价值取向的体现,其具有抽象性的特点,法律的基本原则要运用于漏洞填补还必须经过一个程序,即将法律的基本原则具体化为可供适用的规则。而在运用习惯法进行漏洞填补时,法官虽然也需要寻找、确定习惯法的存在,但这些习惯作为客观事实是已经实际存在的,且必然在审判中为当事人所提及和辨认,故法官在适用习惯法时相对将更便捷,法官运用习惯法来填补法律漏洞的可操作性较强。可见,即使是从法律适用经济性的角度考虑,法官也应当首先选择以习惯法来作为法律渊源,而不是法律的基本原则。

---

① Vgl. Hedemann, Die Flucht in die Generalklauseln: eine Gefahr für Recht und Staat, Mohr, 1933.

② 参见梁慧星:《诚实信用原则与漏洞补充》,载梁慧星主编:《民商法论丛》第2卷,法律出版社1994年版,第71页。

总之,在《民法典》正式承认习惯法的法律渊源地位之后,需要妥善处理其与民法基本原则之间的关系。如果存在比法律的基本原则更具体的规则,就应当适用具体的规则。与民法的基本原则相比,习惯的内容更具体、确定,因此,在存在习惯法可以适用的情形下,法官不应当直接适用民法的基本原则。

四、习惯法与法律规则的适用顺序

(一)有法律依法律,无法律依习惯

关于习惯法与法律规则的适用关系,我国现行立法没有对习惯法与具体法律规则的适用关系作出具体规定,但《民法典》第 10 条采纳“有法律依法律,无法律依习惯”的规则。也就是说,在存在具体法律规则时,应当优先适用该具体的法律规则,而不能直接适用习惯法——此处所说的“法律”是指具体的法律规则,而不包括法律的基本原则。只有在不存在具体的法律规则时,法官才考虑适用习惯法。之所以采纳这一规则,主要原因在于:

首先,法律的地位优于习惯法。虽然在历史法学派看来,法律和习惯法都是民族精神和人民意志的体现,二者在这方面并不存在本质区别,但法律是立法机关通过法定程序制定出来的,且具有普遍适用性;而习惯法虽然可能是世代相传所形成的行为规则,但其并没有经过法定程序予以确定,且具有区域性、行业性等特点。正如有学者所指出的:“在视礼与法何为最高标准之前提下,二者同时并行,或将互相矛盾,难定一尊。然非谓崇法律即不必有习惯。与法律互相矛盾的习惯之存在,固足以阻碍法律之推行;法律之彻底浸透民众意识,成为普遍的社会行动规范,亦须以与法律互相适应的习惯为先锋。”①在司法裁判中,法律规则的适用顺序应当优先于习惯法,即在法律就某事项设置具体规则的情形下,除非立法者允许通过习惯法来变通该规则的适用,否则法官应当严格依据法律规则裁判,不能忽视该具体规则而直接依据习惯法裁判。这不仅是合法性原则的要求,也是分权原则的

---

① 参见蔡枢衡:《人治、礼治与法治》,载蔡枢衡:《中国法理自觉的发展》,清华大学出版社 2005 年版,第 148 页。

具体体现,即在存在具体法律规则的情形下,法院应当受该具体法律规则的约束,而不能以适用习惯法为由变相规避制定法规则的适用,否则将构成对立法者权限的侵夺。

其次,现代法律体系中,习惯法并非主要的法律渊源,而只是补充性的法律渊源,其发挥的是补充成文法的作用,而非替代成文法规则。因此,在法律已经就某事项作出规定时,即便存在某种习惯法,也应当优先适用该具体的法律规则。例如,《婚姻法司法解释(二)》第10条规定:“当事人请求返还按照习俗给付的彩礼的,如果查明属于以下情形,人民法院应当予以支持……”此处所称“当事人请求返还按照习俗给付的彩礼的”,表明必须“按照习俗”来决定婚前给付的礼物哪些属于彩礼、应当返还多少以及如何返还等问题,这实际上就是授权法院可以直接依据当地的“习俗”作为裁判相关彩礼返还案件的依据。但这只是在法律没有作出规定的情况下,习惯法才能起到补充作用。虽然习惯法也包含一定的行为规则,而且与法律原则相比更具体,但无论如何其效力显然低于具体的法律规则,确认法律规则效力优先有利于维护法律的权威和秩序,这也是建设法治社会的基础。优先适用法律规则也有利于对法官的自由裁量权进行必要的限制以维护法律秩序的稳定。在法律已经就某事项作出规定的情形下,法官不应当直接援引习惯裁判,即便相关的法律规则属于任意性规范,其适用也应当优先于习惯。

最后,习惯不得与法律规则相抵触,明确具体法律规则优先于习惯适用,也为法官通过法律规则对习惯进行审核提供了依据。

综上,法官在适用习惯时,应当先穷尽具体的法律规则,即便是任意性规范,原则上也应当优先于习惯法而适用。当然,如果法律明确规定应当依据习惯裁判,或法律明确规定在适用时应当考虑习惯,①则该习惯法已经成为具体法律规则的组成部分,不再是纯粹的习惯法。此时,法官可以直接援引该习惯法作出裁判。需要指出的是,虽然习惯法的适用顺序在法律规则之后,但习惯法可以作为解释法律规则的依据。例如,一些交易习惯已经成为惯例,成为商事法的重要内容,这对于解释商事规则具有重要意义,如在拍卖行业中,“三声报价法”是行业惯例也是交易习惯,可

① 参见奥地利《普通民法典》第10条。

以直接用于解释拍卖法的规则。也就是说,习惯可以成为法官解释适用法律规则的重要依据。

(二)当事人的特别约定和商事交易习惯应当优先于法律的任意性规定

民法规则可分为强行性规则和任意性规则,对任意性规则来说,从尊重当事人私法自治的角度,如果当事人的约定不同于该任意性规则,则应当优先适用当事人的约定。就习惯法的适用而言,如果当事人约定按照某种习惯法确定权利义务关系,基于私法自治原则,应当肯定当事人约定的效力,则该习惯法可以成为确定当事人权利义务的依据。因此,如果当事人约定依据某种习惯法确定其权利义务关系,则应当尊重当事人的约定。

此外,在商事交易中,商事交易习惯也应当优先于任意法规则而适用。① 商事习惯是当事人之间长期从事某种交易所形成的习惯,按照系列交易理论,如果当事人之间多次或重复进行某类交易,由此所形成的习惯将会使当事人产生一种合理信赖,即相信此次法律行为将会发生与以往相同的法律效果。因此,系列交易所形成的习惯可以自动纳入合同,成为弥补合同漏洞的条款。在商事交易中,对当事人意思表示的解释应当考虑当事人之间的交易习惯。② 系列交易理论以该交易具有"规则性"和"一致性"为基础。③ 我国《民法典》的相关规则也确立了商事交易习惯优先于任意法规则适用的效力。例如,《民法典》第 510 条规定:"合同生效后,当事人就质量、价款或者报酬、履行地点等内容没有约定或者约定不明确的,可以协议补充;不能达成补充协议的,按照合同相关条款或者交易习惯确定。"再如,就买卖合同而言,依据《民法典》的相关规定,标的有多项而债务人只需履行其中一项的,债务人享

---

① 关于交易习惯的认定,最高人民法院《关于适用〈中华人民共和国合同法〉若干问题的解释(二)》(法释〔2009〕5 号,已废止)第 7 条规定:"下列情形,不违反法律、行政法规强制性规定的,人民法院可以认定为合同法所称'交易习惯':(一)在交易行为当地或者某一领域、某一行业通常采用并为交易对方订立合同时所知道或者应当知道的做法;(二)当事人双方经常使用的习惯做法。对于交易习惯,由提出主张的一方当事人承担举证责任。"

② RGRK/Mezger, § 433, Rn. 81; Flume, Allgemeiner Teil des Bürgerlichen Rechts: Das Rechtsgeschäft, § 16, 3 d, S. 312 ff.; Hübner, Allgemeiner Teil des Bürgerlichen Gesetzbuches, 1996, Rn. 42.

③ 参见崔建远:《合同法总论》(上卷),中国人民大学出版社 2008 年版,第 150 页。

有选择权;但可以根据交易习惯加以排除(《民法典》第515条);出卖人应当按照约定或者交易习惯向买受人交付提取标的物单证以外的有关单证和资料(《民法典》第599条);如果当事人对标的物质量要求没有约定或约定不明确,则可以依据交易习惯加以确定(《民法典》第510条)。由于法律的任意性规则主要用于弥补当事人约定的不足,主要适用于当事人就特定事项未作约定或者约定不清晰的情形。当事人在交易时通常都知道存在特定的商事习惯,并且在交易时有适用该商事习惯的意愿,因此应当尊重当事人的意愿,肯定商事习惯具有优先于法律任意性规则适用的效力。

(三)将习惯法作为解释和适用法律规则的参考

法官在解释和适用《民法典》具体条文的过程中,可以参考某一特定的民事习惯,赋予《民法典》特定条文在具体案件中的具体含义。"法无解释不得适用"。法律规则的解释需要准确理解法律规则、概念、术语的内涵。一些法律规则所使用的概念、术语直接源于习惯,此时就不应当按照该术语的通常文义来理解,而应当结合其所产生的背景加以理解,这可能需要考虑相关的习惯。例如,国际贸易中的许多贸易术语都源于商事惯例,如果某一交付条件蕴含了风险负担规则。在当事人选择该交货条件时,实际上选择了风险负担规则,发生争议时可以依据贸易术语裁判。当然,在将习惯法作为狭义法律解释的根据时,其本身不是直接作为一个法律渊源存在的,而只是作为阐释法律规范的根据和辅助手段,是为了帮助法官更好地理解、说明法律文本的含义。例如,在"李某华诉立融典当公司典当纠纷案"中,当事人就绝当后当户能否再单方要求赎回当物发生争议。对此,《典当行管理办法》(已失效)没有作出明确规定,上海市静安区人民法院认为,绝当后消灭当户基于典当合同对当物的回赎权,既不违反法律规定,也符合典当行业的惯例和社会公众的一般理解。典当行业也有自己的一些行业习惯,这些行业习惯在不违反现有法律、法规禁止性规定的前提下,也应当作为处理典当纠纷时的参照。① 再如,关于家庭共有财产的分割,哪些人属于家庭成员,并可以参与共有财产的分割,哪些财产属于共有财产

① 参见《最高人民法院公报》2006年第1期。

并可以分割，以及在实际分割中应当采用哪些方法，也可以考虑当地的习俗。[①] 因此，即便法律没有规定将习惯规定为法律渊源，习惯仍然可以作为解释法律规则的参考因素。

五、结语

"问渠那得清如许，为有源头活水来。"习惯就是民法规则的一脉源头活水，一根法律规则与社会生活之间的纽带。一部科学的、符合现实需要的、面向未来的《民法典》，也应当是一部忠于历史传统、尊重民间习惯的法典。只有从习惯中汲取营养，以习惯作为法律渊源，《民法典》才能深深植根于社会生活之中，保持其旺盛的生命力和开放性。

① 例如，将家神柜一般分给长子；大银杏树可以分给长子，银杏树大小不等的，适当贴补差价；对于家庭贡献较大的长子，可分给长孙适当的份额。参见姜堰市（现泰州市姜堰区）人民法院审判委员会讨论通过《关于将善良风俗引入分割家庭共有财产的指导意见》。

专题六　民事权益的位阶

本专题撰写人：王利明

【《民法典》及其配套司法解释的新规则】

《民法典》总则编第5章关于“民事权利”顺序的规定。

《民法典》第1019条第2款：

未经肖像权人同意，肖像作品权利人不得以发表、复制、发行、出租、展览等方式使用或者公开肖像权人的肖像。

《民法典》第1034条第3款：

个人信息中的私密信息，适用有关隐私权的规定；没有规定的，适用有关个人信息保护的规定。

【规则由来】

我国单行法中并没有关于民事权益位阶的规定，原《民法总则》第五章规定了民事权利，其中，关于民事权利的列举规定基本被《民法典》总则编予以保留。

【规范意旨】

作为全面保障民事权益①的基本法和宣言书,《民法典》以“保护民事主体的合法权益”为根本宗旨。《民法典》在相关条文中规定,民事权益位阶主要具有如下功能:一是解决民事权益冲突。因为各项民事权益在行使过程中常常会发生冲突,需要在具体场合下对民事权益的优先保护顺位予以安排。以不同物权的关系为例,可以轻易列举出所有权之间的相互冲突(如相邻关系中的容忍义务等)、所有权与用益物权的冲突(如在他人所有权之上为第三人设定用益物权)、用益物权之间的冲突(如先设定的用益物权与后设定的用益物权的冲突)、准用益物权相互之间的冲突(如海域使用权与捕捞权、养殖权之间的冲突)、担保物权之间的冲突(如已登记的和未登记的抵押权之间的冲突、抵押权和留置权之间的冲突)等,凡此种种,不胜枚举。这些冲突都涉及民事权益位阶的确定问题。在发生各种权利冲突的情形下,如果有法律的具体规定,则依据该具体规定解决相关的权益冲突;如果法律没有具体规定,则可以通过解释《民法典》关于民事权益的规定及其价值来解决民事权益冲突问题。二是通过解释《民法典》关于民事权益的相关规定,探讨《民法典》的价值位阶,有助于贯彻实施好《民法典》。三是辅助裁判者裁判,民事权益位阶可以为裁判者裁判民事纠纷提供价值和规则指引,从而实现公正裁量。

【典型案例】

案例一:“肖像权优先于著作权获得保护案”

张某某系专业人像摄影人员,2001 年年初至 2002 年曾为汤某某拍摄了 20 余组人体写真艺术照片。2004 年 2 月 21 日,汤某某在劳动大厦大厅礼品部购买吉林美术出版社出版、张旭龙署名的《汤某某人体写真看见记忆》上、下二册;《中国首位演艺员人体魅力摄影看见记忆》简装图书一套上、下二册。汤某某对购买图书过程申

① 传统民法一般使用权利位阶概念,但我国《民法典》明确规定保护民事主体的合法权益(《民法典》第 1 条、第 3 条),不仅规定了权利,还明确了保护利益(《民法典》第 126 条),因而本文采用“权益位阶”概念,但保留引用文献中“权利位阶”的表述。

请北京市第二公证处进行公证,支付公证费3000元。汤某某以张某某、吉林美术出版社未经授权使用其肖像诉至法院。

在审理中,张某某称其使用汤某某肖像已经其授权,并提供了2001年5月15日与汤某某签订的模特拍摄协议书。汤某某承认,张某某曾为其拍摄过人体摄影图片。但是,张某某未经其同意,将这些作品公开出版成为图书,侵犯其肖像权。

对此,北京市朝阳区人民法院认为,在2001年3月28日、5月15日、8月27日的3份拍摄协议中,双方明确约定对该次拍摄照片可用于专业学刊的发表及出版,而非图书及其他载体,现张某某在4本图书中使用汤某某肖像应视为未经授权,超出了许可使用的范围。因此,张某某以营利为目的,未经肖像权人许可使用他人肖像已构成侵权,应承担相应侵权责任。①

案例二:"新浪微博诉脉脉不正当竞争案"

微梦公司是新浪微博的经营人。淘友技术公司、淘友科技公司共同经营脉脉软件及脉脉网站。脉脉应用于2013年10月底上线,是一款基于移动端的人脉社交应用,通过分析用户的新浪微博和通信录等数据,帮助用户发现新的朋友,并且可以使他们建立联系。

新浪微博和脉脉根据新浪微博开放平台的《开发者协议》,通过微博平台开放应用编程接口(API)进行合作。后来,双方合作终止。微梦公司表示,根据《开发者协议》的约定,淘友技术公司、淘友科技公司仅为普通用户,可以获得新浪微博用户的ID头像、好友关系(无好友信息)、标签、性别,无法获得新浪微博用户的职业和教育信息,但淘友技术公司、淘友科技公司违反了《开发者协议》,使大量未注册为脉脉用户的新浪微博用户的相关信息也展示在脉脉软件中,且双方合作终止后,淘友技术公司、淘友科技公司仍使用大量非脉脉用户的微博用户信息。据此,微梦公司主张,淘友技术公司、淘友科技公司构成不正当竞争行为。

本案的争议焦点之一,涉及淘友技术公司、淘友科技公司获取、使用新浪微博用户信息的行为是否构成不正当竞争行为,以及淘友技术公司、淘友科技公司获取、使

① 北京市第二中级人民法院民事判决书,(2005)二中民终字第13143号。

用脉脉用户手机通信录联系人与新浪微博用户对应关系的行为是否构成不正当竞争行为。

对此问题，二审法院认为，Open API 开发合作模式是在互联网环境下实现数据信息资源共享的新途径。《开发者协议》是约束 Open API 合作双方的协议。同时，按照相关法律规定，网络服务提供者收集、利用用户信息应当遵循合法、正当、必要的原则并经被收集者同意。故在 Open API 开发合作模式中，数据提供方向第三方开放数据的前提是数据提供方取得用户同意，同时，第三方平台在使用用户信息时还应当明确告知用户其使用的目的、方式和范围，再次取得用户的同意。因此，在 Open API 开发合作模式中，第三方通过 Open API 获取用户信息时应坚持"用户授权 + 平台授权 + 用户授权"的三重授权原则。在本案中，淘友技术公司、淘友科技公司并没有基于《开发者协议》在取得用户同意的情况下读取非脉脉用户的新浪微博信息，没有充分尊重《开发者协议》的内容，未能尊重用户的知情权及自由选择权，在一定程度上破坏了 Open API 合作开发模式。互联网技术飞速发展，当面临可能触及消费者利益时，网络经营者应当本着诚实信用的原则，而不是任凭技术的能力获得相关的数据信息或竞争优势。①

【理论阐释】

所谓"位阶"，主要是指因位序而形成的价值层级。权益位阶，是指各种权益依据一定的次序而形成的价值阶梯。② 位阶的确定，有利于解决民事权益冲突。《民法典》总则编第五章专门规定"民事权利"，全面确认和宣示了民事主体的各项民事权益，在此基础上，《民法典》分则六编围绕着民事权益的确认和保护这一中心全面展开，构建了较完整的民事权益体系，充分彰显了民法保障私权的功能。《民法典》总则编第五章对各项民事权益列举的先后顺序，实际上明确了权益位阶，为解决民事权益冲突通过了参考和依据。应当看到，为解决权益冲突问题，《民法典》已设定

① 北京知识产权法院民事判决书，(2016) 京 73 民终 588 号。

② 参见张平华：《权利位阶论——关于权利冲突化解机制的初步探讨》，载《法律科学(西北政法学院学报)》2007 年第 6 期。

了相关的优先规则。例如,《民法典》第414条通过规定登记优先规则解决担保权竞存情形下的权益冲突问题。但民事权益冲突的现象较广泛,通过有限的法定优先规则难以解决所有的民事权益冲突问题,因而有必要探寻一套有效的确定权益位阶秩序的规则,以应对可能发生的冲突局面。换言之,化解权益冲突的路径是多样的,而实现这一目标最直接的方法就是明确民事权益的位阶。通过在一个法体系内部明确权益位阶,也有利于维持法体系内部的和谐一致。

明确民事权益的位阶,需要对相互冲突的民事权益进行价值排序。"权益位阶不仅存在于法律体系本身,也存在于具体的个案当中。"①从宏观层面看,定分止争、确立次序是法律的核心功能;②从微观层面看,在具体个案中,要想更好地协调和解决民事权益冲突,同样需要借助民事权益的位阶。而要完成这一任务,不仅依赖对《民法典》中相关具体规则的解释,而且取决于对《民法典》所蕴含的价值位阶的探究。因此,本文拟以《民法典》的制度和价值体系为基础,以民事权益体系为线索,对民事权益的位阶问题展开讨论,希望为民事权益冲突的解决提供法理上的初步方案,并为法律价值排序作出民法学的有益探索。

一、民事权益位阶的功能

关于私法中是否存在权益冲突问题,学界确实曾经存在争议。有观点认为,只有在公法领域才存在权益位阶现象。如庞德认为,实定法可以分为等同法与排序法,前者体现交换正义,以私法为典型;而后者以分配正义为追求,以公法为典型,通过价值权衡,优先对部分权益进行保障主要是排序法的功能。从这个意义上看,似乎权益位阶主要体现在公法之中而非在作为等同法的私法之中。③ 按照庞德的观点,私法作为等同法,并不存在对部分权益优先保护的问题,因而也就不存在权益位阶。然而,即使庞德自己也承认,私法以实现交换正义为目的,在实现交换正义的过

---

① 李友根:《权利冲突的解决模式初论》,载胡建淼主编、浙江大学公法与比较法研究所编:《公法研究》第2辑,商务印书馆2004年版,第287~319页。

② See Harold J. Berman & Samir N. Saliba, *The Nature and Functions of Law*, 7th ed., Foundation Press, 2009, p.29-35.

③ 参见[美]罗斯科·庞德:《法理学》(第1卷),邓正来译,中国政法大学出版社2004年版,第267~268页。

程中难免出现权益冲突，此时，即便私法作为等同法，也必须在冲突的权益之间作出选择。因此，在私法之中，权益位阶同样应当是客观存在的。正如伯尔曼等所言，法律的主要功能之一就是调和相互冲突的利益诉求，无论是个人的利益还是社会的利益，这就必须通过确定评价各种利益的重要性和调整种种利益冲突标准的一般性规则方能实现。①

事实上，私法中的权益冲突由来已久。早在罗马法中，权益冲突的问题便已经为法学家所认识——罗马法所有权制度最重要的特征就是在实定法层面上同时存在不同的所有权类型，从而存在市民法上所有权与裁判官法上所有权的并存与冲突现象。② 近代以来，权利观念日益发展，在这一背景之下，权益冲突的问题不断涌现，也更尖锐，并已经成为各个法律部门普遍存在的现象。在普遍存在的权益冲突中，不同权益的价值分量并非等同，因而权益位阶是客观存在的。由于民事权益行使冲突的客观存在，必然要求明确民事权益位阶。博登海默就认为，权利之间存在位阶上的差异，在他看来，不同权利之间存在一定的优位顺序，如生命的利益就是其他利益获得保护的前提，所以生命利益就应当优先于财产利益获得保护；与之相似，健康利益也应当优先于享乐或娱乐的利益。③

在社会生活中，民事权利类型复杂，利益保护范围广泛，主张相关权益的当事人数量越多，发生权益冲突的可能性就越高。从表面上看，权益位阶似乎使权益形成了高低位阶的排列，这是否会影响权益的平等保护，甚至与权益的平等保护相冲突？有学者认为，平等原则作为法律的基础性原则，要求不能为各种不同的权利预设位阶上的区分。因此，权利冲突不能依靠权利位阶加以解决，而应当使各种权利受到平等保护。④ 但事实上，平等原则并非要求形式上的绝对平等，其也追求权利保护中的实质平等，而权益位阶则正是实质平等的重要体现。因此，认定权益处于不同的

---

① See Harold J. Berman & Samir N. Saliba, *The Nature and Functions of Law*, 7th ed., Foundation Press, 2009, p. 29 – 35.

② 参见费安玲主编：《罗马私法学》（第2版），法律出版社2020年版，第139～141页。

③ 参见［美］E. 博登海默：《法理学：法律哲学与法律方法》，邓正来译，中国政法大学出版社1999年版，第400页。

④ 参见刘作翔：《权利冲突的几个理论问题》，载《中国法学》2002年第2期；刘作翔：《“权利位阶”：一个未能证实的虚幻命题》，载《人民法院报》2014年5月16日，第7版。

位阶并不违反平等原则,反而是平等原则的重要体现。事实上,在民法中,平等保护主要体现为主体意义上的平等以及"相同权利,相同对待"意义上的平等,而不是对不同权利进行相同对待。例如,我国《民法典》中对平等保护原则的集中规定是第113条,根据该条规定,"民事主体的财产权利受法律平等保护"。从内容可见,该条宣示的对不同主体实行平等保护的基本原则即是针对财产权利而言的。换言之,民事权利的客体不同,其保护程度也会相应地存在差异。因此,探究民事权益位阶就是要在平等原则的指导下,对某些权益予以优先保护,对另一些权益则予以适当的克减或进行合理限制,从而明确民事权益保护的次序。民事权益位阶的具体功能体现在以下几个方面。

(一)解决权益冲突

既然私法中的权益位阶是客观存在的,就需要寻找解决权益冲突的方式。德国基本法学者施耐德(Schneider)认为,在众多基本权利之中,如果发生权利冲突,可以依据权利位阶秩序等级表,得出何种权利优先的结论。① 韩国也有学者认为,在各项基本权利中,生命权、精神性人格权优先,生存权优先,自由权优先。② 这些学者虽然是在解释宪法规定的基本权利位序,但对于解决民事权益冲突同样具有启发意义。

以权益位阶解决权益冲突,实际上是将民事权益排列成不同的位序,并据此确定权益保护的先后顺序。有观点认为,即便存在权利冲突,但这并不能交由权利位阶来解决,而应当由法院通过运用法律解释的方法为权利的行使提供正当性与合理性。③ 此种看法不无道理。事实上,若立法者已经针对权益的冲突作出位序安排,则裁判者应当尊重立法者的安排;但在立法规定并不清晰时,简单地通过文义解释可能难以找到解决权益冲突的方法,此时裁判者就应当通过多种解释方法,对法律体系进行考察,确定其内在的权益位阶。具体而言:一方面,权益位阶的确定可能需要

---

① Vgl. Harald Schneider, Die Gueterabwägung des Bundesverfassungsgerichts bei Grundrechtskonflikten, 1961, S. 224 ff.

② 参见[韩]权宁星:《基本权利的竞合与冲突》,韩大元译,载《外国法译评》1996年第4期。

③ See A. J. M. Milne, *Human Rights and Human Diversity An Essay in the Philosophy of Human Rights*, The Macmillan Press Ltd., 1986, p. 119.

借助法律解释方法予以探究,即通过法律解释的方法,确定法律规则中所涉及的民事权益的位阶。在裁判活动中,裁判者需要通过适用法律解释方法,探求立法者在文本中所表现的价值位阶和权益位阶。另一方面,法律解释方法的运用也需要以权益位阶作为价值指引,这也有利于实现法律解释中的价值统一,避免对法律规则进行机械解释。在能够明确立法者在文本中所体现的权益位阶时,依据该权益位阶解决权益冲突,更能够实现法律适用的可预期性,也有利于减少“同法不同解”“同案不同判”的现象。正是因为这一原因,拉伦茨认为,在出现冲突矛盾时,应对此种冲突的重要方式之一就是在实体法中明确赋予某一规范优先适用的地位。① 换言之,就是要确定某一种权益优先于另一种权益而受到保护。笔者赞成这一观点。确定权益位阶对权益正当行使和保护的意义在于:

一是规范权益的行使。法律通过对民事权益的规定,赋予权利人以一定的排他领域,允许权利人在该领域内自由地发展人格、利用财产,其他人不得擅自侵入这一排他领域。相应地,权利人行使权利也不得擅自干涉其他人的权利领域。② 但是,由于现代社会的紧密联系,人们在行使权利时往往不得不影响他人的权利领域,这就需要法律明确地对权利人如何行使权利作出规定,③这些规定在一定程度上扩张了权利人的行为边界,使之可以延伸至其他人的权益领域。例如,《民法典》第 290 条第 1 款、第 291 条和第 292 条规定了相邻他方在某些必要情况下可以使用权利人的不动产,后者对此负有容忍义务;又如,《民法典》第 1020 条也规定了其他人为公共利益合理使用肖像时,肖像权人对此负有容忍义务。这些规定实质上具有权益冲突规范的属性,为权益冲突的解决提供了具体规则。权益位阶在明确各项民事权益之位序的同时,也明确了哪些民事权益应当优先实现,哪些应当劣后实现,④这实际上

---

① 参见[德]卡尔·拉伦茨:《法学方法论》,黄家镇译,商务印书馆 2020 年版,第 421 页。

② Vgl. Alexander Peukert, Güterzuordnung als Rechtsprinzip, 2008, S. 56 ff.

③ 有的学者将这些规则称为“治理机制”(governance strategy)。See Henry E. Smith, *Exclusion versus Governance: Two Strategies for Delineating Property Rights*, Journal of Legal Studies, Vol. 31 (2), p. 453,470 (2002).

④ See Giorgio Resta, *The New Frontiers of Personality Rights and the Problem of Commodification: European and Comparative Perspectives*, Tulane European & Civil Law Forum, Vol. 26, p. 33 – 65 (2011).

也进一步明确了低位阶权益的妥协容忍和获利限制。

二是防止权利的滥用。权利本质上为行为人提供了一定的行为自由,但是任何自由都是有限度的。法律应当对权利行使规定一定的限制,以防止滥用权利。权利从不是绝对的,他人的权利构成某人行使权利的边界,而这实际上就是在权利冲突中探寻平衡的过程。功利主义哲学家密尔曾形象地指出,“挥舞拳头的自由止于他人的鼻尖”;或者说,一个人的权利主张以不损害其他社会同伴的权利为边界。[①] 经济学家科斯(Coase)认为,由于“权利的相互性”或“问题的相互性”(the reciprocal nature of the problem)存在,某人权利的行使就必然意味着他人权利的减损;凡是行使权利,都可能产生权利的冲突。[②] 但是,逾越权利行使的边界导致他人遭受损害,违背了权利存在的正当目的,就构成滥用权利,此种滥用权利的行为可能对社会生活的正常秩序造成危害。[③] 法国学者约瑟朗(Josserand)指出:“主观权利是‘功能性权利’(functional-rights),这些权利存在于将要实现其作用的范围内。超出这一范围,权利所有人便超过或滥用了这些权利。”[④]而通过明确权益位阶,确定各项民事权益在民事权益体系中的位序,既明确了民事权益的行使规则,也可以在一定程度上防止权利滥用。

三是协调价值的冲突。权益冲突的本质实质上是价值冲突问题,而不是简单的概念、逻辑等技术性问题。[⑤] 既然是价值冲突,就需要通过权益位阶明确民事权益所体现的价值位序,探索法律上的“优先价值”(superior value)或者明确权益的价值分量,为协调各项权益冲突提供明确依据。例如,随着网络科技、数据科技和生物科技

---

① See John Stuart Mill, *On Liberty*, Currin V. Shields ed., Liberal Arts Press, 1956, cited in Joseph Elford, *Trafficking in Stolen Information: A "Hierarchy of Rights" Approach to the Private Facts Tort*, Yale Law Journal, Vol. 105, p. 728 (1995).

② 参见[美]R. 科斯:《社会成本问题》,载[美]R. H. 科斯等:《财产权利与制度变迁:产权学派与新制度学派译文集》,三联书店上海分店、上海人民出版社1994年版,第3页以下。

③ Vgl. Bork, Allgemeiner Teil des Bürgerlichen Gesetzbuchs, 4. Aufl. 2016, Rn. 343 ff.; Köhler, BGB Allgemeiner Teil, 45. Aufl. 2021, § 17 Rn. 36 ff.; Rüthers/Stadler, Allgemeiner Teil des BGB, 20. Aufl. 2020, § 7 Rn. 2.

④ J. Limpens, *International Encyclopedia of Comparative Law*, Vol. 4, Torts, J. C. B. Mohr (Paul Siebeck) Tübingen, p. 114 (1974).

⑤ See Duncan Kennedy, *Form and Substance in Private Law Adjudication*, Harvard Law Review, Vol. 89, p. 1685 (1976).

的广泛应用,隐私权和个人信息权益之间可能发生冲突,因而《民法典》第1034条第3款专门规定了隐私权优先于个人信息获得保护。

当然,民事权益的位阶秩序并没有一种整体的、事前的(ex ante)确定性,不可能就此形成像“元素周期表”那样的图谱;因为确立权益位阶本身往往涉及复杂的社会关系与价值判断,故难以通过简单的排序一劳永逸地解决所有类型的权益冲突。[①]但这并不意味着探索民事权益之位阶这一工作本身是无意义的,它至少可以成为民事裁判中的价值指引图,一旦确定了某种权益位阶,原则上,高位阶的权益便应优先于低位阶的权益而受到保护。

(二)实现立法者价值判断

按照拉伦茨的观点,立法者在通过法律规范调整社会生活时,常常基于特定的价值判断,以公平、正义等目的和价值为指引。“这种价值判断表现在:法律通过命令或禁止特定行为方式,对违反者威慑以‘制裁’,以及应许或者拒绝给予权利、分配风险,从而给予特定利益以广泛的保护,而对其他利益则不予保护或保护程度较低。”[②]法学本身就是一种价值导向的思维方式,[③]这意味着,权益位阶本身就是立法者基于价值导向所作出的安排,法官通过解释明确此种权益位阶,从而探寻立法者的目的,实现立法者的价值判断。但是,由于实践场景的复杂性,难以在立法上通过“规则”(rule)——罗列不同的场景,提前确定不同的权益位序,因此立法者明确规定的位序规则必然存在遗漏。在此情形下,就有必要探寻立法者通过立法表达的价值取向,并建构一套大致可供参考的权益位阶,在为法官裁判提供指引的同时,限制法官的自由裁量权。简言之,当法无具体规定时,法官要以权益位阶体系为参考,以价值位阶为基本遵循,尽可能地按照立法者的价值取向就冲突权益作出抉择。

立法者的价值取向是探寻民事权益位阶的重要路径。通过对我国《民法典》的文本进行分析可以发现,立法者通过立法体现出的价值取向,具体而言:一是人文关

---

① 参见林来梵、张卓明:《论权利冲突中的权利位阶——规范法学视角下的透析》,载《浙江大学学报(人文社会科学版)》2003年第6期。

② [德]卡尔·拉伦茨:《法学方法论》,黄家镇译,商务印书馆2020年版,第276页。

③ 参见[德]卡尔·拉伦茨:《法学方法论》,黄家镇译,商务印书馆2020年版,第278页。

怀优先于私法自治。传统民法主要以私法自治为核心价值,注重形式上的平等,德国学者梅施麦克甚至将私法自治称为私法体系的"恒星",永放光芒。[①] 而现代民法则在兼顾形式平等的基础上,注重实质的平等,这是因为近代以来,社会结构的平等性和互换性逐步丧失,因而立法在给予私法自治必要限制的同时,强化了对人格尊严的维护。换言之,这两者在总体上呈现此消彼长的关系。这一转化过程和发展趋势体现了对人文关怀的强化,人文关怀要求应当尊重人、爱护人、关爱人,强化对人格尊严的维护和对弱势群体的保护。人文关怀价值构成对私法自治的限制,在这两种价值发生冲突时,应优先实现人文关怀的理念。[②] 例如,在人格权的合理使用中,禁止对物质性人格权进行合理使用,就体现出了通过合理使用实现私法自治劣后于人文关怀所要求的对物质性人格权进行优先保护的理念。这也体现了康德所说的"人是目的,不是工具"的理念。[③] 二是生命权、身体权、健康权优先于其他人身和财产权益。《民法典》总则编在列举各项人格权益时,将生命权、身体权、健康权置于其他人格权益之前,也置于财产权益之前,体现了对生命权、身体权、健康权的优先保护。三是人格尊严和人身自由优先于财产权益。《民法典》第 2 条在规定我国民法的调整对象时,修改了 1986 年颁布的原《民法通则》第 2 条关于民法调整对象的表述,将人身关系置于财产关系之前,这在很大程度上是因为,与财产关系相比,人身关系更直接、更充分地彰显了人格尊严和人身自由的价值,因此该条更凸显了《民法典》对人身关系的重视,体现了对人格尊严和人身自由价值的优先保护。四是生存利益要高于一般的财产利益和商业利益。例如,《民法典》在相邻关系等制度中,无论是要求在缺少与公共道路连接的情形下土地权利人应为相邻人提供通行方便,还是要求相邻一方应为相邻他方提供通风、采光的义务,都表明了对生存利益的优先保护。五是与秩序密切关联的利益,要优先于一般的财产利益。例如,一般而言,交易安全要优先于一般单个的财产者的利益。六是权利优先于利益。例如,《民法典》第 1034 条第 3 款规定:"个人信息中的私密信息,适用有关隐私权的规定。"立法者

---

① 参见李非:《富与德——亚当·斯密的无形之手:市场社会的架构》,天津人民出版社 2001 年版,第 165 页。

② Vgl. Paulus/Zenker, Grenzen der Privatautonomie, JuS 2001, 1, 4 f.

③ 参见[德]伊曼努尔·康德:《道德形而上学原理》,苗力田译,上海人民出版社 2012 年版,第 40 页。

的上述价值取向为我们探究权益位阶提供了指引。

借助权益位阶探求立法者价值取向，有助于实现立法者的意旨，也可以为《民法典》的准确适用提供指引。法官在具体个案中依法解决各种权益冲突时，毫无疑问，应当首先探寻法律已经确立的价值位序。例如，依据《民法典》第1019条第2款的规定，立法者已对肖像权和著作权发生冲突时的位阶安排作出了选择，即若肖像权与著作权发生冲突，应优先保护肖像权。在该规则之下，裁判者不再需要其他参考性的权益位阶体系来进行裁判。但在其他不同的场景中，由于法律没有确立明确的权益位序，则法官确有必要通过法律解释方法把握法律是否已确立一定的价值指向，并以制定法作为法定权利的行使或者克减的基本依据。① 在权益位阶思维模式下，法官的自由裁量绝不是法官的任意裁量或恣意裁量，而是应当以现行法及其背后的价值为指引，遵循包括权益位阶在内的价值位阶准则。法官需要搜寻各种权益背后的价值位阶，并探求应当倾斜保护何种权益，从而更好地实现各种权益之间的协调保护效果，将民法保护民事权益的功能予以具体化、最大化。

（三）辅助裁判者进行利益衡量

所谓利益衡量，也称利益考量、利益平衡，是指当各方利益发生冲突时，解释者对社会公共利益、当事人的利益等各种利益进行考量，以寻求各方利益的妥当平衡，并最终实现社会公平正义。② 面对日趋复杂的现代社会，利益衡量日益成为裁判者解决纠纷的重要方法。利益衡量强调法官在司法裁判中的主观能动性，正视法官思考问题和分析问题的真实图景，为具体个案的纠纷解决提供了妥当方案。③ 裁判者在进行利益衡量的过程中，必须遵循一定的规范。在利益法学派看来，裁判者的重要职责就是将法律与生活中的利益相联系，考察法律所保护的利益究竟是什么，进而才能探寻立法目的。④ 民法上的权益位阶体系在很大程度上是立法者基于其价值

① See A. J. M. Milne, *Human Rights and Human Diversity An Essay in the Philosophy of Human Rights*, The Macmillan Press Ltd., 1986, p. 119.

② 参见段匡：《日本的民法解释学》，复旦大学出版社2005年版，第261～263页。

③ 参见梁上上：《利益衡量论》，北京大学出版社2021年版，第69页。

④ 参见吴从周：《概念法学、利益法学与价值法学：探索一部民法方法论的演变史》，中国法制出版社2011年版，第234页。

考量形成的一种宏观体系，而一旦勾勒出了这一套宏观体系的整体框架之后，反过来又能加强我们对立法背后之价值的把握。当裁判者的关注点往返流转于价值判断与权益位阶体系之间时，就会更加准确地理解立法者的立法目的和意旨。

在利益衡量的过程中，裁判者应当首先探寻利益的层次结构，①这一层次结构应当从现行法的规定中加以探寻。例如，我国最高人民法院早在 2012 年就在《关于在审判执行工作中切实规范自由裁量权行使保障法律统一适用的指导意见》(法发〔2012〕7 号)第 7 条规定了，人民法院在审判中应“综合考量案件所涉各种利益关系，对相互冲突的权利或利益进行权衡与取舍，正确处理好公共利益与个人利益、人身利益与财产利益、生存利益与商业利益的关系，保护合法利益，抑制非法利益，努力实现利益最大化、损害最小化”。又如，2018 年《全国法院破产审判工作会议纪要》(法〔2018〕53 号)第 28 条中规定，“对于法律没有明确规定清偿顺序的债权，人民法院可以按照人身损害赔偿债权优先于财产性债权、私法债权优先于公法债权、补偿性债权优先于惩罚性债权的原则合理确定清偿顺序。因债务人侵权行为造成的人身损害赔偿，可以参照企业破产法第一百一十三条第一款第一项规定的顺序清偿，但其中涉及的惩罚性赔偿除外”。这些都在一定程度上揭示了不同利益之间的顺位关系，有助于裁判尺度的统一。

但是，在利益衡量过程中，参考权益位阶作出判断只是一种方法和途径，并不能完全代替比例原则等方法的适用。例如，在发生权益冲突时，鲍尔教授所提炼的价值观点具有一定的启发意义，即由于“干涉人具有优势之对立利益”，因此受干涉人必须容忍来自干涉人的行为或状态。② 例如，在紧急避险中，避险人所要实现的利益应当优于受害人可能遭受的不利影响，否则就构成避险不当，这实际上就是通过比例原则来解决权益冲突问题，也不失为一种解决冲突的办法。

二、民事权益位阶的构成

随着权益的多元化发展，各种权利和利益的界限可能发生重叠，其包含的价值

① 参见梁上上：《利益衡量论》，北京大学出版社 2021 年版，第 116 页。

② 参见[德]鲍尔、[德]施蒂尔纳：《德国物权法》(上册)，张双根译，法律出版社 2004 年版，第 526 页以下。

也可能存在一定的冲突。[①] 特别是由于现代社会发展与经济进步，新型权益不断涌现，法律也相应地突破传统的严格规则主义，通过民事权益的开放性规定，使权益的类型日益多样化、范围日益广泛化。如《民法典》第990条第2款关于一般人格权的规定，其实就允许法官在具体个案中认定和保护基于人身自由、人格尊严所产生的新型人格权益。但是，通过开放性的权益保护条款，又会使许多新型权益不断产生，从而进一步加剧权益冲突的问题。可以说，利益与法律的嬗变，使权益的内容和类型渐渐超越了传统的楚河汉界、黑白分明的模式。在此背景下，权益冲突的问题愈加凸显。[②] 面对这一问题，应通过确立民事权益的位阶，也即判断一种法益较他种法益的“位阶价值”（Stellenwert）来加以解决。[③] 有学者曾质疑排列并呈现此种权利位阶的可能性，因为“法律价值的位阶秩序具有一定的流动性”，因此权利位阶具有“非整体的确定性”，无法依据具体的权利种类对其进行固定的位阶排序，而只能在个案中加以确定。[④] 按照此种观点，民事权益的位阶具有不确定性。因此，在司法实践中，应当对权益位阶的适用进行限制，即权益位阶的运用既需要考虑特定法律规则的立法目的，也需要兼顾法律规则中关于权益位阶的规定，避免权益位阶运用的泛化。[⑤] 这一观点虽不无道理，但如果因此就放弃对权益位阶规律的探寻，显然是因噎废食。

如前所述，在实定法中预先精确地为各种场景下的各种民事权益进行排序并非易事，社会生活纷繁复杂且变动不居，民事权益位阶在不同场景的应用形态各异，很难通过简单规则加以提前规定。尽管如此，法律在规定民事权益的保护规则时，本身就包含了一定的价值判断，而在这些价值判断中，实际上就蕴含权益价值的确定问题。因此，问题关键并不在于是否存在权益位阶，而在于如何通过文本探求立法者的价值取向和立法意旨，寻求立法者所作出的价值选择以及在该价值选择之上所形成的权益位阶。确定这样一个位阶，既有利于解决权益冲突，也有利于在最大限

① 参见程燎原、王人博：《赢得神圣——权利及其救济通论》，山东人民出版社1998年版，第228页。

② 参见马特：《隐私权制度中的权利冲突》，载《法学论坛》2006年第1期。

③ 参见［德］卡尔·拉伦茨：《法学方法论》，黄家镇译，商务印书馆2020年版，第166页。

④ 参见［德］卡尔·拉伦茨：《法学方法论》，黄家镇译，商务印书馆2020年版，第9～10页。

⑤ 参见扈艳：《权利位阶在中国司法中的运用与克制》，载《石河子大学学报（哲学社会科学版）》2016年第4期。

度内实现法律所要保障的利益和价值。当然,由于权益冲突的情形较复杂,高位阶的权益并不必然具有绝对的优先性。换言之,即便某些权益与其他权益相比具有更高位阶,但这也并不意味着其在任何情况下都具有优先性。从这一意义上说,高位阶的权益只是具有相对的优先性,即在特定场景和条件下具有优先性,而并非不受任何的限制。①

我国《民法典》在总则编中确认民事权利主体、体系、行使、保护的一般规则;在物权编至继承编通过全面确认和保护各项基本的民事权利,全面体现和贯彻了保障私权的价值;在最后规定了保护权益的侵权责任编。因此,我国《民法典》的整体框架思路是从"确权"到"救济",始终以权利为中心来构建民法体系。这意味着,在我国《民法典》所规定的民事权利体系中蕴含民事权益的位阶,因此,通过考量《民法典》的价值取向,借助法律解释方法,可以对民事权益的位阶进行如下价值排序。

(一)物质性人格权

物质性人格权包括生命权、身体权、健康权,是最重要、最基本的人权,构成了人们实际享有和行使其他权益的前提,它们不仅关系个体利益,也关系社会利益,在民事权益体系中处于最高的位阶。在美国艾奥瓦州的一个判例中,一个流浪汉未经允许进到一家小木屋寻找食物,被房屋主人的弹簧枪击中腿部受伤,流浪汉告房屋主。本案大法官莫尔在判决中宣称,"人类生命和肢体的价值不仅属于他个人,而且属于整个社会。因此其价值高于土地占有者的利益",②该案判词为"给人类生命以及其他不可剥夺的法益提供保护,在任何地方都被视为法秩序的优先任务"。③ 生命健康的安全利益是公共利益,按照霍布斯的看法,保护自然人的生命权是建立国家的最重要的目标之一。④ 故而,对于生命健康权,各国除通过民事立法保护外,还普遍在宪法中将它们确定为公民最基本、最重要的权利,并通过刑法、行政法等切实保护公民的生命健康权不受侵害。

---

① 参见梁迎修:《权利冲突的司法化解》,载《法学研究》2014 年第 2 期。

② Katko v. Briney, 183 N. W. 2d 657 (Iowa 1971).

③ [德]卡尔・拉伦茨:《法学方法论》,黄家镇译,商务印书馆 2020 年版,第 237 页。

④ 参见[英]霍布斯:《利维坦》,黎思复、黎廷弼译,商务印书馆 1985 年版,"序言"。

中国传统文化一直有尊重生命健康的理念和传统。《尚书·大禹谟》云:"与其杀不辜,宁失不经,好生之德,洽于民心。"药王孙思邈也说:"天地间,人为贵,人之所贵,莫过于生。"在社会发展中,现代化过程是人全面发展和完善的过程,这一过程始终伴随权利的扩张和对权利的充分保护。同样,法律现代化的重要标志也在于对权利的充分确认和保障,尤其是对生命健康权的优先保护。与此相应,《民法典》赋予物质性人格权以崇高的地位,在其与其他权益相互冲突时,优先保护物质性人格权。

《民法典》总则编在列举民事权益时,首先列举的就是人格权,在人格权中又把生命权、身体权、健康权放在优先位置,同时,《民法典》人格权编用多个条款宣示了生命、身体、健康的优先地位。生命健康优先于其他权益,因而被置于民事权益体系的最前部分加以规定。这反映了生命权、身体权、健康权在整个民事权益体系中的重要地位,体现了立法者把生命健康作为最重要的法益予以保护的以人为本的理念,体现了对人最大的关怀,确立了物质性人格权应优先于其他民事权益的理念。这就意味着,在生命权、身体权、健康权与其他权益发生冲突时,其他权益都要退居其次。《民法典》人格权编在规定人格利益合理使用规则时,将生命权、身体权、健康权排除在外,因为合理使用也是对人格权的限制,而生命权、身体权、健康权不能被随意限制。此外,《民法典》还专门规定了对物质性人格权的社会救助义务,第1005条规定:"自然人的生命权、身体权、健康权受到侵害或者处于其他危难情形的,负有法定救助义务的组织或者个人应当及时施救。"该条明确将其保护范围限于生命权、身体权、健康权,体现了对物质性人格权的优先保护。

在《民法典》中,除人格权编外,其他各编的相关规则设计也体现了优先保护物质性人格权的理念。例如,《民法典》物权编第294条规定:"不动产权利人不得违反国家规定弃置固体废物,排放大气污染物、水污染物、土壤污染物、噪声、光辐射、电磁辐射等有害物质。"该条对不可量物侵害的规则作出了规定,禁止不可量物的侵害对他人生命健康造成损害,其目的也在于强化对个人生命权、身体权、健康权的保护。再如,合同编也同样注重对物质性人格权的保护,明确了在私法自治与个人生命健康的保护发生冲突时,应当优先保护生命健康。例如,《民法典》第506条规定,合同中"造成对方人身损害的"免责条款无效。之所以作出此种规定,主要是因为,个人的生命健康权是最重要的人权,保护人身安全是法律最重要的任务。如果允许当事人通过免责条款免除造成对方人身伤害的责任,不仅将使侵权责任法关于不得侵害人身权利的强制性义务形同虚设,使法律对人身权利的保护难以实现,而且将会严重危及法律秩序和社会公共道德。

(二)精神性人格权

精神性人格权,是指除物质性人格权外的其他人格权,包括姓名权和名称权、肖像权、名誉权和荣誉权、隐私权等。将精神性人格权置于第二序位的理由主要有如下几点:

第一,《民法典》总则编第五章在列举民事权利时,最先规定了人格权,之后才规定了身份权、财产权,这表明了立法者对不同权利类型的价值排序,该规定对于明确民事权益的位阶具有指导意义,体现了精神性人格权优先于身份权、财产权的价值取向。必须强调的是,尽管从《民法典》的体例安排来看,物权编、合同编在人格权编之前规定,但这只是一种形式编排,并不能据此推断立法者对民事权益位阶的安排。

第二,《民法典》第109条规定:"自然人的人身自由、人格尊严受法律保护。"该条是《民法典》总则编第五章的第一个条文,它充分彰显了立法者优先保护人格尊严的价值取向,对于确定民事权益的位阶具有重要的指导意义。可以说,那些关涉维护人性和人格尊严的价值追求,是指引权利秩序建构的基石。① 人格尊严,是指人作为法律主体应当得到承认和尊重,即每个人作为"人"所应有的社会地位以及应受到的他人和社会的最基本尊重,这是人作为社会关系主体的基本前提。换言之,人在社会中生存,不仅要维持生命,而且要有尊严地生活。人格尊严受到哲学、法学、社会学等学科的广泛关注,它是指人基于自己所处的社会环境、工作环境、地位、声望、家庭关系等各种客观要素,而对自己人格价值和社会价值的认识和尊重,是人的社会地位的组成部分。② 在民法中,人格尊严是人格权的基石,现代人格权法的构建就是以人格尊严的保护为中心而展开的。拉伦茨教授认为,"毫无疑问,人们可以说:

---

① See Joseph W. Singer, *Something Important in Humanity*, Harvard Civil Rights-Civil Liberties Law Review, Vol. 37, p. 103 (2002).

② See David A. Hyman, *Does Technology Spell Trouble with a Capital "T"?: Human Dignity and Public Policy*, Harvard Journal of Law and Public Policy, Vol. 27:3, p. 3 (2003).

与其他法益,尤其是物质性的利益相比,人的生命和人性尊严处于更高的位阶”。[①]因而,权益位阶的划分应当回归人的本质,回归权利的来源,也就是人的尊严。[②] 我国《民法典》充分彰显人格尊严的基本理念和精神,人格权独立成编的宗旨就在于维护人格尊严。与身份权、财产权相较,精神性人格权更集中地体现了个人的人格尊严,对精神性人格权提供更优先的保护,能彰显对个人人格尊严的保护。

第三,人格尊严的保护是处理人格权与其他民事权益冲突的重要依据。按照人本主义的要求,法律应当充分彰显对人的关怀,在人格权与其他民事权益发生冲突时,应确立人格权价值的高阶性和保护的优先性,这也是落实《宪法》第 38 条“维护人格尊严”的要求。故而,在《民法典》中,与人格尊严的关联越强,其受到保护就越优先,相比身份权、财产权,精神性人格权与人格尊严的关联更紧密,应受优先保护,如法律对于肖像权的保护就优先于对著作权的保护。

(三)身份权

此处所说的身份权,主要是指基于婚姻家庭的特定身份产生的非财产权利,它是人身权的重要组成部分,集中体现在《民法典》婚姻家庭编的规定之中。人格权较之身份权,更直接地彰显了人格尊严,与人的主体性的联系更直接,大多是一种与生俱来的权利,具有强烈的人身专属性,而不像身份权可以通过行为取得,因此,《民法典》将人格权在身份权之前作出了列举,表明身份权在权益位阶上应当排在人格权之后。而且,从《民法典》的相关规定来看,与身份权保护的规则相比,人格权保护的规则更具基础性,因而,在权益位阶上,人格权应当排在身份权之前。但是,在身份权与财产权发生冲突的情形下,从《民法典》的基本价值和规范解释来看,身份权应优先于财产权,原因主要在于:

第一,《民法典》第 2 条关于民法调整对象的表述将人身关系置于财产关系之前,而人身关系表现为人格权和身份权;同时《民法典》第 112 条关于身份权保护的规定被置于财产权(《民法典》第 113 条)之前。这些规定为身份权与财产权发生冲

---

① [德]卡尔·拉伦茨:《法学方法论》,黄家镇译,商务印书馆 2020 年版,第 517 页。

② 参见解晋伟:《以“权利位阶”为基础解决权利冲突优先保障问题试探》,载《上海政法学院学报(法治论丛)》2020 年第 5 期。

突的情形下身份权应优先于财产保护提供了法律依据。

第二,《民法典》第1001条规定:“对自然人因婚姻家庭关系等产生的身份权利的保护,适用本法第一编、第五编和其他法律的相关规定;没有规定的,可以根据其性质参照适用本编人格权保护的有关规定。”依据该条规定,身份权的保护可以参照适用人格权保护的规定,这也表明,在立法理念上,身份权的保护与人格权类似,在权益位阶上应当优先于财产权。

第三,在《民法典》中,身份权的保障,如未成年子女的身份权以及配偶的身份权,都与人格平等、发展息息相关,甚至关涉人的生存利益。可以说,身份权使个人的主体地位和社会地位更圆满,并因此取得更实质性的人格尊严,因此,其应当具有优先于财产权得到保障的位阶。另外,身份权往往意味着相对人的义务,如子女的身份权蕴含父母的抚养义务,身份权优先于财产权意味着对身份权利人给予更强保护,可最大化地保障未成年子女等主体的利益及家庭的和谐。

(四)人格利益

人格利益是没有被《民法典》人格权编确认为权利,但又应当受到保护的、具有人格属性的利益,包括声音、个人信息、死者人格利益等。随着经济的发展和科技的进步,新型的人格利益大量产生。

人格权和人格利益共同构成人格权益,我国《民法典》对它们进行区分保护,对人格权的保护高于对人格利益的保护。这主要表现在:一是《民法典》相关条款区分了人格权与人格利益,并相应地设置了不同的保护规则。例如,《民法典》采取了“隐私权”和“个人信息保护”的表达方式,这说明隐私权是一项独立的人格权,而个人信息只是人格利益。《民法典》第1034条第3款规定:“个人信息中的私密信息,适用有关隐私权的规定;没有规定的,适用有关个人信息保护的规定。”由此可见,与作为人格利益的个人信息相比,隐私权作为一种人格权,受到法律保护的程度更高。二是在人格权请求权的适用方面,人格权的保护应当优先于人格利益。《民法典》第995条规定:“人格权受到侵害的,受害人有权依照本法和其他法律的规定请求行为人承担民事责任。受害人的停止侵害、排除妨碍、消除危险、消除影响、恢复名誉、赔礼道歉请求权,不适用诉讼时效的规定。”从该条规定来看,其将人格权请求权的保护范围限于人格权，而没有包括人格利益。对人格权请求权是否可以扩张适用于个人信息等人格利益的保护，存在一定的争议，《个人信息保护法》回避了这一问题，没有对此作出规定，而交由司法实践予以解决。但这也表明，立法者区分了人格权与人格利益的保护，对人格权的保护要优先于人格利益。三是在侵害人格权禁令制度的适用方面，人格权优先于人格利益。《民法典》第 997 条规定："民事主体有证据证明行为人正在实施或者即将实施侵害其人格权的违法行为，不及时制止将使其合法权益受到难以弥补的损害的，有权依法向人民法院申请采取责令行为人停止有关行为的措施。"从该条规定来看，其与人格权请求权规定类似，也将保护对象限于人格权而没有包含人格利益，这也在一定程度上体现出人格权的保护要优先于人格利益。因而，在人格权和人格利益重合时，应优先适用有关人格权保护的规则，以实现对权利人更高程度的保护。①

人格利益的位阶虽然低于人格权，但《民法典》总则编将人格利益置于财产权之前，这表明，在立法者看来，人格利益在权益位阶上一般应当高于财产权。这主要是因为人格利益彰显了个人人身自由和人格尊严的价值，也是宪法所确立的维护人身自由和人格尊严的基本原则的具体体现，人格利益优先于财产权更能彰显立法对人的保护。尤其应当看到，《民法典》第 109 条将人身自由、人格尊严放在民事权利之首加以保护；《民法典》第 990 条第 2 款又明确规定，自然人享有基于人身自由和人格尊严产生的其他人格权益，这就表明其他人格利益也彰显了人身自由和人格尊严。换言之，人格利益和人格权都是人身自由和人格尊严的表现，在这一点上两者并无本质差异。基于此，人格权优先于财产权，人格利益也应当优先于财产权。例如，《个人信息保护法》第 15 条规定："基于个人同意处理个人信息的，个人有权撤回其同意。"这实际上是赋予了个人任意解除个人信息许可使用合同的权利，表明个人信息的保护要优先于合同债权的保护，这也体现了人格利益优先于财产权的理念。再如，《个人信息保护法》在第二章第二节中专门规定了敏感个人信息的处理规则，对敏感个人信息予以特殊保护，这主要是考虑敏感个人信息与个人人格尊严有更密切的关联，其一旦被泄露或被非法使用，极易导致对人格尊严的侵害，因而对之应当

① 参见王利明：《和而不同：隐私权与个人信息的规则界分和适用》，载《法学评论》2021 年第 2 期。

比涉及财产的一般个人信息予以更优保护。① 当然,这里所说的人格利益是基于人身自由和人格尊严所产生的,在不同的时代和地域,人身自由和人格尊严的含义不同,由此导致了人格利益的范围有所不同。

需要指出的是,法律对死者人格利益的保护,也体现了对人格利益的优先保护。例如,就死者个人信息保护而言,《个人信息保护法》第 49 条规定:"自然人死亡的,其近亲属为了自身的合法、正当利益,可以对死者的相关个人信息行使本章规定的查阅、复制、更正、删除等权利;死者生前另有安排的除外。"该条之所以对死者个人信息进行保护,并不是为了保护死者的财产利益,而是为了保护其人格利益,该条中没有出现"利用"一词,表明保护死者人格利益从根本上是为了维护死者的人格尊严,这也可以看作人格利益优先于财产利益的一个佐证。

(五)财产权利

财产权,是指以财产利益为直接内容的权利,包括物权和债权,其主体限于现实地享有或可以取得财产的人,而不像人格权那样可以为一切人普遍地享有。② 财产权不具有专属性,可以转让、抛弃,也可以继承。财产权是市场经济运行的基石,财产权保护是推动市场发育和经济增长的基本条件。"有恒产者,有恒心。"保护财产权,实质上就是保护劳动、保护发明创造、保护和发展生产力,对营商环境的改善和经济的稳定增长具有基础性意义,对激励投资兴业、创造财富起到重要作用。

需要指出的是,此处所说的财产权,主要是指单个的权利人对其财产所享有的权利,而不涉及整个财产秩序与安全。因为我们之所以把财产权置于人格权益之后考量,主要考虑的是当单个权利人的财产权与人格权益发生冲突时如何保护的问题,并不涉及人格权益与整个财产秩序之间的冲突问题。从《民法典》的相关规定来看,财产权在位序上是置于人格权益之后的。具体而言:

第一,如前所述,从《民法典》关于权益的位序排列来看,人格权益是置于财产权之前规定的,因此可以认为财产权与人格权益发生冲突时,通常应当确立人格权益

① 参见程啸:《个人信息保护法理解与适用》,中国法制出版社 2021 年版,第 259 页。
② 参见谢怀栻:《谢怀栻法学文选》,中国法制出版社 2002 年版,第 354 页。

价值的高阶性和保护的优先性。按照黑格尔的观点，“财产是自由最初的定在”，[①]由此可见，财产与人格尊严和自由有重要关系，对财产权的保护也体现了对个人人格尊严和自由的保护，但这并不意味着财产是人格尊严和自由的必备条件或者要素，不能认为无财产则无人格。因为尽管财产权也有助于实现个人人格，但此种作用是间接的。人格权益最直接地彰显了人格尊严与人身自由的价值，保障了人的尊严与人身的不受侵犯，也保障了个人身体与精神活动的权利，而人的尊严与人身自由是实现包括财产权在内的其他民事权益的前提与基础。因此，优先保护人格权益有助于保护个人的基本人权，有利于促进个人人格的全面发展和精神利益的充分满足。例如，在“杨某康诉中贸圣佳国际拍卖有限公司、李某强侵害著作权及隐私权纠纷案”中，行为人的拍卖行为虽然尚未实施，但一旦实施，将侵害权利人的隐私权益，在此情形下，权利人可以申请法院颁发禁令，责令行为人停止相关行为，以防止侵害隐私权行为的发生。[②] 在该案中，拍卖公司对拍卖物享有财产权，但是，此种财产权利的行使将会构成对原告隐私权的侵害，因此法院禁止被告拍卖，这说明了隐私权优于财产权获得保护。

第二，《民法典》的相关规定也体现了人格权优先于财产权的理念。一方面，从保护方式来看，我国《民法典》人格权编专门设置了一些强化人格权保护的方法，但其并不适用于财产权。例如，《民法典》第 997 条关于行为人正在实施或者即将实施侵害他人人格权的违法行为时的禁令规则，其保护范围仅限于人格权。[③] 其实，在财产权的侵害中，权利人也面临行为人正在实施或者即将实施侵害行为的情形，但法律并不允许权利人请求颁发禁令，这也体现了对人格权的特殊保护。我国《反家庭暴力法》第四章规定了人身安全保护令，其适用范围同样仅限于人格权遭受侵害的情形(《反家庭暴力法》第 23 条、第 29 条)。另一方面，在人格权与财产权发生冲突时，人格权的保护也优先于财产权。例如，《民法典》第 1021 条规定：“当事人对肖像

---

① [德]黑格尔：《法哲学原理》，范扬、张企泰译，商务印书馆 1961 年版，第 61 页。

② 参见李恩树：《钱钟书书信案引出新民诉法首例诉前禁令 收信人不得侵害发信人著作权》，载《法制日报》2014 年 2 月 26 日，第 5 版。

③ 参见黄薇主编：《中华人民共和国民法典解读：人格权编、侵权责任编》，中国法制出版社 2020 年版，第 41 页。

许可使用合同中关于肖像使用条款的理解有争议的,应当作出有利于肖像权人的解释。”该条对“有利于肖像权人的解释”规则的确认,充分体现了人格权优于财产权保护的立场。再如,就人格权(如肖像权)与著作权发生冲突的情形,《民法典》第1019条第2款规定:“未经肖像权人同意,肖像作品权利人不得以发表、复制、发行、出租、展览等方式使用或者公开肖像权人的肖像。”确认了涉肖像作品中的人格权优先保护规则。原因在于,著作权主要体现的是权利人的财产利益,而肖像权主要彰显的是人格尊严,当两种权利发生冲突时,按照人格尊严优先于财产利益的原则,应当优先保护人格权。

第三,由于私法自治更多地体现在财产权之上,如果人格尊严与私法自治发生冲突,则人格尊严的保护优先于财产权。例如,《民法典》第1007条规定:“禁止以任何形式买卖人体细胞、人体组织、人体器官、遗体。”如果对当事人订立有关买卖人体器官等的合同不设任何限制,就意味着要尊重当事人之间关于器官买卖等的协议,但这将严重损伤人格尊严。这就出现了人格尊严与私法自治的冲突,在此情形下,判定当事人订立的这些合同无效,就彰显了人格尊严优先于私法自治的理念。再如,依据《民法典》第731条的规定,在租赁物的瑕疵危及承租人的安全或者健康时,承租人享有随时解除合同的权利。

第四,《民法典》物权编的相关规则,特别是相邻关系规则体现了人格权益的保护应优先于财产权。例如,在出现袋地的情形下,一方的通行受到障碍,直接妨害其人格利益,因而依据《民法典》第291条的规定,即使允许一方通行会损害另一方的财产权益,另一方也应当为一方通行提供必要便利,此时赋予一方以通行权,即体现了人格权益的保护优先于财产权的理念。

(六)财产利益

《民法典》第126条规定:“民事主体享有法律规定的其他民事权利和利益。”依据该条规定,无论是权利还是利益,都受到法律保护。这不仅与保护民事权益的基本原则相对应,而且为将来对新型民事权益的保护预留了空间,保持了私权保护的开放性。例如,随着大数据的发展,对作为新型财产利益的数据进行保护显得日益重要,《民法典》第126条规定了保护民事主体的合法“权益”而非“权利”的表述,目的就在于扩张权益的保护范围,以适应社会生活发展的需要。正如德沃金所说的,“个人权利是王牌”(individual rights are trumps),其正当性存在于其自身,是用以对抗外力干涉的基础,但对利益并非不予保护。①

在民事权益位阶中,财产利益要置于位阶的最后,一方面,根据权利不得减损理论,利益和权利不能等同对待。原因在于,如果把利益都与权利相等同,会降低权利的价值。法律已经列举了最基本且最重要的财产权利,法律没有明确列举的新型财产利益,如果确实重要,就应当上升到权利的层次,如果尚未上升到权利,就表明对是否应当将其作为权利加以保护暂未形成普遍性的共识,其在社会中的地位还有待进一步发展和确定。另一方面,利益的边界常常是不清晰的,因此,在判断利益的内涵和外延时,就要更多地考量其他因素,因而其保护程度也不确定。此外,由于利益的不确定性、社会公开性不足,第三人无从认知并且采取足够的注意措施,因此如果过度保护利益,也可能会影响人们的行为自由。所以,一般而言,法律对权利的保护程度略强,而对利益的保护程度稍弱,给予保护的条件也更严格。换言之,法律需要在权益保护和行为自由之间取得平衡,这就产生了对利益保护更严格的限制条件。

从责任成立层面看,财产权利的保护程度也优先于财产利益。如上所言,权利由立法直接规定,不仅具有明确的公示性,而且具有社会典型性,特别是相对利益而言,内容更明确,为人们提供了更强的可预测性,是人们安排行为的重要标准。因此,判断权利是否受到侵害时,通常应采用一般的侵权责任构成要件(严格责任的情形除外)。但是,利益不是由法律事先明确规定的,也无法明确规定,其往往都是由法官在新型纠纷发生后,根据个案总结提炼出来的成果,可以说是发展中的、未完成形态的权利,因而行为人在实施某种行为时是否侵害了某种利益,难以根据既有法律规则作出明确预判,需要法官根据其发生语境具体判断,采取更严格的构成要件。从比较法上来看,德国法就严格区分了权利的保护和利益的保护。对于权利的保护,通常按照德国《民法典》第 823 条第 1 款的规定处理,但是利益的保护是有限制的,只有在违反保护他人之法律以及以故意违背公序良俗的方法侵害他人利益时,

① See Ronald Dworkin, *Taking Rights Seriously*, Harvard University Press, 1977, p. xi.

才成立损害赔偿责任,①以防止因利益保护过于宽泛而影响他人的行为自由。② 因此,从维护行为自由的角度,也需要对财产利益的保护加以适当限制,确立不同于权利侵害的侵权责任构成要件。

当然,财产利益受到保护的条件更严格,是与财产利益自身的特点相适应的,这不是贬低财产利益的价值,更不意味着违反平等原则。尤其需要指出,新型财产利益可能在今后越来越重要,在具有足够的社会共识时,法律应当及时地将这些利益上升为权利。例如,《民法典》第 127 条规定了对数据的保护,但并未明确确定其为民事权利,一旦条件成熟,就可以将其上升为民事权利。

总之,《民法典》确认的民事权益是一个完整体系,面对各种权利和利益冲突的争议,在法律规定的权益位阶并不十分清晰的情形下,裁判者需要通过法律解释和利益衡量等方法,探寻立法者的意旨,确定立法者是否已经对权益位阶作出了预设性规定。上述权益位阶只能适用于通常情形,在具体适用时,应结合个案场景妥当地进行具体考量。场景发生变化,也可能导致一种高位阶的价值要让位于某个低位阶的价值。③ 在一些特殊情形下,基于特殊的法政策的考量,还应当对其作出相应改变。例如,根据最高人民法院颁布的《关于审理使用人脸识别技术处理个人信息相关民事案件适用法律若干问题的规定》第 5 条第 1 项规定,"为应对突发公共卫生事件,或者紧急情况下为保护自然人的生命健康和财产安全所必需而处理人脸信息的",信息处理者主张其不承担民事责任的,人民法院依法予以支持。这就意味着,在特殊情况下,即使为了保护自然人的财产安全,也可能对作为个人敏感信息和核心隐私的人脸信息作出必要限制。因此,在特殊情形下,基于对重大财产安全和财产秩序的保护,财产权利也可被置于与生命健康同等重要的位序进行保护。因此,前述的民事权益位阶是一种初步的、推定性的(primafacie)准则,可以为法官在裁判中进行利益衡量提供必要的参考,但并不是不可推翻的,若根据案件的具体情况对权益位阶进行调整的必要性充分时,裁判者也可以不按照此种位阶进行裁判。但是,在不采纳前述权益位阶时,裁判者要找到更合理的规范依据,也要作出更充分的

---

① 参见德国《民法典》第 823 条第 2 款和第 826 条。

② Vgl. MüKoBGB/Wagner, § 823 Rn. 302 f.

③ 参见[德]卡尔·拉伦茨:《法学方法论》,黄家镇译,商务印书馆 2020 年版,第 170 页。

论证。

三、民事权益位阶的适用效果

民事权益位阶在司法适用中并不是机械地排序取舍，而应结合个案场景进行具体的价值判断和利益衡量。正如伽达默尔在哲学解释学中提出，理解文本就需要解释者在具体场景中，将文本纳入自己的视域，进行“视域融合”，从而形成文本与具体场景的联系。① 对此应当区分两种不同的情形：一是对法律已有明确规定的权益位阶的情形来说，裁判者应当受到法律的拘束，通过“司法裁判的三段论”解决问题，即将作为大前提的法律规则运用到作为小前提的案件事实之中；二是在法律没有对权益位阶进行具体规定的情况下，裁判者应当探求蕴含于《民法典》民事权益体系中的价值取向，确定民事权益的位阶，为具体个案的公正裁判提供依据。在具体的个案场景之中，裁判者实现价值位阶排序的效果可能并不完全相同，但总体而言，主要包括如下几个方面的效果。

（一）高位阶权益受倾斜保护

民事权益位阶的确定，首先是回答在发生冲突的情况下，哪些权益要优先保护，哪些权益应当让位。② 这就意味着，民事权益位阶适用的最直接效果就在于，高位阶的权益应当优先于低位阶的权益，受到法律更强有力的保护。高位阶权益受倾斜保护在司法实践中可能体现为以下两种情形：

一方面，高位阶权益在保护方式上具有特殊性。我国《民法典》虽然对民事权益进行平等保护，但从《民法典》的规定来看，不同位阶的民事权益受到的保护程度并不相同，对高位阶的民事权益通常会设置一些特殊的保护方式。例如，关于人格权的保护，《民法典》人格权编专门规定了侵害人格权的禁令制度，其仅适用于人格权的保护，而不适用于财产权遭受侵害的情形，即体现了对处于高位阶的人格权的特殊保护。

---

① 参见[德]汉斯－格奥尔格·伽达默尔：《诠释学Ⅱ：真理与方法》（修订译本），洪汉鼎译，商务印书馆2007年版，第131页。

② 参见[美]罗斯科·庞德：《法理学》（第3卷），廖德宇译，法律出版社2007年版，第247页。

另一方面,高位阶权益受到倾斜保护。也就是说,在权利行使阶段,如果不同位阶的民事权益发生冲突,则通常优先保障高位阶民事权益的实现,而低位阶民事权益往往会因此受到一定的限制,甚至被排除。例如,在企业破产程序中,依据《企业破产法》第113条的规定,职工劳动债权可以优先于税收债权和普通破产债权获得清偿。因此,在职工劳动债权获得清偿后,如果不再有破产财产,则税收债权和普通破产债权就可能无法实现。法律作出此种规定,是为了保护职工的生存利益,因而其优先于税收债权和其他一般债权。需要注意的是,此处的职工债权在计算时,高管的工资只能按照该企业职工的平均工资予以计算,才可获得优先于税收债权和其他一般债权受偿的地位。① 可见,即便是劳动债权,如果不是为了保护职工的生存利益,其也难以受到优先保护。

当然,我们所说的对高位阶权益的优先保护,总是与某些具体的案件和场景联系在一起的,其通常只适用于特定场合,而不能普遍适用于所有场合。换言之,即使是高位阶权益,也并不具有绝对的优先性。实际上,即使与其他权益相冲突,特定权益也都有其法律上的依据,均是法律所要保障的利益和价值,也都应在法律的限度内予以最大限度地实现。在这个意义上,任何权益的优先都有其相对性,而非不受任何限制。② 毕竟权益的冲突在形态上可能千差万别,裁判者不应忽视个案的特殊情况,以避免绝对遵从权益位阶所带来的僵化。③

(二)低位阶权益受限

如前所述,基于权益位阶的考量,高位阶权益可能会获得倾斜保护,而此种倾斜保护往往对应低位阶权益的妥协容忍。一般而言,人格利益在位阶上要优于财产利益,生存利益要优于商业利益,而生命健康等物质性人格利益要优于精神性人格利益,在发生冲突时,位阶低的利益在保护上要受到更大限制。④ 此种限制主要表现为

① 参见许德风:《破产法论:解释与功能比较的视角》,北京大学出版社2015年版,第184页。
② 参见梁迎修:《权利冲突的司法化解》,载《法学研究》2014年第2期。
③ 参见马特:《权利冲突解决机制的整体构建》,载《国家行政学院学报》2013年第2期。
④ 参见欧洲侵权法小组编著:《欧洲侵权法原则:文本与评注》,于敏、谢鸿飞译,法律出版社2009年版,第63页。

以下两个方面：

一是低位阶权益人负有不作为的容忍义务。在民事权益发生冲突时，为了保障高位阶权益的实现，低位阶权益人可能依法负有不作为义务，这主要体现为受到优先保护的权利人在从事某种行为时，容忍义务人不得加以禁止。[①] 例如，《民法典》第 291 条规定，“不动产权利人对相邻权利人因通行等必须利用其土地的，应当提供必要的便利”。这意味着，在相邻关系的一方存在通行困难时，因需要保护的生存利益优先于财产利益，另一方不仅负有容忍的义务，还可能负有为另一方提供通行便利的义务，毕竟通行是维持人们正常生产生活的必要条件，如果通行权都无法得到保障，那么人的生存利益就会受到威胁，甚至引发严重的社会矛盾。此时，对高位阶权益的保护就成为对低位阶权益限制的正当理由。此外，此种不作为也可能体现为不得行使本应享有的权利。例如，在《1910 年统一海难援助和救助某些法律规定公约》中，针对船舶发生的海难救助，该公约明确拒绝了救助人对人命救助的报酬请求权，而只能从其他财产受救助的款项中分得份额。[②] 我国《海商法》第 185 条也采取了类似规定。依据这一规定，救助人不能享有单独的针对人命救助的报酬请求权。这一规则事实上就是基于生存权益相较商业利益处于更高位阶，因而救助人的报酬请求权无法行使。

二是低位阶权益人负有积极的作为义务。例如，《民法典》第 1005 条规定：“自然人的生命权、身体权、健康权受到侵害或者处于其他危难情形的，负有法定救助义务的组织或者个人应当及时施救。”该条对相关主体的法定救助义务作出了规定，这也体现了个人生命权、身体权、健康权优先于负有法定救助义务的主体的财产权而受到保护的理念。这种低位阶权益人的积极作为义务在合同关系中也有所体现。例如，合同当事人本应享有缔约自由的权利，但是在特定场合，如在供用电合同中，出于对生存利益的优先保护，供电人负有强制缔约义务，在满足强制缔约的场合，其必须与相对人订立合同。在本例中，供电人缔约自由受到了限制，但法律并不是要求其不作为，而是要求其发出要约或承诺。由此亦可见，人文关怀的理念已经深入

---

① 参见史尚宽：《民法总论》，中国政法大学出版社 2000 年版，第 34 页。

② 参见［日］中村真澄、［日］箱井崇史：《日本海商法》，张秀娟、李刚、朴鑫译，法律出版社 2015 年版，第 338 页。

交易关系领域,构成对当事人合同自由的限制,这也是合同法重要的发展趋势。

需要指出的是,对低位阶权益的限制必须有一定的限度。例如,《民法典》第999条规定了对人格要素的合理使用规则,要求对民事主体的姓名、名称等人格要素的使用必须合理,"使用不合理侵害民事主体人格权的,应当依法承担民事责任。"通常判断合理性,就是采用比例原则予以确定的。

(三)民事责任的限制和排除

探寻民事权益位阶对于民事责任的认定可提供重要参考,因为民事责任的分配不仅是平等保护权利的要求,也包含了基于民事权益位阶的考量,是倾斜保护高位阶权益的重要手段。责任的分配"已经被作为决定权利(determiningrights)的工具"。[①] 因此,民事权益位阶的考量在确定民事责任的分配领域具有重要意义。通常来说,在民事权益的行使过程中,如果两种民事权益发生冲突,其中一种权益影响或妨碍了另一种权益,若前者处于优先保护的位阶,那么其权利人的民事责任将被限制或排除。有关民事责任的规定以保护民事权益为目的,在其他权益存在优先保护的必要时,部分有关民事责任的规范就可以不再适用。这主要体现在以下几个方面:

第一,侵权责任的排除。权利或利益所处的位阶不同,对其构成侵害所需满足的要件也并不相同。库奇奥(Koziol)教授主持起草的《欧洲侵权法原则》第2:102条中确立了利益保护所应考虑的多重因素,主要包括利益的性质、利益的价值、利益的定义是否精确与明显、行为人与受害人的接近程度、责任性质、行为人的利益(尤其是该行为人行动与行使权利的自由)以及公共利益。[②] 受保护利益的范围取决于该利益的性质:利益价值越高,定义越精确、越显而易见,其受保护程度就越高;反之,其受保护程度就相对较低。德国法在追究侵害民事权益的加害人责任时,通常要求满足一定的主观要件,如只有在故意或重大过失的情形下,才能追究加害人的

---

① See Epstein, Gregorg & Kleven, *Cases and Materials on Torts*, 4th ed., Little, Brown and Company, 1984, p. 1.

② See European Group on Tort Law, *Principles of European Tort Law: Text and Commentary*, Springer, 2005, p. 191.

责任;或者用是否违反善良风俗等标准限制对加害人的追责。[①] 可见,法律对权利和利益的保护程度并不相同,行为人的同一行为在侵害权利时可能需要承担侵权责任,而在侵害处于低位阶的利益时,可能并不需要承担侵权责任。此外,在某些情形下,为实现更高位阶的权益保护的目的时,对低位阶权益的减损或限制可免于承担侵权责任。

第二,对排除妨碍、消除危险请求权的限制。容忍义务限制了排除妨害请求权,在容忍义务的合理限度内,不动产权利人不得行使排除妨害请求权。[②] 一般而言,当生存利益与财产利益发生冲突时,应当优先保护生存利益,此时,财产利益的保护就应受到必要的限制。因此,当某人的生存利益受到不当限制、要求对方提供必要的便利时,对方不得主张排除妨碍、消除危险的请求权。例如,根据《民法典》第 182 条的规定,紧急避险人为了保护自己的生命权、健康权,不得已侵害他人的财产权益时,该财产权益的所有人应当对此加以容忍。又如前文所提及的,《民法典》第 291 条规定了相邻关系中的通行规则,当土地因正常利用但缺少与公共道路的连接时,土地权利人对相邻权利人因通行等原因而利用其土地的行为,应当提供必要的便利,相邻人为了基本通行需求通过其土地时,土地权利人不能行使排除妨碍、消除危险的物上请求权。

(四)合同的解除

在合同关系涉及人格权益的情形下,为了保护人格权益,需要对合同债权进行必要的限制。我国《民法典》中多个条款确认了在涉及人格权益保护的情形下,人格权益优先于合同债权受到保护,因而应允许人格权的权利人为了实现人格权益而解除合同。

一方面,基于对生命身体健康的特别保护,权利人可以随时解除合同。《民法典》第 731 条针对租赁物威胁承租人生命安全或者健康的情形规定:“租赁物危及承租人的安全或者健康的,即使承租人订立合同时明知该租赁物质量不合格,承租人

---

① Vgl. MüKoBGB/Wagner, § 826 Rn. 2 f.

② Vgl. MüKoBGB/Baldus, § 1004 Rn. 193.

仍然可以随时解除合同。”该条确定了在租赁物的瑕疵危及承租人的安全或者健康时承租人享有的随时解除合同权。所谓“危及”,是指存在现实的、紧迫的危险和威胁他人安全或者健康的风险。

此时,甚至不能因出租人事先已经告知而否认承租人的解除权。又如,人体器官捐献行为,自愿捐献并不代表必须捐献,依据法理,在器官与人体分离之前,捐赠者有任意反悔的权利,并且不负违约责任。这就体现出生命身体等物质性人格权的价值是高于意思自治价值的,甚至高于诚实信用原则这个“帝王条款”。

另一方面,基于对人格尊严的维护,权利人可以依法解除合同。例如,依据《民法典》第1022条的规定,基于对人格尊严的优先保护,即使肖像权许可使用合同履行期限尚未届满,肖像权人也可以在有正当理由的情况下解除合同,不再受到合同的拘束。这就使肖像权人可以及时摆脱许可使用合同,体现了对于人格尊严的保护优先于对商业利益的保护之理念。再如,《个人信息保护法》第15条第1款规定,基于个人同意处理个人信息的,个人有权撤回其同意,此处的“撤回”实际上就是解除合同。

(五)对低位阶权益的适当补偿

高位阶权益往往会获得优先保护,但这种保护并不是绝对的,也不是没有任何条件的。实际上,即使低位阶权益有时不得不让步和妥协,也需要就此提供一定的补偿。例如,相邻关系中涉及通行困难的情形下,相邻人可就对方提供必要便利而给予其适当补偿。再如,依据《民法典》第182条第2款的规定,“危险由自然原因引起的,紧急避险人不承担民事责任,可以给予适当补偿”。因为,避险人是为了自己的利益而避险,且毕竟给他人造成了损害,因而可以进行适当补偿。适当补偿在性质上属于公平责任,法院在衡量补偿数额时所应考虑的因素主要包括避险人和受害人的经济状况、受害人所蒙受的损失等。在某些情况下,紧急避险人实施避险行为可能会使受害人受益,此时,受害人也应当承担相应损失,以符合损益相抵的公平原则。

对低位阶权益的适当补偿与权益位阶的目的并不相悖,其功能均在于更好地实现权益位阶中各种权益之间的平衡。例如,《民法典》第1022条第2款虽然规定了肖像权人在肖像许可使用合同中的解除权，但这并不意味着对受许可人的权利完全不予保护，依据该款第2句的规定，肖像权人解除合同并不影响受许可人主张损害赔偿的权利。因此，对受许可人的补偿也在一定程度上平衡了权利人肖像权与受许可人经济利益之间的关系。换言之，法律赋予肖像权人以解除权，体现了人格权优先于财产权的理念，但通过损害赔偿的方式，也对受许可人的经济利益提供保护。从这一意义上说，对低位阶权益人的适当补偿不仅不会与权益位阶方法发生冲突，反而更有利于平衡不同权益人之间的利益关系，从而实现立法者的立法目的和价值取向。

四、结论

庞德认为，法律试图满足、调解、协调、调整重叠和经常冲突的请求和主张，[①]各种利益之间总会存在重叠或冲突，因此，在制定、解释和适用法律时就会产生一些根本性问题，即对这些利益如何估量，对它们如何评价？用什么原则来决定它们相互之间的分量？在发生冲突的情况下，哪些利益应让位？[②] 各种利益的冲突是客观存在的，法律要尽可能多地满足一些利益，同时将牺牲和摩擦降低到最低限度。[③] 而在权益发生冲突时，需要依据权益的位阶确定各项权益的保护顺序，因此，权益位阶的问题就变得十分突出。

《民法典》以民事权益为中心构建了完整的民事权益体系，为民事权益位阶的确定提供了基础，而《民法典》的相关规则中所包含的价值和权益位阶，又为权益位阶的确定提供了重要的法律依据。可以说，《民法典》所构建的民事权益体系，为化解实践中纷繁复杂的权益冲突提供了基本的法律依据。贯彻好、实施好《民法典》，在很大程度上就是将《民法典》所确认的各项民事权益保护落到实处。为此，需要根据我国《民法典》所承载的价值选择，明确民事权益位阶及其法律效果，妥善解决民事权益之间的冲突，确保法律适用的统一，实现社会公平正义。

---

① See Roscoe Pound, *A Survey of Social Interests*, Harvard Law Review, Vol. 57, p. 39 (1943).

② 参见[美]罗斯科·庞德：《法理学》(第1卷)，邓正来译，中国政法大学出版社2004年版，第247页。

③ 参见[美]E. 博登海默：《法理学：法律哲学与法律方法》，邓正来译，中国政法大学出版社1999年版，第415~416页。

专题七　数据权益保护

本专题撰写人:王利明

【《民法典》及其配套司法解释的新规则】

《民法典》第 127 条:

法律对数据、网络虚拟财产的保护有规定的,依照其规定。

【规则由来】

“数据”一词应该最早出现在 1983 年制定通过的《统计法》,“数据”一词在《统计法》中出现了 6 次,其中,5 次以“统计数据”的词组出现,一次以“数据”单独出现。如该法第 23 条规定:“县级以上人民政府统计机构按照国家有关规定,定期公布统计资料。国家统计数据以国家统计局公布的数据为准。”原《民法总则》第 127 条在总结我国立法的经验基础上专门规定了数据权益的保护,《民法典》第 127 条来自原《民法总则》第 127 条。

【规范意旨】

《民法典》第 127 条是关于数据和网络虚拟财产的原则性规定。我们已经进入一个互联网、大数据时代,伴随数字技术在政治、经济和文化领域的广泛运用和不断发展,作为数字技术核心载体的数据在社会生活中的重要地位已经得到了广泛重视,在以互联网广泛应用和大数据不断挖掘为背景的信息社会中,数据日益成为重要的财富,是经济增长和价值创造的重要源泉,甚至有学者称其为“新石油”(new oil)。① 数据的开发和利用不仅是科技创新的前沿与经济成长的驱动力,也日益成为民事主体的重要财产,然而,数据究竟是一种什么样的权利,如何完善数据立法,对数据权益提供充分的法律保障,是数字时代的法律必须要回答的首要问题。《民法典》承认了数据作为一种民事权益,应当受到保护。《民法典》第 127 条未明确数据权益的性质,而是转介至各法律部门,不仅顺应了民法的内在逻辑,也为我国后续数据立法保留了空间,有其合理性。

【典型案例】

案例一:“非法买卖个人信息民事公益诉讼案”

2019 年 2 月起,被告孙某以 34,000 元的价格,将自己从网络购买、互换得到的 4 万余条含姓名、电话号码、电子邮箱等的个人信息,通过微信、QQ 等方式贩卖给案外人刘某。案外人刘某在获取相关信息后用于虚假的外汇业务推广。公益诉讼起诉人认为,被告孙某未经他人许可,在互联网上公然非法买卖、提供个人信息,造成 4 万余条个人信息被非法买卖、使用,严重侵害了社会众多不特定主体的个人信息权益,致使社会公共利益受到侵害,据此提起民事公益诉讼。

杭州互联网法院经审理认为,《民法典》第 111 条规定,任何组织或者个人需要获取他人个人信息的,应当依法取得并确保信息安全,不得非法收集、使用、加工、传输他人个人信息,不得非法买卖、提供或者公开他人个人信息。被告孙某在未取得众多不特定自然人同意的情况下,非法获取不特定主体个人信息,又非法出售牟利,侵害了承载在不特定社会主体个人信息之上的公共信息安全利益。遂判决孙某按照侵权行为所获利益支付公共利益损害赔偿款 34,000 元,并向社会公众

① See Samuel Flender, *Data is Not the New Oil*, Towards New Data Sci (Feb. 10, 2015), https://towardsdatascience.com/data-is-not-thenew-oil-bdb31f61bc2d, last visited on Mar. 17, 2022.

赔礼道歉。①

案例二:“网络爬虫案”

甲公司和乙公司各自开发的“A”应用程序软件和“B”应用程序软件,均系为用户提供定位、公交路线查询、路线规划、实时公交信息地理位置等服务,二者用途相同。由于A软件数据经常迟滞于B软件数据,自2015年11月至2016年5月,时任甲公司法定代表人邵某和技术总监陈某为提高A软件在中国市场的用户量及信息查询的准确度,由邵某授意陈某,指使公司员工利用网络爬虫软件获取乙公司服务器中的实时数据,日均300万~400万条。甲公司在获取乙公司B软件的实时公交信息数据之后,将数据用于自己开发的A软件并对外提供给公众进行查询。

法院认为,公交车作为公共交通工具,其实时运行路线、运行时间等信息仅系客观事实,但当此类信息经过人工收集、分析、编辑、整合并配合GPS精确定位,作为公交信息查询软件的后台数据后,其凭借预报的准确度和精确性就可以使B软件相较其他提供实时公交信息查询服务同类软件取得竞争上的优势。而且,随着查询数据越准确及时,使用该款查询软件的用户也就越多,软件的市场占有份额也就越大,这也正是甲公司爬取乙公司数据的动机所在。鉴于B软件后台服务器存储的公交实时类信息数据具有实用性并能够为权利人带来现实或潜在、当下或将来的经济利益,其已经具备无形财产的属性。乙公司系B软件著作权人,相应地,也就对该软件所包含的信息数据的占有、使用、收益及处分享有合法权益。未经乙公司许可,任何人不得非法获取该软件的后台数据并用于经营行为。甲公司的行为构成不正当竞争行为。②

案例三:“服务器‘格式化’案”

甲公司与乙公司签订《技术开发合同书》,约定甲公司委托乙公司研究开发空气

① 2022年4月26日最高人民法院“民法典颁布后人格权司法保护典型民事案例”之二,载中央网信办(国家互联网信息办公室)违法和不良信息举报中心官网2022年4月26日,https://www.12377.cn/jsal/2022/5bd2152e_web.html。

② 参见广东省深圳市中级人民法院民事判决书,(2017)粤03民初822号。

净化器扫码支付系统项目。在合同履行过程中,乙公司误将甲公司部署新风系统的阿里云服务器予以“格式化”,从而给甲公司造成损害。

最高人民法院在二审中指出:“电子数据即电子形式的数据信息,具体是指基于计算机应用、通信和现代化管理技术等电子技术手段形成包括文字、图形符号、数字、字母等的客观资料。对电子数据完整性的侵害,主要表现为数据全部或部分的丢失、被删改或以其他方式被破坏,致其无法再被完整地读取使用。在发生存储数据丢失或删改情况下,数据的财产价值会遭到一定程度的毁损。正是基于对信息互联网时代数据价值重要性的认识,我国现行法律体系尤其是在侵权法领域,对侵害电子数据所导致的财产利益损失的救济作出了一些规定。比如,《中华人民共和国民法总则》第一百二十七条规定:‘法律对数据、网络虚拟财产的保护有规定的,依照其规定。’《中华人民共和国侵权责任法》(以下简称侵权责任法)第二条规定:‘侵害民事权益,应当依照本法承担侵权责任。本法所称民事权益,包括生命权、健康权、姓名权、名誉权、荣誉权、肖像权、隐私权、婚姻自主权、监护权、所有权、用益物权、担保物权、著作权、专利权、商标专用权、发现权、股权、继承权等人身、财产权益。’这些法律规定是开放性和原则性的规定,根据这些法律法规的指引,司法实践中也多将数据丢失、受损等认定为权利人的一项财产性损害予以保护。纵观本案事实,涉案新风系统被错误格式化,该侵权行为导致系统受损的同时也致其存储的数据丢失,会对××(甲)公司利用系统平台开展相关业务经营造成一定影响,损害其因电子数据可能获得的财产利益。因此,本案被毁损的电子数据客体依法属于我国侵权法保护对象,原审法院适用侵权责任法对本案侵害电子数据所导致的财产利益损失进行救济,有事实和法律依据,其对本案侵权行为的定性准确。”①

【理论阐释】

近年来,学界围绕能否以传统物权法或财产法的理念来解释数据的权利属性展开了大量讨论,但关于数据的内容、归属等,仍然存在较大争议。对这些问题的判断

① 参见最高人民法院民事判决书,(2020)最高法知民终683号。

将直接影响信息、数据的流通、再利用,甚至会影响互联网、高科技的发展。鉴于此,本文拟从数据权益的性质出发,对数据权益与个人信息权益之间的关系、数据权益与数据产品权益的界分等问题进行探讨。

一、“权利束”:作为数据权益的一种分析框架

自罗马法以来,传统大陆法国家民法的财产法具有如下特点:一是物债二分。借助罗马法中的“对物权”(iura in rem)和“对人权”(iura in personam)的概念,大陆法国家民法形成了物权和债权的区分与对立,进而又分为物权法和债权法。[①] 二是物必有体,即主要是以有体物(动产、不动产)为保护客体。三是物权排他,即物权都具有排他性。大陆法系国家民法以所有权为中心,并在所有权基础上产生他物权,无论是所有权还是他物权,都具有对抗一般人、排除他人干涉的排他性特点。[②] 受此种观念的影响,我国《民法典》第 114 条第 2 款在规定“物权”的概念时,仍然采用了有体性、支配性、排他性的表述。应当看到,此种理论体系本质上是观察物质世界财产权的一种研究方法,但对于网络虚拟世界的数据权益,上述理论则缺乏有效的解释力。在进入数字时代后,传统民法中的财产发生了重大变化,民法上的财产已经逐渐由有形变为无形,解释对象发生变化后,解释的视角和方法也应当相应地发生变化。

从词源上讲,人们一般将数据定义为数字或信息,数据是信息的载体。[③] 但这一定义方式显然并不足以揭示数据的全部内涵。与技术层面不同,从法律层面看,数据不是一个简单的信息问题,而是一个权利问题。毫无疑问,关于数据被赋权的必要性,在理论上是存在共识的。从权利层面观察数据,需要先确定其作为一项权利,在民事权利体系中处于什么地位。[④] 关于数据的权利属性,我国《民法典》第 127 条

---

① 参见常鹏翱:《体系化视角中的物权法定》,载《法学研究》2006 年第 5 期;张鹏:《物债二分体系下的物权法定》,载《中国法学》2013 年第 6 期。

② Vgl. MüKoBGB/Gaier, Einleitung zum Sachenrecht, Rn. 10. 参见刘保玉编著:《物权法》,上海人民出版社 2003 年版,第 8 ~9 页。

③ See Katharina Pistor, *Rule by Data: The End of Markets?*, Law & Contemporary Problems, Vol. 83(2), p. 104 (2020).

④ 参见申卫星:《论数据用益权》,载《中国社会科学》2021 年第 11 期。

规定："法律对数据、网络虚拟财产的保护有规定的，依照其规定。"该条对数据的保护规则作出了规定，该条将数据规定在财产权之后，但该条在性质上是否为财产权，并不明确。因为严格地说，该条只是一个引致条款，即将数据的法律性质与保护方式链接到其他法律规范，并宣示了对数据权益应予以保护，但并没有对数据的权利属性作出明确规定。虽然我国已经颁布了《数据安全法》《个人信息保护法》等法律，但这些单行法对数据权益的法律性质并没有作出明确界定。

关于数据权益的性质，学界存在不同观点，具有代表性的观点包括"人格权说""财产权说""特许权说"等。① 这些观点都不无道理，其都从特定角度相对准确地分析、总结了数据权益的某种属性。正如卡拉布雷西曾评论的那样，"提出某种分析框架或者模型这种方法……只是提供了大教堂的一个图景罢了（But this approach also affords only one view of the Cathedral）"。② 这些观点围绕数据权益的性质，从某一角度提出了各自的一套分析框架，就其所涉及的社会生活的局部而言，不可谓不正确。但准确解释数据权益，需要突破原有的以物理世界为观察对象的研究范式，寻求可适用研究虚拟世界的新的范式和方法，以新视角来观察、解释数据权益。

面对数据权益的解释困境，建立在物债二分基础上的传统研究范式受到了一定冲击，一方面，物债二分和物权理论立足物质世界，以有体性的财产权益为观察对象，而在数字时代，数据权益是以信息为载体生成的各项权益，其客体具有无形性的特点，它是在虚拟世界中产生的各种权益。因此，传统的物权—债权分析方式对数据权益的利用和保护难以作出周全解释。另一方面，所有权权能分离以及所产生的各类物权的排他性理论难以有效解释数据权益，因为对数据权益来说，各项权益交织在一起，形成了一种"你中有我，我中有你"的格局，无论是大陆法系的物债二分理论，还是英美法上的"对物权/对人权"理论，都难以解释数据权益现象。③ 此外，各数据权益主体利用数据权利的绝对排他性也受到了消解，各权利人对数据的利用权

① 参见钱子瑜：《论数据财产权的构建》，载《法学家》2021 年第 6 期。

② Calabresi Guido & A. Douglas Melamed, *Property Rules, Liability Rules, and Inalienability: One View of the Cathedral*, Harvard Law Review, Vol. 85(6), p. 1089 - 1128(1972).

③ 参见熊丙万：《实用主义能走多远？——美国财产法学引领的私法新思维》，载《清华法学》2018 年第 1 期；包晓丽、熊丙万：《通讯录数据中的社会关系资本——数据要素产权配置的研究范式》，载《中国法律评论》2020 年第 2 期。

往往呈现叠合与并行的共赢局面。在此背景下,“权利束”(bundle of rights)理论为我们全面观察数据权益提供了崭新的视角,该理论充分认识到一宗财产或者一宗有价值的经济资源上的权利主张的多样性和可分割性,并认为同一客体上可以同时并存多元主体的多种权益主张。只要这些权益主张之间的边界是清楚的,那么,各权利人就可以和谐共处,并行不悖地行使自己的权利。①

“权利束”理论源于霍菲尔德(Wesley Hohfeld)对权利的分析。早在20世纪20年代,美国著名法学家霍菲尔德就提出了“权利束”的初步构想,他认为,财产权的本质并不是人对物的关系,而是人与人之间的法律关系,而且是由一系列复杂权利,即请求权(claim)、特权(privilege)、权力(power)和豁免(immunity)构成的关系集合。② 根据霍菲尔德的观点,任何物权都应被视为无数的个人之间的个人权利。因此,我对一辆汽车的所有权不应该被视为个人之间的法律关系,也不应被视为我和汽车这一事物之间的法律关系,而应被视为我对所有其他人的一系列权利。任何标准的财产权都被恰当地视为所有者针对许多其他人所拥有的“一揽子”权利。此外,财产权的各项权益内容本身也是可以分割的。③ 这些观点后来又发展成为“权利束”的思想,即一宗财产上发生的多重权利关系集合在一起,构成一个权利关系的束体,就像一束束花朵一样。④ “权利束”的观点深刻地影响了美国财产法,也为后来法与经济学的财产权理论的发展奠定了基础。法经济学派认为,在一个科斯所想象的零交易成本的世界中,⑤人们可以彼此之间就所有这些构件一一达成协议,进行多样复杂的权属分割和让渡。如此一来,任何一种固定的权利类型安排都将是多余的。⑥ 因为人们永远可以就特定资源的利用达成最有效率的分割和利用协议。可见

---

① See Thomas W. Merrill & Henry E. Smith, *What Happened to Property in Law and Economics Essay*, Yale Law Journal, Vol. 111, p. 357 (2001).

② 参见[美]霍菲尔德:《基本法律概念》,张书友编译,中国法制出版社2009年版,第144页。

③ See Wesley N. Hohfeld, *Some Fundamental Legal Conceptions as Applied in Judicial Reasoning and Other Legal Essays*, The Yale Law Journal, Vol. 23(1), p. 21 - 22 (1913).

④ J. E. Penner, *The Bundle of Rights Picture of Property*, UCLA Law Review, Vol. 43. p. 711 - 820 (1995).

⑤ [美]罗纳德·哈里科斯:《企业、市场与法律》,盛洪、陈郁译校,格致出版社、上海三联书店、上海人民出版社2014年版,第78页以下。

⑥ Henry E. Smith, *Exclusion versus Governance: Two Strategies for Delineating Property Rights The Evolution of Property Rights*, Journal of Legal Studies, Vol. 31, p. 453 - 488 (2002).

"权利束"理论成为法律经济学派重要的分析工具。①

贝克尔认为,对财产的"权利束"分析可以作为一种"主导范式",在这个范式的支持下,法学家可以关注财产法中的特殊问题,包括各种无形财产和各类新财产。②这就给我们一种启示,即针对物质世界的财产关系进行分析和解释的物债二分和物权理论,很难解释虚拟世界的数据权益问题。因此,讨论数据权益,需要突破传统的大陆法财产权研究范式,寻求一种新的研究范式。虽然数据权利不完全是财产权,但可以"权利束"作为观察视角,分析其权利内容和权利属性,具体而言:

第一,"权利束"理论有助于解释不具有物理排他性的各种权益的集合。传统财产法理论以所有权为出发点和中心,强调一物不容二主,以及财产权利在利用层面的排他性功能。但随着数字时代的各种新型财产的出现,权利人对数据这类客体的物理排他性越来越弱,很难以物理排他性为基点的所有权理论来解释。相反,通过"权利束"学说可以化解这一解释困难。因为在"权利束"这样一个更具有包容性的权利分析框架中,只要同一客体上的各权利人之间权益主张的边界能够基本清晰,相互间就可以并行不悖地利用该宗客体。如此一来,就没有必要确定完全控制客体并享有所有权益的原初所有人。实际上,在现代社会,很多客体从产生之时就凝聚了多元主体的贡献,各主体相互之间都有正当性的权益主张需要给予承认和保护,很难认定某一主体对该客体享有绝对排他的控制权或者完整所有权。③

第二,"权利束"理论有助于解释多元权益主张之间的复杂交织现象。在传统的物权理论看来,一宗有形财产之上的确可以产生各种他物权。尤其是随着社会商业模式的创新发展,财产利用方式的多样化,所有权权能分离的复杂性越来越高,传统的"占有、使用、收益、处分"权能四分法在解释复杂的权能分离现象时显得力不从心、捉襟见肘。④ 到了数字时代,围绕数据承载的信息之上的各种权益,更难以通过

---

① Lee Anne Fennell, *Lumpy Property*, University of Pennsylvania Law Review, Vol. 160, p. 1955 – 1994 (2012); Thomas W. Merrill, *Property as Modularity*, Harvard Law Review, Vol. 125, p. 151 – 163 (2012).

② Lawrence C. Becker, *Too Much Property*, *Philosophy and Public Affairs*, Vol. 21, p. 198 – 99 (1992).

③ 参见包晓丽、熊丙万:《通讯录数据中的社会关系资本——数据要素产权配置的研究范式》,载《中国法律评论》2020 年第 2 期。

④ 参见常鹏翱:《体系化视角中的物权法定》,载《法学研究》2006 年第 5 期。

传统的权能四分法作出周延解释。数据本身具有无形性,其价值不同于数据载体的价值,而是体现于数据所包含的信息内容。① 用传统的物权观念就难以解释数据上多元主体的权利交织现象。但从“权利束”的视角,我们在对一宗客体上的诸多权益主张进行解释时,不用拘泥于4项权能的有限划分,而可以根据法律规定或者当事人约定的权利分配方案更弹性地认识和描述各种不同的权益主张,从而更好地承载一宗数据之上的复杂权益网络。

第三,“权利束”理论有助于更好地解释和更充分地促进数据上的权能分离和流通利用。传统的物权理论强调物理上的排他性利用,即便是从所有权中分离出来的用益权,也可以排除所有权人的利用。此种理论特别强调物理占有意义上的排他性利用,但也因此限制了物理财产分离程度和样态的多样性和复杂性。但到数字时代以后,数据作为无形财产,不仅不用受制于物理排他性的拘束,而且还可以鼓励复制性流通和非排他性利用。② 从数据要素市场的培育和促进的角度来看,更应该从这个视角来看待数据上的权益分离现象和发展方向。这不仅有助于我们认识数据上权益分离的多样可能性,而且有助于鼓励数据处理者更积极地构想和发挥数据要素的利用潜能。

上述三个方面只是概要说明“权利束”理论对于解释数据权益具有一定的合理性,而随着大数据、互联网的发展,“权利束”理论可能在解释不断发展的数据权益方面彰显出更加旺盛的生命力。

二、数据权益构成复杂的“权利束”

(一)数据权益是信息之上产生的多项集合的权益

传统的所有权及其排他性的理论以有体物为观察对象,通过该理论分析有体物的权利结构,可以确定明确的权益结构,即在一般情况下,所有权权能的分离可以形成他物权,从而在一物之上形成平行的双层权利结构,例如,基于占有、使用、收益与

---

① 参见郑佳宁:《数据信息财产法律属性探究》,载《东方法学》2021年第5期。

② 许可:《数据权利:范式统合与规范分殊》,载《政法论坛》2021年第4期。

处分权能的分离,所有权、用益物权和担保物权被作为对物的不同管领和支配方式而加以区分。在特殊情形下,他物权之上还可以进一步分离出其他权利,从而形成三层权利结构。例如,土地承包经营权人再次将土地经营权进行分离,形成所有权、土地承包经营权与经营权的三层结构。但即便是在这种三层结构的情况下,权利的结构仍然也是较清晰的。此种权利分层方式具有如下特点:一是可以将权利彼此间的边界作出相对明晰的界定。无论是上述双层权利结构还是三层权利结构,各项权利的内涵、外延以及权利边界都可以是清晰的。物权的这种权利结构无非是基于所有权部分权能的不断剥离而形成,每一项权利对应不同的权能,即便可能层级较多,但各权利之间的界分仍然可以是明晰的。二是各项权利之间不存在相互包容、交融的现象,这也奠定了物权排他性的基础。三是各项财产权利与人格权益实现相分离的,即便是在部分人格要素的商业化利用中,其利用形态也与所有权派生出用益物权的结构存在性质上的根本差异。①

但以此种理论难以解释数据权益,因为数据权益与上述物权的权利结构存在明显不同。传统物权依据权能分离的方式构建权利结构的方法在解释数据权益上明显捉襟见肘,数据权益体系的构建明显呈现更复杂的特点,这主要体现在以下几个方面:

第一,从权利产生的视角看,与物权相比,数据权益的产生更复杂。数据权益的来源多种多样,有的可能是已经公开的信息,有的可能来自处理人收集的信息,甚至可能需要经由算法的知识产权人的加工等方可形成。数据权益的形成过程中可能混合了个人信息权益、著作权、商标权、专利权、名称权等不同的权利类型。

一方面,数据可能源于数据处理者的劳动或资金、技术等投入,②因而可能具有财产权的属性。数据处理者为处理数据投入了大量的劳动和资金,由此形成的数据产品,有可能因具有独创性而应受到知识产权的保护。即便没有独创性,数据处理者付出的劳动和投入的资金,也应当受到财产法的保护,如此才有利于数据的有效利用和优化配置,促进技术的进步和发展。③ 例如,有的作者编写了法律汇编,法律

---

① 参见温世扬:《析"人格权商品化"与"人格商品化权"》,载《法学论坛》2013 年第 5 期。

② 参见程啸:《论大数据时代的个人数据权利》,载《中国社会科学》2018 年第 3 期。

③ 参见申卫星:《论数据用益权》,载《中国社会科学》2021 年第 11 期。

和司法解释本身不受知识产权保护,这些汇编虽然不具有独创性,但是汇编者在汇编过程中进入了大量的校对,投入了大量劳动,如果他人擅自将这些汇编作品进行复制和发行,也侵害了汇编作者的利益。此时,数据财产权利的意义就得到了凸显,该法律汇编可以作为一种数据产品加以保护。虽然数据主要是通过流通、交换进而创造出更大的利用价值和预测价值的,因而不同于有体物通过支配来分享其权能的法律关系构造,①但这并不影响数据产品的财产权属性。另一方面,数据也可能来自信息主体及其社会活动,信息主体的个人信息被编译成数据后,并不因此切断其与信息主体之间的联系,因而数据权利也可能与人格权联系紧密。也正是因为这一原因,欧盟保护个人信息的重要规范——欧盟《一般数据保护条例》将个人信息包括在个人数据(personal data)中,将敏感个人信息包括在敏感个人数据(personal sensitive data)中,这也反映出数据权利与个人信息权利之间的密切关联性。

第二,数据权益的主体更复杂。由于数据来源和处理的方式不同,数据权益的主体也更广泛。数据之上之所以存在复杂的权益网络,很重要的原因在于,数据的价值源于数据的流通与利用,在数据的多次流通与利用中,可能形成各种利益互动关系,而且通过数据流动、共享,无论是针对个人信息、企业数据还是针对公共数据,都可能逐步形成多元主体间的复杂权益网络。② 数据权益可能涉及的主体包括个人信息主体、信息处理者、算法的知识产权人,甚至在政府等提供信息的场合还可能包含公权力主体。企业自身在其产品上公开发布的信息和行为动态所产生的数据,也属于企业数据。因此,单纯以权能分离的方式划分数据权益的权利结构可能无法适应这一局面。还应当看到,数据的外延较广泛,其包括政府数据、企业数据、个人数据,有的是公开的数据,有的则是非公开的数据。同一数据产品上的各类数据不一定都属于数据处理者。例如,对企业数据来说,企业除对自己活动产生的数据享有权利外,对其他数据不能认定其享有独占的权利,即便就已公开的信息而言,其也只是有权依法利用,不能当然认定其归属于企业。

第三,利用方式更多元。对于传统物权的利用,多是不同主体分别就客体的不

---

① 参见胡凌:《数据要素财产权的形成:从法律结构到市场结构》,载《东方法学》2022 年第 2 期。

② 参见戴昕:《数据界权的关系进路》,载《中外法学》2021 年第 6 期。

同权能加以利用。例如,用益物权人对标的物进行占有、使用,对物的利用是排他的,因为对某一有体物的占有、使用往往天然地排除他人同时进行占有、使用。也正是基于这一原因,权能分离后的相互排斥使物权的权利结构较单一。但是,在数据权益中,权益之间不具有明显的排他性,共同利用成为常态,单独利用反而是个例。数据是非竞争性(unrival)和非排他性的财产。[①] 原始数据通常并不具有竞争性,只是处理后的数据和允许数据控制者从中提取预测价值的算法,才具有竞争性。[②] 平台上对外公开的一些数据,任何人都可以随意浏览。[③] 有学者将数据权益划分为不同的权利或权力,包括数据主权、个人信息权、数据财产权、知情权和数据自由权等。[④] 此种说法虽然有值得商榷之处,但也表明了数据权益内在结构的复杂性。

可见,与有体物之上形成的各物权的平行结构不同,在数据之上的权益往往呈现网状结构一般的"权利束",这就好比在数据之上长出了一束束的花朵,而这些花朵就是"权利束"。以数据为载体的数据权益,交叉地分散于网状结构之上,并与其他权利相互联结,形成了独特而复杂的权利结构特征。数据实际上是信息之上形成的各项财益的集合。可以说,两权分离后形成的权利状态就像树主干上长出的分枝,主干即为所有权,分枝为他物权,如果在他物权之上再次产生他物权,就好比在分枝之上再次长出分枝。而数据权益则像是长在同一花枝之上的一束束花朵,各束花朵并开,没有像传统物权那样形成主干与分枝的关系。总而言之,数据权益这种网状的权利束结构,使数据权益相较有体物之上基于所有权权能分离而构建的权利结构而言更复杂,只能用"权利束"理论来予以解释。数据是在信息之上形成的各种权益的集合,正是由于数据权益之上所形成的各种权益十分复杂,因此《民法典》第127条规定没有对数据性质作出规定。

就"大众点评"这类产品所包括的数据而言,在数据之上就可以看到各种权利的分配呈现多样性的色彩。具体表现为:第一,"大众点评"作为一个整体的产品,是一

---

① 参见包晓丽:《数据共享的风险与应对——以网络借贷平台为例》,载《上海政法大学学报(法治论丛)》2021年第5期。

② Katharina Pistor, *Rule by Data: The End of Markets?*, Law & Contemporary Problems, Vol. 83(2), p.105 (2020).

③ 参见钱子瑜:《论数据财产权的构建》,载《法学家》2021年第6期。

④ 齐爱民:《数据法原理》,高等教育出版社2022年版,"代前言"。

项无形财产,可以归属于数据的处理者或者"大众点评"平台;第二,"大众点评"中消费者的账户信息、消费记录、地理位置等个人信息虽然也属于数据的一部分,但是这些可以识别特定自然人的个人信息就应当归属于消费者;第三,"大众点评"的算法可能是一个商业秘密,应当归属于算法的设计者或平台;第四,"大众点评"涉及的各个餐饮店的介绍、发布的各类信息以及优惠券等,应当归属于经营者;第五,"大众点评"许可经营者进入"大众点评"的权利,归属于经营者;第六,"大众点评"这款应用软件的各种元素,如设计、符号等可能涉及独创性的作品,属于著作权保护的范围;第七,"大众点评"的名称及其商标本身也受到名称权、商标法的保护;第八,"大众点评"的数据架构。数据产品的架构也是一种财产权益,包括数据资产目录、数据标准、数据模式和数据分布等,由数字平台通过技术和私人规范进行塑造和控制,允许生产要素通过账户在其中流动并产生价值。架构财产权的出现意味着从控制单一的生产工具和生产资料扩展至控制要素活动的"系统"。[①] 当然,"大众点评"还不仅仅局限于上述权益。由此可见,"大众点评"形成了一个完整的"权利束",很难说该数据产品归属于哪方主体。这些信息的性质并不完全相同,难以作出统一的数据权益性质和归属的认定。

综上所述,简单地将数据看作某一类单一的权利,都显得失之偏颇。有些学者认为,数据权益是财产权,[②]就数据产品而言,这种观点不无道理,但此种观点忽略了数据作为个人信息载体的属性,个人信息是一项人格权益,不是单纯的财产性权利。因此,在这个层面上,数据又具有人格权益的属性。此外,数据中还存在其他权益。而如果我们用"权利束"的理念来观察数据权益,可以认为数据权益是多项权益的集合。这就意味着,对数据权益的赋权可能来自法律的多个领域。在侵害了数据财产权益时,就触发了侵害财产的损害赔偿责任;在侵害了数据的人格权益时,就涉及侵害人格权的责任;如果以侵害知识产品的方式窃取具有独创性的数据,就会受到知识产权法等法律的规制。如前所述,《民法典》第127条虽然将数据规定在财产权之后,但其并没有明确将其界定为财产权,此种规定具有其合理性。

---

① 参见胡凌:《数字经济中的两种财产权 从要素到架构》,载《中外法学》2021年第6期。

② 参见钱子瑜:《论数据财产权的构建》,载《法学家》2021年第6期。

（二）数据产品整体上是一种无形财产

讨论数据权益，还需要区分数据与数据产品。在某些情形下，数据可能特指数据产品，其可以表现为某个数据库，或者数据分析产品，抑或是某个平台等。所谓数据产品，是指数据处理者通过合法手段收集各种数据后依法进行处理所形成的数据产品。诚然，数据与数据产品是很难分割的，数据产品是数据的产物，是数据的集合体。但是通常所说的数据是一种用数字化、电子化方式来承载一定信息的一种符号。[①] 而数据产品不一定由基本符号作为单元而构成，而是一种相对完整的作品。例如，以“大众点评”为例，其虽然包含多种数据，但其在整体上可以看作一种数据产品。许多数据由商业公司收集、加工整理并发布，进而开发成有价商品进行销售，可以通过整合、计算、优化相关数据来提高商业决策的效率与收益保障。[②] 其目的是为其他有需求的商业公司提供潜在客户的获取渠道，帮助其他企业开发有效客户，为中小企业提供数据服务，这些数据产品应当归属于那些对数据处理付出一定的财力、物力、劳动，并形成具有一定商业价值的产品的数据处理者。区分数据与数据产品的实益在于：

首先，数据权益包含复杂的权益结构，但数据产品在整体上属于无形财产。如果数据或者数据产品具有独创性，则其可以受到著作权法的保护。即使数据或者产品不构成知识产权客体的数据，数据之上可能成立署名权、数据携带权（或提取权）、数据完整权、数据删除权、数据更正权等，也要受到法律保护。例如，某个数据库将各类法律方面的书籍汇编成集，形成了电子图书库，即便被侵害的电子图书的内容都是已经公开的法律信息，但如果具有独创性，就应当受到知识产权法的保护。如果某人将这种电子图书完全转载或传播，这就有可能造成对他人知识产权的侵害。即使不具有独创性，产品研发者投入大量成本尤其是智力投入（如在校对、编排等方面付出了劳动），对于其数据的权益也应受到保护。他人不得实施不劳而获“搭便车”的行为，将其完全复制、利用。

---

① Katharina Pistor, *Rule by Data: The End of Markets?*, Law & Contemporary Problems, Vol. 83(2), p.104 (2020).

② 参见王天夫：《数字时代的社会变迁与社会研究》，载《中国社会科学》2021年第12期。

其次,数据通常都涉及个人信息,而数据产品并不一定涉及个人信息。数据通常包含个人信息,而数据产品则并不当然包含个人信息。一方面,某些数据产品可能已经对所涉及的个人信息进行了匿名化处理,此时,该数据产品即属于单纯的财产,其所包含的权益结构也较单一,不涉及人格权等权利。另一方面,如果数据产品仅涉及非个人信息的信息,如气象等数据,此时,该数据产品也不涉及个人信息。

最后,就对数据产品中单个数据的侵害而言,要区分是对数据中个人信息主体权益的侵害,还是对数据产品权利人的权益的侵害。如果数据产品归属于企业,任何人不得非法利用企业的数据产品,否则将构成对企业财产权的侵害。但个人信息保护的不是产品,而是一种具有人格利益的个人信息,数据产品无法纳入《个人信息保护法》的保护范畴。某个信息即便成为已公开的数据,只要其能够直接或间接地识别特定主体,则任何人非法处理该数据都可能构成对他人个人信息的侵害。因此,在侵害数据产品的情形下,如果构成对数据产品中个人信息的侵害,个人也可以依法请求行为人承担民事责任。

由于理论上一直没有对数据产品的性质达成共识,因此,在行为人侵害他人数据产品的情形下,在司法实践中通常将其作为不正当竞争纠纷予以解决。例如,在"淘宝(中国)软件有限公司(以下简称淘宝公司)诉安徽美景信息科技有限公司(以下简称美景公司)不正当竞争纠纷案",①法院认为,被告美景公司未经许可利用淘宝的"生意参谋"数据产品,产品研发者投入大量成本尤其是智力投入,能为其带来可观的商业利益与市场竞争优势,这一数据产品已经成为淘宝公司的一项重要财产性权益。美景公司未付出创造劳动,将涉案数据产品直接作为获取商业利益的工具,此种根据他人劳动成果为己牟利的行为,明显有悖公认的商业道德,属于不劳而获"搭便车"的不正当竞争行为,如果不加禁止将挫伤大数据产品开发者的创造积极性,阻碍大数据产业发展,进而会影响广大消费者福祉的改善。在该案中,法院即将侵害他人数据产品的行为界定为不正当竞争行为,但事实上,如果承认数据产品的

---

① 杭州铁路运输法院民事判决书,(2017)浙8601民初4034号。在该案中,杭州市中级人民法院于2018年12月18日作出二审判决,确认淘宝公司对大数据产品"生意参谋"数据享有竞争性财产权益,美景公司需停止涉案不正当竞争行为,并赔偿淘宝经济损失及为制止不正当竞争行为所支付的合理费用共计200万元。

无形财产权地位,则行为人侵害他人的数据产品将构成侵权,此时就没有必要必须依据不正当竞争的规定解决相关纠纷。

需要指出的是,即使企业开发的数据产品应当归属于企业,但对数据产品的利用也应当尊重个人在个人信息处理活动中的权利。有观点认为,"大公司有技术手段来管理他们所积累的数据的访问,而且他们还从数据所有权的模糊性中获益。他们也从围绕着数据所有权的模糊性中获益,因为他们已经开始围住从数十亿人中提取数据。实际上,大公司将其获取的数据它所捕获的数据被视为无主之物,即野生动物:不属于任何人的东西,但可以由谁先抓到它们来索取。谁先抓到它们,谁就可以拥有"。① 此种观点将个人信息认定为类似无主财产,平台在收集相关的个人信息后,相关的数据权利即归属于平台。但事实上并非如此,个人信息作为数据的重要来源之一,其并非"无主物"。因为人们在浏览网页、网上购物时,在不经意间同意了大公司收集个人信息的隐私政策,为大公司提供了海量数据。对于个人每天产生的大量个人信息,平台不能随意收集,有学者认为,在网络环境下,对数据的确权要采取两权分离的模式,用户享有所有权,平台拥有用益权。② 其实,用户在网络购物时留下一些记录,不能当然都归平台所有。依据《民法典》《个人信息保护法》的规定,个人应当对其个人信息享有权利,应当归属于信息主体。例如,"大众点评"App中包含的消费者的点餐记录等个人信息,仍然应当属于信息主体,不能认为都归属于平台,这就需要区分数据产品与个人信息。

三、数据权益与个人信息具有不可分割性

依据传统的物债二分理论区分物权和债权,这些财产权都与人格权是分离的。特别是以所有权为基石的权能分离理论,认为每个客体之上必须先确定一个所有权和所有权人,然后在所有权基础上分离出各种他物权。而他物权与所有权之间以及他物权之间的权利是彼此分离、相互排他的。此种观察视角难以解释数据权益现

---

① Richard A. Epstein, *Property Rights and Governance Strategies: How Best to Deal with Land, Water, Intellectual Property, and Spectrum*, The Colorado Technology Law Journal, Vol. 14, p. 181 (2016).

② 参见申卫星:《让数据共享在信息社会中发挥积极作用》,载《社会科学报》2021 年 11 月 18 日,第 1 版。

象。有一种观点认为,发展数据要素市场不仅需要明确数据权属,而且要以所有权为原型确认数据财产权。[①] 数据权益和个人信息之间是一种用益权和所有权之间的关系。如果将个人信息权益作为"母权",就可以将数据权利作为"子权",通过设定数据原发者拥有数据所有权与数据处理者拥有数据用益权的二元权利结构,以实现数据权益分配的均衡。[②] 这种分析路径实际上仍然是用传统的物权理论来观察分析数据财产权益的现象,其合理性在于揭示了数据权益产生的部分原因和基础在于个人信息,但这种完全以有形财产的权利结构来观察数据财产权益的现象,显然无法准确解释数据权益与个人信息的相互交织关系。

诚然,确有一些数据的权利与个人信息是分离的,可以被某个单一的数据处理者完整控制和享有,就像传统物理世界中一个人对某个客体的完全所有一样。例如,完全不涉及个人信息的公共数据和企业数据。再如,将个人信息进行匿名化处理且完全排除了技术复原的可能性,或者处理特定地域的气象数据。但是,在当前的数据要素市场中,这类数据样态及其处理过程并非常态,相反是例外。在许多情形下,数据权益和个人信息权益是难以分离的。也正是因为数据往往是个人信息的集合,欧盟《通用数据保护条例》(GDPR)即通过数据保护形式保护个人信息,这就体现了数据与个人信息的紧密联系。

显然,对于数据权益与个人信息权益的不可分割现象,难以通过以所有权为基础权利分离理论来解释。一方面,所有人和用益权人分离之后,常常形成了两个不同的权利,且相互之间是独立的,相互之间的交融性较弱。但在数据客体上,即便个人信息主体的个人信息权益与数据处理者的财产性权益可以分离为两种独立的权利,但这两种权益却难以截然分开。数据权益中常常包含个人信息权益,因此,"最基本且看来最正当合理的排他主张来自个人,其诉求主要是避免因数据处理遭受隐私损害"。[③] 另一方面,所有权与用益权分离之后,两种权利之间具有物理上的排他性。在物理控制层面,同一客体上难容二主。就利用形态而言,同样按照排他性理

---

① See Andreas Boerding et al., *Data Ownership—A Property Rights Approach from a European Perspective*, Journal of Civil Law Studies, Vol. 11(2), p.323 – 370 (2018).

② 参见申卫星:《论数据用益权》,载《中国社会科学》2021 年第 11 期。

③ 参见戴昕:《数据界权的关系进路》,载《中外法学》2021 年第 6 期。

论,用益权人对物的利用必然排斥所有人的利用。这在数据客体上却不存在这样的相互排他性问题。相反,各种权益主张之间可以一种非竞争和非物理排他的方式共存。

鉴于前述特殊现象,"权利束"可以成为一种替代性权利理论,能够有效地描述和解释数据上的此种多元权利交融并存现象。"权利束"学说从一开始就把一宗客体上的权利结构视为一个"束体"(a bundle),承认"束体"内部的权利可分性和多样性结构。在一个客体上的权利束,不仅从一开始就可能发生了权利分割,即该束体内容从一开始就是由多个不同的权利块构成的(multiple sticks within the bundle),就像一束花朵中又结出了多枚花朵一样。虽然从权利人享有的利益层面是可以分开的,但各项权益之间不具有排他性。当然,从"权利束"视角来看,一个权利束体内部可以发生多样性权利分割,分化出各种不同的权利块,但并不是说这些权利块是杂乱无章的。相反,这些权利"束体"(a bundle)又常常以成型的模块(modules)的形式出现,如此方能便于一个客体上的各位权利人和潜在的交易当事人能够比较好地认识和理解相互之间可能享有的权益或者承受的权益负担,更有助于一宗财产上的权利分割、流通和利用。①

数据权益与个人信息交织在一起,形成一种你中有我、我中有你的交融状态。数据权利人要行使权利,必然要受制于个人信息主体的个人信息权益制约。反之亦然,个人信息权益的行使也会对数据处理者的数据权益产生重大影响,具体表现为以下几方面。

一是数据权益的享有和行使应以尊重信息主体享有的各项信息权益为前提,并且必须在法律规定和合同约定的权限范围内行使数据权利。例如,数据权利人虽然在处理数据之前已经获得了信息主体的授权,并且依据合法授权而处理信息主体的个人信息,并形成了数据。但这并不意味着其有权将该数据作任意使用或者与他人共享。依据《民法典》第 1038 条第 1 款的规定,"未经自然人同意不得向他人非法提供其个人信息"。因为共享是对他人信息的新的再次利用,对被共享者来说,也是一种信息收集行为。数据权利人行使权利不得超出信息主体的授权使用范围。

---

① Thomas W. Merrill, *Property as Modularity*, Harvard Law Review, Vol. 125, p. 151 – 163(2012).

二是信息主体行使撤回同意权。即便数据权利人已经依据信息主体的授权,通过处理他人的个人信息形成了数据,但信息主体仍然可享有撤回同意权等个人信息权益。《个人信息保护法》第 15 条第 1 款规定:“基于个人同意处理个人信息的,个人有权撤回其同意。个人信息处理者应当提供便捷的撤回同意的方式。”依据该条规定,个人撤回同意没有期限限制,而且信息主体撤回同意并不需要说明理由。此外,信息主体撤回同意后,原则上没有溯及力,也就是说,撤回同意后,不影响撤回前因个人同意已进行的个人信息处理活动的效力。① 据此,此种权利在性质上可视为任意解除权。一旦信息主体行使撤回同意权,数据处理者不得拒绝或者不当阻止。且这种权利的行使必然会对数据处理者的权益产生重大影响。

三是信息主体行使信息携带权。我国《个人信息保护法》第 45 条第 3 款规定:“个人请求将个人信息转移至其指定的个人信息处理者,符合国家网信部门规定条件的,个人信息处理者应当提供转移的途径。”根据这一规定,信息主体享有信息携带权。在实践中,信息携带主要是指用户将在某个平台的数据移转至另一个平台。如将某个通信公司中的通话信息移转至另一家公司;又如,将用户在某一电商平台上的消费信息转移至另一电商平台。从竞争政策的角度,信息携带权不仅有助于维护信息主体对其个人信息的自主决定权,而且可以提升竞争并且鼓励创新。② 如果不允许数据携带,则用户在移转到另一个平台时,需要重新积累数据,这不仅成本较高,而且用户前期积累的数据也无法利用,这显然不利于用户对数据的有效利用。③ 当然,依据《个人信息保护法》第 45 条第 3 款的规定,信息携带权的行使必须符合法律规定的条件。

四是信息主体行使信息删除权,即在符合法律规定或者当事人约定的情形下,信息主体可以请求信息处理者及时删除相关个人信息的权利,该权利旨在保障信息主体对其个人信息的自主决定。在信息控制者删除信息后,应当使被删除的信息处于不被检索、不被访问和浏览的状态;如果仍然可以被检索、访问,则并没有完成删

---

① 张新宝主编:《〈中华人民共和国个人信息保护法〉释义》,人民出版社 2021 年版,第 128 页。

② B. Engels, *Data Portability among Online Platforms*, Internet Policy Review, Vol. 5:2, p. 5(2016).

③ Peter Swire & Yianni Lagos, *Why the Right to Data Portability Likely Reduces Consumer Welfare: Antitrust and Privacy Critique*, Maryland Law Review, Vol. 72, p. 335 (2013).

除行为。一旦信息主体行使信息删除权,同样将对数据处理者的数据权益产生重大影响。例如,《征信业管理条例》规定,征信机构处理的信息保存期限为5年。这意味着期限未满5年时,信息主体就不得随意请求删除。一旦5年届满之后,则信息主体就有权请求征信机构删除相关信息。

鉴于前述复杂的权益交织关系,我们可以用一个形象的比喻来概括数据权益与个人信息之间的关系:它们二者之间就好像一种放飞的风筝与风筝线之间的关系,数据处理者对其数据产品享有的权利如同放飞的风筝一般,但是这个风筝无论放得多远,它始终不能脱离个人信息权利人的权利而自由放飞。它在天空中自由飞翔的时候始终都受制于个人信息权益这一条风筝线,而信息权利人牢牢地控制这一根风筝线,使信息处理者的权益不能任意飘荡。信息权利人如果要将这种权利通过行使撤回权、删除权等权利将其信息收回或者删除,信息处理者也必须尊重信息权利人依法享有的权利。这种现象显然和所有权和用益权分离下相互对抗性的关系是截然不同的。一方面,这两者之间根本不存在这种对抗和排他的关系。信息处理者所享有的权利不可能直接对抗信息权利人所享有的权利。另一方面,用所有权及其分离理论来解释使二种权益割裂开来,反而弱化了对信息权利人的保护。

还应当指出,我们之所以放弃用所有权及其分离理论来解释数据权益,还有一个重要原因在于,当信息主体行使权利时,必然会对数据权利产生重大影响,这就形成了两种权利的相互冲突现象。笔者认为,解决数据权益冲突现象应明确如下规则:

第一,信息主体应依法行使其个人信息权益,这也是维护数据处理者权益的前提。如果信息主体行使权利过于随意,自然会不当损及数据处理者的合理预期和正当权益诉求。例如,信息主体不当行使个人的信息携带权,则可能会影响数据产品本身的流通和使用,也可能会影响数据产品本身的数据权益的权益完整性,还可能会影响数据处理人对数据权益的行使。因此,信息主体必须依据《个人信息保护法》第45条的规定,正当行使信息携带权。

第二,信息主体合法行使其信息权益,数据处理者不得拒绝。例如,如果某用户在某个平台依法将其个人在该平台上的留言、通话记录等数据携带到另一个平台,这将影响该平台对数据产品的完整性,数据产品的处理人能否禁止该用户行使携带权?显然依据《民法典》《个人信息保护法》的相关规定,此时,首先要判断信息主体行使权益是否合法、正当,只要该权利行使合法,就应当优先保护个人信息主体的权益。这就是说,虽然这两种权益之间存在冲突,在此情形下也应当首先依据《民法典》《个人信息保护法》的规定,充分保护信息主体所享有的各项信息权益,这实际上也就是在保障数据权益。因此,数据处理者必须尊重和保护信息主体的个人信息权益。

第三,数据处理者应充分尊重信息主体对其信息权益的合法行使,需要指出的是,如果法律对信息主体的权益保护没有作出具体、明确规定,产生了模糊地带,此时如何处理权益冲突?笔者认为,此时应当依据权利位阶理论,基于人格尊严优先的原则,优先保护信息主体的权利。因为人格尊严的维护要优先于财产利益,毕竟数据主体享有的是财产性权益,而信息主体所享有的是人格权益,人格权益直接体现的是人格尊严,是对人的主体性的体现,财产毕竟是身外之物,而人格权益体现了人的主体性,正如康德所说,人是目的不能作为手段,①所以优先保护人的权益就是优先保护人的主体性和目的性。在此情形下,数据处理者享有的对于数据产品的权利应当受到了一定的限制。当然,如果个人信息处理者对其所处理的个人信息进行了匿名化处理,则相关的个人信息与个人之间的关联性将被消除,其不再属于个人信息,而应当属于纯粹的数据,此时,数据处理者即可对该数据享有更广泛的权利。

我们之所以强调数据权益与个人信息之间的密切关系,旨在说明在我国数据立法中,对数据权益的保护首先体现在对个人信息的保护。所谓数据权属确定,首先要确认信息主体享有的个人信息权益,然后才应确认数据处理者的财产性权益。例如,2022 年《上海市数据条例》第 12 条规定:“本市依法保护自然人对其个人信息享有的人格权益。本市依法保护自然人、法人和非法人组织在使用、加工等数据处理活动中形成的法定或者约定的财产权益,以及在数字经济发展中有关数据创新活动取得的合法财产权益。”该条在确认数据权益时,首先规定要保护数据中的个人信息权益,这是较妥当的。如果个人信息权益得不到保障,不仅会使与个人的主体性维护相关的各种隐私和信息权益得不到保护,人格尊严也受到损害。如此一来,就背

① [德]伊曼努尔·康德:《道德形而上学原理》,苗力田译,上海人民出版社 2012 年版,第 36 ~ 37 页。

离了通过发展数据要素市场来满足人民群众的美好幸福生活的需要这一出发点和宗旨。同时，如果数据处理者可以随意处理个人信息而不尊重个人对其信息的自主决定和隐私权，那么，个人在未来的数字化生活中就可能变得更加谨慎和保守，不会轻易同意他人处理自己的个人信息。如此一来，数据处理者更难以获得信息，从而会阻碍数据市场的培育和发展。① 尤其是在建立大数据市场的过程中，尽管政策和立法设计的重点是鼓励数据采集和流通，但鉴于数据采集和流通过程必然伴随的个人信息权益受侵害的风险，有必要在促进和发展数据要素上的财产性权益的同时，注重坚持和强调个人信息权益保护的优先性。这也是我国数据立法所应当坚持的基础性原则和理念。

四、数据权益重利用而非重归属

采取“权利束”理论观察数据权利，一个重要原因在于，“权利束”理论不是以外在客体的归属为前提条件。在传统大陆法系的物权制度中，以及在英美法系国家所采纳的布莱克斯通定义的财产权框架中，重视的均是外在客体的归属。当法律秩序将某一外在客体归属于某一主体时，该主体就对外在客体享有全面的法律权能，而且可以排除他人一切干涉。例如，我国《民法典》第 240 条定义的“所有权”，尽管列举了占有、使用、收益和处分 4 项法律权能，但是通说认为，所有权人享有全面的、不受限制的积极权能。相比之下，“权利束”理论并不将所有的法律权能全都建立在外在客体的归属基础上，而是建立在一一分析特定法律权能究竟归谁利用。例如，针对某一外在客体，特定权能可以归属甲所有，但是另一特定权能可以归属于乙。简言之，“权利束”理论认为，应当一项一项地针对利用行为进行具体分析，或者逐项分析利用方式，即采取所谓“按用途使用”(use-by-use)方式。②

(一)确认数据权益的目的在于保障数据的利用

数据虽然被称为“新石油”，但事实上，这种说法并不准确。数据与石油等有形

---

① 参见戴昕：《数据界权的关系进路》，载《中外法学》2021 年第 6 期。

② See Thomas W. Merrill & Henry E. Smith, *What Happened to Property in Law and Economics Essay*, Yale Law Journal, Vol. 111, p.389 (2001).

财产利用价值完全不同,表现在:一方面,数据具有不可消耗性。对数据来说,利用通常不同减损其价值,反而可能因为利用而增加其价值。① 数据具有无限再生的特点,②数据可以每天数亿计的数量产生,③我们每天的生活也会产生各种数据,如上网浏览网页、购物等,均会产生数据,这些数据将被平台存储和分析,基于这些数据可以产生有利于平台的有价值的信息。对数据的利用也不会发生物理损耗。另一方面,与传统的财产权不同,数据很重要的利用价值体现为预测功能(prediction)。换言之,数据的价值不在于支配,而在于预测。现代法律的发展在财产权方面出现了新趋向,即从单纯的保护财产权的归属和使用价值也朝着一种可预测性的价值的转化。因为数据权利的产生引导了一种财产权的演化的新趋势(a new turn in the evolution of property right),而数据的价值也正体现于其可预期性。④ 例如,通过分析可以了解消费者的偏好和人们的行为习惯,就可能产生独特的甚至是巨大的价值。

还要看到,数据的价值在于利用,只有利用才能产生价值,而且对数据来说,其利用方式越多,就越能体现数据的价值。大数据技术能够有效整合碎片化的个人信息,实现对海量信息的分析和处理,从而发挥其经济效用。与传统的财产权不同,对数据来说,利用通常不会减损其价值,反而可能因为利用而增加其价值。数据只在反复利用中产生价值,即越利用越有价值。例如,同一个平台收集的大量数据,如果只允许这一家平台进行利用,那么显然无法发挥出这些数据的价值,只有让这个平台将数据进行交易,允许其他的公司对这些数据进行挖掘、分析、利用,这些数据的价值才能真正显现出来。数据的非竞争性和非排他性特点也为财产共享提供了基础。⑤ 因此,在数字社会,不能用传统的"所有权"概念理解数字权利,并遵循严格的

---

① Katharina Pistor, *Rule by Data: The End of Markets?*, Law & Contemporary Problems, Vol. 83 (2), p. 105 (2020).

② 参见纪海龙:《数据的私法定位与保护》,载《法学研究》2018 年第 6 期。

③ See Cameron F. Kerry, *Why Protecting Privacy is a Losing Game Today—and How to Change the Game*, BROOKINGS (July 12, 2018), https://www.brookings.edu/research/why-protecting-privacy-is-a-losing-game-today-and-how-to-change-the-game/.

④ Katharina Pistor, *Rule by Data: The End of Markets?*, Law & Contemporary Problems, Vol. 83 (2), p. 105 (2020).

⑤ Katharina Pistor, *Rule by Data: The End of Markets?*, Law & Contemporary Problems, Vol. 83 (2), p. 105 (2020).

排他性原则,否则将不利于这些新兴财产的共享、共用。此外,对数据的利用也不受物理空间的阻隔和限制,其利用范围更加宽泛,所以,在数字时代,包容共享成为具有共识的价值理念,即“不求所有,但求所用”,这也符合数据市场建立的目标。因此,正在开展的数据立法应当将推进数据的充分利用和共享作为其重要的立法目的。

(二)立法需要妥当平衡利用与保护的关系

如前所述,数据只有在利用中才能产生价值,也只有利用才能充分发挥数据的价值,数据本身的价值就是在利用中实现的。但如果单纯强调数据的有效利用,而不强调个人信息的保护,则会走向另一个极端。在这一点上,类似知识产权保护。曾有一些知识产权学者强调,知识产品的共享和利用,但是这种观点却忽略了很重要的前提,即仅注重利用而忽略保护,只能最大限度地发挥现有知识的利用价值,但不利于知识的创新,产生和繁荣新知识,会使任何技术创新失去动力。因此,保护知识产权就是尊重知识的创造、技术的创新,激发人们技术创新的活力。林肯曾说过:“专利制度就是给天才之火,浇上利益之油。”①数据同样如此,如果只强调利用而不强调保护,最终会妨碍大数据的发展以及技术创新和进步,也不利于对于数字时代人格尊严的维护。另外,如果个人信息权益不能受到必要保护,人们也不敢授权他人来利用他们的数据和个人信息,这反过来也会妨碍数据的利用和流通。

目前,随着大数据、互联网的发展,我国开始全面推动数据立法,但无论是国家立法还是地方立法,都应当妥当平衡利用与保护的关系。既要鼓励数据的开发、利用和共享,以促进数据产业的发展,也要提高对个人信息的保护关注度,完善相关保护规则。在数字时代,如何有效地平衡数据安全、个人信息保护与数字产业发展之间的关系,如何寻求一个恰当的平衡点,是政府着力要解决的重点问题,②也是现代民法制度需要解决的重大难题。《民法典》和《个人信息保护法》都没有直接使用

① Abraham Lincoln, *Second Lecture on Discoveries and Inventions*, *Collected Works of Abraham Lincoln*, Vol. 3, Rutgers University Press, 1953, p. 363.

② 参见《江小涓:数字时代是开源、开放的时代,监管对数字发展应有新理念》,载新京报网2021年8月5日,https://www.bjnews.com.cn/detail/162816682314984.html。

"个人信息权"的概念,而是采用了"个人信息保护"的概念,其根本原因在于,个人信息的保护要适当平衡信息主体的利益与数据共享利用之间的关系,立法者担心采用"个人信息权"的表述后,将赋予个人过大的控制其个人信息的权利,这将妨碍数据的共享、利用以及大数据产业在我国的发展。① 从世界范围来看,数据的采集和共享的方式正在发生日新月异的变化,而且导致数据作为一种产业蓬勃发展,但由此带来的其与个人信息等人格权益的保护之间的冲突越来越明显。因此,我国有关数据立法所应当秉持的一项原则是,既要鼓励数据的开发、利用和共享,以促进数据产业的发展,又要提高对个人信息的保护关注度,完善个人信息保护规则。

五、结语

在现代社会,数据已经成为一种重要的生产要素,在现代市场经济中发挥越来越重要的作用,数字经济已经成为国际竞争的重要的组成部分,数据安全已上升为国家安全。2022 年 12 月 2 日,中共中央、国务院《关于构建数据基础制度更好发挥数据要素作用的意见》中指出,要"以维护国家数据安全、保护个人信息和商业秘密为前提,以促进数据合规高效流通使用、赋能实体经济为主线,以数据产权、流通交易、收益分配、安全治理为重点,深入参与国际高标准数字规则制定,构建适应数据特征、符合数字经济发展规律、保障国家数据安全、彰显创新引领的数据基础制度"。但促进数字经济的发展首先需解决数据的确权问题,需要根据数据来源和数据生成特征,分别界定数据生产、流通、使用过程中各参与方享有的合法权利,数据权益的性质与权利分配规制要求通过数据权属的清晰来促进数据利用,进而发挥数据的市场要素的功能和作用。应当看到,与有形财产不同,数据权益不能简单地以传统的物权理论来解释数据现象,而"权利束"理论为我们观察数据权益提供了全新视角。依据这一视角观察,数据之上可能存在网状的权益结构,在确认数据权益时,应当强调对个人信息的保护,并注重个人信息保护与数据利用之间的有效平衡。唯有如此,才能为促进信息数字技术的有序发展提供有力的法律保障。

① 参见黄薇:《中华人民共和国民法典人格权编解读》,中国法制出版社 2020 年版,第 213 页。

专题八　网络虚拟财产的保护

本专题撰写人：阮神裕

【《民法典》及其配套司法解释的新规则】

《民法典》第 127 条：

法律对数据、网络虚拟财产的保护有规定的，依照其规定。

【规则由来】

《民法典》第 127 条来自原《民法总则》第 127 条，是原《民法总则》的重要新增条文。

在原《民法总则》起草过程中，对于如何规定网络虚拟财产的保护，存在较大争议。2016 年 7 月 5 日公布的《民法总则（草案）》第 104 条规定："物包括不动产和动产。法律规定具体权利或者网络虚拟财产作为物权客体的，依照其规定。"但是，由于网络虚拟财产的性质存在较大争议，在提交第十二届全国人大常委会第 24 次会议审议的《民法总则（草案二次审议稿）》中，网络虚拟财产的规定被修改为第 124 条，即"法律对数据、网络虚拟财产的保护有规定的，依照其规定"。这一规定在后来的几次草案中没有发生变动，直至 2017 年 3 月 15 日原《民法总则》颁布。《民法典》第 127 条延续了这一规定。

【规范意旨】

《民法典》第127条是关于数据和网络虚拟财产的原则性规定。网络虚拟财产是重要的民事权利客体,尤其是随着市场与技术的发展,诸如比特币、以太币等区块链虚拟货币,以及非同质化通证(non-fungible Token,NFT)数字艺术品等区块链数字资产成为新型的网络虚拟财产。无论是传统的网络虚拟财产,还是区块链数字资产,均是数字经济的重要财产类型,它们应当如何保护,成为当代私法体系的疑难问题。《民法典》第127条的规定顺应了互联网技术与数字经济发展的时代要求。

【典型案例】

案例一:"直播账号出资案"

王某1与王某2约定共同成立甲文化传媒有限公司,王某1现金出资200万元,占60%股份;王某2以个人技术出资,作价133.3333万元作为出资占40%股份。王某2的实际出资为其在××直播平台上的实名认证账号,现粉丝基数68万人,供公司直播带货使用。后双方因合作经营不善,发生纠纷,王某2未经公司同意解除账号绑定,将××账号取回自用。

法院认为,直播平台账号在形式上具有非物质性,存在表征身份的账号和密码,内容和归属对外具有公示性,且任何第三人不得擅自使用他人账号,亦具有排他性,故可以作为网络虚拟财产的客体。涉案××账号由王某2在平台上注册,王某2为运营该账号投入了时间、精力和劳动,该账号亦获得大量"粉丝"关注,能带来网络流量,产生经济价值。因此,涉案××账号具有财产权属性,属于受法律保护的网络虚拟财产。根据《公司法》第27条的规定,如果网络虚拟财产符合"可估价""可转让"特点,就可作为股东的出资标的。王某2将××账号绑定于公司法定代表人王某1手机号,就履行了对公司的出资义务。王某2将涉案账号转移至甲公司使用后,未经法定程序,变更账号绑定的手机号为自己的手机号,公司由此丧失了对××账号的有效使用,王某2的行为属于抽逃出资。王某2应将账号返还给甲公司,由甲公司控制和使用，并赔偿公司因不能正常开展相关业务所受损失。①

案例二："虚拟货币保护案"

闫某某等人采用控制手机、限制自由的方式，要求李某某和斯密特解锁某一虚拟货币交易平台的账户，并且胁迫斯密特将其持有的18.88个比特币、6466个天空比转入闫某某指定的账户中。李某某与斯密特起诉，要求闫某某等人返还这些虚拟货币。法院认为本案的争议焦点之一为：比特币是否具有财产属性，是否应受法律保护？

对此问题，法院认为，比特币属于网络虚拟财产，应受法律保护。理由如下：第一，原《民法总则》第127条规定："法律对数据、网络虚拟财产的保护有规定的，依照其规定。"因此，法律对网络虚拟财产的保护持肯定态度。第二，系争比特币属于网络虚拟财产，应受法律保护。比特币是以区块链技术为基础的加密型"货币"，其生成机制为：通过"矿工""挖矿"生成，"挖矿"可以由身处全世界任何地点的任何人担任，"挖矿"，是指"矿工"根据设计者提供的开源软件，提供一定的计算机算力，通过复杂的数学运算，求得方程式特解的过程，求得特解的"矿工"得到特定数量的比特币作为奖赏。比特币的物理形态为成串复杂数字代码。要获得比特币，既需要投入物质资本用于购置与维护具有相当算力的专用机器设备，支付机器运算损耗电力能源的相应对价，也需要耗费相当的时间成本，该过程及劳动产品的获得凝结了人类抽象的劳动力，同时，比特币可以通过金钱作为对价进行转让，并产生经济收益。因比特币具有价值性、稀缺性、可支配性等特点，故其具备了权利客体的特征，符合虚拟财产的构成要件。中国人民银行等部委曾发布《关于防范比特币风险的通知》(2013年)、《关于防范代币发行融资风险的公告》(2017年)等文件，虽然否定了此类"虚拟货币"作为货币的法律地位，但上述规定并未对其作为商品的财产属性予以否认，我国法律、行政法规亦并未禁止比特币的持有。《关于防范比特币风险的通知》中更是提及，"从性质上看，比特币应当是一种特定的虚拟商品"。因此，比特币

---

① 参见广东省广州市中级人民法院民事判决书，(2022)粤01民终6665号。

具备虚拟财产、虚拟商品的属性,应受到法律保护。①

案例三:"我国 NFT 侵权案"

漫画家马某创作的动漫形象"A"近年来广受用户欢迎,马某后将系列作品的著作权独家授权给原告。原告发现,被告经营的元宇宙平台上有用户铸造并发布"A"的 NFT,售价 899 元,NFT 作品在右下角还带有作者马某的微博水印。原告要求被告停止侵权、赔偿损失并披露案涉 NFT 所在的具体区块链及节点位置以及涉案作品 NFT 所适用的智能合约内容。杭州互联网法院认为,被告作为涉案元宇宙平台的经营者未尽到审查注意义务,存在主观过错,应当承担相应的帮助侵权责任。

在判决中,法院详细论证了 NFT 数字作品铸造、交易的法律性质。NFT 数字作品铸造、交易包含对该数字作品的复制、出售和信息网络传播三方面行为。其一,在 NFT 交易模式下,每个数字文件均有唯一的标记,一部数字作品的每一个复制件均被一串独一无二的元数据所指代,产生"唯一性"和"稀缺性"等效果,因此,当一件数字作品复制件以 NFT 形式存在于交易平台上时,就被特定化为一个具体的"数字商品",NFT 交易实质上是"数字商品"所有权转移,并呈现一定的投资和收藏价值属性。其二,"数字商品"是以数据代码形式存在于虚拟空间且具备财产性的现实事物的模拟物,其具有虚拟性、依附性、行使方式的特殊性,但也具备一定的独立性、特定性和支配性。对于数字作品来说,当其复制件存储于网络空间,通过一个 NFT 唯一指向而成为一件可流通的商品时,就产生了一项受法律保护的财产权益。NFT 数字作品持有人对其所享有的权利包括排他性占有、使用、处分、收益等。NFT 交易模式本质上属于以数字化内容为交易内容的买卖关系,购买者所获得的是一项财产权益,并非对一项数字财产的使用许可,亦非对一项知识产权的转让或许可授权。其三,虽然 NFT 数字作品交易对象是作为"数字商品"的数字作品本身,交易产生的法律效果亦表现为所有权转移。但因发行权的核心特征在于作品原件或复制件的所有权转让,即当前著作权法中的发行限定为有形载体上的作品原件或复制件的所有权转让或赠与,故未经权利人许可将 NFT 数字作品在第三方交易平台的出售行为

---

① 参见上海市第一中级人民法院民事判决书,(2019)沪01民终13689号。

尚无法落入发行权所控制范畴。其四,虽然 NFT 数字作品所有权转让结合了区块链和智能合约技术,但是 NFT 数字作品是通过铸造被提供在公开的互联网环境中,交易对象为不特定公众,每一次交易通过智能合约自动执行,可以使公众可以在选定的时间和地点获得 NFT 数字作品,故 NFT 数字作品交易符合信息网络传播行为的特征。尽管 NFT 数字作品铸造过程中存在对作品的上传行为,该行为使铸造者终端设备中存储的数字作品被同步复制到网络服务器中,但该复制是网络传播的一个步骤,其目的在于以互联网方式向社会公众提供作品,故复制造成的损害后果已经被信息网络传播给权利人造成的损害后果所吸收,无须单独对此予以评价。[①]

【理论阐释】

一、网络虚拟财产的保护问题

在数字经济时代,网络虚拟财产日益成为人们日常生活中的重要财产。但是,网络虚拟财产在私法体系中处于何种地位,属于何种财产权利,应当如何保护,始终存在较大争议。

在传统的网络架构中,游戏道具、电子邮箱、电子积分等网络虚拟财产之上难以成立所有权。这是因为网络虚拟财产是无形的、虚拟的,可以任意复制、不具有特定性,其使用价值与交易价值也取决于网络服务提供者的技术支持,因此,网络虚拟财产应当属于债权。[②] 这是因为,用户所享有的访问、使用或者修改数字内容的权限,源于其与运营商订立的许可使用的合同;并且,用户对数字内容的利用行为,必须得到运营商的技术配合,受到服务器状态的限制。有论者甚至主张,网络虚拟财产的权利客体乃是运营商给付的专属性服务行为,而非特殊的物,因而无论是用户或是运营商,均不享有数字内容上的所有权。[③] 但有学者认为,网络虚拟财产的本质是数

① 参见杭州互联网法院民事判决书,(2022)浙 0192 民初 1008 号。

② 王雷:《网络虚拟财产权债权说之坚持——兼论网络虚拟财产在我国民法典中的体系位置》,载《江汉论坛》2017 年第 1 期;陈旭琴、戈壁泉:《论网络虚拟财产的法律属性》,载《浙江学刊》2004 年第 5 期;刘惠荣:《虚拟财产法律保护体系的构建》,法律出版社 2008 年版,第 161 页;余俊生:《论网络虚拟财产权的权利属性》,载《首都师范大学学报(社会科学版)》2011 年第 3 期。

③ 刘明:《网络虚拟财产权权利客体研究》,载《社会科学研究》2015 年第 2 期。

据操作权限。这是因为,无论是 QQ 盗号,还是游戏装备失窃,用户遭受的最直接的不利是其对账户数据的操作权限的丧失,而用户与运营商之间的纠纷往往也是通过运营商恢复数据保护用户的操作权限解决的。[①] 尽管这些学者反对"债权说"的立场,并且主张免费的网游或邮箱申请并不一定产生合同关系。[②] 但事实上,用户之所以对运营商提供的数字内容享有操作权限,就是因为二者之间订立了合同。因此,将虚拟财产界定为操作权限,只是进一步明确运营商让渡给用户的权利之具体内容,并未打破"债权说"的逻辑。

但是,区块链的兴起似乎改变了传统的网络架构。尽管基于区块链系统而存在的数字资产也是无形的、虚拟的,但是分布式账本、加密算法和共识机制等特征赋予其排他性、竞争性与独特性。越来越多的观点主张,持有人对区块链上的数字资产享有所有权或者财产权。例如,有论者主张,持有人享有比特币、以太币等虚拟货币的所有权。[③] 近几年 NFT 兴起之后,也有论者主张 NFT 数字作品可以成立所有权。[④] 在我国首例 NFT 数字作品侵权纠纷中,杭州互联网法院将 NFT 数字作品的交易认定为"数字商品所有权"的移转。[⑤]

无论是将网络虚拟财产认定为债权,还是主张区块链数字资产成立所有权,均采取"涵摄"的进路,讨论这些数字内容是否满足物权、债权或者知识产权的构成要件。这是一种进入既有的法定财产权利"系统之内"的研究进路,或者说是以某一法定财产权利(如所有权)为"原型"的研究进路。这种进路的潜在问题是,新型的财产权益可能并不完全满足法定财产权利的构成要件。强行涵摄的后果,要么是无法全面解决新型财产权益面临的各类问题,要么是破坏了法定财产权利的融贯性和体系性。

考虑信息或数据日益成为数字经济中最重要的生产要素,为促进数字经济规范有序发展,法律体系应当提供的不应当是零散的、片面的解决方案,如将区块链数字

---

① 梅夏英:《虚拟财产的范畴界定和民法保护模式》,载《华东政法大学学报》2017 年第 5 期;李威:《论网络虚拟货币的财产属性》,载《河北法学》2015 年第 8 期。

② 梅夏英:《虚拟财产的范畴界定和民法保护模式》,载《华东政法大学学报》2017 年第 5 期。

③ 赵磊:《论比特币的法律属性——从 HashFast 管理人诉 Marc Lowe 案谈起》,载《法学》2018 年第4 期。

④ 司晓:《区块链数字资产物权论》,载《探索与争鸣》2021 年第 12 期。

⑤ 杭州互联网法院民事判决书,(2022)浙 0192 民初 1008 号。

资产认定为所有权,而将传统的网络虚拟财产认定为债权;而应当提供以信息或数据为客体的财产权利的体系性方案,构建信息上的权利群。进入既有的法定财产权利"系统之内"的研究进路可能难以满足这一要求。为此,本文将尝试观察既有的法定财产权利"系统本身",考察财产权利的本质属性,并以比特币等虚拟货币和NFT数字作品为例,讨论区块链数字资产在多大程度上满足财产权利的本质属性,因而可以成为《民法典》第113条所规定的财产权利。

二、数字财产与财产权利的本质属性

(一)财产权利的排他性

任何一个社会均面临对"外在客体"(或者"资源")进行分配的问题。法律体系若不对外在客体进行分配,人们要么争相利用这些资源,使用暴力解决利益冲突;要么虽能和平利用,但因自利动机从不加以维护和保存,而使之消耗殆尽,引发"公地悲剧"。数字资产作为一种资源,也面临相同的问题。那么,法律体系通过何种法律技术实现资源的分配?

当法律体系对外在客体进行分配时,权利主体有权按照自己的意愿随意处置这些资源,从中获得满足。与此同时,为了确保这一分配具有实效性,法律体系还应当要求他人未经同意不得利用(或者不得以特定方式利用)归属于权利人之客体。无论他人是有意识地利用权利客体,还是无意识地被动享受权利客体,都会分享法律利益分配给权利人的资源,权利分配秩序因此受到了破坏。正如康德所述:"我与它(东西)如此结合在一起,以至于一个他人未经我的许可而使用它就会伤害我。"①故此,法律体系在对外在客体进行分配的同时,应当赋予权利主体以一定程度的排他地位,形成"你的和我的"的权利秩序,从而"划定某些特定的财物应当归某个特定的人所有,而其余人类则被排除于其占有和享用之外"。② 与此相反,倘若人人皆可利用已被分配给特定主体的资源,而后者对此却毫无办法,既不得防御,也不得禁

① [德]伊曼努尔·康德:《道德形而上学》,张荣、李秋零译注,中国人民大学出版社2013年版,第40页。

② [英]休谟:《人性论》(下册),关文运译、郑之骧校,商务印书馆1980年版,第538页。

止,那实质上法律秩序根本没有实现对资源的分配,该资源仍属公共资源,而非私人财产。简言之,排他性是私人财产也即财产权的本质属性。

作为财产权利本质属性的排他性,不仅是指完全排他性,还包括禁止他人实施特定行为的有限排他性。所谓完全排他性是指,当法律体系将一项资源分配给权利主体后,他人未经同意不得以任何方式触碰或者利用该项资源。例如,德国《民法典》第903条规定,物的所有人可以排除他人的一切干涉;又如,布莱克斯通认为,财产权,是指权利人对外在客体进行独占和任意支配的领域,并且可以完全排除这个世界上的任意他人。[①] 倘若涉及一项资源的所有利用行为均由权利主体所独享,那么这项资源毫无疑问地成为该权利主体的私人财产。当然,即便是所有权也不具有绝对完全的排他性。例如,根据我国《民法典》第290条第1款、第291条和第292条的规定,相邻他方因用水、排水、通行以及建造、修缮建筑物和铺设管线等合理需要不得不利用权利主体的土地的,后者应当提供必要的便利。尽管如此,所有权作为绝对权的典型,仍然具有"近乎完全的排他性"。

与所有权有所不同的是,诸如著作权等知识产权却不具有完全排他性。作者对其创作的书籍虽然享有著作权,但是不能禁止他人阅读书籍,也不能限制他人借阅或者转售书籍。著作权人只能禁止他人实施《著作权法》第10条所规定的复制、发行、出租、展览等利用作品的特定行为。同样,尽管姓名权、肖像权并非财产权,但其实现排他性的法律技术也与著作权相似,具体而言:《民法典》第1014条规定,他人不得以盗用、假冒等方式使用姓名权人的姓名;第1019条规定,他人不得丑化、污损,或者利用信息技术手段伪造肖像,也不得制作、使用、公开肖像权人的肖像。在著作权以及姓名权、肖像权等民事权益中,权利主体并不像所有权人一样可以独占外在客体(作品、姓名、肖像等信息),也无法完全排除他人实施的任何利用这些外在客体的行为。但是,法律体系通过行为规范的方式,明确列举了他人不得实施的行为,由此形成了专属于权利主体的排他性领域。只是相比所有权而言,这些民事权益的排他性只能称为"有限的排他性"。[②]

---

① W. Blackstone, *Commentaries of the Law of England*, Book the Second, 1765, p.2.

② 崔国斌:《大数据有限排他权的基础理论》,载《法学研究》2019年第5期。

总之,尽管排他性程度不同,但是一项资源之所以可以成为特定主体的私人财产,正是法律体系赋予该主体针对这项资源以一定程度的排他性。故此,排他性乃是财产权利的本质属性。① 值得注意的是,本文界定的排他性与我国民法学说阐述的排他性的含义有所不同。我国民法学说在阐述物权的排他性时,主要论及以下两个层面:第一,物权的排他性,是指同一物上不能有多数以相同支配为内容的物权同时存在。② 简言之,物权的排他性意味着"一物一权"。这一特性对于物权来说至关重要,这是因为有体物的利用通常情况下具有竞争性,一人的利用往往导致另一人无法以相同或相似的方法同时利用同一客体。例如,甲开走乙的汽车后,乙就无法驾驶汽车。可以说,物权必须建立在"一物一权"的基础上,才能保证资源(有体物)分配的秩序。然而,这一规则并不契合无形财产,例如,肖像信息上既可以成立肖像权,也可存在著作权,只要法律规定或者当事人约定了内部关系,那么二者可以并行不悖。在这个意义上,"一物一权"的排他性是狭义的,只能适用于物权领域的排他性。此外,此种排他性只是告诉立法者,在权利分配时应当遵守"一物一权"的原则,因而只看到排他性在赋权阶段的意义,忽视了排他性在日常生活中具有行为规范的意义。第二,"绝对权具有排他性,这种排他性主要表现在权利是否具有对抗第三人的效力上。绝对权在遭受侵害的时候,权利人可以针对任何第三人提出主张和提起诉讼。"③这种排他性只在权利遭受侵害时才发挥效力,因此也不同于本文述的排他性。换言之,本文所述的排他性是"原因",即当他人擅自干涉或利用权利客体时,因违反排他性而产生停止侵害或排除妨碍的"结果"。但是,若是将排他性理解为权利人可以在绝对权遭受侵害时主张停止侵害和排除妨碍,那么排他性本身是权益侵害的"结果"而非"原因"。如此一来,排他性同样失去了行为指引的功能。

---

① 可能的反对意见是:根据《民法典》第 118 条的规定,债权也是财产权利,但是债权作为相对权似乎不宜具备排他性,因此将排他性作为财产权利的本质属性可能并不合理。然而,债权并非没有排他性,而是恰恰相反,债权具有内在的、固有的排他性,即债务人的清偿行为作为一种资源,只能由债权人独占享有,债务人向他人履行债务不会产生清偿效果,债权仍然存在。J. E. Penner, *Property Rights: A Re-Examination*, Oxford University Press, 2020, p. 14, note 52.

② 谢在全:《民法物权论》(第 5 版)(上册),中国政法大学出版社 2011 年版,第 24 页。

③ 王利明:《民法总则研究》(第 3 版),中国人民大学出版社 2018 年版,第 438 页。

(二)排他性的实现机制

1. 通过物理边界的排他性

财产权利承载对外在客体进行分配的功能,并且调整人与人之间如何利用外在客体的法律关系。主流观点认为,财产权具有对世性。例如,物权属于对世权,权利主体系特定之人,义务主体则为不特定之人。① 这就意味着,财产权所要调整的法律关系不是某些少数主体之间的法律关系,而是权利主体与众多的、不特定的陌生人之间的法律关系。在这个意义上,财产权所要调整的法律关系具有复杂性。财产权若要克服这种复杂性,就要以一种简单明确的方式向社会公众说明他们负有何种义务。换言之,财产权的对世性要求法律体系使用"简单信号"(simple signal)以说明财产权的存在及其边界。唯有如此,才能最大限度地减少人们在社会交往中的信息成本。②

动产与不动产的物理边界,恰恰是这样的简单信号。这是因为,动产与不动产的"有体性"(tangibility)及其在现实空间中的物理边界(架构),使不特定的义务主体显著感知到行动自由的界限。可以说,所有权的权利边界原则上是由动产或者不动产的物理边界确定的。未经所有权人的同意,他人原则上不得干涉所有权人之物,③否则就将构成妨害。此时,场域(ortung)、权利和秩序实现了统一。④ 有论者提出财产权的模块化理论(modular theory of property)。这一理论主张,物的边界划定了民事主体自由行动的界限。在边界之内,权利主体可以按照自己的意愿随意处置该物;但在边界之外,他人应当远离该物,未经同意不得越过边界、不得干涉或使用该物。⑤ 例如,当人们路过他人庭院时,人们不必知道庭院归属于谁,也不必了解所有权人如何使用庭院,只要人们知道庭院的边界所在(如围墙),他们也就知道不得

---

① 崔建远:《物权法》(第5版),中国人民大学出版社2021年版,第19页。

② Henry E. Smith, *Exclusion versus Governance: Two Strategies for Delineating Property Rights*, 31 J. Legal Stud. 453, p.470 (2002).

③ Ben McFarlane and Simon Douglas, *Property, Analogy and Variety*, 42 Oxford Journal Legal Studies 161, p.166 (2022).

④ [德]卡尔·施米特:《大地的法》,刘毅、张陈果译,上海人民出版社2017年版,第7页。

⑤ Henry E. Smith, *Property as the Law of Things*, 125 Harv. L. Rev. 1691, p.1702 (2012).

进入庭院,否则可能面临民事责任。在这个意义上,以有体物为客体的财产权,其排他性主要是由物理边界决定的。①

动产或者不动产的物理边界之所以可以产生排他性,具有以下三个方面的原因:第一,物理边界设有防御机制。例如,围墙可以防范陌生人擅自侵入私人庭院。但是,这种"物理架构"并非调整财产秩序得以形成的主要原因,毕竟没有什么高墙可以真正防止宵小之徒翻墙而入。第二,法律体系规定的法律责任,如侵入他人庭院的,可能面临民事责任或者刑事责任。但在日常生活中,人们之所以选择不侵入他人庭院,并非害怕法律责任,而是基于某种社会规范或者道德直觉。况且,若要全靠法律体系调整人们不受控制的行为,司法系统必将不堪重负。第三,就协调社会公众的日常行为而言,物理边界之所以可以产生排他性,更主要的乃是基于物理边界产生的社会规范与道德直觉。有论者主张,财产权之所以可以协调众多的、不特定的陌生人的集体行动,是因为财产权通过明显的物理边界产生了稳固的道德规范(robust moral rules)。② 这一稳固的道德规范得以产生和形成,必须建立在简单而明显的规则基础上。例如,休谟(David Hume)认为,尊重财产权的道德观念起源于人类协议(human convention)。所谓人类协议并非要约承诺产生的合意,而是一般的共同利益感觉。这种感觉是逐渐发生的,通过一再地试错、产生不便以及进一步的调整才缓慢形成的。一旦形成划定财产、稳定占有的人类协议,那么人类社会的建立也就几近完成了。既然一般的共同利益感觉来之不易,那么划定财产、稳定占有的规则必须简单而明确,唯有如此,人类才能迅速摆脱野蛮状态后建立社会。相反,这个规则如果是深奥而难以发明的,那么社会的建立可以说是偶然的,是许多世代的产物。③ 认知科学的研究表明,婴儿可以轻易地对有体客体进行识别和分配。可

---

① 当然,以有体物为客体的财产权的排他性,在以物理边界为基础的前提下,还要辅之以一定的行为规范进行调整。例如,《民法典》第290条第1款、第291条和第292条针对相邻关系中的用水、排水、通行以及建造、修缮建筑物和铺设管线等活动作出专门规定,允许人们利用相邻他方的土地;《民法典》第279条禁止业主将住宅改为经营性用房,缩小了业主的权利边界,同时扩张了相邻他方的权利。

② Thomas W. Merrill & Henry E. Smith, *The Morality of Property*, 48 Wm. & Mary L. Rev. 1849, p. 1855 (2007).

③ [英]休谟:《人性论》(下册),关文运译,郑之骧校,商务印书馆1980年版,第527～529页。

以说,有体性具有生物学赋予的认知作用。[①] 故此,动产或者不动产的物理边界,恰恰传递着这样的简单信号。

2. 通过行为规范的排他性

相比之下,诸如信息、数据等无形财产的物理边界,恐怕就没有那么明显了。故此,以信息为客体的财产权利,其排他性无法简单地通过物理边界加以确定。具体而言,信息之所以难以形成明显的边界,存在以下两个方面的原因:

一方面,信息具有多个维度的意义。信息可以区分为结构信息、符号信息和语义信息。结构信息,是指有形物体的结构呈现的信息,例如,人们在路上随处可见的建筑外观就属结构信息的范畴。符号信息则是一定数量的符号及其相互关系所呈现的信息,例如,一段文本或者以"0"和"1"的组合而表现为比特形式的数据,无论它们是否具有实际意义,或者人们是否可以理解其意义,该文本或数据均属符号信息。语义信息则是关于特定对象(如事实、事件、东西或者思想)的意识内容。如一段文本所包含的内容与意义。[②] 结构信息、符号信息和语义信息可能笼统地归属于同一主体,例如,艺术家创作一幅自画像之后,其享有该画像的所有权,因而控制画像的结构信息;其还享有该画像的著作权,因而控制符号信息;同时还享有画像的肖像权,因而控制语义信息。[③] 但是,三者亦可分别归属于不同主体,例如,肖像作品的所有权人、著作权人和肖像权人分别是不同主体时,即属此例。信息的多个维度意味着,当法律体系以信息为客体规定财产权利时,需要进一步明确其所分配的是哪一维度上的信息。

另一方面,即便进一步明确某种财产权利的客体是符号信息(或者结构信息、语义信息),符号信息的"物理边界"本身也无法传递他人行为自由之界限的信号,在通常情况下,人们无法从一则信息本身得知是否可以访问、复制、篡改或者删除这则信息。事实上,信息自由流通的属性决定了人们随意访问、复制和传播、修改以及删

---

① Nancy N. Soja, Susan Carey, & Elizabeth S. Spelke, *Ontological Categories Guide Young Children's Inductions of Word Meaning: Object Terms and Substances Terms*, 38 Cognition 179, p. 183 (1991).

② Zech, Information als Schutzgegenstand, Mohr Siebeck, 2012, S. 38 ff.

③ 根据《民法典》第1018条第2款的规定,肖像是可以识别特定自然人的外部形象。"可识别性"意味着社会一般人可以根据某一外部形象的内容或意义判断出特定自然人,故此肖像权的客体应是关于自然人外部形象的语义信息。

除信息。① 这就意味着,信息作为权利客体,其"物理边界"无法当然地传递信号告知不特定的义务主体其在多大程度上被排除在该权利客体之外。

基于信息的这些特征,现行法将信息作为资源进行分配时,不仅需要明确规定作为权利客体,原则上还需要以行为规范的方式,明确规定他人不得实施或者可以实施的信息利用行为。有的论者将客体的物理边界称为"垂直边界",垂直边界使一项客体不同于另一项客体;将涉及客体利用的行为规范称为"水平边界",水平边界决定了哪些行为专属于权利人,哪些行为则由社会公众共同享有。② 如著作权的客体系作品,乃是符号信息。③《著作权法》第 3 条规定了作品作为权利客体,第 10 条规定了他人未经许可不得实施的针对作品的利用方式,④第 24 条规定了他人可以合理使用作品的若干场景。又如,姓名权的客体为姓名符号,但是依据姓名权的规范目的,其客体应为语义信息。这是因为《民法典》第 1014 条规定,他人不得以盗用和假冒等方式侵害姓名权,这一规定旨在防范他人擅自使用姓名引起的身份归属混淆,从而保护维持身份一致性的利益。⑤ 姓名权同样也是通过客体(《民法典》第 1012 条和第 1017 条)与行为规范(第 1014 条)共同确定权利边界的。在这个意义上,以信息为客体的财产权,其排他性主要根据法律明定的行为规范决定的。

由此可见,不同于动产或者不动产,信息作为权利客体的特殊之处在于:后者的物理边界无法像前者一样传递有关权利边界的信号。因此,以信息为客体的民事权利,总是需要辅之以行为规范才能确定该民事权利的排他性。当然,倘若技术条件的发展使信息的物理边界本身可以传递信号,告知不特定的陌生人,其不得以某种方式干涉该项信息的,那么信息的物理边界本身或许也就可以产生相应的排他性。下文的分析将表明,区块链的架构恰恰提供了这一物理边界。

---

① 梅夏英:《数据的法律属性及其民法定位》,载《中国社会科学》2016 年第 9 期。

② Peukert, Güterzuordnung als Rechtsprinzip, Mohr Siebeck, 2008, S. 212.

③ Zech, Information als Schutzgegenstand, Mohr Siebeck, 2012, S. 133, S. 352ff.

④ 著作权法规定的并非自用权,而是排他权。参见王迁:《著作权法》,中国人民大学出版社 2015 年版,第 12 页。

⑤ 刘文杰:《民法上的姓名权》,载《法学研究》2010 年第 6 期。

三、虚拟货币的财产属性

(一)虚拟货币的技术特征

2009年1月4日,比特币区块链的第一个区块(称为创世区块)诞生。一周后,中本聪发送了10个比特币给密码学专家哈尔芬尼,形成了比特币史上的第一笔交易。[①] 暂且抛开技术细节不谈,这笔交易所在的区块记载了两项交易信息:一是中本聪的账户地址向哈尔芬尼的账户地址转账10个比特币;二是矿工获得50个比特币的区块奖励(block reward)。当区块链上记载了"中本聪向哈尔芬尼转账10个比特币"或"一名矿工获得50个比特币"的交易信息之后,哈尔芬尼和这名矿工不仅在"语义世界"中分别拥有10个和50个比特币,同时也在现实世界中拥有了在今天看来价值分别为约人民币206万元和1031万元的财富。在这一过程中,区块链上记载的语义信息成为价值。[②]

那么,区块链技术为什么可以使语义信息成为价值?语义信息成为价值并非新鲜事。商业银行的网上银行记载的个人账户余额,就是持有人真正拥有的货币数量。换言之,账户持有人拥有多少货币,是由账本的语义信息决定的。与此相似,比特币的区块链账本记录的交易信息,也决定了账户地址的持有人拥有的比特币的数量。只是,比特币账本的正确性不是由商业银行等中心机构维护的,而是由分布式的节点维护的。同样,比特币账本记载的语义信息想要成为价值,就要以该账本的正确性为前提条件——如果有人能够向比特币账本中添加虚假信息,那么其就有权重新分配数字资产。[③] 比特币账本的正确性并不取决于商业银行的可信任性,而是区块链系统本身的架构。

比特币区块链本质上是一个分布式数据库,即由互不相识的节点共同维护的账

---

① 袁勇、王飞跃:《区块链技术发展现状与展望》,载《自动化学报》2016年第4期。

② 这里所说的信息成为价值,并不是因为信息所蕴含的知识、观念和思想,或者审美意义而具有价值,而是信息成为表征价值的符号。

③ [美]亚伦·普赞诺斯基、[美]杰森·舒尔茨:《所有权的终结》,赵精武译,北京大学出版社2022年版,第280页。

本。与商业银行维护的个人账户不同的是,比特币账本记载的不是个人账户及其余额,而是交易记录。假设某一账户地址曾经收到10个比特币、5个比特币的两笔转账,在比特币账本中,这些交易记录不会合并为该账户地址拥有15个比特币的余额信息,而是表现为一笔曾经收到10个比特币并且尚未花费的交易记录,一笔曾经收到5个比特币并且尚未花费的交易记录,这两笔交易记录相互独立,均被记载在比特币账本上。持有人拥有的,不是账户余额,而是尚未花费的交易记录(UTXO),这就是所谓的"现实世界中没有比特币,只有UTXO"。①

当中本聪在网络上发布一个向哈尔芬尼转账10个比特币的交易指令时,矿工对比特币账本的维护方式,不是在中本聪的账户上扣减10个比特币、在哈尔芬尼账户上增加10个比特币。而是将中本聪曾经收到并且尚未花费的10个比特币的交易记录作为输入,将哈尔芬尼的账户地址作为输出,在原本的交易记录的基础上续写一个新的交易指令,表明10个比特币已经转让到哈尔芬尼的账户地址。② 比特币账本的交易记录与汇票背书十分相似,汇票权利以背书的连续性为前提条件,③比特币账本的正确性则以交易记录的连续性为前提条件。每一个比特币的交易记录均可溯源至其作为区块奖励(block reward)而被创造之时。

由于比特币账本是由互不相识的节点维护的,因而无法识别转账10个比特币的交易指令是否真的由中本聪本人发布。为了解决这一问题,比特币系统采用"数字签名"的验证机制防止虚假的交易指令记入区块链。所谓数字签名算法包括以下3个步骤:(1)使用随机算法生成一对公钥和私钥。(2)签名过程是把一段消息和私钥作为输入,输出即为数字签名。(3)验证过程是把数字签名与公钥作为输入,如果

① [美]阿尔文德·纳拉亚南等:《区块链技术驱动金融:数字货币与智能合约技术》,林华等译,中信出版社2016年版,第20页。

② 这种记账方式可能面临"双花攻击",即甲将同一笔收到10个比特币的交易记录转账给乙,同时又转账给丙,倘若不同的"矿工"将这两个交易指令均记在账上,就会导致甲收到的10个比特币实际被消费了两次。为了解决这一问题,比特币系统要求甲发布的交易指令必须使用哈希指针指向其曾经收到10个比特币,并且尚未花费的交易记录。See Satoshi Nakamoto, Bitcoin: A Peer-to-Peer Electronic Cash System, at 2, Accessed June 1, 2022, https://bitcoin.org/bitcoin.pdf.

③ 谢怀栻:《票据法概论》(第2版),法律出版社2017年版,第121页。

返回值为真,证明数字签名属实;如果返回值为假,证明数字签名不属实。① 换言之,只有掌握私钥,才能生成有效的数字签名,而矿工只要根据公钥就可验证数字签名的有效性。据此,只有掌握私钥者,方可发布有效的交易指令,从而在比特币账本原本的交易记录后续写一个新的交易记录。

根据以上技术特征可以发现,所谓"谁拥有多少比特币"只是比特币账本中的交易记录的语义;数字签名的架构使只有持有私钥者方可改写该私钥所对应的账户地址的交易记录。

(二)虚拟货币"所有权说"及其缺陷

比特币系统决定了,只有持有私钥的民事主体可以排他支配账户地址中的比特币。基于这一技术特征,一种观点认为,比特币等区块链虚拟货币上可以成立所有权,区块链数字资产应纳入物权保护范围。② 这一观点的理由包括:其一,区块链数字资产满足物权客体"特定性"的要求。这是因为,区块链数字资产的公共参数可以确定数字资产的权属、价值和交易记录等,任何访问区块链系统的人均可识别出特定数字资产,区块链上每一个数字资产都是特定的、独立的,可以与其他资产清楚地区别开来,并且可以单独转让。③ 其二,虚拟货币具有可支配性,即持有人可以通过私钥签署数字签名,发布交易指令,从而转让虚拟货币。④ 其三,虚拟货币的加密验证机制决定了,持有人对虚拟货币享有排他控制的法律地位,因为除私钥持有人外的任何人均无法针对该资产采取任何行动。⑤

另一种观点认为,虚拟货币应当属于网络虚拟财产。这是因为,2013 年由中国人民银行等 5 个部委联合印发的《关于防范比特币风险的通知》指出:"从性质上看,比特币应当是一种特定的虚拟商品。"故此,一些涉及比特币纠纷的判决书认为,由

---

① [美]阿尔文德·纳拉亚南等:《区块链技术驱动金融:数字货币与智能合约技术》,林华等译,中信出版社 2016 年版,第 20 页。

② 代表性观点,参见司晓:《区块链数字资产物权论》,载《探索与争鸣》2021 年第 12 期。

③ John, Zur Sachqualität und Eigentumsfähigkeit von Kryptotoken, BKR 2020, 76, 77.

④ 赵磊:《论比特币的法律属性——从 HashFast 管理人诉 Marc Lowe 案谈起》,载《法学》2018 年第 4 期。

⑤ See Walter, Bitcoin, Libra und sonstige Kryptowährungen aus zivilrechtlicher Sicht, NJW 2019, 3609, 3613.

于比特币具备价值性和稀缺性,持有人可以对比特币进行占有、收益和处分,比特币具备财产的可支配性和排他性,属于网络虚拟财产。① 但是,由于《民法典》第 127 条只是笼统地规定,法律对网络虚拟财产的保护有规定的,依照其规定,没有进一步规定其财产属性以及相应的财产规则,故将虚拟货币界定为网络虚拟财产没有进一步揭示虚拟货币上的财产权利的属性,至多只是承认虚拟货币是受到民法保护的新型财产权利。此外,上述裁判理由之所以承认比特币受到法律保护,是因为比特币可以占有、收益和处分,其实是以《民法典》第 240 条规定的所有权为原型界定比特币的财产属性。与此相似,有德国学者主张,虚拟货币通过公钥进行分配,符合归属功能的要求;只有虚拟货币的持有人可以通过私钥访问虚拟货币,因而只有持有人可以使用虚拟货币,并且排除他人使用;符合排他功能的要求;虚拟货币的持有人可以使用虚拟货币进行交易,因而具有使用功能。故此,虚拟货币属于受到德国《民法典》第 823 条第 1 款保护的"其他权利"。② 而该条款所规定的"其他权利"也是将所有权作为参考基准。③

由此可见,上述观点事实上均强调了持有人对虚拟货币的支配性和排他性,并且以所有权为"原型"讨论虚拟货币的财产属性,因此本文将它们统称为虚拟货币"所有权说"。虚拟货币"所有权说"可能存在以下问题:

第一,区块链系统的架构没有真正赋予数字资产以所谓的"特定性"。根据《民法典》第 114 条的规定,"物权是权利人依法对特定的物享有直接支配和排他的权利"。这一条款规定物权客体是特定的物,比特币系统的架构决定了,每一笔交易记录均是独一无二的,因此持有人享有的比特币似乎属于"特定的物"。但事实上,在语义信息的维度上,不仅是记载在区块链中的信息是特定的,其他任何场景中的语义信息均是独一无二的,甚至可以说"信息本身就是差异"。一则信息之所以有意

---

① 参见上海市高级人民法院:《比特币是否具有财产属性? 怎样执行返还交付?》,载微信公众号"浦江天平"2022 年 5 月 5 日,https://mp. weixin. qq. com/s/4KH68E0MVhxjgyeWgJAHOA;江苏省句容市人民法院民事判决书,(2020)苏 1183 民初 3825 号;杭州互联网法院民事判决书,(2019)浙 0192 民初 1626 号;上海市第一中级人民法院民事判决书,(2019)沪 01 民终 13689 号;等等。

② Skauradszun, Kryptowerte im Bürgerlichen Recht, AcP 221 (2021), 353, 368.

③ MüKoBGB/Wagner, 8. Aufl. 2020, BGB § 823 Rn. 301.

义,是因为此信息与彼信息产生差异。① 尽管动产或不动产的特定性可以使其成为物权客体,但是语义信息的特定性却不能使其成为物权客体;否则,人们完全可以对其说出的每一句话、每一则信息主张所有权。

第二,既然"谁拥有多少比特币"只是比特币账本中未花费的交易记录,那么持有人支配比特币的真实含义,仅仅是指只有持有人有权改写其账户地址的 UTXO。这个意义上的支配性与《民法典》第 114 条第 2 款规定的"直接支配"之含义存在根本不同。物权意义上的直接支配,是指权利人无须借助他人的意思,仅凭自己的意思就能直接处置标的物。② 但在比特币系统中,所谓持有人对虚拟货币的支配,必须通过以下步骤实现:首先,持有人在网络上发布和广播交易指令;其次,不特定的矿工在接收到交易指令之后,验证交易指令的有效性,验证通过后将其打包在区块中;最后,获得记账权的矿工将验证通过的交易指令记入区块链账本中,唯有如此方可真正改写一个账户地址的交易记录,从而实现将虚拟货币转让给他人的目的。由此可见,持有人对虚拟货币的"支配"不仅依赖区块链系统,同时也依赖不特定第三人的辅助。故此,持有人并未真的直接支配比特币。

第三,上述观点还提出,区块链系统通过加密算法赋予持有人对虚拟货币进行排他控制的法律地位,因此虚拟货币可以成立所有权。这个观点似乎将虚拟货币的排他性等同所有权意义上的排他性,实际上夸大了虚拟货币的排他性。

承上文所述,所有权具有近乎全面的排他性,除法律特别规定外,他人未经所有权人同意不得以任何方式干涉所有物。但是,虚拟货币没有这样的完全排他性。一方面,虚拟货币作为信息,它具有公开可访问性。这就不同于私密信息或者商业秘密。根据《民法典》第 1033 条的规定,除法律另有规定或者权利人明确同意外,任何组织或者个人不得处理他人的私密信息。因此,隐私权具有类似所有权一样的完全排他的效力,任何未经同意触及私密信息的行为,均构成对隐私权的侵害。又如,《反不正当竞争法》第 9 条同样全面禁止了经营者以外他人访问、复制和传播商业秘密的行为,商业秘密尽管没有被现行法规定为"××权",然而其事实上也享有

---

① [意]卢西亚诺·弗洛里迪主编:《计算与信息哲学导论》(上册),刘钢主译,商务印书馆 2010 年版,第 134 页。

② 陈甦主编:《民法总则评注》,法律出版社 2017 年版,第 809 页。

近乎全面的排他地位。有的学者甚至将商业秘密的法律保护称为“信息所有权”(Informationseigentum)。[①] 但是,虚拟货币具有公开可访问性,任何人均可在互联网上查询交易记录,进而掌握整个比特币账本的所有信息,因此虚拟货币不具有私密信息或商业秘密意义上的、类似所有权的完全排他性。另一方面,虚拟货币也不禁止他人复制比特币账本所记载的符号信息。事实上,比特币系统的稳定性和安全性鼓励更多的节点复制和存储相同的符号信息。可以说,任何节点(尤其是全节点)均要复制和存储一系列区块的总账本,每个区块中都包含了所有有效的交易清单。[②] 就此而言,虚拟货币的排他性也不同于著作权的排他性——根据《著作权法》第10条赋予著作权人对作品(作为符号信息)一定的排他性,即未经著作权人同意不得复制作品的符号信息。虚拟货币并不赋予持有人对比特币账本的符号信息的排他地位。

(三)虚拟货币作为对语义信息的排他权

承上文所述,法律体系要将一项资源分配给特定主体,就必须赋予该主体以一定程度的排他性——要么以物理边界的方式规定完全的排他性,要么以行为规范的方式规定有限的排他性。倘若权利客体是动产或者不动产,那么它们的物理边界传递着有关权利边界的信号,自然而然地形成排他性。倘若权利客体是信息,那么在通常情况下,由于信息欠缺明显的物理边界,人们无法仅从一则信息本身的物理架构得知是否可以访问、复制、传播或者篡改这则信息。因而《著作权法》等法律法规以行为规范的方式具体地规定了他人不得实施的若干行为,从而实现信息资源的分配。但在少数情况下,信息本身可以传递权利边界的信号。例如,私密信息或者商业秘密处于不为公众所知悉的私密状态,故此任何未经同意处理这些秘密信息的行为,均构成对隐私权或者商业秘密的侵犯。

笔者主张,区块链的架构赋予作为语义信息的比特币等虚拟货币以明显边界,比特币财产权利本质上是持有人对语义信息的排他权。具体而言:

---

① Hauck, Wirtschaftsgeheimnisse-Informationseigentum kraft richterlicher Rechtsbildung?, Duncker & Humblot, 1987, S. 111f.

② [美]阿尔文德·纳拉亚南等:《区块链技术驱动金融:数字货币与智能合约技术》,林华等译,中信出版社2016年版,第41页。

首先,比特币也是信息,所谓“谁拥有多少比特币”,只是比特币账本上的交易记录的语义信息。换言之,比特币上的财产权利的客体是语义信息,而非符号信息或者结构信息。若以所有权为原型讨论虚拟货币的财产属性,则忽视了信息具有多个维度,即结构信息、符号信息和语义信息。著作权所要保护的是“表达”,即作品的符号信息;隐私权或者商业秘密所要保护的则是不为他人知悉的语义信息。[①] 在信息上构造财产权利,应当明确该财产权利的客体究竟是哪一维度上的信息。倘若以笼统的所有权概念讨论信息上的财产权利,可能就会不当限制信息的自由流通。这是因为《民法典》第240条意义上的所有权具有完全排他性,他人未经同意不得以任何方式触及动产或不动产。若是承认信息上的所有权,那么他人未经同意既不得访问信息,也不得复制信息。然而,比特币账本的交易记录既可以公开访问,也可以随意复制,而且区块链的稳定性和安全性建立在更多的节点复制整个比特币账本的基础上。故此,比特币上的财产权利必然不能以所有权为原型进行界定。

其次,尽管现行法没有哪一条款针对比特币明确规定他人的行为规范,但是区块链的架构划定了一条明显边界,赋予了持有人对虚拟货币以事实上的排他性。具体而言,在比特币系统中,只有当持有人使用私钥对其发布的交易指令进行数字签名时,“矿工”才会将该交易指令记载在账本中。这一架构决定了比特币的排他性。一方面,就物理防御的角度而言,比特币的共识协议决定了,各个节点将交易指令打包成区块之前,必须对数字签名进行验证,只有验证通过的交易指令才能记入比特币账本。这意味着,他人无法擅自篡改某个账户地址的交易记录。另一方面,物理防御的有效性事实上也仰赖比特币社群的普遍共识——这种物理防御并非不可打破,倘若超过51%的节点决定在区块链上记载没有数字签名的交易记录,那么任一账户地址的状态数据都有可能被人篡改。然而,这样的恶意节点毕竟只是少数。比特币区块链的稳定和安全,固然建立在物理防御的基础上,但是也离不开基于数字签名机制产生的社会共识。在现实世界中,动产或者不动产的物理边界之所以可以产生排他性,固然是因为诸如围墙等物理架构具有防御功能,但更重要的是,物理边界传递了“不得进入”或者“不得干涉”的简单信号。同样,比特币中的数字签名也

① Zech, Information als Schutzgegenstand, Mohr Siebeck, 2012, S. 352ff.

是通过物理防御和社会共识产生了有限的排他性。

最后,区块链的代码或者架构传递着一个简单信号,根据这一简单信号,只有私钥持有人发布的、带有合法数字签名的交易指令可以更改一个账户地址的交易信息;其他交易指令欠缺有效的数字签名,因此不得更改该账户地址的交易信息。根据这一简单信号,比特币社区的参与者清楚地知道了自己的行为边界。劳伦斯·莱斯格(Lawrence Lessig)在《代码2.0》一书中指出,代码或者架构规制网络空间的行为,即代码设置了网络空间的特性,从而允许一些行为,禁止另外一些行为。① 莱斯格强调的,只是代码对特定行为的规制。本文的论证表明,代码或架构不仅可以规制具体的、特定的行为,还可以创设财产权利。事实上,财产权利本来就是调整资源利用的行为规范,只不过财产权利不是直接针对个别的、特定的利用行为作出规制,而是以物理边界的简单信号告知人们行为自由的界限,从而协调数量众多的不特定陌生人的集体行动。② 比特币系统的架构传递的简单信号,告知网络空间中众多的、不特定的陌生人不得侵入的权利领域,由此形成数字环境中的财产权利。简言之,比特币区块链的架构使语义信息成为财产权利。

四、NFT数字作品的财产属性

(一)NFT数字作品的技术特征

既然比特币区块链的架构可以使"谁拥有多少比特币"的语义信息成为财产权利,那么区块链上记载的若是更加复杂的信息,如"谁拥有一幅数字作品",这一信息可以赋予持有人一项"货真价实"的数字作品财产权利吗?基于以太坊等区块链的NFT,为数字作品的发行、持有和流通提供了一种全新的技术路径,这一技术似乎提供了一种类似虚拟货币的财产权利。例如,艺术家毕普(Beeple)在以太坊上将其一幅作品《Everyday: the First 5000 Days》铸造成NFT,随后区块链投资者美特科文

---

① [美]劳伦斯·莱斯格:《代码2.0:网络空间中的法律》(修订版),李旭、沈伟伟译,清华大学出版社2018年版,第137页。

② Thomas W. Merrill & Henry E. Smith, *The Morality of Property*, 48 Wm. & Mary L. Rev. 1849, at 1850 (2007).

(Metakovan)以42,329个以太币(约6900万美元)的高价拍下这幅作品。[①] 在以太坊区块链账本上,人们可以公开查阅这幅作品的相关信息,包括通证编号(Token ID)、合约地址和持有人的账户地址,并且可以通过统一资源标识符(URI)访问数字作品。这些信息同样也是记载在区块链上,而非记载在某个运营商的数据库上,这些信息似乎传递了“谁拥有一幅数字作品”的意义。

但相比比特币,这些信息更复杂,必须通过智能合约实现。所谓智能合约,是部署在以太坊区块链上的分布式应用程序(Dapps)。[②] 智能合约由函数和状态变量组成,其中,函数,是指可以执行的代码单元,状态变量就是数据。执行智能合约中的代码,将会改变智能合约存储的状态变量也即数据。[③] 非同质化通证是智能合约的一种新型应用场景。从技术上讲,NFT具有两个意义:一方面,NFT,是指部署在区块链上的智能合约,即“通证合约”(token contract)。例如,在以太坊区块链中,NFT采取的是ERC721的通证合约,其核心功能包括:第一,该通证合约记载数字作品的元数据和统一资源标识符,从而实现针对数字作品的指向功能。第二,该通证合约记载从通证编号到账户地址的映射表,说明在该智能合约中的通证编号分别属于哪些账户地址。[④] 据此,只有持有人使用私钥对其发布的交易指令进行数字签名,该交易指令才能通过“矿工”的验证,从而实现通证的转让。第三,该通证合约还要包含转让函数,允许持有人发布交易指令,将一个通证转让给买受人的账户地址。当转让函数执行完毕后,通证合约中的映射表将会发生变化,该通证编号所对应的账户地址将更新为买受人的账户地址。另一方面,所谓“拥有通证”(has tokens),是指按照交易指令执行通证合约之后形成的状态变量。这一状态变量所含信息内容包括某一通证编号当前归属于哪一账户地址。[⑤] 值得注意的是,数字作品本身并不存储

---

① Scott Reyburn, *JPG File Sells for $ 69 Millions, as "NFT Mania" Gathers Pace*, N. Y. Times (Mar 11, 2021), https://www.nytimes.com/2021/03/11/arts/design/nft-auction-christies-beeple.html.

② 以太坊的智能合约采用的是Solidity语言,这是一种图灵完备(Turing-complete)的计算机语言,这意味着,任何在计算机上可以实现的功能,均可在智能合约中实现。

③ 载https://docs.soliditylang.org/en/v0.8.13/contracts.html#,最后访问日期:2022年5月22日。

④ See Devin Finzer, *The Non-Fungible Token Bible: Everything You Need to Know About NFTs*, Opensea (Jan. 10, 2020), https://opensea.io/blog/guides/non-fungible-tokens/#ERC721.

⑤ 载https://docs.openzeppelin.com/contracts/4.x/tokens,最后访问日期:2022年5月20日。

在通证合约上,也不存储在区块链中,而是存储在第三方数据库中,通证合约只是记载了该数字作品的统一资源标识符。因此严格地讲,区块链账本记载的信息并非"谁拥有一幅数字作品",而是"谁拥有哪一个非同质化通证"。

由此可见,尽管基于以太坊区块链的智能合约的技术特征更复杂,但以太坊和比特币系统的理念是一致的,它们均是"交易驱动的状态机"(transaction-based state machine)——在某个状态下接受一些交易指令后,将会确定地转移到一个新的状态。① 只是,在比特币系统中,状态机显示的内容只是"谁拥有多少比特币";而在以太坊系统中,状态显示的内容可以更加复杂,即"谁拥有哪一个非同质化通证"。故此,NFT 的持有人所享有的,也是记载在区块链账本上的交易信息的语义内容。

(二)NFT 数字作品"所有权说"及其缺陷

由于 NFT 数字作品和虚拟货币存在技术相似性,虚拟货币"所有权说"的论证思路延续到了 NFT 数字作品的讨论。一种观点认为,持有人享有 NFT 数字作品的所有权。例如,有的 NFT 交易平台在"用户协议"中明确声称,NFT 数字作品的买受人将取得"所有权"。② 杭州互联网法院明确指出:"NFT 交易实质上是'数字商品'所有权移转,并呈现一定的投资和收藏价值属性……NFT 数字作品持有人对其所享有的权利包括排他性占有、使用、处分、收益等。"③况且,NFT 数字作品的市场之所以具有发展潜力,在一定程度上要以 NFT 可以代表其所指向的数字作品的"所有权"为前提。④ 另一种观点认为,NFT 数字作品上成立的并非所有权,而是网络虚拟财产或者德国《民法典》第 823 条第 1 款中的"其他权利"。⑤

---

① Preethi Kasireddy, *How does Ethereum Work, Anyway*?, Accessed May 22, 2022, https://www.preethikasireddy.com/post/how-does-ethereum-work-anyway.

② 例如,《幻核软件许可服务协议》第 2.1 条规定:"您购买藏品后,作为购买者,您的相关信息将写入该藏品的元数据中,作为您拥有该藏品所有权的凭证。"又如 CryptoKitties 的主页说明声称:"你可以 100% 地拥有每件加密猫咪,它们无法被复制、剥夺或者销毁。"载 https://www.cryptokitties.co/,最后访问日期:2022 年 5 月 20 日。

③ 杭州互联网法院民事判决书,(2022)浙 0192 民初 1008 号。

④ See Joshua A. T. Fairfield, *Tokenized: The Law of Non-Fungible Tokens and Unique Digital Property*, 97 Indiana Law Journal 1261, p. 1279 (2022).

⑤ Vgl. Kaulartz/Schmid, Rechtliche Herausforderungen sog. Non-Fungible Token (NFTs), Accessed April 16, 2022, https://www.cmshs-bloggt.de/tmc/rechtliche-herausforderungen-sog-non-fungible-token-nfts/.

无论是主张NFT数字作品成立所有权,还是成立新型财产权的观点,它们都在一定程度上延续了虚拟货币的论证思路,即区块链技术使NFT(及其指涉的数字作品)成为特定的物,持有人对此享有直接支配和排他的权利。在这个意义上,上文所述的对虚拟货币"所有权说"的批评,同样也可适用于此。简言之,这些观点没有认识到信息的多个维度,将区块链账本记载的信息等同于物,并且赋予私钥持有人以所有权或者类似所有权的法律地位,可能过分夸大了区块链数字资产的排他性。与虚拟货币相似,NFT的持有人享有的,仅仅是对其账户地址的交易信息的语义内容享有有限排他权——只有持有人使用私钥进行数字签名时,其发布的交易指令才能改变NFT的归属地址;他人未经同意不得篡改区块链账本所记载的交易信息。

此外,上述观点还忽视了NFT数字作品与虚拟货币的根本不同,即以太坊区块链账本上记载的信息不只是"谁拥有非同质化通证",还包含了"非同质化通证指向了什么数字作品"之意。那么,持有人享有的,只是针对NFT的财产权利,还是同时包括了该通证所指涉的数字作品的财产权利?从现有讨论中可以看出,有论者将NFT与数字作品作为同一客体加以讨论,承认持有人对"NFT数字作品"的所有权或财产权。[①] 也有少数论者明确指出,NFT的所有权应当与该通证所指涉内容的知识产权应当相互分离,持有人尽管享有NFT所有权,但是不享有数字作品的知识产权。至于是否对数字作品享有某种意义上的所有权或财产权,则未得到阐述。[②]

(三)NFT与数字作品的区分评价

笔者认为,NFT与数字作品应当作为两个不同的客体分别评价。这是因为:从NFT数字作品的技术特征可知,NFT是记载在区块链账本上的信息,但是数字作品并不存储在区块链上,而是存储于第三方数据库中。尽管NFT通过统一资源标识符指向了数字作品,但是二者属于相互独立的数据。当数字作品因第三方数据库的

---

① 陶乾:《论数字作品非同质代币化交易的法律意涵》,载《东方法学》2022年第2期。

② 司晓:《区块链非同质化通证(NFT)的财产法律问题探析》,载《版权理论与实务》2021年第7期。

安全事故而无法访问时,NFT 本身不会受此影响。

NFT(本身)作为智能合约执行交易指令的结果,也是区块链账本记载的交易记录,因而区块链系统的架构同样赋予持有人对这些交易记录的语义信息以排他性,即只有私钥持有者方可改变这一交易记录。在这个意义上,持有人对 NFT 享有与虚拟货币一样的财产权利。

但是,持有人对 NFT 享有的财产权利,无法推导得出持有人对存储于第三方数据库中的数字作品也享有财产权利。这是因为,持有人通过私钥所能排他控制的,只有记载在区块链账本上的 NFT,无法延伸至该通证所指向的数字内容。尽管以太坊区块链的架构告知人们不得擅自篡改非同质化通证的归属,但是这一架构没有告知人们,NFT 所指涉的数字作品,是否可以复制、使用或者篡改。尤其考虑许多 NFT 交易平台允许人们浏览、下载或者截取数字作品的内容。这些架构并没有传递关于数字作品的简单信号,人们无法得知其是否可以下载、复制或者截取这些数字作品。

既然如此,持有人对数字作品享有何种权利?当消费者斥巨资购买 NFT 数字作品时,他究竟购买了什么?一方面,在著作权的意义上,持有人对数字作品所享有的权利取决于 NFT 交易平台所定义的著作权许可协议。从目前我国大多数 NFT 交易平台"用户协议"的条款来看,持有人几乎没有获得任何著作权意义上的财产性权利。[①] 当然,持有人与数字作品的作者或者 NFT 交易平台可以另行达成著作权许可使用的协议。例如,中国李宁与无聊猿游艇俱乐部(Bored Ape Yacht Club)开展链下联名活动,无聊猿游艇俱乐部授予中国李宁对其所购买的无聊猿 NFT 图像进行不限次数的改编、复制和发行的权利。[②] 但是,在持有人与著作权人达成此种协议之

---

① 例如,《幻核软件许可服务协议》(腾讯运营)第 2.3 条规定,"您成功购买藏品后,本软件将会提供藏品展示的服务,供您进行学习、研究、欣赏、收藏。除上述使用目的外,您不得用于任何其他目的";《鲸探平台用户使用规则》(阿里运营)第 4.1.6 条规定:"您理解并同意,数字藏品的版权由发行方或原作创作者拥有。除另行取得版权权利人书面同意外,您不得将数字藏品用于任何商业用途。除平台规则或平台功能允许外,您获得的数字藏品应仅用于自身收藏、学习、研究、欣赏和展示目的,不得用于任何其他目的。"

② 刘申凡:《李宁 + 无聊猿,NFT 联合营销的法律问题》,载微信公众号"元宇宙法律那些事"2022 年 5 月 11 日,https://mp.weixin.qq.com/s/F_XhbqachAjAwXYOUO4EwA,最后访问日期:2022 年 9 月 1 日。

前,持有人对数字作品并不享有著作权意义上的财产权利。

另一方面,在“所有”的意义上,持有人是否对数字作品享有某种财产权利?有的观点认为,NFT的持有人所取得的,乃是持有人享有的、针对“数字原件”的、类似所有权的“持有权”。[①] 这一持有权的内容是,只有持有人可以访问一份独一无二的数字文件的权利,哪怕这一数字文件与复制件之间没有品质的差异,但是NFT的意义恰恰在于,其可以在毫无差异的数字复制件中挑选出一件,使之成为“数字原件”。正是基于这一特质,NFT的首要应用场景是数字艺术品。根据《艺术品经营管理办法》第2条第1款的规定,艺术品以有限复制性为前提条件,数字文件具有无限可复制性决定了,以数字形式创作的作品难以成为艺术品。但是,通过NFT标识一份独一无二的“数字原件”,可以使数字作品成为数字艺术品。持有NFT者,也就获得了独一无二的法律地位,并且可以展示或者炫耀该通证指向的数字作品。NFT所具备的价值,并非来自数字作品的内容,而是来自数字原件之地位。正如在日常生活中,无论一部著作是否得到作者签名,其内容均是一致的,但是带有作者亲笔签名的著作往往独具价值。另外,持有人所获得的独一无二的法律地位,并非来自持有人对数字作品的财产权利,而是源自持有人对NFT的财产权利。毕竟当他人擅自下载或者复制数字作品时,持有人的法律地位不会受到侵犯;但是,当他人盗取NFT后,持有人的法律地位即受到侵害。[②]

有的论者担心,通过NFT人为制造差异性,在本来没有区别的数字文件中挑选一份使之成为独一无二的数字原件,没有创造任何价值,纯属炒作。[③] 这恐怕不是立法者所要关心的问题,而是市场所要解决的问题——倘若这一法律地位可以满足特定人群的需求,那么它就是有价值的;倘若它在市场中被淘汰了,那么它就是没有价

---

① Vgl. Kaulartz und Schmid, Rechtliche Herausforderungen sog. Non-Fungible Token (NFTs), Accessed April 13, 2022, https://www.cmshs-bloggt.de/tmc/rechtliche-herausforderungen-sog-non-fungible-token-nfts/.

② 例如,2022年4月1日,周杰伦持有的一枚无聊猿NFT被盗,载新浪网,https://news.sina.com.cn/o/2022-04-02/doc-imcwipii1980122.shtml。

③ 刘润:《再聊NFT,跌落神坛或许是好事》,载微信公众号“刘润”2022年5月14日,https://mp.weixin.qq.com/s/a6RXw6WHTjwJIrPPwmNReg。

值的。[1] 立法者所要操心的,只是 NFT 交易平台或者发行人是否如实告诉潜在的买受人这一新型财产的真实信息,而不必事前决定这一新型财产是否真的具有价值而作出鼓励或者禁止的法律判断。在这个意义上,那些声称消费者可以取得数字作品所有权的“用户协议”就侵害了消费者的知情权。

综上所述,NFT 的持有人所享有的财产权利,仅限于区块链账本记载的交易信息的语义内容,即他人未经持有人同意,不得发布交易指令篡改归属于持有人之账户地址的信息。NFT 的财产权利的客体,从根本上来说,乃是区块链账本中特定账户地址的语义信息。至于 NFT 所指向的数字作品,并非持有人的财产权利的客体。

五、结论

随着数字经济的发展,信息或数据日渐成为现代社会中最重要的资源或者外在客体,这些资源应当如何分配,成为私法体系面临的重大难题。从区块链数字资产的现有研究来看,以所有权为原型的研究路径恐怕无法契合区块链数字资产的技术特征,也无法准确界定信息上的财产权利。本文尝试观察财产权利的“系统本身”,提出排他性乃是财产权利的本质属性。财产权利的排他性既可以通过物理边界加以确定,即他人未经同意不得越过物理边界、不得擅自触碰权利客体,这样的财产权利具有完全排他性;财产权利的排他性也可以通过行为规范加以确定,即禁止他人针对权利客体实施特定类型的行为,这样的财产权利具有有限排他性。根据这一理论,区块链数字资产之所以可以成立财产权利,是因为区块链的架构形成了诸如庭院围墙一般的明显边界,这一明显边界传递着一个简单信号:只有私钥持有人方可通过加盖有效数字签名的交易指令改写账户地址的交易信息,他人未经同意不得擅自篡改该账户地址的交易记录。据此,虚拟货币或者 NFT 上的财产权利乃是针对区块链账本上的语义信息的排他权。当然,这只是信息上的权利群中的一项权利。此外,传统的网络虚拟财产、数据等以信息为客体的财产权利仍需体系性的建构方案。

---

① 例如,有的观点认为:“拥有无聊猿本身就是一个重要的身份,带有无聊猿的头像就意味着进入到一个全新的社交场域,对外是财富、身份和某种潮流观念的体现。”参见张延来:《国内名企纷纷牵手海外蓝筹 NFT 的法律观察》,载微信公众号“网络法实务圈”2022 年 5 月 16 日,https://mp. weixin. qq. com/s/ID_66GqNV6UwwlzV5s7z8w。

专题九　禁止权利滥用

本专题撰写人：王利明

【《民法典》及其配套司法解释的新规则】

《民法典》第132条：

民事主体不得滥用民事权利损害国家利益、社会公共利益或者他人合法权益。

《总则编司法解释》第3条：

对于民法典第一百三十二条所称的滥用民事权利，人民法院可以根据权利行使的对象、目的、时间、方式、造成当事人之间利益失衡的程度等因素作出认定。

行为人以损害国家利益、社会公共利益、他人合法权益为主要目的行使民事权利的，人民法院应当认定构成滥用民事权利。

构成滥用民事权利的，人民法院应当认定该滥用行为不发生相应的法律效力。滥用民事权利造成损害的，依照民法典第七编等有关规定处理。

【规则由来】

《民法典》第132条来自原《民法总则》第132条，是原《民法总则》重要新增规则。原《民法通则》未明确规定滥用权利规则，在民事纠纷中，若涉及权利滥用，法院通常借助于诚实信用、公序良俗等原则予以处理。

《总则编司法解释》第3条同样是一项新条文，先前司法解释未有相关规定，而是交由法官自由裁量。《总则编司法解释》第3条在《民法典》第132条的基础上，明确了其认定标准与法律效果，是《总则编司法解释》的一大亮点。

【规范意旨】

《民法典》第132条来自原《民法总则》第132条，是原《民法总则》的重要新增条文。本条确立了禁止权利滥用的规则。《民法典》总则编第五章构建了完整的民事权益体系，并在该章最后一条（第132条）规定了禁止权利滥用，彰显了该条的规范意旨，即民事主体的合法权益受法律保障、有行使其合法权利的自由，但权利行使应当有合理界限，既不能违背权利设定的目的，也不能以权利为手段不正当地损害他人的合法权益。禁止权利滥用规则是我国《宪法》第51条规定的"中华人民共和国公民在行使自由和权利的时候，不得损害国家的、社会的、集体的利益和其他公民的合法的自由和权利"在《民法典》中的体现与落实，其具有规范权利行使、协调权利冲突、实现利益平衡与维护诚信原则的法律功能。

在《民法典》第132条的基础上，《总则编司法解释》第3条在构成要件、认定方法以及法律效果三个方面进行了完善。关于滥用权利的构成要件，各国立法与司法实践并无统一做法，大致可分为以权利人行使权利的主观状态为标准的"主观说"与权利行使的客观结果为标准的"客观说"。通过综合《民法典》第132条与《总则编司法解释》第3条可以确定，我国法采取了主客观统一的构成标准，具体要件主要包括：权利人必须行使自身的权利、权利人选择以致他人损害为主要目的的方式行使权利、权利人行使权利的行为侵害了他人合法权益。在权利滥用的认定上，《总则编司法解释》第3条引入了权利行使的对象、目的、时间、方式、造成当事人之间利益失衡的程度等裁判衡量因素，应当以动态系统论和民事权利位阶作为认定滥用权利的补充方式。在法律效果上，《总则编司法解释》第3条明确权利滥用不发生权利人期待的相应的法律效力而非"失权"；造成他人损害、符合侵权责任的构成要件时，应依据《民法典》侵权责任编的规定认定行为人的责任。

【典型案例】

案例一:“共享单车入小区案”

原告常某居住于A小区,被告B公司为A小区的物业管理公司。常某多次欲将共享单车骑入小区,遭到被告B公司工作人员的阻拦。原告认为,被告禁止原告骑行共享单车进入小区,严重侵犯了其正当权益,故向法院提起诉讼,请求判决被告停止侵权、排除妨碍、消除影响,允许其将共享单车骑入小区。被告辩称,被告与A小区业主委员会签订物业管理合同,根据物业管理合同规定以及业主委员会要求对小区进行管理,包括禁止共享单车进入。共享单车的理念是全民都可以使用,停放在小区内扰乱了全体业主的停车秩序,也不能让所有的公民享有使用共享单车的权利,不能使共享资源最大化,有悖社会公德。

法院认为,租赁、骑行共享单车是原告的合法权利,但将共享单车骑入A小区则违背了小区的管理规约,突破了共享单车有序运营的规范,影响了A小区的环境秩序,损害了其他业主的合法权益,违反了禁止权利滥用的规定,不应得到法律的支持和保护。①

案例二:“门面房恢复原状案”

蒋某于1995年购买了位于A大市场的案涉门面,当时门面为独立产权商铺。自2002年起,为盘活A大市场的经营,包括蒋某门面在内的所有门面墙体被全部拆除,采用捆绑式整体对外租赁经营模式。自此以后,这些门面四至界限难以确定,不同门面在平面上紧密相连,在空间中没有分割墙体,业主之间的空间权利相互交织、无法区分。而A大市场采取先确定一、二楼租金分配比例系数,再按照与经营户所签订合同实际数据分配租金的租金分配模式,也正是只对大市场中的商铺进行概念上的面积分割,而不划分实际区域。根据蒋某与市场管理方B公司签订的《委托协议书》,蒋某同意对门面结构的改变及大市场整体招租的经营模式,在委托经营期限届满后,蒋某可以请求将其门面恢复原状。现合同期满,蒋某向法院提起诉讼,请求

① 参见《最高人民法院公报》2021年第9期。

B 公司依约恢复原状。

法院认为，蒋某请求恢复门面原状，对其门面进行分割，在大多数业主同意延续整体租赁经营的情况下，势必会影响商铺整体功能的发挥，影响大多数业主的利益。《民法典》第 132 条规定，民事主体不得滥用民事权利损害国家利益、社会公共利益或者他人合法权益。本案中，A 大市场成立业主委员会并召开业主大会，由业主自我管理，发挥民主集中优势，采取统一经营的策略才是保证业主平均利益最大化的理智选择。法院基于综合考量，从利益平衡的角度，驳回了蒋某要求 B 公司恢复门面原状的诉讼请求。①

案例三："相邻房屋权利冲突案"

官某与黄某是房屋同排邻居，黄某于 1998 年 6 月购得土地使用权并兴建 4 层房屋一幢。官某于 2006 年 10 月通过拍卖取得土地使用权及其上的部分房屋。2006 年 11 月官某获得城建部门同意后在其土地上兴建围墙，紧靠黄某房屋的南面墙体约 8 米高，其余墙体约 3 米高。8 米高墙体将黄某房屋东面墙体的唯一窗户全部封闭。而黄某房屋的屋檐雨水则向官某房屋排放，影响了官某的北面墙体。官某与黄某就围墙产生了长期纠纷，黄某擅自拆除了官某遮掩其窗户的部分围墙。

法院认为，民事主体不得滥用民事权利损害国家利益、社会公共利益或者他人合法权益。不动产的相邻权利人应当按照有利生产、方便生活、团结互助、公平合理的原则，正确处理相邻关系。建造建筑物，不得违反国家有关工程建设标准，不得妨碍相邻建筑物的通风、采光和日照。不动产权利人因用水、排水、通行、铺设管线等利用相邻不动产的，应当尽量避免对相邻的不动产权利人造成损害。在本案中，官某虽然是在其宅基地上砌围墙，但其行为属于滥用民事权利损害了黄某的合法权益，妨碍相邻方黄某建筑物的通风、采光和日照，未能尽到尽量避免对相邻的不动产权利人造成损害的义务。黄某拆除的围墙由官某自行修复、黄某折价赔偿，但紧靠

---

① 参见湖南省高级人民法院民事裁决书，(2020) 湘民申 3356 号；湖南省长沙市中级人民法院民事判决书，(2020) 湘 01 民终 1387 号。类似案例参见四川省巴中市中级人民法院民事判决书，(2019) 川 19 民终 445 号；上海市第二中级人民法院民事判决书，(2021) 沪 02 民终 5346 号；上海市高级人民法院民事裁决书，(2018) 沪民申 1992 号。

黄某房屋窗户部分的高度必须低于窗户。同时,黄某在建房屋时将土地使用权面积全部用于建房屋,没有给自己的后墙留下空坪以通风、采光、排水,黄某房屋的屋檐雨水往官某房屋方面排放,影响了官某的北面墙体,未能尽到尽量避免对相邻的不动产权利人造成损害的义务。黄某应将影响官某墙体的排污水管道、烟囱全部封闭,尽量靠不影响官某墙体的位置安装排污水管道和烟囱,所需的费用由黄某自行负担。①

案例四:“公共设施施工致房屋淹水案”

刘某的房屋紧邻某火车站物流中心。中国铁路某集团有限责任公司在物流中心道路改造工程设计、施工等方面未能考虑刘某相邻房屋的通行与排水问题,在刘某不知情的情况下施工改造,导致原告房屋地势变洼、房屋积水以及出行道路阻塞,使案涉房屋失去居住条件,以至于刘某一直在外租房居住。刘某诉至法院,请求恢复原状。

法院认为,被告的侵权行为严重影响临近的刘某房屋的居住条件,存在过错,应当承担由此给刘某造成的经济损失。被告主张的案涉房屋丧失居住条件是因为闲置和长期无人维护造成的意见无充分证据证实,亦不能排除被告施工原因产生的负面影响。在案件审理过程中,被告承认现在排水问题无法解决,即使挖渗水井,但雨量大小不一定,无法保证完全不积水。同时,《民法典》第132条规定,“民事主体不得滥用民事权利损害国家利益、社会公共利益或者他人合法权益”,在本案中,如果要求铁路部门对建设改造的站台道路恢复原有状态,不但影响了铁路企业的生产经营秩序,也损害了社会公共利益,显然违背了我国的民事法律,故将该房屋进行评估折价后计算侵权损失,判决由侵权人承担,不支持原告的其他诉讼请求。②

案例五:“股权恶意移转案”

A集团的5位自然人股东同时担任该集团董事会成员,负责公司的经营管理。

① 广东省清远市中级人民法院民事判决书,(2021)粤18民终2666号。
② 黑龙江省齐齐哈尔市中级人民法院民事判决书,(2021)黑02民终2463号。

之后,5 位股东之间就 A 集团的经营管理产生严重分歧、无法按期召开董事会并作出公司决议,形成了公司僵局。此时,A 集团针对股东许某的行为向有关部门举报,许某因涉嫌刑事犯罪被采取了限制人身自由的强制措施。在被限制人身自由期间,当地司法机关工作人员前往许某被限制人身自由的场所与其协调,并向许某暗示了其不利处境,许某因而在被限制人身自由的场所内与陈某签署了案涉股权转让协议,协议约定的转让价格与当时应有的股权价值明显不符。协议签订后,许某恢复了人身自由,且未再因此被限制人身自由和追究相关刑事责任。许某以受胁迫为由主张撤销案涉股权转让协议。在许某与陈某之间有关案涉股权转让纠纷涉裁、涉诉期间,陈某仍然将案涉股权转让于第三人范某,并办理工商变更登记手续,范某也是 A 集团的股东与经营管理者之一,也牵涉 A 集团的经营管理纠纷。

最高人民法院认为,在权利人已就该可撤销民事法律行为申请仲裁、提起诉讼的情况下,其对所获利益进行处分,显属滥用民事权利,故陈某对案涉股权的处分应被认定为无权处分。而范某亦非善意第三人,其同样不能基于第三人善意取得制度取得诉争的股权。[①] 该判决将陈某向第三人转让涉诉股权的行为认定为权利滥用是妥当的,但在法律适用的路径上可兹讨论。法院认为,陈某滥用权利的行为导致其“失权”,因而其股份转让属于无权处分,恶意第三人也无法善意取得。但滥用权利不会产生使权利溯及地消灭这一法律效果,陈某向第三人范某转让涉诉股权时仍然属于有权处分,但双方的行为构成《民法典》第 154 条规定的“恶意串通损害他人合法权益”,协议因而无效。这在法律适用上才谓圆满。

【理论阐释】

《民法典》作为一部权利法,规定了较丰富、完整的民事权利体系,尤其是《民法典》总则编第五章详尽列举了民事主体所享有的各项权利。在该章中,立法者于最后一条(《民法典》第 132 条)规定了禁止滥用权利规则。一般认为,所谓滥用权利,是指行使权利违背权利设定的目的,不合理地损害了他人利益。从体系上来看,《民

① 参见最高人民法院民事裁决书,(2021)最高法民申 6226 号。

法典》中禁止滥用权利规则是对各项民事权利行使的限制性规定,为规范权利行使行为提供了法律依据。在实践中,已经产生了不少涉及滥用权利规则的典型案例。例如,在“徐某与某燃气有限责任公司、曲某物权保护纠纷案”中,某村委会与王某签订《废弃地承包合同书》,将一块土地发包给王某。其后,王某又将该块土地转包给徐某,徐某欲将该块土地出租给他人用于生猪养殖,但在签订合同后尚未交付时,徐某发现该地块已经被某燃气有限责任公司擅自铺设了燃气管道,不再具备生猪养殖条件。而且该燃气公司在铺设管道时,既未取得徐某同意,也未获得施工许可。无法交付土地的徐某遂提出请求,要求燃气公司移除管道、恢复原状。法院在审理中认为,虽然燃气公司未取得施工许可即施工侵害了徐某的用益物权,但是徐某要求恢复原状的诉讼请求将导致大量用气人遭受损失,且该损失远超其可能获得的利益,构成了原《民法总则》第 132 条(《民法典》第 132 条)所规定的权利滥用,因此对于原告的诉讼请求未予支持。① 这一案例提出了两个有关滥用权利的重要观点:一是因为原告的行为已构成滥用权利,因而被告的行为虽然已构成侵权,但并不因此承担恢复原状的义务和责任;二是滥用权利应以比例原则为标准进行判断,即原告行使权利所造成的损害远远大于其个人所能获得的利益,或者说“获利与损害之间明显不相称”(Flagrant Disproportion Between Damage and Profit)。究竟如何判断滥用权利,其实也是一个值得争议的问题。

为统一法律适用,2022 年 3 月 1 日施行的《总则编司法解释》第 3 条在总结司法实践经验的基础上对滥用民事权利的认定与法律后果作出了规定,从司法层面进一步明确了滥用权利的构成要件以及法律效果。然而,由于禁止滥用权利规则涉及各项受保护权利之间的平衡,加之,滥用权利与侵权联系密切,应当如何厘清滥用权利与侵权责任的关系,并在此基础上明确滥用权利的法律效果,准确认定滥用权利的责任,并非易事。尤其是《总则编司法解释》是否契合了《民法典》禁止滥用权利规则的立法意旨,以及应当如何在实践中准确理解适用上述规则,都是当下值得思考的问题。回应上述问题,对于准确适用《民法典》关于禁止滥用权利规则十分必要。

---

① 黑龙江省哈尔滨市松北区人民法院民事判决书,(2018)黑 0109 民初 268 号。

一、滥用权利制度的正当性基础

严格来说,禁止滥用权利制度并非一项崭新的制度,目前该制度已广泛规定于许多国家的民法典之中,即使未被民法典明确规定,也作为一项法律规则而被各国判例与学说广泛接受。然而,关于权利行使是否可能或有必要禁止滥用权利,其实是自罗马法以来一直都存在争议的问题。因此,首先有必要对禁止滥用权利制度的正当性基础进行讨论,从而为滥用权利的判断标准和法律效果的确定提供基础。

(一)规范权利行使

禁止滥用权利制度的正当性基础之一在于规范民事权利的行使。在罗马法中,“滥用权利”的概念并未被接受,这与罗马法时期私权神圣和绝对性理论有直接的关系。例如,盖尤斯(Gaius)曾经说过,“行使自己的权利不被认为系恶意所为”(Nullus videtur dolo facere qui suo jure utitur);①保罗(Paulus)也说,“任何人凡不为无权之事,即对他人无害”(Nemo damnum facit, nisi qui id fecit quod facere jus non habet)。② 倘若坚持此种绝对的权利观念,那么滥用权利似乎就会成为一个伪命题。1804 年法国《民法典》深受个人自由主义的影响,认为权利是神圣的,不受限制的,不可能存在权利滥用的现象,因而没有规定禁止滥用权利制度;③普兰利(Planiol)对此作出如下解释:“滥用权利”本身是个矛盾的字眼。因为“权利终止于其被滥用之时,如果没有清晰的理由认定是否违反法律,权利则不存在滥用。当某一行为逾越权利的界限时,并不会使得权利的涵盖范围扩大”。④ 但是在实务中,法国法院也逐渐接受了“滥用权利”理论。在德国,自德国《民法典》实施以来,权利的社会化观念开始形成,人们开始意识到私权并不是绝对的,也不是无限制的,必须要对私权尤其是所有权进行必要限制。德国《民法典》第 226 条规定了禁止滥用权利规则,即“权

① 《学说汇纂》D. 50. 17. 55。

② 《学说汇纂》D. 55. 17. 151。

③ 参见[德]莱因哈德·齐默曼、[英]西蒙·惠特克主编:《欧洲合同法中的诚信原则》,丁广宇等译,法律出版社 2005 年版,第 26 页。

④ Planiol, Traité élémentaire de droit civil, Ⅱ, 11eéd, LGDJ, 1931, n°871.

利的行使,不得专以加损害于他人为目的”。依据该规定,禁止以损害他人为目的行使权利,这就开创了禁止滥用权利的立法先河。但该规则的适用以权利人仅仅为了损害他人而行使权利为前提。① 也就是说,从客观上来看,权利人在行使权利时除损害他人这一目的外没有其他目的,②倘若权利人不仅追求损害他人这一目的,还具有客观上可识别的其他目的,则不构成滥用权利。③ 但从比较法上来看,为保障权利在其设定的目的范围内正当行使,维护社会和经济秩序,各国在立法层面上已经对民事权利的行使作出了若干限制(如在相邻关系中对所有权行使的限制等),但由于立法者不可能对各种纷繁复杂的权利行使规则作出十分明确、具体的列举,因此需要规定一个一般性规则对权利的正当行使作出概括性规定,允许法官在具体个案中对权利限制的情形作出补充或者续造,这就产生了禁止滥用权利制度。

我国《民法典》第132条立足中国实践,规定了禁止滥用权利制度,其首要目的也在于规范权利的行使。一方面,权利的行使不得超出其应有的范围,任何一项权利的存在总是以一定的目的为基础的,这实际上也划定了权利行使的界限。法国学者约瑟朗德(Josserand)指出,主观权利是“功能性权利(functional-rights),这些权利存在于将要实现其作用的范围内。超出这一范围,权利人可能超过或滥用了这些权利”。④ 逾越权利行使的边界导致他人遭受损害,违背了权利存在的正当目的,构成滥用权利。正当行使权利的行为以实现权利的目的为宗旨,同时不会给公共利益或他人利益造成损害;而一旦权利人行使权利的行为已经超出了权利所保护的目的范围,那么该权利的行使就不再具有正当性,即可能构成滥用权利。例如,所有权的行使以满足权利人的占有、使用、收益、处分为目的,但如果所有权人本可以通过正当的所有权行使行为实现上述目的时,却采取了以致他人不必要的损害为目的的行使方式,则可以认为其权利行使行为构成滥用权利。换言之,如果权利行使行为逾越权利目的界限,即构成滥用权利。另一方面,权利意味着主体的意志自由,但这种自由是受限制的。法律并不允许权利人以任何方式随心所欲地行使自己的权利,尤其

① Köhler, BGB Allgemeiner Teil, 45. Aufl. 2021, § 17, Rn. 37.

② Staudinger/Repgen (2019), BGB § 226, Rn. 15.

③ Vgl. Staudinger/Repgen (2019), BGB § 226, Rn. 18.

④ Josserand De l’esprit des droits et de leur relativité, 2e Paris, 1869, p. 292.

是不得以加损害于他人为目的的方式行使权利。可见,禁止滥用权利制度的产生正是规范权利行使的必然要求;而禁止滥用权利规则的功能就在于将权利的行使限定在实现权利目的的范围之内,以规范权利的正当行使。

(二)协调权利冲突

禁止滥用权利制度的第二个正当性基础是协调权利之间的冲突。法定的权利本身就是要赋予权利人一定的行为自由,正如里普特(Ripert)和保兰格(Boulanger)所说,“如果我有做某事的权利,我对此事没有什么过错,如果我有不做某事的权利,我不做某事没有什么过错”。① 然而,由于存在“权利的相互性”,因此,产生了经济学家科斯(Ronald H. Coase)所说的情形,即某人权利的行使就可能意味着他人权利的减损;凡是行使权利,都可能造成权利的冲突。② 凯尔森(Hens Kelsen)认为,某一行为人拥有权利就意味着其拥有自由,但另一人就负有相应的义务,因此,一个人行使权利时就必然对另一个人产生了权利冲突。③ 在这种情况下,法律就不得不在相互冲突的权利之间进行平衡。

禁止滥用权利制度就是法律协调权利冲突的重要手段。这种协调权利冲突的途径表现在:一方面,明确权利的界限。权利人行使权利的边界是不得介入他人的权利范围。功利主义哲学家密尔(John Stuart Mill)曾形象地指出,“挥舞拳头的自由止于他人的鼻尖”;或者说,一个人的权利主张以不损害其他社会同伴的权利为边界。④ 禁止滥用权利制度旨在明确不受某人挥舞的拳头侵害的“他人鼻尖”的位置。另一方面,权利人行使权利可以谋求自身正当利益的最大化,但不得损害他人的利益。密尔在《论自由》中将个人利益应受的限制概括为两个维度:一是个人的行为应

---

① Ripert and Boulanger, Traité de droit civil Ⅱ (d'après le Traité de Planiol), Paris, 1957, p. 347.

② 参见[美]R. 科斯等:《社会成本问题》,载[美]R. 科斯、A. 阿尔钦、D. 诺斯:《财产权利与制度变迁——产权学派与新制度学派译文集》,三联书店上海分店、上海人民出版社 1994 年版,第 3 页以下。

③ 参见[奥]汉斯·凯尔森著、[德]马蒂亚斯·耶施泰特编:《纯粹法学说》(第 2 版),雷磊译,法律出版社 2021 年版,第 163 页。

④ See John Stuart Mill, *On Liberty*, cited in Joseph Elford, *Trafficking in Stolen Information: A "Hierarchy of Rights" Approach to the Private Facts Tort*, Yale Law Journal, Vol. 105, p. 727 – 728 (1995).

当以他人的利益为边界;二是个人应当为社会免于外侵及内乱作出牺牲。[①] 这就形象地表达了行使权利不得越界且不得损害他人的理念。从广义上讲,任何权利的行使都可能会干涉他人。在涉及滥用权利的情形下,权利人行使权利与权利人因不正当地行使权利给另一方的权利造成了侵害,无论是行使权利的一方还是遭受侵害的一方实际上都享有正当权利,而由于权利的本质在于利益,因此,权利因一方不正当的行使产生另一方利益的损害,这实际上就产生了两种利益的冲突。但是,正当的权利行使行为是行使权利所必需的,因此法律也容忍正当的权利行使行为给相对人带来限制。但同时,法律禁止任何人因为不正当行使权利而造成他人损害,并危害社会安全和秩序,否则就构成滥用权利,[②]如此可以有效协调权利冲突。

我国《民法典》在总则编第五章中构建了民事权利体系之后,将滥用权利规则置于该章的最后一条,旨在表明权利需要被正当行使。权利的不当行使会侵害他人的权利。因此,对民事权利的保障还要求妥当规范民事权利的行使规则。民事主体在自由行使其民事权利的同时,也应当尊重他人的权利,如果滥用权利造成他人损害,则行为人应当依法承担责任。从这一意义上说,禁止滥用权利规则可以明确界定权利人权利行使的边界,从而规范民事权利的行使,这实际上也是民事权利有效实现的重要前提和基础。

(三)实现利益平衡

禁止滥用权利制度的第三个正当性基础就是实现利益平衡。权利冲突本质上就是利益冲突,因为权利本质上就是法律赋予权利人所享有的利益,边沁和耶林最初提出了权利本质为利益的观点。[③] 基于这一观点,权利的核心内容必然是利益的实现,因而"把利益转化为权利和义务,合理地确定权利和义务的界限"便成为法律

---

① [英]约翰·穆勒:《论自由》,孟凡礼译,上海三联书店2019年版,第85页。

② Bork, Allgemeiner Teil des Bürgerlichen Gesetzbuchs, 4. Aufl. 2016, Rn. 343 ff.; Köhler, BGB Allgemeiner Teil, 45. Aufl. 2021, § 17 Rn. 36 ff.; Stadler, Allgemeiner Teil des BGB, 20. Aufl. 2020, § 7 Rn. 2.

③ 参见彭诚信:《现代权利理论研究:基于"意志理论"与"利益理论"的评析》,法律出版社2017年版,第56页。

的首要任务。[①] 权利行使常常伴随利益冲突,一方面,权利人行使权利旨在追求自身的利益,而在这个过程中有可能会侵害他人的权利,造成对他人利益的损害。正如韦伯(Max Weber)在《以学术为志业》中指出,现代社会的多元价值之争,就像古希腊的奥林匹克山上的诸神之争一样,天生就是相互倾轧的。[②] 权利正当行使的边界就是他方的利益,因此,依法行使权利就可能会触碰他方的利益边界。另一方面,权利本质上为行为人提供了一定的行为自由,但是"自由止于权利";也就是说,任何自由都不是绝对的,一方行使权利的自由的边界就是他方的权利,当权利人行使权利逾越了应有的界限时,就会与其他主体间的自由产生冲突,即构成滥用权利。

由于权利行使会产生利益冲突,法律应当对各方当事人的利益进行平衡,避免当事人利益失衡现象的发生。而禁止滥用权利制度可以通过规范权利的行使,以实现利益的平衡。规范权利行使实际上就要求实现权利冲突导致的利益平衡。结合我国《民法典》第132条和《总则编司法解释》第3条的规定至少可以看出,禁止滥用权利制度从如下几个方面为实现利益平衡提供了重要依据:一是权利人在行使权利过程中,可以从权利行使中谋求自身利益,但不得以损害他人为主要目的。这就是古罗马法谚所说的"勿害他人"。禁止滥用权利制度使权利人在行使权利时要顾及他人利益,而不仅仅是追求个人的一己私利。这也有利于建立人与人之间的和谐关系,维护社会秩序的安定,规范权利行使也有利于平衡权利人的利益与国家和社会公共利益。[③] 二是在权利人行使权利的过程中,不得逾越自己权利行使的范围。滥用权利产生的前提往往是,权利人为了追求自身利益,超过自己的权利领域,进入他人的权利领域。例如,在自己的家门口安装摄像头维护自身的财产安全,但是该摄像头对准的是他人的家门口,这一行为已经超出其自身权利行使的范围。三是在权利行使过程中,权利人不能通过行使权利造成他人损害远超自身应当享有的利益,此时就会造成获益与损害之间的极不对称。正如在前述案例中,法院以原告因诉讼

---

① 参见张文显:《法哲学范畴研究》(修订版),中国政法大学出版社2001年版,第165页。

② 参见[德]马克斯·韦伯:《学术与政治:韦伯的两篇演说》,冯克利译,三联书店1998年版,第39页。

③ André Tunc, *International Encyclopedia of Comparative Law*, *Torts. Chapter 2. Liability for One's Own Act*, J. C. B. Mohr (Paul Siebeck, Tübingen), 1975, p. 114.

请求实现获益远少于造成他人损失为由,驳回诉讼请求,[①]虽然权利人行使权利可能没有超越自己的权利范围,但其在追求自身利益时,客观上给他人造成不利影响。换言之。看似实施合法行为,但实质上因给他人造成了损害,而构成非法。《民法典》第132条和《总则编司法解释》第3条的规定,赋予法官在具体个案中对于利益衡量进行实质判断的自由裁量空间。利益失衡主要表现为,行使权利的行为使自己获得的利益很少,但是却因此给他人造成严重损害,损害与获益严重不相称。

法谚有云:"法爱衡平。"法律之所以存在,也因为"人们继续不断地评估和重新评估利益,因为他们希望利益调和,因为他们希望保障他们本身的利益和承认尊重他人利益的正当"。[②] 如下文所述,禁止滥用权利制度产生的法理依据是诚信原则,而诚信原则历来具有衡平的功能,[③]因此,禁止滥用权利制度不仅可以规范权利行使的行为,而且可以有效协调权利人之间的利益冲突。诚然,《民法典》中设置了许多实现利益平衡的制度和规则。例如,相邻关系制度就是要协调相邻不动产权利人之间因行使不动产权利而发生的利益冲突,合同法中的附随义务制度就是要协调债权行使中发生的利益冲突等,但禁止滥用权利制度在实现利益平衡方面有其特殊性,这主要表现在:其主要通过规范权利的行使来实现利益平衡,避免因一方行使权利而给他人造成损害。从这一意义上说,实现利益平衡不仅是禁止滥用权利制度的正当性基础,也是认定是否构成滥用权利的重要标准。换言之,如果权利人行使权利不当造成了当事人之间的利益失衡,即可能构成滥用权利。例如,权利人对自己的房屋进行装修,因此产生了一些噪声,邻居应当依法负有容忍的义务,在此情形下,当事人的利益虽然失衡,却并不构成权利滥用;但如果权利人在装修房屋时将自己房子的承重墙打断,给邻居房屋造成危险,不当影响了邻居的安全,则导致当事人之间的利益不当失衡,即构成滥用权利。

(四)维护诚信原则

禁止滥用权利制度第四个功能就是维护诚信原则。禁止滥用权利制度的基本

---

① 黑龙江省哈尔滨市松北区人民法院民事判决书,(2018)黑0109民初268号。

② 参见[荷]克拉勃:《近代国家观念》,王检译,吉林出版集团有限责任公司2009年版,"英译者序"、第55~56页。

③ 参见徐国栋:《诚实信用原则研究》,中国人民大学出版社2002年版,第49页。

法律源于诚信原则,其是从诚信原则产生的,依据诚信原则,行使权利应当以善意方式进行,而滥用权利本身是恶意的且以损害他人权益为主要目的的行为,恶意行使权利的方式本身就是违反诚信原则的行为。正如乌尔比安(Domitius Ulpianus)所说的,“诚实信用,勿害他人”,这本身是诚信原则的具体体现。诚信原则不仅是一项抽象的法律原则,而且依据该原则可以产生各种具体的民事义务,这就要求民事主体正当行使民事权利,禁止滥用权利造成对他人的损害。在诚信原则的基础上产生了许多新规则,如合同正义原则、禁止暴利原则、禁止私人妨害、禁止滥用权利等。[①] 因此,禁止滥用权利制度也是为落实诚信原则而产生的一项制度。

比较法上普遍承认禁止滥用权利制度的一个重要目的是保障权利的行使符合诚信原则。例如,在德国《民法典》中,诚实信用原则被称为“帝王原则”,普遍用于规范各种类型权利的行使,而“禁止权利滥用”属于德国《民法典》第242条诚实信用原则的具体化表现之一。[②] 诚实信用原则作为一项一般原则同样能约束权利人,权利人应该按照诚实信用原则、交易习惯所要求的方式来行使权利,不得以违反诚实信用原则的方式来行使权利。[③] 因此,权利人以损害相对人为目的的权利行使行为,基于其他原因违反诚实信用原则的权利行使行为,都属于德国《民法典》第242条的适用范围。[④] 这一观点也为许多国家判例学说所认可。

我国《民法典》第7条确认民事主体从事民事活动应当遵循诚信原则,此处所说的“民事活动”当然也包括了权利行使的行为。因此,一方面,诚信原则可适用于滥用权利行为,自不待言。对禁止滥用权利制度的解释需要以诚信原则为基础;另一方面,诚信原则作为现代民法中的“帝王规则”,需要通过民法的各项制度予以具体落实,诚实信用原则针对的是所有“民事主体从事民事活动”,其作为一项基本原则不仅调整范围广泛而且具有抽象性,需要借助禁止滥用权利等制度予以实现。否则,诚信原则将如同空中楼阁,难以发挥实际作用。在具体的权利行使领域,禁止滥

---

① 参见[德]莱因哈德·齐默曼、[英]西蒙·惠特克主编:《欧洲合同法中的诚信原则》,丁广宇等译,法律出版社2005年版,第12~30页。

② Staudinger/Looschelders/Olzen (2019), BGB § 242, Rn. 213.

③ Bork, Allgemeiner Teil des Bürgerlichen Gesetzbuchs, 4. Aufl. 2016, Rn. 348.

④ Staudinger/Looschelders/Olzen (2019), BGB § 242, Rn. 216.

用原则发挥了诚实信用原则的功能,该制度正是落实诚信原则的重要制度。

禁止滥用权利制度能够发挥诚信原则的功能,还表现在:一方面,滥用权利在本质上就是一种违反诚信的具体体现。因此,恶意原则也是构成滥用权利原则的一个重要的判断标准。另一方面,借助禁止滥用权利制度,也有利于遏制一些违反诚信原则的行为。例如,权利人为了自己的利益不正当地促成条件成就,或权利人在自己的庭院内建造设施旨在遮挡邻居家的光线,[①]或在行使权利中自己获取的利益与给他人造成的损害之间明显不相称等,都是违背诚信原则的。还要看到,在我国,实践中出现的虚假诉讼现象,实际上就是滥用权利行为。虚假诉讼,是指双方当事人为了牟取非法的利益,恶意串通,虚构民事法律关系和案件事实,提供虚假证据,使法院作出错误判决或裁定的行为。此类行为滥用了诉权,损害了其他民事主体合法权益,耗费了诉讼资源,损害了司法公信力和权威性,也严重损害相关当事人的合法权益。因此,遏制虚假诉讼等滥用权利的行为,就是在诉讼中具体地实现诚信原则。

二、滥用权利的认定

(一)滥用权利的构成要件

从两大法系的比较来看,关于滥用权利的判断标准历来是多元的。《国际比较法百科全书》将许多国家认可的判断滥用权利的标准归纳为 6 种类型:故意损害、缺乏正当利益、选择有害方式行使权利、获取利益与致他人损害之间不相称、不考虑权利存在的目的、行使权利构成侵权。[②] 因而在禁止滥用权利规则中,迄今为止,仍不存在统一的标准。正如鲁道夫 · 施莱辛格(Rudolf B. Schlesinger)所说的,大陆法系学者在滥用权利的问题上采用了较之普通法系学者更抽象的表述,因为在实践中出现的各种案例都可以被包括在抽象的一般概念之中,但它很难提供一个详细的判断

---

① Bork, Allgemeiner Teil des Bürgerlichen Gesetzbuchs, 4. Aufl. 2016, Rn. 349.

② Jean Limpens, *International Encyclopedia of Comparative Law*, *Torts*, *Liability for One's Own Act*, J. C. B. Mohr(Paul Siebeck)Tübingen, 1974, p.107 – 116.

滥用权利的标准。① 所以，迄今为止，比较法上尚不存在能够普遍适用于各种类型案件的判断滥用权利的具体标准。

我国《民法典》第 132 条规定："民事主体不得滥用民事权利损害国家利益、社会公共利益或者他人合法权益。"从该条规定来看，其将滥用权利局限在两个方面：一是在权利行使过程中滥用民事权利；二是从结果上看，损害了国家利益、社会公共利益或者他人合法权益。显然，该规则没有设置判断滥用权利的具体要件。因为事实上，第一个要件并没有确定滥用权利的标准，第二个要件仅仅只是在客观层面确定了滥用权利的结果。按照主客观结合的标准来考虑，该规定实际上考虑了客观结果，但没有考虑行为人的主观状态。事实上，禁止滥用权利制度的适用范围非常宽泛，它可以适用于各种权利行使行为，包括滥用诉权、防卫过当、滥用解除权、滥用算法、滥用财产权（如无正当理由禁止袋地权利人通行）、不当申请专利和注册商标、滥用禁令等。而权利人在行使权利过程中的不正当行使权利的行为又具有多样性，很难用一种一般的、抽象的构成要件来概括各种纷繁复杂的滥用权利行为。例如，在滥用诉权中，行为人的主观状态是非常明显的，即具有恶意。但是《民法典》第 132 条并没有规定权利人的主观状态，这显然使滥用权利的判断较简单化，将许多权利人主观上并没有致他人损害的恶意，但客观上可能给他人造成损害的权利行使行为都纳入滥用权利的范围中，其结果就会不适当地扩大了滥用权利的范围，干涉了权利人行使权利的行为。例如，"夜半敲门通知解除买卖合同"不可一概认定为滥用债权的行为，因为行为人的恶意并不明显，其可能确实因为交通堵塞等客观原因而半夜上门，但也不能排除其主观上存在为难债务人的恶意的可能性，如果出卖人主观上并没有致买受人损害的恶意，将此类行为都认定为滥用权利，则未免过于宽泛。

正是为了弥补《民法典》第 132 条的不周全，《总则编司法解释》第 3 条第 2 款规定，"行为人以损害国家利益、社会公共利益、他人合法权益为主要目的行使民事权利的，人民法院应当认定构成滥用民事权利"。这一规则增加了滥用权利判断中的

---

① See Rudolf B. Schlesinger, *Comparative Law: Cases, Text and Materials*, 2nd ed., Brooklyn Press, 1959, p. 381.

主观要件,即考虑行为人主观上是否具有加损害他人的目的,从行为人行使权利的状态中判断其是否具有损害国家利益、社会公共利益、他人合法权益的主要目的。结合《民法典》第132条与《总则编司法解释》第3条的规定,它实际上采取了3个要件来判断滥用权利。

第一个要件是权利人以享有并行使其某项权利为前提。滥用权利发生在权利行使过程中,如果并不存在相关权利行使行为,则谈不上权利滥用的问题。滥用权利以享有某项权利为前提,涉及是否构成滥用权利以及滥用权利的后果问题,必须结合基础权利的相关规范才能确定。例如,在行为人滥用形成权时,首先应依据该形成权的法律规范确定形成权成立的时间、行使的方式等,才能判断形成权人行使形成权的行为是否构成了滥用权利。某项权利可能会经历产生、变动、行使、消灭等不同阶段,法律规范也往往针对权利的不同阶段进行调整。就适用对象而言,禁止滥用权利规则并不调整权利的产生和变动或消灭,而只调整权利的行使行为。因此,禁止滥用权利规则只适用于权利的行使阶段,而有关民事权利的转让、消灭,一般不涉及民事权利的行使,难以适用禁止滥用权利的规则。由于禁止滥用权利规则通常需要与特定权利行使的具体规则结合适用,而权利的行使又涉及各项民事权利,我国《民法典》总则编在第五章"民事权利"中的最后一条(第132条)规定滥用权利规则,表明立法者旨在将禁止滥用权利规则作为适用所有民事权利的一项一般规则,因为超出权利目的行使权利的行为均可能构成滥用权利,而各种类型的权利均具有自身的权利目的,因此也就都有被滥用的可能。

滥用权利以权利人享有并行使其某项权利为前提。从依据权利客体进行的分类来看,人格权、物权、债权的行使均有可能构成权利滥用;而依据权利作用的效果进行的权利分类中,支配权、请求权、形成权、抗辩权也存在被滥用的可能。例如,享有解除权的一方当事人故意不行使解除权,使合同效力一直存续;抗辩权人在明知享有抗辩权的情形下,在请求权人请求时并不行使,而一定要在请求权人信赖其会履行并为接受履行进行准备后再行使。

在一般情形下,放弃权利并非行使权利的方式,因为权利人既没有行使权利的意愿,也没有产生权利行使的结果。但是,在某些特殊情形下,放弃权利也可能构成一种权利滥用。例如,在“张某某、张某某生命权、健康权、身体权纠纷案”中,①法院认为:“继承权也应当遵守禁止权利滥用原则,继承人以抛弃方式行使继承权本身并不违背私法自治原则,但如果危及他人同等重要的合法权利的实现,就应当受到限制。本案中,如果准予被告放弃继承,原告在无法擅自处分张某印的遗产的情况下,则会导致原告的赔偿请求权的实现受到阻碍。故2被告放弃继承的权利应当受到限制。因此,2被告放弃或部分放弃继承遗产不能免除其管理张某印遗产并在张某印遗产范围内赔偿张某印所负债务的义务。”

第二个要件是权利人选择一种以损害他人为主要目的的方式行使权利。所谓“以损害他人为主要目的”,就是表明行为人主观上存在恶意。构成滥用权利要求权利人选择一种有害于他人的方式行使权利,即主观上以造成他人利益损害为主要目的。② 滥用权利的最大特征体现在其表面上体现为权利的行使,因而具有合法性;但实际上,它是以损害国家利益、社会公共利益和他人合法权益为目的,也正因如此,其才有必要作为一种独立的制度。

在权利行使过程中,权利人本有一种选择合法正当的方式之可能,却选择了有害于他人的方式,也可能是“于己无益,于人有害”,即通常说的“损人不利己”。这一要件,在比较法上也可觅支持。在法国司法实践中,一些法院认为滥用权利的行为人应具有恶意。例如,1915年,法国最高法院在一个案件中认为,某个所有人为了防止克雷蒙船舶公司在与其所有的土地相邻的地方发射飞艇,而在自己的土地上竖起一个布满铁钉的脚手架,所有人滥用了其权利。后来法院宣告又一个所有人败诉,因为他种植蕨草以遮挡邻居的窗户,法院发现他“纯粹出于恶意,并且滥用了他的权利”。③ 在现代法国法中,主流观点认为,滥用权利是指该权利的行使旨在给他人造成损害,或有悖于权利的经济目的和社会目的。④ 在德国法上,依据德国《民法典》第242条关于诚实信用原则的规定,行为人如果选择有害于他人之方式,可能构

① 河北省唐山市中级人民法院民事判决书,(2021)冀02民终1571号。

② 参见彭诚信:《论禁止权利滥用原则的法律适用》,载《中国法学》2018年第3期。

③ Jean Limpens, *International Encyclopedia of Comparative Law*, *Torts*, *Liability for One's Own Act*, J. C. B. Mohr(Paul Siebeck)Tübingen, 1974, p. 108.

④ 参见[德]莱因哈德·齐默曼、[英]西蒙·惠特克主编:《欧洲合同法中的诚信原则》,丁广宇等译,法律出版社2005年版,第26页。

成滥用权利。例如,土地所有人在自己土地上修建房屋,本可以选择为邻人提供便利之方式修建,至少可以选择对邻人危害最小化的方式修建,但却采取了对邻人造成损害的方式,可能构成滥用权利。①

但是,在滥用权利情形下,是否需要以行为人具有恶意为要件,实际上一直存在争议。在国外的相关案例中,也有法院认为,滥用权利的构成并不一定需要故意或恶意;②并认为,滥用权利不一定需要故意,因为这对受害人举证造成了障碍。一些德国学者认为,权利人主观上无须具有损害他人的意图,根据权利人行使权利的方式,依据客观标准判断权利人具有损害他人的目的即可。③ 在我国司法实践中,关于滥用权利的构成是否要求行为人主观上具有恶意,也存在不同看法。例如,在"滥用海域承包经营权案"中,法院认为,权利滥用是因权利人在主观上具有侵害他人的故意;④而在另一些案件中,法院认为行为人行为违反了行使权利应尽的注意义务,也构成权利滥用。⑤ 与此相似,学理上对这一问题也存在两种不同的看法。

笔者认为,《总则编司法解释》第 3 条第 2 款规定的行为人"以损害他人为主要目的行使民事权利的",就意味着行为人主观上应当具有故意,因为损害他人的目的是一种主观上的心理状态,并不是一种客观上的行为,只不过这种主观的心理状态需要以外部的行为表现出来。笔者之所以认为该条规定已增加了一项主观要件是因为,一方面,《民法典》第 132 条只表明了客观结果,缺乏对主观要件的规定,而《总则编司法解释》增设第 3 条的目的就是弥补上述规定的不足而增加了主观要件;另一方面,如果仅仅以客观要件来认定滥用权利的构成,就会把大量的本不属于滥用权利的行为纳入滥用权利制度的适用范围中,从而导致权利的正当行使受到妨害。

需要指出的是,由于行为人的主观状态往往难以探知,因此损害他人的主观目

---

① Jean Limpens, *International Encyclopedia of Comparative Law*, *Torts*, *Liability for One's Own Act*, J. C. B. Mohr(Paul Siebeck)Tübingen, 1974, p. 111.

② Jean Limpens, *International Encyclopedia of Comparative Law*, *Torts*, *Liability for One's Own Act*, J. C. B. Mohr(Paul Siebeck)Tübingen, 1974, p. 108.

③ Vgl. Bork, Allgemeiner Teil des Bürgerlichen Gesetzbuchs, 4. Aufl. 2016, Rn. 344; Staudinger/Repgen (2019), BGB § 226, Rn. 20.

④ 参见青岛海事法院民事判决书,(2001)青海法海事初字第 23 号。

⑤ 参见浙江省宁波市中级人民法院民事判决书,(2007)浙甬民一终字第 152 号。

的在实践中很难被准确认定。因此,此种主观目的可以通过客观表现出的行为进行判断。在判断时,要综合考量行使权利的外部行为所体现出来的各种因素,从行为外观来判断,其权利行使的主要目的是追求自身利益还是损害他人。有时,权利人可能兼具两种目的,例如,在前述"徐某与某燃气有限责任公司、曲某物权保护纠纷案"中,原告徐某本可以通过损害赔偿实现其利益,但其执意要求拆除天然气设备,会导致给他人造成的损害高于自己获益的不相称后果,从中也可以看出其主观上具有一种置他人损害于不顾的心理状态,而这种主观状态也属于间接故意的范畴。因为如果致他人的损害大于获利,就表明权利人过于自私,毫不顾忌他人利益,因而与权利应善意行使原则相悖。① 因此,只要能够认定行为人具有置他人损害于不顾的主观状态,就可以认定其具有《总则编司法解释》第3条中的"主要目的"。

第三个要件是权利人行使权利的行为侵害了他人的合法权益。从《总则编司法解释》第3条第2款的规定来看,似乎只是强调了行为人的主观状态,而并没有将行为人侵害他人权益的客观行为纳入其中。这是否意味着"侵害他人权益"并非滥用权利的构成要件?从《民法典》第132条的规定来看,该条实际上已经将损害后果作为一项构成要件。因此,虽然《总则编司法解释》与《民法典》第132条的规定并不完全一致,但仍然应当认为滥用权利的成立以侵害了他人的合法权益为要件。一方面,《总则编司法解释》的规定只是为弥补《民法典》相应规定的不周全而作出的,因此司法解释的规定只是在《民法典》的规定之外补充了一个要件,既没有也不可能完全替代《民法典》第132条的规定,因而《民法典》第132条规定的客观要件仍然存在。需要指出的是,《民法典》第132条规定的"损害"主要是一种侵害,原《民法总则》在制定时,还没有严格区分损害和侵害的概念,直到《民法典》侵权责任编制定时才认为损害包含损害后果,而原《民法总则》规定的损害既可能包含了损害后果,也可以是指一种侵害的事实状态。《民法典》在编纂时将原《民法总则》的规定纳入其中,因而在《民法典》第132条中没有严格区分侵害与损害的概念。一旦增加损害要件之后,受害人负有证明损害的负担,而在实践中受害人可能面临损害的举证困难。另一方面,除总则编关于禁止滥用权利的一般规定外,《民法典》第183条还对

① Vgl. Soergel/Siebert, Kommentar zum Bürgerlichen Gesetzbuch, § 242 Rn. 261 ff.

营利法人的出资人不得滥用出资人权利的规则作出了规定,该条第1款规定:"营利法人的出资人不得滥用出资人权利损害法人或者其他出资人的利益;滥用出资人权利造成法人或者其他出资人损失的,应当依法承担民事责任。"该条实际上是在总结《公司法》第20条规定的经验基础上形成的规则,其主要针对的是出资人滥用出资人权利损害法人或者其他出资人利益的现象而作出的规范。从体系解释上看,该条也以损害他人利益作为出资人滥用权利的要件,为了确保法律评价的一致性,也应当认为侵害他人合法权益也是滥用权利的构成要件。

(二)动态系统论在认定滥用权利中的作用

由于权利的类型繁多,滥用权利的形态也不一而足,简单地运用上述标准,可能无法准确判断权利滥用。为此,《总则编司法解释》第3条第1款规定:"对于民法典第一百三十二条所称的滥用民事权利,人民法院可以根据权利行使的对象、目的、时间、方式、造成当事人之间利益失衡的程度等因素作出认定。"该条在判断权利滥用时采用了动态系统论的方法。动态系统论最早是由奥地利学者威尔伯格(Walter Wilburg)于20世纪40年代提出的。[①] 按照动态系统论的观点,认定民事责任不宜机械地按照构成要件予以确定;而应当考虑在具体法律关系中,影响转让成立的各种因素和因素的强度,法律上要列举一些法官具体考量的因素,法官在考量过程中可以依据这些因素的强弱进行动态调整。[②] 因此,应当在具体法律关系中,通过考量动态的因素认定责任。[③] 笔者认为,在判断滥用权利成立的问题上,此种方法具有合理性。因为禁止滥用权利制度的功能旨在划定权利人与相对人或公共的利益范围,防止权利行使产生的利益冲突;同时,禁止滥用权利制度的这一功能就决定了该制度的适用应当是建立在对权利人与相对人或公共利益进行平衡的基础之上的,而这种界限的划定往往伴随具体情况的不同而存在区别。因此,动态系统论适用于滥用

---

① Vgl. Walter Wilburg, Entwicklung Eines Beweglichen Systems Im Bügerlichen Recht, Graz: Verlag Jos. A. Kienrech, 1950.

② 参见[日]山本敬三:《民法中的动态系统论——有关法律评价及方法的绪论性考察》,解亘译,载梁慧星主编:《民商法论丛》第23卷,金桥文化出版(香港)有限公司2002年版,第177页。

③ 参见[奥]海尔穆特·库奇奥:《损害赔偿法的重新构建:欧洲经验与欧洲趋势》,朱岩译,载《法学家》2009年第3期。

权利的判断具有其合理性。

之所以在滥用权利的判断中应采用动态系统论的方式,主要有如下几个原因:

第一,弥补构成要件过于抽象的不足。如前述,禁止滥用权利制度适用的权利范围非常宽泛,而且滥用权利的行为也纷繁复杂,仅仅用3个要件普遍适用于各种复杂的滥用权利的案型是不可能的。例如,在德国法中,许多法院一直拒绝采纳关于滥用权利的一般构成要件的理论,而认为应当根据不同的场景和需要,选择不同的要件,也就是要根据具体的场景判断是否构成滥用权利。这种做法其实也被其他国家所采纳。[①] 在很多情形下,仅仅根据这两项标准很难准确判断出是否构成滥用权利,因此需要通过动态系统论来给予一定的弥补。具体需要从行为的外观形态、结果、权利行使的时间、方式、对象、目的、造成当事人之间利益失衡的程度等,通过动态系统来进行综合考量。

第二,权利行使是否构成违反诚实信用原则,需要根据个案的具体情况进行利益衡量。[②] 仔细观察《民法典》第132条,可见该条并没有设置非常详尽的构成要件,而主要是提供了一个分析框架,在法律没有规定一种刚性的、具体的构成要件的判断模式时,需要通过具体的利益衡量和法官的自由裁量来进行解决,这也是滥用权利制度的特殊之处。从这一点来看,禁止滥用权利制度也是一种类似衡平法的制度。在确定是否构成滥用权利的个案中,往往需要进行合乎比例的利益平衡判断。例如,某人将摄像头放到自己家门口,是为了维护自身的人身安全,但是如果摄像头的安装也影响他人的权利,此时就需要在权利人的人身安全与他人的隐私权保护之间进行利益平衡。在个案中,法官对于具体因素的综合考虑本质上是对当事人推失衡的利益关系的一种矫正制度。

需要指出的是,利益衡量需要考虑权益位阶。所谓权益位阶,是指基于各项民事权益保护的法益的价值以及法律设定该民事权益的规范目的,对民事权益进行序位排列,序位在先的权利应当优先于序位在后的权益实现。权益位阶理论的功能在

① 参见[德]莱因哈德·齐默曼、[英]西蒙·惠特克主编:《欧洲合同法中的诚信原则》,丁广宇等译,法律出版社2005年版,第26页。

② Vgl. Bork, Allgemeiner Teil des Bürgerlichen Gesetzbuchs, 4. Aufl. 2016, Rn. 348; Köhler, BGB Allgemeiner Teil, 45. Aufl. 2021, § 17 Rn. 39.

于解决权利冲突,即在权利之间发生冲突时,如果法律没有特别规定,通过位阶排序可以明确哪些权利应当优先保护。具体而言,后位阶的权利如果妨碍了前位阶权利的行使,极有可能构成滥用权利。例如,在“袋地”的情形中,如果土地使用权人行使其权利,禁止他人通行,虽然是在维护自身财产权利的完整,但却可能侵害他人的生存权利。此时,由于财产性的权利在位阶上劣后于生存性权利,后位阶权利的行使侵害了前位阶权利,因此,应当认为这种行为构成权利滥用。当然,从《民法典》第132条和《总则编司法解释》的规定来看,并没有明确将权利位阶作为判断滥用权利的标准,从表面上看,这似乎是将所有民事权利放在同一位阶考虑权利行使的冲突解决办法。但仔细观察《总则编司法解释》第3条第1款的规定可以看出,该款实际上已经将民事权利位阶纳入其中,作为判断滥用权利的考量因素。之所以认定《总则编司法解释》第3条第1款涵盖了民事权利位阶因素,主要是因为,一方面,从该条规定来看,在判断滥用民事权利时需要考虑民事权利的行使目的、行使方式以及造成当事人之间利益失衡的程度等因素,在具体判断这些因素时,需要考虑民事权利的位阶。例如,在人格权的行使与财产权发生冲突时,在解决争议时,就应当考虑二者在民事权利位阶中的不同地位。另一方面,该条规定在列举判断滥用民事权利的考量因素时,使用了“等因素”这一兜底性表述,保持了考量因素范围的开放性,这也为将民事权利位阶纳入考量范围提供了依据。事实上,民事权利的位阶不同,其受法律保护的程度也会存在一定的差异,在不同类型的民事权利发生冲突时,认定权利人行使权利的行为是否构成滥用权利,理应考虑其权利位阶。尤其应当看到,在我国司法实践中,法院在认定滥用权利时也会考虑权利位阶这一因素,并且产生了良好的效果。例如,在“尚某某与励某某相邻关系纠纷上诉案”中,①法院认为,“原告和被告系邻居,应当按照方便生活、团结互助、公平合理的精神,正确处理双方的相邻关系。虽然被告系鸽协成员,鸽子养在自家阁楼,宁波市也没有禁止在小区内养鸽的规定,但被告养鸽不能影响他人正常的生活环境和居住安宁。被告的养鸽权利与他人正常的生活居住权利发生冲突时,在价值取向上应倾向于后者。被告养鸽数量较多,由此产生的鸽毛、鸽粪、气味、噪声等对原告家庭的生活环境造成了一

① 浙江省宁波市中级人民法院民事判决书,(2007)甬民一终字第152号。

定影响，应停止侵害，排除妨碍”。在该案中，被告在自己的阁楼上养鸽子，属于行使财产权的行为；但是此种权利的行使，妨碍了邻人的私生活安宁。由于私生活安宁属于人格权的重要组成部分，人格权与财产权相比，处于优越的地位，更加彰显人格自由和人格尊严，也在一定程度上体现个人的生存利益，因而应当优先于财产权的实现。因此，该案被告在养鸽中侵扰了原告的正常生活，已经构成滥用权利。因此，在判断滥用权利时，可以将权利位阶纳入考量因素的范围。

第三，规范法官自由裁量。在实践中涉及滥用权利的情形下，往往要给予法官一定自由裁量的权利。在赋予法官较柔性的判断标准时，也必须对法官的自由裁量进行一定的限制。上述动态系统论的方法，正是通过对考量因素的列举实现了对法官自由裁量的限制。这种方法要求法官在考量因素的限制下，通过利益衡平的方法来判断滥用权利成立与否。

综上所述，《总则编司法解释》第 3 条第 1 款与第 2 款从表面上看是分离的，但两者又是密切结合的，这种结合性体现在：先用该条第 2 款确定的 2 个标准、3 个构成要件来判断，但如果适用该规定作出判断遇到了障碍且不清晰时，可将动态系统论作为一种补充性、兜底性的方式予以适用。但由此提出了一个问题，即如果法官适用《总则编司法解释》第 3 条第 2 款的规定，并通过这 3 个构成要件已经可以准确认定滥用权利时，是否还需要采用动态系统论？笔者认为，具体规则应当优先于一般原则，这是因为适用具体规则解决个案纠纷，有利于限制法官的自由裁量空间，从而确定法的确定性。因此，在涉及滥用权利的具体个案中，法官应当优先衡量《总则编司法解释》第 3 条第 2 款的具体构成要件是否得以满足；倘若根据司法三段论可以直接解决问题，就不必采用动态系统论的方法。当然，动态系统论的采用确实是一种“法治中的人治”，在法官不得不采用动态系统论时，为了限制法官的自由裁量，应当要求法官加强论证。

三、滥用权利与侵权责任的关系

由于滥用权利以侵害他人合法权益为要件，因而讨论滥用权利，不可能回避侵权责任。德国学者埃塞尔（Josef Esser）认为，“以特殊的法律部分划分非法行为，不仅是毫无意义的，而且是危险的。毫无意义在于各种关于滥用权利的案件的争论，都没有超出侵权行为责任的一般原则的范围。而危险性在于,建立在滥用权利基础上的适当标准实在太多”。[①] 在他看来,滥用权利和侵权很难作严格的界分。事实上,自“滥用权利”的概念产生之时,其与侵权的关系就一直联系紧密、难以分割,二者就像一对孪生兄弟。从比较法上来看,许多国家将行使权利造成他人损害构成侵权作为判断是否成立滥用权利的重要标准。[②] 也就是说,只有在行使权利已经构成对他人的损害,且行为人具有过错的情形下,才能认定权利行使构成滥用权利。如果权利行使没有在客观上给他人造成损害,不符合侵权构成要件的,就没有必要认定滥用权利。例如,在法国,“对权利滥用的制裁是施以基于不法过错(delictual fault)的损害赔偿责任,法国法院在这一点上可以借助《法国民法典》第1382条及第1383条的一般规定实现救济”。[③]

在我国,《民法典》第132条规定,“民事主体不得滥用民事权利损害国家利益、社会公共利益或者他人合法权益”,由此可以看出立法者是将“损害国家利益、社会公共利益或者他人合法权益”作为滥用权利的构成要件,这也就导致了其与侵权责任在适用上的交叉关系问题。滥用权利和侵权的密切联系表现在以下两个方面:

一是滥用权利常常是产生侵权的原因之一。例如,在“李某诉黄某隐私权纠纷案”中,黄某在住宅门锁被他人数次毁坏后,在其住宅大门的木门上安装了一个猫眼摄像装置,能够拍摄到其与李某房门外的公共走廊区域。李某认为,黄某安装的摄像头能够拍摄到其日常进出房屋的全部信息,持续侵扰了其私人生活安宁,应当构成对其隐私权的侵害。而黄某则认为,其安装摄像头的目的在于防止有人破坏自家大门,并不是为了监控李某,其也没有对外传播相关信息,因此,不构成侵害李某的隐私权。法院认为,黄某在家门口安装摄像头不当侵扰了李某的生活安宁,应当构成对李某隐私权的侵害。[④] 在该案中,虽然被告是在其自家门口安装摄像头,但这种

---

① Jean Limpens, *International Encyclopedia of Comparative Law*, *Torts*, *Liability for One's Own Act*, J. C. B. Mohr(Paul Siebeck) Tübingen, 1974, p. 113.

② Jean Limpens, *International Encyclopedia of Comparative Law*, *Torts*, *Liability for One's Own Act*, J. C. B. Mohr(Paul Siebeck) Tübingen, 1974, p. 115 – 116.

③ [德]莱因哈德·齐默曼、[英]西蒙·惠特克主编:《欧洲合同法中的诚信原则》,丁广宇等译,法律出版社2005年版,第27页。

④ 广东省高级人民法院民事判决书,(2016)粤民再464号。

行使权利的方式构成了对他人的侵害，其虽然是在行使自己的权利，但由于其行使权利的方式不当而对他人的权益造成了损害，此时应当构成滥用权利。但是，在自己家门口安装摄像头，如果主要是为了监控自己家门口，却意外拍摄到了邻居家门口，则不应当构成权利滥用。

二是滥用权利常常要伴随相应的侵害后果。如果没有造成侵害后果，就很难认定权利人超越自己的权利行使的范围；只有在造成某种侵害后果时，才能认定该权利人突破了自己权利行使的范围。据此，就与侵权责任之间产生了一定的重合性。另外，在造成侵权责任的情形下，通过侵权责任的责任承担方式来使受害人获得相应救济，也可以有效阻止滥用权利的发生。

虽然滥用权利与侵权紧密联系，但并不意味着二者是等同的法律概念，或者可以直接将滥用权利归入侵权责任中一并调整。从《民法典》的规定来看，滥用权利规定于总则编第五章“民事权利”之中，而侵权责任制度则是在第七编单独规定的。虽然侵权责任编中也有多个条款涉及权利滥用，但因这两个制度存在区别，由此现行法分别规定了这两个制度。笔者认为，滥用权利和侵权的区别主要表现在以下几个方面：

第一，规范意旨不同。就二者关系来看，滥用权利与侵权责任并非同一层面的问题。滥用权利行为表明，权利人行使权利的行为超出必要限度，有违诚实信用原则，该制度通过对权利人自身施加不利益避免滥用权利行为的发生。而侵权责任则侧重认定行为人是否因过错造成他人受到损害，并通过损害赔偿等侵权责任的承担方式使受害人恢复至没有遭受侵害的状态。两种制度是对行为从不同角度所进行的评价，法律设置滥用权利制度的目的是规范权利行使，主要发挥行为引导功能，保障诚信原则的实现。换言之，滥用权利制度本质上是一个权利行使规范，而非权利救济规范，它重点在于规制权利行使的限度，而不是对受害人提供救济。侵权责任制度则旨在弥补受害人遭受的损失，并制裁侵权行为人，纠正其不法行为，[①]《总则编司法解释》第 3 条第 3 款的规定实质上是一个引致条款，将其引致到《民法典》侵权责任编的具体规定。在这个意义上，可以说，权力滥用制度本身不必解决权利救

① 参见彭诚信：《论禁止权利滥用原则的法律适用》，载《中国法学》2018 年第 3 期。

济的问题,而是将权利救济问题交由《民法典》侵权责任编的具体规定进行评价。正是因为两者规范意旨不同,所以我国《民法典》将滥用权利和侵权作为两个不同的制度分别加以规定。

第二,是否要求造成实际损害后果不同。滥用权利行为并不一定导致侵权法上的损害后果。滥用权利的行为主要是以权利的行使超过实现权利的目的的必要为形态,在这一过程中,并不一定会发生侵权责任法上所规定的损害结果。在某些情形下,滥用权利行为只是给相对人造成纯粹经济损失,或者只是给他人造成轻微的不利益,而可能并不能归入侵权责任法所规定的"损害"范畴,因而可能不构成侵权。例如,在越界建筑的场合,被越界的一方可能并未受到可以证明的损害,但这并不影响权利人行使权利构成滥用。因此,如果将滥用权利作为侵权的一种类型,势必导致在没有造成侵权责任所认可的损害时,滥用权利人的行为就不会受到追究,从而不能实现保障权利人正当行使权利的立法目的。

第三,是否以权利行使为前提不同。如前所述,滥用权利发生于权利行使的过程中,如果不存在权利行使,也就不存在滥用权利;而侵权责任中的侵权行为不以权利行使为限。任何人从事作为或者不作为,只要因其过错致他人损害,都有可能构成侵权行为,因而侵权责任中的侵权行为范围广泛。

第四,构成要件不同。滥用权利可能以损害他人为主要目的。换言之,必须构成故意甚至恶意,才可能构成滥用权利;但是侵权责任的构成所要求的过错不限于此,过失行为当然可构成侵权。在构成要件的证明上,由于滥用权利的成立需要由相对人进行证明,而相对人要证明权利人的主观状态显然存在一定的难度。因此,这一主观要件应当进行一定的客观化,即如果从权利人行使权利的方式来看,这种方式明显具有损害他人的目的,就应当认为满足这一要件。另外,在判断滥用权利时,仅仅根据构成要件可能有所不足,在某些特殊情形下,基于构成要件难以准确认定是否构成权利滥用时,法官还应当根据《总则编司法解释》第3条第1款的规定采用动态系统论的方法进行实质判断。

第五,法律效果不同。如果滥用权利同时构成侵权行为,行为人当然应当承担侵权责任,但在不构成侵权时,滥用权利与侵权行为的法律效果存在明显区别。一方面,侵权责任的法律效果主要是侵权责任的承担,尤其是损害赔偿;而滥用权利最重要的效果是权利的行使不发生效力,[①]从而使权利行使者的利益被减损,而侵权责任的法律效果是导致受害人获得各种侵权救济。这就是说,在许多情况下,当法官经判断后确定了某人行使权利构成权利滥用时,首先是要阻止滥用权利效力的发生,使不发生相应的法律效果。所以滥用权利导致的首要的法律效果是阻止其权利不发生行为人所期待的权利行使的效果。如在申请注册商标时,如果构成滥用权利,可能会产生撤销注册商标的法律后果。另一方面,侵权责任的法律效果是由侵权责任法明确规定的,但在发生滥用权利的场合,其效果可能包括权利不取得、权利失权、让相对方来取得权利等,其产生的效果需要依据具体情形分别予以判断,法律很难完全作出明确规定。

当然,由于滥用权利与侵权是从不同角度对行为人的行为所作出的评价,因此滥用权利的行为可能也同时满足侵权责任的成立要件。此时,滥用权利并不影响侵权责任的适用,只要行为同时满足侵权责任的成立要件,受害人便可以请求加害人承担侵权责任。依据《总则编司法解释》第 3 条第 3 款的规定,“滥用民事权利造成损害的,依照民法典第七编等有关规定处理”。由此表明,滥用权利可能会造成侵权的后果,此时应当依据侵权责任编的有关规定进行处理。例如,权利人在自己房屋的外墙面装空调外挂机,其所产生的热风、噪声、滴水等,严重影响邻居的正常生活,此时就产生了权利滥用的问题。同时,此种情形下行为已经造成他人损害,此时即产生侵权责任与权利滥用的竞合问题。

问题在于,侵权责任与权利滥用竞合的情形下,应当如何处理?笔者认为,在二者发生竞合的情形下,应当优先适用侵权责任的规定,主要理由在于:一方面,滥用权利本身不是独立的请求权基础。从我国《民法典》第 132 条的规定来看,其并没有规定具体的法律效果,适用该规则无法确定其具体的法律效果,因此,其适用标准具有模糊性,较抽象和原则。滥用权利被规定在“民事权利”一章,其作为一种权利的限制性原则,并不是一个独立的请求权基础条款,也不是一个完全性法条,更不是一个具有救济性质的条款,这也决定了法院在裁判时可能难以通过直接援引该条款使当事人获得相应救济。从《民法典》第 132 条的不完全法条的性质出发,其法律效果

---

① [日]我妻荣:《我妻荣民法讲义Ⅰ:新订民法总则》,于敏译,中国法制出版社 2008 年版,第 33 页。

也需要借助其他规范来进行法律效果的填补,在涉及受害人救济时,法官也要通过侵权责任的相应条款来进行填补。而侵权责任规则是更具体的、具有可适用性的规则,按照具体规则优先于原则的适用原理,此时应当优先适用侵权规则而非适用禁止权利滥用的原则。另一方面,侵权是以损害赔偿为中心,其可以直接产生损害赔偿责任。在已产生损害结果的情形下,适用滥用权利规则可能不利于对受害人进行救济,而适用侵权责任则可以为受害人提供更全面、直接与有效的救济。因此,在构成权利滥用且如果构成侵权,而受害人要求行为人承担损害赔偿责任等,则应该直接适用侵权责任的规则。

四、滥用权利的法律效果

《民法典》第 132 条仅规定了权利人不得滥用权利,但并未明确规定滥用权利的法律后果。由于滥用权利旨在规范权利的行使行为,因此当权利行使构成滥用权利时,应当不允许其发生行使权利的效果;只有这样才能符合立法目的。《总则编司法解释》第 3 条第 3 款因此规定:"构成滥用民事权利的,人民法院应当认定该滥用行为不发生相应的法律效力。滥用民事权利造成损害的,依照民法典第七编等有关规定处理。"依据该条规定,滥用权利将产生如下法律后果。

(一)权利行使不发生相应的法律效力

所谓权利行使不发生效应的法律效力,是指滥用权利不应当产生行为人追求的后果。从本质上而言,不发生效应的法律效力是禁止(unzulässig)权利人行使权利或者主张一项法律地位。[①] 这既可能是权利人无法再主张一项权利,即权利人本来享有的一项权利被"无视",也可能是使相对人取得了一项其本来不享有的权利。[②] 也就是说,权利行使本来会发生的权利效力或者法律后果不会产生。[③]

具体而言,应当依据权利的性质,区分支配权、请求权、形成权与抗辩权,分别认

---

① Vgl. Staudinger/Looschelders/Olzen (2019) BGB § 242, Rn. 225.

② Vgl. Staudinger/Looschelders/Olzen (2019) BGB § 242, Rn. 225; MüKoBGB/Schubert, 8. Aufl. 2019, § 242 Rn. 200.

③ Vgl. MüKoBGB/Schubert, 8. Aufl. 2019, § 242 Rn. 221.

定权利滥用的法律后果。一是就支配权而言,滥用支配权可导致权利人的积极利用的自由受到限制。例如,在“袋地”情形下,权利人行使支配权禁止袋地权利人通行于其土地,已经构成滥用权利,因此这种禁止他人通行的权利行使不得发生其效力。二是就请求权而言,在请求权行使中,滥用请求权不能导致请求权的实现效果,如滥用诉权不能中断时效。再如,《个人信息保护法》第 45 条第 3 款规定:“个人请求将个人信息转移至其指定的个人信息处理者,符合国家网信部门规定条件的,个人信息处理者应当提供转移的途径。”该条对数据可携带权作出了规定,但如果权利人在行使该权利时构成滥用权利,个人信息处理者也有权提出抗辩。三是就形成权而言,如果形成权的行使构成权利滥用,也难以产生形成权行使的法律效果。形成权的意义在于,当权利人行使该权利,就会产生相应的法律后果;如果构成滥用权利,则该权利行使将不产生相应的法律效果,拒不行使权利则可能发生权利行使的效果。例如,在合同僵局中,解除权人本来有权行使解除权,但是其为了损害相对人的利益,故意不行使解除权,就构成形成权的滥用。此时,法官可以依职权终止当事人之间的法律关系,从而使权利滥用的效果不发生。四是抗辩权滥用的法律效果一般是使抗辩的效果不发生,具体需要区分抗辩的不同类型来认定其法律效果。例如,债务人提出提前还款的情况下,债权人虽然有拒绝受领的抗辩权,但如果提前履行并不损害其利益,其拒绝受领也可能构成抗辩权的滥用。因而,法官不应当支持该抗辩理由。

当然,不发生权利行使的效果并不意味着,只要行使权利构成滥用,则行使行为全部不发生效力。依据《总则编司法解释》第 3 条第 3 款的规定,“构成滥用民事权利的,人民法院应当认定权利的滥用不发生相应的法律效力”。如何理解“相应的”概念?对此,可从两方面理解:一方面,是指权利行使不发生该项权利行使应有的法律效果。法律通常对各项权利的行使设定了相应的效果,正当行使权利,就会发生法定效果,但滥用权利,则不会发生此种效果。另一方面,如果法律效果具有可分性,此时应当根据比例原则,使权利行使的法律效果不发生的范围与滥用权利的程度具有相当性。这就是说,在效力可以被分割的情形下,应当区分权利行使行为超越必要范围的限度;对于限度之内的行使,仍应允许其发生效力。当然,这种法律效果的确定方式是建立在法律效果具有可分性的前提下的,而在法律效果不可分时,则只能认定权利的行使完全不发生法律效果。

(二)可能发生失权后果

虽然《总则编司法解释》第3条关于滥用权利的后果没有规定是否导致失权,但此种后果是有可能发生的。失权在德国法上称为"Verwirkung",亦由学者译为"权利失效"。[①] 它是指如果权利人能够行使权利但长时间没有行使权利,义务人根据权利人的行为有理由相信权利人未来也不会行使权利,那么,权利人再行使权利就构成权利滥用。[②] 从而导致权利人丧失了权利,不得再向义务人主张权利[③]。在德国法中,失权制度对整个法律领域,无论私法、公法及诉讼法,均可以适用。在私法领域,对于一切权利,无论请求权、形成权、抗辩权,均有适用余地。[④] 依据我国《民法典》的规定,滥用权利也可能发生失权后果。因为权利行使的法律后果是由法律明确规定的,如果法律规定超出某种权利行使范围行使权利,该权利将丧失或不再受到保护,则也可能引发失权的后果。例如,某个受遗赠人因被继承人所立遗嘱生效而享有受遗赠权,但其在行使权利时,为获得更多遗产而伪造、篡改遗嘱,可能构成滥用权利,依据《民法典》第1125条的规定,将丧失受遗赠权。

需要指出的是,禁止滥用权利制度不同于"失权"制度。两者的区别主要体现在:第一,二者发生的事由不同。滥用权利制度主要是为规范权利的不当行使行为而设置。失权需要满足法定要件,滥用权利并不只是解决权利长期不行使的问题,而是全面规范权利行使不当的问题。第二,滥用权利主要导致相应的法律后果不能产生,在通常情形下,并不影响权利本身的存在,只是影响权利行使的效果。在滥用权利的情形下,权利本身可能并没有消灭,只是不产生相应的法律效果,或者导致侵权责任的产生。[⑤] 相比之下,失权制度的法律效果决定了,权利人长期不行使权利将会导致权利本身失效。[⑥] 第三,滥用权利往往伴随侵权行为的发生,

① 王泽鉴:《民法学说与判例研究》(第1册),中国政法大学出版社2003年版,第377页。

② Vgl. Köhler, BGB Allgemeiner Teil, 45. Aufl., 2021, § 17, Rn. 42.

③ Vgl. Staudinger/Looschelders/Olzen (2019), BGB § 242, Rn. 300.

④ Vgl. Enneccerus/Nipperdey, Allgemeiner Teil des BGB, 14. Aufl. 1960, S. 1932 f.

⑤ 参见彭诚信:《论禁止权利滥用原则的法律适用》,载《中国法学》2018年第3期。

⑥ Vgl. Enneccerus/Nipperdey, Allgemeiner Teil des BGB, 14. Aufl. 1960, S. 1397.

因此《总则编司法解释》第3条第3款特别指引了侵权责任的规定,但是失权制度不涉及侵权行为。

(三)侵权损害赔偿责任的承担

如果滥用权利已经构成侵权,则权利人需要依法承担侵权责任。前已述及,在权利人滥用权利造成他人损害的情况下,如果权利人行使权利的行为已满足了侵权责任的成立要件,按照《总则编司法解释》第3条第3款的规定,就应当引致到侵权责任编中,适用侵权责任编的相关规范。如果构成特殊侵权的,就应当构成特殊侵权规则;若不构成特殊侵权,就应当适用《民法典》第1165条的一般条款。依据《总则编司法解释》第3条第3款的规定,“滥用民事权利造成损害的,依照民法典第七编等有关规定处理”。此处特别强调“造成损害”,表明滥用权利构成侵权行为的,行为人主要应当承担侵权损害赔偿责任。

需要指出的是,在滥用权利构成侵权时,是否可以适用损害赔偿以外的责任形式?笔者认为,虽然《总则编司法解释》采用了“损害”的概念,而没有使用“侵害”的概念,但这并不意味着仅仅应当将责任形式局限于损害赔偿。因此,此处不宜直接进行反面解释,认为《总则编司法解释》排斥了其他侵权责任形式的承担,因为其本身并非封闭地列举。就停止侵害、排除妨碍等其他侵权责任形式而言,权利滥用本身不会引起排除妨碍、停止侵害请求权,这些请求权能否产生,取决于个案中的法律关系或者侵权法的规定。也就是说,只有在权利滥用本身构成义务违反或者权益侵害时,才能产生上述请求权。[①] 但是,行为人是否应当承担侵权责任,仍然应当依据《民法典》侵权责任编的有关规则予以确定。甚至在滥用民事权利危及他人人身、财产安全时,不仅涉及侵权责任编的适用问题,还可能涉及《民法典》人格权编、物权编等的有关规定。对于公司股东滥用公司法人独立地位、股东有限责任或者股东权利,损害公司债权人、公司或者其他股东利益的情形,则涉及公司法的有关规定,对此直接按照相应规定处理即可。虽然《总则编司法解释》没有一一列举,但其中的“等”字均可予以概括。在权利滥用行为同时满足其他条文规定时,可以适用其他条

---

① MüKoBGB/Schubert, 8. Aufl. 2019, § 242 Rn. 224.

文确定的法律效果。

侵权责任的承担也并不影响行使权利效果的否定,两种法律效果是可以并行的。由于侵权责任与权利滥用本身是在不同层次评价某一行为,侵权责任的承担并不排斥权利行使的效果的排除。例如,某人在自己家门口放一个摄像头,如果构成对邻居隐私权的侵害,则属于权利滥用,此时将产生两个层次的法律效果:一是权利人安装摄像头的行为将被排除;二是邻居有权依法请求其承担侵害隐私权的责任。如前所述,构成滥用权利的基本前提是存在真实的权利;如果不存在真实的权利,则可能只是构成侵权,而不构成滥用权利。

(四)引发其他法律效果

《总则编司法解释》第3条第3款对滥用权利的法律后果采取了封闭列举的方式,但事实上,此种法律后果是很难列举穷尽的。笔者认为,对滥用权利法律后果的规定应该保持开放性。禁止权利滥用的效果首先是权利行使不产生相应效力,其包括权利消灭、产生抗辩权以及权利不产生的效果,但如果权利人以违反诚实信用原则滥用权利,也应当产生相应的法律后果。[①] 例如,越界建筑的所有权人可能只是需要补偿邻人,而不需要承担完全赔偿责任,因此对他人进行补偿就是滥用权利产生的后果。再如,依据《民法典》第580条第2款的规定,在符合该条规定的条件下,当事人双方享有请求司法解除权,但在一方享有解除权而一直不行使时,此时相当于构成不作为方式产生的权利滥用,相对人可以要求法官通过司法终止来进行确认,使其不再享有请求司法解除权。

五、结语

德国学者皮克(Picker)认为,当代私法发挥权利分配的秩序功能(Rechtszuweisungsordnung),其核心是授予人们以民事权益,赋予人们自主决定与人格自由发展相关的权利,维护人们在社会交往中的自由和秩序。[②] 就此而言,民事权益划定了人们

① MüKoBGB/Schubert, 8. Aufl. 2019, § 242 Rn. 223.

② Vgl. Picker, Privatrechtssystem und negatorischer Rechtsschutz, 2019, S. 47.

自由行动的边界,维护了正常的社会秩序。人们在社会生活中各自正当行使自己的权利,不仅能实现自己的利益,还能形成一种良好的社会生活秩序,但是滥用权利却可能会破坏这种良好的社会生活秩序。尽管禁止滥用权利制度在比较法中已经得到了广泛的采用,但在我国民法中仍然是一个新型制度。虽然《民法典》在总则编中作出了规定,且《总则编司法解释》第 3 条对滥用民事权利的认定与法律后果作出了规定,弥补了《民法典》第 132 条的不周全,从而构建了较完整的禁止滥用权利制度,但该制度适用的情形较复杂,在具体个案中如何准确判断滥用权利,尤其是如何厘清滥用权利与侵权的关系,确定滥用权利的法律效果,仍然有待于进一步讨论。总之,准确理解好、把握好《民法典》第 132 条和《总则编司法解释》关于禁止滥用权利制度的规定,就能充分发挥该制度的功能,保障权利正当行使,维护社会生活的安定有序。

专题十　意定监护制度

本专题撰写人：孟　强

【《民法典》及其配套司法解释的新规则】

《民法典》第 33 条：

具有完全民事行为能力的成年人，可以与其近亲属、其他愿意担任监护人的个人或者组织事先协商，以书面形式确定自己的监护人，在自己丧失或者部分丧失民事行为能力时，由该监护人履行监护职责。

《总则编司法解释》第 11 条：

具有完全民事行为能力的成年人与他人依据民法典第三十三条的规定订立书面协议事先确定自己的监护人后，协议的任何一方在该成年人丧失或者部分丧失民事行为能力前请求解除协议的，人民法院依法予以支持。该成年人丧失或者部分丧失民事行为能力后，协议确定的监护人无正当理由请求解除协议的，人民法院不予支持。

该成年人丧失或者部分丧失民事行为能力后，协议确定的监护人有民法典第三十六条第一款规定的情形之一，该条第二款规定的有关个人、组织申请撤销其监护人资格的，人民法院依法予以支持。

【规则由来】

《民法典》第 33 条来自原《民法总则》第 33 条，是原《民法总则》相对原《民法通则》而言的重要新增条文。而原《民法总则》的该条规定则受到了《老年人权益保障法》第26条的影响。《老年人权益保障法》第26条规定:“具备完全民事行为能力的老年人,可以在近亲属或者其他与自己关系密切、愿意承担监护责任的个人、组织中协商确定自己的监护人。监护人在老年人丧失或者部分丧失民事行为能力时,依法承担监护责任。老年人未事先确定监护人的,其丧失或者部分丧失民事行为能力时,依照有关法律的规定确定监护人。”原《民法总则》在起草中吸收了该条规定并进行了改造,将意定监护的范围从老年人扩大到成年人。在此后的《民法典》“总则编”起草过程中,对该条内容予以了保留,形成《民法典》第33条规定。

【规范意旨】

《民法典》第33条是关于意定监护的规定,允许具备完全民事行为能力的自然人,提前为自己选定监护人,在自己丧失或者部分丧失民事行为能力时,便由选定的人担任自己的监护人。意定监护制度是对人口老龄化所带来的法律需求的回应,因此自20世纪后半叶随着欧洲一些国家陆续步入老龄化社会而在立法中规定,并在世界范围内开始为存在人口老龄化问题的相关国家的立法所吸收。

意定监护是基于被监护人自己的意愿而为自己选定监护人的监护制度,其不同于法定监护,因为法定监护中,无论是遗嘱监护还是协议监护,担任监护人的人选,均不是出于被监护人自己的选定,而是由法律事先进行的规定,只是允许具有监护资格的人之间进行协商等。允许被监护人事先选定自己的监护人,这是意定监护与法定监护最大的区别。《民法典》规定的意定监护制度,完善了我国民法上的监护制度,也是民法典自愿原则和意思自治原则的体现和贯彻。

《民法典》第33条规定了意定监护制度的主体、形式要件和效力,《总则编司法解释》第11条则对这一制度进行了补充和完善,强调了意定监护生效之前,被监护人和选定的监护人均有权解除意定监护协议,在生效之后监护人无正当理由则不得解除协议。同时,该解释还强调了民法典有关监护资格撤销的规定也同样适用于意定监护制度。

意定监护制度是我国近些年来民法法典化过程中新出现的制度,在实践中尚未得到广泛运用。同时《民法典》的这一规定也比较简略,一方面,需要在理论进一步深入研究;另一方面,需要相关配套制度在相应立法层级得到规定,让意定监护制度能够生根发芽,发挥其应有的作用。

【典型案例】

案例一:“吴某、佘某与陈某申请确定监护人特别程序案”

吴某(女,1969 年生)与佘某(男,1961 年生)作为申请人,以陈某(男,1934 年生)作为被申请人,向法院提出确定监护人的申请。吴某、佘某称,申请人与被申请人系邻居关系。陈某因患精神疾病,导致思维模糊,生活无法自理,经司法鉴定,认定陈某为限制民事行为能力人。为维护陈某合法权益,妥善处理其相关事宜,现要求由申请人担任陈某的监护人。

经审理查明,被申请人陈某于 2022 年 2 月 21 日被法院宣告为限制民事行为能力人。审理中,申请人吴某、佘某表示,陈某一直未婚未生育子女、父母均已死亡、无兄弟姐妹。2011 年申请人吴某与佘某登记结婚,随后 2 人共同照顾被申请人至今,并提供被申请人居住地所在的社区居民委员会的情况证明。2018 年 10 月 17 日,被申请人陈某与申请人吴某、佘某夫妇 2 人在上海市普陀公证处签署了意定监护协议,并进行了公证,该协议约定,当陈某发生精神、智力障碍或其他身体障碍不能处理自己的事务或不能辨认自己的行为时,陈某委任佘某、吴某作为其监护人,并对监护期限、监护职责、财产限制等方面作出约定。

法院认为,被申请人陈某目前为限制民事行为能力人,日常生活由 2 名申请人照料,双方形成了和谐友善的邻里帮扶关系,且已在先通过意定监护的方式确定了监护人,故在尊重被申请人个人意愿的前提下,综合考虑被申请人的实际居住生活情况,法院认为,由 2 名申请人担任被申请人的监护人为宜,故判决指定吴某、佘某为陈某的监护人。①

① 参见上海市普陀区人民法院民事判决书,(2022)沪 0107 民特 380 号。

案例二:“高某1解除与李某的意定监护协议案”

李某(1932年生)与亡夫张甲婚后未生育子女,但张甲与前妻有一养女张乙。高某1系李某的侄孙女,高某2系李某的外甥。

2019年10月23日,李某(意定被监护人)作为甲方与高某1(意定监护人)作为乙方和高某2(意定监督人)作为丙方签订了《意定监护协议》,协议内容如下:

第一条:为防止在本协议签订之后,甲方因丧失或者部分丧失民事行为能力时无法处理自己的事务,甲方在具有完全民事行为能力时与乙方、丙方协商确定本协议内容,以保障甲方生前的法律事务、生活质量、医疗救治、人格尊严等能够得到妥善管理,保护甲方的人身权利、财产权利以及其他合法权益等。

第二条:甲方愿意在本意定监护协议第三条规定的生效条件满足时指定乙方承担甲方的监护责任。

第三条:乙方成为甲方监护人的条件。在甲方丧失或者部分丧失民事行为能力时,依法承担监护职责,依法履行监护人责任。应当由人民法院裁定或者由有资质的鉴定机构,抑或由有资格的医疗结构诊断确诊甲方为无民事行为能力或者限制民事行为能力人。

第四条:在本协议签订之后,甲方出现昏迷、丧失语言表达能力(脑梗等重大疾病引起或其他意外事件引起),判断能力衰退、智力下降(阿尔茨海默病或脑功能退化等引起),以及其他原因引起的精神、智力障碍的情形,造成甲方精神、智力障碍,以致无法处理自己事务时,乙方有权利进行以下行为:(1)为甲方选择医疗机构,确定医疗方案,处理与医疗相关的事务;(2)向有资质的鉴定机构提出民事行为能力的鉴定申请,领取鉴定结果或诊断证明;(3)向有管辖权的人民法院提出裁定甲方行为能力的申请并领取裁判文书。

第五条:监护责任的范围、内容。(1)负责甲方治疗康复,包括但不限于有权决定和选择救治的医院、决定治疗方案、决定药物使用的类型、决定医疗费用支出、签署医治风险告知书、办理入出院手续等。(2)负责甲方的生活起居,决定和选择看护机构、护工、家政护理,支付相关费用……

第七条:当乙方监护身份生效时,丙方监督人身份也同时生效。

第八条:监护协议的变更、解除。(1)甲方具有完全民事行为能力时,甲方与乙方可商定变更监护协议;(2)甲方具有完全民事行为能力时,甲方有权解除监护协议;(3)乙方不得随意辞任或故意懈怠履行监护职责,由此给甲方造成损失的,应承担法律责任;(4)如乙方却因客观原因无法继续担任监护职责的,应及时向民政部门或者居委会说明情况提出指定新的监护人的申请。

协议签订当日,李某、高某1、高某2到北京市方圆公证处办理了《意定监护协议》公证。因李某年老独居,工资收入低,需要人照顾。高某1在签订意定监护协议之后,开始照顾李某的生活。高某1为李某支出挂号费、聘请保姆费、车费、生活费、医疗费、水电费、手机话费、护工费等共计98,611元。

2020年12月,高某1和李某发生不愉快。高某1以微信的方式告诉李某:"今后有任何情况请联系张乙。"

2021年1月8日,高某1在北京市方圆公证处发表声明书。该声明书载明:"《意定监护协议》签订后,我对李某老人进行了生活上的照顾和精神上的关怀。在物质方面,我每个月支付李某的保姆费、医疗费、生活费近6000元;在精神方面,我也时常关怀老人、看望老人,陪老人说话。但由于老人近一年来,对我提出的要求越来越无理,不予满足就对我进行电话骚扰,甚至在没有任何紧急情况下,仅因一时联系不上就报警。就上述情况我已经反复与老人沟通无果,严重影响了我的身体健康以及工作与生活状态。我本人和意定监督人高某2就解除上述《意定监护协议》事宜,共同与李某进行了多次当面沟通,希望达成一致意见解除上述协议,但李某均予以拒绝。鉴于上述情况已经远远超出我本人预料及承受能力范围,故我郑重声明:在未来李某丧失或部分丧失民事行为能力时,我无力承担相应监护人职责,届时也不再愿意担任其意定监护人。"

后高某1向法院提起诉讼,请求判令解除其与李某的意定监护协议、取消其意定监护人身份,并要求判令李某返还自己97,966.75元。被告李某则答辩称,同意解除与高某1的意定监护协议,但现在没有钱还,以后再还。第三人高某2表示同意解除意定监护协议。

庭审中,高某1认可已经收到李某的5327元,可以在其支出的费用中抵扣。法院还走访了当地居委会,得知在高某1不管李某之后,居委会为李某联系了养老院,现张乙承担了照顾李某的责任，李某在2021年3月10日立下遗嘱，表明其去世后将房屋交由女儿张乙继承。

法院认为，李某、高某1、高某2签订的《意定监护协议》系当事人真实意思表示，内容不违反法律、法规的强制性规定，应为有效。根据《意定监护协议》的约定，甲方具有完全民事行为能力时，甲方有权解除监护协议。在诉讼中，李某思维清楚、表达流畅。经询问，李某同意与高某1解除意定监护协议。高某2也同意解除该协议，对此，法院不持异议。在《意定监护协议》签订后，高某1积极履行照顾李某的职责，为李某看病、生活、出行等实际支出98,611元。鉴于高某1认可已经收到李某的5327元，该费用可以在其支出的费用中抵扣。故法院认定，李某还应当退还高某1 93,284元。

最后法院判决高某1、李某、高某2签订的《意定监护协议》于2021年5月12日解除，李某返还高某1垫付的费用93,284元。①

案例三："沈甲、赵乙、沈丙等申请确定监护人特别程序"

沈甲（男，1927年生）与赵乙（女，1932年生）夫妇2人作为申请人，以儿子沈丙（男，1963年生）和三女儿沈丁（女，1960年生）作为被申请人，向法院提出申请，请求法院确定沈丙、沈丁为沈甲与赵乙2人的法定监护人。

两名申请人提出，沈甲92岁，赵乙87岁，二人均患有不同程度的老年性脑萎缩、高血压、冠心病等老年性疾病，生活起居急需儿女们在身旁给予孝心关爱照护。按照《老年人权益保障法》第27条"……鼓励家庭成员与老年人共同生活或就近居住……"的法律规定，确定三女儿沈丁留身边，生活上照顾父母亲。理由为：沈丁现住房和父母亲住房相邻，因此安排三女儿沈丁住××路××号和老人共同生活，子孙同堂欢度晚年。待儿子沈丙退休后再根据实际情况进行适当调整安排，以确保两位老人的日常生活。尊老爱幼是中华民族的传统美德，孝敬父母也是儿女们报答父母亲养育之恩的传统美德和人之常情。老少同堂，让高龄父母亲享受天伦之乐，无忧无虑欢度晚年，健康长寿，也是子女和儿孙们应尽的责任和义务。

---

① 参见北京市石景山区人民法院民事判决书，（2021）京0107民初2933号。

法院认为，申请人沈甲、赵乙具有民事行为能力，其可以与子女进行协商，以书面形式确定自己的监护人。申请人沈甲、赵乙直接向人民法院申请确定其监护人，不符合上述法律规定。据此，依照原《民法总则》第 28 条、第 31 条、第 33 条之规定，判决驳回申请人沈甲、申请人赵乙要求指定沈丙、沈丁为其监护人的申请。[①]

【理论阐释】

一、意定监护的概念与制度价值

从概念上讲，意定监护，是指自然人在具备完全民事行为能力时，提前与他人协商并以书面形式确定自己的监护人，待自己丧失或部分丧失民事行为能力时，即由预先确定的人担任自己监护人的监护人确定制度。由于有资格实施意定监护的主体，仅限于完全民事行为能力人，因此，意定监护制度也被称为成年意定监护，又由于其实施的主体以老年群体最突出，因此有时也被称为老年意定监护。“意定监护协议意在未雨绸缪事先防范，在自己丧失或者部分丧失民事行为能力时仍能有效处理各项事务。”[②]成年意定监护，使本人在能力完全时，通过委任契约，预先为自己能力不足时的生活（尤其是老年）作出安排，以确保年老时的生活符合自己的意愿。如能力完全的人预先选任了受托人，当自己的能力不足以处理日常生活、医疗事务或者财产事务时，受托人成为监护人，代理本人（被监护人）管理事务。[③]

在罗马法上，监护制度主要适用于女性和未成年人，“不处于家长权之下的未适婚人和自权妇女，则需要为其设监护人。”[④]对于精神障碍者和浪费人[⑤]则设置保佐制度以保管其财产，两者共同的功能都是保护家族的财产利益。虽然女性后来取得了民法上的主体地位，但这种将未成年人和精神障碍者两类人群作为监护制度适用对象的做法，在大陆法系国家则一直延续下来，也为我国 1986 年原《民法通则》所继

① 参见四川省成都市青羊区人民法院民事判决书，（2019）川0105 民特 63 号。

② 张素华：《意定监护制度实施中的困境与破解》，载《东方法学》2020 年第 2 期。

③ 参见李霞：《成年监护制度的现代转向》，载《中国法学》2015 年第 2 期。

④ 周枏：《罗马法原论》（上册），商务印书馆 1994 年版，第 262 页。

⑤ 即滥用、挥霍财产，使其本人和法定继承人的利益受到损害的人。在罗马法上，为了保护其财产权益，浪费人不得管理自己的财产，而应交由保佐人管理，避免其挥霍浪费。

受。可以说，传统民法中，监护的对象一直是未成年人，成年人只有出现精神障碍或者严重酗酒、赌博等情况，才需要监护或保佐制度的介入。主要的原因是以前人类的平均寿命并不太长，对于成年人来说，往往在精神、智力因年老而严重衰退之前，其便已经去世，"肉体"的寿命要短于"精神"的寿命，所以成年监护制度，尤其是意定监护并不是一个传统民法迫切需要的制度。

但随着社会的发展、医疗科技的进步，"在 20 世纪，人类的预期寿命已经从 40 岁增加到 70 岁，几乎翻了一倍，所以在 21 世纪，至少应该可以再翻倍到 150 岁"。① 社会发展到这一阶段，人类"肉体"的寿命就要开始长于"精神"的寿命了，因为即便日新月异的医疗科技能够治疗各种疾病、延缓衰老、推迟死亡，也无法保证人能够在意识清醒、行动自如、能够自我管理事务的状态下一直生存下去直到最终死亡。

就中国而言，这一问题尤为迫切。按照联合国的标准，65 岁及以上人口占总人口的比例达到 7% 时为"老龄化社会"（Ageing Society），达到 14% 时为"老龄社会"（Aged Society），达到 20% 时为"超老龄社会"（Hyper-aged Society）。我国在 2000 年时，65 岁及以上人口达到 8821 万人，正好占当年全国人口的 7%，我国由此正式进入"老龄化社会"。而老龄化的趋势还一直在延续。国务院第七次全国人口普查领导小组于 2021 年 5 月 11 日发布的"第七次全国人口普查主要数据情况"显示，全国人口共 141，178 万人，其中，65 岁及以上人口为 19，064 万人，占 13.50%。可见，我国距离"老龄社会"仅差 0.5 个百分点。"研究发现，尽管持续性代理权制度和成年人监护制度同样适用于身体残疾或精神障碍的成年人，但其立法基点是保护老年人，特别是逐渐丧失行为能力的老年人。由此可见，成年人保护的重点不再是精神障碍者，而是老年人。"②当前我国"老龄化社会"所面临的最大、最现实的问题，就是如何能够实现对每位老年人身体健康的恰当照料、财产的适当管理以及各项相关事务的妥当处理，而在民法上，这就必须借助完善的成年监护制度才能实现。

为了顺应"老龄化社会"的法治需求，意定监护制度逐渐进入我国立法视野。从《老年人权益保障法》到原《民法总则》，再到《民法典》，意定监护制度不断完善，并

---

① [以色列]尤瓦尔·赫拉利：《未来简史：从智人到神人》，林俊宏译，中信出版社 2017 年版，第 23 页。

② 王竹青主编：《美国持续性代理权和成年人监护制度立法及法律适用》，知识产权出版社 2016 年版，"前言"第 1 页。

成为《民法典》的重要制度,其不仅体现了以人为本的人文精神,也是我国履行国际法义务的体现,①将会在我国发挥越来越重要的作用。

二、意定监护与法定监护的区别

对于成年人来说,意定监护与法定监护相比,最大区别在于被监护人意思自治程度的不同。

首先,成年法定监护中,被监护人在监护人的选任、监护范围与内容等方面的意思自治程度较低,只有在监护人履行具体监护职责时才需要征询被监护人的真实意愿。而成年意定监护在设立监护时,就完全由尚具备完全民事行为能力的成年人自由决定,其有权从近亲属及其他任何个人或组织中协商选定自己的监护人,对于选定的监护人的人数,《民法典》也并未作限制性规定,因此同时选择复数的监护人共同或者按照分工履行监护职责、对自己进行监护,均无不可。

其次,对于监护的范围和内容,意定监护中本人也可以事先在书面文件中一并予以列明,对自己未来被监护人的事项作出各种安排。这一定程度上体现了以老年人需求为核心、以被监护人利益为本位的新的监护理念,鼓励老年人积极应对并事先规划老年生活,按照自己的意愿选择确定监护人以更好地维护自己的合法权益,安享老年。②

因此,意定监护制度赋予了被监护人较大的意思自治空间,适合成年人尤其是老年人根据自身的财产多寡情况和亲戚朋友的亲近疏远关系,提前对未来可能发生的监护事项进行规划,避免完全交由法定监护制度进行决定的僵化与保守,从而最大限度体现被监护人的利益。

意定监护也不同于《民法典》第30条所规定的协议监护,③因为协议监护仍然属于法定监护的一种,所谓的“协议”,是具有监护资格的人之间达成的协议,而不是由被监护人选定监护人时达成的协议,因此其与意定监护有本质区别。

---

① 参见李霞、左君超:《〈民法典〉成年监护制度的进步及瞻望》,载《中华女子学院学报》2020年第4期。

② 参见刘金霞:《中国老年意定监护实施的几个问题》,载《北京社会科学》2018年第10期。

③ 《民法典》第30条规定:“依法具有监护资格的人之间可以协议确定监护人。协议确定监护人应当尊重被监护人的真实意愿。”

在适用的顺序上,如果被监护人与其选定的人之间存在意定监护协议的,那么意定监护自然要优于法定监护适用,因为法律设定意定监护制度即要尊重成年人自己的意愿,当然具有优先适用的地位。只有在意定监护协议无效或者因各种原因无法履行时,才适用法定监护。[①] 例如,在涉及被监护人医疗康复等高度人身性事务时,若意定监护对此未作安排,才应赋予与被监护人共同生活或关系密切的家庭成员以同意权或否决权,进而行使法定监护权。[②] 在前述案例三中,沈甲与赵乙尚具有完全民事行为能力,且已经与子女沈丙、沈丁达成了意定监护的一致意见,此时完全可以将协商一致的意思表示通过书面形式形成意定监护协议,自然就可以优先适用,而无须请求法院进行指定监护。

三、意定监护制度的适用要件

(一)订立意定监护协议的被监护人,是具有完全民事行为能力的成年人

《民法典》第35条第1款和第3款已初步确立了以被监护人意思自治为主导的内部体系秩序,[③]只有具有完全民事行为能力的成年人,才有权提前与他人协商,签订意定监护协议,为自己提前选定监护人。意定监护协议的双方当事人,一方为本人,即未来的被监护人;另一方为受托人,即未来的监护人。依照《民法典》的规定,18周岁以上的自然人为成年人。只有智力和精神状况均属正常、能够辨认自己行为的成年人,才能为自己订立意定监护协议。未成年人或者不具有完全民事行为能力的成年人,则不得为自己订立意定监护协议。

(二)意定监护中监护人的范围较广,既包括被监护人的近亲属,也包括其他任何愿意担任监护人的个人或者组织

首先,在意定监护中,具有完全民事行为能力的成年人可以在其近亲属中为自

① 参见黄薇主编:《中华人民共和国民法典解读·总则编》,中国法制出版社2020年版,第95页。
② 参见孙犀铭:《民法典语境下成年监护改革的拐点与转进》,载《法学家》2018年第4期。
③ 参见孙犀铭:《民法典成年监护制度的体系效益与融贯性实现》,载《山东大学学报(哲学社会科学版)》2021年第2期。

己预先选择监护人。近亲属包括配偶、父母、子女、兄弟姐妹、祖父母、外祖父母、孙子女、外孙子女。

其次,意定监护中,本人可以选择的监护人范围并不限于近亲属,而是包括任何愿意担任监护人的个人或者组织。例如,在案例一中,陈某通过意定监护协议而选定的监护人,就是自己的邻居吴某与佘某。

传统上,我国常见的家庭结构主要是由夫妻和未成年子女组成的核心家庭,以及由夫妻、夫妻的父母和未成年子女组成的主干家庭,老人和成年子女共同居住生活的主干家庭结构是居家养老模式存在的基础。但随着我国40余年的改革开放以及城镇化建设的加快,青壮年劳动力在全国范围内大规模流动,具有劳动能力的成年人外出务工就业,无法在家履行对父母的照看养老义务,大量老人尤其是高龄老人就不得不成为留守老人、"空巢"老人。现代社会本身就是一个人员全球化流动的社会,传统的家庭结构和居住方式已经逐步转变,老人的子女很可能在国外工作、居住,或者在异地上班,无法在老人身边陪伴、贴身监护。

未来一二十年,我国将仍处于城镇化快速发展阶段,"十三五"时期,人口继续向沿江、沿海、沿主要交通线地区聚集,超大城市和特大城市人口继续增长,中部和西部地区省内流动农民工比重明显增加。《国民经济和社会发展第十四个五年规划和2035年远景目标纲要》提出,要深化户籍制度改革,放开放宽除个别超大城市外的落户限制,实现常住人口城镇化率提高到65%。但由于我国的城乡二元化结构,以及城市生活成本高、居住和医疗资源紧缺等原因,许多外出务工人员无法在劳动地安置自己的家人尤其是老人。并且全国范围内还有为数不少的失独家庭。国家是失独老人监护制度的兜底责任主体,应创造有利条件,实现对失独老人权益的保障。① 因此,我国当下急需多元化的监护方式来保障被监护人尤其是老年人的合法权益。

在学者2014年针对老人群体进行的关于"您认为老年人的照料应该主要由谁承担"的调查中,"48.53%的老年人认为照料的主要承担者应是子女,其次是老年人自己或配偶(21.04%),再次是政府/子女/老年人共同承担(18.91%),最后是政府

① 参见龚钰淋、王娜:《失独老人监护有待完善》,载《中国社会保障》2020年第9期。

(10.50%)和社区(1.02%)。农村老人希望由子女照料的想法更为强烈,达到58.68%。”[①]虽然多数老人,尤其是农村老人,仍希望由子女为自己提供照料,但显然这样的愿望并不容易实现。可见这种成年劳动力的大规模流动现状,对传统的居家养老模式提出了巨大的挑战。《国民经济和社会发展第十四个五年规划和2035年远景目标纲要》提出,要大力发展普惠型养老服务,支持家庭承担养老功能,构建居家社区机构相协调、医养康养相结合的养老服务体系。这样就要求对我国的监护制度进行改革,放开监护人的范围,引入非近亲属的其他个人或组织担任监护人,并且强调政府民政部门和居委会、村委会的兜底责任,而《民法典》上的意定监护制度正顺应了这一迫切需求,让成年人可以在近亲属之外,在更为广泛的主体中选择自己的监护人。

(三)意定监护协议须以书面形式作成

本人与他人或组织事先协商确定自己的监护人并签订的协议,是委托监护协议,是当事人意思自治的体现。允许事先约定监护人的方式,在我国已经进入“老龄化社会”的今天,具有重大的现实意义。随着社会老龄化趋势的发展,人均寿命越来越高,但高龄老人中,许多人随着年龄增长而丧失或者部分丧失了民事行为能力,需要他人的监护才能保障其人身和财产安全,应当允许人们协商确定自己的监护人。由于成年人一般都具有财产,当成年人丧失或部分丧失民事行为能力时,其监护人有权代为管理和处置其财产,其中的利益重大,为避免事后的纠纷及保护交易安全,《民法典》要求成年意定监护必须以书面形式作成,即保留书面合同,便于日后举证、避免纠纷,也便于受托人向交易第三人表明自己的监护人身份。

(四)意定监护协议成立后并不立即生效,只有在本人丧失或者部分丧失民事行为能力时才生效

意定监护是“未雨绸缪”的制度,是指由成年人在自身尚且意识清醒、具备完全

---

① 杜鹏等:《中国老年人的养老需求及家庭和社会养老资源现状——基于2014年中国老年社会追踪调查的分析》,载《人口研究》2016年第6期。

民事行为能力时,提前与他人或组织协商,预先为自己确定监护人。但意定监护协议签订并成立时,本人属于完全民事行为能力人,不需要监护人,因此,意定监护协议成立后并不立即生效,只有当本人丧失或者部分丧失民事行为能力之时,事先约定的监护人才正式成为本人的监护人,其才开始履行监护职责。

四、意定监护的解除

意定监护基于协议而产生,因此在具备合同解除的条件时,双方可以解除意定监护协议。

首先,根据《民法典》第 562 条的规定,合同双方当事人协商一致,可以解除合同。因此,意定监护成立后,如果尚未生效,即本人尚未丧失或部分丧失民事行为能力的,则本人与受托人可以在达成一致意见的情况下,共同解除意定监护协议。

其次,意定监护协议本质上属于委托合同,是涉及财产关系的委托合同加上包含部分人身保护内容的委托约定的特殊的委托合同,①因此,本人与受托人均享有解除权。《民法典》第 464 条规定:"合同是民事主体之间设立、变更、终止民事法律关系的协议。婚姻、收养、监护等有关身份关系的协议,适用有关该身份关系的法律规定;没有规定的,可以根据其性质参照适用本编规定。"意定监护是本人委托他人在未来特定情况出现时担任自己的监护人,因此在本质上属于委托合同。那么意定监护协议就可以参考适用委托合同的相关规定。而《民法典》第 933 条规定:"委托人或者受托人可以随时解除委托合同。因解除合同造成对方损失的,除不可归责于该当事人的事由外,无偿委托合同的解除方应当赔偿因解除时间不当造成的直接损失,有偿委托合同的解除方应当赔偿对方的直接损失和合同履行后可以获得的利益。"因此,在意定监护协议尚未因本人丧失或部分丧失民事行为能力时,且委托人也并未发生民事行为能力的变化时,双方均有权解除意定监护协议。这也就是《总则编司法解释》第 11 条所强调的,意定监护协议的任何一方在本人丧失或者部分丧失民事行为能力前请求解除协议的,人民法院依法予以支持。在案例二中,高某 1

---

① 参见李国强:《成年意定监护法律关系的解释——以〈民法总则〉第 33 条为解释对象》,载《现代法学》2018 年第 5 期。

作为被李某选择的监护人,因双方关系逐渐恶化,便要求解除其与李某的意定监护关系,由于李某尚具有完全民事行为能力,且也同意与高某1解除意定监护协议,因此法院判令双方解除意定监护协议。但是,《总则编司法解释》第11条也强调一旦意定监护协议生效,就意味着本人处于被监护状态,此时监护人的解除权就要受到限制,必须具有"正当理由"才能请求解除协议,否则法院不支持其解除协议的请求。这是因为此时被监护人处于不能独立从事民事法律行为的状态,需要监护人的保护和帮助,如果允许监护人任意解除协议,则势必让本就处于弱势的被监护人陷入无人照顾的困境,不利于其生命健康和财产安全。因此,一旦意定监护协议生效,则监护人的任意解除权就要受到限制,只有具备正当理由时才能解除意定监护协议,不再履行监护职责。换言之,此委托合同不完全是自由允诺型契约,而是更具有身份属性的代理契约。①

再次,本人与受托人可以在意定监护协议中约定一方解除合同的事由。那么当解除合同的事由发生时,约定解除权人便可以解除合同。当然,意定监护协议一旦生效,就意味着本人已经不具备完全民事行为能力,因此本人就不能再行使约定解除权,此时只能是监护人行使约定解除权。例如,双方可以在意定监护协议中约定,当受托人履行监护职责时因自身情况发生变化、负担过重而难以继续担任监护人时,只要对被监护人的后续监护事宜作出了妥当安排,便可以解除意定监护协议等。即便是双方事先约定了解除意定监护协议的事项,那么在意定监护协议生效后,监护人在行使约定解除权时,也要受到一定的限制,需同时具备约定的事由成就和存在正当理由两项条件,才能行使约定解除权。

最后,《民法典》所规定的合同法定解除的部分事由,也可以适用于意定监护协议,因此在符合法定条件时,当事人可以解除意定监护协议。例如,在意定监护协议尚未生效时,出现了不可抗力而导致合同目的不能实现的情形,那么双方均可解除意定监护协议。

① 参见李欣:《意定监护的中国实践与制度完善》,载《现代法学》2021年第2期。

五、意定监护人资格的撤销

意定监护也是监护制度的一种,也要受到《民法典》有关撤销监护人资格规定的调整。意定监护协议生效后,如果协议中确定的意定监护人在履行监护职责时,未尽到监护职责,且造成了严重损害被监护人利益的情形时,则有关个人或组织有权申请法院撤销意定监护人的监护资格,安排必要的临时监护措施,并重新指定监护人。此时预先约定监护人的协议就不再具有法律效力,意定监护人的资格被撤销。

根据《民法典》第36条的规定,如果意定监护人实施了严重损害被监护人身心健康的行为,或者怠于履行监护职责,或者无法履行监护职责且拒绝将监护职责部分或者全部委托给他人,导致被监护人处于危困状态,抑或是实施了严重侵害被监护人合法权益的其他行为,如意定监护人对被监护人不管不顾,任其处于受冻挨饿状态,则包括被监护人的近亲属、村委会、居委会、医疗机构、妇联、残联、民政部门等,在发现相关事实时,均有权申请法院撤销意定监护人的监护资格。采此适当引入公权力介入意定监护的模式,可以保证意定监护协议落到实处,真正起到维护被监护人权益的作用,①由此形成对意定监护人的有力监督。

六、意定监护的登记

在具有意定监护制度立法例的一些国家,双方达成意定监护的协议之后,还需要将协议在公权力机关进行备案登记,以便于交易第三人进行查询,保护交易安全,同时也避免事后的纠纷。

因为意定监护人可能不是被监护人的近亲属,尤其是我国《民法典》将监护人范围扩大至其他个人或组织,因此仅从意定监护人与被监护人之间的固有关系,难以看出两人之间的监护关系。意定监护不同于法定监护,其监护事项的履行以监护协议为依据,因而监护协议在意定监护制度中显得尤为重要,应当对意定监护协议的双方当事人意思表示是否真实、协议的内容是否合法等实质以及形式要件进行审查

---

① 参见米婷:《实务中的意定监护问题及其改进》,载《人民论坛·学术前沿》2020年第20期。

与监督。[1] 当意定监护协议生效后，监护人需要对被监护人的人身和财产权益作出处分与安排时，往往需要与第三人从事民事法律行为，此时其如何证明自己的监护人身份，则是一个较困难的问题。即便是监护人向第三人出具了意定监护协议，由于此时被监护人已经丧失或者部分丧失民事行为能力，无法进行验证，故第三人有可能怀疑协议的真实性或者效力。目前一些签订意定监护协议的双方当事人，为了强化协议对第三人的效力，往往选择去公证机关对协议进行公证。

但公证并不能代替登记的效力。有学者指出："由于意定监护涉及被监护人的切身利益，须当事人慎重为之。因此大多数国家均要求任意监护的授权契约必须以书面的形式，且须向法院登记，并由法院裁定准许后才能产生法律效力。"[2]我国《民法典》并未规定意定监护协议的登记备案事宜。为保护交易安全，同时也便于意定监护人更好地履行职责，未来应当在相关法律法规中增加规定意定监护的登记制度，使这一制度能够平衡监护人、被监护人与第三人的利益，更好地发挥意定监护制度的预期功能。

---

① 参见卢娇娇、王芸：《我国成年监护制度的发展困境及其立法完善》，载《大连大学学报》2021 年第 2 期。

② 马忆南：《成年监护制度与残障人士权益保护——以民法视角观察》，载《残疾人研究》2012 年第 4 期。

专题十一　最有利于被监护人原则

本专题撰写人:孟　强

【《民法典》及其配套司法解释的新规则】

《民法典》第 35 条:

监护人应当按照最有利于被监护人的原则履行监护职责。监护人除为维护被监护人利益外,不得处分被监护人的财产。

未成年人的监护人履行监护职责,在作出与被监护人利益有关的决定时,应当根据被监护人的年龄和智力状况,尊重被监护人的真实意愿。

成年人的监护人履行监护职责,应当最大程度地尊重被监护人的真实意愿,保障并协助被监护人实施与其智力、精神健康状况相适应的民事法律行为。对被监护人有能力独立处理的事务,监护人不得干涉。

【规则由来】

我国原《民法通则》在第 18 条第 1 款对监护人监护职责的履行作出了规定,其中还强调“除为被监护人的利益外,不得处理被监护人的财产”。但原《民法通则》仅停留在强调非为被监护人利益不得处分其财产的原则,尚未概括性地规定最有利于被监护人的原则。

在原《民法总则》的立法过程中,草案对该条规定予以了保留,并作出了修改,根据被监护人是未成年人还是成年人的不同，而对监护职责的履行分别作出了细化规定。在原《民法总则》草案的一审稿中，正式提出了最有利于被监护人的原则，其第33条规定："监护人应当按照最有利于被监护人的原则履行监护职责，保护被监护人的人身、财产及其他合法权益；除为被监护人利益外，不得处分被监护人的财产。未成年人的监护人履行监护职责，应当根据被监护人的年龄和智力状况，在作出与被监护人权益有关的决定时，尊重被监护人的意愿。成年人的监护人履行监护职责，应当最大程度地尊重被监护人的意愿，保障并协助被监护人独立实施与其智力、精神健康状况相适应的民事法律行为。"

原《民法总则》草案二审稿继续对该条进行修改完善，其第34条在涉及成年人的监护人履行监护职责的规定中，增加强调"对被监护人有能力独立处理的事务，监护人不得干涉"。在正式通过的原《民法总则》中，其第33条表述为："监护人应当按照最有利于被监护人的原则履行监护职责，保护被监护人的人身、财产及其他合法权益；除为被监护人利益外，不得处分被监护人的财产。未成年人的监护人履行监护职责，应当根据被监护人的年龄和智力状况，在作出与被监护人权益有关的决定时，尊重被监护人的意愿。成年人的监护人履行监护职责，应当最大程度地尊重被监护人的意愿，保障并协助被监护人独立实施与其智力、精神健康状况相适应的民事法律行为。"

在《民法典》编纂过程中，总则编对该条又作出了一些调整，最终形成了《民法典》第35条的规定，将最有利于被监护人的原则确立为履行监护职责的基本原则，并对未成年人的监护和成年人的监护如何贯彻这一原则分别作出了细化规定。

【规范意旨】

《民法典》第35条规定的是监护人履行监护职责中最有利于被监护人的原则，分为3款：第1款是关于监护人具体履行监护职责、处分被监护人财产应当遵守的一般原则的规定；第2款是关于未成年人的监护人履行监护职责应遵循的特别原则的规定；第3款是关于成年人的监护人履行监护职责所应遵循的特别原则的规定。

由于监护人作为被监护人的代理人，有权代理被监护人从事民事法律行为，代为保管和处分被监护人的财产,并能对被监护人的人身利益作出一定的决定,故该条规定可以作为判断监护人履行监护职责是否妥当、是否有效的依据。

【典型案例】

案例一:"周甲与李丁申请变更监护人案"

在"周甲申请变更监护人案"中,申请人周甲(男,1941 年生)称,其系被监护人周丙的父亲,被申请人李丁(女,2000 年生)系周丙的独生女。2021 年,法院宣告周丙为无民事行为能力人,并指定李丁作为周丙的监护人,当时申请人同意由李丁担任监护人,是为给其锻炼的机会,但通过观察,发现李丁由于尚在校读书,时间精力不足以照顾被监护人;且由于年纪尚轻,心智不成熟,在未告知家人的情况下,擅自贱卖周丙名下多套房产,有损于周丙财产权益。申请人认为,李丁无法胜任单独担任周丙监护人的职责,故申请法院增加申请人与被申请人一起担任周丙的共同监护人。

被申请人李丁不同意申请人的诉请,要求继续单独担任周丙的监护人。理由:(1)被申请人虽在校读书,但能够与周丙的未婚夫协同,为周丙提供无微不至的照顾。(2)被申请人处置周丙名下房产,目的是为周丙置换电梯房,为周丙出院后的安置提供更有益的居所,且房产系按市场价出售,目前售房款由被申请人代为妥善保管,未来将用于购买周丙的住房及支付治疗、康复费用。(3)确认售房前未通知申请人存在不当之处,但双方曾因是否向案外人周乙(周丙的弟弟)追讨周丙财产事宜产生隔阂,因此缺乏沟通。被申请人当庭对申请人作了售房金额及实收款项等信息的披露,承诺今后作出与周丙相关的决定会对申请人进行告知。但被申请人认为增加申请人担任共同监护人可能形成利益冲突,导致其无法代周丙向周乙追讨债务。(4)申请人与被申请人在周丙的治疗方案上存在分歧,被申请人接手照顾周丙之后,周丙的身体得以更好地恢复,如果共同监护,可能因双方分歧导致周丙治疗延误。

经法院查明,被监护人周丙有过两段婚姻,第一段婚姻配偶系李某某,双方婚后仅生育李丁一个女儿,即本案被申请人。周丙与李某某于 2003 年登记离婚。第二段婚姻配偶系俞某某,双方婚后未生育子女。周丙与俞某某于 2010 年登记离婚。

周丙无其他非婚生、收养子女。周丙的母亲于2019年死亡,父亲周甲系本案申请人。

2021年8月,法院判决宣告周丙为无民事行为能力人,并指定李丁为周丙的监护人。在该案审理过程中,申请人作为周丙的代理人出庭,并当庭表示同意由李丁担任周丙的监护人。嗣后,李丁分别于2021年9月、11月代理周丙出售其名下3套房产,所得价款目前由李丁代为保管。

法院认为,本案争议焦点在于:(1)被申请人的行为是否实际损害了周丙的财产利益;(2)增加申请人与被申请人进行共同监护,是否更有利于保护周丙的各项权益。

关于第一个争议焦点,申请人认为,被申请人擅自低价出售被监护人名下房产,并将售房款存入自己名下账户,其行为有损被监护人的财产权益,对此,被申请人不予认可,并提供售房补充协议与售房中介证言,证明备案合同价并非实际售价,系争房产系按照市场价出售。法院认为,申请人在本案中提供的证据不足以证明系争房产实际售价明显低于市场价,被申请人的售房行为已对被监护人利益造成损害。法律规定,监护人除为维护被监护人利益外,不得处分被监护人的财产。在本案中,被申请人提出售房目的系为周丙置换电梯房,为其今后生活提供便利,鉴于周丙原有住房均无电梯,被申请人的做法尚属合理。关于被申请人将售房款存入自己账户的事实,被申请人表示因周丙账户存取不便,系暂时代为保管,将用于购买周丙未来住房、支付治疗与康复费用等,并当庭披露了售房钱款金额、去向,鉴于购房系一个动态过程,被申请人目前暂时代为保管售房款的行为,不足以判定已实际损害了被监护人财产权益。待新房购置妥当之后,被申请人应为周丙开设专门账户,与本人财产进行区分,尽量做到专款专用,并定期披露款项使用情况,以排除申请人的顾虑,申请人也应对此进行监督,日后如发现被申请人确有损害被监护人权益的事实发生,可再行主张变更监护人。

关于第二个争议焦点,申请人提出被申请人系在校学生,时间精力不足、社会阅历较浅、心智不成熟,不适合单独担任监护人,被申请人对此不予认可,并提出周丙在其照料下,身体状况已有明显改善。法院认为,自担任监护人至今,被申请人对周丙履行了照顾义务,申请人对周丙近期身体、意识均有明显好转的事实也予以认可。

相较申请人而言,被申请人虽社会阅历较浅,但还年轻,学习能力较强,申请人可以指导、帮助被申请人履行监护职责。目前并无证据表明被申请人实施了严重损害被监护人身心健康的行为,或怠于、无法履行监护职责导致被监护人处于危困状态,或实施了严重侵害被监护人合法权益的其他行为。根据《民法典》的相关规定,监护人被指定后,不得擅自变更,而指定被申请人作为周丙监护人之时,申请人亦曾到庭表示同意和支持。结合庭审情况,法院发现申请人与被申请人无论在周丙的治疗方案还是对案外人财产纠纷处理方面的意见均存在较大分歧,如增加申请人与被申请人担任共同监护人,易因双方分歧导致周丙的治疗方案、财产权利主张等相关事项拖延不决,更加不利于周丙人身、财产权益的保护。故此,法院认为维持目前周丙的监护状态更为妥当、合理。

法院还强调,申请人作为周丙的父亲,被申请人作为周丙的女儿,应相互帮助,共同保障周丙的生活质量。担任监护人的一方,应切实保护被监护人的人身、财产以及其他合法权益,在照顾其生活、管理其财产等方面,应加强与家人的沟通,避免轻率行事,作出损害被监护人权益的行为。未担任监护人的一方,也应协助并监督监护人履行职责。法院认为,继续由李丁担任周丙的监护人,能够维持周丙稳定的生活条件,更有利于保障周丙的各项权益,故最终判决驳回申请人周甲要求由周甲与李丁共同担任周丙监护人的申请。①

案例二:"韩甲与万某春、王某翠返还原物纠纷案"

在韩甲(男,1974年生)与万某春(男,1962年生)、王某翠(女,1965年生)返还原物纠纷一案中,韩甲由其监护人韩乙(男,1972年生,系韩甲三哥)代理,向一审法院起诉请求:(1)判令万某春、王某翠立刻搬离韩甲所有的某幢A室的房屋;(2)判令万某春、王某翠向韩甲支付占用房屋期间的占有使用费暂计291,000元,并继续计算至实际支付之日止;(3)本案诉讼费用由万某春、王某翠承担。

经一审法院查明:2013年3月21日,韩甲与万某春、王某翠女儿万某芳协议离婚,离婚协议约定双方共有的某幢A室房屋归韩甲所有,两人共育有两个子女万小

① 参见上海市长宁区人民法院民事判决书,(2021)沪0105民特347号。

A(2008 年出生)和韩小 B(2011 年出生)抚养权均归韩甲,万某芳配合韩甲办理了产权变更手续。其后韩甲取得案涉房屋的不动产权证书。万某春、王某翠系万某芳父母,在韩甲与万某芳离婚以后,一直与韩甲及两名未成年子女共同居住生活在案涉房屋内。2017 年 11 月 19 日,韩甲因突发意识不清住院,经诊断为脑室出血。2021 年经司法鉴定所出具司法鉴定意见书,结论为韩甲患器质性智能损害,为限制民事行为能力人。韩甲父母已先于其死亡,韩甲有兄弟姐妹 5 人。2021 年 4 ~ 5 月,韩甲的 4 名兄弟姐妹签署监护协议书,约定由韩乙作为韩甲的监护人。

诉讼中,一审法院对万小 A、韩小 B 进行情况调查,两人表示父母离婚之前是和父母以及爷爷奶奶(万某春、王某翠)共同生活,父母离婚后,母亲去了老家,其和父亲以及爷爷奶奶共同生活,日常生活照顾均由爷爷奶奶负责,目前其是由爷爷奶奶照顾居住在案涉房屋中,也愿意和爷爷奶奶共同生活。万某春、王某翠表示案涉房子是其出的首付,其后的还贷也都是其帮忙还的,韩甲还问其借过钱,韩甲生病前和兄弟姐妹不经常来往,关系不好,有经济纠纷。

一审法院认为,在本案中,韩甲在离婚后取得案涉房屋某幢 A 室房屋的全部产权,系该房屋的唯一所有权人。所有权人对自己的不动产,依法享有占有、使用、收益和处分的权利,而允许他人共同居住也是处分权利的一种表现形式。根据双方提供的证据以及庭审陈述可知,韩甲在离婚前以及离婚后,长期与万某春、王某翠共同生活,万某春、王某翠日常协助照顾未成年孙子女,未成年孙子女从小由万某春、王某翠照料,与万某春、王某翠感情较深,已经形成了较稳定的生活状态,因此万某春、王某翠居住在案涉房屋内具有合法性。在韩甲生病后,其对两名未成年子女的抚养义务仍在,在其自身被认定为限制民事行为能力人的情况下,万某春、王某翠继续居住使用案涉房屋并协助照顾未成年子女并不违背其真实意愿,也最有利于维护韩甲和未成年子女的利益。韩甲监护人虽提出可以轮流照顾两名未成年子女,但又表示对后续具体方式没有商量好,且两名未成年子女与韩甲的兄弟姐妹之间感情生疏,不愿意也不适宜由韩甲的兄弟姐妹进行照料。韩甲的监护人要求万某春、王某翠搬离的请求,系代被监护人作出财产处分的行为,但该处分行为并未维护被监护人的利益,故韩甲要求万某春、王某翠搬离案涉房屋并支付房屋占有使用费的诉请,一审法院不予支持。最后一审法院判决:驳回韩甲的诉讼请求。一审案件受理费为 5666

元,由韩甲承担。

韩甲在其监护人代理下,不服一审判决,提起上诉,请求:撤销原判,改判支持韩甲的一审全部诉请;诉讼费由万某春、王某翠承担。事实和理由:(1)一审认定事实不清。①韩甲的生命健康权受到威胁,韩甲处分其财产证实为了更好维护基本的生命健康权。韩甲生病至今已经产生几十万元医疗等费用,而这些费用皆源自韩甲兄弟姐妹的借款。在以后的几十年里,韩甲仍将持续产生新的医疗费、生活费、护理费等,因韩甲已经被认定为限制民事行为能力人,没有任何收入来源,无力支付任何费用,其生存权受到严重威胁,监护人面对长期照顾和治疗已经力不从心。韩甲名下房屋应该由韩甲本人占有、使用、收益、处分。现其监护人出于维持韩甲基本的生命健康权的需要,无论是占有、使用、收益还是处分,都是合情合理,于法有据。②韩甲的生命健康权远大于其子女的居住权。(2)一审判决实体处理不当。①一审对韩甲本人利益的严重忽视,必然导致裁判错误。韩甲的生命健康需要持续不断地得到一定的经济保证,但面对巨大的经济负担,一审法院置之不理,不顾韩甲的生存需要,断绝韩甲对其房产占有、使用、收益、处分的权利,客观上侵犯了韩甲的生命健康权。②对未成年子女利益的维护,不是以被上诉人占有房屋为唯一途径。万某春、王某翠作为目前无抚养权一方的父母,如若想继续照顾未成年子女,本可以通知自己女儿依法变更抚养权,承担起抚养之责,而以居住权的名义抢占韩甲本人的生存资源。③一审判决为韩甲及其子女的共同生活设置了障碍,不利于韩甲及其子女的身心健康。若万某春、王某翠长期占有房屋,将会导致韩甲及其照料者皆无法居住在案涉房屋内,将韩甲长期带回老家治疗和照顾则是必然,韩甲和其子女将很难有机会共同生活,甚至连见面都成分奢望,这不仅不利于韩甲病情的恢复,也不利于未成年人的身心成长。(3)韩甲对未成年子女有法定的抚养义务,也应该为子女提供必要的生活居所、生活照料,甚至是抚养教育,但基于韩甲现在本人的客观情况,已经无法履行上述义务。因此,两名未成年子女应该按照法律规定,由法定监护人即母亲进行抚养照料。万某春、王某翠没有法定权利占用案涉房屋照料未成年子女,所以从最终解决问题的角度出发,也可以追加韩乙的前妻,也就是这两名未成年子女的母亲参与调解或者处理本案。

万某春、王某翠二审答辩称:同意一审判决,请求驳回上诉,维持原判。

二审经审理查明的事实与一审查明事实一致。二审法院认为,在韩甲与前妻离婚前,万某春、王某翠即与韩甲长期共同居住在案涉房屋,万某春、王某翠协助韩甲照顾未成年子女。在韩甲自2013年离婚后的数年间直至其成为限制民事行为能力人之前,韩甲并未要求万某春、王某翠搬离,实际仍由万某春、王某翠继续协助其照顾未成年子女,万某春、王某翠居住在案涉房屋系基于合法事由,也是韩甲作为房屋所有权人对其房屋进行处分的一种表现形式。万某春、王某翠继续居住在案涉房屋内照料其未成年子女有利于维护韩甲以及未成年子女的利益,亦不违背韩甲的真实意思表示,故一审未支持韩甲监护人要求万某春、王某翠搬离的诉讼请求并无不当,韩甲监护人要求万某春、王某翠支付占有使用费的诉讼请求更无事实和法律依据,不应予以支持。故二审法院判决驳回上诉,维持原判。①

【理论阐释】

一、最有利于被监护人原则概述

(一)最有利于被监护人原则的概念与渊源

监护制度,是对意思能力不足者的一种必要补充和帮助,通过完全民事行为能力人担任监护人的方式进行介入,来弥补被监护人意思能力的欠缺,从而使被监护人能够通过监护人代为进行的社会交易交往而获得必要的生活资源。常见的监护制度,是对未成年人的监护,因为未成年人的年龄尚小,心智尚不成熟,社会经验不足,因此需要具备完全民事行为能力的人担任其监护人,代其进行民事法律行为,对其进行教育和保护。也有一部分成年人,虽然年龄上已经达到成年标准,但是由于发育不足、患病、年迈体衰或遭受其他事故等原因,而导致其智力程度、辨别能力、判断能力等方面无法达到正常成年人所应当具备的水平,停留在未成年人甚至是幼儿的程度上,从而无法正常从事社会交往和交易行为,也需要具备完全民事行为能力的人担任其监护人,代其进行民事法律行为,对其进行照顾和帮助。

---

① 参见江苏省苏州市中级人民法院民事判决书,(2022)苏05民终4497号。

在法制史上,早在罗马法即有监护和保佐制度。最初,监护的作用主要在于补充受监护人的能力,保佐则是代理被保佐人管理财产。在罗马法上,监护人的职责仅限于管理被监护人的财产,至于被监护人的身体、教育、抚养等,则由家长用遗嘱或由长官选定其生母或其他的亲友负责照管,其费用由监护人在被监护人的财产中支出。[①] 但后世立法便将监护职责扩张及被监护人的人身权益照管和财产权益管理保护之上,一并进行规定。

在罗马法上,监护开始时,被监护人的财产要移转到监护人名下、归监护人所有,在监护结束时,再由监护人归还给被监护人并进行清算报告。在此情形下,为了保障被监护人的利益,法律逐渐开始限制监护人的权力,强调其应当保护被监护人的利益,例如,"按市民法规定,监护人不得以被监护人的财产作为赠与……关于有偿行为,亦须出诸监护人的善意,并为被监护人的利益而为的,才生效力"。[②] 可见在罗马法上,对被监护人利益的保护,主要是基于维护被监护人财产利益的角度,强调不得任意处分被监护人的财产,在财产权的处置方面包含了一定的最有利于被监护人的含义。

随着社会的发展和法治的发达,各国在被监护人利益保护方面,不仅注重被监护人的财产权益保护,也更加注重被监护人人身权益的保护,最有利于被监护人的原则也通过一系列国际公约的形式,成为国际社会的通识。例如,联合国《儿童权利公约》第3条规定:"关于儿童的一切行动,不论是由公私社会福利机构、法院、行政当局或立法机构执行,均应以儿童的最大利益为一种首要考虑。"该公约将儿童的最大利益作为一项基本原则,对此得到了缔约各方的一致认同,也推动了各方在有关未成年人保护、婚姻家庭、监护制度等方面立法中贯彻最有利于被监护人原则的贯彻与落实。根据被监护人自身的民事主体地位不同,最有利于被监护人原则有时也被称为最有利于儿童原则、最有利于未成年人原则等。

在美国家庭法领域,儿童最佳利益(in the best interest of the child)也是判断监护权归属的一项重要原则。例如,在美国统一州法委员会起草的《统一父母法案

① 参见周枏:《罗马法原论》(上册),商务印书馆2014年版,第270页。

② 周枏:《罗马法原论》(上册),商务印书馆2014年版,第289~290页。

(2017 年)》第 613 条规定,“当父母争夺子女的监护权时,法院应根据以下情况,以儿童的最大利益为基础来认定亲子关系:(1)儿童的年龄;(2)主张者担任孩子父母角色的时间长度;(3)儿童与每个主张者之间关系的性质;(4)如果不承认儿童与主张者之间的关系,会对儿童造成的伤害;(5)主张者主张孩子的亲子关系的依据;(6)因儿童与主张者之间的关系中断或对儿童造成其他伤害的可能性而产生的其他公平因素”。①

我国自原《民法通则》开始,便规定了监护人的职责,在此后的民事立法和司法解释中,一直不断完善关于监护人职责的规定。从原《民法总则》开始,立法将最有利于被监护人的原则写入监护人职责之中,并保留至《民法典》。此后,在未成年人保护的单行法上,我国也开始基于《民法典》的规定而强调最有利于未成年人的原则,在 2020 年修订的《未成年人保护法》中不仅将最有利于未成年人作为该法的一项基本原则进行规定,而且还明确规定了落实这一原则的具体要求,该法第 4 条规定:“保护未成年人,应当坚持最有利于未成年人的原则。处理涉及未成年人事项,应当符合下列要求:(一)给予未成年人特殊、优先保护;(二)尊重未成年人人格尊严;(三)保护未成年人隐私权和个人信息;(四)适应未成年人身心健康发展的规律和特点;(五)听取未成年人的意见;(六)保护与教育相结合。”

(二)最有利于被监护人原则与监护性质的变迁

在罗马法上,家庭关系具有明显的从属性,家庭成员需要服从于家父,而“家父的权力是终身的,范围广泛,甚至可能使我们感到惊讶,因为它包含作为刑事司法权最高体现的生杀权(ius vitae et necis)……要式买卖也用来转让家子,因而我们可以证明早期的家父权力是统一的,这种权力的对象除包括一些物外,还包括隶属于家父的自由人”。② 因此,在罗马法上,监护权在本质上是一种自上而下的权力,这种权力范围广泛,能够支配家庭范围内的人身和财产,因此家父的权力甚至类似一个

---

① Uniform Parentage Act (2017), drafted by the National Conference of Commissioners on Uniform State Laws.

② [意]朱塞佩格罗索:《罗马法史》(2009 年校订本),黄风译,中国政法大学出版社 2009 年版,第 9 ~ 10 页。

国家的主权。

随着法治的昌明,家长与家庭成员尤其是未成年人之间的关系,不再认为具有支配性质的权力属性,而是一种基于平等地位的民事法律关系,因此,监护的性质也随之发生了变化。法国《民法典》第450条则规定,监护人不仅应当关注未成年人的人身,还应当以善良家父的态度管理未成年人的财产。德国《民法典》在第1793条则强调监护人有照顾被监护人人身和财产的权利义务,尤其有代理被监护人的权利义务。可见,在法制发展史上,大体经历了"未成年人监护从以家庭或父母利益为本位发展到以未成年人利益为本位"①的过程。

关于监护权的性质,我国学术界曾有以下3种观点:

一是"权利说"。即认为监护权是一种身份权,认为只有从性质上把监护权视为权利,才能使监护人正确地、主动地行使权利,并实现监护的目的。1986年原《民法通则》第18条第2款规定:"监护人依法履行监护的权利,受法律保护。"由于这一规定采取了监护人行使监护权利的说法,因此被认为含有将监护视为权利的意思。

二是"责任说"。即认为监护是法律课加给监护人的义务,是监护人单方面负有的责任。原《民法通则》第16条和第17条均规定"关系密切的其他亲属、朋友愿意承担监护责任",这一表述被认为是体现了监护属于责任的观点。

三是"职责说"。该说认为,监护是法律规定的监护人所负有的一种职责,是为保护被监护人的利益而设。原《民法通则》第18条第1款也规定了"监护人应当履行监护职责",《民通意见》第10条更是明确列举了监护人的监护职责,这些规定都被认为体现了监护为职责的本质特征。

这3种学说各有其侧重面,也都能够在当时的立法找到相应的依据,因此也都具有一定的合理性。

首先,从身份权的角度来看,监护人对被监护人的监护,也可以被视为一种权利,是父母对子女、子女对父母基于身份关系而获得的一种身份权利,尤其是此前的原《民法通则》并未规定亲权,而只规定了监护,因此在一定程度上,监护包含了亲权的内容。

---

① 董思远:《未成年人监护制度研究》,中国人民公安大学出版社2019年版,第81页。

其次,从法律的强制性以及负担性来看,监护人对被监护人承担的监护是一种不可推卸的法律义务,如果监护人不履行义务,则要承担相应的法律责任,因此责任说也有其合理性。

最后,从内容上来看,监护又像是一种职责,监护的内容在于保护被监护人的身体和财产权利,民法设立监护制度的唯一目的是保护被监护人的利益,而不是保护监护人的利益,也不允许监护人在监护行为中谋求自身的利益,因此监护在内容上更是一种职责,是基于法律规定而发生的、权利与义务的统一体。

经过学术界多年的讨论,目前"职责说"为通说,也为《民法典》所采纳,其第34条就明确规定:"监护人的职责是代理被监护人实施民事法律行为,保护被监护人的人身权利、财产权利以及其他合法权益等。"即便从规定监护人权利的角度,《民法典》也强调"监护人依法履行监护职责产生的权利"。并且,相较原《民法通则》中"愿意承担监护责任"的表述,《民法典》将之修改为"愿意担任监护人"。可见,《民法典》有意改变了此前立法中的表述,强调了监护为"职责"而非权利或者责任。

可见,监护在本质上是权利和责任的有机统一,并不单纯是一种权利,而是一种职责,监护人既享有职权(权利),又负有责任(义务)。"从整体上看,我国监护制度注重监护人所负有的职责以及对职责的正确履行。任何人作为监护人首先应意识到其对社会和国家负有的责任,而不能根据自己的意志和利益而推卸或不适当地履行此种职责。"①

将监护的本质作为一种职责予以认定,也是最有利于被监护人原则在监护制度中的体现。如果监护是监护人对被监护人的一种权利,那么就意味着监护制度是以监护人为本位,监护权就必然以最有利于权利人的原则来行使,如此则无法实现被监护人利益的最大化。如果监护是监护人的一种责任,那么就意味着监护人仅能被动地依照法律的规定去履行义务、承担责任,难以较具自主性地实现被监护人利益的最大化。而强调监护是监护人的一种职责,则有利于监护人在履行职责过程中秉持最有利于被监护人的原则,积极履行照顾、保护、教育、协助等监护职责,从而实现被监护人的利益最大化。

---

① 王利明:《民法总则》(第3版),中国人民大学出版社2022年版,第130页。

(三)最有利于被监护人原则与尊重被监护人真实意愿原则的关系

《民法典》第35条第1款规定了最有利于被监护人的原则,该条第2款和第3款又分别规定了尊重未成年被监护人真实意愿和最大限度地尊重成年被监护人真实意愿的原则。因此,立法机关认为,“本条确立了监护人履行监护职责的两项基本原则:一是最有利于被监护人的原则;二是尊重被监护人意愿的原则”。①

最有利于被监护人原则和尊重被监护人真实意愿原则均是监护制度中的重要原则,在相关的国际公约和比较法中屡见不鲜。例如,联合国《残疾人权利公约》第23条规定:“如果本国立法中有监护、监管、托管和领养儿童或类似的制度,缔约国应当确保残疾人在这些方面的权利和责任;在任何情况下均应当以儿童的最佳利益为重。缔约国应当适当协助残疾人履行其养育子女的责任。”该公约第7条同时也规定:“缔约国应当确保,残疾儿童有权在与其他儿童平等的基础上,就一切影响本人的事项自由表达意见,并获得适合其残疾状况和年龄的辅助手段以实现这项权利,残疾儿童的意见应当按其年龄和成熟程度适当予以考虑。”

最有利于被监护人原则强调监护职责的履行,应当以被监护人利益最大化和最优化为基本准则,以此来判断监护权的归属和监护职责履行适当与否,进而决定监护资格的保有与撤销。尊重被监护人真实意愿原则强调监护人在履行监护职责过程中,应当适当征询被监护人自身的观点和看法,以及在确定监护权归属时,相关司法人员应当征求被监护人的意愿。因此,从内容上便可得知,尊重被监护人真实意愿是为了更好地实现最有利于被监护人的目的,这两项原则并非同等地位的关系,而是上位原则与下位原则的关系,即最有利于被监护人原则是上位原则,其包含了尊重被监护人真实意愿原则;尊重被监护人真实意愿原则是最有利于被监护人原则的一种体现。具体而言,应当从以下两方面去理解这两项原则的关系:

第一,在涉及被监护人自身权益,尤其是涉及其人身权益和需要作出情感类的决定时,监护人及司法机关应当征求被监护人意见、尊重被监护人真实意愿。

联合国《儿童权利公约》赋予了儿童以广泛的政治经济文化权利,希望缔约方能

① 黄薇主编:《中华人民共和国民法典解读·总则编》,中国法制出版社2020年版,第100页。

够尽可能像尊重和保护成年公民一样去对待未成年人，因此要求尊重未成年人的表达自由和自主决定权，该公约第 12 条规定："缔约国应确保有主见能力的儿童有权对影响到其本人的一切事项自由发表自己的意见，对儿童的意见应按照其年龄和成熟程度给以适当的看待。"尤其是在决定监护权的归属过程中，例如，未成年人的父母离婚、争夺抚养权时，司法机关尤其应当注意听取和征求被监护人的真实意愿。

我国《未成年人保护法》第 107 条第 2 款规定："人民法院审理离婚案件，涉及未成年子女抚养问题的，应当尊重已满八周岁未成年子女的真实意愿，根据双方具体情况，按照最有利于未成年子女的原则依法处理。"在涉及成年监护时，我国《民法典》更是强调成年人的监护人履行监护职责应当最大限度地尊重被监护人的真实意愿。

第二，当被监护人的真实意愿不能在客观上符合其最佳利益时，监护人和司法机关应当根据最有利于被监护人原则进行履行监护职责和作出监护权归属及监护资格的判断。

由于被监护人缺乏完全民事行为能力，其意思表达能力往往有限，对于自身利益的判断也未必准确，甚至根本不具备相应的判断能力。例如，未成年人可能会基于物质上的诱惑或者短期的愉快玩乐的经历而作出抚养权归属方面的意思表示，但此种意思表示未必符合该未成年人的长远利益。因此，在有关监护人的确定和监护权的行使中，是否最有利于被监护人的自身利益，往往需要一些外在的、相对客观判断标准，不能完全交由被监护人自行判断，否则就失去了监护制度的设置初衷。

这也就是我国《未成年人保护法》第 107 条第 2 款虽然规定应当尊重已满 8 周岁未成年子女的真实意愿，但随即强调法官应当根据双方具体情况，按照最有利于未成年子女的原则依法处理的原因。与此类似，联合国《儿童权利公约》第 9 条也规定："缔约国应确保不违背儿童父母的意愿使儿童与父母分离，除非主管当局按照适用的法律和程序，经法院审查，判定这样的分离符合儿童的最大利益而确有必要……缔约国应尊重与父母一方或双方分离的儿童同父母经常保持个人关系及直接联系的权利，但违反儿童最大利益者除外。"可见，在涉及被监护人利益的事项时，固然要尊重被监护人的意愿，但仍然需要运用最有利于被监护人的原则进行审查。这也表明最有利于被监护人原则仍然是尊重被监护人真实意愿原则的上位原则，前者对后者具有矫正和调整的作用。例如,在案例二中,韩甲与妻子离婚后,其前岳父岳母仍然与其共同居住,并帮助其照顾子女,后韩甲因病成为限制民事行为能力人之后,其监护人要求韩甲岳父岳母搬出韩甲的房屋,但韩甲对此并不同意。法院经调查之后,认为韩甲系案涉房屋所有权人,对案涉房屋享有占有、使用、收益、处分的权利,也有权允许前妻的父母居住于此,更何况前妻父母长期帮助其照看子女,因此与前岳父岳母共同居住符合其最佳利益,而监护人要求韩甲前岳父岳母搬出房屋的请求并不符合被监护人的最佳利益,故基于最有利于被监护人的原则,法院驳回了韩甲的诉讼请求。

当然,由于最有利于被监护人原则所固有的抽象性与模糊性,对于这一原则的把握,固然要遵循“理性人”“常人”的判断标准,例如,我国《未成年人保护法》第4条所列举的应当考虑的六方面因素,但最终仍然有赖法官在个案中作出判断。在司法实践中,法官仍然具有较大的自由裁量权。正如学者所言,根据这个考虑诸多因素的综合分析办法,法官仍有宽泛的自由裁量权,可将监护权判给他认为合适的当事人。在这方面,初审法院的权力更大,因为这种判决主要是基于事实和对当事人的印象作出的,这些在书面的卷宗上很难发现,因而上诉法院在多数情况下不会撤销初审法院的判决。①

二、被监护人利益的认定

如我国《民法典》第34条所规定的,监护人的职责是代理被监护人实施民事法律行为,保护被监护人的人身权利、财产权利以及其他合法权益等。可见监护人监护职责的履行范围是较为广泛的,包括被监护人的人身权利和财产权利相关的民事法律行为。例如,日本《民法典》第859条第1款就规定:“监护人管理被监护人的财产,并就有关财产的法律行为为代表被监护人。”

监护人与被监护人往往具有家庭关系,且最常见的是最亲密的父母子女关系,可见监护人的利益与被监护人的利益往往具有一体性。但是,由于建立监护关系形

---

① 参见[美]哈里·D.格劳斯、[美]大卫·D.梅耶:《美国家庭法精要》(第5版),陈苇等译,中国政法大学出版社2010年版,第138页。

态的多样性，以及不同监护人履行监护职责所秉持的行为标准不同，这就导致监护人自身的利益与被监护人的利益虽有重合，但并非完全一致。因此，法律必须对监护人的权利作出一定的限制，使监护职责的履行符合被监护人的最佳利益。

罗马法最初对于监护人的职权并无限制，后来逐渐开始进行限制。按照市民法的规定，监护人不得以被监护人的财产进行赠与，如果撤回诉讼与和解会损害被监护人利益的，也都不允许，否则对被监护人不发生效力。① 可见，被监护人的利益是独立存在的利益，与监护人的利益不能完全画等号。正因如此，需要对监护人监护职责的履行进行约束和限制。

在一定程度上，最有利于被监护人利益的原则的提出，就意味着立法者认为被监护人的利益与监护人的利益存在不一致甚至冲突之处。也意味着“家庭或父母的决定并非总是有利于未成年人的最大利益”。② 最有利于被监护人的原则是民法监护制度的核心原则，也是最基本的原则。该原则贯穿监护权产生、监护人确定、监护职责履行以及监护权终止等各环节的全过程。如果监护人的监护行为违背该原则，就不会发生法律效力。当然，如何认定被监护人的最大利益或者最有利于被监护人利益，也存在一定的困难，因为被监护人的利益与监护人的利益或者整个家庭的利益，有时候是难以完全区分开的，此外，被监护人的短期利益和长远利益有时候也是难以兼顾的。这也是导致“模糊性和不确定性被许多学者批评为儿童最大利益原则的一项重大缺陷”③的原因。

在监护关系中，被监护人享有自己支配的、受法律保护的自由或者其他形式的利益存在。一般而言，被监护人利益具体包括物质生活和精神生活需要的满足以及自我发展的实现需要等。在法律上，被监护人的利益主要体现为人身利益和财产利益。例如，被监护人享有人格尊严、隐私权和个人信息等人格权益，监护人就不能以履行监护职责为借口而侵害被监护人的人格权益，例如，未经允许闯入被监护人的卧室、偷看被监护人的日记等；此外，被监护人还享有接受教育、使自身身心得到充分发展的权利，为此监护人就不得剥夺被监护人的这些权利。又如，当被监护人拥

① 参见周枏：《罗马法原论》（上册），商务印书馆 1994 年版，第 275 页。
② 林艳琴：《我国未成年人监护制度的理论与实践》，中国法制出版社 2017 年版，第 152 页。
③ 董思远：《未成年人监护制度研究》，中国人民公安大学出版社 2019 年版，第 24 页。

有自身的财产的时,监护人就只能基于被监护人的需求而处分其财产,而不得基于自身的需求去处分被监护人的财产。

总之,监护人监护职责的履行,应当按照最有利于被监护人的原则来进行,满足被监护人通常合理的物质生活需求,帮助其实现健康成长、全面发展的精神生活的愿望,积极并妥当地履行监护职责。

三、监护人监护职责的内容

监护是一种职责,因此监护人不能从监护中为自己谋取利益,而只能是基于被监护人的利益而行事。可见,监护人的职责是由监护的目的决定的,它主要是指担任被监护人的代理人,以及保护被监护人的人身、财产及其他合法财产。监护人监护职责的履行,应当尽到善良管理人的注意义务。

当然,根据被监护人情况的不同,监护人监护职责的履行也应当有所侧重。例如,对未成年人的监护,监护人的职责主要是保护未成年人的身心健康和财产权益;而对无民事行为能力或限制民事行为能力成年人的监护,由于其往往是因为某些精神方面或身体方面的疾病而导致意思能力存在障碍,所以监护人的职责应当主要侧重于促进其恢复身心健康,保护被监护人的人身和财产权益不受侵犯,维护社会秩序的稳定。具体而言,根据《民法典》第34条的规定,监护职责主要包括以下几项内容:

第一,担任被监护人的法定代理人,代理被监护人实施民事法律行为。

监护制度的首要目的在于,弥补被监护人行为能力的不足,以具备健全意思能力的监护人来补足被监护人意思能力的欠缺之处,使其能够作出符合自身利益的、合理的决定。我国《民法典》第23条规定:"无民事行为能力人、限制民事行为能力人的监护人是其法定代理人。"因此,监护人作为被监护人的法定代理人,可以以被监护人的名义进行民事活动,为被监护人取得和行使权利、设定和履行义务。

监护人在担任被监护人的法定代理人期间,代理被监护人与他人进行民事法律行为,必须服务于监护的目的,即为了被监护人的利益、按照最有利于被监护人利益的原则来进行。监护人作为被监护人的法定代理人,不得进行自己代理、双方代理等有损被监护人利益的行为,如果监护人的代理行为存在谋取私利的情形,并侵害了被监护人的合法权益,则可能导致监护人监护资格被依法撤销。

例如,在"丁善甲与丁善乙申请变更监护人案"中,监护人变卖了被监护人名下的安置房,引起其他具有监护资格的亲属的异议,对此,法院认为,"丁善乙作为丁某某的法定监护人,理应行使监护责任,根据现有证据证实,丁善乙在监护期间未能正确行使监护义务,且丁善乙将丁某某名下的本市民同路房产出卖后,在重新购买的房产中,将案外人丁善丙登记在该房产内,严重损害了丁某某的合法权益"。据此,法院判决撤销丁善乙作为丁某某的监护人资格,确认丁善甲为丁某某的监护人。①

第二,保护被监护人的人身、财产及其他合法权益。

由于被监护人都是不具备完全民事行为能力的人,这就意味着其在理解能力、认识能力等方面,尚不能达到正常成年人的水平。如果放任这些被监护人自行参与社会生活、社会交往,则难免导致自身利益受到损害。因此,需要为其设定监护人,介入其生活,对其进行全面保护。

对被监护人是未成年人的监护来说,保护被监护人的人身安全和人身权益,使其免受侵害,并健康生活成长,是监护人的主要职责。我国《未成年人保护法》就规定,父母或者其他监护人应当学习家庭教育知识,正确履行监护职责,抚养教育未成年人。监护人对被监护人财产保护,主要是管理和处分被监护人的财产。对未成年人来说,他们通常没有自己的独立财产,但在继承、受赠等情况下也会取得一定的财产,由于未成年人不具有管理、使用和处分财产的行为能力,因此必须由其监护人代为管理和处分。例如,在案例二中,被监护人基于继承取得了遗产,但其母亲作为监护人并未正确履行监护职责,对被监护人长期不加看管,甚至在长达 7 年的时间内不但没有将被监护人应得的遗产份额予以明确划分,甚至将该款中的部分转借他人,严重侵害了被监护人的财产权利,最后法院判决监护人将被监护人应得的遗产份额存入被监护人账户,并由当地政府关心下一代工作委员会代为监管其用途至被监护人年满 18 周岁为止,以防止再次出现监护人怠于履行监护职责甚至侵害被监护人财产权益的情形。

在被监护人是已经成年的精神障碍患者的情况下,则有可能其已经具有了一定

---

① 参见上海市闵行区人民法院民事判决书,(2014)闵民一(民)特字第 57 号。

的财产,需要监护人代为管理和适当处分。监护人要保护被监护人的人身、财产不受侵害,在被监护人的人身、财产和其他合法权益受到非法侵害时,监护人作为法定代理人,有权代理被监护人请求人民法院给予保护,代为参加整个诉讼活动。

当然,在监护人对被监护人的人身权益、财产权益作出相关决定时,应当贯彻最有利于被监护人利益的原则,并且应当尽量听取和尊重被监护人的意见。《未成年人保护法》第14条就强调,"父母或者其他监护人应当根据未成年人的年龄和智力发展状况,在作出与未成年人权益有关的决定时告知其本人,并听取他们的意见"。尤其对于成年的被监护人,由于其可能具备一定的生活经验,因此在作出相关决定时,应当最大限度地尊重被监护人的真实意愿。

例如,在案例一中,被监护人为限制民事行为能力的成年人,由其母亲和女儿共同担任监护人,其女儿将其送入老年公寓生活,但其母亲要求将其搬出,针对这一争议,法院从何种措施更有利于被监护人的人身健康和人身权益保护的角度进行分析,最后认为被监护人继续住在老年公寓并无不妥。但同时法院还专门对两位共同监护人强调,双方应当加强沟通与信任,本着相互尊重、理解的态度,协商解决处理监护事宜,充分履行监护职责,最大限度地维护被监护人的合法权益。

第三,教育、照顾、监督和管教被监护人。

对未成年的被监护人来说,人身监护主要是保护、教育和关心未成年人,约束未成年人的行为,防止其实施侵害国家财产、集体财产或他人人身、财产的违法行为。我国《民法典》第1058条规定,父母享有对未成年子女抚养、教育和保护的权利,承担对未成年子女抚养、教育和保护的义务。此外,《义务教育法》《未成年人保护法》等法律和法规也确定了父母对未成年子女的人身监护所负有的职责。例如,我国《未成年人保护法》规定,父母或者其他监护人应当关注未成年人的生理、心理状况和行为习惯,以健康的思想、良好的品行和适当的方法教育和影响未成年人,引导未成年人进行有益身心健康的活动,预防和制止未成年人吸烟、酗酒、流浪、沉迷网络以及赌博、吸毒、卖淫等行为;父母或者其他监护人应当尊重未成年人受教育的权利,必须使适龄未成年人依法入学接受并完成义务教育,不得使接受义务教育的未成年人辍学;等等。

对精神障碍患者来说,对其人身监护方面,侧重在医治、疗养和约束精神障碍患者的行为。例如,我国《精神卫生法》就规定,如果诊断结论、病情评估表明被监护人为严重精神障碍患者,并且已经发生伤害自身的行为,或者有伤害自身的危险的,或者已经发生危害他人安全的行为,或者有危害他人安全的危险的,那么监护人就应当将被监护人送往专门医疗机构对其实施住院治疗。如果尚未达到必须入院治疗程度的,那么监护人也应当对精神障碍患者妥善看护,按照医嘱督促其按时服药、接受随访或者治疗。因此,在履行对精神障碍患者的监护职责方面,监护人应尽到治疗和认真、谨慎地看护、约束精神障碍患者的义务。此外,未成年人由于年龄较小,尚处于接受教育期,需要监护人依法对其进行教育、监督和管教;而部分精神障碍患者可能容易发病而侵犯他人权益,也需要监护人予以照顾、监督和管教。

我国《民法典》第34条第2款还强调,监护人依法履行监护职责产生的权利,受法律保护,任何单位和个人都不得非法地干涉监护人履行监护职责。这为监护人履行监护职责、从事监护行为提供了法律保障。当然,根据该条第3款的规定,监护人必须认真履行其监护职责,如果不履行监护职责或侵害被监护人的合法权益,则监护人应当依法承担责任。例如,监护人不履行或不适当履行监护职责,给被监护人造成财产损失的,应当赔偿损失。对被监护人虐待、遗弃,情节恶劣,构成犯罪的,应承担刑事责任。并且,监护人不履行监护职责或者侵害被监护人合法权益的,如果符合撤销监护人资格的情形,则法院应当依法撤销其监护资格,另行指定监护人。

第四,监护人的侵权责任。

监护人不履行监护职责或者侵害被监护人合法权益的,应当承担相应的民事责任,此时监护人对被监护人承担的民事责任属于侵权责任性质,应根据《民法典》侵权责任编关于过错责任的一般规定来确定监护人的责任,即《民法典》第1165条第1款规定:“行为人因过错侵害他人民事权益造成损害的,应当承担侵权责任。”监护人对被监护人的侵权责任,有关责任认定、免责事由、赔偿范围等,均应当根据《民法典》侵权责任编的相关规定来判断。

同时,当被监护人侵害他人合法权益、致他人受损时,监护人应当承担的责任为侵权责任,这也是其监护职责的重要内容。我国《民法典》第1188条规定:“无民事行为能力人、限制民事行为能力人造成他人损害的,由监护人承担侵权责任。监护人尽到监护职责的,可以减轻其侵权责任。有财产的无民事行为能力人、限制民事行为能力人造成他人损害的,从本人财产中支付赔偿费用;不足部分,由监护人赔偿。"据此,在被监护人侵害他人时,监护人就要承担侵权责任,但监护人能够证明其已经尽到监护责任的,可以减轻其侵权责任。同时,如果被监护人有财产的,应当先从其财产中支付赔偿费用,监护人仅就不足部分承担赔偿责任。如果监护人将监护职责委托给他人的,根据《民法典》第1189条的规定,监护人仍然应当承担侵权责任,如果受托人也有过错的,则其在过错范围内承担相应的责任。

四、最有利于被监护人原则的具体运用

如前所述,最有利于被监护人原则是一项较为抽象概况的原则,《民法典》《未成年人保护法》等法律虽然列举了一些具体情形,但在司法实践中如何运用最有利于被监护人原则,仍然有待于在个案中进行具体判断。一般而言,最有利于被监护人原则的具体运用应当考虑如下几方面因素:

第一,关于监护职责履行的一般原则,为最有利于被监护人的原则。对这一原则的判断,适用社会一般人的理性标准来判断,即社会上的一般人均认为监护人的监护行为最有利于被监护人,是对被监护人利益最大化的选择,那么这一监护行为就是合理的,反之则证明监护行为不具有合理性。

第二,当被监护人有一定的财产时,监护人监护职责的履行中涉及财产处分的,只能是基于被监护人的利益维护之目的,否则不得处分被监护人的财产。

例如,在案例一中,被监护人的女儿担任监护人,监护人出售了被监护人的3套房产,对此,被监护人的父亲认为监护人的这一行为属于擅自低价出售被监护人名下房产、将售房款存入自己名下账户的行为,有损被监护人的财产权益,但法院认为,监护人提出售房目的系为被监护人置换电梯房,为其今后生活提供便利,其做法尚属合理,监护人目前暂时代为保管售房款的行为,尚不足以判定已实际损害了被监护人财产权益。同时,法院也要求监护人在新房购置妥当之后,应当为被监护人开设专门账户,与本人财产进行区分,尽量做到专款专用,并定期披露款项使用情况,日后如发现监护人确有损害被监护人权益的行为,可由被监护人的父亲再行主张变更监护人。

监护人除为维护被监护人利益外,不得处分被监护人的财产,为此,要做到如下

几点：一是严格区分被监护人与监护人的财产，不能随意进行财产的混同，否则将会因财产界限不清而对被监护人的财产造成损害。监护人应当对被监护人的财产开具财产目录，建立明确、清楚的账目，进行分账管理。二是监护人对被监护人财产的处分不得与自己存在利益冲突。监护人不得基于自己的利益而对被监护人的财产进行不正当的使用、调换或作其他用途，损害被监护人的利益。在管理财产的过程中，监护人只享有管理权，没有收益权，不得侵占被监护人财产的孳息。三是非基于被监护人的利益，监护人不得对被监护人的财产进行转让、出售和赠与。四是监护人不得代表被监护人与自己进行交易，获取被监护人的财产，也不得代表被监护人对自己进行财产的赠与，否则，该行为无效。

当然，监护人为了被监护人的利益，而对被监护人的财产进行处分，则此种行为对被监护人有效，被监护人不得事后反悔或者要求返还。例如，在“耿某与侯某不当得利纠纷案”中，监护人侯某从被监护人耿某的工资卡中共计取款167，510元，并将被监护人的房屋对外出租收取租金。耿某遂提起诉讼，请求法院判决侯某向其返还擅自领取的工资172，510元、收取的房屋租金38，700元。侯某则答辩称，为了照顾耿某的生活和治疗，耿某女儿耿某某委托侯某对耿某名下的工资及房产等进行管理，侯某所支取的耿某工资167，510元及管理耿某房屋所收取的租金都是耿某某委托进行的，而且该费用都是用于耿某的生活治疗费用以及侯某应得的报酬。法院审理后认为，侯某受耿某女儿耿某某委托照料耿某生活并支配、管理耿某财产，于法有据，且并无证据证实侯某在完成受托事务时存在损害耿某合法权益的行为，其所处分的耿某财产亦均有合理的事实依据，耿某主张侯某的处分其财产的行为构成不当得利，并要求侯某返还该财产，没有事实及法律依据，不予支持。①

第三，未成年人的监护人在履行监护职责时，尤其是在作出与被监护人利益相关的决定时，应当依据被监护人的年龄、智力状况、理解能力、意思表示能力等具体情况，征询其意见，尽量尊重被监护人的真实意愿。因为未成年人可能是无民事行为能力人，也可能是限制民事行为能力人，根据年龄、智力等情况的不同，具备一定的意思能力和表达能力，监护人履行监护职责，在必要时征求被监护人的意见，尊重

① 参见广西壮族自治区南宁市兴宁区人民法院民事判决书，(2014)兴民一初字第983号。

被监护人的真实意愿,也是符合最有利于被监护人原则的具体体现。

第四,在成年监护中,监护人应当最大限度地尊重被监护人的真实意愿。由于被监护人可能曾经具备过完全民事行为能力,因此具有一定的生活经验,这是未成年被监护人所不具备的,在此情形下,监护人履行职责更应该最大限度地尊重被监护人的真实意愿,尊重其本人的意思表示,保障并协助被监护人实施与其智力、精神健康状态状况相适应的民事法律行为。同时,监护人还应当对被监护人保持一定的尊重,对被监护人有能力独立处理的事务,应当交由被监护人自行决定和处理,监护人不得干涉。

专题十二　营利法人人格否认

本专题撰写人：李建伟

【《民法典》及其配套司法解释的新规则】

《民法典》第83条：

营利法人的出资人不得滥用出资人权利损害法人或者其他出资人的利益；滥用出资人权利造成法人或者其他出资人损失的，应当依法承担民事责任。

营利法人的出资人不得滥用法人独立地位和出资人有限责任损害法人债权人的利益；滥用法人独立地位和出资人有限责任，逃避债务，严重损害法人债权人的利益的，应当对法人债务承担连带责任。

《公司法》第20条：

公司股东应当遵守法律、行政法规和公司章程，依法行使股东权利，不得滥用股东权利损害公司或者其他股东的利益；不得滥用公司法人独立地位和股东有限责任损害公司债权人的利益。

公司股东滥用股东权利给公司或者其他股东造成损失的，应当依法承担赔偿责任。

公司股东滥用公司法人独立地位和股东有限责任，逃避债务，严重损害公司债权人利益的，应当对公司债务承担连带责任。

《公司法》第63条：

一人有限责任公司的股东不能证明公司财产独立于股东自己的财产的，应当对公司债务承担连带责任。

《九民会议纪要》第10条：

【人格混同】认定公司人格与股东人格是否存在混同，最根本的判断标准是公司是否具有独立意思和独立财产，最主要的表现是公司的财产与股东的财产是否混同且无法区分。在认定是否构成人格混同时，应当综合考虑以下因素：

(1)股东无偿使用公司资金或者财产，不作财务记载的；

(2)股东用公司的资金偿还股东的债务，或者将公司的资金供关联公司无偿使用，不作财务记载的；

(3)公司账簿与股东账簿不分，致使公司财产与股东财产无法区分的；

(4)股东自身收益与公司盈利不加区分，致使双方利益不清的；

(5)公司的财产记载于股东名下，由股东占有、使用的；

(6)人格混同的其他情形。

在出现人格混同的情况下，往往同时出现以下混同：公司业务和股东业务混同；公司员工与股东员工混同，特别是财务人员混同；公司住所与股东住所混同。人民法院在审理案件时，关键要审查是否构成人格混同，而不要求同时具备其他方面的混同，其他方面的混同往往只是人格混同的补强。

《九民会议纪要》第11条：

【过度支配与控制】公司控制股东对公司过度支配与控制，操纵公司的决策过程，使公司完全丧失独立性，沦为控制股东的工具或躯壳，严重损害公司债权人利益，应当否认公司人格，由滥用控制权的股东对公司债务承担连带责任。实践中常见的情形包括：

(1)母子公司之间或者子公司之间进行利益输送的；

(2)母子公司或者子公司之间进行交易，收益归一方，损失却由另一方承担的；

(3)先从原公司抽走资金，然后再成立经营目的相同或者类似的公司，逃避原公司债务的；

(4)先解散公司，再以原公司场所、设备、人员及相同或者相似的经营目的另设公司，逃避原公司债务的；

(5)过度支配与控制的其他情形。

控制股东或实际控制人控制多个子公司或者关联公司，滥用控制权使多个子公司或者关联公司财产边界不清、财务混同，利益相互输送，丧失人格独立性，沦为控制股东逃避债务、非法经营，甚至违法犯罪工具的，可以综合案件事实，否认子公司或者关联公司法人人格，判令承担连带责任。

《九民会议纪要》第12条：

【资本显著不足】资本显著不足指的是，公司设立后在经营过程中，股东实际投入公司的资本数额与公司经营所隐含的风险相比明显不匹配。股东利用较少资本从事力所不及的经营，表明其没有从事公司经营的诚意，实质是恶意利用公司独立人格和股东有限责任把投资风险转嫁给债权人。由于资本显著不足的判断标准有很大的模糊性，特别是要与公司采取"以小博大"的正常经营方式相区分，因此在适用时要十分谨慎，应当与其他因素结合起来综合判断。

【规则由来】

《民法典》第83条来自原《民法总则》第83条，是原《民法总则》的重要新增条文，上述第83条又源自对《公司法》第20条提取公因式的抽象。

【规范意旨】

《民法典》第83条是在《公司法》第20条关于公司股东不得滥用股东权利、法人独立责任和股东有限责任等制度损害他人利益的规定的基础上，扩大法人格否认制度的适用范围，将主体从"公司"扩展至"营利法人"。需要注意的是，法人格否认制度仍属于法人人格独立原则的一种例外规则，不会因调整对象的扩张而转变为普通规则。在司法裁判中，法官需要审慎适用此规范，不得任意扩张该制度的适用范围。

该条第1款的规定，可视为《民法典》第132条规定的禁止权利滥用规则具体化的成果之一。出资人为了共同的投资收益目的聚集在一起，出资给营利法人，营利法人具有独立的人格、独立的财产，相应地出资人丧失出资财产权，但享有有限责任的利益。这一组权利义务的安排构成营利法人的基本特征，也使出资人的营利目的得以有效实现。但出资人在享受权利的同时，应依法且正当地行使出资人权利。否则营利法人的独立人格将被否认,出资人的有限责任利益将会丧失,最终对营利法人的债务承担无限连带责任。

【典型案例】

案例一:“徐工案”

川交机械公司股东为王某礼、倪某。瑞路公司股东为王某礼、倪某。川交工贸公司股东为张某蓉(占90%股份)、吴某(占10%股份),其中张某蓉系王某礼之妻。在公司人员方面,3家公司经理均为王某礼,财务负责人均为凌某,出纳会计均为卢某,工商手续经办人均为张某;3家公司的管理人员存在交叉任职的情形,如过某利兼任川交工贸公司副总经理和川交机械公司销售部经理的职务,且免去过某利川交工贸公司副总经理职务的决定系由川交机械公司作出;吴某既是川交工贸公司的法定代表人,又是川交机械公司的综合部行政经理。在公司业务方面,3家公司在工商行政管理部门登记的经营范围均涉及工程机械且部分重合,其中,川交工贸公司的经营范围被川交机械公司的经营范围完全覆盖;川交机械公司系徐工机械公司在四川地区(攀枝花除外)的唯一经销商,但3家公司均从事相关业务,且相互之间存在共用统一格式的《销售部业务手册》、《二级经销协议》、结算账户的情形;3家公司在对外宣传中区分不明。在公司财务方面,3家公司共用结算账户,凌某、卢某、汤某明、过某利的银行卡中曾发生高达亿元的往来,资金的来源包括3家公司的款项,对外支付的依据仅为王某礼的签字;在川交工贸公司向其客户开具的收据中,有的加盖其财务专用章,有的则加盖瑞路公司财务专用章;在与徐工机械公司均签订合同、均有业务往来的情况下,3家公司于2005年8月共同向徐工机械公司出具说明,称因川交机械公司业务扩张而注册了另两家公司,要求所有债权债务、销售量均计算在川交工贸公司名下,并表示今后尽量以川交工贸公司名义进行业务往来;2006年12月,川交工贸公司、瑞路公司共同向徐工机械公司出具申请,以统一核算为由要求将2006年度的业绩、账务均计算至川交工贸公司名下。

审理法院认为,川交工贸公司与川交机械公司、瑞路公司人格混同。一是3家公司人员混同。3家公司的经理、财务负责人、出纳会计、工商手续经办人均相同,其他管理人员亦存在交叉任职的情形，川交工贸公司的人事任免存在由川交机械公司决定的情形。二是3家公司业务混同。3家公司实际经营中均涉及工程机械相关业务，经销过程中存在共用销售手册、经销协议的情形；对外进行宣传时信息混同。三是3家公司财务混同。3家公司使用共同账户，以王某礼的签字作为具体用款依据，对其中的资金及支配无法证明已作区分；3家公司与徐工机械公司之间的债权债务、业绩、账务及返利均计算在川交工贸公司名下。因此，3家公司之间表征人格的因素（人员、业务、财务等）高度混同，导致各自财产无法区分，已丧失独立人格，构成人格混同。

川交机械公司、瑞路公司应当对川交工贸公司的债务承担连带清偿责任。公司人格独立是其作为法人独立承担责任的前提。《公司法》第3条第1款规定："公司是企业法人，有独立的法人财产，享有法人财产权。公司以其全部财产对公司的债务承担责任。"公司的独立财产是公司独立承担责任的物质保证，公司的独立人格也突出地表现在财产的独立上。当关联公司的财产无法区分，丧失独立人格时，就丧失了独立承担责任的基础。《公司法》第20条第3款规定："公司股东滥用公司法人独立地位和股东有限责任，逃避债务，严重损害公司债权人利益的，应当对公司债务承担连带责任。"在本案中，3家公司虽在工商登记部门登记为彼此独立的企业法人，但实际上相互之间界线模糊、人格混同，其中川交工贸公司承担所有关联公司的债务却无力清偿，又使其他关联公司逃避巨额债务，严重损害了债权人的利益。上述行为违背了法人制度设立的宗旨，违背了诚实信用原则，其行为本质和危害结果与《公司法》第20条第3款规定的情形相当，故参照《公司法》第20条第3款的规定，川交机械公司、瑞路公司对川交工贸公司的债务应当承担连带清偿责任。①

案例二："泰来装饰公司人格混同案"

装饰公司、房屋公司、娱乐公司与中国银行成都市蜀都大道支行（以下简称中行蜀都支行）签订《债务重组协议》，对装饰公司原在中国银行成都市分行信托部的逾

---

① 参见"徐工集团工程机械股份有限公司诉成都川交工贸有限责任公司等买卖合同纠纷案"，最高人民法院《关于发布第四批指导性案例的通知》（法〔2013〕24号），2013年1月31日发布。

期贷款2200万元进行债务重组,约定:由装饰公司向中行蜀都支行承担全部贷款及欠息;装饰公司、房屋公司、娱乐公司共同承诺用装饰公司和房屋公司投资组建的娱乐公司在中国酒城内开发的“西南名商会所”项目形成的各种资产和权益作为装饰公司上述借款的抵押物;担保手续完成后,装饰公司、房屋公司、娱乐公司与中行蜀都支行重新签订借款合同、抵押合同及其他相关补充合同。2004年中行蜀都支行与信达成都办签订《债权转让协议》。中行蜀都支行将涉案债权全部转让给信达成都办,转让清单记载截至2004年5月31日装饰公司尚欠借款本金1986万元。

装饰公司、房屋公司、娱乐公司股权关系交叉,均为关联公司,实际均为沈氏公司出资设立,沈某源作为公司的董事长,同时身兼3家公司的法定代表人,其利用对3家公司的控制权,将装饰公司贷款大量投入娱乐公司中国酒城项目;在未办理工商变更登记的情况下,将娱乐公司对装饰公司欠款7392万元和对房屋公司欠款1086万元转为两家公司对娱乐公司的投资款,且2003年以后装饰公司对娱乐公司的投资只有2795万元,装饰公司的3597万元投资款去向不明;并将中国酒城项目的经营收益用于支付所谓泰来集团名下所有公司的房租、水电费、员工工资;将沈氏公司对房屋公司的投资用于支付中国酒城项目设计费;装饰公司、房屋公司、娱乐公司还共同为装饰公司贷款还本付息,装饰公司、房屋公司、娱乐公司均认为对“流金岁月”及“茵梦湖”项目的资产享有处分权,以并不存在的泰来集团名义向贷款人出具函件,致使贷款人也无法区分三者间的人员及财产。装饰公司、房屋公司、娱乐公司还存在同一地址办公、联系电话相同、财务管理人员在一段时期内相同的情况。

基于上述事实,法院认为,装饰公司、房屋公司、娱乐公司表面上是彼此独立的公司,但各公司之间已实际构成了人格混同。其行为违背了法人制度设立的宗旨,违反了诚实信用和公平原则,损害了债权人利益。因此,原审法院判令装饰公司的债务应由娱乐公司和房屋公司承担连带清偿责任并无不当。①

案例三:“一人公司连带责任案”

航天波纹管公司与中森华投资公司签订协议,约定航天波纹管公司将持有的武

---

① 参见最高人民法院民事判决书,(2008)民二终字第55号。

汉市航新商贸有限公司65%的股权转让给中森华投资公司,转让价款5100万元,溢价8400万元,共计13,500万元。中森华投资公司以开发的商铺作为还款来源,以每平方米5000元的价格,将一楼、二楼的商铺卖给航天波纹管公司。后中森华投资公司未如期履行协议。航天波纹管公司请求中森华置业公司与中森华投资公司履行协议,并承担不按期履行的违约责任。

一审法院认为,虽然中森华投资公司与中森华置业公司均登记为公司法人,但两者之间具有紧密关联。中森华置业公司是中森华投资公司发起设立的项目公司,在中森华置业公司有两名以上股东期间,中森华投资公司有绝对控股地位,且自2013年7月11日以来,中森华置业公司是中森华投资公司持有100%的股权的一人公司。我国《公司法》第63条规定:"一人有限责任公司的股东不能证明公司财产独立于股东自己的财产的,应当对公司债务承担连带责任。"根据该条规定,中森华投资公司未提交证据证明公司财产独立于股东财产,两家公司人格混同,在法律上应视为同一主体。法条规定股东应对公司债务承担连带责任,反之亦然,公司对股东债务亦应承担连带责任。

二审认为,在本案中,中森华投资公司未提交证据证明中森华置业公司财产独立于其自己的财产,两公司在法律上应视为同一责任主体,构成人格混同。以下具体事实可以证明两公司构成人格混同。首先,在房地产开发项目中,项目公司是开发商以明确具体的工程项目为开发对象,由投资人成立的具有房地产开发经营资格的房地产开发企业,成立项目公司是房地产开发的重要形式。在本案中,郑某云、陈某夏夫妻共同出资设立了中森华投资公司,而后中森华置业公司于2009年1月16日成立,成立时中森华投资公司持股90%,陈某夏持股10%,即中森华置业公司从成立之初就是实质上的一人公司。2010年5月又变更登记中森华投资公司持股100%,成为一人公司。其次,结合以下事实:(1)2013年6月1日中森华置业公司股东会决议有关表述内容:"……三、长城汉办收购中融国际信托有限公司持有的对中森华投资公司的人民币柒仟伍佰万的债权后,本公司全体股东一致同意由本公司作为该笔债务的共同债务人,自愿与中森华投资公司一起,向长城汉办承担共同的连带偿还责任……落款处加盖中森华置业公司及中森华投资公司公章。"(2)2013年6月8日长富基金、华夏银行与中森华置业公司签订的《委托贷款合同》约定:"……2.4.2为保证本合同项下委托贷款得到清偿,借款人股东以及实际控制人郑某云及其配偶同意为借款人项下的委托贷款偿还义务及相关承诺、保函、责任等事宜提供连带保证责任……”可以看出,中森华投资公司与中森华置业公司对外承担案涉开发项目融资债务的连带责任。一审判决并无不当。

再审法院认为,原判决适用上述规定认定中森华投资公司与中森华置业公司构成人格混同,并无不当。首先,从工商登记情况看,中森华置业公司为一人有限责任公司。2013 年 7 月至今,中森华置业公司股东为中森华投资公司,持股比例 100%。其次,原审中,中森华投资公司、中森华置业公司虽分别提交了工商登记资料、年检报告、纳税凭证等证据,但并不能否定中森华置业公司系中森华投资公司的项目公司以及两公司承诺对涉案项目的欠款承担连带责任的相关事实。再次,中森华置业公司系中森华投资公司为开发中森华国际城项目而成立的房地产项目公司。中森华置业公司成立之初即由中森华投资公司及其股东实际控制。从中森华置业公司股东会决议及长富基金、华夏银行与中森华置业公司的《委托贷款合同》均可以看出,中森华置业公司和中森华投资公司共同承诺对涉案房地产项目债务清偿承担连带责任。虽然中融国际信托有限公司短期持有中森华置业公司 100% 的股权,但后来又变更登记为中森华投资公司。最后,《公司法》第 63 条的规定虽系股东为公司债务承担连带责任,但目前司法实践中,在股东与公司人格混同的情形下,公司亦可为股东债务承担连带责任。①

【理论阐释】

一、法人格否认制度的演变与类型

(一)法人格否认规则的形成与变迁

营利法人人格否认(以下简称法人格否认)制度的功能在于对滥用出资人有限责任和营利法人独立地位情形予以矫正和补救。法人格否认制度运行的逻辑是,就

① 最高人民法院民事裁定书,(2020)最高法民申 2158 号。

具体法律关系中的特定事实，否认法人的独立人格以及其背后出资人的有限责任，责令法人与其背后滥用权利的出资人对法人的债权人负连带责任，①以实现公平、正义的法律价值。英美法称为“揭开法人面纱”。因为出资人对营利法人债务承担的是有限责任，这种责任限制就像在法人的债权人与出资人之间挂起了一层纱布，如果这层纱布（有限责任）消失，那么出资人就应对营利法人的债务承担无限连带责任。②

我国最早在1990年国务院颁布的《关于在清理整顿公司中被撤并公司债权债务清理问题的通知》第4条第1款曾规定：“公司虽经工商行政管理机关登记注册，但实际上没有自有资金，或者实有资金与注册资金不符的（国家另有规定的除外），由直接批准开办公司的主管部门或者开办公司的申报单位、投资单位在注册资金范围内，对公司债务承担清偿责任。”此规范可谓法人格否认制定在中国法上最早的雏形。2005年修订《公司法》开各国公司立法风气之先，首次以制定法的形式规定公司法人格否认规则，第20条第3款规定，“公司股东滥用公司法人独立地位和股东有限责任，逃避债务，严重损害公司债权人利益的，应当对公司债务承担连带责任”。2017年原《民法总则》第83条规定：“营利法人的出资人不得滥用出资人权利损害法人或者其他出资人的利益。滥用出资人权利给法人或者其他出资人造成损失的，应当依法承担民事责任。营利法人的出资人不得滥用法人独立地位和出资人有限责任损害法人的债权人利益。滥用法人独立地位和出资人有限责任，逃避债务，严重损害法人的债权人利益的，应当对法人债务承担连带责任。”至此，法人格否认从公司法的特别规范，上升至民法的一般规范，适用于各种类型的营利法人。《民法典》承袭了原《民法总则》的这一规定。

---

① 《公司法》第20条第3款与第60条均使用了“股东……应当对公司债务承担连带责任”的提法，此处的“连带责任”可以理解为无限责任的同义语。但应当指出的是，第20条第3款与第60条仅规定了单向意义上的（股东对公司的债务承担连带责任）法人格否认规则，而不包括反向意义上的（公司对股东的债务承担连带责任）法人格否认规则，故与本文所定义的法人格否认规则（包括单向意义的与反向意义上的两种情形）的外延并不相同。当然，从各国的公司判例实践来看，法人格否认规则主要是就单向意义上而言的，即股东对公司的债务单向地承担连带责任。

② 施天涛：《公司法论》（第4版），法律出版社2018年版，第31页。

(二)法人格否认的三种类型

法人格否认制度具有丰富的内涵,就其具体适用通常可分为一般规则、扩展适用和反向规则3种类型。根据《民法典》第83条的文义,此规定应解释为法人格否认制度的一般规则。但在营利法人集团化发展的实务中,姐妹营利组织之间、母子营利法人之间侵害债权人利益的现象也屡见不鲜,经过近百年来的理论学说与司法经验的积累,域外法逐步摸索出法人格否认制度的扩展适用与反向适用规则,以回应法人集团化与一人公司普遍化所带来的社会问题。这种发展不仅得到我国理论界的认可,且迅速地在司法实践中"开花结果"。我国法院在过去10多年间几乎在"无法可依"的背景下作出法人格否认扩展适用、反向适用的相关判决,尤其是法人格否认规则的扩展适用,数量更是逐年攀升。这固然透露出各级人民法院勇于审判创新的担当,应予肯定,但是,支持性判决比例的居高不下也似乎透露出我国法人格否认判决规则的早熟。尤为引人注目的是,2013年最高人民法院发布的15号指导案例(以下简称15号指导案例)"徐工集团工程机械股份有限公司诉成都川交工贸有限公司等买卖合同纠纷案"①的裁判要点是:(1)关联公司的人员、业务、财务等方面交叉或混同,导致各自财产无法区分,丧失独立人格的,构成人格混同;(2)关联公司人格混同,严重损害债权人利益的,故关联公司相互之间对外部债务承担连带责任。有学者评价,15号指导案例在我国法律、司法解释层面并无"人格混同"概念,亦无因"人格混同"否认公司法人格规范的前提下创设了新的规范,属于弥补法律漏洞的个案裁判。② 有关多份实证研究表明,15号指导案例对其后的司法实践产生了相当的示范效应。但指导案例终究不是正式的法律渊源,只能通过个案示范的方式为下级法院提供指导,对个案之外无裁判规范的情形,还得依赖法院在实践中不断摸索,积累经验。

综上,欲体系化地掌握我国营利法人人格否认规则,不仅需要对《民法典》第83条的法人格否认的一般规则进行学理阐释,还需要结合司法实务的裁判经验与比较

---

① 参见江苏省徐州市中级人民法院民事判决书,(2009)徐民二初字第0065号;江苏省高级人民法院民事判决书,(2011)苏商终字第0107号。

② 王军:《中国公司法》,高等教育出版社2015年版,第66页。

法的规范模式，对法人格否认制度的扩展与反向适用的具体规则进行整合。

二、法人格否认的一般规则

《民法典》第83条对法人格否认制度作出了原则性规定，《九民会议纪要》第10~12条对法人格否认制度的核心内容（行为要件）作出了更为细致的规定。根据《民法典》第83条的文义，法人格否认的适用要件有二：一是存在“滥用法人独立地位和出资人有限责任”的行为，简称滥权行为，此为行为要件；二是“逃避债务，严重损害债权人利益”，简称逃债侵权，此为结果要件。[①] 15号指导案例的裁判要旨即循此展开：（1）关联公司的人员、业务、财务等方面交叉或混同，导致各自财产无法区分，丧失独立人格的，构成人格混同；（2）关联公司人格混同，严重损害债权人利益的，故关联公司相互之间对外部债务承担连带责任。《九民会议纪要》亦重复这一立场，规定“在审判实践中，要准确把握《公司法》第20条第3款规定的精神。只有在股东实施了滥用公司法人独立地位及股东有限责任的行为，且该行为严重损害了公司债权人利益的情况下，才能适用”。据此，下文结合《公司法》第20条第3款与《九民会议纪要》的相关规定，系统梳理营利法人人格否认一般规则的适用逻辑。

（一）行为要件

1. 资本显著不足

我国法上，资本有多种可能的含义。[②] 我国公司法适用的是认缴资本制，因此“资本”的可能内涵主要为两种：一是注册资本；二是实缴资本。“资本显著不足”中的“资本”应是指注册资本。在“实缴资本显著不足”的情形下，法院应当首先根据《九民会议纪要》第6条的有关规定处理。[③] 在认缴制下，资本显著不足的判断时点存在争议，通常存在两个判断标准：一是公司成立时资本显著不足；二是经营过程中资本显著不足。

---

① 参见刘俊海：《新公司法中揭开公司面纱制度的解释难点探析》，载《同济大学学报（社会科学版）》2006年第6期；宋建立：《法人人格否认理论的实际应用》，载《人民司法》2008年第16期。

② 赵旭东：《公司法学》（第4版），高等教育出版社2015年版，第159~160页。

③ 朱慈蕴、梁泽宇：《“资本显著不足”的适用与研判：理论、实证与规则》，载《法学评论》2021年第3期。

营利法人成立时的资本显著不足,是指在商事登记的出资人资本实缴数额与营利法人经营所隐含的风险相比明显不匹配。成立时资本显著不足应该由行政机关处理,但由于除特殊行业设立营利法人需要政府审批外,绝大多数行业是不需要政府审批的,营利法人成立时登记备案即可。①

经营过程中的资本显著不足,是指营利法人成立后在经营过程中,股东实际投入公司的资本数额与公司经营所隐含的风险相比明显不匹配。需要注意以下3个问题:首先,不匹配的程度应达到"明显"的标准。由于出资人投入法人的资本数额与法人经营所隐含的风险匹配判断难以客观化,因此,若出现主观恣意判断的现象,法人人格显然会轻易遭到否定,这无疑会严重打击企业经营的正常秩序。所以,只有在明显不匹配的情况下才能适用法人格否认制度。其次,在判断"明显"不匹配时,还应当有时间要求。如果仅是在一段非常短的时间内出现不匹配,不能就此判断法人存在故意倾向,进而就适用法人格否认制度。最后,营利法人主观过错明显。营利法人在经营过程中资本显著不足,表明出资人利用较少资本从事力所不及的经营,没有从事公司经营的诚意,实质是恶意利用公司独立人格和股东有限责任把投资风险转嫁给债权人。②

2. 人格混同

人格混同主要是指营利法人成为出资人的另一自我、工具、同一体,此时营利法人不再具有独立存在的价值,具体表现为财产混同、业务混同和人员混同等。③ 人格是权利义务的归属点。根据《民法典》第57条可知,营利法人享有独立人格意味着营利法人具有权利能力和行为能力,依法独立享有民事权利和承担民事义务,同时也意味着公司可以自己的名义独立地从事经营活动,实施法律行为,并能够依法独立承担民事责任。营利法人是否具有独立意思和独立财产,为判定法人人格与出资人人格是否混同的核心标准。首先,财产是法人格的物质基础。自然人的人格始于出生,终于死亡,与财产没有联系而且也没有必要将两者挂钩。但法人则不同,如果

① 朱慈蕴、梁泽宇:《"资本显著不足"的适用与研判:理论、实证与规则》,载《法学评论》2021年第3期。

② 最高人民法院民事审判第二庭编著:《〈全国法院民商事审判工作会议纪要〉理解与适用》,人民法院出版社2019年版,第156页。

③ 赵旭东:《公司法学》(第4版),高等教育出版社2015年版,第9页。

法人从一开始就缺乏足够的财产支撑，那就意味着其在交易中缺乏承担责任的基础，法人格缺乏。财产独立主要体现为出资人放弃对投入营利法人中财产的控制，即投资人必须真实地将投资交与营利法人，并将营利法人的实际控制权交与债权人相对信任的专门管理机构。在法人的现代演化过程中，出现“两权分离”现象，经营权由管理层享有，这是债权人在出资人有限责任制度形成而地位失落的情况下，所可能获得的主要安慰或者利益平衡所在。[①] 其次，凡有人格者，必有思维。法人与自然人不同，其没有“大脑”，并无思维能力，这决定了营利法人需要特定的组织机构进行思考与行动。营利法人具有独立人格的必然结论是，营利法人须能够独立承担法律责任。欲实现此规范目的就需要确保营利法人与其成员的意思区分开来，否则营利法人便丧失自治性，而沦为“他治”。[②] 组织对外表现为一个意思者、行为者、财产支配者、责任承担者，对内则为全体组织成员的共同意思、共同行为、共同财产与共同责任。[③]

《九民会议纪要》总结了10多年的司法经验，指出对公司人格混同的判定应综合考虑以下因素：(1)股东无偿使用公司资金、财产，不作财务记载。(2)股东用公司的资金、财产偿还股东的债务，或者将公司的资金供关联公司无偿使用，不作财务记载。(3)公司账簿与股东账簿不分，致使公司财产与股东财产无法区分。(4)股东自身收益与公司盈利不加区分，致使双方利益不清。(5)公司的财产记载于股东名下，由股东占有、使用。[④]

3. 过度支配与控制

过度支配与控制，是指出资人对营利法人过度支配与控制，操纵营利法人的决策过程，使营利法人完全丧失独立性。一旦某一出资人滥用控制权，营利法人便丧失独立的意思，独立人格沦为工具，此时应适用法人格否认规则以避免造成更大损失。需注意，依据资本多数决原则，营利法人在现实生活中受到控股出资人控制是

① 王湘淳：《论公司意思独立的程序之维》，载《中外法学》2021年第4期。

② 施天涛：《公司法论》(第4版)，法律出版社2018年版，第6页。

③ 王湘淳：《论公司意思独立的程序之维》，载《中外法学》2021年第4期。

④ 最高人民法院民事审判第二庭编著：《〈全国法院民商事审判工作会议纪要〉理解与适用》，人民法院出版社2019年版，第150页。

不可避免的。因而,出资人因出资或持股较多而控制一家公司,本身并不能构成出资人适用营利法人格否认制度的理由,只有在控制营利法人的行为不是为营利法人利益最大化服务或者违反法律法规及公序良俗的情况下,才适用法人格否认制度。[①] 在此需要明确的是营利法人利益该如何凸显。营利法人具有独立利益时,如同自然人一样具有基于自身利益的表意自由。在营利法人运行的逻辑下,此种表意自由就需要公司决策自主性来保障。[②] 一旦营利法人丧失自主决策的能力,出资人便可乘虚而入,以法人之名牟取个人私利。

《九民会议纪要》过度支配与控制的判断列举4类常见情形:(1)母子公司之间或者子公司之间的利益输送行为。这里的子公司,指母公司的全资子公司或者母公司的控股公司。(2)母子公司或者子公司之间的交易收益归一方公司,损失却由另一方公司承担。(3)先从原公司抽走资金,然后再成立经营目的相同或者类似的公司,逃避原公司债务,之所以能够发生此情况,因为原公司的某一控股股东"滥用"公司控制权。(4)先解散公司,再以原设备、场所、人员及相同或者相似的经营目的另设公司,从而逃避原公司债务。[③]

(二)结果要件

结果要件,是指营利法人人格利用者滥用公司法人格的行为必须给他人或社会造成损害。营利法人格否认的目的在于平衡出资人与债权人和其他相关利益群体之间的利益冲突,对受害的债权人提供救济。对虽然存在出资人滥用法人格的行为,但并未产生实际的损害结果的,就没有必要否认法人的独立人格。实际损害结果,通常而言是指营利法人的资产无法清偿到期债务,使债权人的预期利益无法实现。因此,在营利法人资产充足时,法人格否认制度是不能被适用的。[④] 损害结果不仅需要考虑现实的,还需要认真对待那些潜在的损害结果:既包括营利法人的债权

① 朱慈蕴:《公司法人格否认制度理论与实践》,人民法院出版社2009年版,第5页。
② 石一峰:《关联公司人格否认动态判断体系的构建》,载《环球法律评论》2022年第3期。
③ 最高人民法院民事审判第二庭编著:《〈全国法院民商事审判工作会议纪要〉理解与适用》,人民法院出版社2019年版,第153页。
④ 赵旭东:《法人格否认的构成要件分析》,载《人民司法》2011年第17期。

人或其他第三人的利益损失，也包括国家利益或社会公共利益的损失。此外，这些损失还必须与滥用法人人格和出资人有限责任的行为具有因果关系。①

三、法人人格否认扩展适用的实践样态：关联公司的人格否认

虽然《民法典》《公司法》并没有提供关联公司法的人格否认规则，但《九民会议纪要》在第 11 条第 2 款规定了法人格否认扩展适用于关联公司的规则，即“控制股东或实际控制人控制多个子公司或者关联公司，滥用控制权使多个子公司或者关联公司财产边界不清、财务混同，利益相互输送，丧失人格独立性，沦为控制股东逃避债务、非法经营，甚至违法犯罪工具的，可以综合案件事实，否认子公司或者关联公司法人人格，判令承担连带责任”。法人格否认的一般规则是法院判令出资人对营利法人债务承担连带责任，而扩展适用于关联公司的人格否认则是不限于否定出资人的有限责任，其是对享有实际控制权的股东支配下的子公司或者关联公司相互否认人格，相互承担连带责任。②《九民会议纪要》规定的法人格否认制度的扩展适用情形，以公司（尤其是关联公司）③这类营利法人为核心所构建，因此下文的实证研究梳理也将基于公司为核心展开，以便于实务规则的整理。

（一）实证研究

已有的实证研究④表明，常作为关联公司人格否认裁判依据的规范主要有 4 项：

① Lowendahl v. Baltimore & O. R. R., 247 A. D. at 157, 287 N. Y. S. at 76.

② 最高人民法院民事审判第二庭编著：《〈全国法院民商事审判工作会议纪要〉理解与适用》，人民法院出版社 2019 年版，第 154 页。

③ 与法人格否认制度横向扩展适用紧密相连的核心概念是关联公司。《公司法》并未直接界定关联公司为何，仅有第 216 条第 4 项界定关联关系，2016 年修订《税收征收管理法实施细则》第 51 条界定关联企业为“是指有下列关系之一的公司、企业和其他经济组织：（一）在资金、经营、购销等方面，存在直接或者间接的拥有或者控制关系；（二）直接或者间接地同为第三者所拥有或者控制；（三）在利益上具有相关联的其他关系”。界定公司法的关联公司可以参考上述税法规范，本书的关联公司，在公司集团的语境下分为两类：一是控股股东、实际控制人与其直接、间接投资的公司之间，称为母子公司，这是关联公司的核心类型；二是母子公司之外的其他关联公司，即受同一个控股股东、实际控制人控制的诸子公司之间，俗称“姐妹公司”，这是关联公司的派生类型。

④ 实证研究的方法与过程，参见李建伟：《关联公司法法人否认的实证研究》，载《法商研究》2021 年第 6 期。

《公司法》第3条第1款、第20条(不明确到款)、第20条第3款,以及原《民法通则》第4条。适用方式则分为适用与参照适用两类。详情是:50例“参照适用《公司法》第20条第3款”,占比62.5%;若加上“参照适用《公司法》第20条”的3例与“参照适用《公司法》第20条第1款”的4例,占比超过71%;再加“适用《公司法》第20条”的4例与“适用《公司法》第20条第3款”的11例,占比高达90%;若再加“判决书称被告的行为本质和危害结果与《公司法》第20条第3款规定情形相当,但未明确参照还是适用”的4例,占比已达95%。另有6例判决适用、参照适用《公司法》第3条第1款,5例判决适用、参照适用原《民法通则》第4条。最后,还有5例有简短的理论阐述但未列明法条依据,其中1例明确表述为参照15号指导案例,其余4例明确表明不认同关联公司的人格否认,而从民法、合同法理论角度证成被告的连带责任,可谓另辟蹊径。关联公司的人格否认面临的裁判依据混乱困境由此可见一斑。

《公司法》第20条第3款、第63条仅确立公司人格否认一般情形的裁判依据。前述实证研究表明:对关联公司人格否认的裁判依据,理论界提供了几种思路:扩大解释《公司法》第20条第3款,准予适用于非母公司的关联公司人格否认;①挖掘《公司法》第20条第1款的意涵,为非母公司的关联公司人格否认寻求法律上的正当依据;②援引《公司法》第3条、第4条,并依靠举证责任的分配规则予以解决;③依据民法基本原则准用法人格否认理论。④

(二)法人格否认扩展适用的构成要素

1. 关联公司的人格混同:构成要素及判断依据

在样本中,依据人格混同而扩展适用法人格否认制度的有90例,法院认定关联

① 参见朱慈蕴:《公司法人格否认:从法条跃入实践》,载《清华法学》2007年第2期。

② 参见朱慈蕴:《公司法人格否认制度理论与实践》,人民法院出版社2009年版,第48~54页。

③ 参见刘建功:《〈公司法〉第20条的适用空间》,载《法律适用》2008年第1期。作者的建议是,在原告举出足以对关联公司的法人格区分界线产生怀疑的初步证据后,法官根据《公司法》第3条的规定要求被起诉的关联公司举证证明其法人财产独立性,根据《公司法》第4条的规定,要求被告举证证明其意志的独立性。

④ 参见裴莹硕、李晓云:《关联企业人格混同的法人格否认》,载《人民司法》2009年第2期。

公司的人格混同涵盖人员、财产、财务、业务、地址、经营范围、联系方式等多要素，那么到底满足哪些要素足以构成？是否存在最小公因式？

（1）重要表征因素之一：人员混同

人员混同，是人格混同认定中频次最高的要素，90 例样本中有 83 例。样本显示人员混同的判断标准较一致，即公司的股东、法定代表人、管理层、财务人员、重要业务人员甚至普通雇员是否有交叉任职的情况。“一套人马，多块牌子”是对管理层交叉任职的形象描述，也是最典型的人员混同。但是，除非有法定、约定的竞业禁止，否则法律并不禁止公司间的人员交叉任职。在母子公司结构中母公司向子公司派遣管理人员，股权投资方指派己方的管理人员担任被投资方的董事，或者职业经理人同时担任多家公司的法定代表人、董监高等，均为商业常态，只要这些人员以不同身份从事管理工作，就不能简单地认定为人员混同。① 此外，人员混同只是人格混同的表征之一，不能仅因为公司间人员不独立即否认人格。

（2）重要表征因素之二：业务混同

业务混同，是指关联公司间的业务不能清晰区分，主要表现在公司之间从事同一业务，大量交易活动形式上的交易主体与实际主体不符或无法辨认。② 在 90 例样本中，认定存在业务混同情节的有 62 例，占比 68.9%。但部分判决书在业务混同的本质特征与尺度把握上存在谨慎不足的问题，典型的是仅凭借公司的经营范围相同或有重合即认定构成业务混同，此类表述如“两公司间业务混同。从工商登记经营范围来看，两公司经营范围均有太阳能热水器加工及销售”③，不一而足。④ 此外，有些裁决书未使用“业务混同”，但认定人格混同的依据是被告之间“人员、财务混同、经营范围相同或重合”，或者再加上“地址混同、联系方式混同”等表征因素。这可

① 赵旭东：《法人人格否认的构成要件分析》，载《人民司法》2011 年第 17 期。

② 赵旭东：《法人人格否认的构成要件分析》，载《人民司法》2011 年第 17 期。

③ 江苏省南通市中级人民法院民事判决书，（2016）苏 06 民终第 3694 号。

④ 类似表述还见于：广东省江门市中级人民法院民事判决书，（2015）江中法民二终字第 391 号；山东省高级人民法院民事判决书，（2016）鲁民终第 2021 号；江苏省南通市中级人民法院民事判决书，（2016）苏 06 民终第 2431 号；佛山市禅城区人民法院民事判决书，（2016）粤 0604 民初第 7589 号；佛山市顺德区人民法院民事判决书，（2014）佛顺法勒民初字第 484 号；成都市郫都区人民法院民事判决书，（2017）川 0124 民初第 3177 号等。

能与15号指导案例有关——二审判决书认定3家关联公司的业务混同,对相关事实有详细陈述,但15号指导案例将其简述为“三个公司实际经营中均涉及工程机械相关业务,经销过程中存在共用销售手册、经销协议的情形;对外进行宣传时信息混同”。这种简式陈述可能会造成误导:关联公司存在经营业务相同或有重合,共用协议文本,外宣时信息混同的,甚或具备其中情形之一的即足以认定业务混同。其实,集团子公司从事同领域的业务,或者从事的业务为上下游关系的均很常见,外宣时把几家企业一起宣传亦属正常。若将这种情形一概视作业务混同,不仅与商业常识不合,也有偏离人格混同本质之忧,致使人格否认可能被滥用。业务混同的本质应是因公司在经营过程中对彼此的行为不加区分,导致相对方无法分辨彼此,对其认定须审慎把握表象,严格构成要件,领会概念本质,通过审查交易合同、资金和业务往来记录等证据综合判断。

(3)身份性识别因素

诸如公司的电话号码、传真号码、网址、电子邮箱地址、标志(logo)、员工工服相同,使用相同字号,外宣时使用相同的标语,宣传内容一致或相似,使用相同格式的文件等,这些代表公司身份识别的表征一方面较易辨认,但不如人员混同、业务混同的判断力度深刻。如“孙某某与武汉某某酒店发展有限公司、湖北某某家具产业园有限公司、武汉某某文化管理咨询有限公司、湖北某某食品产业园有限公司劳动合同纠纷一审案”中,法院指出4家公司均使用“某某”的字号,4家公司的实际控制人相同,在网站宣传上使用未实际注册的“某某控股集团”名称,网站上4家公司均系“集团”下属机构,因此认定4家关联公司人格混同。① 前述表象是否足以认定人格混同、如何避免裁判理由过于轻率,值得进一步思考。总之,裁判者应避免将这些因素符号化,更不能将其作为否认人格的决定性因素。

(4)实质因素——财产混同

《公司法》第3条第1款规定,公司是企业法人,有独立的法人财产,享有法人财产权。公司以其全部财产对公司的债务承担责任。可见,“公司的独立财产是公司

① 武汉市东西湖区人民法院民事判决书,(2014)鄂东西湖民初字第01790号。

独立承担责任的物质基础,公司的独立人格也表现在财产的独立上”。① 样本的部分判决书以该条作为人格否认的裁判依据并非全无道理。公论以为,财产混同实为人格混同的实质因素,《九民会议纪要》也持该立场,“认定公司人格与股东人格是否存在混同,根本的判断标准是公司是否具有独立意思和独立财产,核心表现是公司的财产与股东的财产是否混同且无法区分”。展言之,财产混同的表现形式既包括关联公司之间的财务混同,也包括关联公司共用同一办公场所,共用主要办公、生产设备且产权归属不清晰,最终导致各自财产无法区分的混同。总之,应结合诸事实证据进行综合判断、实质认定,唯达到公司之间无法区分各自财产的程度才足以构成。上述诸表现形式,如经营场所、办公与生产设备的共用与产权不清较易判断,难点是财务混同。对于财务混同的判断,样本透露出有些法院依赖单一事实认定的倾向,其慎重性值得怀疑,例如,“被告菏泽天意公司又出借账户代为被告济宁天意公司偿还原告加工费,证明二被告财务混同”。② 上述判决书提到的事实在商业社会并不鲜见,凭单一事实认定财务混同至少是不审慎的。鉴于此,《九民会议纪要》提出认定是否构成人格混同时应综合考虑股东与公司之间的资金、债务、账簿、财产登记等方面的混同。同时还提出公司业务和股东业务间的混同;公司员工与股东员工混同,公司住所与股东住所混同往往与公司人格混同同时出现但这些方面的混同往往只是人格混同的补强。可见,人员混同、业务混同、住所混同等乃通常情况下人格混同的伴随物,“混同”的实质标准还要回到《公司法》第 20 条第 3 款规定的“权利滥用”。

2. 严重损害债权人利益

根据样本统计可以发现,法院普遍不重视“严重损害债权人利益”这一结果要件,判断标准也未达成共识。

---

① 刘净:《指导案例 15 号〈徐工集团工程机械股份有限公司诉成都川交工贸有限公司等买卖合同纠纷案〉的理解与参照》,载《人民司法·案例》2013 年第 15 期。

② 山东省定陶县(现定陶区)人民法院民事判决书,(2015)定商初字第 858 号。类似表述还见于:新余市渝水区人民法院民事判决书,(2015)渝民初字第 02949 号;武汉市东西湖区人民法院民事判决书,(2017)鄂 0112 民初第 1717 号;云南省红河州中级人民法院民事判决书,(2015)红中民二初字第 240 号等。

(1)尴尬的地位

15号指导案例对“严重损害债权人利益”的论述是,“川交工贸公司承担所有关联公司的债务却无力清偿,又使其他关联公司逃避巨额债务,严重损害了债权人的利益”。后有学者指出,该案所陈述的事实和理由不仅难以支持被告行为“严重损害”原告利益的结论,而且整个案例偏重论述“人格混同”,对“严重损害债权人利益”则轻描淡写,此举会给下级法院带来消极的指导作用,误以为“严重损害”并不是与“人格混同”同样重要的构成要件,或者基于简单的、表面的事实就能推定成立。[①] 本文的样本实证结果虽非绝对,但100例支持性判决书将严重损害债权人利益作为法人格否认要件之一且阐述判断标准、事实依据的不过10余例。相比“人格混同”行为要件的事实陈述与说理之详细,“严重损害债权人利益”未得应有重视,在法官眼里更像一个无须论证的当然要件。

(2)必需的构成要件

反对将“严重损害债权人利益”列为法人格否认要件者认为,要求损害达到“严重程度”会增加债权人的举证难度和启用人格否认救济的难度,从而在客观上产生偏护股东的作用,还会因为缺乏客观判断标准而增加法院适用相关规则的难度,因此建议在审判中法院应忽视这一要件。[②] 问题是,公司人格独立、有限责任制度乃是原则,人格否认系例外,与例外相匹配的应是严格的适用要件,而非相反。

(3)判断标准

法人格否认严重侵害债权人利益这一结果要件未得到裁决书的严谨论证,是人格否认滥用的重要因素。“逃避债务,严重损害债权人利益”的表述存在两种规范功能:第一,说明滥权者的主观目的指向侵害公司债权人,为故意侵权,此为暗含的主观要件;第二,如滥权者侵害公司、其他股东利益而未侵害公司债权人利益——公司资产足以清偿债务,人格否认自无适用余地。终究,严重侵害债权人利益“以公司丧失清偿能力”为结果测试标准,这意味着但凡公司尚有清偿能力,或者债权设有可执

① 参见王军:《人格混同与法人独立地位之否认——评最高人民法院指导案例15号》,载《北方法学》2015年第4期。

② 参见高旭军:《论〈公司法〉第20条第3款的适用要件》,载《同济大学学报(社会科学版)》2015年第3期。

行担保措施的,即可证伪该结果要件,不适用人格否认。

(三)小结

种种迹象表明,由于制定法规范的缺乏,否认关联公司人格纠纷的裁判带给法官更大的技术挑战,实证研究发现的共识性规则更显珍贵。为解决裁判依据供给不足,《九民会议纪要》补充了裁判规则,但囿于非法律渊源的地位,裁判依据不足仍有待破局。将来无论修法还是制定司法解释的层面,就非母公司的关联公司人格否认完善有 3 个主要任务:第一,确立直接的规范依据,结束对一般情形下法人格否认的规范参照适用;第二,坚持严格化的适用条件,人格否认是例外情形;第三,关于适用情形的立法,建议采概括加列举的技术,列举司法实践最常见的几种情形,列举是示范性的而非限制性的,给将来出现的新情况预留制度接口,为此要设置兜底条款赋予法官必要的自由裁量权。

四、法人人格否认的反向适用

法人人格否认的反向适用法人格否认,是指在一定条件下反向否认营利法人的独立人格,使法人为出资人的个人债务承担连带责任。[①] 法人格否认制度的一般规则是通过否认营利法人的人格,进而追究“面纱”背后出资人个人的连带责任,而法人格否认的反向适用与之相反,是在否认营利法人的人格之后,由营利法人替出资人承担责任,或母子公司场合下由子公司替母公司承担责任。总之,法人格否认的反向适用与法人人格否认一般规则的刺破方向正好相反。由于缺乏制定法规范,目前法人格否认的反向适用规则在国内学界的讨论并未受到重视,[②]但实务的需求却与日俱增。

---

① 岳万兵:《反向否认公司人格:价值、功用与制度构建》,载《国家检察官学院学报》2021 年第 6 期。

② 朱慈蕴:《公司法人格否认制度理论与实践》,人民法院出版社 2009 年版,第 52 页。

(一)反向适用的正当性与必要性

在法人格否认的3种应用形态中,一般规则与对关联公司的扩展适用的目的均在于通过扩大责任财产的范围,保障法人的信用,以使其免于因资不抵债而遭遇破产的窘境,但法人人格规则的反向适用,恰与之相反,此种否认会减少营利法人的责任财产,在极端情况下会导致公司破产。① 那么随之而来的问题就是,既然此制度存在弊端,为何还需要承认并适用之?

一个普遍疑问是,如果一家公司的股东(通常为一人公司的单一股东,或者有限公司等封闭公司的控股股东)个人负债累累,其同时将个人财产转移到该公司的,即便该股东别无余财,但至少拥有该公司的股权,且该股权的价值因为该公司财产(不正常)增多而变得更有价值,此时其债权人通过申请强制执行该股权是否足以保障债权的实现?这一提问非常有价值,如果答案是肯定的,那么所谓法人格否认的反向适用也就没有必要了。但问题恰恰在于,由于一人公司、有限公司这样的封闭公司不存在一个公开的股票市场,其股权价值难以估算,变现也变得非常艰难,或者即便能够变现也将面临价值的严重贬损,这都将严重影响股东的债权人通过变现其股权以获得债权清偿的空间。此时,如能够直接让该公司对其股东的债务承担连带责任,从而能够直接执行该公司名下的财产,那么对该股东的债权人的保护价值无异由此凸显。以上,就是法人人格否认反向适用的制度价值所在。

一般认为,如果一概否定法人格否认的反向适用,将会产生规范的漏洞,使有限责任制度遭到不法之徒的滥用,这在一人公司中更为明显。在实践中,大量的有限公司尤其是一人公司存在个别股东向公司转移财产,以便利用公司的独立人格逃避个人债务的现象。这极大损害了股东的债权人的合法权益,也破坏了市场经济秩序。法人格否认一般规则往往无法有效地调整此类纠纷,凭借既有的司法资源比如债权人的撤销之诉、代位之诉、股权强制执行等,都无法直接达到回收债权的目的,且在举证责任、期间限制等方面存在不便之处。② 由于只有一个股东,一人公司不设

---

① 岳万兵:《反向否认公司人格:价值、功用与制度构建》,载《国家检察官学院学报》2021年第6期。

② 杜麒麟:《反向刺破公司面纱的制度构建与适用》,载《法学评论》2016年第6期。

立股东会,故在其他公司存在的多股东之间的内部制衡机制荡然无存,单一股东控制了公司的管理权,其滥用公司法人独立地位和股东有限责任的道德风险与制度漏洞无疑更大。基于此,承认一人公司的各国公司法都设立了特别监控制度,包括设立限制、高管兼职限制、尽量减少关联交易、股东关联交易书面记载要求、次级债规则等。但最重要的还是引入法人格否认的反向适用规则。①

应当看到,出资人滥用法人独立人格和有限责任,与该公司法人的股权结构呈显著正相关关系,即享有控制权的出资人才可能实施滥权行为,控股比例越高,其实施滥权行为的道德风险越大,在营利法人内部的阻力就越小。很难想象,在一个股权高度分散的营利法人里,出资人可以顺利实施滥用营利法人独立人格和出资人有限责任的行为。循此逻辑,一个自然的推论是,法人格否认主要适用于两类营利法人,即"一股独大"及"一股独占"的营利法人。在营利法人内部治理实践中,享有控制权的出资人滥用法人独立人格的常见手段之一,是通过不公平关联担保在内的关联交易对自己大搞利益输送,严重侵害其他出资人以及债权人利益。对此,《公司法》第16条规设置股东表决权排除制度:公司为公司股东或者实际控制人提供担保的,须经股东会决议,但该股东或受该实际控制人支配的股东不得参与该事项的表决。这一规定不仅是对不公平关联担保行为进行事先规制的重要法律措施,还对抑制乃至消除不公平关联担保的发生至为关键。因为这意味着即使在一个"一股独大"的营利法人中,享有控制权的出资人的滥权行为在公司内部会受到少数股东的有效牵制。但解读这一规定会发现,这一规定无法适用于一人公司。这就意味着单一股东与一人公司之间的关联担保不存在任何事先规制措施。那么,法人格否认的反向适用规则确立就非常必要了。

(二)反向适用的规范表达

我国制定法目前尚未规定法人格否认的反向适用规则,但在司法实务中一直不乏此类案件的法人人格否认实践。有学者的实证研究发现,实务中法院通过不同的

① 参见李建伟:《公司制度、公司治理与公司管理——法律在公司管理中的地位与作用》,人民法院出版社2005年版,第291页。

论证思路,为法人格否认的反向适用确立正当的规范依据。[①] 具言之,“以《公司法》第20条为支持依据的法院认为,‘人格混同违背了法人设立的宗旨,公司与股东承担连带责任并无不当’。另有法院主张,反向法人人格否认的依据是最高人民法院《关于审理民间借贷案件适用法律若干问题的规定》第23条,甚至扩张解释最高人民法院《关于审理与企业改制相关的民事纠纷案件若干问题的规定》对‘企业’的定义,认为该法第7条规定了反向否认的情形,且其中的法理不仅限于对国企的调整。还有法院认为反向法人人格否认的适用已被最高人民法院第15号指导性案例明确。”[②]由此可知,法人格否认的反向适用虽缺乏直接的制定法依据,但实务中基于回应问题的现实需求,自发形成了裁判规则,但由于各个法院适用法律的逻辑不一,可能存在“同案不同判”现象。

法人格否认的特殊规则有无必要在民法典、公司法修正案中明确规定,尚需进一步探讨。但在当下,可以将《民法典》第83条第1款作为规范依据,用于调整相应纠纷。相比第83条第1款,第2款的规定属于法人人格否认一般规则的具体化,但第1款规定“营利法人的出资人不得滥用出资人权利损害法人或者其他出资人的利益;滥用出资人权利造成法人或者其他出资人损失的,应当依法承担民事责任”。质言之,出资人不得以任何方式滥用法人独立地位与有限责任,以达到损害债权人权益的目的。在这个意义上,可将第1款归类为营利法人格否认的一般条款,只要存在滥用法人地位与有限责任,但又得不到第2款规制的行为,均可通过一般条款予以调整。[③]

五、结语

《民法典》第83条将《公司法》第20条关于公司人格否认抽象化为营利法人格否认,使人格否认规则的主体从“公司”延伸至“营利法人”。毫无疑问,此种规范构造进一步限制出资人滥用法人独立地位与有限责任,损害其他出资人、法人以及社会公共利益的空间。司法实务中的关注点有二:一是法人格否认的构成要件的研

---

① 岳万兵:《反向否认公司人格:价值、功用与制度构建》,载《国家检察官学院学报》2021年第6期。

② 岳万兵:《反向否认公司人格:价值、功用与制度构建》,载《国家检察官学院学报》2021年第6期。

③ 参见朱慈蕴:《公司法人格否认:从法条跃入实践》,载《清华法学》2007年第2期。

判,《九民会议纪要》的指引性规范可谓集大成者;二是法人格否认适用的不同类型,《民法典》第83条以法人格否认的一般规则为核心,通过《九民会议纪要》的相关规则已经使其得以完善。扩展至关联营利法人格否认的规则仅见于《九民会议纪要》第11条第2款,碍于此文本规范位阶的限制,法人格否认的扩展规则亟待提升立法位阶。至于法人格否认的反向适用,在遏制出资人的道德风险等方面具有重要的规范功能与实务价值,但裁判规范尚是欠缺的,为解实务的燃眉之急,妥当的方案是以《民法典》第83条第1款为人格否认的一般条款,进一步丰富司法裁判经验,并经由指导案例等进路进一步总结裁判规则,以求得更规范、统一的裁判结果。

专题十三　作为特殊法律行为的决议

本专题撰写人:李建伟

【《民法典》及其配套司法解释的新规则】

《民法典》第 134 条第 2 款:

法人、非法人组织依照法律或者章程规定的议事方式和表决程序作出决议的,该决议行为成立。

《民法典》第 85 条:

营利法人的权力机构、执行机构作出决议的会议召集程序、表决方式违反法律、行政法规、法人章程,或者决议内容违反法人章程的,营利法人的出资人可以请求人民法院撤销该决议。但是,营利法人依据该决议与善意相对人形成的民事法律关系不受影响。

【规则由来】

《民法典》第 134 条第 2 款源自原《民法总则》第 134 条第 2 款,正面规定了决议属于法律行为之一,以及其作为特殊法律行为的成立要件。

《民法典》第 85 条源自原《民法总则》第 85 条,其中前一句来自《公司法》第 22 条第 2 款,规定可撤销决议制度;后一句系新增条款,为后来的《公司法司法解释(四)》第 6 条内容所覆盖,规定决议的外部效力,也即决议效力被撤销后对据此而为的外部交易行为效力的影响机制。

【规范意旨】

《民法典》第134条第2款首先肯定决议属于一种法律行为,其次规定了决议这一特殊的民事法律行为的成立要件,即应当依照法律或者章程规定的议事方式和表决程序作出。根据本款规定,决议行为原则上仅适用于法人、非法人组织对内部事项的决定。

《民法典》第85条前一句,是关于营利法人的出资人请求撤销法人权力机构、执行机构违法或者违反章程作出的决议的规定,旨在保护营利法人的出资人的权益不受侵害。明确出资人对营利法人的权力机构、执行机构违反法律、行政法规或者违反法人章程作出的决议有权请求人民法院予以撤销;后一句则是关于决议外部效力的规定,明确决议被撤销后,营利法人据此而为的外部交易行为效力的影响机制,也即明确营利法人与善意相对人形成的法律关系不受影响,以保护交易安全。

以上两条是《民法典》关于决议的主要规范,一方面,明确了决议作为法律行为的性质,从立法层面回应了长久以来关于决议的法律性质之争;另一方面,也正面规定了"依法依章"的议事方式和表决程序是决议成立的法定要件。这对以后司法实践中合理解决决议纠纷具有基础性的规范价值;同时也规定了可撤销决议制度,包括撤销事由、撤销权人以及对外部交易行为效力的影响机制。

【典型案例】

案例一:"董事会越权对外担保案"

2011年12月15日,贷款人农行河西堡支行与借款人丰盛公司签订94号借款合同。2011年12月15日,债权人农行河西堡支行与保证人瓮福公司、金化集团、奔马公司签订《保证合同》。2011年8月1日,瓮福公司董事会召开临时会议,形成决议,同意与金化集团、奔马公司联合为丰盛公司年产20万吨合成氨项目提供5年期3亿元贷款保证担保。董事于某、高某等5人签名。上述合同签署后,由于债务人丰盛公司未能按照约定偿还借款,债权人农行河西堡支行向法院起诉判令丰盛公司立即偿还借款本息,并由担保人瓮福公司对上述债务承担连带清偿责任。

一审法院认为,农行河西堡支行与丰盛公司签订的《固定资产借款合同》以及与瓮福公司等签订的《保证合同》《连带责任保证担保协议》均系当事人的真实意思表示,内容不违反法律、法规的强制性规定,合法有效,各方当事人应当依约履行,支持农行河西堡支行的诉请。担保人瓮福公司上诉后,二审法院判决维持原判,驳回上诉。

最高人民法院再审认为,依据原《民法总则》第85条关于"营利法人的权力机构、执行机构作出决议的会议召集程序、表决方式违反法律、行政法规、法人章程,或者决议内容违反法人章程的,营利法人的出资人可以请求人民法院撤销该决议,但是营利法人依据该决议与善意相对人形成的民事法律关系不受影响"的规定,认定案涉保证合同有效并无不当。瓮福公司以其公司章程有关于"对外担保须经公司股东会同意"规定,而请求法院认定瓮福公司对外签订的《保证合同》无效不能得到支持。故瓮福公司关于保证合同因非瓮福公司真实意思的表示应属无效再审请求,亦无法得到法院的支持,故维持原判,驳回瓮福公司的再审申请。①

案例二:"认定善意相对人案"

2017年2月28日,湖南信托公司与同孚公司签署《信托贷款合同》(以下简称主合同)。为担保同孚公司在主合同项下各项义务的履行,湖南信托公司与五天供应链公司签署《保证合同》。上述《保证合同》约定,五天供应链公司为同孚公司提供连带责任保证担保。2017年3月10日,湖南信托公司依约向同孚公司发放贷款1.9亿元。但是同孚公司未按约履行存入相应款项的义务,其行为已构成违约。湖南信托公司向同孚公司以及各保证人发函,宣布贷款提前到期,要求同孚公司应在2018年8月30日前偿还全部借款本金并支付利息,要求各保证人履行保证责任,福建同孚以及各保证人收到函件后未如期履行还款义务,亦未履行保证责任。故湖南

① 参见最高人民法院民事裁定书,(2019)最高法民申2003号。需要说明的是,该案生效裁判作出时《民法典》虽尚未通过,但《民法典》第85条完全继承了原《民法总则》第85条的规定,二者在法律效力和规范内容上是完全相同的。

信托公司诉请同孚公司、五天实业公司等承担连带还款责任。五天实业公司辩称，五天实业公司为同孚公司提供担保实为实际控制人担保，必须经过股东会表决才能作出担保，湖南信托公司提交的五天实业公司股东会议决议系控股股东未回避表决，股东会决议不成立。该次股东会违反了提前通知股东的义务，决议无效。因此，对五天实业公司无效，公司不应承担担保责任。

湖南省高级人民法院审理认为，原《民法总则》第 85 条规定，“营利法人的权力机构、执行机构作出决议的会议召集程序、表决方式违反法律、行政法规、法人章程，或者决议内容违反法人章程的，营利法人的出资人可以请求人民法院撤销该决议，但是营利法人依据该决议与善意相对人形成的民事法律关系不受影响”。《公司法司法解释(四)》第 6 条规定:“股东会或者股东大会、董事会决议被人民法院判决确认无效或者撤销的，公司依据该决议与善意相对人形成的民事法律关系不受影响。”可见，即便五天实业公司的股东会决议被确认无效，但五天实业公司在《保证合同》中声明其具备承担保证人的合法资格并已根据公司法及公司章程作出了相关决议，该合同和决议的意思表示已使相对人产生合理信赖，不影响其对外形成的法律关系效力。因此，五天实业公司与湖南信托公司签订的《保证合同》合法有效，依约应承担保证责任。综上，五天实业公司关于《保证合同》系其法定代表人越权签订，对公司无效的抗辩理由，没有法律依据，不予支持。①

案例三:“认定决议成立案”

张某平、杜某汉、干某民、鞠某贤、王某阳 5 人是晨弘公司股东。2019 年 3 月 17 日，晨弘公司股东会决议载明，由于公司经营不善、严重亏损，全体股东一致同意对公司进行内部清算。本次内部清算完毕后，张某平、干某民、杜某汉股东将退出公司，并办理工商变更登记手续。2019 年 4 月 5 日，晨弘公司再次召开股东会作出的《股东退出决议》载明“出席股东鞠某贤、张某平、杜某汉、王某阳、干某民，通过讨论，所有股东同意以下决议:张某平、杜某汉、干某民股东按照以下资产负债退出晨弘公司，3 位股东认缴股权总共 20%，3 位股东应承担债务总额 328, 890. 6 元，债权

① 参见湖南省高级人民法院民事判决书，(2018)湘民初 66 号。

总额349,440元,由晨弘公司付给3位股东代表张某平20,549.4元,3位股东退出该公司。债务债权结清之日,进行股权变更签字”。《股东退出决议》由全体股东签名。嗣后,因鞠某贤、王某阳认为,内部清算依据股东会决定需满足5个事项,目前公司财务清单以及清算结果清单都没有,不满足原告股东退出公司办理工商变更的条件。为此,原告张某平等认为被告违反股东会决议,提起诉讼。

一审法院认为,张某平等5位股东内部协商形成《股东会决议》《股东退出决议》,允许张某平、杜某汉、干某民3位股东退出,必须符合公司法的相关规定。公司法对股东退出有明确规定,即不能影响债权人的利益。但案涉决议只是明确3位股东股权退出,无法确定受让人和受让价格等,故应认定案涉股东会决议不能成立。驳回原告张某平、杜某汉、干某民对被告常州晨弘新材料科技有限公司、鞠某贤、王某阳的全部诉讼请求。

二审法院认为,原《民法总则》第134条第2款规定,法人、非法人组织依照法律或者章程规定的议事方式和表决程序作出决议的,该决议行为成立。《民法典》第134条第2款延续了上述规定。故判断公司决议是否成立,主要考察该决议是否依照法律或者章程规定的议事方式和表决程序作出。在本案中,案涉公司决议经登记股东全体一致签字同意,符合议事规则和表决程序,已成立,但因违反法律、行政法规而无效。一审在法律适用上同时引用决议无效的规定和决议不成立的规定,存在逻辑矛盾,法院予以纠正。①

【理论阐释】

一、作为特殊法律行为的决议

原《民法总则》和《民法典》都将决议行为纳入为民事法律行为的体系之中,作为一种新的法律行为类型。这是我国民事法律行为法律制度发展中的“新元素”,被学者认为属于中国的立法创举。② 虽然我国实证法已经明确决议的法律行为属性,

---

① 参见江苏常州市中级人民法院民事判决书,(2020)苏04民终3633号。

② 参见李永军主编:《中国民法学》(第1卷 总则),中国民主法制出版社2022年版,第336页。

但对决议的法律行为属性的讨论在理论及实践层面均有价值。在理论上,这可以弥补当前对决议一般性问题研究的不足;在立法及司法适用上,可以缓解公司决议规则与法律行为一般规则之间的紧张关系,并指导决议规则与法律行为一般规则的衔接,有助于形成法律行为一般规则适用于决议的具体方案。

(一)决议行为的特征

决议行为作为民事法律行为的一种类型,其具备民事法律行为的一般特征,具体而言:

第一,决议行为的主体是法人、非法人组织。从《民法典》第134条的规定来看,决议行为的主体是法人和非法人组织。在此需要探讨的是,在公司股东大会作出决议的情形下,作出决议的主体究竟是公司还是股东?股东是公司成员,也是股东大会决议的表意人,公司的意思决定机构通常是其内部的股东(大)会,因此公司的意思可以看作多数决原则下股东的整体意思。① 在股东大会决议的形成中,股东先行独立作出个体意思表示,然后股东针对决议事项发表意见,进行讨论磋商形成集体意思,借由既定程序形成决议。② 有观点认为,决议的表意人应为公司而非股东,原因是决议形成采用多数决,故单个股东的意思表示在决议形成中已失其独立性,在决议形成后即被作为整体的公司意思所取代。③ 笔者认为,此种观点仍是以自然人的意思表示结构来看待公司的意思表示结构,将公司意思表示中的内部意思表示阶段等同于自然人的内心纠结,进而不认其具有法律意义;同时,多数决的意思形成机制并未也不能抹杀个体股东的意思表示,在决议经多数决通过的,反对股东固然接受约束,但不能由此认为个体意思表示被公司意思取代。

第二,决议行为以意思表示为核心要素。决议行为作为民事法律行为,其仍然以意思表示为核心要素,因此,决议行为需要主体以意思表示的方式作出。④ 进一步而言,《民法典》总则编有关意思表示的相关规则,如有关欺诈、胁迫等意思表示瑕疵

① 柯芳枝:《公司法论》,中国政法大学出版社2004年版,第272页。
② 周淳:《组织法视阈中的公司决议及其法律适用》,载《中国法学》2019年第6期。
③ 参见史尚宽:《民法总论》,中国政法大学出版社2000年版,第311页。
④ 参见王利明:《民法总则》(第3版),中国人民大学出版社2022年版,第304页。

的规则,也可以适用于决议行为。需要指出的是,决议行为不同于双方民事法律行为,一方面,双方民事法律行为仅需要两个意思表示即可成立,而对决议行为来说,其通常需要多个意思表示才能成立;另一方面,对双方民事法律行为来说,当事人所作出的意思表示的方向是相对的,而对决议行为来说,当事人所作出的意思表示则是同向的。

第三,依据一定的程序作出。决议行为不同于一般的民事法律行为,其通常需要依据一定的程序作出。依据《民法典》第134条第2款的规定,决议行为需要依照法律或者章程规定的议事方式和表决程序作出。法人、非法人组织未按照法定程序作出决议行为的,可能影响决议行为的法律效力①。

第四,决议的私法效果多发生在组织内部,但在某些情形下亦(兼)或产生外部效力。有学者认为,决议不产生对外的法律效果,因为决议的做出是在组织的内部,而组织关系更多涉及的是内部法律关系,因此决议只能形成公司代表机关对外为法律行为的基础。② 必须指出,决议的效力固然多生于组织内部,但直接对外生效的示例亦比比皆是,比如,法定议决事项的股东大会决议具有外部效力,在各国法上不胜枚举。③ 例如,对外担保事项的决议,以及任免董监事及决定其薪酬的决议等,均可产生外部效力。因此,认为公司决议概不产生外部效力的说法,如不是完全错误的,也至少是不精确的。

(二)决议行为不同于共同法律行为

《民法典》第134条第1款规定:“民事法律行为可以基于双方或者多方的意思表示一致成立,也可以基于单方的意思表示成立。”依据该条规定,民事法律行为可以基于多方的意思表示一直成立,这就对共同法律行为作出了规定。应当看到,决议行为与共同行为具有一定的相似之处,一方面,无论是决议行为,还是共同法律行为,其成立通常都需要有多个意思表示;另一方面,二者都需要按照一定的程序作

---

① 参见王利明:《民法总则》(第3版),中国人民大学出版社2022年版,第305页。

② 参见龙卫球:《民法总论》,中国法制出版社2002年版,第436页。

③ 参见李建伟:《公司决议的外部效力研究——〈民法典〉第85条法教义学分析》,载《法学评论》2020年第4期。

出。也正是因为决议行为与共同行为存在上述相似之处,许多学者认为,应当将决议行为包括在共同行为之中。

但从《民法典》总则编的规定来看,其在第134条第1款规定了共同法律行为,在第2款规定了决议行为,这显然是区分了共同法律行为与决议行为,这也表明二者并非同一概念。具体而言,决议行为与共同法律行为的区别主要体现为:

第一,主体不同。从《民法典》第134条第1款的规定来看,其并没有对实施共同法律行为的主体范围进行限定,因此,无论是自然人,还是法人、非法人组织,都可以依法作出共同法律行为。而就决议行为而言,依据《民法典》第134条第2款的规定,仅法人、非法人组织可以依法作出决议行为,其并不适用于自然人。

第二,是否需要依据一定的程序作出不同。如前所述,虽然共同法律行为也可能需要依据一定的程序作出,但从《民法典》第134条第1款的规定来看,共同法律行为并不当然需要依据一定的程序作出。而从《民法典》第134条第2款的规定来看,决议行为必须依据一定的程序作出,而且决议程序出现瑕疵的,也可能影响决议行为的效力①。

第三,是否需要合意不同。依据《民法典》第134条第1款的规定,共同行为必须多方的意思表示一致才能成立。而就决议行为而言,其主要实行多数决,通常并不需要多方意思表示一致。例如,制定公司章程在性质上属于共同行为,需要当事人意思表示一致,而公司根据章程就其内部事务作出决定,则属于决议行为,其通常实行多数决。② 当然,对不同的决议行为而言,其多数决的比例要求存在一定的区别。

第四,是否有严格的程序要求不同。共同行为通常并不需要遵循严格的程序,而从原《民法总则》第134条第2款的规定来看,决议行为需要依照法律或者章程规定的议事方式和表决程序作出,程序上的瑕疵可能影响决议行为的效力。

二、决议的成立要件及决议不成立

根据《民法典》第134条的规定,"依法依章"按照特定的议事方式和表决程序

---

① 参见王利明:《民法总则》(第3版),中国人民大学出版社2022年版,第305页。

② 参见王利明:《民法总则》(第3版),中国人民大学出版社2022年版,第305页。

作出的决议方可成立。需要说明的是,《民法典》在此并未专门强调意思表示,并非因为意思表示在决议中不存在或不重要,主要是因为决议中的意思表示已经嵌入在表决过程中,无须重复规定。如果决议未按照议事方式和表决程序作出,根据《公司法司法解释(四)》,相关主体可以向法院诉请确认决议不成立。需要注意的是,在《公司法司法解释(四)》颁行前,决议行为的效力瑕疵规则体系采取的是二分法,即决议无效与可撤销,对决议某些重大的程序瑕疵决议,往往是通过决议无效规则来填补《公司法》第22条的漏洞。[①] 但在《公司法司法解释(四)》颁布后,决议不成立已经成为决议效力瑕疵规则体系中的重要部分,《民法典》总则编的法律行为制度作为"公因式"就必须认真对待决议不成立制度。既然决议作为一种特殊的法律行为,那么就意味着法律行为规范在原则上也可以适用于决议行为。因此,对公司法之外的决议行为效力规则也应考虑构建统一的决议不成立制度,以填补既有两分法规则的不足。综上,在分析决议成立与不成立要件之前,决议不成立制度的法理逻辑是首先需要厘清的,以明确决议行为规则的特殊性与法律行为规则的一般性该如何协调。

(一)决议不成立制度的价值:法律行为效力规则的优化

1.决议不成立规则的形成与演变

关于决议的瑕疵类型模式,域外法上有德国为代表的"二分法"、以日本为首"三分法"及以韩国为代表的"四分法"模式,包括4种诉讼类型(无效、撤销、变更、不存在)。我国《公司法》初采"二分法",《公司法司法解释(四)》改为"三分法",实际上《公司法司法解释(四)(征求意见稿)》(2016年4月12日版)首次引入决议不成立制度,但分为"决议不存在"与"未形成有效决议"也即表见决议两种。这一模式仍有待完善,主要缘由是"不存在"与"未形成有效决议"方面在法律瑕疵后果如诉讼程序、实体后果上并无不同;且与我国法律行为效力瑕疵规范模式不合;另外,

---

① 例如,未实际开会而伪造股东会决议的情形,法院多判定决议无效。参见陕西省西安市中级人民法院民事判决书,(2016)陕01民终868号;浙江省杭州市中级人民法院民事判决书,(2015)浙杭商终字第1338号。

法律本身属于对生活事实的抽象归纳概括，无须使生活事实与法律一一对应。[①] 此外，体系化地看，《公司法司法解释(四)》"之所以同时规定了第4条与第5条，完全是为了符合之前所作的分类，即将公司决议分为召集和表决两个层面"。[②] 现行《公司法》的"三分法"体系关于决议效力划分路线图是直观可视化的，具体而言：

首先，按照决议程序、决议内容合法的双项标准而分为有效决议与瑕疵决议，凡内容、程序皆合法的为前者，反之则为后者。其次，在瑕疵决议的"三分法"背后，是瑕疵事由的"二分"，即分为决议的内容瑕疵与程序瑕疵，前者又依据违反的规范对象进一步二分，其中违法(狭义，是指法律、行政法规的非程序性强制性规定，但关于决议程序的强制性规定不在之列[③])的无效，违反公司章程的为可撤销。最后，程序瑕疵依据违法(广义)的严重程度进一步"三分"：严重的程序瑕疵，归为决议不成立；显著轻微的程序瑕疵，归为裁量驳回一这构成有效决议与瑕疵决议的唯一缓冲地带，为司法自由裁量，也为保护商事决策的效率性提供一处空间；处于严重与显著轻微之间的，归为决议可撤销。

2. 决议不成立制度独立性的质疑与回应

有学者对此"三分法"提出了质疑，并认为决议行为的效力规则应回归至原来的"二分法"。具言之，法律行为不成立通常被吸纳入无效制度中，这从罗马法开始就一直存在，[④]后来的德国法也深受此影响。[⑤] 这种法技术安排显然是为了避免重复立法的成本，因为决议不成立与无效的最后法律效果往往具有相似性。[⑥] 同时，引入决议不成立制度必然需要界定决议成立的要件，但《公司法司法解释(四)》第5条

---

① 参见王雷：《公司决议行为瑕疵制度的解释与完善——兼评公司法司法解释四(征求意见稿)第4～9条规定》，载《清华法学》2016年第5期。

② 甘培忠、赵文冰：《对公司决议效力的一些思考——析〈最高人民法院关于适用《中华人民共和国公司法》若干问题的规定(四)〉(征求意见稿)中的相关规定》，载《法律适用》2016年第8期。

③ 有学者指出，鉴于公司法已经将违反程序规范的后果单独规定，所以《公司法》第22条第1款关于决议违反"法律、行政法规无效的规定"，不仅应依据《民法典》第153条的规定限缩解释为"法律、行政法规的强制性规定"，还要将"法律、行政法规的强制性规定"中的程序规范排除在外。参见毛快：《公司决议效力瑕疵研究》，中国政法大学2019年博士学位论文，第159页。这一意见具有组织法的独特视角，不无见地。

④ 周枏：《罗马法原论》(下册)，商务印书馆2009年版，第679页。

⑤ [德]维尔纳·弗卢梅：《法律行为论》，迟颖译，法律出版社2013年版，第653页。

⑥ 柯勇敏：《公司决议不成立的质疑与二分法的回归》，载《法律科学》2020年第5期。

第 5 项规定了一个兜底条款,即“导致决议不成立的其他情形”,这显然表明对什么是决议的成立要件仍未有精准的界定。[1] 而法律的不确定性必然导致法律适用的不确定性,进而引发“同法不同释”的情况。

但是,质疑决议不成立制度独立性的观点还是值得商榷的。首先,决议不成立与决议无效存在本质不同。以股东会效力判断为例,决议不成立指决议的形成明显违反法定程序和规则。决议程序由会议召集、召开、表决等规则所构成。[2] 在决议中,如果缺少上述任何一个程序,那么决议成立要件就缺失,这显然与决议效力的判断无关。决议无效仅是指决议内容违法无效。决议内容即股东会决议所决定的事项,与股东会权限有关,与决议程序无关。[3] 因此,“欲讨论股东会决议之瑕疵,须以股东会及其决议之存在为前提。若根本未有股东会或其决议之存在,即无检讨股东会决议有无瑕疵之必要”。[4] 其次,股东会的成立与否是价值判断,并非单纯的事实判断。具言之,公司人格具有拟制性,其无法亲自行使自身权力,所以公司权力通常由内部机构行使。[5] 这与自然人的生物属性具有显著的不同。股东会由全体股东组成,既没有意识,也没有单一意思,需要经法定程序予以拟制,公司意思才能生成,否则仅是个人意思或集体意思。[6] 因此,“法定”就意味着价值判断融贯其中。因而,仅以事实判断属性就将决议无效和决议不成立等同,是很难有说服力的。

因此,讨论决议成立要件的前提是厘清该制度的法理逻辑,明确决议不成立区别于决议无效的独立形态。而决议成立与决议不成立是一枚硬币的两面,显然难分彼此。如果将决议作为一种特殊的法律规则,那么决议成立及不成立制度自然也是不同于传统法律行为(如合同),因而相关的具体规则也就具有独立性。因此,决议不成立规则的独立性就意味着决议作为特殊的法律行为,其本身具有“反哺”法律行

---

① 柯勇敏:《公司决议不成立的质疑与二分法的回归》,载《法律科学》2020 年第 5 期。

② 李建伟、王力一:《公司决议不成立之诉实证研究——〈公司法解释四〉出台前审判创新实践的价值发现》,载《经贸法律评论》2020 年第 3 期。

③ 叶林:《股东会决议无效的公司法解释》,载《法学研究》2020 年第 3 期。

④ 柯芳枝:《公司法论》,中国政法大学出版社 2004 年版,第 232 页。

⑤ 冯果:《公司法》(第 3 版),武汉大学出版社 2017 年版,第 201 页。

⑥ 叶林:《股东会决议无效的公司法解释》,载《法学研究》2020 年第 3 期。

为制度的功能，即引起法律行为制度的整体优化与整合，以使用统一的教义规则调整相同类型（如决议的不成立与双方法律行为的不成立规则）的纠纷。

（二）决议成立的要件

1. 召集程序符合章程、法律规定

此处涉及召集人资格、会议之前的通知等。以公司这一最典型的营利法人为例。《公司法》第38条、第40条、第101条以及第109条，分别规定了有限公司股东会、董事会和股份公司的股东大会、董事会的召集人资格。根据我国《公司法》的规定，董事会、股东会或股东大会的召集人包括执行董事、董事会、少数股东以及监事（会）等。可见，我国采取的是法定召集主义。如果据以作出决议的会议召集人不具备召集资格，则该决议不成立。

2. 会前履行了通知与公告程序

只有在会前依法发出通知与公告，各主体才能知晓何时何地召开会议。因而会议通知与公告是影响决议资格的另一重要因素。就会议通知与公告的期限而言，召集人应当按照法律或者公司章程规定的期限发出通知与公告。《公司法》关于通知或公告期限的规定属于强制性规范，公司章程规定的期限不得短于法律规定。如果公司章程规定的期限长于法律规定则为有效。就通知与公告的内容而言，应包括会议召开的时间、地点和审议的事项。

3. 具备符合规定的议事方式

包括参与所议事项的人员具备参会资格、是否符合最低出席人数、是否存在应当回避的情况等。

4. 按照规定的表决程序作出决议

这主要是指决议通过符合法定的表决比率要求。对表决比率，《公司法》作了详细规定，如第48条、第103条以及第111条对公司董事会、股东会和股东大会的出席人数要求和表决比率予以规定，基于自治法属性，《公司法》第48条规定有限公司的董事会表决程序等可由章程规定。如果一份决议没有按照法律或者章程规定的表决程序作出，则应当认为决议不成立。

(三)决议不成立及其救济

根据上述决议的成立要件,相应的决议不成立的情形应该包括:(1)未召开会议而伪造的决议;(2)对未列入会议通知事项而作出的决议,这是第(1)项情形的"变种";(3)显然欠缺合法的召集权人召集会议作出的决议;(4)未对决议事项进行表决的;(5)由于未获得通知等原因而造成的出席会议人数或者与会股东所持表决权数不足法定足数的;(6)不足通过所需要的法定比率要求的。

长期以来,我国司法实践认定的决议不成立情形存在不一致的情况,影响了判决的统一。《公司法司法解释(四)》第5条规定了公司决议不成立的5种情形:

(1)会议未召开,即公司未召开会议的,但依据《公司法》第37条第2款或者公司章程规定可以不召开股东会或者股东大会而直接作出决定,并由全体股东在决定文件上签名、盖章的除外。

(2)未经表决的,即会议未对决议事项进行表决的。

(3)不足法定足数的,即出席会议的人数或者股东所持表决权不符合公司法或者公司章程规定的。

(4)不足法定比率的,即会议的表决结果未达到公司法或者公司章程规定的通过比例的。

(5)导致决议不成立的其他情形。

上述规定既源于我国司法经验的总结,也与法理分析基本上一致,关键是第五种的兜底性规定到底指向哪些情形,尚有进一步讨论的余地。一般认为,对未列入会议通知事项而作出的决议、显然欠缺合法召集权人召集的会议作出的决议,以及股东签名被伪造的决议,均属于此种情形。

如果决议不成立,根据《公司法司法解释(四)》第5条的规定,适格的当事人可以通过向法院诉请确认决议不成立予以救济。需要注意的是,在决议不成立之诉中,公司为被告当无异议。当然,需要注意原告的范围,根据《公司法司法解释(四)》第1条的规定,公司股东、董事、监事可以作为原告。公司高管、职工也应当有资格作为原告,因为他们往往与公司决议具有直接的利害关系,在一些公司通过决议侵害债权的情况下甚至也有必要承认合同债权人(客户、供应商)和机构债权人

(贷款银行)、被动债权人(侵权之债债权人)等具有原告资格。

三、决议的外部效力

决议瑕疵,是指决议存在无效、可撤销和不成立事由等效力瑕疵。如果决议因为此等事由被否决后,是否影响营利法人据此而为的法律关系?这就是决议的外部效力问题。因为公司是最典型的营利法人,故以其为例进行分析。

(一)《民法典》第85条的抽象过度与规范不足

《民法典》第85条实为《公司法》第22条的派生与补充。派生,是指前者将决议主体由"公司"扩展到"营利法人";补充,是指但书规定增定可撤销决议的外部效力。问题是但书规定的两处不周延限制了其适用效果。

但书规定仅明确决议撤销的外部效力,未及决议无效、不成立的情形,是为"三分之一的适用情形"。为何不及决议无效的场合?未见立法理由的说明。事实上《民法典》未单独规定决议的无效,立法者的解释是,根据《民法典》第143条、第153条的规定,"民事法律行为不得违反法律、行政法规的强制性规定。营利法人权力机构、执行机构作出决议也属于民事法律行为的一种,违反法律、行政法规的强制性规定的,可以适用上述规定,无须再单独作出规定"。① 此处的立法逻辑是,决议无效的事由在于内容违法(狭义),与其他法律行为相比无特殊性,已为法律行为的无效事由包括,因此无须重复规定。但决议的可撤销事由则不同,因此需要单独规定。然而,决议无效的外部效力是另一个问题,如因决议无效无须单独规定,显然属于立法缺漏。至于不及决议不成立,主要是因为当时原《民法总则》颁布在前(2020年《民法典》继受了原《民法总则》的规定),《公司法司法解释(四)》在后,决议不成立乃后者新创的决议瑕疵类型,前者难有"先见之明",即便立法者此前已了解后者将增补该制度,前者作为上位法也不需要囿于一部司法解释,预定决议不成立的外部效力。

此外,《民法典》第85条规定决议被撤销的,营利法人与善意相对人的法律关系不受影响,但与恶意相对人的法律关系如何并不明确。更大的疑问则是,决议被否

---

① 贾东明主编:《〈中华人民共和国民法总则〉解释与适用》,人民法院出版社2017年版,第210页。

定(包括撤销、无效、不成立,下同),营利法人与恶意相对人的民事法律关系受到"怎样的影响"?目前尚属于立法空白。学说上的主张,据不完全统计,有外部交易行为有效、无效、相对无效、可撤销、效力待定、不生效力、区分情景具体而论7种,[①]上述哪种观点更合理,既是一个重要的立法问题,也是实务兼理论难题。

以上分析揭示,《民法典》第85条实际上是以相对人善意还是恶意为标准,确立了决议的外部效力规则。但作为我国关于决议效力最高位阶的规定,《民法典》第85条仍存在规范不足与抽象过度的双重问题。第一,规范不足,是指仅明确公司与善意相对人的民事法律关系不受影响。按反面解释,公司依据该决议与恶意相对人形成的民事法律关系受到影响,关键是,对"恶意相对人"的效力影响机制如何,在立法上并不明确。第二,规范抽象过度,是指该规则的适用高度依赖相对人"善意"的判断,相对人的善意能否担当区分外部交易行为效力之重任,值得探讨。

(二)以相对人善意还是恶意作为区分决议外部效力的标准

《公司法司法解释(四)》也规定了决议瑕疵外部效力的规则。《公司法司法解释(四)》第6条规定,决议无效、撤销的,"公司依据该决议与善意相对人形成的民事法律关系不受影响"。该条规定与《民法典》第85条(以下统称两条规范)共同确立了我国的决议瑕疵外部效力制度。两条规范确立的决议瑕疵不影响公司据此与善意相对人之间的法律关系,背后的理论基础是交易安全与外观理论。"规范法学因其对法律制度自身的分析和阐释而对法治的实现发挥着不可或缺的作用",[②]通过对法律文本的解读,可窥测立法的来龙去脉,探求法律所要保护的价值,为法律解释(主要是漏洞补充)提供丰富素材。鉴于立法语言的模糊性和开放性,有必要明确两条规范所确立的以相对人善意与否作为区分决议行为外部效力规则标准的内涵。

1."不受影响"的含义

在《公司法司法解释(四)》起草过程中,较统一的意见是划清决议和由此形成的其他法律关系之界限。在文字表述上,《公司法司法解释(四)(征求意见稿)》使

---

① 李建伟:《公司法学》(第4版),中国人民大学出版社2018年版,第315页。

② 魏治勋:《"规范分析"概念的分析》,载《法学论坛》2008年第5期。

用“不当然失去法律效力”，意在提示法官对当事人请求解决的因决议瑕疵而产生的其他法律纠纷作独立判断，但由于这一表述本身非司法解释的常用语言，故最终使用“不受影响”。[①] 就含义的精确度，“不受影响”更胜一筹，在法律行为的效力框架内，其意应指决议被否定后，公司据此与善意相对人所为的法律行为该有效的仍有效、该无效的仍无效、该可撤销的仍可撤销、该效力待定的仍效力待定。

2. 作为“善意”反面的“恶意”

《民法典》第 85 条规定决议撤销的，营利法人与善意相对人的法律关系不受影响已明，但与恶意相对人的法律关系如何？并不明确。民法上恶意有两种含义：“一是观念主义的恶意，指明知某种情形的存在，侧重于行为人对事实的认知。二是意思主义的恶意，指动机不良的故意，即以损害他人利益为目的，侧重于行为人主观意志上的应受谴责性。”[②]相应地，决议外部效力场域内的“恶意”也有两种解释：一是相对人明知决议存在瑕疵而继续与公司发生以决议为依据的法律行为；二是相对人追求损害公司利益。对于后者，决议的外部效力规则要简单，既然相对人恶意追求损害公司利益，将触发法律行为无效规则的适用：相对人与公司代表人（代理人）恶意串通损害公司利益的，适用《民法典》第 154 条认定该行为无效；未有恶意串通的，则根据第 153 条认定该行为无效，且此情形下即使决议无瑕疵，也应认定该行为无效。难点在于第一种恶意的外部效力，存在多种观点，有学者认为“法人的出资人可以请求撤销”，[③]有学者则认为该法律行为无效，[④]有学者主张“根据交易的重要性判断各方过失”，[⑤]进而再判断该法律行为的效力，实务界有主张不宜笼统认定无效，应根据具体情形分别判断，[⑥]或者将其解释为一种效力待定行为，则比较合理，[⑦]笔者认为，上述观点都有一定的合理之处，但“效力待定说”更合理。

---

① 参见杜万华主编：《〈最高人民法院公司法司法解释（四）〉理解与适用》，人民法院出版社 2017 年版，第 163 页。

② 王利明：《合同法研究》（第 1 卷），中国人民大学出版社 2002 年版，第 648 页。

③ 杨立新主编：《〈中华人民共和国民法总则〉要义与案例解读》，中国法制出版社 2017 年版，第 215 页。

④ 赵旭东主编：《公司法学》（第 4 版），高等教育出版社 2015 年版，第 147 页。

⑤ 尚法等：《未经决议的公司担保合同效力与解释路径》，载《人民司法》2016 年第 31 期。

⑥ 宋晓明：《公司对外担保效力的判断》，载《人民法院报》2010 年 9 月 1 日，B1 版。

⑦ 周伦军：《公司对外提供担保的合同效力判断规则》，载《法律适用》2014 年第 8 期。

3. 相对人善意的判断标准

从目前的司法实践和理论界的普遍意见来看,善意判断的标准问题可以化约为,相对人是否对决议内容以及营利法人章程等文件进行了合理的审查。在司法实践中,多数法院判决倾向认为:应当推定相对人为善意,如当事人主张第三人恶意的,应对此承担举证责任。对当事人究竟需要证明到何种程度,取决于法院认为第三人应当进行形式审查还是实质审查。从目前司法实践的案例以及主流学理观点来看,现在法院认为第三人履行合理形式审查义务即可。

从嗣后制定的司法解释中能够发现,最高人民法院也认为,第三人尽了合理的形式审查义务即可认定为善意,无须过分苛责。《民法典担保制度解释》第 7 条第 3 款规定:"第一款所称善意,是指相对人在订立担保合同时不知道且不应当知道法定代表人超越权限。相对人有证据证明已对公司决议进行了合理审查,人民法院应当认定其构成善意,但是公司有证据证明相对人知道或者应当知道决议系伪造、变造的除外。"在最高人民法院民事审判第二庭《最高人民法院民法典担保制度司法解释理解与适用》中进一步地说明和解释:"所谓善意,指的是相对人对法定代表人超越代表权限这一事实不知情。反之,如果其对该事实知情,则构成恶意。应当明确的是,如果法定代表人没有超越代表权限,则其代表行为自然是有效的,并无区分善意与恶意的必要。另一方面,法定代表人未经公司决议程序擅自对外提供担保,此时,除非出现《民法典担保制度解释》第 8 条规定的例外情形,否则相对人因未审查公司决议构成恶意,也谈不上区分善意与否的问题。可见,区分善意与恶意,只有在法定代表人越权代表而又有可能构成表见代表的情形才有意义,实践中主要包括两种情形:一是有决议但不是适格决议;二是形式上有决议,但该决议是伪造或者变造的。"①

(三)瑕疵决议外部效力规则检讨

《民法典》第 85 条、《公司法司法解释(四)》第 6 条这两条规范确立的以相对人

① 最高人民法院民事审判第二庭:《最高人民法院民法典担保制度司法解释理解与适用》,人民法院出版社 2021 年版,第 135 页。

善意与否作为认定决议外部效力标准的规则在一定程度上类型化处理组织体的决议瑕疵之于外部交易行为的效力影响的优势明显，但缺陷也有多重，具体表现在善意、恶意的判断标准的飘忽，以及消极善意标准适用于商事领域的削足适履之痛，更在于以保护善意相对人为基点的制度设计轻忽、损害了应受优位保护的公司组织及其股东、债权人的利益。在后续修法或者制定相关司法解释时，修正两条规范之失、完善现有规则，必须考量以下三维的区分：组织法上的法益差序格局与交易法上的法益差序格局之不同；法定、章定议决事项的决议外部效力之不同；权力机构、执行机构的决议外部效力之不同。借此，方可构建衡平保护商事组织及其内外多元利益主体之间利益的、真正契合商法的交易安全原则的、具有场景式适应性与正当性的决议外部效力新规则。从更宏观的视角，决议外部效力规则的制度价值还在于是沟通组织法与交易法上行为效力关系的一座桥梁，借此确立组织法与交易法的某种关系机制，避免民商不分的规则形成彼此间的不当适用，确立符合民商形式合一、实质分立的我国私法体系的决议规则体系。

（四）其他问题

瑕疵决议被判定无效、撤销或不成立后的对世力和溯及力问题如下。

1. 对世效力

对世效力，是指决议一经被生效判决否定的，具有对世性，也即判决的效力及于原告股东、被告公司以及任何第三人，任何人不得再主张决议有效。

2. 有无溯及力

决议一经被生效判决否定的，对将来生效，至于是否具有溯及力，需具体而论。决议被确认不成立的，视为自始不存在，由于不涉及效力评价问题，所以事后公司依照正当程序还可以作出相同内容的决议。决议被确认无效的，自始不生效力，因为内容的违法性，所以公司不得再作出内容相同的决议。决议被撤销的，亦溯及决议成立之时自始无效。如果属于程序瑕疵而被撤销的，公司还可以依照正当程序作出相同内容的决议，如属于内容违反章程的，在被违反的章程条款得到修订前，公司不得再作出相同内容的决议。决议效力被否后，对公司的将来生效，所以决议尚未执行的，不得再执行；已经得到执行的，具有溯及力与否，区分公司内外法律关系而有别,在公司内部具有溯及力即将被恢复原状。

四、结语

虽然公司决议的绝大多数是处理组织体内部的事项,但仍有不少决议仍然或直接或间接地关涉外部第三人的法律关系,有的直接涉及外部第三人,有的需要以公司决议为依据,再与外部第三人通过签署契约等发生交易法律关系。就后者而言,如契约已经成立甚至履行,公司决议的效力事后又被否定的,是否影响外部交易行为的效力,以及是一种怎样的影响机制,这是决议法律制度最具实益也最具挑战性的研究课题。对此,《民法典》第85条及《公司法司法解释(四)》第6条共同构建起了以相对人善意与否作为区分决议行为外部效力规则的机制,极大地统一了司法裁判的尺度。但也应承认,目前立法上关于瑕疵决议的外部效力机制的规定尚不完善,这需要进一步的学术研究深化其背后的理据,不断丰富与耐心总结今后一段时期的司法裁判经验,以尽早完成相应规范的续造。

专题十四　双方虚伪表示与恶意串通

本专题撰写人：冉克平

【《民法典》及其配套司法解释的新规则】

《民法典》第 146 条：

行为人与相对人以虚假的意思表示实施的民事法律行为无效。

以虚假的意思表示隐藏的民事法律行为的效力，依照有关法律规定处理。

《民法典》第 154 条：

行为人与相对人恶意串通，损害他人合法权益的民事法律行为无效。

【规则由来】

《民法典》第 146 条来自原《民法总则》第 146 条，是原《民法总则》的重要新增条文。《民法典》第 154 条来自原《民法总则》第 154 条，源自原《民法通则》第 58 条第 1 款第 4 项、《合同法》第 52 条第 2 项，但是《民法典》在法条行文中，将原有“损害国家、集体或者第三人利益”的表述改为“损害他人合法权益”。

【规范意旨】

《民法典》第146条规定的双方虚假表示是意思表示瑕疵的重要类型。[①] 该条第1款规定,行为人与相对人以虚假的意思表示实施的民事法律行为无效。法律对民事主体双方虚假表示实施的民事法律行为的效力予以否定,其原因在于该“意思表示”所指向的法律行为效果并非双方当事人的内心真意,并且双方对此相互知晓。如果认定其为有效,有悖于意思自治的原则。该条第2款是对隐藏行为效力的规定。有虚伪表示未必存在隐藏行为,但有隐藏行为则一定存在虚伪表示。虚伪表示背后隐藏的民事法律行为,体现了双方当事人的真实意思表示,其法律效力应当根据该行为自身的效力要件予以判断。这既体现了对双方意思自治的充分认可,也并未对隐藏行为的效力施加不必要的限定。

《民法典》第154条规定的恶意串通行为是我国立法上的独特规定,其在主观上要求双方有互相串通、为满足自身利益而损害他人合法权益的目的,客观上表现为双方实施了一定形式的行为来达到这一目的。欺诈、胁迫、双方虚假表示、重大误解还有显失公平等通常调整的是双方当事人之间的利益关系,而恶意串通情形涉及双方共同损害他人的合法权益。在这种情况下,双方恶意串通的直接目的就是通过损害他人来实现自己的利益。因此,法律对这种恶意串通行为确定为无效的做法,能够最大限度地实现对第三方权益的保护。

【典型案例】

案例一:“金某元等金融借款纠纷案”

2013年,金某元、居某兰(买受人)与凯悦公司(出卖人)签订《商品房买卖合同》

① 传统民法称为“通谋虚伪表示”。然而,考虑“通谋”“虚伪”常用作贬义,“通谋”在法律上举证亦极为困难,《民法典》第146条表达的是与“单方虚假表示”相对应的、双方内心均不希望外在的意思表示发生法律效力的类型,概括为“双方虚假表示”更妥当。

一份,约定买受人购买商品房一套,双方约定购房总价款为 1,663,471 元、首付款为 583,471 元,剩余房款 108 万元买受人以贷款方式付款。

之后,金某元、居某兰(借款人)、凯悦公司(保证人)与建行常州分行(贷款人)签订《个人住房(商业用房)借款合同》一份,约定金某元、居某兰向建行常州分行借款 108 万元用于购买前述房屋,凯悦公司对前述债务提供连带责任保证。合同签订后,建行常州分行按约向借款人指定的凯悦公司账户发放贷款 108 万元。此后,凯悦公司通过金某元开立的还款账户按月向贷款人归还贷款本息直至 2015 年 9 月。同月,凯悦公司与金某元注销了备案的《商品房买卖合同》。后金某元自行向贷款人归还到期贷款本息 55,017.34 元。

金某元、居某兰及凯悦公司共同确认:《商品房买卖合同》约定的首付款并未实际支付,凯悦公司系借用了金某元、居某兰名义进行贷款融资。截至 2018 年 8 月 10 日,金某元、居某兰尚结欠借款本金 877,518.91 元、利息 94,160.24 元、罚息 36,120.16元,现建行常州分行起诉要求金某元、居某兰承担还款责任,凯悦公司承担担保责任。金某元、居某兰反诉请求解除《商品房买卖合同》和《个人住房(商业用房)借款合同》,并要求凯悦公司返还其垫付房款。

一审法院认为,金某元、居某兰与凯悦公司签订《商品房买卖合同》的目的是便于凯悦公司融资,套取银行资金,属于以合法形式掩盖非法目的,应认定为无效合同;又因凯悦公司与金某元、居某兰骗取贷款的行为直接导致银行资金外流,系扰乱了国家金融管理秩序,应认定《个人住房(商业用房)借款合同》为无效合同。合同无效后,凯悦公司应返还金某元、居某兰垫付款项;因无证据证明建行常州分行在贷款审批发放中存在过错,应推定为无过错方,凯悦公司应返还建行常州分行未收回本金;根据过错大小,酌定金某元、居某兰对未收回本息及贷款人实现债权费用承担 20% 的赔偿责任。因凯悦公司进入破产程序,其利息负担部分计算至破产申请受理之日。

二审法院认为,凯悦公司与金某元、居某兰故意作出虚伪表示,通过签订《商品房买卖合同》以融资的行为无效;而建行属善意第三人,凯悦公司与金某元、居某兰签订《商品房买卖合同》行为的无效不能对抗与建行签订《个人住房借款合同》的行为效力。基于此,二审遂予改判:支持建行对金某元、居某兰的诉讼请求;确认凯悦公司对金某元、居某兰的欠款本金和计算至破产受理之日的欠款利息承担担保责任。[①]

案例二:"网络刷单案"

2019年4月,柒汐漫公司为增加其网络店铺的交易量,委托案外人何某组织刷手在其网络店铺刷单。刷单模式为:刷手接到刷单任务后到网店按照约定数量下单购买商品,支付货款,网店发出象征性快递的包裹,待刷手签收包裹后,网店或者刷单中介给刷手返货款并支付佣金。

柒汐漫公司与何某约定,在刷手刷单后,将按照交易订单金额退还货款,并支付刷单报酬,报酬标准约为每刷单10,000元支付50元。通过李某的牵线,刷手组织者向柒汐漫公司介绍了刷手郭某。郭某遂在某平台创建了案涉交易订单。双方均确认案涉商品未实际发货。郭某称,柒汐漫公司未向其退还因刷单垫付的9973元及支付刷单费,在某平台提出"仅退款"要求,要求柒汐漫公司退还涉案商品订单金额。柒汐漫公司称其已将案涉款项支付给案外人何某,拒绝向郭某退款。

郭某向广州互联网法院起诉,要求柒汐漫公司返还货款9973元。

广州互联网法院认为,郭某与柒汐漫公司订立网络购物合同,意在以虚假网络购物意思掩盖"刷销量、赚报酬"的真实意思,属于原《民法总则》规定的通谋虚伪行为。对双方以虚假的意思表示实施的民事法律行为,即网络购物合同的效力,因双方缺乏真实的意思表示而无效。对隐藏的民事法律行为的效力,即双方以郭某为柒汐漫公司"刷销量",柒汐漫公司向郭某支付一定费用为合同内容的行为效力,因违反《电子商务法》第17条有关"电子商务经营者不得以虚构交易、编造用户评价等方式进行虚假或者引人误解的商业宣传,欺骗、误导消费者"的规定而无效。

对郭某基于"刷销量"赚取报酬的"投入",郭某现以该民事法律行为无效为由主张退还。法院认为,双方通谋实施的"刷销量"行为,其目的是通过虚构交易向平台用户提供虚假销售状况信息,使平台用户对被告经营的网络店铺在商品销量方面产生错误认识,误导平台用户选购被告销售的商品,从而增加商品销量,柒汐漫公司

---

① 参见江苏省常州市中级人民法院民事判决书,(2017)苏04民终3746号。

因此获益。该行为不但误导了平台用户，也扰乱了电子商务经营者之间公平竞争的市场秩序，此种通过虚假交易增加交易量的行为，不仅侵害了消费者的知情权，还攫取了其他电子商务经营者的交易机会，扰乱了正常的网络交易秩序，是明显违反法律规定的行为。在本案中，双方通谋共同实施了“刷销量”行为，致使案涉合同因违反法律规定被认定无效，客观上已产生了虚假订单，造成了网络营商环境的损害，且何某系自行决定“投入”款项的数额，并自认非首次为他人“刷销量”，故对郭某基于赚取刷单报酬目的“投入”的款项，依法不予保护。故而判决驳回郭某的诉讼请求。①

案例三：“委托代理买卖房屋案”

2016 年 5 月 13 日，周某（原告）在公证处办理委托公证，委托赵某（被告）为代理人，并以周某名义办理 A 房产出售中的相关事宜。2016 年 12 月 28 日，被告赵某以原告代理人的身份与被告梁某、杨某、马某签订《存量房买卖合同》，合同约定由 3 名被告购买原告所有 A 房屋，合同约定的价格为 259 万元。合同签订后，3 名被告并未支付房款。3 名被告于 2017 年 1 月 3 日取得案涉房屋的不动产登记证书，后在银行贷款 360 万元，该银行于 2017 年 1 月 5 日在不动产登记中心办理抵押权登记，抵押权金额为 360 万元。

原告对各被告的上述行为完全不知情且诉前未收到任何购房款项，以各被告之间系恶意串通，侵害原告合法利益为由，遂诉至法院，请求法院判决案涉房屋买卖合同无效、返还房屋。

一审法院认为，赵某与梁某、杨某、马某签订存量房买卖合同属于原《合同法》第 52 条规定的恶意串通，损害原告利益的情况，且 3 名被告在庭审中承认并未支付购房款，因此案涉《存量房买卖合同》应为无效合同，判决支持原告周某诉讼请求。

二审法院维持原判，法院裁判理由：最高人民法院《民法典关于时间效力的若干规定》第 1 条第 2 款规定：“民法典施行前的法律事实引起的民事纠纷案件，适用当

---

① 参见广州互联网法院民事判决书，(2019) 粤 0192 民初 22233 号，以该案为模型的“何某诉漫漫公司案”曾选入广州互联网法院“网络购物合同纠纷十大典型案例”。

时的法律、司法解释的规定，但是法律、司法解释另有规定的除外。”原《合同法》第52条第2项规定：“恶意串通，损害国家、集体或者第三人利益的合同无效”。在本案中，赵某接受周某的公证委托代为办理出售案涉房屋事宜，受托人应当谨慎维护委托人的利益，妥善处理委托事务。赵某虽以委托人周某的名义订立《存量房买卖合同》，但赵某与合同相对方即梁某、杨某、马某恶意串通，合同中约定的转让价格259万元远低于3人以案涉房屋向银行贷款的360万元，符合以明显不合理的低价转让的情形；梁某、杨某、马某仅支付购房款10万元，赵某在3人未给付购房款的情况下配合其办理了房屋的产权过户登记。截至2018年1月1日，周某未实际取得房屋对价，又丧失了房屋所有权，周某的合法权益遭受到严重损害，故代理行为无效，委托人周某不应被认定为合同当事人。一审法院根据原《合同法》第52条第2项之规定，认定案涉《存量房买卖合同》无效并无不当之处，本院予以维持。梁某、杨某、马某应将案涉房屋腾退并返还给周某，周某应将其收到的购房款10万元返还给梁某、杨某、马某。①

【理论阐释】

一、双方虚假表示的界定

双方虚假表示（Scheingeschäft），是指表意人和相对人一致同意表示事项不应该发生效力，亦即双方当事人一致同意仅造成订立某项法律行为的表面假象，而实际上并不想使有关法律行为的法律效果产生。② 法国合同法上称为表见行为（la simulation），意指当事人将其真实意志掩藏其后的表面行为。③ 在虚假行为中，表意人既不具有任何迷惑相对人的意图，这与心中保留不同；表意人也无意使相对人暂时感到疑虑或混乱，这也与戏谑表示相异。相反，虚假行为的双方当事人大多是为欺骗或影响第三人而作出，如债权人或税务机关等。虽然表意人与相对人双方虚假表示的目的通常在于欺诈第三人，但是其构成并不以此为必要。

---

① 参见辽宁省沈阳市中级人民法院民事判决书，（2021）辽01民终7892号。

② 参见［德］卡尔·拉伦茨：《德国民法通论》（下），王晓晔等译，法律出版社2003年版，第497页。

③ 参见尹田：《法国现代合同法》，法律出版社2009年版，第115页。

通谋虚伪的构成通常具有以下要素：

第一，表意人与相对人互相通谋为非真意表示。在双方虚假表示之中，表意人与相对人均知道表示的意思非自己真意，双方须有意思联络而为与真意不一致的意思表示。虚伪表示以双方当事人的表示都经双方当事人的一致同意为前提条件，只有双方当事人对进行假装的表示有合意时，才可以将该合同视为虚伪行为。① 虽有双方的单独虚伪表示，而无通谋时，仍不成立虚伪表示。例如，甲乙两人互为心中保留，订立买卖契约，而且相互不知对方之意思表示为心中保留时，双方虽各为单独虚伪表示，然因无通谋，仍不成立双方虚假表示。②

第二，表意人与相对人欠缺与表示相对应的效果意思。表意人与相对人虽共同订立法律行为的外观，但是均不想使表示出来的内容产生法律效力或构成法律行为的内容。因此，对表意人与相对人来说，双方的表示行为与效果意思不一致，即欠缺与表示相应的效果意思。例如，如果借贷双方约定贷款人给付的金钱不必偿还，则并不存在一项有效的借贷合同；反之，如果当事人的意思与表示是一致的，则不构成双方虚假表示。此外，即使意思表示的法律效果与欲通过其达成的经济目的发生矛盾，也不是虚伪表示。例如，让与担保不是虚伪表示。这是因为，在让与担保中，只要债权担保的经济的目的是想要以所有权转让的法律手段达成，在所有权转让的意思表示上，就伴随着真意。③

第三，双方虚假表示可以分为伪装行为与隐藏行为。如果表意人与相对人通谋仅针对行为的不生效达成一致，这被称为伪装行为或虚伪行为；如果表意人与相对人希望其所制定的法律行为规则以外的法律行为规则生效，虚伪表示的目的仅在于掩盖其所真正希望作出的法律行为，这被称为隐藏行为（dissimuliertes Geschäft）。④ 与当事人只是意欲使表示不生效力的虚构行为不同，隐藏行为确实在当事人之间建

---

① 参见［德］维尔纳·弗卢梅：《法律行为论》，迟颖译，法律出版社 2013 年版，第 480 页；黄立：《民法总则》，中国政法大学出版社 2002 年版，第 284 页。

② 参见史尚宽：《民法总论》，中国政法大学出版社 2000 年版，第 385 页。

③ 参见［日］我妻荣：《新订民法总则》，于敏译，法律出版社 2008 年版，第 272 页。

④ 参见［德］迪特尔·梅迪库斯：《德国民法总论》，邵建东译，法律出版社 2000 年版，第 446 页。

立了一种新的法律关系,但是这种法律关系与其表现出来的法律关系并不相同。[①]如甲为避人情困扰,表面上将房屋出卖给乙,但实质上进行的是赠与;又如借名登记合同,虽然所有权或其他权利登记在名义登记人之下,但是隐藏的意思是:所有权人或其他权利人实质上仍为出名人。

第四,双方虚假表示与合同的解释规则部分重叠。在双方虚假表示之中,当事人隐藏的合意有时在合同文件中有所体现(以赔偿保证书、相反证书或附加信等不同形式出现),这只有通过解释才能够具体确定。例如,当事人出于商业安全的考虑而在合同中使用了"电脑"一词,以至于其他人在查阅合同文件时,并不知道此物品涉及敏感的商业上的新设备,这既可视为虚伪合同,也可以看作当事人用特殊意义的语言表达其共同意图。因此,有关虚伪合同的规则应与有关解释的规则一样有相同的广泛的效力。[②]

二、双方虚假表示的适用范围

双方虚假表示适用于那些需受领的意思表示,在无须受领意思表示的情形中,没有可以与表意人就表示作为虚伪行为达成一致同意,从而使表示满足虚伪行为事实构成的行为相对人。鉴于此,虚伪作出的无须受领的意思表示仅可以适用于心中保留。对双方虚假表示是否可以适用于设立社团的行为,学说上认识不一,可以分为"否定说"与"肯定说":"否定说"认为,法人设立行为,为不要相对人之意思表示,数个设立人通谋而为非真意的表示之法人设立行为时,虽有心中保留之并存,然不为虚伪的意思表示之并存。若是认为法人设立行为适用双方虚假表示,则对恶意第三人不成立法人,而善意第三人得认法人之成立,亦得不认法人之成立,甚有害于交

① 参见尹田:《法国现代合同法》,法律出版社 2009 年版,第 116 页。法国法认为,虚伪表示意味着在相同的当事人之间存在两项协议:其中一项协议是可公开的协议;另一项是私下订立的秘密协议。而后一项秘密协议的目的旨在变更或者取消第一项可公开的协议所作的规定。参见《法国民法典》(下),罗结珍译,法律出版社 2005 年版,第 1007 页。如果秘密协议的目的旨在取消公开协议,这属于伪装行为;反之,如果秘密协议的目的旨在变更公开协议,这属于隐藏行为。

② 参见[德]冯·巴尔、埃里克·克莱夫主编:《欧洲私法的原则、定义与示范规则》(第1~3卷),高圣平等译,法律出版社 2014 年版,第 530 页。

易之安全,自难采用。[①] 还有学者认为,社团法人之设立行为为合同行为,属无相对人之意思表示,故无本条之适用,纵有虚伪表示,亦恒为有效。[②] “肯定说”认为,双方虚假表示的适用对象包括契约、设立社团或公司的共同行为以及有相对人的单独虚伪表示。[③]

对于亲属身份行为,如结婚、离婚等,双方虚假表示的情形同样存在,但是应该适用婚姻家庭法的特别规定。[④] 在家庭法上,双方虚假表示通常是指“假结婚”,其是指一方与相对人通谋为虚伪表示,其设立或消灭身份行为不是为了建立共同身份生活,而是为利用法律规定的次要效果(如为获得税收上的优惠、国籍或者户籍)。对于“假结婚”的效力,比较法认识不一。德国《民法典》第1353条、瑞士《民法典》第120条规定,当事人缔结婚姻时约定不建立婚姻共同生活的,婚姻可废止,但当事人已建立夫妻共同生活体的除外。[⑤] 有学者认为,应当在原则上将通谋的虚伪结婚规定为可撤销,若夫妻双方已经存在夫妻共同生活的,则属于有效。[⑥] 还有学者认为,通谋虚伪在实质上构成了对婚姻制度的挑战,涉及社会公共利益,因此属于无效婚姻。[⑦] 双方虚假表示缔结婚姻所追求的是另外的目的,这违背婚姻制度的本质,因此属于无效婚姻,但是为保护儿童,该无效后果对未成年子女不产生效力。但是,对“假离婚”,由于当事人具有解除婚姻的意思表示,所不愿解除的只是当事人的共同生活关系。[⑧] 为了维护离婚登记的公信力,并保护善意第三人的合理信赖,“假离婚”并不适用双方虚假表示。至于当事人为了其他目的暂时离婚以及约定目的达成之后再行复婚等,这属于意思表示的动机,并不影响当事人的效果意思的构造,夫妻双方有关虚假离婚的身份行为的内容并不存在意思表示瑕疵。相比“双方虚假表示”的解释路径,认为所谓“虚假离婚”有效,不仅可以避免公权力过度干预家庭生

---

① 参见史尚宽:《民法总论》,中国政法大学出版社2000年版,第385~386页。

② 参见[日]我妻荣:《新订民法总则》,于敏译,法律出版社2008年版,第276页;刘得宽:《民法总则》,中国政法大学出版社2006年版,第219~220页。

③ 参见王泽鉴:《民法总则》,北京大学出版社2009年版,第285页。

④ 参见[德]迪特尔·施瓦布:《德国家庭法》,王葆莳译,法律出版社2010年版,第51页。

⑤ [德]迪特尔·施瓦布:《民法导论》,郑冲译,法律出版社2006年版,第51~52页。

⑥ 参见金眉:《论通谋虚伪结婚的法律效力》,载《政法论坛》2015年第5期。

⑦ 参见李昊、王文娜:《婚姻缔结行为的效力瑕疵》,载《法学研究》2019年第4期。

⑧ 参见田韶华:《民法典编纂中身份行为的体系化建构》,载《法学》2018年第5期。

活,而且有利于维护离婚登记形式上的公信力,避免违反一夫一妻制原则。①

但是,就夫妻之间达成的财产协议而言,应结合夫妻虚假离婚的目的判断是否构成双方虚假表示。从司法审判实践来看,法院在审理“虚假离婚”案例时,普遍采取“隔离技术”,其主要的裁判思路为:对身份协议,既然当事人自愿签订离婚协议,民政机关亦依法办理了离婚登记,双方的婚姻关系即告终止。至于夫妻之间离婚的目的则被法院视为意思表示的动机,并不构成意思表示的内容,对意思表示是否真实不生影响,即不存在意思表示瑕疵;对财产协议,法院通常会结合具体案情,以损害债权人利益、违背诚实信用原则或者公平原则以及财产处置的内容未体现夫妻双方真实意思等理由否定其效力。②

三、双方虚假表示的效力

(一)双方虚假表示的效力基础

双方虚假表示的效力,取决于两个基本原理:

一是归责原理。从意思主义的角度看,既然表意人与相对人双方作了虚伪表示,欠缺与表示行为不一致的效果意思,因此应当承受不利益。③ 从比较法的角度看,如德国《民法典》第117条、日本《民法典》第94条等,均规定双方虚假表示在当事人之间无效。如果虚伪表示是向第三人如公证人或行政机关发出的,则该第三人是否也知道此表示为虚假表示可在所不问。例如,在抵押人与相对人通谋虚伪设定抵押权的情形,虽经抵押权登记,但是抵押权的设定无效,由此导致不动产登记的内容不正确。虚假行为无效,也符合法律行为的解释规则——如果双方当事人一致地在同一意义上理解了某项表示,则该项表示即在此双方共同所指的意义上发生效

① 《民事诉讼法》第202条规定:“当事人对已经发生法律效力的解除婚姻关系的判决、调解书,不得申请再审。”这表明,现行法并不承认已经发生效力的协议离婚无效或可撤销制度,这有利于维护离婚效力的确定性和既定力。参见丁慧:《身份行为效力判定的法律基准》,载《法学杂志》2015年第2期。

② 参见蔡立东、刘国栋:《司法逻辑下的“假离婚”》,载《国家检察官学院学报》2017年第5期。显然,以违背诚实信用原则或者公平原则为依据判断离婚财产协议无效,在方法论上构成“向一般条款的逃避”,并不具有正当性。

③ 参见[日]山本敬三:《民法讲义Ⅰ:总则》,解亘译,北京大学出版社2012年版,第117页。

力,而无论是否还可对该项表示作出何种其他理解。在虚假行为中,双方一致所指的意义是表示事项事实上不应发生效力。换言之,当事人一致所想达成的内容优先于其表示的"客观"意义。①

二是信赖原则。在心中保留的情形,表意人虚假创设的意思表示具备约束力,而在双方虚假表示情形中,表意人虚假创设的意思表示为何不具备约束力?显然,仅依意思自治原理尚不足以完全解释双方虚假表示无效的规则。双方虚假表示之所以无效,是因为相对人明知意思表示的虚伪性。既然相对人对于意思表示并无信赖,法律自然就没必要通过使意思表示产生约束力以保护其信赖。只有将私法自治与信赖原则相结合,才能对真意保留与双方虚假表示的法律规则提供合乎逻辑的解释。② 在此情形下,信赖保护原则对当事人所提供的信赖,是一种反面意义上的信赖,即"表意人与相对人既然均不希望意思表示发生效力,那么法律就不应当使其生效"。此外,站在表示主义的角度观察双方虚假表示的情形,保护信赖该虚伪外观的第三人也是有必要的。对此,日本《民法典》第94条等有但书规定,双方虚假表示的当事人不得以其无效对抗善意第三人。此种情形,法律为第三人所提供的,仍然是一种积极的信赖保护。

(二)虚假行为的效力

表意人与相对人之间的虚假表示无效,该无效是绝对的,不仅当事人之间可以主张,其他人亦可主张。例如,当事人之间公开订立一项买卖合同时,秘密地约定出卖人仍然对出卖物保留所有权,其公开实施的买卖行为即为虚构行为。虚构行为(买卖合同)使他人以为当事人之间已建立了一种买卖法律关系,但事实上该法律关系纯属虚构。当事人实施虚构行为的目的通常是为了对付"出卖人"的债权人,因为如果这些债权人无法证实当事人之间秘密约定的存在,则无法对其债务人已"出卖"的财产主张权利。

(三)虚假行为与间接代理

如果合同表面上由某人签订,但合同产生的利益或负担实际上却由另一人承

① 参见[德]卡尔·拉伦茨:《德国民法通论》(下),王晓晔等译,法律出版社2003年版,第497页。
② 参见杨代雄:《法律行为制度中的积极信赖保护》,载《中外法学》2015年第5期。

受。这里表面上订立合同的当事人被称为“稻草人”。[1] 在此种情形下,设置“稻草人”的行为是否属于虚伪表示?对此,比较法上认识不一。

法国学说认为,上述情形属于双方虚假表示的类型之一。当事人实施上述行为的目的通常是使无订约资格的人能够订立合同,即仅有表面上订立合同的双方当事人才知道合同的真正的一方当事人为无订约资格的人。例如,法国《民法典》第909条规定:“病人在患病期间,为治疗其疾病的内科或外科医生、保健人员或药剂人员的利益所作的生前赠与或遗赠,如病人由于该疾病而死亡时,此等人员不得受领此种赠与或遗赠的利益。”根据这一规定,医生不得接受其病人死后的遗赠(以防止医生滥用其对病人的影响)。为了规避这一规定,病人便假装将其财产遗赠给第三人,但秘密地与第三人约定,由第三人负责将遗赠财产再转移给医生。在法国,虚伪行为的范畴极广:只要从外部能看到不符合双方当事人之间存在的真实关系时,就有权主张这是虚伪行为,如隐名合伙按其性质属于虚伪表示。[2] 病人假装赠与第三人、实际赠给医生的行为之所以无效,是因为其规避了法律的规范意旨。

德国学说认为,该情形不属于双方虚假表示,而是属于间接代理。在商业交易中,对某项行为真正感兴趣的人因某种原因(如因有犯罪前科或有其他瑕疵),不能够亲自实施该行为的时候(如他无法取得许可证,或者不具备在交易所从事期货行为的资格),他往往就会把某个间接代理人推向前台。[3] 这个人虽然是以自己的名义,即不是作为代理人同对方订立法律行为的,但其是为幕后的本人的利益从事行为的。例如,甲通过“间接代理人”乙购买股票或有限责任公司的股份,或者在拍卖会上购得艺术品,即使间接代理人的行为相对人知道间接代理人同出卖人订立行为的真正受益人是谁,设置间接代理人的行为也仍为出自双方的真意,而不是虚假行为。因为在该行为之中,间接代理人既享有权利,也负有义务,其相对于委托人负有将所获权利移转于后者的义务。[4] 诚如学者所言,与虚假行为相反,间接代理人在对外关系中作为法律行为当事人的法律地位是真正为当事人所想要的,否则,此种法

---

① [德]迪特尔·施瓦布:《民法导论》,郑冲译,法律出版社2006年版,第406页。

② 参见沈达明等编著:《德意志法上的法律行为》,对外贸易教育出版社1992年版,第109~110页。

③ 参见[德]迪特尔·梅迪库斯:《德国民法总论》,邵建东译,法律出版社2000年版,第451~452页。

④ 参见[德]卡尔·拉伦茨:《德国民法通论》(下),王晓晔等译,法律出版社2003年版,第499页。

律行为所意图达到的目的(如税务方面的好处)就不可能实现。①

从我国现行法律来看,《民法典》总则编第162条规定的代理属于显名代理和直接代理,即代理人在代理权限内,以被代理人的名义实施法律行为,由被代理人直接对代理人的代理行为承担法律后果的代理。此外,《民法典》“合同编”规定了间接代理,代理人所为的代理行为之法律效果间接归属于被代理人,具体包括两种形态:(1)未披露本人的代理(《民法典》第926条)。于此情形,受托人以自己的名义与第三人订立合同时,第三人不知道受托人与委托人之间的代理关系,法律对委托人与间接代理人之间的权利义务关系进行了详尽的规定,因此代理人的设置并非双方虚假表示。(2)行纪。行纪人以自己的名义为委托人从事贸易活动,委托人支付报酬的合同(原《合同法》第951条)。行纪人作为合同的一方当事人,既享有权利也负有义务,其负有将所获权利移转于委托人的义务,因此行纪人的设置同样非双方虚假表示。

从我国审判实践来看,对借名购房等行为,即由出名人以自己的名义与第三人实施法律行为,出名人与借名人约定该法律后果由借名人承担。由于借名人并未直接与第三人实施法律行为,而是间接地承受法律后果,因此这可以称为间接借名行为。②间接借名行为的实质就是间接代理。表14-1是对间接代理与间接借名行为的对比。

表14-1　间接代理与间接借名行为的区别

分类	行为人与委托人关系	行为的名义	行为人与委托人的约定	相对人是否知情	相对人的意愿
间接代理	代理人经本人授权,与第三人实施法律行为	以代理人的名义	法律效果由本人实际承受	第三人不知情(善意)/知情(恶意)	与本人实施法律行为/不在乎与谁实施法律行为
间接借名行为	出名人经借名人内部借名约定,与第三人实施法律行为	以出名人的名义	权利、义务由借名人实际承受,出名人只是名义载体	第三人不知情(善意)/知情(恶意)	与出名人实施法律行为/不在乎与谁实施法律行为

① [德]迪特尔·施瓦布:《民法导论》,郑冲译,法律出版社2006年版,第406~407页。
② 参见冉克平:《论借名实施法律行为的效果》,载《法学》2014年第2期。

由表1可以看出,间接借名行为与间接代理在类比点上具有完全的关联性。出名人与借名人的内部借名约定,相当于借名人与出名人之间的委托授权。间接代理人以自己的名义实施法律行为,则相当于出名人以自己的名义与第三人实施法律行为。间接借名行为的法律效果如下:(1)如果第三人在实施法律行为时知道借名人与出名人之间的内部借名约定的,则适用《民法典》第925条的规定,该法律行为在借名人与第三人之间成立;(2)如果第三人在实施法律行为时不知道或不应知道借名人与出名人之间的内部借名约定的,则适用《民法典》第926条的规定。①

(四)隐藏行为的效力

在双方虚假表示,虚假行为经常掩盖另一个当事人真正希望发生的隐藏的行为,在此情形下,表意人和相对人进行通谋后并不希望发生所表示的内容,而是希望发生另一种法律后果,该行为即隐藏行为。②

隐藏行为分为完全的隐藏行为与部分的隐藏行为两种:如果当事人订立买卖合同之时,私下约定"买受人"并不真正支付价金,即在表面上的买卖合同后面隐藏着真正的赠与行为,其"秘密约定"改变了合同的性质,这种情形构成完全的隐藏行为。如果当事人通过秘密约定仅仅是增加了公开订立的买卖合同的价金,则其行为构成部分隐藏行为。③

虽然虚假行为无效,但是由于隐藏行为体现了当事人的真实意图,如果隐藏行为符合所有有效条件,那么它应当有效。对此,德国《民法典》第117条第2款等进行了明文规定。但是,若隐藏行为违反法律的禁止性规定或者缺少法定形式要件,则该隐藏行为同样无效。④

---

① 例如,在"王某与倪某、张某买卖合同纠纷案"中,法院认为,"诉争房屋虽然系某某学院所建,但该房屋属于商品房,非法律意义上的军产房,故倪某与王某之间的借名买房协议不违反法律、行政法规的强制性规定。鉴此,倪某与王某之间的协议有效,王某与倪某应当全面履行合同"。参见北京市第一中级人民法院民事判决书,(2012)一中民终字第08731号。

② 参见[德]汉斯·布洛克斯、沃尔夫·瓦尔克:《德国民法总论》,张艳译,中国人民大学出版社2012年版,第242页。

③ 参见尹田:《法国现代合同法》,法律出版社2009年版,第116页。

④ 参见施启扬:《民法总则》,中国法制出版社2010年版,第245页。

对隐藏行为的证明责任,若是第三人主张表意人与相对人通谋而为虚伪表示且有隐藏行为的,由该第三人承担举证责任。

(五)双方虚假表示对第三人的效力

1. 双方虚假表示不得对抗善意第三人的制度价值

双方虚假表示无效,除非被虚伪表示掩盖的隐藏行为符合法律行为的有效要件。但是,因信赖虚伪表示外观的善意第三人的利益将失去任何保障。对此,法国《民法典》第 1321 条、日本《民法典》第 94 条第 2 款均规定,虚伪表示无效对第三人不发生效力或者不得对抗善意第三人。德国《民法典》并未规定对第三人的信赖保护。德国学者奥特曼(Oertmann)解释认为,当事人面临"意思"的虚无或不存在,因此其表示是表象。既然是虚无,所以单第三人相信有成立法律行为的意思,也不能替代不存在的意思。① 但是,由于交易安全保护的强烈需求,针对德国《民法典》第 117 条对第三人信赖保护的不足,学说和判例发展了积极的补救方法,认为双方当事人之间旨在达成虚假行为的保留,相对第三人而言,仅是一种心意保留,因而对第三人不具有意义。还有学者认为,这里涉及的是一种因法律表见承担责任的情形:由于虚假行为无效,虚假债务人并不是因法律行为而向善意第三人承担义务,而是因制造了某种信赖事实而依法承担义务。② 为保护善意第三人,在解释上,通过引用相关规则保护第三人因虚伪行为无效所受的损害。如德国《民法典》第 883 条、第 892 条规定的不动产登记公信力制度;第 172 条规定的表见代理制度;第 405 条、第 409 条规定的表见让与债权制度。③ 在日本民法上,由于其欠缺像德国民法那样对信赖交易外观的第三人进行保护的制度(特别是登记的公信力),因此,日本《民法典》第 94 条第 2 款规定的"虚伪表示无效不得以此对抗善意第三人"具有极为重要的意义。④

在我国现行法上:(1)由于动产善意取得制度确定了占有的公信原则,因此,

---

① 参见沈达明等编著:《德意志法上的法律行为》,对外贸易教育出版社 1992 年版,第 108 页。

② Claus-Wilhelm Canaris, Die Vertrauenshaftung im Deutschen Privatrecht, 1971, S. 85.

③ 参见[德]迪特尔·梅迪库斯:《德国民法总论》,邵建东译,法律出版社 2000 年版,第 450 页。

④ 参见[日]我妻荣:《新订民法总则》,于敏译,法律出版社 2008 年版,第 273 页。

《民法典》第311条可以作为占有公信力的依据。对不动产登记簿的公信力,虽然我国大多数学者持肯定态度,但对其规范依据认识不一。有学者认为,《民法典》第216条第1句规定,不动产登记簿是物权归属和内容的根据。这就是关于权利正确性推定、公信力的规定,只是法律条文的表述没有按照境外立法例的规程行文。[①] 还有学者认为,公信力的规范基础只能是原《物权法》第106条(《民法典》第311条)。[②] 由于不动产登记簿的公信力作为实体法上的权利表象形式,是具有实体法内容的确定权属的规范,其规范出发点是与真实法律关系不相符的不动产登记簿,使信赖登记簿内容的善意第三人能够获得在登记簿状态与真实法律关系相互吻合时应取得的权利地位。[③] 而公示的推定力是以推定技术为依托的程序性的举证负担规范,两者无从共享同一规范基础。因此,不动产登记的公信力规范基础应是《民法典》第311条。(2)我国《民法典》第172条规定了表见代理制度,以保护第三人对代理权外观的合理信赖。(3)《民法典》第548条规定:"债务人接到债权转让通知后,债务人对让与人的抗辩,可以向受让人主张。"学说认为,当债权人将债权让与第三人的事项通知债务人后,即使债权让与并未发生或者虽无债权让与的事实,而债权让与通知仍然有效的现象,这即是表见让与。[④] 在典型的情形下,当债权让与人与受让人之间的债权让与通知债务人后,如果该让与行为因双方虚假表示而无效,该无效不得对抗善意第三人(债务人)。

2. 双方虚假表示不得对抗善意第三人的规范意义

法国学说认为,虚伪表示无效对善意第三人不发生效力,意指当事人不得以其秘密协议对抗第三人,使第三人遭受损失。然而,在秘密协议对第三人有利的情况下,法律并不禁止第三人引用该秘密协议保护其利益。这就是说,第三人可根据自己的利益需要,在表见行为(公开协议)与秘密协议之间任选其一:或仅表见行为对其具有对抗力;或仅秘密协议对其具有对抗力。然而,第三人对秘密协议的选择须以该协议可为有效为前提,如该协议为无效,则其既不能对第三人发生效果,也不能

① 参见崔建远:《中国民法典评释:物权编》,中国人民大学出版社2020年版,第94页。
② 参见常鹏翱:《再谈物权公示的法律效力》,载《华东政法大学学报》2011年第4期。
③ 参见[德]鲍尔·施蒂尔纳:《德国物权法》(上),张双根译,法律出版社2004年版,第489页。
④ 参见崔建远主编:《合同法》,法律出版社2010年版,第224页。

对当事人发生效果。[①] 我国台湾地区学说也认为，所谓不得对抗善意第三人，是指善意第三人固得主张其无效，但亦得主张其为有效；若主张其有效时，表意人不得以无效加以对抗。第三人主张表意人与相对人通谋而为虚伪意思表示者，该第三人应负举证责任。[②] 例如，在以虚构的买卖行为掩盖真实的赠与行为的情况下，如果“买受人”的债权人或特定财产承受人援引表见行为（买卖行为非无效而是有效），则等于视其债务人或特定财产出让人已成为出卖物的所有人。为此，该债权人可要求扣押该出卖物以清偿债务，该特定财产承受人则可主张该出卖物的所有权已依财产转让关系而转由其享有；与此相反，“出卖人”的债权人或特定财产承受人则可通过引用该秘密协议（赠与行为无效而非有效）的方法，视其债务人或财产出让人为该财产的所有人，以维护自己的利益。即使是虚伪表示掩盖的隐藏行为有效，亦仅适用于虚伪行为当事人间，虚伪表示的当事人不能主张该隐藏行为对于第三人也为有效。[③]

这就表明，在某些特殊情形中，不同第三人之间有可能基于其各自不同的利益而发生冲突。例如，在当事人以虚构的买卖行为掩盖真实的赠与行为时，假若双方当事人均有其债权人或特定财产承受人，则这些第三人为获得对标的物的权利或利益，必然会同时对表见行为（买卖行为）及隐藏协议（赠与行为）的效力提出完全相反的主张。在这种情况下，依照大多数判例所确定的原则，应确认表见行为（买卖行为）有效。其理由是：一方面，法国《民法典》第 1321 条已明文规定：“秘密协议不得对抗第三人”；另一方面，确认表见行为为有效，有利于保护交易安全。[④] 意大利《民法典》第 1416 条（与债权人的关系）第 2 款与之相同，规定在与虚假受让人的无担保债权人发生冲突时，如果其债权先于虚假行为，则优先于无担保债权人。

3. 善意第三人的界定

（1）善意的判定。所谓善意恶意，以第三人是否知悉此表示系虚伪为准。第三人知表意人与相对人的行为为虚伪表示的为恶意，不知其为虚伪表示的则为善意。第三人知与不知的时间，应依第三人与其虚伪表示之效力发生利害关系时判断：虚

---

① 参见尹田：《法国现代合同法》，法律出版社 2009 年版，第 120 ~ 121 页。

② 参见王泽鉴：《民法总则》，北京大学出版社 2009 年版，第 287 页。

③ 参见施启扬：《民法总则》，中国法制出版社 2010 年版，第 245 页。

④ 参见尹田：《法国现代合同法》，法律出版社 2009 年版，第 121 页。

伪表示的成立在第三人发生联系之前的,第三人只需于产生法律关系之时系属不知,即为善意;虚伪表示之成立在第三人产生法律关系之后的,第三人只需于虚伪表示成立时系属不知,即为善意。①

关于第三人的善意,是否应该被要求“无过失”?对此,日本判例与以往的通说认为,日本《民法典》第94条第2款的文义仅有“善意”而未要求无过失。此外,由于作虚伪外观之表意人的归责性强,因此第三人的过失不应该作为问题。现在学界主张该法第94条第2款保护的第三人必须善意无过失的见解也颇有说服力。因为该制度的根基在于表见法理,对外观的信赖要得到保护,就要求该信赖具有正当性而不存在过失。② 笔者认为,是否要求第三人“无过失”,实际上是对第三人信赖合理性的判断,对此不可一概而论,应当结合具体的制度,例如,动产与不动产善意取得、表见代理以及表见债权让与的构成要件予以综合判断。

(2)第三人的范围。第三人是指双方虚假表示的当事人及其概括继承人以外的、特定财产的承受人以及当事人一方的债权人等利害关系人。例如,虚伪买卖标的物的受让人、设定抵押权之人等。但是,第三人并不包括:①一方当事人的全部概括权利继受人,因为后者被视为前者法律地位的继续。在公司吸收合并的情况下,吸收合并公司也不是第三人。②虚伪表示标的物的承租人。因为租赁合同的效力,本不受双方虚假表示的影响,例如,甲通谋虚伪出售其房屋予乙,乙将该房屋出租给丙,丙即使善意信赖乙为所有人,也不受保护,甲仍可向丙请求返还该房屋,丙仅可以请求乙承担违约损害赔偿责任。③为第三人利益的合同的第三人。当事人如果假装订立为第三人利益的合同,受益的第三人为善意时,由于第三人的受益以其契约有效为前提,故虚伪表示对当事人即应为无效,受益之第三人虽为善意,约定人亦得以其无效对抗之。③ 例如,甲因债台高筑,为图脱产与乙订立虚伪的买卖合同,将甲的房屋出售给乙,并登记于不知情之丙。甲的债权人丁,可以甲、乙间买卖合同系通谋虚伪意思表示为由,诉请涂销丙的所有权移转登记。

① 参见胡长清:《中国民法总论》,中国政法大学出版社1997年版,第236页。
② 参见[日]山本敬三:《民法讲义Ⅰ:总则》,解亘译,北京大学出版社2012年版,第126页。
③ 参见史尚宽:《民法总论》,中国政法大学出版社2000年版,第387页。

四、双方虚假表示与相关制度的竞合

（一）双方虚假表示与侵权责任的竞合

债务人欲避免其财产被强制执行，与第三人为虚假买卖，将其不动产所有权移转给第三人时，债权人可以双方虚假表示无效，要求涂销登记。问题是，债权人可否依侵权行为规定，请求恢复原状并诉请涂销登记？

对此，德国学说认为，为保护债权人的利益，可以考虑德国《民法典》第826条规定的损害赔偿请求权。[①] 我国台湾地区学说与判例认为，将自己之财产予以处分，原可自由为之，究难谓系故意不法侵害债权人之权利。但是，债务人与第三人通谋虚伪处分自己财产，仍得构成故意以悖于善良风俗之方法加害于他人或违反保护他人的法律而成立侵权行为。[②]

就我国现行法而言，债务人为避免财产被强制执行与第三人作出买卖的双方虚假表示，债务人虽享所有权行使的自由，但是该行为显然侵害了债权人的债权。在债务人与第三人故意通谋时，债权亦可成为侵权法的保护对象，[③]该行为构成共同侵权行为（《民法典》第1168条），债权人可以请求恢复原状即排除妨害。

（二）债权人撤销权与双方虚假表示

依据我国《民法典》第538条规定的债权人撤销权区分有偿行为与无偿行为：对无偿行为，以放弃到期债权或无偿转让财产为典型，仅要求具备客观要件即可发生撤销权；对有偿行为，以债务人以明显不合理的低价转让财产为典型，要求具备客观要件外，还要求具备相应的主观要件，始可发生撤销权。由于无偿行为不考虑当事人的主观因素，因此没有适用双方虚假表示的必要。在有偿行为中，如果当事人以明显不合理的低价转让系双方虚假表示，则构成债权人撤销权与双方虚假表示的竞合。

---

① 参见［德］迪特尔·梅迪库斯：《德国民法总论》，邵建东译，法律出版社2000年版，第450页。

② 参见王泽鉴：《民法总则》，北京大学出版社2009年版，第288～289页。

③ 参见于飞：《侵权法中权利与利益的区分方法》，载《法学研究》2011年第4期。

五、“恶意串通行为”制度构造

(一)恶意串通行为的文义

我国《民法典》第154条规定:“行为人与相对人恶意串通,损害他人合法权益的民事法律行为无效。”此外,《民法典》第164条第2款还规定:“代理人和相对人恶意串通,损害被代理人合法权益的,代理人和相对人应当承担连带责任。”①此外,“恶意串通”还体现在特别法上。② 从文义与结构上看,与大陆法系民法中虚假行为的规范依据不同,《民法典》所规范的“恶意串通行为”包括两个要素:一是当事人之间有故意的意思联络,即串通;二是行为人对国家、集体或者第三人利益的欺诈性损害。所谓“恶意”,是指明知法律行为或合同会损害他人的合法权益而故意为之;“串通”,是指当事人对恶意损害他人的合法权益存在意思联络。③

从法律效果上看,恶意串通的法律行为无效。《民法典》删除了原《民法通则》第61条第2款与原《合同法》第59条“应当追缴双方取得的财产,收归国家、集体所有或者返还第三人”的规定,因为这属于侵权责任的表述方式。

自原《民法通则》颁布实施以来,对“恶意串通”的解释就存在极大的分歧。在解释论上,对恶意串通行为的阐释,主要从构成要件与法律效果的角度分析恶意串通行为的法律性质:

第一,“主客观结合行为说”。该说认为,恶意串通行为由主、客观两个因素构成:前者指当事人均具有损害国家、集体或第三人利益的目的。在表现形式上,以行

---

① 从比较法上看,德国判例和学说认为,在代理人与相对人串通为虚伪意思表示时,可扩大适用关于心中保留的规定,即代理人与相对人所为虚伪表示,对于本人相当于是一项真意保留,此时本人可主张善意而维持其法律行为的效力。日本学说认为,代理人与第三人为双方虚假表示属于代理行为的瑕疵,学说对此争议较大。判决认为:“任何代理人均不具备与对方当事人通谋欺骗本人的这种权限,代理人与第三人为虚假表示时,毋宁说,其已经不是本人的代理人,而只是第三人向被代理人作出意思表示的传达机器,第三人的意思表示是明知其不是真意而为之法律行为,因此,依据《民法》第93条心中保留的规定,以本人对第三人的真实意思并非知晓或应知予以判断。”

② 例如,《招标投标法》第53条规定:“投标人相互串通投标或者与招标人串通投标的,投标人以向招标人或者评标委员会成员行贿的手段谋取中标的,中标无效……”

③ 参见王家福主编:《中国民法学·民法债权》,法律出版社1991年版,第344页。

为双方通过协议的方式达成合意为必要;后者指该行为损害了国家、集体或第三人的利益。[①] 由于双方虚假表示的着眼点在于表意人的意思与表示不一致,通谋双方常常以此欺诈第三人,但该意思表示瑕疵类型并不以此为必要。[②] 因此,以"主客观结合行为说"解释"恶意串通行为",表明后者不同于双方虚假表示。

第二,"双方虚假表示说"。有学者认为,恶意串通是一种以损害第三人为目的、故意使意思与表示不一致的虚伪表示行为。有所不同的是:虚伪行为仅注重意思与表示的故意不一致,而无论意思与表示不一致是否侵害了他人;而恶意串通则明确要求当事人须具有侵害他人的恶意。由此可见,恶意串通属于一种以诈害第三人为目的的虚假行为或通谋虚假行为。在解释"国家、集体或者第三人利益"时,无须纠缠于国家利益、集体利益或者个人利益的区分,将其理解为合同关系之外的第三人利益即可。[③]

第三,"违法合同说"。有学者认为,以恶意串通方式订立的合同具有明显的不法性,属于违法合同。恶意串通行为与双方虚假表示之间的区别在于:(1)后者属于双方故意的意思与表示不一致;而前者有双方串通即可,意思与表示既可能一致也可能不一致。(2)前者须以加害他人的故意为必要;而后者不以加害他人为目的。(3)后者因为行为人缺乏真实的效果意思,基于意思主义的考虑应为无效;前者因为具有违法性及损害第三人的利益而无效。由于不特定第三人利益实质上是社会公共利益,于此情形恶意串通行为应为绝对无效;若恶意串通损害的是特定第三人利益,则为相对无效。[④]

比较而言,"主客观结合行为说"与"违法合同说"均认为"恶意串通行为"与双方虚假表示不同,两者不能互相取代。相反,"双方虚假表示说"则认为,"恶意串通行为"与双方虚假表示在实质上是一致的,前者并不具有独立的价值。

(二)"恶意串通行为"与双方虚假表示的异同

从恶意串通行为与双方虚假表示的构成要件来看,两者的确有诸多相似之点:

---

① 韩世远:《合同法总论》,法律出版社 2018 年版,第 223 页。

② 参见王泽鉴:《民法总则》,北京大学出版社 2009 年版,第 285 ~ 286 页。

③ 参见朱广新:《合同法总则》,中国人民大学出版社 2012 年版,第 287 ~ 289 页。

④ 参见王利明:《民法总则研究》,中国人民大学 2012 年版,第 602 页。

一是两者的参与者均为两人以上,且相互之间具有主观意思联络并达成合意;二是行为人常有损害他人利益的目的。① 但是,无论是从主客观要件相结合还是从违法合同的角度考察“恶意串通行为”,均与双方虚假表示相去甚远。具体而言:

其一,学说上将恶意串通行为看作一种违法合同的观点,或者以主观、客观因素相结合的方法解释恶意串通行为,具有显著的侵权责任法的思维。究其原因:(1)从立法目的看,正是因为恶意串通行为损害了国家、集体或者第三人的利益,法律才对这类行为给予否定的评价,以维护正常的合同交易。② 文义上,所谓“恶意”“串通”“损害”均为贬义词,已表明当事人行为的非正当性及法律的价值判断。恶意串通行为无效,目的在于制裁违法行为。③ (2)恶意串通行为不仅包括表示与真实意思相异的情形,也包括表示与真实意思一致的情形。但无论行为人的意思与表示是否一致,该行为均为无效。这就表明,恶意串通的规范重心,并不在于意思表示瑕疵,而在于行为的违法性与损害结果。

其二,双方虚假表示本质上属于意思表示瑕疵类型,其完全与侵权法无涉。在哲学上通常认为,一个人不在道德上对他或她并非自由地作出的行动负责任。④ 对此,亚里士多德在许多世纪以前就把自愿的行动定义为这样的行动:(1)不受强制;(2)不是出于无知。⑤ 典型如欺诈、胁迫、重大误解等。但是,对于双方虚假表示来说,行为人既是自愿亦非无知。法律将其作为意思表示瑕疵的类型,是因为在双方虚假表示之中,行为人表现出来的行为与内在意思不一致,因此法律完全是从尊重表

---

① 参见朱建农:《论民法上恶意串通行为之效力》,载《当代法学》2007年第6期。

② 参见胡康生:《中华人民共和国合同法释义》,法律出版社2009年版,第92~93页;郭平宜:《论故意非真实意思表示》,载《河北法学》2008年第9期。

③ 例如,最高人民法院《技术合同纠纷司法解释》第12条第2款规定:“当事人双方恶意串通或者一方知道或者应当知道另一方侵权仍与其订立或者履行合同的,属于共同侵权,人民法院应当判令侵权人承担连带赔偿责任和保密义务,因此取得技术秘密的当事人不得继续使用该技术秘密。”最高人民法院在一则案例中认为:“认定恶意串通行为,不能拘泥于该行为在形式上的具体日期、行为方式等表面现象,而要考察该行为发生的背景情况、前因后果、是否有违正常逻辑或日常生活经验、是否有能够理解的合理性和正当性,该行为对其他有关民事关系的影响等因素,从行为人的行为是否违反诚实信用原则,是否不正当地损害了他人的利益来综合判断行为的实质。”参见最高人民法院民事裁定书,(2013)民提字第103号。这些都是侵权法的表达方式。

④ 参见[美]罗伯特·C.所罗门:《哲学导论》,陈高华译,世界图书出版公司2012年版,第371页。

⑤ 参见[古希腊]亚里士多德:《尼各马可伦理学》,廖申白译,商务印书馆2003年版,第58~62页。

意人意思自治的角度，对其进行有限的干预。由于双方虚假表示不存在信赖保护的问题，因此在比较法上，双方虚假表示的效力判断并不包含对其道德上的任何否定性评价。由此可以解释，虚伪行为为何无效(因为双方当事人不欲使其生效)，而隐藏行为又为何有效(因为该行为属于双方当事人的真意)。① 诚如学者所言，既然表意人与相对人均不欲使其表示的内容产生法律效力，则法律否定其效力是不言而喻的。② 相对人明知表意人非真意表示，法律即使否定其效力，相对人也不因此受有损害。③

其三，法律对双方虚假表示的评价为无效，其根本在于意思表示本质上应当一致的原则。在学者看来，既然表意人及受领人均不欲使当事人表示的内容产生法律效力或成为法律行为的内容，则法律不使其发生效力是不言而喻的。④ 并且，相对人既明知表意人非真意表示，虽以之为无效，相对人也不因而受有损害。⑤ 可见，在德国民法上，双方虚假表示之无效，是尊重表意人真实意思的必然选择，而并不包含对其道德上的任何否定性评价。日本民法也认为，虚伪表示之所以无效，是因为既然当事人双方合意不依据表示使之发生法律效果，即只好以之为无效。⑥

概言之，双方虚假表示以当事人通谋为表示与真意不一致为对象，它既不以欺诈或损害第三人为必要，又不要求当事人主观须为恶意(知道表示与真意不一致即可)。如果当事人虚伪行为所掩盖的隐藏行为符合法定有效要件，法律对此予以尊重；反之，由于恶意串通行为规范被侵权法的思维所浸透，因而其并不以双方通谋为表示与真意不一致的要件，也无法涵盖隐藏行为的情形(隐藏行为的当事人不得附加损害他人的利益的要件)。

《民法典》在总则编继续规定了恶意串通制度，主要原因在于：第一，行为人恶意

---

① 在"邓某与湖南弘丰房地产开发有限公司商品房销售合同纠纷"中，最高人民法院认为："法理上讲，虚假意思表示的合同对内和对外产生不同的法律效果。从对内效果看，意思表示真实是合同生效要件，由于缔约双方意思表示不真实，双方所签订的合同并未生效，亦对双方不产生拘束力。但对外而言，缔约双方不能以其意思表示不真实为由对抗第三人。"参见最高人民法院民事判决书，(2014)民提字第71号。

② 参见[德]迪特尔·梅迪库斯：《德国民法总论》，邵建东译，法律出版社2000年版，第446页。

③ 参见史尚宽：《民法总论》，中国政法大学出版社2000年版，第386页。

④ 参见[德]迪特尔·梅迪库斯：《德国民法总论》，邵建东译，法律出版社2000年版，第446页。

⑤ 参见史尚宽：《民法总论》，中国政法大学出版社2000年版，第386页。

⑥ [日]四宫和夫：《日本民法总则》，唐晖、钱孟姗译，台北，五南图书出版股份有限公司1995年版，第169页。

串通损害他人合法权益的行为,在多数情况下权益受损的人并不知情,如果不对这种行为科以无效后果,无法体现对其合法权益的有力保护;第二,自原《民法通则》《合同法》规定恶意串通行为无效以来,为司法实践提供了明确的裁判指引;第三,虽然《民法典》总则编及其他民事法律对欺诈、无权处分等具体规则作了规定,但民事生活的复杂性决定了实践中仍有可能出现现有具体规则无法解决的情形。保留恶意串通的规定可以在没有具体规则可供适用时发挥规则填补的作用。①

六、恶意串通行为类型及其分析

从我国司法审判实务来看,针对系争行为是否构成“恶意串通”的判决数量较多,适用范围也比较广泛。通过对近年来最高人民法院及相关典型案例的梳理,大体可以归结为以下6种类型:

第一,双方当事人为逃避债务而恶意串通。对此又可以分为:(1)恶意转让财产以逃避债务。债务人的一般财产作为责任财产,构成债权人之债权的总担保。债务人与第三人之间低价或者无偿转让财产,或者其目的就是逃避债务的履行,就会损害债权人的利益而被判定为无效。② (2)恶意设立抵押权以逃避债务。债务人在清偿债务之前,于其财产之上为第三人设立抵押权,必然会导致责任财产的减少。若是债务人与第三人设立抵押权是为逃避债务,势必会损害债权人的利益,该抵押合同就会被认定为无效。③

---

① 参见黄薇主编:《〈中华人民共和国民法典〉总则编释义》,法律出版社2020年版,第410页。

② 如在“福建金石制油有限公司、中纺粮油(福建)等买卖合同纠纷案”中,法院认为:“在受让人田源公司明知债务人福建金石公司欠债权人嘉吉公司巨额债务的情况下,其以不合理的低价购买附件金石公司的主要资产,足以证明田源公司与福建金石公司在签订《国有土地使用权及资产买卖合同》时具有主观恶意,属恶意串通,该合同的履行足以损害债权人嘉吉公司的利益。”参见最高人民法院民事判决书,(2012)民四终字第1号。此外,债务人与第三人转让股权损害债权人利益的案例,如“徐州华源投资有限公司与灵石县泉洲兔业发展有限责任公司、灵石县昌泰源矿产品开发有限公司一般股权转让侵权纠纷”,参见最高人民法院民事判决书,(2014)民提字第22号。

③ 如在“中国光大银行与内蒙古包头华达合资卧具装饰厂、中国农业银行包头市青山区支行等侵权纠纷案”中,法院认为:“华达装饰厂与农行青山支行的抵押行为系事后抵押,债务人与其中一个债权人恶意串通,将其全部或者部分财产抵押给该债权人……这种事后抵押应认定为无效……”参见最高人民法院民事判决书,(2008)民二终字第135号;最高人民法院民事判决书,(2014)民二终字第70号。

第二,双方当事人恶意串通欺诈第三人。典型情形可以分为:(1)借款人与贷款人恶意串通骗取他人担保。借款人与贷款人之间佯装订立贷款合同,共同欺诈第三人,使第三人为该虚假贷款合同提供担保。① (2)数个投标者恶意串通竞标或者拍卖行与买受人恶意串通竞标。前一个行为必然会损害其他竞买人以及招标人的利益。② 对后一个行为,2014 年 12 月 18 日发布的第八批指导案例 35 号认为,拍卖行与买受人恶意串通竞标的拍卖行为无效。③ (3)当事人恶意串通以骗取受让人的财产。此类案例中,当事人串通而实施行为的目的就是骗取第三人的财产。④

第三,代理人与第三人恶意串通损害被代理人的利益。代理人与第三人恶意串通损害被代理人的利益,违背了代理行为的宗旨,该代理行为会被认定为无效。⑤

第四,股权或者商标权的双重转让。我国司法审判实践认为,股权的转让人双重转让,致使先订立合同的受让人的利益受到损害,若是有证据表明转让人与此后

---

① 例如,在"石家庄市商业银行金桥支行与中国出口商品基地建设河北公司等借款担保合同纠纷案"中,法院认为,该案 800 万元借款合同约定的借款用途是"购进钢材",货代公司为此提供了保证。在货代公司不知情的情况下,基地公司改变了贷款用途,将 800 万元贷款归还了京华公司,金桥支行用特种转账传票从京华公司账户内将款项划出用于还贷……金桥公司与基地公司双方以新贷偿还旧贷的目的是明显的。由此,该案 800 万元的保证合同是在违背担保人货代公司的真实意思表示情况下签订的,已构成借贷双方串通,骗取担保……应免除货代公司对 800 万元借款合同的保证责任。参见最高人民法院民事判决书,(2001)民二终字第 116 号。

② 如在"南通市泰华置业发展有限公司诉海安县(现海安市)国土资源局建设用地使用权出让合同纠纷案"中,法院认为:"泰华公司未遵守竞买须知的规定,与润洋公司恶意串通,显然违反公开、公平、公正的竞争规则,直接妨碍其他竞买人在信息对等的情况下参加竞价,损害了土地出让市场的正常秩序。因此,海安国土局依据竞买须知的规定,有权解除其与泰华公司所签的出让合同。泰华公司的中买资格无效。"参见江苏省高级人民法院民事判决书,(2003)苏民终字第 213 号。

③ 最高人民法院在"广东龙正投资发展有限公司与广东景茂拍卖行有限公司委托拍卖执行复议案"中的"裁判要点"认为:"拍卖行与买受人有关联关系,拍卖行为存在以下情形,损害与标的物相关权利人合法权益的,人民法院可以视为拍卖行与买受人恶意串通,依法裁定该拍卖无效:一是拍卖过程中没有其他无关联关系的竞买人参与竞买,或者虽有其他竞买人参与竞买,但未进行充分竞价的;二是拍卖标的物的评估价明显低于实际价格,仍以该评估价成交的。"参见最高人民法院执行裁定书,(2012)执复字第 6 号。

④ 参见"沈某念、张某与杨某 1、杨某 2、杨某 3 煤矿承包合同纠纷案",最高人民法院民事裁定书,(2012)民申字第 315 号。

⑤ 如在"何某英与邓某燕房屋买卖合同纠纷案"中,法院认为:"作为买方的杨某丙与代理人邓某燕存有母女的身份关系,有理由相信其明知邓某燕滥用代理权的行为……显然具有恶意串通损害卖方何某英利益的恶意……该合同对何某英不产生法律效力。"参见广东省广州市中级人民法院民事判决书,(2014)穗中法民五终字第 4779 号。

的受让人之间具有损害先受让人的共同故意,在后的转让合同会被认定为无效。①商标权的双重转让也有相似判决。② 但是,对于动产与不动产的双重甚至多重转让,现行法不仅不认为其属于恶意串通损害第三人的行为,而且《买卖合同纠纷司法解释》第9条、第10条还对合同的效力与标的物所有权的获取归责予以了详尽的规定。

第五,双方当事人恶意串通规避法律。当事人在订立合同时为了规避法律而恶意串通,则该合同会被认定为无效。③

第六,双方当事人"恶意串通的行为"构成"以合法形式掩盖非法目的"的行为。若是当事人双方恶意串通损害第三人的行为,同时系以合法的形式规避法律的禁止性规范,就属于此种情形。④

---

① 如在"四川京龙建设集团有限公司与简阳三岔湖旅游快速通道投资有限公司等股权确认纠纷案"中,法院认为:"因鼎泰公司和合众公司在知道三岔湖公司、刘某良与京龙公司的股权转让合同尚未解除的情况下,分别就星展公司和锦荣公司、锦云公司和思珩公司与三岔湖公司、刘某良达成股权转让协议,且受让价格均显著低于京龙公司的受让价格,并将受让公司过户到鼎泰公司、合众公司名下,而三岔湖公司、刘某良在未解除与京龙公司之间的合同的情形下将目标公司股权低价转让给关联公司,损害了京龙公司根据《股权转让协议》及其《补充协议》可以获取的利益,因……恶意串通属于无效合同。"参见最高人民法院民事判决书,(2013)民二终字第29号。

② 如在"百安奇售货设备集团公司与常州费斯托自动售货设备有限公司等商标转让合同纠纷案"中,法院认为:"费斯托公司、徐某伟与周某之间转让涉案商标的行为属于恶意串通行为,该行为事实上成为了费斯托公司不履行其与百安奇公司的商标转让合同的借口或障碍,明显损害了百安奇公司依据合同所享有的合法利益。综合本案的事实,应该认定费斯托公司与周某之间的'百安奇'商标转让合同属于《合同法》第52条第(2)项规定的恶意串通、损害第三人利益的无效合同。原审法院认定费斯托公司与周利之间的商标转让合同有效,适用法律错误,本院予以纠正"。参见最高人民法院民事裁定书,(2013)民提字第103号。

③ 如在"中交第四公路工程局有限公司与辽宁交通建设集团有限公司建设工程施工合同纠纷案"中,法院认为:"中交四局和辽建集团签订的合作投标协议的意思表示是以辽建集团名义参加投标……双方签订合作招标协议,就是为了规避建设单位的要求,是一种恶意串通行为,侵害了建设单位的合法权益,据此也应当确认中交四局和辽建集团签订的合作投标协议无效。"参见辽宁省高级人民法院民事判决书,(2009)辽民一终字第70号。

④ 如在"中国工商银行青岛市市北区第一支行诉青岛华悦物资发展公司等借款合同担保纠纷案"中,法院认为:"被上诉人华悦公司与被上诉人工商支行签订的借款合同是一份虚假合同。工商支行没有依此合同将款贷给华悦公司;华悦公司亦没有实际得到和支配该合同项下的800万元借款。该项贷款名为华悦公司'购房'款,实为工商支行用于内部平账、以贷堵漏、转嫁经济损失为目的。双方签订的借款合同,属于《民法通则》第58条第1款第(4)、第(7)项规定的'恶意串通,损害国家、集体或者第三人利益'和'以合法形式掩盖非法目的'的无效民事行为,不应受到法律保护。"参见《最高人民法院公报》1997年第4期。

从司法审判实践的做法来看,法院通过主、客观构成要件,将“恶意通谋”规范灵活多变地适用于各种类型的合同:在主观上,双方串通作出表示行为。双方表示的内容既可能是真实的意思(如股权多重让与),也可能是虚假的意思(逃避债务的行为);在客观上,双方的表示行为损害他人的利益。受损的利益既可能是公共利益(如避税行为),也可能是特定第三人的利益(如投标人恶意串通)。从司法审判实践来看,恶意串通通常是双方当事人损害特定第三人利益的情形。① 从结果上看,恶意串通行为不以他人的利益实际上遭受损失为必要,其行为有损害他人利益的目的即可(如代理人与第三人恶意串通)。若是恶意串通行为造成他人实际损失的,行为人必然构成共同侵权(《民法典》第 1168 条);反之,法院则可以宣告该合同无效。由此可见,恶意串通规范可以横跨合同法与侵权法两大领域。

七、恶意串通行为中的第三人利益

从法律关系上讲,“损害他人合法权益”实际上包括了合同当事人利益之外的所有利益状态,损害这些利益也等于损害合同之外的第三人利益。因此,第三人利益既可能为国家利益,又可能为集体或者个人利益。在《民法典》颁布之前,有学者认为,在理解、适用原《合同法》第 52 条第 2 项时,将“国家、集体或者第三人利益”理解为合同关系之外的第三人利益即可,根本无须纠缠于国家利益、集体利益或者个人利益的区分。② 但是,从我国司法审判实践来看,双方当事人恶意串通损害国家、集体利益的案件较为少见,多是双方恶意串通损害特定个人的情形。

在实务中,第三人还包括公司的股东。例如,在“东风汽车贸易公司、内蒙古汽车修造厂与内蒙古物资集团有限责任公司、内蒙古环成汽车技术有限公司、赫某新、梁某玲、内蒙古东风汽车销售技术服务联合公司共同侵权纠纷上诉案”中,最高人民法院认为:“损害他人利益和第三人利益的行为,应当是法律所禁止的行为,从一般

① 由于国家利益非常抽象,法院以其为依据判断恶意串通行为的效力时,常会援引法律与行政法规之中包含国家利益或者公共利益的强制性规范为依据。但是,这样势必与《民法典》第 153 条第 1 款所规定的“违反法律、行政法规的强制性规定”相竞合。参见王轶:《合同效力认定的若干问题》,载《国家检察官学院学报》2010 年第 10 期。这也是恶意串通通常较少涉及国家利益或者公共利益的原因。

② 参见朱广新:《合同法总则》,中国人民大学出版社 2012 年版,第 287 ~ 288 页。

交易原则出发,所不能为的行为,例如恶意、串通、显失公平等,侵害了当事人、他人、第三人的合法权益。在市场交易过程中,如果掩盖真相,制造假象,间接导致他人或者合同之外的关系人合法权益受到损害的,也属于法律所禁止的行为……第三人的范围在具体案件中,应当包括公司的股东,因为股东一般不会直接参与合同签订和履行,似乎合同与股东没有必然牵连,但实际上,公司利益就是股东利益的集合。因而,股东的利益在公司经营过程中,是需要特别重视的,这也是为何每个大股东要派出代表出任公司董事、监事的原因。"①

当事人恶意串通行为表面上损害自身利益,实际上损害第三人利益的,第三人可以提起合同无效之诉。在"陈某、皮某勇诉重庆碧波房地产开发有限公司、夏某均、重庆奥康置业有限公司合同纠纷案"中,最高人民法院认为:根据原《合同法》第52条第2项,法人与他人恶意串通签订合同,表面上损害法人自身利益,实质上损害第三人利益的,第三人有权提起确认合同无效之诉。对上述条款中"恶意串通"行为的认定,应当分析合同双方当事人是否具有主观恶意,并全面分析订立合同时的具体情况、合同约定内容以及合同的履行情况,在此基础上加以综合判定。②

① 参见最高人民法院民事判决书,(2007)民一终字第49号。

② 参见最高人民法院民事裁定书,(2009)民申字第1760号,载《最高人民法院公报》2010年第10期。

专题十五　重 大 误 解

本专题撰写人：李潇洋

【《民法典》及其配套司法解释的新规则】

《民法典》第147条：

基于重大误解实施的民事法律行为，行为人有权请求人民法院或者仲裁机构予以撤销。

《民法典》第152条：

有下列情形之一的，撤销权消灭：

（一）当事人自知道或者应当知道撤销事由之日起一年内、重大误解的当事人自知道或者应当知道撤销事由之日起九十日内没有行使撤销权；

（二）当事人受胁迫，自胁迫行为终止之日起一年内没有行使撤销权；

（三）当事人知道撤销事由后明确表示或者以自己的行为表明放弃撤销权。

当事人自民事法律行为发生之日起五年内没有行使撤销权的，撤销权消灭。

《总则编司法解释》第19条：

行为人对行为的性质、对方当事人或者标的物的品种、质量、规格、价格、数量等产生错误认识，按照通常理解如果不发生该错误认识行为人就不会作出相应意思表示的，人民法院可以认定为民法典第一百四十七条规定的重大误解。

行为人能够证明自己实施民事法律行为时存在重大误解，并请求撤销该民事法律行为的，人民法院依法予以支持；但是，根据交易习惯等认定行为人无权请求撤销的除外。

【规则由来】

早在1986年,我国原《民法通则》第59条第1款就将“行为人对行为内容有重大误解”作为一项请求变更或撤销民事行为的事由,正式确立了我国法上的重大误解制度。这里的“行为内容”涵盖范围广,并非传统民法理论上所特指的“内容错误”。

1988年最高人民法院《民通意见》第71条对重大误解制度作了具体明确,“行为人因为对行为的性质、对方当事人、标的物的品种、质量、规格和数量等的错误认识,使行为的后果与自己的意思相悖,并造成较大损失的,可以认定为重大损失”。

1999年原《合同法》第54条第1款延续了原《民法通则》第59条第1款的规定,仅在表述上有所调整、更具包容力,当事人一方有权请求人民法院或者仲裁机构变更或者撤销“因重大误解订立的合同”。

《民法典》第147条基本延续了原《民法通则》《合同法》对重大误解的规范模式,未对“重大误解”进行定义或类型化。但对于重大误解的法律效果,《民法典》第147条明确删除了“合同变更”,仅保留了撤销合同。《民法典》第152条则将重大误解的除斥期间缩短为行为人知道或者应当知道撤销事由之日起90日内。

《总则编司法解释》第19条是在《民通意见》第71条的基础上修改而成的。在误解范围上新增了标的物的“价格”,以因应互联网交易中日益频繁的价格错误。同时将“重大”的标准由“使行为的后果与自己的意思相悖,并造成较大损失的”改为“按照通常理解如果不发生该错误认识行为人就不会作出相应意思表示的”。

【规范意旨】

《民法典》第147条仅规定了“基于重大误解实施的民事法律行为”,未对重大误解的构成作出具体规定。黄薇主编的释义书说明了采用此种抽象规定的原因,即“完全将目前司法解释的规定上升为法律是否能够涵盖重大误解的所有情形,仍存在疑问。随着民事法律行为理论以及实践类型的不断发展,重大误解制度的涵摄范围会有变化”。[①] 这给我国民法理论与司法实践保留了进一步解释与发展的空间。

重大误解制度需要平衡行为人的决定自由与相对人的信赖保护。行为人决定自由的保护需求主要体现于两种情形：第一，当行为人无意中对外作出了的确与其内心真意不符的意思表示，此为“欠缺意思型”误解，传统民法理论将此种情形称为“表示错误”（表示与意思不符）；第二，行为人的意思表示虽与其内心真意一致，但其意思本身就建立在与事实不符的错误认识基础上，传统民法理论将此称为“动机错误”（意思与内心预设不符）。相对人的信赖保护需求则体现在，行为人撤销合同后，相对人仅可能依《民法典》第 157 条请求信赖利益损害赔偿，丧失了合同履行利益，此时应特别警惕不守信的行为人企图以本不存在的“误解”为借口逃避合同义务的履行与违约责任的承担。行为人决定自由与相对人信赖保护的平衡是理解重大误解制度的一把钥匙。

根据《总则编司法解释》第 19 条的规定，构成重大误解需要满足以下条件。第一，行为人对行为的性质，对方当事人或者标的物的品种、质量、规格、价格、数量等产生错误认识。起草机关明确指出，“本款的列举是不完全列举，其他未尽事宜用‘等’字概括”。[②] 可见，该条未对重大误解的范围作具体限定，将传统民法理论中的表示错误（包括表示行为错误与内容错误）与动机错误混合并入一个宽泛的当事人或标的物的认识错误。该款对于重大误解范围的列举也并非真正意义上的构成要件，关键在于，个案中行为人可以客观事实证明错误认识的存在。第二，错误认识具有重大性，这是一项具有实质限定意义的构成要件。《民通意见》第 71 条对“重大性”的理解在于“造成较大损失”；《总则编司法解释》第 19 条则回归行为人决定自由的规范意旨，将重大性解释为“按照通常理解，如果不发生该错误认识，行为人就不会做出相应意思表示”。这一重大性要件实际上是错误认识与作出意思表示间的因果关系，且这一因果关系必须符合客观上的通常理解，排除了主观因果关系。第三，不存在根据交易习惯等不得撤销的情形，这主要涉及存在固有风险的特定合同类型，如投机类合同。第四，应由行为人承担举证责任，存在重大误解必须有客观上

---

① 参见黄薇主编：《中华人民共和国民法典释义》，法律出版社 2020 年版，第 292 页。

② 参见贺荣主编：《最高人民法院民法典总则编司法解释理解与适用》，人民法院出版社 2022 年版，第 300 页。

的证据证明,而不能仅凭行为人的主张。通过严格把握证据、坚持“口说无凭”,可以有效防范重大误解制度的滥用。

【典型案例】

案例一:“笔误案”

承租人为施工需要向出租人打包租赁钢管、扣件、插扣架、顶托、山形扣 5 种租赁物。《租赁合同》约定 8 个月内按照每天每平方米 13 元打包计价,合计价格为 21 万余元,不再就各租赁物类别分别计价,后经双方合意调整价格至每平方米 26 元,实际结算价为 42 万余元;超过 8 个月则对各租赁物类别单独计价,其中钢管租赁价格为“0.06 元/天/平方米”。在结算时,承租人主张合同约定的“0.06 元/天/平方米”为打印错误,双方的真实约定其实是“0.006 元/天/平方米”,出租人则坚称“0.06元/天/平方米”就是双方约定内容。承租人诉至法院,请求依重大误解撤销该价格条款。

法院基于 3 项事实支持了原告的诉讼请求:第一,前 8 个月结算价共 42 万余元,每个月平均约 5.3 万元,而如果后 8 个月按照“0.06 元/天/平方米”的标准计算,仅钢管一项 1 个月就近 26 万元,显然不符合常理。第二,同时期,原被告就其他项目钢管租赁费同样为每天每米 0.006 元。第三,同时期的钢管租赁市场价均在0.006 元上下波动。以上证据可以证明“0.06 元/天/平方米”的约定显属笔误。[①]

案例二:“网购‘砍单’案”

付某在某购物网站下单购买某品牌 32 英寸 LED 电视 1 台,单价 161.99 元。购物网站事后称将电视机的价格标注为 161.99 元系操作错误,此价格并非电视机的真实售价。后购物网站取消订单,并安排退款。

法院明确指出,“在网络购物中,网购平台在某些时段以明显低于原价的价格,开展特价优惠、折扣、秒杀等促销活动较为常见,该行为亦是网购平台吸引消费者、

① 参见陕西省高级人民法院民事裁定书,(2020)陕民申 2002 号。

提高知名度的常见营销手段。另一方面,囿于个人经验、年龄等条件,且消费者与网购平台对网购商品的信息掌握并不对等,在网站未有明显标示和提醒的情况下,作为消费者,付某在看到网站中标价为 161.99 元的电视机时并无法判断是该网站标价错误,还是网购平台开展的促销活动,基于对网购的一般认知,其认为该价格为网站的实际销售价格亦具有合理性。从另外一个角度看,某一低价商品出现在网购平台,实难判断该情形系属经营者标价错误或是经营者开展的促销活动甚至是恶意促销,在交易未能顺利进行情形下,若网购平台不承担赔偿责任或仅需承担货款占有期间的利息损失,尤其是在未提示库存量的情形下,将不利于虚假促销、恶意单方砍单行为的规制"。本案的特殊之处在于,该网购平台在"使用条件"中明确约定消费者下单为要约,网站发出送货确认才构成承诺,在付某下单之后,网购平台尚未向其发出送货确认信息,故双方之间买卖合同并未成立。法院判决该网购平台承担缔约过失责任,赔偿额是正常销售价格 1599 元与 161.99 元之间的差价损失 1437.01 元。①

案例三:"债权债务清算案"

债务人陈某、徐某为竞拍某地块使用权向债权人孙某借款 8080 万元,双方订立《借款及担保协议》。后来双方为清算债权债务订立了《债权债务清算协议书》。由于《借款及担保协议书》部分无效、部分未生效,法院认定当事人订立《债权债务清算协议》的前提是认为《借款及担保协议书》合法有效。因此,陈某、孙某签订《债权债务清算协议》时存在重大误解的情形。②

案例四:"煤矿储量案"

某市非税收入征收管理局委托拍卖公司转让某煤矿的全部资产,包括采矿权、土地使用权、房屋、机器设备和其他设施,其中拍卖公告中载明的矿山基础储量为 411.7 万吨,依据是交易前一年的《矿山储量年报》。交易完成后受让人委托专业单位对煤矿储量进行勘察,实际储量仅为 256.8 万吨。法院经专家论证,扣除煤层厚

---

① 参见北京市第三中级人民法院民事判决书,(2018)京 03 民终 5675 号。

② 参见最高人民法院民事判决书,(2015)民一终字第 149 号。

度、正常采损等因素,确认实际储量比公告储量少 88.8 万吨。

一审法院认为,出让人已经履行充分的资料披露义务,也申明所提供的资料为参考以及竞买人参加拍卖即表明愿意以现状受让,未准许出让人解除合同。二审法院则认为,各方当事人均非因自身原因导致对拍卖标的物的实际价值产生错误认知,由此产生了"不可归责于任何一方当事人的误解结果"。法院最终依原《合同法》第 54 条第 1 款"重大误解"变更合同,经过专业评估,采矿权在拍卖总价款中的份额为 102,141,500 元,因煤矿实际保有资源储量与《整体出让合同》载明的数据相比,减少 88.8 万吨,减少比例为 21.57%(88.8 万吨 ÷411.7 万吨 =21.57%),故价款支付数额应相应减少 22,031,921.55 元(102,141,500 元 ×21.57% =22,031,921.55 元)。[①]

【理论阐释】

我国《民法典》第 147 条规定的重大误解是法律行为效力体系中的一项重要制度。在自主决定、自己责任的法律行为效力脉络下,当事人决定过程中的重大误解可以使其脱离合同效力的拘束、避免承担违约责任。因此,重大误解的构成对双方当事人的利益均有重大影响。

《民法典》第 147 条沿用了原《民法通则》第 59 条、原《合同法》第 54 条"重大误解"的表述。其他大陆法系国家民法则普遍采用了"错误"表述。我国立法机关明确不区分两个概念。[②] "错误"与"误解"虽然在日常语义上有所区分,但在民法中,无论选取何种表述都赋予了其规范意义,在使用时也应与其日常语义有所区别,避免"望文生义"。

重大误解是一个内部高度异质化的集合概念,误解形成的时间阶段、原因以及内容不同皆可能实质性地影响法律政策的判断,其解释论具有固有的困难,甚至很难为重大误解作出一个精准的定义。我国理论上常将重大误解定义为"意思表示错误"、"意思与表示不一致"以及"违背真实意思",这无法涵盖司法实践中大量的事

---

① 参见最高人民法院民事判决书,(2017)最高法民终 502 号。

② 参见黄薇主编:《中华人民共和国民法典释义》,法律出版社 2020 年版,第 292 页。

实认识错误。因此,我国《民法典》第147条在构成上仅规定了"基于重大误解实施的民事法律行为",《总则编司法解释》第19条则采用了"错误认识"这一包容性强的概念,为后续民法理论与司法实践保留了空间。

一、我国民法理论对重大误解制度的解释路径

我国民法学说与司法实践对重大误解制度形成了多种存在相当大差异的解释方案。各种方案在具体内容上吸收了比较法上的多元观点,这足以在个案中实质性地影响法律适用的结果,因而其已成为我国民法理论与实践中亟待明确的问题。

《总则编司法解释》第19条作出了与传统民法理论不同的政策选择。其明确不对表示错误和动机错误区分保护,而是将二者混入宽泛的当事人、标的物错误之中,并未明确承认"动机错误不受关注"的原则。具体而言,对法律行为性质的错误认识出现在表示阶段,对标的物品种(标的物"是什么")、数量和当事人身份(当事人"是谁")的错误认识也大多出现在意思表示阶段。但对标的物的品质、规格以及对方当事人的资格(当事人"如何"或"怎么样")的错误认识则发生在意思形成阶段,属于动机错误的范畴。对标的物价格的认识错误,则既有可能是表示错误,也有可能是动机层面的计算错误。《总则编司法解释》在制定时有意避免了"动机错误"的表述。起草机关指出:"增加动机错误,势必要同时引入内容错误、表示错误等概念,这些内容都比较抽象,使问题进一步复杂化,故未采纳这些建议,留在实践中进一步探索,积累经验。"①

在我国民法理论上主要形成了以下几种解释思路。第一种思路接受了德国《民法典》第119条规定的"错误二元论",认为我国法上的重大误解仅是指表示错误,动机错误原则上不能撤销,仅交易上重大的性质错误可作为例外。② 但该说不仅与《总则编司法解释》难以对应,也忽视了德国法上"缔约过失废止合同"与"法律行为

① 参见贺荣主编:《最高人民法院民法典总则编司法解释理解与适用》,人民法院出版社2022年版,第302页。

② 参见李永军:《民法总则》,中国法制出版社2018年版,第721~722页;朱庆育:《民法总论》,北京大学出版社2016年版,第269~272页;杨代雄:《法律行为论》,北京大学出版社2021年版,第283~296页。

基础”等后续补充与错误制度的内在关联,过度强调了“动机错误不受关注”,难以反映德国法的现实状态。

第二种思路则从我国司法解释的现实出发,认为我国未采纳“二元论”,未对动机错误采一般性的排斥立场,而是将其纳入宽泛的当事人、标的物错误之中,并结合交易结果判断是否构成重大误解。[①] 但在《总则编司法解释》第19条明确放弃“造成较大损失”要件后,该说并未提出限制性标准,完全交由法院自由裁量。

第三种思路则将司法解释列举的事实类型与德国、日本法上的抽象概念相联结。代表性的观点,如王利明教授认为重大误解仅包括“合同性质”“相对人”“标的物质量”“标的物品种(本身)”“表示行为”5类,同时认为单方动机错误不得影响合同效力,双方动机错误不涉及善意第三人利益时可认定合同不成立。[②] 崔建远教授将“合同性质”“相对人”“标的物品种、质量、规格”“数量、包装、履行方式、履行地、履行期等内容”“动机”并列,动机之外的其他误解如果造成重大损失即重大误解;动机的误解仅在当事人将其作为合同条件提出、造成重大损失时才能构成重大误解。[③] 梁慧星教授则按照表示与动机的二分将“标的物错误”区分为“本身错误”与“性质错误”,将“相对人错误”区分为“本身错误”与“资格错误”。“本身错误”当然可撤销;“资格”、“性质”以及“价格、数量、履行地以及履行期”的错误均以交易重要性为撤销标准;动机错误的撤销则要求其表示于外、构成意思表示的一部分。[④] 在以上两种观点中,动机与其他错误类型存在相当程度的重叠,传统的“动机错误”已被拆解为多种事实类型并分别采取“交易重要性”“对外表示”“重大损失”等不同的撤销标准。以上3种观点虽运用了相似的思路和表述,但传统概念在各观点中发挥着不同的影响,概念背后的可撤销标准也有显著差异。

第四种思路则受到了《国际商事合同通则》《欧洲合同法原则》《欧洲示范民法典草案》等示范法以及比较法上新近学说的影响,将“相对方参与”作为一项撤销标准,强化相对人的信赖保护,进而形成“相对方导致错误”“相对方明知或应知错误”

---

① 参见朱广新:《合同法总则研究》,中国人民大学出版社2018年版,第288页。

② 参见王利明:《合同法研究》(第1卷),中国人民大学出版社2015年版,第695~696页。

③ 参见崔建远:《合同法》,北京大学出版社2021年版,第109页。

④ 参见梁慧星:《民法总论》,法律出版社2017年版,第183页。

“共同错误”的三分。[①] 但是,对 3 种类型的具体构成,学者也并未达成一致。在《总则编司法解释》的制定过程中,该说发挥了重要影响,起草部门在征求意见阶段一直将其作为“方案二”予以讨论。但司法实践多认为该说与传统认知差异较大,实务上难以把握。

综合以上 4 种解释思路可以发现,我国民法理论对于重大误解制度的既有讨论仍然存在较大争议,各该观点不仅知识来源不同,对概念意义与功能的理解也有明显差异,有必要根据《民法典》与《总则编司法解释》的规范意旨进行进一步的分析与整合。[②]

二、传统民法理论中错误制度的概念与体系脉络

在传统民法理论中,错误制度形成了复杂的概念体系。通过上文对我国民法理论的梳理可以发现,尽管司法实践有意回避这些复杂概念,但它们在我国民法解释论中发挥了难以替代的作用,要在解释论上有所超越和突破,仍然需要先回到这些概念之中,寻找其适用上的不圆满与可能的解决方案。传统民法中的围绕错误制度的一系列概念非常抽象,易使人“望文生义”,也容易忽略概念背后的价值判断问题,导致价值判断与解释选择问题纠缠不清。梳理这些概念的本来意义与规范功能,对下文的理论展开具有重要意义。

(一)意思形成与意思表示

在传统民法理论中,错误制度的顶层区分是“意思形成”与“意思表示”,二者的交界点在表意人作出意思决定之时。意思形成阶段中,表意人尚未作出决定;意思表示阶段则是表意人将已作出的决定向外表达,使之到达相对人。意思形成阶段产

---

① 参见韩世远:《重大误解解释论纲》,载《中外法学》2017 年第 3 期;龙俊:《论意思表示错误的理论构造》,载《清华法学》2016 年第 5 期;武腾:《民法典编纂背景下重大误解的规范构造》,载《当代法学》2019 年第1 期;实务中采此说的观点,参见张勇健:《合同错误及其救济——由(2017)最高法民终 502 号案的分析展开》,载《法律适用》2020 年第 16 期。

② 对既有学说的分析,参见李潇洋:《重大误解的范式之变——从错误论到归责论》,载《中外法学》2022 年第 5 期。

生的错误被称为动机错误;[①]意思表示阶段的错误则被称为表示错误。

1. 意思表示中的错误:表示行为错误与内容错误

表示错误,包括"表示行为错误"(Irrtum in der Erklärungshandlung)与"表示内容错误"(Irrtum über Erklärungsinhalt)两种类型,二者均发生在意思对外表示这一阶段,形成了"表示与意思不一致"的状态,民法理论上也将此称为"欠缺意思型"错误。

表示行为错误,即当事人"不欲作出该内容之表示",主要是指表意人使用了其意愿之外的表示符号,通常涉及口误、笔误。与表示行为错误性质相同的还有"传达错误",传达的使者和辅助人(如邮局)仅为意思表示的一种工具,误传在表意人看来仍属于对外表示过程中使用了其意愿之外的表示符号,应与表示错误作同一对待。德国《民法典》第120条规定"传达错误"得依第119条规定与"表示错误"以同一要件撤销。相反,在代理的情形中,意思表示是代理人自己作出的,表示与意思是否一致的判断也应以代理人为标准,而非被代理人,这与传达错误是两种性质不同的风险。

表示内容错误,则是指表意人虽然有意识地使用了特定的表示符号,但对这一表示符号的客观上或法律上的意义有错误理解,导致意思表示的客观规范意义与表意人对此的主观意思不同,因此也有学者将其称为"意义错误"(Bedeutungsirrtum),这一表述较不容易引起误解。[②] 从其概念来看,内容错误的适用空间非常狭窄,一般涉及语言歧义等风险,特别是对某些计量单位、货币符号、专业或外来词等的错误理解。[③] 德国教科书中通常使用"罗"(Gros)这一单位举例。表意人作出订购25罗卷卫生纸的意思表示,他有意识地使用了"罗",但错误地认为"罗"是一种包装方式,主观上他仅想订购25卷卫生纸,但在客观意义上罗是一个数量单位,1罗是12打,25罗卷即$25 \times 12 \times 12 = 3600$卷。[④]

---

① 也有学者将"动机"称为"基础事实"与"法律行为基础",这一表述更中性。参见武腾:《民法典编纂背景下重大误解的规范构造》,载《当代法学》2019年第1期。

② Vgl. Wolf/Neuner, Allgemeiner Teil des Bürgerlichen Rechts, §41 Rn. 37.

③ 参见[德]迪特尔·梅迪库斯:《德国民法总论》,邵建东译,法律出版社2013年版,第568页;黄薇主编:《中华人民共和国民法典释义》,法律出版社2020年版,第290页。

④ 参见[德]迪特尔·梅迪库斯:《德国民法总论》,邵建东译,法律出版社2013年版,第568页。

2. 意思形成中的错误:动机错误作为“集合概念”

与此相对,意思形成(Willensbildung)阶段当事人需要对各种理由和相反理由进行十分复杂地考虑而后作出肯定或否定的意思决定,该阶段中当事人的各种认识错误都被统一归入所谓“动机错误”(Motivirrtum)这一集合概念中。因为其处于主观思维活动的阶段,动机错误也常被称为事实错误、认识错误。特别强调的是,意思形成阶段尚未有意思形成,因而也不存在“意思与表示不一致”的问题,至多是“意思与内心动机、前提或预设不一致”,所以将动机错误也称为意思表示错误在概念上并不完全准确。

“动机错误”也是一个相对模糊的概念,德国学者梅迪库斯(Medicus)对此的举例非常具体,对于消除概念上的误解颇有意义。在当事人考虑是否购买某一房屋时,其可能会考虑诸如个人经济状况、信贷成本及偿付能力、与其他个人支出间的关系权衡、标的物对个人需求的满足程度、价格合理程度、与其他交易选择的比较、个人生活规划和移居可能、税务上的后果(如房产税、交易税、税收折抵或优惠)、房屋与周围环境的联系(如噪声、空气质量、交通便利性以及购物机会等),这些都属于意思形成阶段的动机。①

在“动机错误不受关注”的大原则下,理论上提出了“性质错误”这一例外,其最典型的立法例就是德国《民法典》第119条第2款的规定,将具有“交易重大性”的对人或物的性质错误拟制为内容错误、承认其可撤销性。由于性质错误发生于意思形成阶段,仍属于动机错误。但是,民法理论上也有少数观点认为性质错误属于内容错误。对此,德国学者弗卢梅的反驳颇有说服力,他以葡萄酒买卖为例:戴德斯海姆是德国莱茵河谷的著名葡萄酒产地,买受人某天看到了一瓶名为“戴德斯海姆”的酒因而认为该酒产自莱茵河谷,随后基于该产地认识买受人表示要买这瓶“戴德斯海姆”,其真实意思就是买这瓶酒,其使用的“戴德斯海姆”也指向这瓶酒,而非其他产自“戴德斯海姆”的葡萄酒,不存在表示与意思的不一致。如果买受人事后发现这瓶酒并非产自莱茵河谷,只能说明其对产品特性有错误认识,这完全是意思形成也就

① 参见[德]迪特尔·梅迪库斯:《德国民法总论》,邵建东译,法律出版社2013年版,第565~566页。

是动机层面的问题。① 因此,当表意人基于标的物的某种性质决定购买该标的物时,其意思就是购买该标的物,而不是将该标的物的性质作为“表示符号”。如果标的物事实上欠缺这种性质,只是动机错误,而非内容错误。

(二)“错误二元论”与“错误一元论”:意思表示阶段的立法判断

民法理论上另一常见区分则是“错误二元论”与“错误一元论”,这一理论标签容易引起误解,以下通过列举“一元论”与“二元论”的典型立法例以体现这一区分的真正意义(见表15-1)。

表15-1　错误制度“一元论”与“二元论”典型立法例比较

二元论		一元论 法国《民法典》
德国《民法典》第119条	日本《民法典》第95条	
(1)意思表示之内容有错误或不欲为该内容之表示,如表意人知其情形且依合理之判断,即可认为其不欲为该表示者得撤销之。 (2)关于人或物质性质交易上认为重要者,其错误视为意思表示内容之错误	(1)基于下列错误而作出意思表示,且该错误依法律行为之目的及交易上之社会通常观念来看为重要时才能撤销。 (a)欠缺对应于意思表示的意思; (b)表意人就作为法律行为基础的情事,其认识与真实情况不一致。 (2)依前款第二项的规定撤销意思表示,仅限于该事由作为法律行为基础已被表示。 ……	第1132条 对事实或法律的认识错误,当其关于给付或相对人的根本性质时,构成合同无效的原因,除非该错误是不可原谅的。 …… 第1135条 对纯粹动机,即给付或相对人根本性质之外因素的认识错误并非合同无效的原因,除非双方当事人明示将其作为双方合意的决定性要素 ……

意思形成与意思表示,动机错误与表示错误是一种事实上的区分,特别是意思形成的动机错误、认识错误、事实错误是所有讨论的共同概念。

在上述3个比较立法例中,德国法和日本法为“二元论”,其表现是区分了表示错误与动机错误;法国法则为“一元论”,仅采用了一个宽泛的“事实或法律认识错误”。从德国法和日本法的对比看,二者共性在于对表示错误的撤销未作特别限制

① 参见[德]弗卢梅:《法律行为论》,迟颖译,法律出版社2013年版,第551页。

(德国《民法典》第119条第1款,日本《民法典》第95条第1款第1项);但二者对动机错误的撤销采取了不同标准,德国法采交易上重要的"性质错误"标准(德国《民法典》第119条第2款);日本法则采表意人将其动机对外表示(日本《民法典》第95条第1款第2项、第2款),可见"一元"与"二元"的选择并不影响动机错误的撤销标准。将德国法和法国法对比,二者虽分属"二元"与"一元",但一元化的法国法上也有动机错误的概念,而且错误撤销的标准也采用了所谓"根本性质"。二者的区别在于,在法国法上,表示错误一般不属于所谓认识错误,也不涉及给付的根本性质,其几乎无法被撤销。

可见,理论上所谓"一元论"或"二元论"只能解决错误制度的一小部分问题,即是否对表示错误作特别优待的问题,本质上是对意思对外表示、传达过程中风险归属的立法判断,是立法论而非解释论的问题。① "二元论"的共识在于表示错误的可撤销性,对动机错误的撤销标准则各不相同。"一元论"则把重点放在了认识错误或动机错误,表示错误的可撤销性基本被排除。"二元论"的理论基础是传统民法中的"意思说",相较以"表示"本身为客体、追求客观主义的"表示说",其更侧重于表意人的真实意思(而非"动机")。②

表示错误的特殊优待是德国《民法典》贯彻"意思说"的自然结果,但表示错误按其本来含义在适用领域上极为狭窄,讨论意义也非常有限;动机错误则涵盖整个意思形成过程,又与先合同磋商相互重叠,是实践中更常出现的问题。在德国民法理论中,错误制度内部体系中几乎所有理论和实践争议的焦点都集中于动机错误的可保护性、范围及其标准。下文当代法律整合、债法现代化上关于错误制度变化也集中于动机错误的处理。这对我国民法理论的启示在于,比起讨论一元或二元的归属,以何种标准对待动机错误才是更关键的问题。

---

① 参见韩世远:《合同法总论》,法律出版社2018年版,第265页以下。

② Vgl. Wolf, Willensmängel und sonstige Beeinträchtigungen der Entscheidungsfreiheit in einem europäischen Vertragsrecht, in Basedow (Hrsg.), Europäische Vertragsrechtsvereinheitlichung und deutsches Recht, 2000, 85, 92 ff.

三、表示错误与信赖保护：对传统理论的质疑

在传统德国民法理论中,由于表示错误属于“意思欠缺”,因而在法律调整上特别倾向对表意人的保护。传统民法处理表示错误问题主要有两种路径:第一,“解释优先于错误”,即按照表意人的本意而非客观意义对意思表示进行解释,该路径具有优先性;第二,即使应当按照客观意义解释意思表示,表示错误也具有当然的可撤销性。上述两种路径在我国现行法背景下均应受到严格限制。

(一)表示错误与意思表示解释:“解释优先于错误”的作用范围

表示错误涉及“意思与表示不一致”的情况,但要判断法律意义上二者是否不一致,前提是查明和确定意思表示的规范意义,因此才自然地产生了“解释优先于错误”这一原则。由此可以看出,解释优先于错误基本仅针对表示错误,与动机错误关系不大。解释优先于错误与其说是一种基于法体系或价值的特别安排,不如说是一种逻辑关系和因果过程的必然结果。在逻辑顺序上,要先根据一般解释方法对意思表示进行解释、确定双方各自意思表示的内容,随后以此为依据确定双方当事人达成了合意或不合意以及在合意情况下其内容是什么。再进一步,在确定合意存在及其内容后,若仍有意思表示的规范解释与当事人真实意思不一致的情况,才发生所谓表示错误及撤销的问题。

“解释优先于错误”并不意味着解释需要迁就表意人的真意,其必须遵循意思表示解释的一般原则。在德国法中,对有相对人的意思表示到底采客观解释还是主观解释取决于相对人的认识可能性。对双方当事人共同的表示内容错误,即共同错误地使用了某一表示符号或指称,即适用“误载不害真意”(falsa demonstration non nocet)。其正当性在于“如果双方表示人一致认为意思表示有另外一种意义,那么就没有必要违反当事人的意志,坚持要赋予他们间意思表示以通常的意义”。[①] 如德国法上的典型案例“鲸鱼案”,双方一致认为“Haakjöringsköd”这个外语词是指“鲸鱼肉”,但其客观意义是“鲨鱼肉”,此时合同可以按照双方当事人的真实意思进行

① 参见[德]迪特尔·梅迪库斯:《德国民法总论》,邵建东译,法律出版社2013年版,第243~244页。

解释、合同的标的物是鲸鱼肉,表示错误的影响已完全消除。

问题在于表意人单方表示错误之时,如果按照德国法上所谓"认识可能性"标准,如果相对人通过重要的附随情况甚至是偶然间有机会准确了解表意人真实意愿的内容时就可以采用主观解释,这也是德国法采"意思说"的重要表现。[①] 如果相对人仅因缔约时的情况似是而非地认为意思表示很可能有错误,但不知道正确的意思是什么,此时就只能遵循客观解释原则,不能按照表意人的主观解释其意思。表意人表示 x,但其真实意思是 y,如果相对人在磋商中偶然知道表意人所欲表示的实际是 y,那么表意人的 x 即被主观解释为 y,此时即使相对人回复 x,客观上看双方已就 x 达成了合意,但因表意人意思表示采主观解释方法,双方存在不合意。

我国法上意思表示解释是否仍然遵循上述思路值得讨论。根据《民法典》第 142 条第 1 款的规定,对有相对人的意思表示,解释时应当按照所使用的词句,结合相关条款、行为的性质和目的、习惯以及诚信原则。该款强调了相对人合理信赖的保护,确立了有相对人时意思表示客观解释优先的原则。[②] 崔建远教授直接指出,"需受领的意思表示,解释的目的并不是要确定表意人的真实意思"。[③] 德国法上的"认识可能性"标准过于偏向表意人,对相对人的保护殊为不利。特别是在表意人自己有表示错误时,相对人为何仅凭"认识可能性"就要发现和判断表意人的真实意思并受其拘束?因此,在我国法上"误载不害真意"的适用空间较为狭窄,只有表意人证明双方均在同一意义上使用了某一表示符号时才有可能适用。

在后来的发展中,有德国学者也主张将"误载不害真意"的适用推广至动机错误。以计算错误为例,表意人虽然表示了一个与其意思一致的价格,但在价格的计算上存在动机错误。如果相对人在缔约前已经认识到计算错误的存在并且可以清

---

① Vgl. Staudinger/Singer, BGB §119, Rn. 39; MüKoBGB/Armbrüster, §119 Rn. 39.

② 参见王利明主编:《中国民法典评注 · 总则编》,人民法院出版社 2021 年版,第 468 页;最高人民法院民法典贯彻实施工作领导小组主编:《中华人民共和国民法典总则编理解与适用》,人民法院出版社 2020 年版,第 718 页。

③ 参见崔建远:《民法总则:具体与抽象》,中国人民大学出版社 2017 年版,第 194 页。

楚地认识到没有计算错误时的具体金额,那么就应按照这一金额确定合同的对价。[①]这一观点已明显超越了意思表示解释的范畴,此种按照相对人可识别的动机确定合同内容的方式应被严格限制,其性质并非合同解释,而是合同变更。

(二)对表示错误可撤销性的限制

我国《民法典》第147条与《总则编司法解释》第19条均未明确对表示错误的可撤销性作特别优待。基于保护交易安全的目的,我国司法裁判也大多倾向于否定表示错误的可撤销性,至少对事实上是否真正存在表示错误进行了严格把握,以下将予以详述。

1.“笔误”类案例的处理

在我国司法实践中常出现当事人在订立合同后因市场、价格等原因不愿履行或逃避违约责任,事后以“笔误”“口误”为由撤销合同。此时,法院认定表示错误必须有客观的事实依据,即达到《总则编司法解释》第19条第2款的“行为人能够证明自己实施民事法律行为时存在重大误解”,而不能仅凭其主张。在典型案例一“笔误案”中,法院认可当事人将钢管租赁费“0.006元/天/平方米”误写为“0.06元/天/平方米”的事实依据有3项:一是和前期总结算款的对比,前期包括钢管在内的全部租赁费为每月5万余元,而如果按照“0.06元/天/平方米”计算则当月仅钢管一项就超过25万元;二是同时期双方就其他项目钢管租赁费的约定同样为“0.006元/天/平方米”;三是同时期的钢管租赁市场价。上述事实综合起来不仅可以证明表意人的确出现了笔误,而且表明表意人如果按照“0.06元/天/平方米”结算费用将遭受难以预期的重大损失,因而可以撤销合同。

但在另外几起案例中情况则并非如此。如在一则房屋买卖案中,开发商无法按期交房便主张合同中的交房日期系“笔误”,未获法院支持。[②] 在另一案件中,买受人实地勘验、入住某楼东户房屋,该屋户号为“6042室”,双方已就该室订立合同、完成登记。事后开发商以该室房产证面积与平面图相差约8平方米为由主张房号“书

① Vgl. Fleischer, Rabels Z 65, 264, 270;[德]迪特尔·梅迪库斯:《德国民法总论》,邵建东译,法律出版社2013年版,第577页。

② 参见四川省高级人民法院民事裁定书,(2021)川民申617号。

写错误”、撤销合同，就获得了法院支持。[①] 在该案中，双方从磋商、实地勘验、签约、交房直至登记都是东户“6042 室”，“书写错误”的主张欠缺事实上的依据。相对人因此丧失了合同利益，这对交易安全的保护不足，在外部市场房屋价格上涨时还会助长机会主义的行为。因此，对待“笔误”或“口误”之类的主张，只有客观上存在重大经济损失且显然超出常理，才能达到重大误解的证明要求。

2. “内容错误”类案例的处理

在传统民法理论中，“内容错误”作为一种表示错误具有当然的可撤销性。但在我国司法实践中，表意人一般难以从客观上证明其对表示符号的意义存在认识错误。基于保护交易安全的目的，我国法院通常否定表意人撤销合同的主张，作出了与“错误二元论”完全不同的价值选择。例如，在一则案例中，买受人表示不要“LICENSE”，在其本意中该表示符号特指“1410 高级以太许可”，但事实上其包含一系列专业数据和网络许可。[②] 在建筑工程合同中，“水撼砂”原是指一种施工工艺和方法，承包人则将其理解为一种原材料，不包括施工费用。[③] 出租车承租人主张其在订立合同时将“车辆折旧费”理解为“车辆购置费”。[④] 上述案例中，表意人撤销合同的主张均未获得法院支持。

但是，内容错误通常涉及对专业术语或符号意义的理解，此时需要关注表意人产生内容错误的原因，特别是双方之间是否存在“信息落差”。在表意人并非某一行业经营者，而相对人是专业从业人员时，法院需要判断相对人是否有向表意人介绍相关术语或符号意义的先合同告知义务，这是内容错误可撤销的正当性基础。如果行业经营者利用专业术语的“歧义”误导消费者，还会构成欺诈。[⑤]

3. 网络购物“标价错误”类案例的处理

在我国，利用电子方式进行磋商与签约已经成为交易中的常态，由技术问题或操作失误引发的错误也渐趋频繁。以网络购物为例，经营者经常以标价错误为由

---

① 参见甘肃省高级人民法院民事裁定书，(2020)甘民申 1225 号。

② 参见四川省高级人民法院民事裁定书，(2020)川民申 5086 号。

③ 参见吉林省高级人民法院民事判决书，(2020)吉民终 360 号。

④ 参见重庆市高级人民法院民事裁定书，(2020)渝民申 2889 号。

⑤ 参见安徽省高级人民法院民事裁定书，(2020)皖民申 795 号。

"砍单",这已是实践中的一类常见案件。为此,《总则编司法解释》第19条第1款专门增加了"价格"错误。但是,商家所称的"标价错误"在传统民法理论中并非全部属于"表示错误"。传统民法理论区分两种不同的情况:一种是商家由于技术原因或操作失误直接输入了错误的价格,此时商家早已形成价格意思,只不过借助互联网这一工具对外表示,属于表示错误;另一种则是所谓系统根据商家输入的各种变量自动计算与生成价格,商家在输入具体变量的过程中发生了错误,或对系统变量的意义、权重与计算方法有所误解,此时相关技术就不是单纯的表达工具,而是形成意思的辅助工具,产生的错误属于动机层面的问题,这属于不受关注的"动机错误"。[①]但两种情况在事实上仅有轻微差别,也欠缺法效果上被区别对待的正当性,这恰好暴露了"错误二元论"的局限之处。

在案例二的裁判中,法院指出,超低价促销在网络交易实践中较为常见,经营者仅凭"明显低于原价的价格"无法证明该情形究竟是标价错误还是促销活动。消费者同样也无法判断该网站是标价错误,还是促销活动。[②] 在实践中,许多经营者故意标错价格,刷流量,吸引眼球,达到宣传效果后,又以重大误解为由主张撤销,《总则编司法解释》的起草机关也明确法官在审查时要更审慎,防止重大误解制度被违反诚信的经营者利用。[③] 因此,经营者要撤销合同,不仅需要证明当时确实发生了输入错误,如果是计算错误还需要解释系统的运算逻辑及具体的错误项,此外,还需要证明错误的后果是重大、难以承受的,例如,在未设置上限的情况下大量"薅羊毛"订单的涌入。仅个别"明显低于原价"的订单尚不足以达到难以承受的程度。至于后果重大、难以承受的具体判断则交由法院进行利益衡量。[④]

四、"动机错误不受关注"的反思:比较法上对动机错误撤销的新认识

我国《民法典》第147条与《总则编司法解释》第19条均未明确否定动机错误

---

① 参见[德]卡尔·拉伦茨:《德国民法通论》,王晓晔等译,法律出版社2013年版,第505页。

② 参见北京市第三中级人民法院民事判决书,(2018)京03民终5675号。

③ 参见贺荣主编:《最高人民法院民法典总则编司法解释理解与适用》,人民法院出版社2022年版,第299页。

④ 参见李潇洋:《重大误解的范式之变——从错误论到归责论》,载《中外法学》2022年第5期。

的可撤销性,仅要求"客观重要性",并未限定于性质错误等特定范围内,这相较传统民法理论有所放松,也符合比较法发展的潮流,但仍需要考虑相对人的信赖保护。

(一)传统观点:具有"交易重要性"的性质标准

相较表示错误,意思形成阶段的认识错误反而是更常见的现象。对于动机错误的处理,德国《民法典》第119条第2款仅承认具有交易重要性的关于人或物之性质错误具有可撤销性,这等同在动机错误这一宽泛范围中又形成了性质错误与其他动机错误的二分,前者基于交易重要性标准可撤销,后者则坚持"动机错误不受法律关注"的法律教义。即使是采"一元论"的法国《民法典》也采取了此种性质标准,2016年修订前的法国《民法典》第1110条即规定"错误,仅在其涉及给付性质本身时才构成合同无效的原因"。

在德国司法实践对"性质"的经典界定中,"性质"是一个客观概念,其并不限于标的的自然属性,也包括"因其特性与存续影响标的的可用性或价值的"事实上或法律上的关系。① 简言之,"可用性"和"价值"被认为是"性质"概念中的核心要素,分别对应合同目的与等价关系。之所以将"性质错误"作为"动机错误不受法律关注"的例外,原因在于"性质错误"对合同目的和等价关系具有重要影响,立法者因而作出了特别的价值判断。② 但问题是,事实上或法律上的关系究竟要求何种程度的牵连关系是难以确定的,影响"可用性"和"价值"的外在因素在范围上也非常广,"性质"概念非常模糊。德国法院针对这一问题提出外部关系要构成性质必须"植根于物本身""从物本身中表现出来""表明物的性质",只能包含对物之价值的"直接影响"而非"间接影响"。然而,"植根""表现""直接""间接"更是难以把握、模棱两可的概念,也有循环论证之嫌,学者也多批评许多判例之间的相互矛盾。③ "性质错误"与"其他动机错误"的区分在德国民法理论中具有极大的争议。一方面,许多学者认为,"性质错误"的概念过于模糊,对相对人信赖保护不足,学说多试图通过不同方式

① Vgl. BGHZ 34, 32, 41; BGHZ 88, 240, 245.

② Vgl. Staudinger/Singer, BGB §119, Rn. 79.

③ 参见[德]弗卢梅:《法律行为论》,迟颖译,法律出版社2013年版,第567页。

限制此种宽泛的认定。例如,弗卢梅要求表示并成为法律行为的内容。另一方面,也有学者质疑以"性质错误"为标准确定动机错误可撤销性的正当性,为什么其他动机错误当然被排除。

(二)德国法的"体外循环"

在德国《民法典》第119条错误制度的规范结构中,仅"具有交易重要性的性质错误"作为例外被允许撤销,其他类型的动机错误均被认为不受法律关注。对性质错误外的其他动机错误,随着先合同诚实信用原则和法律行为基础理论的发展,其对当事人作出意思表示的重要性和法律政策层面受关注的必要性也得到了民法学界的支持。在相对人参与了表意人的意思形成时,尽管在错误制度内部仍然坚持"动机错误不受关注",德国学说与司法实践开始转而寻找错误制度体系外的解决方案("体外循环",详见图15-1)。限于篇幅,这里仅简要介绍"体外循环"的3种案型及其规范路径,具体内容仍有待后续研究。

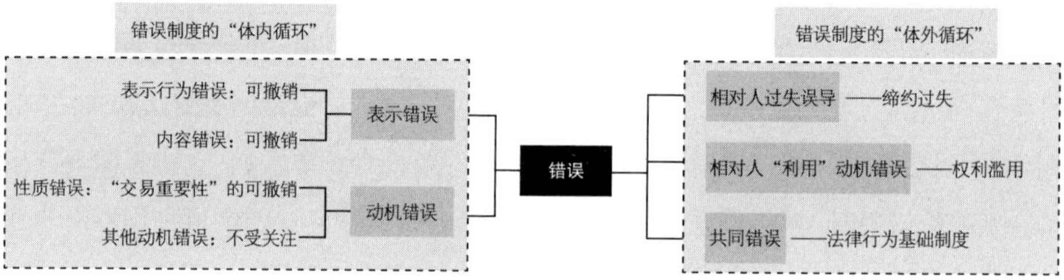

图15-1　德国法上错误制度的体系关系

1. 相对人过失误导引起动机错误:缔约过失

如果相对人为表意人提供了与事实不符的信息,导致了动机错误,这属于意思形成中的外部障碍,因而产生了错误制度与缔约过失责任的交叉领域。如果表意人的动机错误是由相对人的过失误导引起的,应由相对人而非表意人承担错误的风险,这一法律政策判断在德国法中被普遍承认。德国司法实践承认表意人依缔约过失"废止合同"。所谓"废止合同请求权"虽然与撤销权性质不同,但在法律效果上几乎没有差别。在德国债法现代化前,其性质上为习惯法;债法现代化后,德国《民法典》第311条第2款(缔约过失)、第241条第2款(债之关系所生保护义务)、第

280 条第 1 款(义务违反之损害赔偿)和第 249 条第 1 款(损害赔偿之种类与范围)共同构成了其完整的请求权基础。[①]

2. 相对人“利用”动机错误:权利滥用

如果相对人不仅明知表意人基于何种动机作出意思表示,而且还明知这一动机与事实不符,此即属于违反诚信“利用”动机错误的情形。当“明知”无法证明,从客观第三人视角可以明显认识到错误时,也属于此种情况。德国学者弗卢梅(Flume)指出,此时相对人不能请求合同履行,如果已经履行则负有返还给付的义务,否则就构成权利滥用。[②] 德国联邦最高法院的后续裁判基本接受了这一观点。在其典型案例中,投标人在发出要约后发现因其正在更换和调试数据处理设备,新系统操作失误导致未将运输和安装费用算入其单位报价中,在招标人开标后投标人即向其书面告知计算错误的存在,并请求招标人将其要约排除出后续评标程序。招标人则以计算错误无法辨认、为不受关注的动机错误为由拒绝投标人撤销要约并直接作出承诺使合同生效,这一行为即属于权利滥用。[③]

3. 双方共同错误:法律行为主观基础制度

在德国,学说通说与司法实践均运用著名的“法律行为基础”理论处理共同动机错误的问题。在债法现代化后,德国《民法典》第 313 条第 2 款明确承认了这一路径。

法律行为基础包括主观和客观两方面,主观基础通常涉及错误论上的问题,客观基础则涉及所谓合同订立后的情势变更。按照德国学者拉伦茨的定义,“主观法律行为基础指合同双方当事人的某种共同的设想或肯定的期待,他们在订立合同时都以这种设想或期待为出发点,而且如果任何一方当事人只要知道这种设想或期待的不正确性,就不会订立该合同,或不会以该内容订立合同,或至少对方当事人在诚信交易的情况下不会不合理地坚持要求他履行合同”。[④]

---

① Vgl. Staudingers/Singer, BGB §119, Rn. 57; MüKoBGB/Armbrüster, §119, Rn. 113.

② 参见[德]弗卢梅:《法律行为论》,迟颖译,法律出版社 2013 年版,第 586 ~ 587 页;类似观点,参见 Vgl. Soergel/Hefermehr, BGB §119, Rn. 29。

③ Vgl. BGH NJW 1998, 3192f.

④ 参见[德]卡尔·拉伦茨:《德国民法通论》,王晓晔等译,法律出版社 2013 年版,第 538 页。

德国《民法典》第 313 条第 1 款规定客观基础障碍,“成为合同基础的情势于合同订立后发生重大变化,若当事人预见该变化即不会缔约或以不同的内容缔约,且在考虑个案全部情况,特别是约定或法定的风险分配后不能期待当事人严守合同,该当事人得请求调整合同”;该条第 2 款规定主观基础障碍,“对成为合同基础的重要事实有认识错误等同于情势变更”;该条第 3 款则规定“合同调整不能,或对当事人无期待可能性,受损害的当事人得请求解除合同。在继续性债之关系中则以终止权取代解除权”。将法律行为基础理论应用于共同错误可以发现,合同调整优先于合同解除,仅在调整不能或不具有期待可能性时才可以解除合同。这主要是因为共同错误涉及需要共同分担的风险,而一概撤销将导致由一方承担风险。因此,共同错误与单方错误在可撤销性上有重要区别。

(三)示范法的发展

在示范法层面,国际私法统一协会制定的《国际商事合同通则》(Principles of International Commercial Contracts,PICC)、美国法学会制定的《第二次美国合同法重述》以及欧盟法律整合的成果《欧洲合同法原则》(Principles of Europ Contract Law, PECL)以及晚近的《欧洲示范民法典草案》(Draft Common Frame of Reference, DCFR)采取了基本相似的规范模式,并未采纳德国法中“表示错误”与“动机错误”的二分,而是用宽泛的“认识错误”或“事实或法律错误”概念指代所有错误类型。其中,《欧洲示范民法典草案》第 2 - 7:201 条完全延续了《欧洲合同法原则》第 4:103 条,仅个别表述有轻微调整,对法律效果没有实质性影响,为了行文简洁,下文仅从二者中择一分析(见表 15 - 2)。示范法中关于错误制度条文冗长,内容也较为复杂,需要理论上的进一步分析与阐释。

表 15－2　《国际商事合同通则》与《欧洲示范民法典草案》错误规则对比

规则名称	内容
《国际商事合同通则》	第 3.2.2 条* (1)一方当事人仅可在下列情况下以错误为由宣告合同无效,该错误在订立合同时如此之重大,以至于一个通情达理的人处在与发生错误之当事人相同情况下,如果知道事实真相,就会按实质不同的条款订立合同,或根本不会订立合同,并且 (a)(i)另一方当事人发生了相同的错误; (ii)或造成该错误; (iii)或者另一方当事人知道或理应知道该错误并且有悖于公平交易的合理商业标准,使发生错误方一直处于错误状态之中; (b)在宣告合同无效时,另一方当事人尚未依其对合同的信赖而合理行事。 (2)但在如下情况下,一方当事人不能宣告合同无效: (a)该当事人由于重大疏忽而发生此错误; (b)对于该错误所涉及之事项,其发生错误之风险已由发生错误方承担,或者考虑相关情况,应当由发生错误方承担
《欧洲示范民法典草案》	第 2－7:201 条　误解** (1)在以下情况下,当事人可以以合同成立时对事实或法律的误解为由而撤销合同: (a)如果不是因为误解,该当事人不会订立合同或只会以完全不同的条款订立合同,且对方当事人知道或应当知道的,且 (b)对方当事人: (i)引起了该误解; (ii)知道或应当知道该误解,仍违背诚实信用与公平交易原则,使当事人在误解的情况下错误地订立了合同; (iii)因未能遵守先合同告知义务或提供纠正输入错误手段的义务,从而导致合同被错误地订立; (iv)产生了相同的误解。 (2)但是,在以下情况下,当事人不得以误解为由而撤销合同: (a)在当时的情况下误解不可原谅; (b)该误解的风险由该当事人承担或在当时的情况下应由该当事人承担

* 译本参考,载 https://www.unidroit.org/wp-content/uploads/2021/06/Unidroit-Principles－2016－Chinese-bl.pdf。

** 参见欧洲民法典研究组、欧盟现行私法研究组编:《欧洲私法的原则、定义与示范规则:欧洲示范民法典草案》,高圣平译,第 402 页以下。

《国际商事合同通则》第3.2.2条与《欧洲示范民法典草案》第2－7:201条在构成要件上主要有3个部分:第一,错误与作出缔约决定间的因果关系;第二,相对人对错误的"参与"或"原因力";第三,表意人自愿或应当承担风险以及表意人重大过失两项排除要件。二者主要有两项共同之处。

1. 相对人对错误认识的参与:3种典型类型

共性之一在于,二者均将相对人的"参与因素"作为表意人撤销合同的前提。相对人对于表意人意思形成的"参与"或"原因力"主要表现在以下3种类型:第一,表意人的错误由相对人提供的信息导致;第二,相对人明知或应知该错误,而且使表意人陷于错误状态有悖诚信或公平交易;第三,表意人与相对人有共同错误。表面上,这3种类型与传统民法理论对于错误的一系列概念分类相差极大。但如果将3种类型与上文提到的德国法"体外循环"相对比,其分别对应于德国法上的"相对人过失误导""相对人利用动机错误""共同错误"3种"体外循环"路径,只不过在相对人的主观要件上有所区别。这3种类型是把错误制度的"体外循环"内化于错误制度之中,如果不关注上述"体外循环"及其背后的正当性基础,就难以理解设置这3种情形的理由。这意味着,错误制度应以相对人的信赖保护为基础,而非通过错误的类型划分终局地确定可撤销性的后果,当相对人参与表意人的意思形成、对错误形成有原因力时,其信赖就不值得被保护。

2. 风险作为排除要件

共性之二在于,二者均规定了排除要件。一是表意人的错误是"不可原谅"或有"重大过失"。所谓"不可原谅"的错误,系考虑表意人自身对于错误产生也存在一定的过错,理论上一般认为至少要达到重大过失的标准。二是错误的风险已由表意人主动承担或根据个案具体情况应当由其承担,直接运用"风险"这一抽象概念排除撤销权也存在较大的模糊空间,需要理论上的解释。

《第二次美国合同法重述》第154条曾对归于表意人的风险作出了明确规定,在《第二次美国合同法重述》中无论是第152条"双方错误"还是第153条"单方错误"撤销权的成立都以表意人按照第154条规定不承担错误风险为前提。按照第154条的规定,一方当事人在3种情况下承担错误风险:一是基于合同约定。二是当事人在缔约时即知道他对于错误相关的事实仅具有有限的了解,但是自认有限的知识即足以缔约。此种情况实际上是“自甘风险”的表现，即表意人虽早已经意识到风险的存在但仍将自己置于其中。三是一个宽泛的裁判分配，即法院可以根据具体情况合理地分配风险。这一表述太过宽泛，也完全未提供明确的裁判标准。这一模糊的规范概念仍需要理论上的解释与填充。

在磋商中，原则上当事人各自搜集信息，并为信息的真实、完整性以及对其正确理解、判断承担个人风险。表意人对自己内部领域可认识或可预见的情况产生的错误认识属于自己应予承担的风险，对相对人领域内情况产生的错误认识则一般不属于其应予承担的风险。举例而言，标的物的质量或权利瑕疵属于出卖人领域内的信息，买受人对标的物用途、使用目标以及使用环境的特殊预设如果未构成约定的内容则通常属于其自己的风险范围内，此即“使用目的风险”（Verwendungsrisiko）。同时，表意人一般也需要对其自选的、与相对人无关的第三人的相关建议的正确性承担风险。在具有投机性质的交易中，表意人也应承受交易中的固有风险。中间领域原则上属于双方自负风险的范畴，不能仅凭相对人对错误的可识别性就使其承担全部风险，此时至少还需要判断信息可得性与双方信息能力落差，如果当事人难以获取或正确理解外部信息，则不属于自己应承担的风险。

若相对人过失提供不实信息或者提供错误建议，无论信息风险本来归属的领域为何，均不能理解为表意人应予承担的风险，因为此种风险完全由相对人的过错行为引起或成就，相对人有明显的“危险前行为”（Ingerenz）。除非该信息在表意人领域内非常明显，表意人对其忽略则构成重大过失。

除上述两项共性外，《国际商事合同通则》第 3.2.2 条与《欧洲示范民法典草案》第 2－7:201 条也有两处重要的实质差异，即表意人的“纯粹内部错误”与因果关系的判断。

3. 表意人“纯粹内部错误”的处理

在没有相对人的参与因素，即不存在上述 3 种情形时（学说上将这种情况称为“纯粹内部错误”），是否允许表意人在例外情况下撤销合同？《欧洲合同法原则》《欧洲示范民法典草案》均排除了例外，相对人客观上难以识别、属于表意人风险范畴的内部错误无论其客观重要程度均彻底被排除出撤销权的范畴。

《国际商事合同通则》第 3.2.2 条第 1 款（b）项则规定了相对人“尚未依其对合

同的信赖而合理行事"这一例外标准。该例外标准欠缺实践上的合理性,一方面,基于"依信赖的合理行为"这一要件本身具有模糊性和矛盾性,在合同生效后基于合同的信赖而有所行为是理所当然的,即使相对人不作为,如其不再接受第三人要约或不再主动参与其他磋商、搜寻其他交易机会和信息,此种不作为也同样可以体现其信赖,是不作为方式的"信赖行为"。可见,"信赖行为"的覆盖范围广、形态多样,并非仅限于作出实际履行或进行履约准备,因此这一例外标准基本上不存在实践意义。另一方面,从规范目的出发,撤销权的行使将使相对人的履行利益而非信赖利益完全落空,信赖利益是否落空取决于缔约过失损害赔偿是否成立,这是一个不同的法律问题。对"纯粹内部错误"的撤销,理论上必须要为相对人履行利益的丧失找到正当性基础。就合同而言,缔约后尚有履行期限、次序以及抗辩等合同履行制度,即使相对人缔约后尚未有所行动,也不能说明其对合同效力没有信赖,更不足以使其因此丧失履行利益。即使一方当事人不履行或延期履行,其履行利益也并不丧失,只需要承担违约责任,这是合同制度的基本逻辑。所以,《国际商事合同通则》对"纯粹内部错误"撤销规则的尝试并不成功,不仅欠缺实践意义,在规范价值与逻辑上也有严重缺陷。

4. 因果关系的要求

《国际商事合同通则》第 3. 2. 2 条第 1 款对因果关系的认定完全排除了主观重要性标准,仅支持客观重要性,即以"一个理性人居于错误方同样的位置"这一客观标准判断错误是否重要、实质。因该款在因果关系上采客观重要性标准,相对人对因果关系足以且应当认识就是理所当然的,故而不必再特别规定对因果关系的已知或应知这一要件。

《欧洲示范民法典草案》第 2 - 7:201 条则采主观标准,不仅要求表意人视角下错误与缔约决定之间的因果关系,更要求相对人对这种因果关系是知情的或可以合理地被期待知情。

（四）法国与日本的债法现代化：表示与相对人的信赖保护

表 15－3　法国《民法典》错误制度 2016 年修改前后对比

<table>
<tr><th>修订前的
法国《民法典》*</th><th colspan="2">2016 年修订后的法国《民法典》相关条文**</th></tr>
<tr><td rowspan="5">第 1110 条
（1）错误，仅在其涉及给付性质本身时才构成合同无效的原因。
（2）错误若仅涉及当事人意欲缔约的相对人时，不构成合同无效原因。但是，如果出于对该个人的考虑是当事人与其订立合同的主要原因，不在此限</td><td>第 1132 条</td><td>对事实或法律的认识错误，当其关于给付或相对人的根本性质时，构成合同无效的原因，除非该错误是不可原谅的</td></tr>
<tr><td>第 1133 条</td><td>（1）给付的根本性质是双方明示或默示约定并在磋商中考虑的因素。
（2）无论错误关系到哪一方的给付，均不影响其构成合同无效的原因。
（3）对给付质量承担风险将排除对该质量的认识错误</td></tr>
<tr><td>第 1134 条</td><td>仅当合同基于相对人个人因素才被订立时，对于相对人根本性质的认识错误才能构成合同无效的原因</td></tr>
<tr><td>第 1135 条</td><td>（1）对于纯粹动机，即给付或相对人根本性质之外因素的认识错误并非合同无效的原因，除非双方当事人明示将其作为双方合意的决定性要素。
（2）如果没有错误，捐助人就不会作出慷慨行为的，动机错误构成合同无效的原因</td></tr>
<tr><td>第 1136 条</td><td>对于价值的认识错误，如果欠缺对于给付根本性质的认识错误，只是当事人作出了不准确的估值，则不是合同无效的原因</td></tr>
</table>

* 译文参考版本，参见《法国民法典》，罗结珍译，北京大学出版社 2009 年版，第 297～298 页。

** 译文参考了法国司法部官方英译本，载 http://www.textes.justice.gouv.fr/art_pix/THE-LAW-OF-CONTRACT－2－5－16.pdf，最后访问日期：2022 年 8 月 11 日。

在法国民法理论上，针对修订前的法国《民法典》历来有“客观说”与“主观说”的争议。“客观说”认为，“根本性质”是一项实质的规范标准，应对“根本性质”作出明确定义，并从定义出发确定个案中使合同无效的动机错误。“主观说”则认为“根本性质”是一个事实认定问题，在具体个案中对于当事人缔约决定具有决定性的因素都是“根本性质”，当事人可以以此为依据主张合同无效。法国司法实践即采“主观说”的观点，争议焦点继而转向个案中某一具体动机对缔约是否具有决定性影响的证明。[①] 法国法对动机错误的调整较德国法更宽松,学说判例也不必如德国法般进行特别复杂的“体外循环”或教义学上的迂回解释。但问题在于,“主观说”等于没有标准,缔约决定涉及众多考量因素,如何确定某一因素对缔约具有决定性影响。部分判例即认为,只有表意人将“缺少某种性质就不会缔约”对外表示、使相对人知道其重要性,才能主张合同无效,此即“表示说”。有学者则进一步将“表示”要求提升至“约定性质”,即只有双方就某一“性质”形成合意时才能构成性质错误,性质应当在“合同范围”之内,这被称为“约定性质说”。[②]

2016 年修订后的法国《民法典》结合了“客观说”与“约定说”,根据动机客观上的重要程度确定其表示程度。根据法国《民法典》第 1133 条的规定,“给付根本性质”是双方在缔约时考虑并经明示或默示同意的情况,在这种标准下,只要表意人在磋商阶段将其关于“给付根本性质”的动机表示出来,其就可以主张合同无效;而根据第 1135 条第 1 款的规定,不涉及给付根本性质的“纯粹动机错误”则必须由双方

表 15-4　日本《民法典》错误制度 2017 年修改前后对比

修订前的日本《民法典》第 95 条	2017 年修订后的日本《民法典》第 95 条*
法律行为之要素存在错误时,意思表示无效。但表意人有重大过失时,表意人自己不得主张其无效	(1)基于下列错误而作出意思表示,且该错误依法律行为之目的及交易上之社会通常观念来看为重要时才能撤销: (a)欠缺对应于意思表示的意思; (b)表意人就作为法律行为基础的情事,其认识与真实情况不一致。 (2)依前款第二项的规定撤销意思表示,仅限于该事由作为法律行为基础已被表示。 (3)若错误因表意人重大过失所致,除下列情形外,不得依第一款的规定撤销意思表示: (a)相对人知道表意人存在错误,或因重大过失而不知时; (b)相对人与表意人陷入同一错误时; (4)依第一款规定撤销意思表示,不得对抗善意且无过失之第三人

*新旧译文均参考李昊主编:《日本民法修正——回顾与反思》,北京大学出版社 2020 年版,第 122 页。

---

① 参见[法]弗朗索瓦·泰雷等:《法国契约》,罗结珍译,中国法制出版社 2018 年版,第 412~414 页。

② 参见[法]弗朗索瓦·泰雷等:《法国契约》,罗结珍译,中国法制出版社 2018 年版,第 418~420 页。

共同明示将其作为缔约的决定性因素。在这种标准下,不仅需要表意人在磋商阶段将其动机明白无误地表示出来,还需要对方的积极回应以及对重要性的确认。无论采上述何种标准,“动机错误不受关注”都难以被认为是一般性的原则。

日本法的发展脉络则较特殊。修订前的日本《民法典》第95条就错误制度的构成仅规定了“要素错误”,但没有说明什么是要素或构成要素的标准是什么,这导致了民法理论上产生了多元解释方案。既有学者按照“错误二元论”的解释思路将要素错误解释为表示错误,也有学者按照“错误一元论”的思路将要素错误解释为一个包含表示错误与动机错误在内的事实认识错误,对二者一体对待。在一元论或二元论内部,针对偏向表意人决定自由或相对人信赖保护也有不同解释路径,在理论上高度复杂且具有不确定性。[①] 较有影响力的观点则受德国、法国学说的影响,认为动机仅具有客观重要性并不足以被撤销,也不应从“性质错误”等客观概念决定可撤销的范围,而是以是否对外表示作为撤销标准。“动机表示说”将“对外表示”作为动机错误可撤销的标准;[②]“内容说”则认为,仅凭对外表示并不足以放弃对相对人信赖的保护,仅在相对人同样认为某一动机对缔约重要时才可以撤销。该说要求双方就动机达成合意、成为法律行为的一部分时才可撤销;“错误外构成说”则主张用违约责任(动机成为合同内容)与合同不生效(动机成为合同的条件或前提)处理动机错误。[③] 在日本2017年债法修改中,第95条第2款明确采纳了“表示说”。

五、比较法发展对我国司法解释的影响:相对人参与与表意人过错的类型化

上述比较法上的发展,特别是《国际商事合同通则》《欧洲合同法原则》《欧洲示范民法典草案》等示范法对我国《总则编司法解释》的制定产生了一定的影响。在制定过程中主要有两种观点:一种观点认为应延续《民通意见》的规范模式,不宜对

① 参见[日]山本敬三:《民法讲义Ⅰ:总则》,解亘译,北京大学出版社2012年版,第145~163页。

② 参见[日]我妻荣:《新订民法总则》,于敏译,中国法制出版社2008年版,第279页。接受此说的我国学者,参见梁慧星:《民法总论》,法律出版社2017年版,第183页;崔建远:《合同法》,北京大学出版社2021年版,第109页。

③ 参见[日]山本敬三:《民法讲义Ⅰ:总则》,解亘译,北京大学出版社2012年版,第148~149页、第152~154页。

撤销权作过多限制,在此基础上形成了方案一;另一种观点则主张应参考比较法上的做法,强化对善意相对人的保护,严格限制行为人的撤销权,形成了方案二。《总则编司法解释》第 19 条最终采纳了方案一(见表 15 - 5)。

表 15 - 5 《总则编司法解释》重大误解制度"方案一"与"方案二"对比

最终条文稿(方案一)	方案二
行为人对行为的性质、对方当事人或者标的物的品种、质量、规格、价格、数量等产生错误认识,按照通常理解如果不发生该错误认识行为人就不会作出相应意思表示的,人民法院可以认定为《民法典》第 147 条规定的重大误解。 行为人能够证明自己实施民事法律行为时存在重大误解,并请求撤销该民事法律行为的,人民法院依法予以支持;但是,根据交易习惯等认定行为人无权请求撤销的除外	行为人对行为的性质、对方当事人、标的物的品种、质量、规格和数量等的错误认识,可以认定为误解。 行为人的误解符合下列情形之一,且按照常人的理解如果不发生该误解就不会作出相应意思表示的,人民法院可以认定为《民法典》第 147 条规定的重大误解: (一)相对人的行为导致该误解发生的; (二)相对人知道或应当知道行为人存在误解,仍然违反诚信原则使法律行为成立的; (三)行为人和相对人就法律行为的基础条件产生相同误解的。 相对人举证证明双方另有约定或者行为人的意思表示符合相应交易习惯的,不适用前款规定

方案二与《国际商事合同通则》第 3.2.2 条、《欧洲合同法原则》第 4:103 条以及《欧洲示范民法典草案》第 2 - 7:201 条在规范模式上一致,要求仅在相对人导致错误发生、知道或应当知道错误发生以及存在相同错误认识 3 种情形中,相对人参与了行为人的错误认识,行为人才有权撤销;反之,相对人属于善意行为人,不得撤销。此外,在因果关系上,无论方案一还是方案二都采取了与《国际商事合同通则》第 3.2.2 条一致的客观因果关系。

《总则编司法解释》最终采方案一,未采纳方案二,主要原因在于方案二对重大误解的认定过于严格,方案一要宽于方案二,二者是包含关系。起草机关受方案二启发,似乎倾向对《总则编司法解释》第 19 条的适用作类型化分析:如果案件事实表明相对人导致该错误认识发生,或者相对人知道或应当知道行为人存在认识错误认识,仍然促成该民事法律行为成立,或者行为人和相对人存在相同错误认识的,当然符合该条规定的重大误解情形,应当支持行为人撤销民事法律行为的主张;如果错误是由行为人自己过错引起的,则法官在审查时更为审慎。[①] 这一类型化分析有助于在司法实践中区分表意人自己造成的错误与相对人参与的错误,对前者有更高程度的信赖保护需求,但法院并未提出如何审慎、具体标准是什么,这一问题有待后续司法实践的发展。但基于上文对表示错误的分析,所谓审慎应体现在三个方面:第一,错误必须可以客观证明;第二,错误的重要性,亦即错误与缔约间的因果关系必须符合社会通常观念;第三,错误必须造成严苛、难以承受的经济后果,这需要法院进行具体的利益衡量。

---

① 参见贺荣主编:《最高人民法院民法典总则编司法解释理解与适用》,人民法院出版社 2022 年版,第 298 ~ 299 页。

专题十六　欺　　诈

本专题撰写人：李潇洋

【《民法典》及其配套司法解释的新规则】

《民法典》第 148 条：

一方以欺诈手段，使对方在违背真实意思的情况下实施的民事法律行为，受欺诈方有权请求人民法院或者仲裁机构予以撤销。

《总则编司法解释》第 21 条：

故意告知虚假情况，或者负有告知义务的人故意隐瞒真实情况，致使当事人基于错误认识作出意思表示的，人民法院可以认定为民法典第一百四十八条、第一百四十九条规定的欺诈。

【规则由来】

原《民法通则》第 58 条第 3 项规定“一方以欺诈、胁迫的手段或者乘人之危，使对方在违背真实意思的情况下所为的”民事行为无效。

原《合同法》第 52 条第 1 项将“一方以欺诈、胁迫的手段订立合同，损害国家利益”作为合同无效事由。第 54 条第 2 款则规定“一方以欺诈、胁迫的手段或者乘人之危，使对方在违背真实意思的情况下订立的合同，受损害方有权请求人民法院或者仲裁机构变更或者撤销”。

最高人民法院《民通意见》①第68条规定："一方当事人故意告知对方虚假情况，或者故意隐瞒真实情况，诱使对方当事人作出错误意思表示的，可以认定为欺诈行为。"

【规范意旨】

《民法典》第148条规定了欺诈对于法律行为效力的影响。欺诈是一种严重的悖俗行为，其破坏了诚信价值观，造成了社会交往中的信任缺失与成本浪费，对欺诈进行系统性的法律规制不仅具有重要的社会意义，也是民法实现和保障公平的主要手段。

在奉意思自治为核心价值的民法体系中，民事主体自主、自愿地作出决定，对自己的利益进行妥善安排，并为自己的决定承担后果。但欺诈行为作为一种外部的"意思障碍"，阻止当事人形成正确认识或作出符合自身利益的判断，侵蚀了"自主决定—自己责任"的正当性基础。因此，受欺诈的当事人不应受到法律行为的束缚。欺诈制度也是《民法典》保护当事人决定自由的重要制度体现。

我国《民法典》第148条统一将欺诈规定为民事法律行为的可撤销事由，取消了"无效"与"变更"两种法律后果。在欺诈制度中受欺诈方仅能恢复原状、脱离法律行为的束缚，不能校正在法律行为中的实质利益关系，缔约过失责任中则存在此种校正或调整的可能。

2022年最高人民法院《总则编司法解释》第21条对欺诈制度予以进一步明确。第一，明确"欺诈手段"包括"作为"与"不作为"两种形态，区分了二者在构成上的差异。第二，进一步限定了不作为欺诈的构成，在《民通意见》第68条规定的"故意隐瞒真实情况"基础上增加了"告知义务"这一要件。第三，细化欺诈的因果过程，即欺诈行为先导致相对人的"错误认识"，而后使其在错误认识的基础上作出意思表示。

---

① 《民法典》颁布后，该解释已被最高人民法院《关于废止部分司法解释及相关规范性文件的决定》（法释〔2020〕16号）废止。

【典型案例】

案例一:“电视机尺寸误导案”

原告在被告公司开设的网店购买一台液晶电视机,该电视机在商品颜色分类中是“平面110寸4K智能语音网络”,原告在购买前与被告公司确认后得知该电视实际屏幕尺寸为100寸,但收货后测量电视机的实际尺寸仅为78寸。被告辩称其销售的电视机并不存在质量问题,其只是不规范地将案涉电视机显示器中文尺寸标识为“110寸”,但案涉商品的详情网页中用“4K100〃”及“4K85〃”等字样标注了产品参数,而“〃”系英寸的通用符号,实际生活中讲电视机多少寸一般就指的是英寸。且日常生活中对电视尺寸以“寸”代“英寸”也是被大众认可和接受的习惯性说法,并不会造成对消费者的误导。退一步讲,即使双方对电视机的尺寸是“寸”还是“英寸”产生误解,这种对标的物规格产生的误解也只是一般误解,并不构成合同法中规定的重大误解,更不构成民事欺诈行为。

一审法院认为,被告不构成欺诈,理由是被告公司不规范地将案涉电视机显示器中文尺寸标识为“110寸”,但案涉商品的详情网页中已用“4K100〃”及“4K85〃”等字样标注了产品参数,而“〃”系英寸的通用符号。被告公司对电视机显示器尺寸的瑕疵表述虽引起了原告的误解,然而尚不足以构成故意隐瞒真实情况与故意告知虚假情况。

二审和再审法院则认为,被告构成欺诈。再审法院指出:“根据我国的计量标准和民众的一般认知,汉字‘寸’代表了3.33厘米而不是‘英寸’的2.54厘米,被告公司在详情介绍中虽然使用了‘100〃’‘85〃’等符号,但‘〃’作为英寸符号非一般消费者所能理解,即一般消费者无法据此准确区分‘寸’与‘英寸’,并由此造成对标示的电视机实际尺寸出现错误判断,直接影响其购买决策。在本案中,原告在购买电视前专门就此询问‘110寸的实际屏幕是多少寸?’被告公司此时仍作出‘100寸的’模糊回答,而未明确告知该‘寸’是指英寸。因此,二审法院认定被告公司在商品宣传和描述中未能履行真实、全面的告知义务,其行为构成欺诈有事实依据。”①

① 参见安徽省高级人民法院民事裁定书,(2020)皖民申795号。

案例二："隐瞒汽车召回记录案"

2017年6月23日，甲公司与乙公司签订《汽车销售合同》，约定甲公司购买乙公司某品牌轿车一台，并约定车辆的内饰颜色、车身颜色和车架号等。车辆总价为1,429,800元，其中包括定金1,429,800元。合同还约定了其他权利义务。同日，甲公司将车款、服务费与装饰费支付给乙公司。其后，乙公司向甲公司交付了涉案车辆，并交付了车辆一致性证书、进口机动车辆随车检验单、货物进口证明书、三包凭证、保修卡、说明书等材料。甲公司在车辆交接书上盖章，确认车辆外观、内饰、灯光、电动电线等项目完好无损。

甲公司在使用车辆过程中，发生了副驾驶座椅后背挡板脱落和天窗无法开启且异响等问题，乙公司出具了检测单。甲公司提交某App查询记录，主张涉案车辆存在3次常规保修记录。乙公司提交证据证明甲公司主张的3次常规保修实际是2次安全召回检查和一次软件升级活动，且发生在涉案车辆到甲公司之前，2次安全召回检查和1次软件升级活动均未更换任何零部件，涉案车辆在售前未进行维修和更换部件。

经法院调查，该汽车品牌方曾于2016年11月召回该车，缺陷情况为所涉及车辆的后差速器齿轮锁紧螺母的紧固扭矩未达到设计要求，维修措施为将对涉及召回的车辆的后差速器和传动轴进行检查，如有需要则将更换后差速器或传动轴。2017年3月又再次召回，缺陷情况为由于前排座椅线束的布置方式设计不当，所涉及车辆的前排座椅线束可能会与座椅调节电机外壳发生摩擦干涉，维修措施为将对涉及召回的车辆进行前排座椅线束的检查，如有必要，将更换前排座椅线束，并采用新的方式布置座椅线束。2017年6月，该品牌方第三次召回，此次召回与前两次公告内容一致，仅在维修措施上添加了将早于2017年款车辆的前排座椅线束断路保护器更换为25A标准保险丝。乙公司认可未将上述召回公告情况告知甲公司，其主张在公告网上的告知应视为向公众的告知，甲公司知道或应当知道，且召回涉及的内容已由生产厂家处理完毕，检查合格，没有任何配件更换，车辆到乙公司时已不存在召回的情形，故无须告知甲公司车辆召回的情况。

法院认为，在本案中，涉案车辆存在召回记录，该事项足以影响甲公司作出购买涉案车辆的意思表示,乙公司在销售涉案车辆时明知车辆存在召回记录,但是未向甲公司告知,致使甲公司作出错误的意思表示,据此认定乙公司构成欺诈,并判决撤销《汽车销售合同》,乙公司向甲公司退还购车款、车衣装饰费、服务费、保险费并支付利息损失。①

【理论阐释】

一、欺诈的概念与构成要件

(一)如何理解《民法典》第148条所称"违背真实意思"

在传统民法理论关于法律行为的概念体系中,意思形成与意思表示是一项基本区分。在意思形成过程中,当事人自主、自愿地考虑各项主客观因素、形成意思决定;当事人将此项意思决定对外表示后,即构成法律行为意义上的意思表示。传统民法理论认为,欺诈制度的功能范畴是意思形成(决定作出前),其保护法益是决定自由。德国学者梅迪库斯(Medicus)则直接指出,欺诈制度保护当事人免于"非自愿"的合同(unerwünschter Vertrag)。② 由于欺诈是一种意思形成过程中的外部障碍,其导致决定本身并非意思自治的产物,也就无所谓自己责任。无论意思表示的内容为何,表意人都不应受其拘束。

我国《民法典》与既有司法解释对欺诈制度的调整对象有多种表述,《民法典》第148条采用了"违背真实意思的情况下实施的民事法律行为"这一表述,《民通意见》第68条称"作出错误意思表示",《总则编司法解释》第21条则规定"基于错误认识作出意思表示",因而有必要厘清这些表述的本来意义,还原欺诈制度的规范功能,避免望文生义。

对我国《民法典》第148条所称"违背真实意思"的意义,全国人大常委会法工委民法室的释义明确指出,"受欺诈人因欺诈行为陷入错误判断,即欺诈行为与错误

① 参见北京市高级人民法院民事裁决书,(2019)京民申2247号。

② Vgl. Medicus, Verschulden bei Vertragsverhandlungen, in Bundesminister der Justiz (Hrsg.), Gutachten und Vorschläge zur Überarbeitung des Schuldrechts, Band I, 1981, S. 479.

判断存在因果关系”且“受欺诈人基于错误判断作出意思表示”。[①] 从这一因果过程的分析看，欺诈制度的功能范畴就在于意思形成阶段，在民法理论中这一阶段的主观想法、认识或预设均属于“动机”，而非“意思”。例如，出卖人虚构保健品的功效诱使买受人以高价购买时，买受人不仅明确地意识到自己正在从事一项法律行为，其以某一高价购买该保健品的意思同样也是完整、无误的效果意思，意思表示的瑕疵并不在于意思表示本身，而在于意思表示前对产品功效的预设。所以从错误性质上看，欺诈导致的认识错误一般不属于“意思与表示不一致”，而是意思与内心的主观预设或动机不一致，属于动机错误的范畴。在特殊情况下，欺诈人将磋商完成的合同文本“偷梁换柱”，或者就法律行为的性质故意误导相对人（将“买卖”包装为“赠与”）才可能产生表示错误的问题。因此，欺诈制度的主要功能在于避免欺诈行为引起或强化相对人的错误动机，《民法典》第 148 条所称“真实意思”仅是从日常语义而言的，与意思表示的内容无关，不能从法律行为内容本身否定欺诈制度的构成。

在我国司法实践中，部分裁判对“违背真实意思”的意义仍有所误解。即使法院认定被告有虚构事实误导原告的行为，仍然以合同内容本身否定欺诈制度的成立。如在一个房屋买卖合同纠纷中，法院指出，“虽然被告在商品房销售过程中存在虚假宣传的行为，但被告发布的相关广告仅能产生触发原告向被告购买房屋的动因而已。原告、被告设立的案涉合同内容具体明确、权利义务清晰，原告提供的证据又不能证明其在签订案涉合同过程中因受被告欺诈，而使其在违背真实意思的情况下订立合同。原告要求撤销合同的诉讼请求，无事实和法律依据，本院不予支持”。[②] 在另一个案例中，法院虽确认了虚假宣传的事实并认定相对人因此产生错误认识，但以宣传内容未订入书面合同为由否定意思瑕疵的存在。[③] 也有法院认为，沟通或陈述与协议不一致，以协议为准。因此，原告向法院提交的公证书仅能证明宣传情况，

---

① 参见黄薇主编：《中华人民共和国民法典释义》，法律出版社 2020 年版，第 292 页；王利明：《民法总则研究》，中国人民大学出版社 2018 年版，第 572 页；陈甦主编：《民法总则评注》，法律出版社 2017 年版，第 1072 页；梁慧星：《民法总论》，法律出版社 2017 年版，第 185 页；朱庆育：《民法总论》，北京大学出版社 2016 年版，第 280 页。

② 参见浙江省慈溪市人民法院民事判决书，（2020）浙 0282 民初 9697 号。

③ 参见浙江省高级人民法院民事裁定书，（2015）浙民申字第 2561 号。

与涉案合同无关,不构成欺诈。[①] 还有一个案例中,房屋开发商的误导宣传已经由当地市场监督管理部门作出行政处罚,法院则认为开发商“未能进行客观陈述”不能认定为“提供虚假情况”,也不能认定其宣传行为使原告对“合同内容”陷入错误认识。[②] 上述裁判论证忽略了欺诈制度在功能与构成上的独立性,将其与意思表示内容不当联结,将决定自由的保护狭义地解释为对合同内容的认识。

另外,在消费者权益保护领域,欺诈制度的功能有所扩张。经营者虽未在合同订立阶段欺诈消费者,但在合同履行阶段交付与约定不符的瑕疵商品或服务,此种情形应由违约救济所处理。由于我国《消费者权益保护法》第55条规定了“经营者提供商品或者服务有欺诈行为”的惩罚性赔偿,司法实践中有不少裁判认为此时仍可以成立欺诈。[③] 但是,在理论上,缔约欺诈与履行欺诈在法律适用上是否应作区分,履行欺诈是否可以适用《民法典》第148条的规定,《消费者权益保护法》第55条中的“欺诈”与《民法典》第148条的“欺诈”是否完全一致,仍然值得斟酌。

(二)欺诈的构成要件

根据我国民法理论的多数观点,欺诈的构成要件包括:第一,欺诈方具有欺诈的故意;第二,欺诈方实施欺诈行为,包括故意告知虚假情况与故意隐瞒真实情况两种类型;第三,欺诈与受欺诈方作出意思表示间的因果关系,包括受欺诈方因欺诈陷入认识错误以及受欺诈方在认识错误的基础上作出意思表示两个环节。下文将对这3个要件进行逐一分析。

(三)不影响欺诈成立的因素

欺诈制度仅有单一的保护法益,即受欺诈方在法律行为领域内的决定自由,因此,欺诈成立不需要考虑以下无关要素。

---

① 参见北京市高级人民法院民事裁定书,(2020)京民申2699号。

② 参见江苏省镇江市中级人民法院民事判决书,(2020)苏11民终3224号。

③ 参见贺荣主编:《最高人民法院民法典总则编司法解释理解与适用》,人民法院出版社2022年版,第322~323页。

第一,欺诈成立无关于欺诈方的主观意图。既然欺诈制度的规范目的仅在于保护决定自由而非惩罚主观上的恶意,那么欺诈方主观上有道德上可谴责的意图或是良善的意图都是无所谓的。尽管在欺诈的大多数情形中都存在可谴责的意图,但要将其作为主观构成要件让受欺诈方予以证明是非常困难且不合理的。此外,欺诈方的良善意图也不能作为欺诈制度的排除要件,即使欺诈方声称其行为是为了受欺诈方的最佳利益也不能否认受欺诈方受损的决定自由,因为每个人都有权利定义自己的最佳利益,而不单单以客观的经济利益为标准。[①]

第二,欺诈的成立不需要违法性要件。我国有学者认为应重新启用违法性要件,这一观点有待商榷。[②] 德国《民法典》第 123 条就欺诈制度与胁迫制度分别采用了"恶意欺诈"与"不法胁迫"的表述,明确就违法性这一要素对二者作区别对待,立法理由认为恶意欺诈本身就具有违法性。[③] 胁迫行为之所以以违法性为必要,原因在于胁迫本质上是一种外部压力,而在日常生活中人们或多或少都会感受到外在的各种压力,必须用额外的违法性要件予以限定。由于欺诈行为本身即具有违法性,违法性这一概念在欺诈制度的讨论中已"难觅踪迹"。在极例外的情况中,德国司法实践承认当事人的"撒谎权"(Recht auf Lüge)进而排除其欺诈行为的违法性,这种情况一般仅发生在劳动合同磋商过程中,劳动者可以拒绝回答潜在雇主对于无关于工作性质的个人隐私的询问,也可以为了促成缔约而对相关隐私说谎,此种说谎不具有违法性是基于宪法上公民基本权利所作的特别排除,不仅将询问范围限定于特定类别的个人隐私,其磋商背景也仅限于劳动合同,极少有扩张适用的可能。[④]

第三,欺诈的成立不要求经济损失。欺诈行为造成的结果对受欺诈方来说未必是一个经济上不利的合同,但必须是一个非自愿的合同。因而欺诈制度的构成同样

---

① 参见[德]维尔纳·弗卢梅:《法律行为论》,迟颖译,法律出版社 2013 年版,第 647 页;[德]迪特尔·梅迪库斯:《德国民法总论》,邵建东译,法律出版社 2013 年版,第 594 ~ 595 页。

② 参见刘勇:《缔约过失与欺诈的制度竞合——以"欺诈"的故意要件为中心》,载《法学研究》2015 年第 5 期。

③ Vgl. Mugdan I, 965.

④ Vgl. Staudingers/Singer/Finckenstein, BGB § 123, Rn. 33 – 47.

不需要欺诈人主观上的损害意图或获利目的,也不要求客观上存在的经济损失。[①]与此相对,刑法上的诈骗保护的是财产法益,明确要求受害人有实际财产损失。[②]

二、欺诈行为的类型化：作为欺诈与不作为欺诈的区分

《民法典》第148条未对"欺诈手段"进行明确的定义。1988年《民通意见》第68条将"欺诈行为"二分为"故意告知对方虚假情况"与"故意隐瞒真实情况"。但"故意隐瞒真实情况"在表述上仍太过宽泛,因为从文义上看只要"知情不告"就涉及故意隐瞒的问题。全国人大常委会法工委民法室的释义将"隐瞒真实情况"进一步限缩至"隐瞒应予告知的真实情况"。[③] 最高人民法院《总则编司法解释》第21条同样将"隐瞒真实情况"限定在当事人有告知义务的情形。

(一)作为与不作为的区分意义

欺诈行为包括积极作为和消极不作为两种形态。作为欺诈就是欺诈方在先合同磋商中积极地误导对方;不作为欺诈则是一种"袖手旁观",也被称为"沉默欺诈",即相对方因自己欠缺信息等原因产生认识错误,但如果欺诈方依法履行其告知义务,相对方的错误即不会发生或可被及时纠正。作为欺诈属于故意违反"真实义务"(或称"如实告知义务");不作为欺诈就是故意违反告知义务(或称"说明义务""信息提供义务")。可以发现,欺诈行为的认定已经等同于先合同义务(真实义务与告知义务)违反的认定。经由先合同义务理论的发展,欺诈行为这一要件有了独立于主观恶意的客观标准。以德国《民法典》的法律评注为例,在第123条欺诈制度的评注中作者通常需要用大量的篇幅处理告知义务的问题,否则就无法确定不作为欺诈的客观构成,而这些内容与德国《民法典》第311条先合同义务(缔约过失)的

① 参见黄薇主编:《中华人民共和国民法典释义》,法律出版社2020年版,第293页;王利明:《民法总则研究》,中国人民大学出版社2018年版,第571页。

② 参见张明楷:《刑法学》,法律出版社2021年版,第1309~1310页。

③ 参见黄薇主编:《中华人民共和国民法典释义》,法律出版社2020年版,第292页;陈甦主编:《民法总则评注》,法律出版社2017年版,第1070页。

相关内容是重叠的，都是针对先合同告知义务成立的判断。①

作为欺诈与不作为欺诈的构成要件不同。对作为欺诈，当事人只要告知不实就构成对真实义务的违反，而无关于其对告知事实是否有告知义务。换言之，当事人可以选择不告知，但一旦告知就要对其真实性负责。因此，作为欺诈的客观构成只需要从客观上判断所传递信息的真实性和非误导性。不作为欺诈则以当事人有先合同告知义务为前提，由于该义务通常需要法院事后根据诚实信用原则推导，在判断标准上也具有一定程度的弹性，此时无论在欺诈的客观还是主观构成上都有一定的特殊性。

（二）不作为欺诈的理论争议：作为与不作为的“同质性”

不作为欺诈的构成历来是理论上的争点与难点。② 要妥善解决和回应这些争议，关键在于以下几个问题。

第一，在磋商阶段，一方当事人应承担何种程度的告知义务，如何判断告知义务是否成立，这是不作为欺诈制度面临的首要难题。对该问题，下文将予以详述。

第二，如何界定不作为欺诈与作为欺诈的“同质性”。《民法典》第 148 条将作为与不作为并列规定，并在法律效果上一体对待，二者在价值判断上应保持一致，不宜标准有别。对作为欺诈，欺诈方有意识地采取积极手段欺骗对方，主观过错与可谴责性非常明显；但对不作为欺诈，如何从不告知本身判断欺诈故意，需作进一步探讨。在实践中，不作为的事实情形之间通常具有较大差异。例如，故意隐瞒瑕疵所产生的效果与故意告知虚假情况几乎没有区别，二者的同质性并无争议；但更常见的情况是，交易中的当事人掌握各种各样的信息，有时一方当事人实际认识到某一情况但未告知对方，其主观意图并不在于欺瞒对方，而是认为对方已经知道或者可以自行了解，自己并无告知的必要；甚至有时该当事人因有所疏失自己都没有认识

① 例如，在施陶丁格（Standinger）第 123 条（恶意欺诈）评注中，第 10 段至第 12 段处理前合同告知义务的成立问题，第 11 段至第 31 段则按照有名合同类型确定了前合同告知义务的具体内容。在慕尼黑民法评注（MüKoBGB）中，第 32 段至第 37 段处理前合同告知义务的成立问题，第 38 段至第 68 段则处理针对各类型有名合同的具体前合同告知义务。其他法律评注也大致如此，用大比例的篇幅处理前合同告知义务的成立与内容。

② 参见韩世远：《合同法总论》，法律出版社 2018 年版，第 252 页。

到相关情况,此时是否将不告知与积极欺诈作同一评价在价值判断上有争议空间,这集中反映在下文关于“过失欺诈”的理论争议之中。

第三,界定不作为的另一困难在于欠缺明确的评价对象,对某一具体的作为,其是否传递了不真实的信息较易判断,作为和相对人认识错误间的因果关系也相对直观;不作为则属于消极事实,欠缺一个特定的评价对象,甚至需要通过对整个磋商背景的解释才能有所认识,这特别体现在作为与不作为的区分问题上。

(三)作为与不作为的区分标准

作为与不作为的区分并非完全以某一特定情况的积极告知或不告知为标准。磋商过程中双方当事人总是有各种不同形式的语言和行为,因而作为与不作为本身就具有相对性,应以一个固定的基准出发理解和判断二者的区分。例如,在一则公报案例中,出卖人告知买受人所售房屋附带一个与第三人为期 10 年的商业租约,但并未告知买受人早在磋商前承租人就已长期拖欠租金,出卖人向买受人垫付了 8 个月的租金近 126 万元并谎称这是替承租人转交。从不作为的角度,出卖人未告知买受人第三方承租人偿付能力欠佳与拖欠租金的情况,如果出卖人对此无告知义务即不构成欺诈;但从作为的角度,出卖人将自己垫付的租金谎称为转交第三人支付的租金,使买受人对第三人实际支付租金的情况产生了错误认识,属于作为欺诈,不需要讨论是否存在告知义务。① 对这一案例,法院应当从作为还是不作为的角度判断欺诈的构成?

作为欺诈中信息传递和沟通的载体既可以是语言方式(口头或书面表示),也可以是某种行为。信息真实性的判断除需要考虑具体沟通本身的真实性外,还要考虑其完整性和语境是否会产生误导。② 当事人就某一信息虽未明示告知,但通过其整体行为或与特定磋商背景相结合,相对人可以理解出其背后隐含的信息,从而在客观上也实际发挥了信息沟通的作用,若此种“默示告知”与真实情况不符,即构成默

---

① 参见“唐某富、庞某与合肥建鑫房地产开发有限公司给付瑕疵担保责任纠纷案”,载《最高人民法院公报》2020 年第 2 期。

② See John Cartwright, *Misrepresentation, Mistake and Non-Disclosure*, Sweet & Maxwell, 2017, p. 28.

示的作为欺诈。[①] 在以上案例中，出卖人向买受人转交租金的行为同样发挥了传递信息的功能，即在既有的租赁关系中第三人并未出现无力偿付租金的情况。默示作为欺诈不属于不作为欺诈，不应附加告知义务这一前提。因此，从保护受欺诈人的角度，仅依据某一特定信息"沉默"的表象就越过对默示意思表示的解释直接考虑不作为欺诈，将显著提高构成要件的认定标准和受欺诈人的证明难度。

三、不作为欺诈的特殊问题：告知义务的判断

（一）先合同告知义务的价值判断争议

不作为欺诈的成立以当事人有先合同告知义务为前提。根据最高人民法院的理解，告知义务主要源于法律特别规定、交易习惯与诚信原则 3 种情况。前两项取决于法律明文规定与交易习惯的证明，但基于诚信原则所负有的告知义务在不同案件中并不一致，应结合合同性质、目的、当事人的情况等因素进行综合判断。[②]

在价值判断上，基于诚信原则的告知义务仍有较大程度的争议。传统普通法认为，缔约磋商中交易双方存在利益冲突。如一项经典论述指出，"缔约阶段诚实信用的概念与当事人在缔约中对抗性地位固有地相矛盾。任何缔约当事人只要能避免作出不实告知，都被赋予追求他自己利益的权利"。[③] 但对合伙、保险、家庭成员间的和解等具有最大诚实信用（uberrimae fidei）性质的合同以及涉及消费者保护的特别目的时，当事人才承担告知义务。

在德国民法中，基于缔约过失理论的发展，学说与司法实践将磋商关系定性为一种"信赖关系"或特别结合关系，承认诚信原则从合同履行阶段扩张至磋商阶段，但仍然面临诚信原则与自己责任原则的权衡。德国司法实践在承认"根据一般交易观念可以合理期待告知"这一标准的同时，也强调磋商当事人搜集信息的自己

---

① Vgl. Lorenz, Der Schutz vor dem unerwünschten Vertrag, S. 409 f.

② 参见贺荣主编：《最高人民法院民法典总则编司法解释理解与适用》，人民法院出版社 2022 年版，第 321～322 页。

③ See Walford v. Miles [1992] 2 A. C. 128, 138.

责任。①

我国《民法典》第500条明确了诚信原则在磋商阶段的适用,“当事人在订立合同过程中进行协商、谈判时也要遵循诚信原则,负有相互协助、照顾、保护以及重要情况的告知等义务”。② 但与此同时,根据自己责任原则,磋商当事人应自己收集信息、自主决策以及自己负责,其负有收集对自己有利信息、保护和增进自己利益的“不真正义务”。正因如此,我国理论与实践多认为并无一般性的告知义务,《民法典》第500条第2项也并不意味着当事人需要告知全部“与订立合同有关的重要事实”。告知义务之有无,其边界如何确定并没有普遍意义的答案,应依据个案具体分析,根据法律有关规定、交易习惯、当事人之间的交涉能力以及应否发生告知义务之利益衡量等综合判定。③ 然而,个案裁判中的利益衡量应当有一定的方法或价值判断标准可循,才不至于任意化,理论上仍有必要为此提出一定的标准。

(二)先合同告知义务的“动态体系论”

对告知义务成立的一般性判断标准,最有影响力的学说当属德国学者布雷登巴赫(Breidenbach)提出的“告知义务动态体系论”。该说主张,先合同告知义务的判断是由“信息需求”(Informationsbedarf)、“信息可能性”(Informationsmöglichkeit)与潜在义务人的“职务范围”(Funktionskreis)3项基本要素构成的“动态体系”(bewegliches System)。之所以称为“动态体系”,原因在于3项基本要素并非“刚性”的构成要件,在个案中它们各自的满足程度并不相同,也未必全部满足,三者相互之间还可以补强。

第一项因素“信息需求”,即信息重要性,是判断先合同告知义务的决定因素。在动态体系论中,重要性标准较灵活、趋于层次化:第一层次为“必要信息”,是指某一事实情况足以阻碍相对人合同目的的实现,那么这一事实情况对缔约就具有决定性意义。第二层次为“一般重要性信息”,某一事实情况虽不至于使合同目的“整

① Vgl. BGH NJW 2003, 1811, 1812; NJW 2006, 3139, 3141.

② 参见黄薇主编:《中华人民共和国民法典合同编释义》,法律出版社2020年版,第90~91页。

③ 参见最高人民法院民事审判第二庭编:《合同案件审判指导》,法律出版社2018年版,第48页;韩世远:《合同法总论》,法律出版社2018年版,第175~176页。

体”无法实现，但事实上对相对人的缔约决定也有所影响。① 例如，二手车买卖中，如果先前的某一事故仅造成了车身的损害、未实质影响车辆的驾驶性能，此时隐瞒事故信息虽不至于完全阻止合同目的的实现，但仍有一定程度的重要性，包括相对人对外表的关注程度、价格的确定以及未知的安全风险等。② “必要信息”与“一般重要性信息”的区分在配合第二项因素“信息可能性”时有其实益。

第二项因素“信息可能性”则从义务人和相对人两个方面展开。从义务人角度，先合同告知义务原则上以“已知信息”为限，但基于动态体系考量也可能产生调查或搜集义务；从相对人的角度则需要考虑其获得信息的可能性及其难易程度。两个方面的动态关系体现在，如果相对人与义务人对信息有同等程度的可得性，那么告知义务就仅限于必要与已知信息；如果仅义务人掌握该信息，包括信息仅存在于义务人的内部领域内或者获取成本对相对人过高时，那么义务人就有义务告知仅具有一般重要性的信息，此时义务人强程度的“信息可能性”补足了需求人弱程度的“信息需求”。③ 如果进一步要求义务人对非“已知信息”承担调查义务，仅考虑“信息需求”与“信息可能性”也是不足的，需要考虑第三项因素“职务范围”。

第三项因素“职务范围”是指双方当事人在一般性的先合同关系外有更高程度的特别信赖关系。“职务”（Funktion）这一表述主要受所谓“专家责任”的启发和影响，其原意是指专家在其职业活动中依其专业知识承担了相对人或第三人的特别信赖。布雷登巴赫在此处借用这一概念主要强调自愿承担或引起他人特别信赖的行为，至于引发或承担信赖的原因则远超所谓专业知识或职务活动的范畴。第一步要确定潜在义务人的任务范围。除潜在义务人可以被归入特定的职业组或行业领域外，其广告、实施某一属于特定职务范围的行为或通常准备都可能在个案中构成“职务承担”（Funktionsübernahme），其具体意义应按照意思表示解释的一般原则予以确定。第二步则要确定某一信息是否以及在何种程度上与义务人的职务范围有关。

---

① Vgl. Breidenbach, Die Voraussetzungen von Informationspflichten beim Vertragsschluß, S. 63 f.

② 梅迪库斯也同样以此为例说明“信息重要性”在前合同告知义务成立的利益衡量过程中的作用，认为二手车擦掉一点漆不能同刹车系统的缺陷相提并论。参见［德］迪特尔·梅迪库斯：《德国民法总论》，邵建东译，法律出版社2013年版，第345页。

③ Vgl. Breidenbach, Die Voraussetzungen von Informationspflichten beim Vertragsschluß, S. 70.

以银行为例,在金融产品交易、验资和转账等不同业务活动中,银行的职务范围并不相同,因而需要承担的告知义务也不同。

将3项因素置于动态体系之中,可以发现它们的相互关系在于,如果需求人有强程度的"信息需求"和弱程度的"信息可能性",而潜在义务人有强程度的"职务范围",其弱程度的"信息可能性"就能被接受,即义务人的告知范围不限于现有信息。①

在我国学说中,也有学者系统性地介绍了告知义务动态体系论,并主张将其融入我国法的解释适用中。如尚连杰博士认为告知义务成立的判断是信息重要性、披露可能性、期待合理性与信赖紧密度4项要素组成的动态体系,这与上述德国学说并无实质差别,只是个别要素的拆分与变换表述。②

(三)先合同告知义务判断因素的简化

其后的德国学说则在具体要素上对上述动态体系论有所细化和推进,这可为我国民法理论提供参考。

第一,排除现有信息的限定。德国学者洛伦兹(Lorenz)认为,告知义务"动态体系论"考虑的因素过于复杂,所谓潜在义务人的信息可能性("现有信息")不是告知义务成立(客观要件)层面需要考虑的问题,而是义务违反的可归责性问题(主观要件)。告知义务成立仅需要考虑相对方的信息需求,即信息重要性和相对方自行收集信息的合理性。③ 如果告知义务的成立判断无所不包,主客观相互嵌套,义务人对义务违反的主观状态也无从确定。因此,洛伦兹对主客观要件的区分较清晰、更具参考价值。

第二,信息重要性的分层与简化。德国民法理论也就信息重要性展开了较深入的讨论,总结而言重要性程度可分为两个层次。第一层次为阻碍"合同目的"(Vereitelung des Vertragszwecks)的情况,这是对缔约具有决定性意义的信息,理论上普遍认为该层次的信息需要告知。第二层次则为"一般市场关系",主要涉及市场

---

① Vgl. Breidenbach, Die Voraussetzungen von Informationspflichten beim Vertragsschluß, S. 75ff.

② 参见尚连杰:《缔约过程中说明义务的动态体系论》,载《法学研究》2016年第3期。

③ Vgl. Lorenz, Der Schutz vor dem unerwünschten Vertrag, S. 424.

价格的序列、对比与趋势，以及影响市场价格的供需或其他外部因素的变化。“货比三家”是任何一个消费者均可以理解与实现的，并无告知的意义与必要，因而理论上普遍认为该层次的信息原则上不属于告知义务的范围。

在两个层次之间则是一个范围广泛、涉及不同情形且需要具体判断的中间地带，德国学说就信息重要性以及告知义务成立的争议主要集中于该层次。① 但是，重要性的判断常因人而异，很可能导致裁判中的任意与不确定性。德国学者弗莱舍(Fleischer)认为，重要性实际上是典型性问题。② 这一观点的启发意义在于，重要性至少是客观上可证明的，不能仅凭相对人事后口头主张。在满足重要性要求后，就需要进行下一步，即信息可能性的限定。

第三，信息可能性的判断。所谓信息可能性，主要解决相对人为什么不自己收集信息的正当性问题。相对人难以自行收集信息的情况主要有以下 3 种。其一，“结构性”原因，如某一信息仅处于潜在义务人的内部领域，相对人无法合法获得。其二，“能力性”原因，这既包括因专业知识和能力差异导致的“信息地位不平等”，也包括因经济上劣势导致的信息收集困难。因信息能力差异导致的成本不对称是当事人告知义务的正当性基础，而非所谓自愿的“职务”承担或双方间的特别信赖关系。其三，“偶然性”原因，某些情况虽然在客观上可知，但不属于交易中当事人通常考虑的情况。如前文案例二“隐瞒汽车召回记录案”中，汽车出卖人主张虽然未将上述召回公告情况告知买受人，但汽车品牌方早已发布召回公告，此种公告属于公开信息，买受人知道或应当知道。可见，出卖人试图以信息可能性否定告知义务的成立。对此种偶然信息，相对人的不知情并非因其怠于收集，而是其根本意识不到该信息的存在。因此，以上 3 种情况都符合信息可能性要求。

第四，职务范围的简化。上述告知义务动态系统论将“职务范围”作为一项判断要素，但“职务范围”作为一种基于当事人间特别信赖关系的特殊情况，无须在一般性的告知义务构成中被考虑。此外，“职务范围”并非一个严谨的法律概念，布雷登巴赫将性质不同的法律关系混同在一起，将特别信赖关系过度扩张，并非只要一方

① Vgl. Busch, Informationspflichten im Wettbewerbs-und Vertragsrecht, S. 132 f.

② Vgl. Fleischer, Informationsasymmetrie im Vertragsrecht, S. 316 f.

当事人具有专业知识或进行职业活动就当然认为其主动为相对人承担了特别信赖。特别信赖关系的认定有其独立的严格标准,一般以既存合同关系或长期合作关系为基础,除非当事人在磋商中表示了对相对人承担特定"任务"的意思,此种意思需要按照意思表示解释的一般规则对其整体行为进行解释。① 一旦认为磋商当事人间存在特别信赖关系,那么相对人自行收集信息的"不真正义务"即降低甚至免除,当事人的告知义务标准则相应提高,其必须基于相对人的立场全面地考虑、告知或提示影响相对人利益的所有情况,尤其是给付效果与当事人目的的契合程度。此种承担更高标准告知义务的正当性只能来自当事人的自愿,且特别信赖关系一经形成便不能再认为双方间存在对立的利益,因而其成立非常严格,无须在一般磋商情形中考虑。

四、欺诈的主观要件:欺诈故意及其证明

(一)欺诈故意要件的理论争议:"过失欺诈论"的否定

对欺诈故意的认定,民法理论上要求认识和意志两项要素。如王利明教授认为,欺诈的故意是指"欺诈的一方明知自己告知对方的情况是虚假的且会使被欺诈人陷入错误认识,而希望或放任这种结果的发生。可见,欺诈方实际上是有恶意的"。② 德国通说也持这一观点,原则上要求欺诈方有意识、有意志地通过欺骗或隐瞒真相的方式导致或强化相对人的认识错误,并促使其作出具体的意思表示。③ 在认识要素的认定上,对作为欺诈,欺诈方不仅要认识到其陈述事实为假,还要同时认识到不实陈述可能误导相对人这一因果过程,在明知陈述为假时对误导他人的因果关系的认识通常是不证自明的。但对不作为欺诈,故意的认定则较复杂。由于磋商中双方当事人各自享有大量不同信息,将这些信息系数分享给对方不仅违背经济规律,事实上也不具有可行性。由此带来的问题是,一方当事人不告知某一事实并不必然属于"故意隐瞒",也可能仅认为不需要告知。认定故意至少要求当事人认识到

---

① Vgl. Lorenz, Der Schutz vor dem unerwünschten Vertrag, S. 434.

② 参见王利明:《民法总则研究》,中国人民大学出版社 2018 年版,第 571 页。

③ Vgl. MüKoBGB/Armbrüster, § 123 Rn. 13; Staudingers/Singer/Finckenstein, BGB § 123, Rn. 50.

不告知事实足以影响相对人的缔约决定。因此,故意地认定要求“事实认识”与“因果认识”,正是因为“因果认识”,不需要再特别认定意志要素,二者浑然一体。

但是,随着民法理论与司法实践中先合同义务的扩张,理论中出现了所谓“过失欺诈论”。有观点认为,“司法实践中,对于因说明义务违反而发生的决定自由侵害,应扩张适用欺诈的法理,而对于合同无效后当事人因当初缔约而受到的其他损害,则应适用缔约过失的规则给予当事人合同法上的救济”。① 这一观点仅针对不作为欺诈,而未回答过失的不实陈述是否也构成欺诈。另一观点更进一步地认为,应通过承认“过失欺诈”消除欺诈制度与缔约过失制度的评价矛盾。②

“过失欺诈论”有以下理论与实践的背景和问题。

第一,传统理论对故意的构成有绝对化倾向,使欺诈的认定成为事实上难以完成的任务。例如,欺诈的因果关系包含欺诈使相对人陷入错误并且因错误作出意思表示两部分,如果将这一具体因果过程也套入故意的认定中,就会认为欺诈故意也包含两个部分,即“使相对人陷于错误的故意”与“使相对人因其错误而为一定意思表示的故意”。纯粹主观要件的证明本来就有其固有的困难,在要件内部又要求多项、需要证明的具体因素,且每一因素都要求主观上的明知,这将使欺诈故意无法证明。这在一定程度上导致了我国司法实践中普遍存在回避认定行为人欺诈而认定表意人的重大误解的做法。③ 从这个角度看,“过失欺诈论”主张降低欺诈故意的证明标准、对故意要件进行缓和解释,这一思路在解释论上有其合理性和可行性,但仍是在故意要件的基础之上,无法证成“过失欺诈”。

第二,“过失欺诈论”未妥善区分“行为义务”意义上的“应当”与“事实推定”意义上的“应当”。主张“过失欺诈论”的刘勇教授曾以公报案例“刘某前诉安邦财产保险公司保险合同纠纷案”为依据,在该案中,法院认为保险人作为专业保险公司“明知或应知”保险金赔付义务的存在并就此认定保险人的故意,由于故意的认识层

① 参见牟宪魁:《民法上的说明义务之研究》,载梁慧星主编:《民商法论丛》第 31 卷,法律出版社 2004 年版,第 600 页。

② 参见刘勇:《缔约过失与欺诈的制度竞合——以“欺诈”的故意要件为中心》,载《法学研究》2015 年第 5 期。

③ 参见许德风:《欺诈的民法规制》,载《政法论坛》2020 年第 2 期。

面是“明知”,而过失在认识层面才是“应知”,所以法院裁判已“暗示了过失构成欺诈的可能”。[①] 但是,对裁判真意的理解不能仅限于其文义。就“应知”而言,与其说是在规范意义上保险人有知情的义务,不如说从常理或生活经验上可以推断保险人不可能不知道保险金赔付义务。这里的“应知”是一种对故意的事实推定,而非放弃故意的归责原则,因为职业保险人不可能不知道自己有保险金赔付义务。同样,正如前文案例二“隐瞒汽车召回记录案”,汽车经销商不可能不知道其出售的车辆并非完好无损的新车,此时即使没有直接证据证明“明知”,也可以予以推知。因此,该判决中的“应当”并非指过失意义上的“应为”,而是对于行为人明知的事实推定,不能作为“过失欺诈论”的佐证。

第三,故意欺诈与过失的告知义务违反在主观恶意程度上差别很大,在价值判断上不宜等同视之,而过失欺诈论未在法效果上考虑故意与过失的区分,也难以有针对性地为“恶意”规定加重的法律后果。一方面,涉及因欺诈撤销合同后的返还问题,如有观点认为,应通过返还规则使欺诈人承受其自己履行的损耗乃至贬值和灭失的风险。欺诈人因其恶意须返还全部获益,而受欺诈人仅须返还现存利益。如标的物非因受欺诈人的过错而毁损灭失,则受欺诈人不再负担返还义务,但受欺诈人对欺诈人的返还请求权不受影响。[②] 另一方面,则涉及因果关系的认定以及相对方的“与有过失”。

第四,“过失欺诈论”认识到过失违反信息义务具有违法性,但这不能论证为什么一定要“改造”并适用欺诈制度,而不适用重大误解、缔约过失等其他相关制度。有论者指出,“逻辑上看,欺诈中的欺罔行为必然是以‘需要提供信息’为前提的,因此信息提供义务论的展开实际上已经将欺诈纳入其中”。[③] 对作为欺诈,欺诈的构成不要求“需要提供信息”;对不作为欺诈,即使当事人违反了信息提供义务,也有以下两种难以包容“欺诈”的情形:一为义务人因过失未能了解和发现自己应告知对方

---

① 参见刘勇:《“过失欺诈”的可能》,载周江洪、陆青、章程主编:《民法判例百选》,法律出版社 2020 年版,第 91 ~ 92 页。

② 参见许德凤:《欺诈的民法规制》,载《政法论坛》2020 年第 2 期。

③ 参见刘勇:《缔约过失与欺诈的制度竞合——以“欺诈”的故意要件为中心》,载《法学研究》2015 年第 5 期。

的信息;二为义务人虽了解某一信息,但未意识到该信息需要告知。[①]

基于以上四个方面的分析,"过失欺诈理论"在理论上难以成立,欺诈制度仍应以"故意"为主观要件。

(二)作为欺诈中故意的认定标准

对作为欺诈,如果客观上可以证明一方当事人明知其陈述的事实为假,则通常可以认定故意。尽管民法理论上要求欺诈方对欺诈行为与相对方意思表示间的因果关系有所认识,但相对人在作出虚假陈述时对相对人的后续反应(是否作出意思表示)只能是一种预测,而非准确的认识。因此,所谓因果认识,仅是指欺诈方在作出欺诈行为时对其可能发生的行为后果有所认识。如德国学者拉伦兹认为,"恶意",是指实施欺诈目的是影响受欺诈人的意思,或者欺诈人至少可以认识到受欺诈人因此可能受到影响。[②] 德国学者弗卢梅也认为,"当欺诈人明知或可以预见到,他所旨在欺诈的人因此作出原本不会作出的或不会以该内容作出的意思表示时,他具有欺诈的恶意"。[③] 德国学者梅迪库斯也指出"在通常情况下,某人故意作虚假陈述的,即构成欺诈"。[④]

如果一方当事人向对方陈述某一事实,其明知对该事实的真伪不能作出准确的判断,却仍向他人作出陈述,此种情况也可认为陈述的一方具有欺诈的故意。因为陈述人不能判定其陈述的事实是否真实,也就不能告诉他人该事实是真实的。[⑤] 在比较法上,这种情况也被称为"信口开河"(ins Blaue hinein)的欺诈。如德国联邦最高法院认为,若陈述一方明知自己欠缺事实依据仍然积极地向对方提供信息,纵使其在对外表示时尚不能完全确信信息是否属实,但能够预估信息可能不正确,此时其对信息的真实与否采取了一种放任态度,足以构成故意。[⑥] 由此可见,对认识和意志两项要素的判断是相辅相成的,如果对陈述为假的认识要素足够明确,意志要素

---

① Vgl. Lorenz, Der Schutz vor dem unerwünschten Vertrag, S. 424.

② 参见[德]卡尔·拉伦兹:《德国民法通论》,王晓晔等译,法律出版社 2013 年版,第 543 ~ 544 页。

③ 参见[德]维尔纳·弗卢梅:《法律行为论》,迟颖译,法律出版社 2013 年版,第 646 页。

④ 参见[德]迪特尔·梅迪库斯:《德国民法总论》,邵建东译,法律出版社 2013 年版,第 595 页。

⑤ 参见王利明:《民法总则研究》,中国人民大学出版社 2018 年版,第 571 页。

⑥ Vgl. BGH NJW 1981, 1441, 1442; NJW-RR 1986, 700.

的满足就是自然而然的;如果认识要素尚未达到确信程度,则可以由意志要素(对真实性的放任)予以补强。

就这一问题,英国普通法与德国法采取了相似的处理方案。英国普通法采取所谓“诚实确信”标准,即陈述人并不诚实地确信他的陈述为真。根据该标准,欺诈故意包括3种情况:其一,陈述人明知陈述非真实;其二,陈述人对陈述真实性未达到完全确信的程度,对真实性仍有所怀疑;其三,陈述人对陈述真实与否采取轻率的态度,不仅不知陈述的真假,还对此保持“轻率”态度。这里的“轻率”(recklessness)不同于疏忽大意的过失。就疏忽大意的过失而言,陈述人仍然诚实地确信其陈述的真实性,只是此种确信欠缺客观合理的依据。[①] 如果陈述人不符合“诚实确信”,其就当然可以预见不真实信息可能影响受陈述人的缔约决定,陈述人使受陈述人据不实陈述有所行动的主观意图通常不需要单独予以证明,英国法院将其称为陈述的“自然结果”(natural consequences),可以由事实予以推定。[②]

综上,对作为欺诈,如果行为人明知自己提供了虚假信息,或者明知其提供信息可能为假,即可以认定其欺诈故意。当行为人明知其提供信息可能为假,就足以认识到虚假信息误导对方的可能,对因果关系的认识和意志要素即告满足,不能将欺诈故意的认定等同于对事后结果的准确认识或预测。

(三)不作为欺诈中故意的认定

对不作为欺诈,故意的认定则有更严格的要求,因为在不作为的具体情形中当事人主观上的恶意程度差别较大,故意的认定必须要考虑此种差序性。故意的成立在要求欺诈人明知真实情况外,还需要认识到自己“不作为”的误导可能性或欺骗性。一方面,“双重认识”这一限定是有必要的,因为其可以排除当事人仅因疏忽大意未认识到告知义务的存在或范围而被认定为“过失欺诈”;另一方面,过度要求此种因果关系的主观认识则使欺诈的证明非常困难。

要认定当事人主观上有“不作为欺诈”的故意,理论上不仅需要证明当事人实际

---

① See Derry v. Peek (1889) 14 App. Cas. 337, 374.

② See John Cartwright, *Misrepresentation*, *Mistake and Non-Disclosure*, Sweet & Maxwell, 2017, p. 149 - 150.

明知某一信息,至少还要证明当事人认识到该信息的重要性以及不告知的可能后果,即相对人不仅难以自己发现真相,也很可能产生认识错误。德国司法实践提出了“间接故意”(dolus eventualis)标准,当事人可以认识到相对人就应告知的情况很可能存在认识错误,同时认识或可以预见相对人自己不能发现错误以及在告知相关情况后相对人将不会缔约或以不同条件缔约,此时当事人仍然容忍或放任(billigend in Kauf nehmen)这一结果,即可构成间接故意。①

五、欺诈的因果关系

在欺诈行为这一客观构成外,我国《民法典》第148条还要求欺诈行为与受欺诈人作出意思表示间的因果关系;在主观构成上,故意要件除在欺诈人认识到其告知情况的虚假性(作为)或认识到告知义务的违反(不作为)外,还要求其认识到欺诈行为对作出意思表示的影响(对因果关系的认识)。因果关系因而跨越主客观,成为欺诈制度构成中最主要的障碍。

(一)客观构成上因果关系的层次与标准

客观构成上的因果关系可被分解为两个层次:其一,欺诈行为与相对人认识错误间的因果关系;其二,相对人认识错误与其意思表示的关系。②

在第一层次的因果关系上,欺诈行为不必是导致或引发认识错误的唯一原因。这与第二层次因果关系上认识错误不必是作出意思表示的唯一原因是相对应的。除所谓“唯一”“绝对”等要件本质上无法证明外,还有更实质的理由。其原因在于,理性之人也有错误的可能,但同时也有自我纠错的能力,若欺诈行为对受欺诈人自发生成的认识错误起到了巩固、维持或强化的效果,且其效果一直延续至意思表示作出之时,受欺诈人自我纠错的机会即被显著抑制,二者间的因果关系并不因此而中断。所谓唯一原因的要求仅从“作为”形态出发,对不作为欺诈,认识错误总是受欺诈人自己产生的,而欺诈人没有通过履行告知义务使此种错误得以纠正。

---

① Vgl. BGH NJW 1994, 253, 254; Staudingers/Singer/Finckenstein, BGB §123, Rn. 50.

② Vgl. MüKoBGB/Armbrüster, §123, Rn. 20; Staudingers/Singer/Finckenstein, BGB §123, Rn. 48.

第二个层次的因果关系则相对复杂。民法理论上曾经区分所谓“导致缔约之欺诈”或“成因欺诈”(dolus causam dans)与“附带欺诈”(dolus incidens),前者的因果过程是因行为人欺诈导致相对人作出缔约的意思表示;后者的因果过程则是即使没有欺诈,相对人也会缔约,但将以不同的交易条件缔约。① 这一区分主要体现在债法现代化前的法国《民法典》中,其第1116条规定,“当事人一方不实施欺诈,相对人即不会缔约,此种欺诈构成合同无效的原因。欺诈不得推定,应予以证明”。债法现代化后的法国《民法典》第1130条第1款关于“意思瑕疵”的定义中放弃了既有立场,转而认为没有意思瑕疵相对人就不会缔约或以实质不同的条款缔约,一体对待所谓的“成因欺诈”与“附带欺诈”。德国法和英国法从一开始就不承认二者的区分。其实,当事人是否缔约和以何种条件缔约逻辑上虽然是可以区分的,但在事实上是一个浑然一体的思维过程,对其硬性区分不仅人为地割裂思维过程,也造成了不必要的问题。

在第二层次因果关系实质上由“成因欺诈”与“附带欺诈”共同构成这一基础上,共同因果关系也应得到承认,认识错误不必是作出意思表示的唯一原因。理由在于:其一,从因果关系的内容看,欺诈行为或许没有影响相对人是否缔约的决定,却仍然可能影响相对人以何内容和条件缔约的决定,相对人有可能因欺诈行为接受了更高的交易价格;其二,只要相对人尚未作出意思表示,其有权随时改变意愿,欺诈行为却加深了既有的缔约意愿,限制了相对人反思和改善其内心决定的可能,二者并非没有因果关系。也因此,在德国司法实践中,如果相对人预估到了欺诈行为,但因其认为欺诈程度较轻不至于影响合同需求的满足,仍作出意思表示,但实际上,欺诈的影响程度和范围远超其预估,因果关系并不因其预估而发生中断。② 如果欺诈行为引起的认识错误加速了决策进程,即如果没有欺诈,行为相对人不会在某一时间点作出意思表示,如欺诈行为导致相对人不再进一步磋商合同的价格条件,因果关系也可以成立。③ 英国普通法则走得更远,即使欺诈人可以证明欺诈不发生时受欺诈人仍会选择缔约,受到同样损失,此种“因果抗辩”(but for)仍不能中断因果

① 参见朱广新:《合同法总则研究》,中国人民大学出版社2018年版,第300~301页。

② Vgl. MüKoBGB/Armbrüster, §123 Rn. 25.

③ 参见许德风:《欺诈的民法规制》,载《政法论坛》2020年第2期。

关系。

（二）因果关系的表见证明

在理论上，受欺诈人需要证明假设没有欺诈行为其就不会作出缔约的意思表示或以不同的条件缔约；反之，如果相对人已经察觉了欺诈行为或者有意地忽略事实，此时就不成立因果关系。但问题在于，受欺诈人如何成功地证明一种假设情境下的主观思维过程或未认识到欺诈行为的消极事实。这一问题已出现在我国司法实践中，如在一个案例中，法院虽然认定拼装车是二手车交易中的重要因素，经营者对此有告知义务，但却在因果关系上趋于紧缩，因该案中的消费者也有专业知识，从其拥有的丰富经验来说，“未必”能导致其陷入认识错误，因而不构成欺诈。[①] 当原告可以证明拼装是一种影响二手车安全行驶与价值的重要因素时，其举证责任即已经完成，被告要主张原告在缔约前基于自身知识经验了解真实情况，应由其自己举证，并承担举证失败的不利后果。在被告未举证的情况下法院即想当然地“推定”不存在因果关系并不符合举证责任分配原则。

由于因果关系是一种思维过程，其难以直接证明，仅能通过间接证明。在间接证明的方式上，除磋商过程中的具体事实外，也应当允许当事人通过具有典型性的因果关系予以表见证明。传统德国理论认为因果关系具有主观性，不接受客观第三人视角。理由在于，欺诈制度的规范目的在于保护相对人的决定自由，即不能用社会通常标准去评价欺诈因素在某一具体案件中对缔约决定的影响。[②] 基于同样理由，表见证明也无法适用于欺诈制度中，即不能用经验法则上的典型事件经过证明具体个案中欺诈的因果关系，因为每个人的主观思维过程都千差万别，磋商信息的内容与形态多样，因此对意思形成不存在普适的经验法则。[③] 若此种观点推而广之，即使通常意义下欺诈所涉及的情况对某一类型法律行为的磋商与意思决定极为重要，也不能证明因果关系的存在。绝对化的主观标准在目的上原本是保护受欺诈人，即使其思维过程异于常理也应得到保护。但其异化为对客观标准的绝对排斥，

---

① 参见广东省高级人民法院民事裁定书，(2019)粤民申 973 号。

② Vgl. MüKoBGB/Armbrüster, § 123 Rn. 22; Staudingers/Singer/Finckenstein, BGB § 123, Rn. 48.

③ Vgl. Grigoleit, Vorvertragliche Informationshaftung, S. 168 ff, 178 f.

使因果关系证明成为难以完成的任务,反而对受欺诈人严重不利。因此,因果关系的认定应放弃绝对主观标准,如果受欺诈人不能证明主观重要性,基于一般生活经验的表见证明就提供了一种证明可能性,这更有利于对受欺诈人的保护。

(三)因果关系中的“与有过失”

所谓“与有过失”,一般是指损害赔偿法上才考虑的问题,欺诈作为意思瑕疵制度,理论上不存在这一问题。但是,受欺诈人的“与有过失”潜藏在因果关系的判断中。受欺诈人的过失不应中断因果关系,在缔约过失损害赔偿中也不应适用与有过失分担损失。理由主要有以下四个方面。

其一,既然欺诈制度的法益仅在于保护决定自由,欺诈行为客观上影响了受欺诈人的决定自由即可,无关于受欺诈人是否可以自己避免错误认识的发生。① 其二,限制撤销权的目的在于防止当事人的机会主义,即防止其将履约过程中自己本应承担的风险通过撤销合同的方式转嫁给相对人。在重大误解制度中,保护无过错的错误相对人对合同效力的合理信赖尤为重要;而在欺诈制度中欺诈人的主观恶意程度高,其信赖不值得被保护。其三,在先合同信赖关系中,当事人对磋商伙伴所提供信息真实性的信赖应当予以承认和保护,也正因如此,法律不应再强制让当事人再承担重复的调查义务。因此,受欺诈人在不知信息为假时选择相信欺诈人的诚信也难谓过失。其四,即使从与有过失的角度考虑,欺诈人的故意完全盖过了受欺诈人的过失,此种情况下的过失责任即应被故意责任排除。② 有观点指出,“欺诈制度的规范重心在于行为人欺骗他人的故意行为,对于受欺诈方的意思状态,应持宽容的态度。换言之,行为人的欺诈可以将相对人的‘重大过失’正当化。某些时候,欺诈人的谎言可能相当拙劣,一般理性人并不会相信,但这一合理理性人的标准并不能适用于对欺诈的判断”。③

---

① Vgl. Lorenz, Der Schutz vor dem unerwünschten Vertrag, S. 316.

② Vgl. Lorenz, Der Schutz vor dem unerwünschten Vertrag, S. 441.

③ 参见许德风:《欺诈的民法规制》,载《政法论坛》2020年第2期。

专题十七　第三人欺诈与第三人胁迫

本专题撰写人：冉克平

【《民法典》及其配套司法解释的新规则】

《民法典》第 149 条：

第三人实施欺诈行为，使一方在违背真实意思的情况下实施的民事法律行为，对方知道或者应当知道该欺诈行为的，受欺诈方有权请求人民法院或者仲裁机构予以撤销。

《民法典》第 150 条：

一方或者第三人以胁迫手段，使对方在违背真实意思的情况下实施的民事法律行为，受胁迫方有权请求人民法院或者仲裁机构予以撤销。

《总则编司法解释》第 21 条：

故意告知虚假情况，或者负有告知义务的人故意隐瞒真实情况，致使当事人基于错误认识作出意思表示的，人民法院可以认定为民法典第一百四十八条、第一百四十九条规定的欺诈。

《总则编司法解释》第 22 条：

以给自然人及其近亲属等的人身权利、财产权利以及其他合法权益造成损害或者以给法人、非法人组织的名誉、荣誉、财产权益等造成损害为要挟，迫使其基于恐惧心理作出意思表示的，人民法院可以认定为民法典第一百五十条规定的胁迫。

【规则由来】

对欺诈制度,原《民法通则》第 58 条第 1 款第 3 项规定:“一方以欺诈、胁迫的手段……”原《合同法》第 52 条第 1 款第 1 项与第 54 条第 2 款规定,一方以欺诈的手段订立合同,损害国家利益的合同无效,使对方在违背真实意思的情况下订立的合同可变更或可撤销。从立法表述来看,原《民法通则》与原《合同法》均未预留第三人欺诈或胁迫的空间,从而形成法律上的漏洞。2000 年最高人民法院《担保法司法解释》第 40 条规定:“在合同债务人采取欺诈、胁迫手段,使保证人在违背真实意思的情况下提供保证的,债权人知道或者应当知道欺诈胁迫事实的,保证人不再承担保证责任。”由此可见,该司法解释对第三人欺诈或者胁迫订立的保证合同,以债权人知道或应当知道作为该合同效力的限制性条件。

然而,在比较法上,凡是规定了欺诈和胁迫的立法,通常同时规定了第三人欺诈和第三人胁迫,例如,德国《民法典》第 123 条、意大利《民法典》第 1343 条、日本《民法典》第 96 条以及韩国《民法典》第 110 条等。我国原《民法总则》第 149 条和第 150 条规定了第三人欺诈与第三人胁迫,我国《民法典》总则编沿袭了原《民法总则》的上述规定。

【规范意旨】

我国《民法典》第 149 条和第 150 条规定的是在第三人实施欺诈或者胁迫的情况下,表意人实施的法律行为及其法律效果。所谓第三人欺诈,是指表意人与相对人以外的第三人实施欺诈行为,致使表意人违背真实的意思而实施法律行为的欺诈类型;所谓第三人胁迫,是指表意人与相对人以外的第三人实施胁迫行为,致使表意人违背真实的意思而实施法律行为的胁迫类型。在第三人欺诈或第三人胁迫的情形,法律需要协调表意人、相对人与第三人之间的利益关系,并合理规范第三人欺诈或胁迫所为法律行为的效力,从而兼顾表意人意思自治与第三人交易安全之间的利益平衡。

【典型案例】

案例一:“保证金欺诈案”

2017年6月初,A公司监事许某联系殷某协商B工程分包事宜,殷某需向A公司交付保证金300万元。殷某因资金紧张向赵某求借,赵某与殷某前往工程项目部考察并见到A公司执行董事李某。2017年6月5日,A公司作为甲方以总承包人身份与殷某(作为乙方)签订《B工程施工合作协议书》,协议约定乙方需向甲方交纳履约保证金300万元。该协议签订时赵某在场,且乙方委托代理人位置有赵某签字。殷某于2017年6月8日向赵某出具人民币300万元的借条,后赵某根据约定向A公司账户转款300万元,A公司出具相应收据。2017年8月22日,殷某以C公司(乙方)名义与D公司(甲方)签订《项目合作框架协议》,约定将涉案项目分包给乙方施工,该合同甲方法定代表人或授权委托人处有许某签字。2019年8月10日,D公司向赵某出具《还款协议》,承诺退还赵某300万元合作诚意金。赵某认为,A公司非中标单位,在收取300万元保证金后,事实上构成了实施欺诈行为,遂诉至法院,请求殷某、A公司、D公司返还保证金300万元并赔偿相应经济损失。

一审法院认为,现有证据可以证明A公司以总承包人身份在涉案工程尚未确定中标结果的情况下,收取赵某300万元,对赵某造成损害,应予赔偿。本案借款关系发生在赵某和殷某之间,赵某主张在其决定是否要向殷某出借款项的过程中,A公司实施了欺诈行为,故要求其承担300万元本息的偿还责任。在此种情形下,属于合同之外的第三人实施欺诈引发的诉讼。参考《民法典》第149条的规定,按照“举重以明轻”的法律解释方法,在法律行为事实上已经无法撤销的情况下,对行为人受欺诈实施法律行为而遭受的损失,有权向欺诈者请求赔偿。《民法典》第1165条关于“行为人因过错侵害他人民事权益,应当承担侵权责任”的规定在本案中可资适用。一审法院判决殷某返还借款本金及利息,A公司在殷某不能清偿的范围内承担赔偿责任。

二审法院认为,关于A公司的法律责任,根据本案事实可以证明A公司以总承包人身份收取了赵某300万元款项,且A公司对该笔款项系赵某缴纳是明知的。A公司提交的证据亦不能证明其将案涉300万元转给了D公司。案涉工程中标日期是2017年8月4日,中标公司也非A公司。虽然被告殷某向赵某出具了案涉借条,但A公司在2017年6月5日以承包人身份签订《B工程施工合作协议书》时,存在明显的主观恶意和欺诈。因A公司的欺诈行为,导致赵某支付案涉300万元。同时,D公司亦承诺向赵某退还案涉300万元,A公司和D公司关系密切,A公司作为案涉300万元的收款方,一审法院判决认为,其在殷某不能清偿的范围内承担赔偿责任,并无不当。①

案例二:"租赁合同纠纷案"

系争租赁房屋的产权人系居某华。2016年9月初,倪某诚带领外籍人员前来看房。居某华微信询问第三人倪某诚:"客户是什么公司?"倪某诚回答:"餐饮公司。"并告知居某华,该餐饮公司与黄浦捷派公司存在外包关系,为了解决该公司外籍工作人员居住问题,该公司将房屋租赁等事宜外包给黄埔捷派公司。

2016年9月20日,居某华(出租方,甲方)与黄浦捷派公司(承租方,乙方)与居间方倪某诚签订《房屋租赁合同》,约定甲乙双方委托居间方就甲方将其合法拥有的房屋出租给乙方使用;房屋租赁期限自2016年10月1日起至2019年9月30日止,租金为每月人民币14,500元;支付方式,租金按每3个月为一期支付,第一期租金总计43,500元。合同签订后,黄埔捷派公司按每月14,500元的标准向居某华支付了2016年10月1日至2018年6月30日的租金。上述租金实为倪某诚向居某华支付。

2016年9月27日,倪某诚假冒居某华代理人的身份与赫斯可公司签订《租赁合同》,将系争房屋出租赫斯可公司,租期自2016年10月1日至2018年9月30日,月租金19,000元,租金付至倪某诚银行账户。系争房屋实际由外籍人员居住。后居某华到系争房屋查看后,与租客交谈中得知,倪某诚假冒其代理人身份,将系争房屋以每月19,000元的价格出租给租客赫斯可公司。另查明,黄埔捷派公司的法定代表人为倪某根,股东为倪某根、倪某诚两人,倪某诚系倪某根之子。黄埔捷派公司与赫斯可公司并无任何业务往来。

---

① 参见河南省商丘市中级人民法院民事判决书,(2022)豫14民终894号。

后居某华向法院起诉,以受到第三人倪某诚欺诈,与黄浦捷派公司订立合同为由,要求撤销与黄浦捷派公司订立的《房屋租赁合同》。

一审法院认为,本案的争议焦点是订立合同时,黄浦捷派公司及第三人倪某诚是否有欺诈行为,致使居某华违背真实意思与黄浦捷派公司订立房屋租赁合同。从居某华与倪某诚的微信聊天记录内容可知:居某华事先对黄浦捷派公司的资信情况进行了调查,并对是否将房屋租赁给黄浦捷派公司犹豫不决,于是询问第三人倪某诚。倪某诚为了让居某华尽快和与自己父亲作为法定代表人的黄浦捷派公司签约,谎称外籍人员所在赫斯可公司是黄浦捷派公司合作外派公司,外籍人员是黄浦捷派公司的外籍顾问,黄浦捷派公司包住宿等谎言,诱使原告与被告黄浦捷派公司签订房屋租赁合同。而实际上黄浦捷派公司与赫斯可公司不存在合作事宜,黄浦捷派在承租过程中亦对系争房屋未自用,而是将其加价转租给赫斯可公司,是为了赚取租金差价的欺诈行为。故对居某华要求撤销合同的诉讼请求,法院予以支持。

黄浦捷派公司上诉辩称其对第三人倪某诚的欺诈行为不明知,也不应该知道,倪某诚只是公司的股东之一,没有参与管理,要求依法撤销一审判决,发回重审或依法改判驳回被上诉人居某华的全部诉讼请求。

二审法院审理后认为,一审的事实认定正确,并认为黄浦捷派公司辩称不知道或者不应当知道倪某诚的欺诈行为与事实不符。倪某诚、黄浦捷派公司的行为已构成原《民法总则》第 149 条(现《民法典》第 149 条)下第三人欺诈的可撤销事由。居某华主张撤销其与黄浦捷派公司的租赁合同,于法有据,对一审判决予以维持。①

案例三:"股权转让纠纷案"

2008 年 5 月 21 日,李某悦、范某铭代表牧羊集团至邗江工商局投诉福尔喜机械公司、迈安德公司侵犯牧羊集团注册商标专用权。2008 年 9 月 11 日,邗江公安局以许某华涉嫌假冒注册商标罪将其刑事拘留。许某华在看守所内转让了自身对牧羊集团的股权。在股权转让完毕后,邗江公安局决定解除对许某华取保候审和决定撤销许某华涉嫌假冒注册商标案。2009 年 9 月 23 日,许某华向扬州仲裁委员会提出仲

---

① 参见上海市第一中级人民法院民事判决书,(2019)沪 01 民终 7631 号。

裁申请,请求撤销上述股权转让协议。后许某华配偶李某兰于2009年9月18日向扬州市中级人民法院起诉,请求确认许某华与陈某荣间的股权转让行为无效。扬州市中级人民法院一审审理后判决驳回诉讼请求。李某兰上诉于江苏省高级人民法院,经二审审理,判决维持原判。后江苏省高级人民法院于2016年6月23日裁定再审。

一审法院认为,从许某华进入看守所前后的心态骤变上能够看出,许某华原本不具有缔结股权转让协议的意愿因恐惧心理而发生扭曲,签订股权转让协议实非其真实意思表示。虽然胁迫行为并非由合同相对方直接实施,但陈某荣是受到合同相对方指使。陈某荣对范某铭等胁迫行为明显知情,且积极予以配合,其受指使出面签订股权转让协议是为胁迫目的达成服务的。虽然原《合同法》第54条所规定的胁迫主体仅限合同一方,但该一方应当涵括未亲自实施而由第三人实施且对胁迫行为知情、利用该胁迫行为签订合同的情形。但原《民法总则》第150条已明确将胁迫行为实施主体扩展至一方或者第三人。立法对胁迫行为认定的演化更加侧重对受胁迫主体意思表示真实的保护,重在判断相对方的意思表示是否在不自由的状态下所作出,该意思表示不真实与胁迫手段是否具有因果关系。原《民法总则》的立法精神可资借鉴。由此,许某华所主张的合同撤销权满足法定要件,在实体上成立。

二审法院认为,许某华主张签订于看守所的协议,是在受到李某悦、范某铭胁迫的情形下所签订的,对其有充分的证据证明,能够排除合理怀疑,协议非许某华的真实意思表示。非合同相对方胁迫许某华签订协议这种胁迫行为亦在原《合同法》第54条的规制之内,一审法院认定该协议符合原《合同法》第54条所规定的法定撤销情形符合立法目的,并无不当。原《民法总则》第150条已明确将第三人以胁迫手段使对方在违背真实意思情况下实施的民事法律行为纳入法定撤销情形,而且,依照原《民法总则》的规定,第三人胁迫情形下,即便被胁迫一方的相对方对胁迫情形一无所知,该民事法律行为亦可被撤销。而本案协议相对方陈某荣明知李某悦、范某铭的胁迫行为并参与整个计划之中。法条的变化更印证了一审法院的认定是正确的。由于许某华行使撤销权并未超过法律规定的权利行使期间,一审法院判决撤销许某华与陈某荣签订的案涉股权转让协议于法有据。①

---

① 参见江苏省高级人民法院民事判决书,(2018)苏民终1388号。

【理论阐释】

一、第三人欺诈的类型

依据意思表示有无相对人,意思表示可以分有相对人的意思表示与无相对人的意思表示。在无相对人的情况下,第三人实施欺诈使表意人违背自己的意志作出意思表示时,表意人均有权撤销。例如,法人之设立、继承之抛弃以及遗嘱的作成等。①

在有相对人的意思表示中,实施欺诈之人通常是表意人的相对人(表意受领人)。然而,在有些情况下,实施欺诈的人,系表意人与相对人(表意受领人)以外的第三人。对此,英美法系与大陆法系的立法态度完全不同。具体而言:(1)英国法不承认第三人欺诈。虚假陈述必须是合同的一方当事人向意欲订立合同的对方当事人作出的不真实陈述,因此,当事人因为听信第三人的虚假陈述而订立合同的,一般不影响合同的有效性。上议院在"皮克诉格尼案"(Peek v. Gurney)(1873 年)确立了第三人的陈述不构成虚假陈述的规则,并且指出,合同当事人作出的不真实陈述,对间接获悉者或无关旁听者均不构成虚假陈述。② 上诉法院在"格罗斯诉利维斯希尔曼有限公司案"(Gross v. Lewis Hillman Ltd.)(1970 年)再次确认这个规则。③(2)美国法承认第三人欺诈。在美国合同法上,对第三人欺诈或胁迫缔结的合同,《美国合同法第二次重述》也以相对人知情为限作为受害人撤销合同的原因。对第三人欺诈,该重述第 164 条规定:"如果合同一方当事人基于第三方的欺诈或虚假陈述而作出同意的意思表示,并能证明其信赖是合理的,则受害方可撤销合同,除非另一方当事人是善意的并没有理由知道其基于信赖交易所作出的陈述是虚假的。"(3)大陆法系承认第三人欺诈并予以规定。例如,德国《民法典》第 123 条第 2 款第 1 句规定:"第三人已进行欺诈的,仅在相对人知道或应当知道欺诈时,须以他人为相对人而做出的表示才是可撤销的。"瑞士《债法典》第 28 条、日本《民法典》第 96

① 参见史尚宽:《民法总论》,中国政法大学出版社 2000 年版,第 429 页。

② Peek v. Gurney (1873) LR 6 HL 377.

③ Gross v. Lewis Hillman Ltd [1970] Ch 445. 该案的原告准备购买一家商店,便请某投资公司为其寻找合适的商店。投资公司基于被告的不真实陈述购买了一家商店并转卖给原告,原告因购买商店遭受损失,便起诉商店虚假陈述,请求取消合同并赔偿原告的损失,初审法官判决原告败诉,上诉法院予以维持。

条第2款等均明文规定。在此情形下,法律需要协调表意人、相对人与第三人之间的利益关系,并合理规范第三人欺诈所为法律行为的效力。

二、“第三人”范围的界定

表意人受到第三人实施欺诈的影响,则其表示就缺少了自决行为所需要的自由决策的可能性。但是,第三人欺诈中的“第三人”并不是指法律行为当事人之外的任何人,而是指与当事人无任何关系的第三人。正如学者所言,“第三人是根据公平性权衡来界定的。第三人不包括意思表示受领人的‘信赖人’,也不包括那些‘依据公平性观点并考虑到利益状况’,其行为应该归责于意思表示受领人的人”。①这些人实施的欺诈而损害表意人的行为,因为其与意思受领人的特殊关系,而视为意思受领人自己的行为,表意人当然可以撤销法律行为,并要求意思受领人承担赔偿责任,而不适用第三人欺诈问题的规定。据此,第三人的范围应该受到如下限制:

第一,第三人不包括表示受领人的法定代表人、负责人、代理人或作为其缔约辅助人参与从事行为的人。对由法定代表人、负责人、代理人以及辅助人实施的欺诈行为,表示受领人必须将其归责于自己。德国判例上,在所谓的“金融性买卖”中,只要出卖人的代理人相对买受人是以信贷促成人的名义从事行为的,金融机构就必须将由出卖人的代理人所实施的欺诈行为归责于自己。②在英国,代理人在代表本人谈判期间实施的欺诈行为,也被视为本人欺诈行为。“授权另一方代表他人签订任何合同的人,承担责任表明该人在执行其授权的活动中没有欺诈,正如他承担责任表明自己在签订合同中没有期许一样。”③《欧洲合同法原则》与《国际商事合同通则》对第三人实施欺诈或胁迫行为中的“第三人”的范围,也进行了适当限制。依据《欧洲合同法原则》第4:111条第1项的规定,第三人在一方当事人对第三人的行为负责之场合,或者经一方当事人同意该第三人介入了合同的缔结,如果该第三人犯有欺诈或者进行了胁迫,则在与恰如该方当事人自己的行为或知晓一样的条件下,可以获取本章中的救济。《国际商事合同通则》第3.10条第1项亦规定:“如欺诈、

---

① 参见[德]迪特尔·梅迪库斯:《德国民法总论》,邵建东译,法律出版社2000年版,第604页。
② 参见[德]迪特尔·施瓦布:《民法导论》,郑冲译,法律出版社2006年版,第448页。
③ See Treitel, *The Law of Contract*, 13th ed., Sweet & Maxwell, 2011, p.410–411.

胁迫、重大失衡或一方当事人错误归因于第三人,或为第三人知道或理应知道,而第三人的行为由另一方当事人负责,则可宣告合同无效,其条件与由另一方当事人本身签订的合同宣告无效的条件相同。"

第二,在有些情况下,实施欺诈或胁迫的第三人虽然既不是表示受领人(行为相对人)的代理人,也不是其所委托从事合同谈判工作的人,但该第三人在利益方面与其有密切联系,表示受领人也必须将由第三人实施的欺诈行为归责于自己。例如,因受骗而买了货物的人,借钱支付了货款,不能以证明卖方骗他进行买卖为由而宣告贷款合同下的责任无效。买卖与贷款是相互独立的合同,因受欺诈而订立其中一个合同,并不使当事人有理由宣告另一个合同无效。然而,在两个合同紧密相关时,如卖方和银行事先达成协议,卖方可以为消费者作出必要的安排,以贷款的形式为买卖提供融资,情况就会不同。对此,早在1956年,德国联邦最高法院认为,在这种情况下,即使是卖方欺骗消费者订立买卖合同,后者也可以宣告贷款合同无效。从那时起,欧洲大多数国家通过的消费者信贷法中都有具有此类法律效果的规则。英国1974年《消费者信贷法》第56条规定:"如果与银行有关系的供货方与消费者就由银行予以融资的买卖合同进行谈判,则卖方被认为是以'债权人的代理人的身份'进行谈判,欺诈遵循此规则——卖方作为代理人欺诈使银行承担本人的责任。"这些欺诈行为可以直截了当地归责于表示受领人。同样,融资租赁合同中的出租人的供货人如果欺诈融资租赁合同的承租人,则该供货人也不是"第三人",倘若其在融资租赁出租人完全不知情的情况下进行融资租赁合同的前期谈判。相反,如果一个人在订立合同时只是以介绍人的身份出面,如经纪人,则以其根据案件的具体情况不被划归表示相对人的阵营为限,视为第三人。① 也就是说,如果表示受领人与实施欺诈的第三人的关系密切到如此程度,以致从被欺诈人(表意人)的角度来看,二者看上去在经济上系一体,则该第三人不是第三人实施欺诈意义上的第三人。从我国司法实践来看,在"天山生物公司拟收购大象广告公司股权转让纠纷案"中,一审法院认为:大象广告公司及授权代表人暨实际控制人陈某宏虚构与武汉地铁运营公司相关合同提前终止的虚假信息,致使评估机构在《评估报告》中所载的大象公司营业成

---

① 参见[德]迪特尔·施瓦布:《民法导论》,郑冲译,法律出版社2006年版,第448~449页。

本虚减,此外,大象广告公司存在虚构应收账款、隐瞒担保及负债的情形,导致被评估企业的利润情况不真实。由于大象广告公司及授权代表人暨实际控制人陈某宏等欺诈行为,致使天山生物公司作出错误意思表示,在违背真实意思的情况下与前海合伙之间订立了本案所涉的《购买资产协议》。上述欺诈行为足以影响天山生物公司受让前海合伙的股权意愿和股权转让价格,本案事实符合第三人欺诈的法律构成。根据我国原《民法总则》第149条,判决撤销前海合伙与天山生物公司于2017年9月7日签订的《购买资产协议》。

但是,二审法院认为,虽然天山生物公司与大象广告公司的36名股东签订《购买资产协议》的事实基础是基于大象广告公司及陈某宏的欺诈行为而产生,但前海合伙作为大象广告公司的股东直接接受陈某宏磋商的成果,可视为前海合伙知道或应当知道陈某宏与天山生物公司洽谈《购买资产协议》的事实基础和具体内容,陈某宏所为的欺诈行为应视为前海合伙的行为,本案构成相对人欺诈。应适用原《民法总则》第148条的规定。对一审法院适用第三人欺诈法律不当予以纠正。[①]

第三,在为第三人利益的合同,如果实施欺诈的人是受益第三人,在表意人作出意思表示,而相对人不知欺诈的事实时,表意人是否可以撤销其意思表示?为第三人利益的合同,是使第三人取得对债务人直接的请求权的合同,而该项请求权却是根据债权人与债务人之间关于设定某项债权的合同所产生的。因此,此种契约通常表现为当事人在订立该合同时,以一项附加的"第三人约款"以使第三人取得该合同设定的权利。[②] 因此,为第三人利益的合同实质上为附带第三人约款的合同,例如,当事人之间有买卖、租赁、赠与的基本合同,附带有第三人之约款,可认为相对人以因基本合同自己应取得之权利,因附有第三人之约款,而转向第三人。有学者认为,相对人在基本合同中有独立之权利,从而相对人为善意时,为保护其利益,表意人不得基于受益第三人之欺诈而撤销之。[③] 笔者认为,尽管受益第三人并非为第三人利益合同的当事人,但是债务人对抗债权人的抗辩可以对抗第三人,因而基于表意人

① 参见新疆维吾尔自治区高级人民法院民事判决书,(2020)新民终137号。

② 参见尹田:《论涉他契约——兼评我国新合同法第64条、第65条之规定》,载《法学研究》2001年第1期。

③ 参见史尚宽:《民法总论》,中国政法大学出版社2000年版,第429页。

与受益第三人的关系,在表意人因被受益第三人欺诈订立的为第三人利益的合同,或虽因被其他第三人欺诈订立的为第三人利益的合同,但受益人第三人在订约时已知第三人欺诈的事实或可得而知者,表意人可因其与受益第三人的关系,撤销该意思表示。只有作如此解释,在理论上才可与禁止权利滥用、诚实信用原则符合,才能维持表意人、相对人、受益第三人之间的公平,以实现协同生活的生活秩序。由此可见,受益第三人并非一般意义上的"第三人"的范畴。

三、比较法上第三人欺诈的立法例与分析

(一)比较法上第三人欺诈的立法例

从主要国家的立法来看,对第三人欺诈而成立法律行为的效力,可以划分为以下 3 种立法例:

1. 第三人欺诈构成误解时合同可被撤销

这一立法例以法国《民法典》所代表。该法典第 1116 条第 1 款规定:"如当事人一方不实施欺诈行为,他方当事人绝不缔结契约者,此种欺诈构成契约无效的原因。"依据该条规定,只有当实施欺诈行为的人系合同一方当事人时,欺诈行为才能成为合同无效的原因。根据法国最高法院商事法庭 1981 年 3 月 10 日判决确定的原则,如欺诈行为系第三人实施,则当事人仅有权要求第三人赔偿损失。[①] 法国《民法典》之所以否认受第三人欺诈订立合同的可撤销性,有解释认为,欺诈刚开始被看作一种侵权而不是意思表示的瑕疵。在此认识下,人们不可能把第三人实施的欺诈当作缔约一方的欺诈,并要求缔约一方为此欺诈负责。[②]

但是,依据法国最高法院第一民事庭 1996 年 7 月 3 日的判决,第三人欺诈而引起的误解,其性质如果属于可导致合同无效的误解范围,尤其是对标的物性质的误解,应适用法国《民法典》第 1110 条关于误解的规定,合同应归于无效。这样,当事人可对第三人的欺诈行为不负举证责任。[③] 由此可见,在法国民法上,对第三人实施

---

① 尹田:《法国现代合同法》,法律出版社 2009 年版,第 104 ~ 105 页。

② Ernst A. Kramer & Thomas Probst, *Deffects in the Contracting Process*, Mohr Siebeck, 2001, p. 126.

③ 《法国民法典》(下),罗洁珍译,法律出版社 2005 年版,第 800 页。

欺诈的行为,仅在由第三人的欺诈引起误解时,表意人才具有主张合同无效的权利。此外,学术上倾向认为,在赠与合同中,如果赠与人受第三人欺诈而为赠与行为,合同应归于无效。对受赠人来说,合同无效并不使其原有财产遭受损失,而赠与人的利益则可受到特别的保护。①

2. 相对人明知或应知第三人实施欺诈时法律行为可被撤销

德国《民法典》为代表的立法例规定,如果表意人受第三人欺诈而与相对人实施法律行为,而相对人知道或应当知道第三人实施欺诈行为,该项法律行为属于可撤销的法律行为(第 123 条第 2 款)。换言之,如果相对人不知道也不可能知道第三人实施了欺诈行为,那么第三人欺诈不影响法律行为的效力,其仍然对表意人与相对人产生约束力。可见,在第三人实施欺诈的情形,法律将相对人对表示有效性的信赖,置于表意人(被欺诈人)撤销其表示的利益之上。②

德国《民法典》对第三人欺诈的立法例为诸多国家的民法典所采纳。瑞士《债法典》第 28 条和第 29 条、奥地利《民法典》第 875 条、日本《民法典》第 96 条第 2 款、荷兰《民法典》第 3:44 条、希腊《民法典》第 147 条、葡萄牙《民法典》第 254 条第 2 款、巴西新《民法典》第 148 条、路易斯安那《民法典》第 1956 条、韩国《民法典》第 110 条等均沿袭了德国《民法典》的做法。

但是,德国《民法典》第 123 条第 2 款第 2 句规定,在第三人实施欺诈的情况下,即使表示受领人是善意的,表意人也可能享有撤销权:他人从表示中直接获得一项权利,并且该受益人知道或应当知道该欺诈行为。撤销表示应向受益人作出且只对其发生效力。该规定主要适用于有利于第三人的合同,如人寿保险合同。于此情形,通常有四方参加:表意人向表示受领人(相对人)作出意思表示,“他人”直接获得了一项权利,该表示因一个未参与法律行为的人的恶意欺诈而被作出。根据该法典第 123 条第 2 款第 2 句,如果受益的“他人”知道或者应当知道该欺诈行为,那么表意人可以向该人撤销其表示;若受益的“他人”向表示人实施了欺诈,即使表示受领人不知道也不应当知道该欺诈行为,那么表意人也可以根据第 123 条第 2 款第 2

① 尹田:《法国现代合同法》,法律出版社 2009 年版,第 105 页。

② [德]卡尔·拉伦茨:《德国民法通论》(下),王晓晔等译,法律出版社 2003 年版,第 544 页。

句进行撤销。①

3. 第三人欺诈时合同可被无条件撤销

这一立法模式为意大利《民法典》所创立。意大利《民法典》第1439条第2款规定:"当欺诈是第三人所为时,如果涉及缔约人的利益,则契约可以被撤销。"由于任何合同均涉及双方当事人的利益。因此,依据此款的实质精神,就一方当事人因受第三人欺诈或胁迫而与对方当事人缔结的合同而言,无论后者在缔结该项合同时是否知道或应当知道该项欺诈或胁迫的存在,该项合同均属于可撤销的民事行为。阿根廷共和国《民法典》第935条规定,欺诈产生于第三人时,遵守第941条的规定(胁迫或恫吓即使是由未参与行为的第三人实施,行为亦可被撤销)。越南《民法典》第132条亦有类似规定。

意大利《民法典》虽然没有规定善意的相对人有权对表意人提出信赖利益的损害赔偿的权利,但是,依据该法第2043条的规定,因任何故意或过失给他人造成不法损害的,行为实施者应当承担损害赔偿的责任,因而表意人有权要求对其实施欺诈或胁迫的第三人承担侵权责任。

(二)上述立法例的比较分析

就上述3种立法例,比较分析而言:(1)以法国《民法典》为代表的"第三人欺诈构成误解时合同可被撤销"的立法例,尽管有利于保护缔约一方对合同有效的信赖,并有助于法律行为的安全,其缺陷也十分明显:使法律行为意义上的欺诈无法在概念上保持一致,实质上否认了第三人实施欺诈单独作为合同相对无效的原因,因此存在明显的缺陷。(2)以意大利《民法典》为代表的"第三人欺诈时合同可被无条件撤销"的立法例,无论行为相对人是否知道该欺诈行为,表意人均有权撤销该意思表示,这显然不利于维护交易的安全。尤其是在现代社会,交易安全体现的不是单个主体的利益,在一定程度上体现的是公共利益。在单个所有者的保护与交易安全发生冲突时,就应当向交易安全倾斜。② (3)以德国《民法典》为代表的"相对人明知或

① 参见[德]布洛克斯、瓦尔克:《德国民法总论》,张艳、杨大可译,中国人民大学出版社2012年版,第278页。

② 参见王利明:《民法典体系研究》,中国人民大学出版社2012年版,第347页。

应知第三人实施欺诈时法律行为可被撤销”的立法例,采取的是相对人的合理信赖并兼顾表意人的意思自治的立法政策,即若是表示受领人之外的人实施了欺诈,则原则上应当保护表示受领人对被欺诈人的意思表示的信赖。① 这是因为,一方面,不可否认,每个人都具有自主决定的自由是私法中的基本原则;另一方面,仅凭借这种决定自由,而不另外加入社会伦理方面的因素,那也无法构筑某项法律制度。这一社会伦理因素就是信赖原则,信赖原则同自我约束的原则共同构成了法律行为交往中的基本原则。②

以德国法为代表的立法例被国际或区域条约所借鉴。如《国际商事合同通则》第3.11条第2款规定:“欺诈、胁迫或者重大失衡可归责于第三人,而该第三人的行为无须由缔约对方负责时,如果缔约对方明知或应知欺诈、胁迫或失衡,或者,缔约对方在合同撤销之时尚未因信赖合同而行为,合同可以被撤销。”《欧洲合同法原则》第4:111条第2款亦规定,在第三人实施欺诈时,如果缔约方当事人知道或应当知道欺诈的事实,或者在撤销(合同)之时该缔约方尚未因信赖合同而行为,合同可以被撤销。《欧洲示范民法典草案》第2－7:208条的规定与之相同。

为了更好地保护缔约一方的意思形成自由,有些立法例更进一步规定,即使缔约另一方不知第三人欺诈,但只要其在合同被撤销之前尚未因信赖合同而有所行为,那么,受欺诈的缔约一方仍然有权撤销合同。此种明知或应知规则的例外规定,被《国际商事合同通则》第3.11条、《欧洲合同法原则》第4.111条及《欧洲示范民法典草案》第2－7:208条所明确规定。这3种统一合同法立法文本,由于反映了合同法的最新发展动向,非常值得研究。例如,《国际商事合同通则》第3.11条第2款规定:“当欺诈、胁迫或者重大失衡可归责于第三人,而该第三人的行为无须由缔约对方负责时,如果缔约对方明知或应知欺诈、胁迫或失衡,或者,缔约对方在合同撤销之时尚未因信赖合同而行为,合同可以被撤销。”官方注释对此明确指出,当第三人的行为不由缔约另一方负责时,只有缔约另一方明知或者应知该第三人的行为,才能将第三人的行为归责于他。然而,例外是,即便缔约另一方不知第三人的行为,只

① 参见[德]布洛克斯、瓦尔克:《德国民法总论》,张艳、杨大可译,中国人民大学出版社2012年版,第276页。

② 参见[德]卡尔·拉伦茨:《德国民法通论》(上),王晓晔等译,法律出版社2003年版,第59页。

要其在撤销(合同)之前尚未因信赖合同而行为,受欺诈、胁迫或不当影响的当事人有权撤销合同。例外规则显然较有利于维护受欺诈者的意思形成自由。这是因为,若是善意相对人没有形成一种合理的、需要法律加以保护的信赖利益,即没有基于对意思表示的信赖而行事,仍然维持因受到欺诈或胁迫而发出的意思表示的效力就是不必要的。①

四、我国第三人欺诈相关学说与实践分析

在《民法典》规定第三人欺诈之前,在理论上我国学者对第三人欺诈而为法律行为的效力认识不一。有学者认为,在现行法律对此未作规定时,以重大误解制度来保护受第三人欺诈的缔约方的利益,是一种比较可取的方法。② 还有学者认为,欺诈人非当事人之一方,当无相对人之意思表示,表意人可以撤销其意思表示;如有相对人之意思表示,则仅以相对人明知或应知其受欺诈为限,表意人可以撤销其意思表示。③ 这实质上采取的是"相对人明知或应知第三人实施欺诈时法律行为可撤销"的立法例,在我国学说上属于主流观点。④

我国《民法典》第149条规定,在表意人受第三人的欺诈而为意思表示时,应当以相对人知道或应当知道作为表意人撤销意思表示的依据。立法理由在于:在现代社会,对交易安全的要求越来越强烈,交易安全甚至处于比所有权更优越的保护地位。因为交易安全一定程度上体现了"交易相对人"所代表的社会公共利益。信赖原则同自我约束的原则共同构成了法律行为交往中的基本原则。⑤ 对以具有法律约束力的方式发出的意思表示,人们是可以信任的,在解释这些"需受领的意思表示"

① 参见薛军:《第三人欺诈与第三人胁迫》,载《法学研究》2011年第1期;朱广新:《合同法总则》,中国人民大学出版社2012年版,第253页。

② 参见朱广新:《合同法总则》,中国人民大学出版社2012年版,第250页。

③ 参见梁慧星:《民法总论》,法律出版社2011年版,第181页。

④ 参见韩世远:《合同法总论》,法律出版社2011年版,第186页;薛军:《第三人欺诈与第三人胁迫》,载《法学研究》2011年第1期;冉克平:《论第三人欺诈或胁迫而为法律行为的效力》,载《法学论坛》2012年第4期;朱广新:《合同法总则》,中国人民大学出版社2012年版,第250页;朱庆育:《民法总论》,北京大学出版社2013年版,第276页;涂慧:《第三人欺诈民事行为研究》,载《西北大学学报(哲学社会科学版)》2015年第2期。

⑤ 参见[德]卡尔·拉伦茨:《德国民法通论》(上),王晓晔等译,法律出版社2003年版,第59页。

时,关键要看意思表示所指向的那一方是如何理解表示内容的。对表示受领人根据事实情况所理解的以及其在实际上所理解的意思表示的意义,他必须可以信任。社会生活中民事主体之所以积极地进行法律行为,是因为对其行为后果有一定的心理预期,法律后果的确定性、稳定性可以有效地促使和鼓励民事主体积极作为。也只有对交易相对人的信赖利益进行保护,保障交易主体的行为预期,使其交易目的不至落空,才能极大地鼓励交易行为,促进意思自治与行为自由。法律仅赋予相对方知情时受欺诈人撤销民事法律行为的权利,体现了对善意相对人的保护。[①] 相反,如果在表意人受第三人的欺诈而作出意思表示,相对人不知道或不应当知道表意人受欺诈的事实也允许表意人撤销其意思表示,那么相对人的信赖利益与期待利益均无法实现。

第三人对法律行为的一方当事人实施欺诈,仅对方当事人(相对人)知道或者应当知道危险,受欺诈一方始得以欺诈为由撤销该法律行为。对方知道,即构成恶意;对方应当知道,与恶意无异,亦不受法律保护。仅以对方当事人知道或者应当知道该欺诈行为即为已足,不要求对方当事人有何积极表示或者与实施欺诈行为的第三人有何意思联络,因此这不同于恶意串通。所谓明知,是指相对人认识到第三人对表意人实施的欺诈行为,其反映了一种主观认知活动。之所以附加相对人知道第三人欺诈这个要件,主要是为了平衡相对人与受欺诈方(表意人)之间的利益冲突,维护相对人对合同有效的正当合理的信赖。[②] 所谓应知,也称因过失而不知,它以相对人本应或本会知道第三人的欺诈为前提,即相对人应知即足以否定其对合同有效的正当合理的信赖。撤销权的形式必须通过人民法院或者仲裁机构行使。从我国司法实践来看,在下述"房屋买卖合同纠纷案"中,法院认为,该案的争议焦点为蒋某荣可否以受第三人欺诈为由主张撤销其与向某签订的《房屋居间买卖合同》。在该案中,蒋某荣主张受第三人湖南新环境房地产经纪连锁有限公司欺诈应当满足两个要件:一是湖南新环境房地产经纪连锁有限公司对蒋某荣实施了欺诈行为;二是向某知道或应当知道该欺诈行为。现并无证据证明湖南新环境房地产经纪连锁有限公

① 参见黄薇主编:《中华人民共和国民法典总则编释义》,法律出版社 2020 年版,第 396 页。
② 参见朱广新:《合同法总则》,中国人民大学出版社 2012 年版,第 250~251 页。

司作出了可以帮蒋某荣在无购房资格情况下实现过户的承诺；并且，并无证据能够认定向某系在明知第三人欺诈的情况下签订合同。故而，根据现有证据，不能认定本案中存在第三人欺诈的情形，蒋某荣应对此承担举证不能的法律后果。综上，涉案合同未违反法律、行政法规强制性规定，亦不存在因欺诈而可撤销的情形，依法成立并生效。现虽因涉案合同不符合长沙市限购政策的规定而无法履行，但因蒋某荣并未主张解除合同，故法院在此不予处理，其可另行解决。驳回原告蒋某荣的诉讼请求。因当事人并未上诉，本案为终审判决。①

五、第三人胁迫的类型

在无相对人的情况下，第三人实施胁迫使表意人违背自己的意志作出意思表示时，表意人均有权撤销。如法人之设立、继承之抛弃以及遗嘱的作成等。我国原《继承法》第22条第2款即规定遗嘱受胁迫的无效。在有相对人的意思表示，实施胁迫的人，有可能是表意人与相对人（表意受领人）以外的第三人。第三人不包括相对人的法定代表人、负责人、代理人、缔约辅助人以及依据公平性观点并考虑利益状况，其行为应该归责于意思表示受领之人，这与第三人实施欺诈中“第三人”的范围相同。从我国司法审判实践来看，在一则案例中，法院认为，关某与贾某1签订租赁合同前，已经存在其他经济纠纷，双方往来信函中恶语相向，矛盾较深，关某并不愿意将商铺出租给贾某1。在关某收到从中山送来的“炸弹”后，心存恐惧，怀疑是贾某1所为，加之公安机关破案需要，要求关某先与贾某1签订租赁合同。上述事实足以说明关某与贾某1签订商铺租赁合同，并非其真实意思表示。虽然关某受到“炸弹”胁迫并非合同相对方贾某1本人所为，但贾某2是贾某1的儿子，与贾某1能否承租商铺存在利益关系，其恐吓关某的目的也是报复关某不将商铺给其父子经营管理，故其恐吓的行为与签订租赁合同存在关联性。贾某2作为是否签订租赁合同的一方利害关系人，可以归属于原《合同法》第54条中规定的胁迫一方当事人。根据原《合同法》第4条有关“当事人依法享有自愿订立合同的权利，任何单位和个人不得非法干预”的规定，虽然合同约定的租金符合市场价，但关某并不愿意将租赁物出租

① 参见湖南省长沙市天心区人民法院民事判决书，(2019)湘0103民初3012号。

给贾某1。因此,关某认为其在受到胁迫的情况下违背真实意思与贾某1签订了《租赁合同》,根据原《合同法》第54条的规定,请求法院予以撤销,应予支持。①

六、比较法上第三人胁迫的立法例

从比较法上看,对第三人实施胁迫而为法律行为的效力,大体可以分为以下两种立法例。

(一)第三人胁迫的法律行为无条件属于可被撤销原因

对受胁迫而成立的合同,法国《民法典》第1111条规定:"对缔结债务的人实施的胁迫,构成契约之无效原因;即使由为其利益订立契约的人以外的第三人实施的胁迫,亦同。"对第三人实施胁迫的行为,如果仅从受胁迫一方的角度考虑,法国《民法典》这一规定是合理的,因为无论胁迫人是谁,对受胁迫人产生的压力都是一样的,都会导致其同意的不自由。但是,如果从合同相对方当事人的角度考虑,则这一规定所产生的结果是不公平的。因为在第三人实施胁迫行为的情况下,责令合同相对方当事人为第三人的过错承担后果,显然和"过错责任"的原则是不相符的。法国《民法典》第1111条的规定显然偏重当事人心里的评价(同意的瑕疵)而非道德的评价(结果的不公平)。这一做法与该法第1116条关于欺诈行为的规定恰恰相反(第三人实施的欺诈行为不能导致合同因欺诈而无效)。②

德国《民法典》第123条第2款规定,第三人进行欺诈的,仅在相对人知道或应当知道欺诈时,向他人作出的意思表示才可撤销。依据反对解释,在第三人进行胁迫时,无论相对人是否知道或应当知道胁迫,表意人均可撤销。由此可见,德国法对第三人胁迫采取与第三人欺诈不同的处理方法。这意味着,第三人胁迫时,受胁迫人的对方当事人即便是善意,亦不值保护。③ 德国《民法典》对第三人欺诈与胁迫区

① 参见广东省中山市中级人民法院民事判决书,(2009)中中法民一终字第478号。在该案中,由于实施炸弹胁迫行为的贾某2与合同一方的贾某1是父子关系,父子两人实际共同从事经营活动,因此不属于第三人。

② 尹田:《法国现代合同法》,法律出版社2009年版,第113页。

③ Bork, Allgemeiner Teil des Bürgerlichen Gesetzbuchs, 3. Aufl. 2011, Rn. 889; Larenz/Wolf, Allgemeiner Teil des Bürgerlichen Rechts, 9. Aufl. 2004, § 37 Rn. 31.

分规定的立法例即“区分模式”,为许多国家的民法典所采纳。如瑞士《债法典》第28条和第29条、[①]意大利《民法典》第1434条、希腊《民法典》第147条、葡萄牙《民法典》第254条第2款和第256条、匈牙利《民法典》第210条第4款、波兰《民法典》第86条第2款、阿尔及利亚《民法典》第87条、埃塞俄比亚《民法典》第1704条第2款、路易斯安那《民法典》第1956条和第1961条、我国澳门特别行政区《民法》第247条第2款和第249条等。日本《民法典》第96条第2款亦沿袭德国《民法典》的做法。日本有学者认为,第三人欺诈与胁迫区分保护的原理在于,欺诈尽管以不正确的认识为前提,但是意思表示本身是任意作出的;从归责原理上看,可以说本来需要表意人自己正确收集情报的,但表意人却怠于收集。而在胁迫的情形中,表意人意思决定的自由本身受到了侵害。因为意思决定的自由受到了侵害,所以表意人欠缺谈论自己责任的前提。[②] 我国台湾地区学说亦认为:“盖以受胁迫之意思表示较受诈欺之意思表示更加限制表意人之自由意思决定,故须更加保护表意人。”[③]

(二)相对人明知或应知第三人实施胁迫时法律行为可被撤销

许多国家法律仅在对方当事人知道或应当知道第三人实施了胁迫时,才允许受害人以胁迫为由撤销合同。申言之,立法上并未区分第三人欺诈与第三人胁迫,而是统一予以规定,这种立法例被称为“统一模式”。荷兰《民法典》第3:44条第5款规定:“因非法律行为的当事人实施胁迫、欺诈或者不当影响而作出意思表示的,该瑕疵不得被援引以对抗没有理由宣告该瑕疵存在的法律行为当事人。”巴西《民法典》第148条规定:“因第三人的诈欺缔结的法律行为,因此受益的当事人对此知情或应当知情的,法律行为也可因此种诈欺被撤销;在相反的情形,虽然此法律行为继续有效,但是第三人应对因他欺骗造成的所有损失和损害承担责任。”该法典第154

---

① 瑞士《债务法》第29条第2款规定:“因为第三人的胁迫而订立合同,受胁迫的一方请求撤销合同的,依据公平原则应当赔偿因此而给对方当事人造成的损失,但订立合同时对方当事人已经知道或者应当知道该胁迫行为的除外。”该条规定,在相对人为善意时,表意人应对相对人赔偿消极信赖利益的损失,作为其撤销合同的代价。

② 参见[日]山本敬三:《民法讲义Ⅰ:总则》,解亘译,北京大学出版社2012年版,第190页。

③ 参见刘得宽:《民法总则》,中国政法大学出版社2006年版,第239页;王泽鉴:《民法总则》,北京大学出版社2009年版,第314页。

条规定:“第三人的胁迫,只在其受益当事人知道或应当知道此等胁迫的情形,才损害法律行为的效力。”第155条规定:“第三人胁迫的受益人不知道或不应知道此等胁迫的,法律行为维持效力,但胁迫人要对被胁迫人由此遭受的全部损失和损害承担责任。”此外,埃及《民法典》第126条和第127条、奥地利《民法典》第875条、魁北克《民法典》第1401条和第1402条以及韩国《民法典》第110条也有类似规定。

在英国普通法上,第三者施加的压力,若为合同对方所知,亦可起作用。[①] 换言之,第三人的胁迫非为合同对方所知时,则不能够成为撤销合同的事由。在美国合同法上,对第三人实施胁迫缔结的合同,美国《合同法第二次重述》第175条规定:“如果合同一方当事人基于第三方的强迫而作出同意的意思表示,受害方可撤销合同,除非另一方当事人是善意的且没有理由知道其基于信赖交易所作出的意思表示是强制于他人的。”有学说认为,一方面,我们必须考虑个人生活中的社会利益以及随之产生的对个人的自由意志的关心;另一方面,我们还要考虑公共安全中的社会利益,它表现为交易安全中的社会利益。……对因第三人实施胁迫从而使一个人不得不将一种利益赋予他人的情形,如果该受益人没有参与胁迫并没有意识到交易对方受到胁迫,特别是如果他在交易保证下改变了其有利形势,这个交易就是不可撤销的了。[②]

《欧洲合同法原则》《国际商事合同通则》《欧洲示范民法典草案》均采用这一立法例。《欧洲合同法原则》第4:111条第2款规定:在其他第三人从事给出了不正确的信息,犯有欺诈,进行了胁迫或获取了过分的利益或不公平的好处4种行为的场合,如果该方当事人知道或应当知道相关的事实,或者在宣布无效之时它尚未信赖该合同而行为,则可以获取该章的救济。《国际商事合同通则》第3.10条第2款规定:“如欺诈、胁迫或重大失衡归因于第三人,而其行为不由另一方当事人负责,如果另一方当事人知道或理应知道此欺诈、胁迫或重大失衡,或者在合同宣告无效时还未本着对合同的信赖行事,可以宣告合同无效。”《欧洲示范民法典草案》第Ⅱ-7:208条第2款的规定与上述《欧洲合同法原则》和《国际商事合同通则》的规定相同。

---

① 参见何美欢:《香港合同法》(上),北京大学出版社1995年版,第323页。

② 参见[美]罗斯科·庞德:《法理学》(第4卷),王保民、王玉译,法律出版社2007年版,第348页。

七、我国学界观点上的相关分歧

在原《民法总则》的制定过程中,对如何选择第三人胁迫的立法例存在分歧。有学者认为,在解释上宜认为,对第三人的胁迫行为,无论受胁迫人的合同相对人是否知道或应否知道,均可以构成撤销权的原因。① 但是,相反观点认为,第三人实施胁迫行为能否成为撤销合同的理由,必须以相对人是否知情为前提,第三人不是合同当事人,其实施的行为与合同当事人无关,自然不能成为撤销合同的理由,尤其是善意相对人不知道第三人行为,其对合同成立和生效产生合理的信赖,这种信赖应当受到保护,从而维护交易安全。至于受胁迫人订立合同所蒙受的损失,可以通过侵权责任法请求实施胁迫行为的第三人承担损害赔偿责任。② 还有学者认为,对第三人欺诈与第三人胁迫予以区分规范的立法模式,忽视了对胁迫情况下善意相对人利益的保护,而且不能合理地解释为何要将一部分本来应该由胁迫人承担的损害赔偿责任转由善意的意思表示相对人承担,在民法典编纂中,应对第三人欺诈与第三人胁迫采纳统一的规范模式,承认在无信赖利益保护需求时,被欺诈人与被胁迫人享有撤销权。③

由梁慧星教授主编的《中国民法典草案建议稿附理由》第136条第2款规定:“无论胁迫人为当事人一方或者第三人,受胁迫的表意人均可以撤销。”起草人认为,因胁迫之违法性较欺诈更严重,无论胁迫人是否为对方当事人,表意人均得撤销其意思表示,并且此撤销得对抗善意第三人。④ 由杨立新教授负责起草的2.0版《民法总则(草案)(建议稿)》第141条的反对解释、龙卫球教授主持起草的《民法典·通则编(草案建议稿)》第150条、李永军教授负责起草的《民法总则(专家建议稿)》第113条以及2016年2月全国人大常委会法制工作委员会民法室起草的《民法总则(草案)》第107条可以看出,因第三人实施胁迫而为意思表示,无论相对人是否为善意,表意人均可撤销其意思表示。这表明,上述两个草案采取的均是法、德为代表的

---

① 参见韩世远:《合同法总论》,法律出版社2011年版,第189页。

② 王利明:《合同法研究》,中国人民大学出版社2011年版,第652页。

③ 参见薛军:《第三人欺诈与第三人胁迫》,载《法学研究》2011年第1期。

④ 参见梁慧星主编:《中国民法典草案建议稿附理由》,法律出版社2013年版,第250页。

"第三人胁迫的法律行为无条件属于可撤销原因"的立法例;但是,由王利明教授领衔起草的《民法典总则专家建议稿(征求意见稿)》第139条(第三人的欺诈或者胁迫)规定:"第三人实施的欺诈或者胁迫行为,使一方当事人在违背真实意思的情况下实施法律行为的,如相对人知道或者应当知道该行为存在的,受欺诈或者受胁迫方有权请求人民法院或者仲裁机构变更或者撤销该法律行为。"由此可见,该草案采取的是"相对人明知或应知第三人实施胁迫时法律行为可撤销"的立法例。

从《民法典》的规定来看,第三人胁迫采纳的是与第三人欺诈不同的区分模式,即无论相对人是否知道或者应当知道第三人胁迫的事实,表意人均可以撤销因该胁迫行为而形成的法律行为。构成第三人胁迫,必须具备以下条件:一是第三人须具有胁迫行为;二是第三人须有胁迫故意;三是第三人的胁迫须为非法;四是被胁迫人须因胁迫而陷于恐惧,并因恐惧而为意思表示;五是被胁迫人所作意思表示违背其真实意思。从我国司法实践来看,在一则"采矿权拍卖纠纷案"中,法院认为:"关于原告本次中标行为是不是受到第三方D公司的胁迫,而违背真实意思作出的民事法律行为。在该案中,第一,第三方D公司在客观上已经实施了胁迫行为。第三方D公司的投标代表人吴某胁迫原告在案涉采矿权网上竞价出让的事情上与其合作,否则将抬高投标价格。从吴某的行为来看,是利用原告生产水泥对案涉水泥用石灰石的绝对依赖性,采用语言威胁的形式胁迫原告与其合作,显属一种强迫交易的胁迫行为。第二,第三方D公司实施胁迫行为是故意的。吴某的目的是通过威胁原告与其合作获得利益,其在该案中实施的胁迫行为显而易见是故意的。第三,第三方D公司在该案中实施的胁迫行为是非法行为。首先,D公司的投标代表人吴某在案涉采矿权网上竞价前已经通过非正常的手段获取了原告的竞买号;其次,吴某在案涉的案涉采矿权网上竞价前胁迫原告,要求与原告合作,违反了《拍卖法》第37条'竞买人之间、竞买人与拍卖人之间不得恶意串通,损害他人利益'的规定;最后,吴某胁迫原告,如果不同意合作或者支付5000万元或者1亿元,不合作就抬高投标价格,其行为属于强迫交易行为,也是违法行为。第四,该案被胁迫人A公司因胁迫而陷于恐惧,并因恐惧而为意思表示。原告对案涉矿产具有绝对依赖性,第三方D公司的胁迫使原告害怕案涉的案涉采矿权被D公司拍得,原告方就会没有生产水泥的石料,投资8亿元的企业将会濒临破产的巨大风险,因此,原告在D公司的胁迫下产生了巨大的恐惧感，因而在第三方 D 公司不断加价的情况下，被迫出价，直至出价到 73, 410 万元而中标。第五，该案被胁迫人 A 公司所作意思表示违背其真实意思。显而易见，原告 A 公司的出价 73, 410 万元中标案涉马槽坡矿，严重偏离了市场价格，违背了原告 A 公司的真实意思。综合以上 5 点，第三方 D 公司的胁迫已经构成原《民法总则》第 150 条所规定的可得撤销的受胁迫行为。据此，原告请求依法撤销原告在 2018 年 11 月 26 日在被告 B 局和第三人 C 中心组织的案涉采矿权网上竞价出让的出价 73, 410 万元中标行为，既有事实依据，也有法律依据，本院予以支持。”①

八、举证责任的分配

撤销权人对胁迫的要件负有举证责任。在第三人胁迫的情形中，撤销权人应证明第三人有胁迫行为，但无须证明对方当事人知道或者应当知道第三人的胁迫行为。此不同于第三人欺诈。《民事诉讼法司法解释》第 109 条规定：“当事人对欺诈、胁迫、恶意串通事实的证明，以及对口头遗嘱或者赠与事实的证明，人民法院确信该待证事实存在的可能性排除合理怀疑的，应当认定该事实存在。”在证明标准上，一般民事案件的证明标准采用高度盖然性标准或优势证据标准，但司法解释对胁迫案件采用更高的证明标准，即“排除合理怀疑”标准，与刑事案件的证明标准相同。

① 参见广东省阳春市人民法院民事判决书，(2019) 粤 1781 民初 82 号。

专题十八　显 失 公 平

本专题撰写人：李潇洋

【《民法典》及其配套司法解释的新规则】

《民法典》第 151 条：

一方利用对方处于危困状态、缺乏判断能力等情形，致使民事法律行为成立时显失公平的，受损害方有权请求人民法院或者仲裁机构予以撤销。

【规则由来】

早在 1986 年，我国原《民法通则》第 59 条就将“显失公平的”作为一项请求变更或撤销民事行为的事由，正式确立了我国法上的显失公平制度。与此同时，原《民法通则》第 58 条规定“一方以欺诈、胁迫的手段或者乘人之危，使对方在违背真实意思的情况下所为的民事行为无效”，将“乘人之危”作为一项民事行为的无效事由。在原《民法通则》的规定中，显失公平制度并未明确要求当事人的主观要件，而乘人之危制度则明确要求“乘”（利用）。

随后 1988 年最高人民法院《民通意见》第 70 条与第 72 条分别对乘人之危与显失公平的认定予以具体化。其第 70 条规定：“一方当事人乘对方处于危难之机，为牟取不正当利益，迫使对方作出不真实的意思表示，严重损害对方利益的，可以认定为乘人之危。”第 72 条规定：“一方当事人利用优势或者利用对方没有经验，致使双方的权利与义务明显违反公平、等价有偿原则的，可以认定为显失公平。”相较原《民法通则》第59条，该条明确规定了当事人的主观要件。

1999年原《合同法》第54条第2款延续了原《民法通则》的概括式表述，将“在订立合同时显失公平的”与“乘人之危”并列作为合同的撤销或变更事由，并未吸纳《民通意见》的具体规则。

我国《民法典》第151条将显失公平与乘人之危合并，并吸纳了《民通意见》的具体规则，明确了显失公平制度的主客观要件，同时删除了合同变更这一法律效果。

【规范意旨】

显失公平作为我国《民法典》中的重要制度，是对意思自治原则的补充和校正，体现了《民法典》保护弱者的人文关怀和社会功能。显失公平制度虽然以客观上给付间的显著失衡为直接规制对象，但其根本目的仍在于避免对磋商弱势的利用，而非等价交换理念的完全体现。

在原《民法通则》与原《合同法》中，显失公平与乘人之危为两项各自独立的制度。虽然两项制度各有侧重，但均指向/针对一方对对方不利情形的利用，在客观上对方也都遭受了损失，所以《民法典》第151条将两项制度予以合并。

根据《民法典》第151条的规定，显失公平制度有以下3项构成要件：第一，主观上，一方利用了对方处于危困状态、缺乏判断能力的情形。“利用”这一表述意味着当事人主观上明知对方的不利情形，而且有利用这一不利情形的故意。司法实践应考虑“故意”的证明困难，允许受损害方通过其客观上明显的磋商弱势与双方权利义务的严重失衡予以表见证明。第二，对方存在磋商中的不利情形，难以作出符合自己利益的判断，这既包括暂时性的对金钱、物的急迫需求，也包括缺乏判断能力，在解释过程中需要遵循弱者保护的价值指引、关注社会发展的现实情况，不宜对不利情形作过度紧缩。第三，客观上的显失公平则指双方当事人在民事法律行为中的权利义务明显失衡，至于个案中是否失衡的判断需要结合交易具体情况，对市场价格、风险和交易习惯进行综合衡量，不宜形成刚性的判断标准，市场或评估价值也仅能发挥辅助性而非决定性的作用。

【典型案例】

案例一:“赔偿协议的显失公平案”

2019年9月2日,余某在A公司搭建厂房时摔伤。事故发生后,余某即被送往医院救治。9月3日,余某出具声明一份,载明其不慎摔伤,自己负全责。A公司发扬人道主义精神给予人民币10,000元整慰问金。日后余某不得再以任何理由或任何方式向A公司主张任何权利。2019年9月9~21日,余某在医院住院治疗,住院期间医疗费共计23,251.49元。2020年1月10日,余某委托某司法鉴定中心对其伤残等级、误工期、营养期、出院后护理期进行鉴定,评定余某的伤残等级为十级伤残,误工期为伤后120日,营养期为伤后60日,出院后护理期为70日。经法院认定,余某的合理损失为:医疗费23,251.49元+住院伙食补助费1200元+误工费18,874.85元+交通费120元+营养费1800元+残疾赔偿金118,036元+护理费9400元+鉴定费1800元=174,482.34元,以及精神损害抚慰金3000元,共计125,137.64元。

法院认为,余某出具的声明系受伤次日作出的,且内容由A公司起草打印,余某一审起诉时主张该声明系其无能力支付住院治疗的费用而被迫出具给A公司以取得10,000元,其主张具有合理性,且声明的内容对余某明显不公平,属于原《民法总则》第151条规定的“一方利用对方处于危困状态、缺乏判断能力等情形,致使民事法律行为成立时显失公平的”情形,应当对该声明予以撤销。①

案例二:“临时加价案”

A公司与B公司系长期加工合同关系,B公司为A公司加工鞋子,A公司支付B公司加工费。A公司先与第三人C公司订立了《购销合同》,约定了交货日期以及迟延履行的违约金,随后又就《购销合同》的标的货物与B公司订立《外协生产合同》与《外协加工生产合同》,并将C公司的订单附于A公司、B公司的合同之后。B公司向A公司的交货时间与A公司向C公司的交货时间一致。

---

① 参见福建省厦门市中级人民法院民事判决书,(2021)闽02民终1872号。

在临近交货日期前(2019 年 3 月 3 日),A 与 B 又补充签订了一份说明,其载明 A 公司需要在 2017 年 5 月至 2019 年 4 月订单(双方 2017 ~ 2018 年对账单)的基础上另外再补贴胶水款 25 万元。法院认为,B 公司明知 A 公司对第三人的交货日期,利用压货不发的方式致 A 公司面临承担违约责任的危困状态,并在此状态下额外支付了 25 万元胶水款。说明并非 A 公司真实意思表示,A 公司作为受损害方有权申请撤销说明。①

案例三:"软件开发案"

原告陆某是一企业经营者。2018 年 3 月 15 日陆某与 A 公司签订《A 商城系统服务合同》,约定陆某购买 A 公司开发的商城系统平台高级版,由 A 公司为其提供收集资料、效果图设计、技术开发等服务环节,包括网站 Logo、PC 首页设计等服务内容,合同技术开发服务费为 108,000 元。自此之后,陆某又与 A 公司签订了 13 份以域名注册与美术作品著作权登记为内容的服务合同以及 6 份以购买 A 公司所开发软件与小程序产品为内容的买卖合同。20 份涉案合同所对应的价款总计为 175 万余元。

原告主张依显失公平撤销合同,理由是自己年近 60 岁,其对涉案 20 份合同中的"中文域名""手机域名""顶级国际域名""PC 端"等产品或者服务的新技术名词,存在理解障碍且缺乏判断力,且患有抑郁症等疾病。A 公司通过持续的、大力度的、团队协作性的方式夸大上述产品或者服务的功能、投资价值,导致陆某在危困状态下订立合同,且上述合同的服务费用远高于市场价格,完全构成"显失公平"应当撤销合同的情形。

最高人民法院的终审判决认为,涉案合同为技术服务合同或软件开发合同,约定由陆某委托 A 公司注册域名、开发小程序,陆某依据合同向 A 公司支付相关费用。A 公司提供的域名注册、小程序开发等服务并无统一市场指导价,且软件开发或技术服务具有极强的个性化因素,根据本案在案证据无法判断涉案合同中开发标的或者相关服务的真实价值。陆某作为企业经营者,具有与其认知和经营能力相匹

---

① 江苏省南京市中级人民法院民事判决书,(2020)苏 01 民终 6892 号。

配的商业判断力,其选择与A公司进行交易,系其依据自身判断所作的经营选择,应当自行承当相应的商业风险。陆某称涉案合同所约定开发的小程序及申请的域名无法运行或者打开,因此毫无价值。法院认为,显失公平是指合同在订立时权利义务存在严重失衡的情况。在本案中,涉案合同已经履行完毕,相关成果已完成交付,不能用已交付的标的物价值大小反推合同订立时是否构成显失公平。陆某如认为,A公司交付的成果不符合合同约定,可另行提起违约之诉寻求救济。因此对陆某上诉称涉案合同在签订时存在显失公平的情形因而应当予以撤销的上诉理由,法院不予支持。①

【理论阐释】

显失公平的合同不具有强制履行力原则曾被誉为现代合同法最重要的发展之一。② 显失公平制度根植于合同公平的理念,同时也是诸多民法原则共同作用的结果,其蕴含极为深刻的价值判断。《民法典》第151条进一步明确和深化了我国民法的显失公平制度。然而,我国司法实践对这一制度的适用出现了"鲜有适用"③与"过度适用"④的两极化倾向,显失公平制度司法效能现状与立法预期存在较大差异。究其原因是显失公平制度的构成要件较抽象,"公平"的文义易使人产生误解;理论上过度强调该制度对实质公平的维护,忽视了其蕴含的多元价值基础,导致司法实践未能充分实现其保护弱者、关注现实的价值面向。同时,作为合同公平制度体系中的重要一环,该制度正确适用仍有赖保持与特别法保护、不公平合同条款、合同解释等一系列既有制度的体系协调;厘清相关制度的功能分野也有助于《民法典》

① 最高人民法院民事判决书,(2021)最高法知民终1507号。

② See M. A. Eisenberg, *The Bargain Principle and Its Limits*, Harvard Law Review, Vol. 95, p. 741 (1982).

③ 参见许德风:《论利息的法律管制——兼议私法中的社会化考量》,载《北大法律评论》2010年第1期。

④ 近几年,每逢楼市行情大好总会出现合同订立后因住房价格飞涨卖方试图反悔的现象。《南方都市报》2017年11月29日A15版的一则名为《诚实信用与公平合理》的报道称,2015年6月双方订立购房合同,约定价格为135万元,随后深圳楼市行情大好,10月卖方反悔称,信息不对称导致约定价格偏低,要求中止交易。法院评估后认定该房屋市场价值为213万元,协议价仅是市场价的63%。法院遂以显失公平为由判决解除合同,这是对显失公平制度的错误适用。

总则与各分编的体系化整合。本文基于对显失公平制度的功能分析，对构成要件进行具体教义学的解释，提出与民法典体系协调的规范适用思路，以期这一制度在司法实践中得以正确充分适用、为维护社会公平提供重要的法治保障。

一、显失公平制度的规范功能

显失公平制度并非立法者一时的创举，而是长期历史发展的产物。在不同阶段，弱者保护与实质公平的功能面向发挥了不同的指引作用，二者相互博弈，共同塑造了当今显失公平的制度形态。

（一）功能滥觞：良心裁判与弱者保护

弱者保护是法律追求的基础性价值之一，然而对弱者这一概念并没有普遍适用的定义。不同类型的弱者是否构成法律保护的对象，以及对应保护机制的前提与侧重点都是不同的，诸如清除对某一特定弱势群体的制度性歧视，通过教育资源的供给补足弱者的能力缺陷，为弱者提供个人发展上的扶持，通过社会保障和福利制度改善弱者的生活条件、保障其基本生存权益。这些保护机制多集中于公法层面，需要政府的积极介入与组织，基于分配正义的基础价值，强调社会财富与资源的再分配。[①]

相较而言，在奉意思自治为核心价值的近代民法体系中，弱者保护无论在理念还是具体制度设计上并未受到重视。在近代民法的基本预设中，人是平等、自由意志、可以理性判断与照顾自己利益的经济人。基于理性经济人的预设，只要磋商程序不存在欺诈和胁迫，当事人便没有理由作出违背自己利益的判断，至于实质上给付与对待给付间的对价关系并非民法所关注的对象，这被称为法律行为的“程序正义观”。[②] 经由正当程序磋商产生的对价关系，无论其客观价值为何，在当事人主观

---

① 总体上，弱者可以被归纳为以下几种类型：心理上的弱者，即缺乏自主性与进取心，恐惧感与依赖感强之人；生理上的弱者，即身体与精神健康状态较一般人为弱之人；能力上的弱者，即缺乏理性，无法确定自己利益之人；机会上的弱者，即命运不济，其遭遇与个人努力程度无关之人；境遇上的弱者，即在特定环境中处于孤立、依赖地位之人。参见胡玉鸿：《“个人”的法哲学叙述》，山东人民出版社2008年版，第504～523页。

② 易军：《民法基础理论新视域》，法律出版社2012年版，第111～112页。

认识上都具有等价性,这是“主观价值论”的基本观点。① 在上述规范背景下,弱者在民法中并未得到体系化的保护,仅在具体交易中出现“违背法官良心”,甚至是威胁弱者生存的极端情况时,法官才不得不借助法律原则予以介入。

以英国法为例,显失公平存在于衡平法的“良心裁判”之中,用以矫正严格奉行缔约自由和拘束力严守的普通法合同规则的适用,其从一开始就是从保护弱者的角度阐发的。这一准则在19世纪末被经典阐述为:“从一名贫穷且无知的人那里以严重低估的价格购买某物,卖方缺少独立的专业意见,衡平法院将撤销该交易。”②在德国法中,显失公平制度被称为“暴利行为”的禁令,其含义是禁止剥削弱者获得交易暴利,该项禁令确立于公序良俗的一般法律原则基础上。

(二)功能扩张:弱者的相对化与实质公平观的引入

20世纪中后期社会经济快速发展的背景下,社会现实中人与人之间社会经济地位、知识水平与能力差距进一步凸显,在交易过程中这种差距往往使弱者陷入更加不利的处境,显失公平的保护功能得到了更高程度的重视,受保护的弱者范围也因应社会现实变化不断扩张。

20世纪中后期,英国衡平法从仅保护“贫穷”且“无知”之人扩展至一系列生理、心理、能力、经济状况等对缔约决定具有不利影响的缺陷或劣势,即具有相对化特征的“弱势”。③ 例如,在一则案例中,法官认为弱势可能是贫穷或任何种类的急迫需求、疾病、年龄、性别、身心健康、酗酒、缺乏教育,甚至当其需要帮助或必要的解释时缺少帮助或解释也足以构成弱势。④

从“弱者”到“弱势”的发展趋向意味着,交易中的弱者并非一项绝对的身份特征,而是存在于交易双方的具体力量对比之中。曾有英国法官将弱者相对化的法律现象叙述为,当事人在交易中处于一种特别的能力欠缺状态或是双方欠缺合理程度

---

① 易军:《民法公平原则新诠》,载《法学家》2012年第4期。

② Fry v. Lane (1888) 40 Ch. D. 312.

③ See A. Burrows, *A Restatement of the English Law of Contract*, Oxford University Press, 2016, p. 209 - 211.

④ Blomley v. Ryan (1956) 99 C. L. R. 362, 405.

的平等。[1] 随着弱者概念的相对化以及对应救济措施的碎片化,丹宁勋爵曾主张,将显失公平、不当影响以及经济上胁迫等具体规则整合为一个名为"磋商能力不平等"(inequality of bargaining power)的法律制度,强调法律应关注与规制由磋商弱势导致的实质不公平。[2] 上述主张在形式上虽未上升为一项法律准则,但其背后的价值判断对既有规则的解释及后期司法判例的形成产生了重大的影响。[3] 几乎同一时期,德国《民法典》中关于暴利行为规则也进行了修订,显著扩张了其保护范围;[4]在司法实践中,德国联邦最高法院也积极地发挥其能动性,利用暴利行为规则保护范围扩张的契机进行实质意义上的"公平性保障"。

上述法律发展中弱者保护与实质公平的强化也引起了民法学者的关注,如梁慧星教授认为,经济地位不平等的现实迫使民法抛弃形式正义而追求实质正义。[5] 日本学者星野英一甚至认为,"软弱愚蠢的人"已经成为民法中法律人格的基本预设。[6] 但是,民法作为普适于社会生活各方面和多元主体的概念与规范体系,必须保持其必要的抽象性,在法律人格的设定上尤为如此;司法过程的局限性本身也强调追求实质正义并非毫无限度和条件的。显失公平的功能仅能理解为对意思自治原则的补充与校正,尚不足以使民法体系在整体价值上达到改弦更张的程度。

---

① Commercial Bank of Australia v. Amadio (1983) 151 C. L. R. 447,474.

② 丹宁勋爵(Lord Denning)称:"英国法给这种主体以救济:缺少独立的专业意见;订立的合同条款非常不公平或以严重不足的对价移转财产;其磋商能力被其客观需要、主观愿望、无知或其他弱点严重地减损;以及承受其相对方出于自身利益而向其施加的不当影响或各种压力。"See Lloyds Bank Ltd v. Bundy [1975] QB 326 (CA) 339.

③ National Westminster Bank plc v. Morgan [1985] A. C. 686, 708.

④ 1976 年德国《打击经济犯罪第一法案》第 3 条对德国《民法典》第 138 条第 2 款进行了修订,形成了暴利行为的现行规则,该次修法显著扩张了其保护的弱势范围,将"紧急情况"(Notlage)修改为覆盖范围更广、标准更低的"急迫情形"(Zwangslage)。此外,旧法中的"轻率"也扩张至"欠缺判断能力"(Mangel an Urteilsvermögen)与"明显意志薄弱"(Erhebliche Willensschwäche)。Vgl. MüKoBGB/Armbrüster, 8. Aufl. 2018, § 138 Rn. 140.

⑤ 参见梁慧星:《从近代民法到现代民法——二十世纪民法回顾》,载《中外法学》1997 年第 2 期。

⑥ 星野英一称:"现代民法的理念发生了转变,民法中的人从自由的立法者转变为法律的保护对象,从法的人格的平等转变为不平等的人,从抽象的法的人格转变为具体的人,其背后是从理性的、有意志的坚强而聪慧的人转变到软弱愚蠢的人。"[日]星野英一:《现代民法基本问题》,段匡、杨永庄译,上海三联书店 2012 年版,第 67 页。

(三)功能现状:市场经济条件下弱者保护与实质公平的耦合

显失公平最直接的表现就是一方当事人获暴利,相对人严重受损。从表面上看,显失公平的功能似乎仅在于调整暴利或实现等价交换,但在市场经济条件下此种实质公平的实现必须有更为牢固的正当性基础。

从历史上看,显失公平制度在形成过程中的确有纯粹追求等价的阶段。在罗马法中曾有"非常损失规则"(Laesioenormis),当买卖价金低于市场价的50%时,出卖人可以撤销合同。[①] 有学者认为,其立法背景在于罗马帝国时期立法者因哲学和神学的影响认为任何物都应有其公平合理的价格。[②] 但"非常损失规则"仅保护出卖人而非平衡保护买卖双方,买受人基于所谓"买者自慎"的观念需要自担不利,这很难被认定为现代意义上实质公平观的体现。在后来的欧洲各国民法典中虽然仍有上述规则的痕迹,但它们或设置大量的例外规则,[③]或将其适用限于不动产交易等极个别的领域,[④]或增加"利用行为"的主观要件,[⑤]与罗马法时期的规范模式有本质区别。

从价值面向看,在现代市场交易中要用客观意义上的交易价格否定当事人的自我估值,一定需要其他的正当化基础。[⑥] 在民法中,意思瑕疵通常是法律以客观价值介入主观价值的正当理由,因为在当事人意思形成过程中存在内在或外在的障碍使其无法作出合理、符合自身利益的决定。因此,客观上的对价关系作为一种基准仅

---

① 徐涤宇:《非常损失规则的比较研究》,载《法律科学》2001 年第 3 期。

② 王利明:《合同法研究》(第 1 卷),中国人民大学出版社 2015 年版,第 702 页。

③ 奥地利《民法典》第 934 条吸收了该规则,但又在第 935 条和司法判例中设置了诸多例外。

④ 法国《民法典》仅在不动产买卖这一特殊领域中规定,当合同价格低于实际价值的 5/12 时,出卖人有权予以撤销,且其以严格的专家估值程序为基础,基本上无法推广至其他领域。参见法国《民法典》第 1674 条至第 1685 条。

⑤ 瑞士《债法典》第 21 条关于"暴利"的规定(Übervorteilung)虽然在条文位置上倾向强调内容控制,而非如德国《民法典》在公序良俗的层面考虑这一问题,但二者的构成要件极为相似,"暴利"之所以需要民法调整并非基于其不公平本身,而是其可受谴责的实现方式。

⑥ 在市场经济中,"私法上确定财产的价值主要有三种途径:市场、中立评估和自我估值。第一种是以市场上的供求关系为中心,将相同或近似物品的通常交易价格确定为财产的价值;第二种是由专业人士依特定标准测算财产的价值;第三种是由当事人自己确定财产价值"。参见许德风:《论私法上财产的定价——以交易中的估值机制为中心》,载《中国法学》2009 年第 6 期。

具有工具性价值。此外，显失公平调整对价失衡的正当性依据也不能立于等价交换原则的基础上，在市场观念中合同作为商业工具必定承载利益的盈亏，合同法也难以承载与实现等价交换的价值目标。①

从体系面向看，民法关注造成不公平的原因更甚于不公平的结果本身。除显失公平制度外，欺诈、胁迫、情势变更、格式条款、缔约过失以及分则的具体规定都或多或少地涉及结果不公平问题。造成对价失衡的原因不同，立法政策上的容忍程度也不同，因而对应法律规则的功能、构成及效果均有所差别，难以一概而论。

从规范面向看，民法中所谓对价的“均衡”或“公平”是规范概念，以法律评价上的容忍度为前提，而非纯粹数字上的对比，这体现在下文对显失公平客观要件的解释中。在多元化的市场经济中，确定一元的交易价格并非易事，其是否真正反映给付的价值关系也受到多重因素的制约，这使其仅能成为大致参考的标准。实质公平的判断，一方面需要为此种价值关系上的不确定性设置更大的容错空间，另一方面也需要其他价值基础的限定与补充。综上所述，仅将实质公平作为显失公平的制度功能不仅模糊了其真正意义，也难以为构成要件的具体解释提供价值指引。

相较而言，弱者保护的价值观念与市场经济的兼容度更高，可以为实质公平提供价值上的补强与实施中的制约。显失公平作为交易法中的制度可以在对价关系严重畸形时将弱者从合同拘束力中解放出来，其虽然难以像社会福利制度一样使弱者的境遇更好，却能避免他们因交易更加不利。所以，公、私法中的弱者保护制度实际上是一种相互配合的关系，私法上的弱者保护制度，若设计得当，在特定条件下可以更有针对性、更富效率。② 合同规则同样可以作为一种财富再分配的工具，而且相较公法中税收等分配制度，其侵入性小、针对性强，有时效率也更高，分配正义的理

① “合同法不是保险法，不能担保每一个交易当事人都能从交易中获利。”参见王利明：《合同法研究》(第1卷)，中国人民大学出版社2015年版，第701页。类似观点，参见刘燕：《等价有偿原则的计算——三联重组郑百文的成本分析》，载《中外法学》2001年第3期；徐国栋《公平与价格——价值理论》，载《中国社会科学》1993年第6期。2016年修订的法国《民法典》第1168条也表述得非常明确：“在双务合同中，除非有特别立法，当事人间给付不等价不是合同无效的根据。”

② 参见许德风：《论民法典的制定与弱者保护》，载《广东社会科学》2012年第1期。

念不应直接被排除出私人交易领域。[①] 从福利经济学的观点看,保护特定交易中的弱者也可以进一步增进社会福利、促进市场经济的完善。[②]

二、显失公平制度的构成要件解释

前述制度发展史上的功能变迁也同样体现在我国对显失公平制度构成的立法探索之中。我国于1986年颁布的《民法通则》第59条第2款在构成要件上仅规定了"显失公平的"5个字。1988年最高人民法院《民通意见》第72条对显失公平的认定予以具体化,规定"一方当事人利用优势或者利用对方没有经验,致使双方的权利与义务明显违反公平、等价有偿原则的,可以认定为显失公平"。1999年原《合同法》第54条第2款则延续了原《民法通则》的概括式风格,仅规定了"在订立合同时显失公平的",并未吸纳《民通意见》的具体化表述。在这一立法沿革过程中,学说争论主要集中于显失公平的成立是否以主观要件为必要,从而形成了仅要求客观上明显不公平结果,不考虑获利方主观状态的"单一要件说"、要求主客观兼具的"双重要件说"以及降低主观要件证明标准的"折中说"。各学说围绕立法目的、概念界分(尤其是显失公平与乘人之危的区分)以及举证责任等方面展开论证。

更关键的问题在于,彼时学者对主观要件具体含义的理解并不一致。例如,有学者认为,主观要件是"当事人急迫、轻率或无经验",侧重受损方的主观状况;[③]另一种认识则侧重"利用"或"乘",强调获利方的主观状态;[④]还有观点似乎认为,对显

---

① See A. T. Kronman, *Contract Law and Distributive Justice*, The Yale Law Journal, Vol. 89, p. 472 (1980).

② See E. A. Posner, *Contract Law in the Welfare State: A Defense of the Unconscionability Doctrine, Usury laws, and Related Limitations on the Freedom to Contract*, The Journal of Legal Studies, Vol. 24, p. 304 – 306 (1995).

③ "《合同法》第54条第1款第2项规定的显失公平,其构成是否需要当事人'急迫'、'轻率'或'无经验'之类的主观要件,存在不同意见。本书倾向于在总体上不要求主观要件,个别类型得以'当事人急迫'、'轻率'或'无经验'为构成要件。"参见崔建远:《合同法》,北京大学出版社2012年版,第95页。

④ 参见梁慧星:《民法总论》,法律出版社2011年版,第202页;韩世远:《合同法总论》,法律出版社2011年版,第199页。

失公平的成立，受损方与获利方的主观状态是择一存在的[①]。《民法典》第151条通过明确规定显失公平的构成要件对上述争论进行了彻底的澄清，其要求时间要件（法律行为成立时）、客观要件（显失公平）、受损方的主观要件（处于危困状态、缺乏判断能力等情形）以及获利方的主观要件（利用），乘人之危也被纳入显失公平制度的适用范畴。《民法典》明确的法律规则在实体上对学说争议"一锤定音"，但制度背后涉及的规范目的、确定性及证明等问题，仍需要继续研究。

（一）磋商弱势：弱者保护功能的直接反映

弱者范围不能无限扩张，判断的尺度也应相对确定并与其规范目的相对应，否则会对私法自治与交易安全造成不利影响。对此，《民法典》第151条主要规定了"处于危困状态"和"缺乏判断能力"两大类情形。

"处于危困状态"系原《合同法》第54条第2款"乘人之危"合并而来的，是指当事人因处于某种暂时性的困境而对给付有急迫需求。因自然灾害或疾病陷入经济上的窘境，或因海难等意外事故而急需救助通常是危困状态的典型示例。[②] 如果当事人对给付的急迫需求仅是为了避免某种更严重的经济损失，此时是否也可以认定当事人处于危困状态之中，在我国法中未有明确答案。前文典型案例二即属此情形。在德国法的解释中，急迫情形（Zwangslage）不需要达到威胁自然人或法人在经济上存续的紧急程度，当事人在当时情境下对给付有合理的急迫需求即可。若当事人除显失公平合同外没有其他更合理的选择，即该合同较之更重大的经济不利是一种"两害相权取其轻"（Kleinere Übel），即可以认为当事人处于急迫情形之中。[③] 英国法中也有非常相似的标准，以经济损失迫使相对人缔约的"经济上胁迫"不要求经济胁迫完全压制个人意志，仅需判断彼时当事人是否有"合理替代"（reasonable alternative）

---

① "不公平结果是表意人无经验或者相对人利用优势地位所致，表意人是独立进行的意思表示，而不是受他人不正当干涉的结果。"参见魏振瀛主编：《民法》，北京大学出版社、高等教育出版社2010年版，第167页。

② 参见韩世远：《合同法总论》，法律出版社2011年版，第194页。

③ Vgl. MüKoBGB/Armbrüster, § 138 Rn. 149; Wolf/Neuner, Allgemeiner Teil des Bürgerlichen Rechts, 11. Aufl. 2016, § 46 Rn. 54.

即可。[1] 我国法中的“危困状态”在解释上宜采同样的思路,不宜过度限缩、影响制度功能的发挥。[2]

“缺乏判断能力”,是指缺少基于理性考虑而实施法律行为或对法律行为的后果予以评估的能力。[3] 语言理解、信息获取与利用、对合同优缺点的评估、以理性动机指引自己行为的自控、谨慎程度以及具备一般生活或社会经验都是作出经济意义上理性判断的关键因素,广义上都可以纳入“判断能力”的范畴。但如果在显失公平制度的构成中采取此种广义解释,所有作出不利选择的当事人都可以事后声称自己缔约时存在某种理性的欠缺,那么“缺乏判断能力”这一要件也就没有存在意义了。要真正发挥其弱者保护的规范功能,有必要在解释上作出以下限定:第一,在日常交易中,不能以欠缺特定交易领域内的专业知识或经验为由主张缺乏判断能力,这是先合同告知义务与缔约过失责任的调整范围(如典型案例三)。[4] 第二,区分欠缺判断能力与一时性的判断失误,如果当事人有正确评估法律行为内容和后果的能力,但在磋商中没有充分地发挥能力同样不构成能力的欠缺。[5] 第三,因欠缺自控力导致的一时的不理智或冲动消费也符合显失公平的保护功能。[6]

“缺乏判断能力”的涵盖范围应当符合社会发展的现实情况。一般认为高龄或教育水平不足的群体是特别值得保护的群体。但近年来经常出现针对校园和初入社会青年群体的“套路贷”或各种名目的消费欺诈,这与他们社会经验不足有关,这一群体应受到显失公平制度的保护和关注。在我国科技迅猛发展、快速迈入信息时代的大背景下,无法利用互联网等通用信息渠道、社会接触受限、对社会发展欠缺了解,以及城市化过程中生活环境和方式发生的重大变化等因素对判断能力的影响都

---

① See Hugo Beale (eds.), *Chitty on Contracts* (29th edn.), Sweets & Maxwell, p. 519 – 521.

② 类似观点认为,迫切情势、经济负担、经营、家庭感情或者工作变迁使表意人进退维谷、左右为难,就属于处于“危难”境地。参见刘凯湘:《民法总论》,北京大学出版社2011年版,第348页。

③ 参见李适时主编:《中华人民共和国民法总则释义》,法律出版社2017年版,第474页。

④ 参见张新宝:《〈中华人民共和国民法总则〉释义》,中国人民大学出版社2017年版,第314页。也有学者通过对我国裁判的实证研究认为,我国司法实践中所谓的“缺乏判断能力”不仅包括对日常情事缺乏理性判断能力,还包括对非日常的复杂情事缺乏专门的判断能力。参见武腾:《显失公平规定的解释论构造——基于相关裁判经验的实证考察》,载《法学》2018年第1期。

⑤ Vgl. BGH NJW 2006, 3054 (3056).

⑥ Vgl. Köhler, BGB Allgemeiner Teil, 42. Aufl. 2018, § 13 Rn. 37; Staudinger/Sack/Fischinger (2017), BGB § 138 Rn. 284.

应受到特别重视,唯有如此,显失公平制度才能真正彰显其保护弱者的社会功能。

(二)对价显著失衡:实质公平功能的直接反映

显失公平构成上以法律行为成立时给付与对待给付间显著失衡为必要。法律行为成立后因市场等交易条件变化导致的对价失衡属于正常的商业风险,仅在特殊情况下由情势变更制度调整,与显失公平无关。至于显著失衡的具体标准,我国立法及司法解释均未予以明确,可能的原因在于实践中几乎无法找到一项通用的划分标准,以及设置标准后总会出现所谓“边缘问题”。未明确划定标准也意味着立法给司法机关授予了更多自由裁量的空间,使其可以在个案中根据具体法律行为的类型、性质和具体内容,受损害人的弱势情况和承受能力以及获利人的主观状况予以综合衡量。

原则上客观标准的判断包括两个步骤:一是如何确定一个应然的“价值”作为起算基准,二是在起算基准之上确定一个法律可容忍的幅度。对此,有观点提出参考最高人民法院《合同法司法解释(二)》[①]第 19 条,以交易时交易地指导价或市场交易价为基准,超过 30% 即为显失公平,此外再辅之以“绝对金额”、“合同的性质与目的”以及“与其他交易的关联”予以个别调整。[②] 这一判断思路是清晰的,但 30% 的标准在法律政策判断上偏于严苛。《合同法司法解释(二)》第 19 条是对债权人撤销权的规定,其目的在于维持债务人的清偿能力、保护债权人,此种严格限制不能类推适用于一般市场交易中,30% 的标准甚至比罗马法时代的容忍程度更低,对私法自治的干预过于严重。

有释义指出,双方当事人在民事法律行为中权利义务“明显失衡”“显著不相称”的具体标准,需要结合民事法律行为的具体情形,如市场风险、交易行情、通常做法等加以判断,也采取了非常灵活的态度。[③] 对此,德国司法实践的判断方法可以为我国提供参考。首先,原则上市场交易价仍是价值基准,但对价关系的判断应当是

---

① 在《民法典》颁布后,最高人民法院已决定废止该解释,参见最高人民法院《关于废止部分司法解释及相关规范性文件的决定》(法释〔2020〕16 号)。

② 参见贺剑:《〈合同法〉第 54 条第 1 款第 2 项(显失公平制度)评注》,载《法学家》2017 年第 1 期。

③ 参见黄薇主编:《中华人民共和国民法典释义》,法律出版社 2020 年版,第 300 页。

一个综合各种交易具体情况的“整体衡量”(Gesamtwürdigung)。[①] 在价格外,还需要考虑当事人是否提供了更优的交易条件或附加的商品或服务,以及履行从给付、附随义务或其他负担的成本。当特定交易涉及个人情感利益或者存在固有的风险(如艺术品、古董或金融衍生品交易),法院也需要特别考虑。同时,法院通常会根据不同交易类型和性质确定“柔性”辅助标准,就贷款合同而言,法院一般认为当实际约定利率双倍于一般市场利率(相对利息差)或比其高12%(绝对利息差)即属于明显失衡,但对非消费性质的商业贷款标准则更为灵活,需要衡量信用成本和风险规模,特别是贷款总额、持续时间与担保情况加以确定。[②] 在租赁合同中,德国法院对住房租赁与商业租赁的容忍程度也不相同,前者只要比当地通常租金高50%即可属于显著失衡,后者则一般需要达到100%。[③] 德国法院还进一步区分“显著失衡”与“特别重大失衡”,其区分实益在于主观要件的证明不同。当交易价格高于实际价值的两倍或低于其一半原则上即构成“特别重大失衡”,这一概念具有明显的底线控制意义。[④] 笔者认为,基于弱者保护的功能,磋商弱势的具体情况和弱者的承受能力也应被纳入整体衡量中,当具体的磋商弱势已经非常明确且客观情况表明损失是弱者难以承受之重时,显著失衡的标准也应相应降低。

虽然显著失衡的判断仍以上述“两步法”为原则,但在美国法中也出现了两种新的判断方法:第一种是“成本法”,要求定价不能过度高于成本,其仅适用于市场竞争不足的特定交易领域。在美国加利福尼亚州的标志性案例中,银行辩称其余额不足手续费是按照市场通行价格收取的,不应被认定为显失公平。加利福尼亚州最高法院则认为,在一个自由竞争的市场环境中法院的确不会将市场竞争产生的价格认定为显失公平,但通过垄断产生的市场价格不应免于司法审查。[⑤] 德国法原则上否定这种方法,强调应用竞争法处理该问题。第二种是所谓“可容忍法”,主要应对市场多元化时同类商品或服务的交易价格呈现一个序列的情况,此时法院不需要确定价

① Vgl. MüKoBGB/Armbrüster, § 138 Rn. 113.
② Vgl. Köhler, BGB Allgemeiner Teil, 42. Aufl. 2018, § 13 Rn. 36.
③ Vgl. MüKoBGB/Armbrüster, § 138 Rn. 147.
④ Vgl. BGH NJW 2015, 1510 (1512).
⑤ See Perdue v. Crocker National Bank, 38 Cal. 3d 913, 216 Cal. Rptr. 345, 702 P. 2d 503 (1985).

格基准,只要考虑其容忍极限的价格即足矣。例如,在一个医疗费诉讼中,法院并未考虑市场均价而是在价格分布的高位确定了一个其能容忍的顶点。[①] 这一方法不仅克服了"两步法"适用中的困难,也与市场经济中的多元定价机制更兼容。近年来,该方法也为部分德国法院所承认,有扩展适用的空间。[②]

(三)利用行为:"剥削"弱者的主观可谴责性

所谓"利用行为"要求获利方在主观上有利用受损方的弱势故意,一般只要满足认识要素即可以构成故意,而不需要目的、意志等其他要素。认识要素包括两个方面,获利方既要清楚地知道其利用的弱势是什么,又要认识利用的目的或结果,即因果关系的认识。[③] 德国法上的暴利行为即严格要求故意这一要件,不存在"疏忽大意"地利用,因而在实践中面临主观要件无法证明的困境。由于在规范关系上暴利行为是违反公序良俗的具体类型,当特别条款不能满足时,德国司法实践转而适用公序良俗一般条款,进而平行地发展出"准暴利行为"(Wucherähnliches Geschäft)这一新类型。

"准暴利行为"是依附于公序良俗的理论脉络展开的。按照德国学说,法律行为违反公序良俗可以分为"内容违反公序良俗"与"情况违反公序良俗"两种情况。前者是指法律行为具体内容有伤风化、违背共同价值观;后者则是一种综合主客观情况对法律行为的整体评价,包括但不限于目的、动机及对当事人、第三人以及社会整体利益的后续影响。[④] 对价失衡本身不是违反公序良俗的内容,但显著失衡、其他磋商情况以及可谴责的意图三者结合可以整体上构成"情况违反公序良俗"。在解释上,受损方客观上存在的磋商弱势即可以构成其他情况;可谴责的意图则至少要求获利方的重大过失,即轻率地放任或漠视受损方的磋商劣势。在司法实践中,德国联邦最高法院原则上承认通过"特别重大失衡"事实推定获利方可谴责的意图。[⑤]

---

① See O. Ben-Shahar, *Fixing Unfair Terms*, Stanford Law Review, Vol. 63, p. 890 – 891 (2011).

② Vgl. OLG Düsseldorf NJOZ 2017, 99 Rn. 30ff.

③ Vgl. MüKoBGB/Armbrüster, § 138 Rn. 154.

④ Vgl. Grigoleit/Herresthal, BGB Allgemeiner Teil, 3. Aufl. 2015, S. 179 f. [德]卡尔·拉伦兹:《德国民法通论》,王晓晔等译,法律出版社 2013 年版,第 624 页。

⑤ Vgl. BGH NJW 2010, 363 (364).

这一事实推定可以通过获利方举证予以推翻,但前提是其必须证明自己对给付价值的查明或对价关系的平衡已尽合理程度的努力,或者证明受损方是基于特殊的情感利益而自愿忽略对价关系。[①] 仅证明受损方对特别重大失衡的认识则不能推翻推定。英国法中对利用行为的证明也发展出具有相似机理的推定规则。[②]

尽管我国《民法典》在立法选择上已明确要求利用行为这一主观要件,但仍应正视证明困难的现实。显失公平制度在我国法中属于意思瑕疵的一种类型而非违反公序良俗的特别条款,二者法律效果也不相同,不宜盲目参考德国法中"暴利行为"与"准暴利行为"的双轨路径。如德国学者弗卢梅所言,当获利方"因恶意或重大过失的轻率而没有意识到相对人因对其不利的情势而接受于其不利的条件时",该法律行为无效。[③] 当客观上受损方的弱势和交易条件的不公平从一般交易观点看非常明显,此时声称"不知情"的获利方主观上到底是所谓"间接故意"还是"重大过失"本来就是难以区分的。[④] 当受损方能够用客观证据证明相关情况明显的可识别性且利用人完全有机会了解相关情况,就应当认为其已经达到了高度盖然性的民事证明标准,对纯主观要件的证明无论如何不可能要求原告还原被告的真实心理状态。

在我国司法实践中,法院并未完全囿于主观故意,而是从客观表象推断利用行为。例如,针对劳动者与用人单位就工伤达成的赔偿协议,原先法院在裁判论证中强调赔偿协议涉及劳动者的生存权益,仅关注客观上的赔偿数额、不认定用人单位的利用行为。[⑤] 在后来的判决中,许多法院查明了主客观之间新的联结因素,即用人单位是否在未经认定工伤和评定伤残等级的情况下就急于与劳动者作"一次性了断",如果在此情况下劳动者实际应获赔偿明显高于已获补偿,即可认定为该协议显

---

① Vgl. BGH NJW 2002, 3165 (3166).

② See Mindy Chen-Wishart, *Contract Law*, Oxford University Press, 2015, p. 366.

③ 参见[德]维尔纳·弗卢梅:《法律行为论》,迟颖译,法律出版社 2013 年版,第 451 页。

④ 梅迪库斯认为,利用行为也许可以包含"间接故意",但不包含"疏忽大意"。然后又称只有在"给付和对待给付间存在特别重大的不相称关系"的情况下,才可推定行为人主观上的利用意图。可见,梅迪库斯对"利用行为"的主观证明也并未有良策,更没有说明此处的"间接故意"是指什么情况。参见[德]迪特尔·梅迪库斯:《德国民法总论》,邵建东译,法律出版社 2013 年版,第 542 页。

⑤ 参见"黄某华诉刘某明债权人撤销权纠纷案",载《最高人民法院公报》2013 年第 1 期。

失公平。[①] 这一对利用行为的推断是合理的,用人单位不可能不知道工伤认定与伤残等级评定对赔偿数额的决定意义,在具体案例中,劳动者应获赔偿与已获赔偿的差距通常有数倍甚至10余倍之巨(如典型案例一),即使在低于两倍时在绝对值上也相差数万元甚至数十万元。在劳动者遭受工伤这一重大变故时,其因身心受创、对医疗费用与生活来源的急迫需求以及欠缺对工伤法律后果的具体认识,很容易接受对其不利的一次性赔偿,此种磋商弱势相较一般劳动关系更突出,用人单位对此更不可能不知情。如果用人单位急于在工伤认定与伤残等级评定前就排除劳动者进一步的损害赔偿请求权,其利用行为也就可以从客观上予以推知。

(四)小结:与制度功能契合的构成要件解释方案

显失公平的构成解释应与其弱者保护与实质公平的耦合功能相对应,由于实质公平需要借助个案具体情况进行"整体衡量",难以形成刚性的判断标准,磋商弱势的判断便成为制度构成中最核心的步骤,大致确定的市场或评估价值仅能发挥辅助性而非决定性的作用。"利用行为"这一要件不等于故意,其可以通过客观上明显的磋商弱势与对价失衡予以推断。

近年来,我国司法实践也呈现同样的趋势,即强化磋商弱势要件的限定功能、弱化客观市场价值或评估价值的决定作用。最高人民法院在一则公报案例中指出,原告作为独立的商事主体,与作为自然人的被告相比并不明显处于劣势地位,虽然案涉7套房屋的评估价值高于抵债价格,但也不宜认定合同显失公平。[②] 但是,此类以物抵债的情形虽因不存在磋商弱势而无法构成显失公平,但仍有可能因获利过高而触发纯粹客观的利率管制。最高人民法院在第72号指导案例中指出,如果买卖合

---

① 参见海门区人民法院2018年度劳动争议典型案例之六"许某与某建材公司工伤保险待遇纠纷案";2018年度苏州市劳动人事争议十大典型案例之八"陈某与某建筑公司劳动争议纠纷案"。也有案例基于同样的裁判理由认定劳动者对赔偿协议存在"重大误解",其后果是撤销合同,与适用显失公平完全相同,参见广东省高级人民法院劳动争议典型案例之六"广客隆公司与李某工伤保险待遇纠纷案"。上述案例均源于北大法宝数据库。

② 参见"吉林鑫城房地产综合开发有限责任公司与汤某鹏房屋买卖合同纠纷案",载《最高人民法院公报》2020年第3期。一致的裁判观点,参见河南省信阳市中级人民法院民事判决书,(2020)豫15民终5366号。

同实质上是以物抵债,买卖合同项下的价款由原借款本息转化而来时,即使双方当事人间不存在不平等,法院仍需要对比折抵价款与原借款、审查利息的数额与计算方法,以避免债权人(买受人)通过买卖合同将违法高息合法化。若法院查明债权人实际享有的利息已超出法律规定的民间借贷利率保护上限,则不能确认债权人对超出部分的利息债权,其买卖合同价款的对应部分即被认为尚未支付。[①] 通过这一指导案例,我国法院对显失公平与利息管制作出了精细的区分:其一,在构成上,显失公平的构成以磋商弱势为前提;利息管制则仅取决于利率这一客观数值、不关注双方当事人的情况与主观状态。其二,在客观标准上,利息管制考虑了市场主体的资本需求与风险,设置了市场利率4倍的宽松标准;[②]若约定利率产生于对磋商弱势的利用,即使市场利率的双倍甚至更低也足以构成显失公平。其三,在法律后果上,显失公平的后果是合同可撤销,而利息管制的后果则是不能主张超过保护上限的利息部分,在方法上属于"维持合同效力的限缩"。

就对价失衡的判断,我国司法实践也逐渐倾向使用"整体衡量"这一方法,而非局限于市场价值或评估价值。在一则案例中,法院指出买卖双方系旧识、卖方房屋权证手续尚未补办所包含的交易风险、大户型房屋成交困难等多种主客观因素都可能对诉争房屋最终交易价格产生影响,估价报告仅能反映订立合同当日的市场价值、对法院具有一定参照意义,但其估价与真实市场交易之间存在必然差值,仅凭该估价不能得出对价严重失衡的结论。[③]

三、显失公平制度的体系协调

显失公平的功能定位很大程度上决定了其在民法体系中的位置。如果显失公平的制度功能仅在于实现客观等价关系,那么其性质上即属于合同内容的实质控

① 参见最高人民法院第72号指导性案例"汤某、刘某龙、马某太、王某刚诉新疆鄂尔多斯彦海房地产开发有限公司商品房买卖合同纠纷案"。

② 《民法典》第680条第1款规定"禁止高利放贷,借款的利率不得违反国家有关规定",但未明确规定利率上限。按照《民法典》颁布后最高人民法院的最新规定,约定利率的保护上限是合同成立时一年期贷款市场报价利率的4倍。参见最高人民法院《关于修改〈关于审理民间借贷案件适用法律若干问题的规定〉的决定》(法释〔2020〕6号)第20项。

③ 参见"张某与马某、赵某源房屋买卖合同纠纷案",载《天津市高级人民法院公报》2018年第2辑。

制,与不公平合同条款的效力规制有一致的功能定位;如果显失公平制度更关注导致不公平结果的原因,即受损害人为什么会接受此种明显不利的交易条件,是因为其自身能力缺陷导致的认识错误,还是其已经知道此种不利但是迫于情势别无选择,此时就涉及当事人意思形成与表示上的瑕疵问题。我国《民法典》设立的显失公平制度强调主、客观两方面的要求,在价值判断上更侧重主观层面,因而才将显失公平置于总则编里"法律行为的效力"一节中。与此同时,显失公平的制度功能同样受到民法体系的制约,尤其要与功能上具有牵连关系的其他法律制度相互协调,避免体系上的"评价矛盾"、共同推动规范功能的实现。

显失公平制度既处理意思形成过程中的障碍,也处理表示过程中的障碍。前者涉及当事人自身判断能力、经验或意志力的缺陷导致未能形成一个符合自己利益的意思,此种情形即"缺乏判断能力";后者则是指当事人已经形成符合自己利益的意思,但碍于外部压力不能按照真实意思对外表示,此种情形则涉及所谓"危困状态"。从意思自治角度看,相对人的利用行为在前种情况中是间接损害决定自由,而在后者中则是直接损害决定自由。

(一)显失公平与欺诈制度的协调

对意思形成阶段的障碍,显失公平制度与《民法典》第 147 条重大误解、第 148 条欺诈、第 149 条第三人欺诈有所重叠。在当事人未认识到显失公平时,如果造成其未认识的原因并非完全基于能力缺陷,而是相对人或第三人的积极介入,则欺诈制度优先适用。例如,有释义以"老年人"为例说明判断能力的缺陷:"金融机构从业人员向文化水平较低的老年人兜售理财产品,由于缺少判断能力,这些老年人以高昂价格购买了实际收益率较低的理财产品。"①但该例与欺诈制度更契合,较之文化水平或年龄等弱势,金融机构从业人员劝诱、夸大宣传或故意隐瞒应予告知的产品风险才是导致缔约的主要原因。即使在对价关系上该理财产品并未偏离市场一般价格,若风险或实际收益与从业人员的先合同说明明显不符,当事人仍可受到欺诈撤销制度的保护。欺诈制度较之显失公平的优势在于其构成要件的门槛更低,其

① 参见黄薇主编:《中华人民共和国民法典释义》,法律出版社 2020 年版,第 300 页。

单纯以决定自由为保护法益,既不关注合理对价是什么,也不需要考虑弱势的具体样态和可保护性,只要能够认定故意提供不实信息或隐瞒应予告知的真实情况即告成立。同时,《消费者权益保护法》第55条还规定了消费欺诈的惩罚性赔偿。所以,仅凭老年人这一弱者身份就优先适用显失公平制度未必能实现对弱者的最佳保护。

在我国司法实践中,显失公平制度客观上也有缓和欺诈证明困难的效果,如果当事人无法证明欺诈事实,也有法院基于其弱者身份转而适用显失公平制度。如在一则案例中,买卖双方系母女关系,出卖人(母)以500元的价格将其居住房屋售予买受人(其女)。出卖人主张,买受人以房产证不合格、需再次更换为由骗取其签名,其对买卖事实及买卖合同内容均不知情,由于此种日常沟通难以事后证明,法院直接依显失公平而非欺诈制度准予撤销合同。①

(二)显失公平与重大误解制度的协调

根据我国《民法典》第500条确立的先合同诚实信用原则,在特定交易中如果存在当事人间明显的“信息差距”,且特定信息对当事人的决定非常重要,通常成立所谓“先合同告知义务”,②特别法中通常也有具体的规定。③ 此外,无论是否存在告知义务,相对人对其在磋商过程中向当事人主动提供的所有信息均应有真实性依据。上述两种情况,即所谓“告知义务”与“真实义务”被统称为“先合同信息义务”。在相对人过失违反先合同信息义务时,当事人的认识错误是由相对人过错引起的,法律行为原则上也可以通过《民法典》第147条规定的重大误解制度予以撤销。④ 但重大误解制度的内部体系和适用范围远超显失公平,其为所有民事主体提供无差别的保护。对判断能力欠缺的当事人来说,其固然也可以通过更容易成立的重大误解

① 参见河南省开封市中级人民法院民事判决书,(2020)豫02民终3537号。

② 关于先合同告知义务成立的判断,参见尚连杰:《缔约过程中说明义务的动态体系论》,载《法学研究》2016年第3期。

③ 如我国《消费者权益保护法》第20条规定了信息全面、真实义务,第28条规定了非面对面交易和金融交易时对消费者的告知和答复义务。

④ 韩世远:《重大误解解释论纲》,载《中外法学》2017年第3期;龙俊:《论意思表示错误的理论构造》,载《清华法学》2016年第5期。

制度撤销合同、达到与适用显失公平制度一样的结果,但要受非常短的除斥期间限制。根据《民法典》第 152 条的规定,重大误解的除斥期间仅为知道或应知撤销事由后 90 日,而其他情况都是 1 年。因此,重大误解制度不能优先于显失公平,在两者并存时当事人应可自由选择。①

(三)显失公平与胁迫制度的协调

对意思表示阶段的障碍,显失公平则应与《民法典》第 150 条规定的胁迫制度联动解释,尽可能地覆盖损害当事人决定自由的不法压力。如果某种压制自主意思的不法压力尚不足以满足胁迫的构成要件,但已经造成了显失公平的后果,此时就有必要对“危困状态”的适用予以目的性扩张。相较《欧洲合同法原则》第 4:109 条和《国际商事合同通则》第 3.2.7 条关于显失公平的规定,我国法中的显失公平制度并未采纳所谓“信赖关系”。相对人利用其与当事人的特殊关系施加不当影响,使当事人违背真实意思接受显失公平的合同,此种情形也应属于显失公平的适用范围。同样的情况在英国法中由“不当影响”(undue influence)予以调整,属于一种独立的合同撤销事由;在德国法中,有德国学者指出当事人可以主张缔约过失“废止合同”,从而达到与撤销同样的效果。② 此种方案在我国法上较难实现,我国法上的损害赔偿仅是指金钱赔偿,废止合同请求权与撤销权的并行也将产生一系列体系兼容性问题。即使在德国法中,缔约过失合同废止请求权与合同撤销权的二元并行也受到了学者的质疑与批评。③ 因此,对显失公平构成的解释仍要保持一定的开放性,从而尽可能地把问题留在意思瑕疵体系内,而非从缔约过失制度中再形成一套“体外循环”式的废止制度。

---

① 在卡纳里斯看来,信息义务的解决方案明显优于内容控制的解决方案:“信息模式不仅适合于要求具备‘形式的’合同公正,同样也适合于要求具备‘实质的’合同自由;相反,对合同内容实行控制却总带有‘实质’公平思想的特有弱点,即所建立的标准带有极强的不确定性。”沿着卡纳里斯的观点,先合同信息责任(缔约过失责任)似乎可以取代“暴利行为”的规定,至少可以压缩其适用空间。参见[德]卡纳里斯:《债务合同法的变化——即债务合同法的“具体化”趋势》,张双根译,载《中外法学》2001 年第 1 期。

② Vgl. Lorenz, Der Schutz vor dem unerwünschten Vertrag, C. H. Beck, 1997, S. 453ff.

③ Vgl. Grigoleit, Sanktionsmechanismen bei Willensstörung, in: Zimmermann (Hrsg.), Störungen der Willensbildung bei Vertragsschluss, Mohr Siebeck, 2007, S. 175f.

(四)显失公平与不公平合同条款规制的协调

我国法中的显失公平制度虽然客观上有实现合同公平的效果,但其仅针对特定群体,适用范围、条件和效果上都受到限制,而非普遍适用的公平原则。

显失公平与不公平合同条款在我国《民法典》中则是效果不同的两个制度:前者给当事人提供整体的法律行为退出机制;后者则涉及个别条款的效力规制,以实现维持整体合同、调整个别内容的效果。在我国《民法典》中尽管不存在欧盟各国民法中"不公平条款"的一般规定,但存在一些特别规定。[①] 最重要的即《民法典》中第496条至第498条关于格式条款的规制以及第506条免责条款无效的规定。[②] 从体系上看,显失公平制度处于《民法典》总则编,而不公平条款的规制主要体现在合同编通则和典型合同关于内容控制的具体规定中,二者在法典中遥远的距离常使人忽略它们的功能关联。虽然它们有不同的适用条件和法律效果,但都有维护合同公平的功能,在美国法中它们共同构成了显失公平制度。[③] 不公平条款规制是对合同条款的个别化删除而不影响合同整体的效力,进而借由后续的任意性条款填充或合同补充解释实际发挥调整权利义务失衡的作用。对格式条款的规制可以解决非个别磋商情况下大部分除对价之外的权利义务失衡问题,此时得以在维持既有合同框架的基础上作个别化的权利义务调整,明显优于整体合同的推倒重来。如果不公平最终仅表现为对价之间的过度悬殊,其他规范手段的确无能为力,只能借由显失公平制度的适用撤销合同。

---

① 相关研究,参见韩世远:《中国法中的不公平合同条款规制》,载《财经法学》2017年第4期。

② 《消费者权益保护法》也有特别规定,参见第16条、第26条。

③ See L. A. Kornhauser, *Unconscionability in Standard Forms*, California Law Review Vol. 64, p. 1180 (1976).

专题十九　违反效力性强制性规定

本专题撰写人:王利明

【《民法典》及其配套司法解释的新规则】

《民法典》第 143 条:

具备下列条件的民事法律行为有效:

(一)行为人具有相应的民事行为能力;

(二)意思表示真实;

(三)不违反法律、行政法规的强制性规定,不违背公序良俗。

《民法典》第 153 条第 1 款:

违反法律、行政法规的强制性规定的民事法律行为无效。但是,该强制性规定不导致该民事法律行为无效的除外。

【规则由来】

《民法典》第 143 条、第 153 条分别来自原《民法总则》第 143 条、第 153 条。

早在 1986 年,原《民法通则》第 55 条将"不违反法律或者社会公共利益"作为民事法律行为应当具备的条件。第 58 条规定,"违反法律或者社会公共利益的"民事行为无效。

1999 年原《合同法》第 52 条第 5 项规定"违反法律、行政法规的强制性规定",

合同无效。

1999年最高人民法院《关于适用〈中华人民共和国合同法〉若干问题的解释(一)》第4条规定:“合同法实施以后,人民法院确认合同无效,应当以全国人大及其常委会制定的法律和国务院制定的行政法规为依据,不得以地方性法规、行政规章为依据。”

2009年2月9日最高人民法院《合同法司法解释(二)》第14条规定:“《合同法》第52条第(5)项规定的‘强制性规定’,是指效力性强制性规定。”

2009年7月,最高人民法院《关于当前形势下审理民商事合同纠纷案件若干问题的指导意见》第15条首次提出了“效力性强制规定”和“管理性强制规定”的区分,并提出“违反效力性强制规定的,人民法院应当认定合同无效;违反管理性强制规定的,人民法院应当根据具体情形认定其效力”。第16条要求:“人民法院应当综合法律法规的意旨,权衡相互冲突的权益,诸如权益的种类、交易安全以及其所规制的对象等,综合认定强制性规定的类型。如果强制性规范规制的是合同行为本身即只要该合同行为发生即绝对地损害国家利益或者社会公共利益的,人民法院应当认定合同无效。如果强制性规定规制的是当事人的‘市场准入’资格而非某种类型的合同行为,或者规制的是某种合同的履行行为而非某类合同行为,人民法院对于此类合同效力的认定,应当慎重把握,必要时应当征求相关立法部门的意见或者请示上级人民法院。”

2019年11月,最高人民法院《九民会议纪要》第30条【强制性规定的识别】规定:

合同法施行后,针对一些人民法院动辄以违反法律、行政法规的强制性规定为由认定合同无效,不当扩大无效合同范围的情形,《合同法司法解释(二)》第14条将原《合同法》第52条第5项规定的“强制性规定”明确限于“效力性强制性规定”。此后,最高人民法院《关于当前形势下审理民商事合同纠纷案件若干问题的指导意见》进一步提出了“管理性强制性规定”的概念,指出违反管理性强制性规定的,人民法院应当根据具体情形认定合同效力。随着这一概念的提出,审判实践中又出现了另一种倾向,有的人民法院认为凡是行政管理性质的强制性规定都属于“管理性强制性规定”,不影响合同效力。这种望文生义的认定方法,应予纠正。

人民法院在审理合同纠纷案件时，要依据《民法总则》第 153 条第 1 款和《合同法司法解释(二)》第 14 条的规定慎重判断"强制性规定"的性质，特别是要在考量强制性规定所保护的法益类型、违法行为的法律后果以及交易安全保护等因素的基础上认定其性质，并在裁判文书中充分说明理由。下列强制性规定，应当认定为"效力性强制性规定"：强制性规定涉及金融安全、市场秩序、国家宏观政策等公序良俗的；交易标的禁止买卖的，如禁止人体器官、毒品、枪支等买卖；违反特许经营规定的，如场外配资合同；交易方式严重违法的，如违反招投标等竞争性缔约方式订立的合同；交易场所违法的，如在批准的交易场所之外进行期货交易。关于经营范围、交易时间、交易数量等行政管理性质的强制性规定，一般应当认定为"管理性强制性规定"。

【规范意旨】

《民法典》第 143 条第 3 项将"不违反法律、行政法规的强制性规定"规定为民事法律行为的有效要件。《民法典》第 153 条第 1 款规定："违反法律、行政法规的强制性规定的民事法律行为无效，但是该强制性规定不导致该民事法律行为无效的除外。"该条规定不仅确立了一种无效民事法律行为的类型，而且确立了判断民事法律行为无效的标准。《民法典》第 143 条从正面对民事法律行为的合法性作出了一般性要求；第 153 条又从反面明确违法的民事法律行为的效力，从而形成对民事法律行为效力的周延判断。

《民法典》第 153 条第 1 款性质上是"引致性条款"，将法律、行政法规的强制性规定引入民事法律行为效力的判断。强制性规定背后体现的是对国家利益、社会公共利益的维护，是国家对民事领域意思自治的一种限制。① 为了平衡公共利益与意思自治的关系，第 153 条第 1 款的适用应以法律、行政法规为依据，且应限定于强制性规定的范围内。"但是，该强制性规定不导致该民事法律行为无效的除外"这一但书规则同时表明，并非所有强制性规定都足以影响法律行为效力。人民法院在适用

① 参见黄薇主编：《中华人民共和国民法典总则编释义》，法律出版社 2020 年版，第 422 页。

该款时应综合考虑强制性规定所保护的法益类型、违法行为的法律后果以及交易安全保护等因素,进行“效力性强制性规定”与“管理性强制性规定”的区分,并通过此种方式更好地协调公共利益与意思自治的关系。

【典型案例】

案例一:“房屋预售案”

2016 年 4 月 25 日,李某与某开发商公司签订《某庄园内部认购合同》,合同签订当日,李某即向开发商公司缴纳了 1,204,000 元购房款。2016 年 8 月 3 日,案涉项目所在区住房保障和房屋管理局对其进行检查,发现该项目未办理销售手续,涉嫌无证销售,遂于同年 8 月 9 日作出处理决定:责令开发商公司停止一切销售行为及和房屋销售相关的广告宣传活动;立即进行企业经营整改,并对违规销售的房屋逐一清退;尽快办理相关建审手续。之后,开发商公司仍未办理商品房预售许可证。2018 年 2 月 12 日,开发商公司以案涉房屋未取得商品房预售许可证为由将李某起诉至法院,请求确认双方签订的认购合同无效。2018 年 3 月 1 日,房管局因开发商公司在案涉项目未取得商品房预售许可证的情况下擅自违规销售,对该公司予以行政处罚,责令停止销售活动,补办许可证,并处罚款人民币 720,758 元。同年 3 月 5 日,该公司缴纳罚款。案涉房地产项目于 2016 年 5 月动工建设,2017 年 5 月工程主体封顶,2018 年 6 月 8 日,取得商品房预售许可证。

法院认为,案涉认购合同实质上是商品房预售合同,开发商公司与李某之间形成了商品房预售合同法律关系。首先,李某在签订认购合同当日即支付了全额购房款,开发商公司在自身合同目的已经实现情形下,非但不积极履行应尽的合同义务,面对房地产市场出现价格大幅上涨,反而主张合同无效的做法,显然违背了诚实信用原则。其次,该公司作为房地产开发企业,对房屋预售所需符合的条件应当是清楚的,对自身不办理商品房预售许可证即预售商品房行为的违法性应当是明知的。现该公司以自身原因造成的违法事实为由提起本案诉讼,真正目的在于获取超出合同预期的更大利益,其行为显然与社会价值导向和公众认知相悖。为弘扬社会主义核心价值观,彰显司法公正,对此种行为不应予以支持。最后,开发商公司签约时未取得商品房预售许可证，虽然违反了有关“商品房预售应当取得商品房预售许可证明”的规定，但是并不必然导致其签订认购合同的民事法律行为无效。据此，双方之间的认购合同有效。①

案例二：“场外期货交易案”

××大宗商品交易中心有限公司是一现货交易平台，但其并未采取实物交割的方式，买方通过该平台的交易软件买入（建仓）、卖出（平仓）交易标的物，实际上的交易标的物系命名为“××油”“××白银”的标准化合约，每次交易在交割单中仅对买卖方向、手数进行选择，其他交易参数包括交易品种、质量、数量都是交易前确定的，仅价格一项为交易时由该软件提供的实时报价。买方不需要支付全部价款，可以对冲结算，支付一定比例的保证金即可交易。

法院认为，该交易名为现货交易，实际上是期货交易。××交易中心系现货交易所，未经批准开展期货业务，案涉交易行为无效。《期货交易管理条例》第 4 条规定，“期货交易应当在依照本条例第六条第一款规定设立的期货交易所、国务院批准的或者国务院期货监督管理机构批准的其他期货交易场所进行。禁止在前款规定的期货交易场所之外进行期货交易”。第 6 条规定，“设立期货交易所，由国务院期货监督管理机构审批。未经国务院批准或者国务院期货监督管理机构批准，任何单位或者个人不得设立期货交易场所或者以任何形式组织期货交易及其相关活动”。法院认为，因为期货交易具有特殊的金融属性和风险属性，直接关系经济金融安全和社会稳定，必须在经批准的特定交易场所，遵循严格的管理制度规范进行。上述规定虽然并未明确载明违反该规定将导致交易无效或不成立，但若将违反上述规定，未经批准在期货交易场所以外开展的期货交易行为认定为有效，极有可能扰乱期货交易秩序，引发经济金融风险并影响社会稳定。因此，《期货交易管理条例》第 4 条、第 6 条的规定属于效力性强制性规定。根据《民法典》第 153 条的规定，“违反法律、行政法规的强制性规定的民事法律行为无效，但是该强制性规定不导致该民

① 参见陕西省西安市中级人民法院民事判决书，（2018）陕 01 民终 8145 号。

事法律行为无效的除外。违背公序良俗的民事法律行为无效”。案涉交易行为无效。①

案例三:“互联网彩票销售软件开发案”

A 公司和 B 公司于 2018 年 3 月 21 日签订《软件开源合同》,涉案软件主要用于在互联网销售彩票。

一审法院并未明确认为,在双方签订涉案软件开发合同之时,财政部等政府管理部门尚未批准任何彩票机构开通互联网销售业务。即任何企业或个人开展任何形式的互联网销售彩票相关业务均属违反法律、法规强制性规定行为,而且该行为严重影响了彩票发行市场正常秩序与彩票销售款项的专项管理,故 A 公司和 B 公司签订的《软件开源合同》应属无效。

二审法院认为,涉案合同系双方当事人真实意思表示,A 公司订立合同的目的在于获得软件系统并通过该系统提供彩票相关资讯及销售彩票;B 公司订立合同的目的在于通过提供涉案软件获得对应价款。《彩票管理条例实施细则》(其上位法依据是《彩票管理条例》)等规制的是互联网销售彩票的行为,而涉案合同系计算机软件开发合同,合同本身并不违反相关规定。原审法院认定涉案合同无效属于适用法律错误,法院予以纠正。②

【理论阐释】

所谓违反效力性强制性规定的民事法律行为,是指民事法律行为虽然已经成立,但因其在内容上违反了法律、行政法规的效力性强制性规定,而应当被宣告无效的民事法律行为。《民法典》第 153 条第 1 款规定:“违反法律、行政法规的强制性规定的民事法律行为无效,但是该强制性规定不导致该民事法律行为无效的除外。”该条在总结我国立法和司法实践经验的基础上,确立了民事法律行为违反法律强制性

---

① 参加贵州省高级人民法院民事判决书,(2020)黔民终 120 号。
② 参见最高人民法院民事判决书,(2021)最高法知民终 250 号。

规定无效的标准。但是,由于该条表面上采用了“无效为原则、有效为例外”的表述,而并没有采纳司法实践中已形成初步共识的效力性强制性规定和管理性强制性规定的区分,因而在实践中也产生了适用争议,对准确适用该条规定产生了不利影响。笔者认为,该条实际上旨在区分效力性强制性规定和非效力性强制性规定,法院应当依据该条所确立的标准认定民事法律行为的效力。

一、《民法典》第153条是我国立法和实践经验的总结和发展

《民法典》第153条是我国立法和司法实践经验的总结,要准确理解这一规定,必须考察这一制度的历史变迁。关于合同无效的违法性判断标准问题,我国立法和司法经历了4个阶段。

第一阶段:原《经济合同法》时期。在这一时期,合同只要违法就无效。1981年原《经济合同法》第7条第1项规定:“下列经济合同为无效:一、违反法律和国家政策、计划的合同……”一般认为,这里所说的“违反法律”应从广义上理解,除违反原《经济合同法》外,还包括违反宪法和其他有关法律以及中央和地方的有关法规、决议等。地方法规也是明确处理经济纠纷案件的法律依据。同时,政策包括价格政策、信贷政策等,也是判断合同效力的准则,[①]合同无效的情形包括违反国家政策、计划的合同:购销政策不准自由买卖的重要生产资料和禁销耐用消费品,未按国家规定的基本建设程序办理申报的情形。[②] 1986年原《民法通则》第58条规定:“下列民事行为无效……(五)违反法律或者社会公共利益的……”可见,该条虽然没有“国家政策、计划”作为判断无效的标准,但在违法的表述上,基本采纳了原《经济合同法》第7条第1项的规定。

第二阶段:原《合同法》时期。由于原《经济合同法》简单地将违法等同无效,导致在实践中“交易之中禁令如林”,合同无效的比率极高,不仅导致许多当事人借助无效制度逃避违约责任,也不利于市场经济秩序的稳定。司法实践已经注意到,并不是违反任何法律强制性规定的合同都应当被宣告无效,对违反非强制性规定及一

---

① 参见张序九:《论无效经济合同》,载《现代法学杂志》1984年第1期;李济铃:《论无效经济合同》,载《法学》1990年第1期。

② 参见王卫国:《论合同无效制度》,载《法学研究》1995年第3期。

般行政管理规定的合同,一般并不必然无效。① 据此,在原《合同法》制定过程中,许多学者建议,既要将导致无效规范的位阶提高为法律、行政法规,又要区分强制性规定和任意性规定,只有违反强制性规定的合同才应当无效。1999 年原《合同法》总结了我国司法实践和交易实践经验,于第 52 条规定:“有下列情形之一的,合同无效……(五)违反法律、行政法规的强制性规定。”与原《经济合同法》第 7 条第 1 项的规定相比,原《合同法》第 52 条第 5 项的规定在判断无效的标准方面作出了两个变化:一是引入了法律位阶标准,即将判断无效的规则仅限于法律、行政法规,而将部门规章、地方性法规等规范性文件排除在外;二是引入了“强制性规定”的概念,即将判断无效的规则仅限于法律的强制性规定,而排除了法律的任意性规定,从而缩小行使合同无效的法律、行政法规的范围。② 原《合同法》第 52 条关于合同无效标准的完善是该法的重大亮点,并对社会主义市场经济的发展提供了重要保障。

第三阶段:合同法司法解释时期。原《合同法》第 52 条虽然极大限定了判断合同无效的标准,但毕竟法律、行政法规以“应当”“不得”“必须”等表述所规定的强制性规范依然众多,使法官在处理合同纠纷时,仍然难以准确寻找判断合同无效的标准,也使无效合同的比例仍然较高,为此,2009 年《合同法司法解释(二)》第 14 条规定:“合同法第五十二条第(五)项规定的‘强制性规定’,是指效力性强制性规定。”该司法解释引入了效力性强制性规定和管理性强制性规范,实现对强制性规范的限缩解释,这是一个重大进步,也是对合同法的重要发展③。2009 年最高人民法院《关于当前形势下审理民商事合同纠纷案件若干问题的指导意见》(法发〔2009〕40 号)正确理解、识别和适用效力性强制规定和管理性强制规定。《九民会议纪要》第 30 条、第 31 条对效力性强制规定和管理性强制规定的区分作出了类型化规定。我国司法实践也采纳了此种法律解释方法。例如,在“黄某某等与李某等确认合同有效纠纷案”中,法院认为,从最高人民法院《合同法司法解释(二)》的规定看,合同法所

---

① 1993 年中南、东北九省(区)经济审判(洛阳)研讨会纪要。参见最高人民法院经济审判庭编:《经济审判资料选读》(第 1 辑),人民法院出版社 1994 年版,第 2 页。

② 参见王卫国:《论合同无效制度》,载《法学研究》1995 年第 3 期;王利明:《合同法的目标与鼓励交易》,载《法学研究》1996 年第 3 期。

③ 参见王轶:《行政许可的民法意义》,载《中国社会科学》2020 年第 5 期。

称的强制性规定应作限缩解释，仅是指在违反法律效力性强制性规定时才能致使合同无效。李某虽然主张该四方协议违反法律规定而应无效，但并不能举证证明该四方协议存在违反法律效力性强制性规定的情况。因此，其提出的合同无效主张不能成立。①

第四阶段：《民法典》时期。在民法典编纂过程中，对是否引入效力性强制性规范确实产生了争议。因此，《民法典》第153条第1款在总结我国原《合同法》立法和司法实践经验的基础上，继续采纳原《合同法》的经验，规定："违反法律、行政法规的强制性规定的民事法律行为无效，但是该强制性规定不导致该民事法律行为无效的除外。"可见，该条仅以法律、行政法规的强制性规定作为判断无效的标准，同时又对法律、行政法规的强制性规定通过但书的方式作出区分，限缩强制性规定作为判断无效的适用范围。然而，《民法典》第153条并未采纳"管理性强制性规定"的概念，笔者认为，主要是基于如下考量：一方面，"管理性强制性规定"与"效力性强制性规定"并非平行关系，而是上位概念与下位概念的关系。因为效力性强制性规定本身也服务于行政管理目的，因此，也可以归入"管理性强制性规定"的范畴。另一方面，如果一概认定违反"管理性强制性规定"的法律行为无效，将会影响行政权的行使。因为行政管理的目的往往通过管理性强制性规定来实现，如果违反管理性强制性规定的法律行为都有效，就会影响行政权的行使。一概认定违反"管理性强制性规定"的法律行为无效，也影响了相关强制性规范的管理目的的充分实现，不利于行政秩序的维护和法秩序的统一。还要看到，从司法实践来看，两者的区分一直较模糊，法官不易找到确定标准。自"效力性强制性规定"和"管理性强制性规定"的区分产生以来，也一直存在较大争议，在《民法典》编纂过程中也没有达成共识。因此，"管理性强制性规定"的概念最终被《民法典》放弃。

《民法典》第153条所说的"强制性规定"就是强制性规范。所谓强制性规范，是指当事人不得约定进行排除的规范。② 强制性规范背后体现的是对国家利益、社

---

① 重庆市第五中级人民法院民事判决书，(2014)渝五中法民终字第03135号。

② 参见许中缘：《民法强行性规范研究》，法律出版社2010年版，第20~25页。

会公共利益的维护,是国家对民事领域意思自治的一种限制。① 按照拉伦茨的看法,强制性规范包括如下几类:一是规定私法自治以及私法自治行使要件的规范,如行为能力、意思表示生效的要件以及合法的行为类型(限于对行为类型有强制规定的情况);二是保障交易稳定、保护第三人信赖的规范;三是为避免产生严重不公平后果或为满足社会要求而对私法自治予以限制的规范。② 通过引入强制性规范的概念,可以更好地协调公共利益与意思自治的关系。如果民事法律行为违反了法律和行政法规的强制性规定,则民事法律行为无效。该条不仅确立了一种无效民事法律行为的类型,而且确立了判断民事法律行为有效与否的标准。由于《民法典》第143条规定了民事法律行为的有效要件,其中该条第3项规定,民事法律行为不得违反法律、行政法规的强制性规定,不得违背公序良俗。这就从正面对民事法律行为的合法性作出了规定。《民法典》第153条则从反面明确了违法的民事法律行为的效力,从而形成了逻辑周延的法秩序。

《民法典》第153条通过"强制性规定"的表述联结了公法与私法的关系,形成了公法和私法的接轨。就此而言,该条在性质上也具有引致性条款的功能,一些公法规范可以依据该规定进入合同领域,从而影响法律行为的效力。笔者认为,《民法典》第153条可以引致到如下规范:一是私法规范。《民法典》第153条首先可以引致到私法中的强制性规范。例如,《民法典》第1007条规定:"禁止以任何形式买卖人体细胞、人体组织、人体器官、遗体。违反前款规定的买卖行为无效。"该条就属于典型的效力性强制性规定。二是公法规范。《民法典》第153条为公法规范的适用也提供了渠道,这就是说,法官可以依据该条规定选择适用某个公法规范,以认定违反公法规范行为的效力。③ 但并非所有的公法规范都可以借此进入民事法律行为领域,进而影响民事法律行为的效力。例如,《律师法》第13条规定:"没有取得律师执业证书的人员,不得以律师名义从事法律服务业务……"该规定是要强化对律师代理的管理,并非要使委托合同无效。因此,其性质上是一般的管理性规范而不是效力性规范,如果出现无律师资格者与第三人订立有偿代理合同,并不当然导致该合

① 参见黄薇主编:《中华人民共和国民法典总则编释义》,法律出版社2020年版,第422页。
② [德]卡尔·拉伦茨:《德国民法通论》(上册),王晓晔等译,法律出版社2003年版,第42页。
③ 参见申海恩:《〈民法总则〉关于"民事法律行为"规定的释评》,载《法律适用》2017年第9期。

同无效。

《民法典》第153条通过但书表述,对"强制性规定"作出了区分。由于法律和行政法规的强制性规定遍布公法、私法领域,如果违反这些规定都导致民事法律行为无效,则显然不利于鼓励交易,并造成社会财富的损失和浪费,因此,虽然《民法典》第153条没有采纳"管理性强制性规定"的概念,但该条从反面规定了违反强制性规定并不一定导致民事法律行为无效,实际上区分了效力性和非效力性强制性规定两种类型,为判断民事法律行为无效提供了更加明确的标准,这也是对我国立法和司法实践经验的总结和沿袭。

二、《民法典》第153条旨在区分强制性规定类型而非确认"原则/例外"关系

(一)《民法典》第153条有关但书结构的规范意旨分析

"规范"(英语"norms",法语"normes",德语"Normen")一词,就是指调整社会关系的规则,其目的在于规范社会生活的行为,而不在于描述社会事实。[①] 从比较法上来看,如何从众多的法律的强制性规范中,寻找认定合同无效的裁判依据,也是各国判例学说所探讨的重要话题。即使法律文件采用"应当""必须""不得"等表述,也不一定就是准确判断合同无效的裁判依据。比较法上对此也有经验可循。例如,在日本的判例学说中,对违反强制性规范是否导致民事法律行为无效,存在"法规渊源区别说""综合判断说""履行阶段说""经济公序说""基本权保护义务说"等不同的理论。[②] 这实际上也是对强制性规范所作的进一步的分类。

从表面上看,《民法典》第153条第1款采取的是原则与例外的表述。该条首先表述违反效力性强制性规定的行为无效,然后又采用"但书"形式明确了违反非效力性强制性规定的行为仍然有效。据此,有学者认为,该条明确了"原则例外"的关系,违反效力性强制性规定无效是普遍情形,而违反非效力性强制性规定有效为例外情

① 黄茂荣:《法学方法与现代民法》(第5版),法律出版社2007年版,第67页。

② [日]加藤雅信编:《日本民法学说百年史》,三省堂1999年版,第100~112页。

形。简言之,即以无效为原则,以有效为例外。法谚云:“例外常设于最后,有原则便有例外。”所以,该条表述事实上就是在该句的最后用“但书”的形式表述出了非效力性强制性规定。笔者认为,这种理解只是一种简单的形式考察,而不是从制度的设立目的出发而进行的实质考察,也没有准确把握该条的规范意旨。具体而言:

第一,从《民法典》所规定的基本原则来看,违反强制性规定的民事法律行为涉及自愿原则(第5条)和合法性原则(第8条),很难说哪个基本原则绝对优先,因此,不能将效力性强制性规定视为强制性规定的原则,而将非效力性强制性规定视为例外。相反,自愿原则置于合法性原则之前,表明私法自治是民法的基本价值,至少应当与合法性原则并重。《民法典》第153条旨在表明,虽然违反某些强制性规定也构成违法,但不一定导致合同无效,①并非将效力性强制性规定规定为强制性规定的一般情形。

第二,从民法精神来看,民法以私法自治为原则、以限制私法自治为例外。鲁斯特贝格也认为:“自由与自由的法定界限因此居于一种原则与例外的关系。”②在我国,要构建高水平社会主义市场经济体制,建设现代化经济体系,推动经济实现质的有效提升和量的合理增长,充分发挥市场在资源配置中的决定性作用,就必须用法治来规范政府和市场的边界,由于合同是联结市场主体之间的纽带,因而需要通过合同自由,激发市场主体的活力,调动市场主体的能动性,保护市场主体的合理预期,使各种资源被配置到最能发挥效用的地方,因此,对合同自由进行干预应当限制在合理范围。③ 如果影响合同效力的强制性规范越多,就越可能侵蚀负面清单的限制功能,损害市场主体的合理预期。虽然私法自治始终是支撑现代民法的基础,但私法自治又要有必要的限制。所以,私法自治是原则,而对其进行限制为例外。私法自治要求放松管制,而国家管制只是要弥补私法自治的不足,只能属于例外情形。按照这一理解,违反强制性规定的民事法律行为应当以有效为原则,以无效为例外。

第三,从后果上看,如此理解将会导致无效认定的泛滥。把无效当作原则,把有效当作例外,而例外情形只是针对范围狭小且例外又不能作从宽解释的。因为原则

---

① 参见黄薇主编:《中华人民共和国民法典人格权编解读》,中国法制出版社2020年版,第65页。

② Rusteberg, Der grundrechtliche Gewährleistungsgehalt, 2009, S. 146 f.

③ Vgl. Schäfer/Ott, Lehrbuch der ökonomischen Analyse des Zivilrechts, Springer, 2020, S. 471.

性规定要从宽解释,而例外性规定要从严解释。例外不得扩张(exceptions non sunt extendendae)。[1] 如果以违反强制性规定的法律行为无效为原则,就会引导法官倾向于认定法律行为无效。如此,将可能导致无效认定的泛滥,从而违反合同严守原则,要求当事人恢复原状,从而导致财富的损失浪费。而从立法演进来看,这正是立法机关努力要避免的现象。

(二)《民法典》第153条旨在区分效力性强制性规定和非效力性强制性规定

如前所述,《民法典》第153条并没有采纳司法实践所认可的效力性强制性规定和管理性强制性规定,而是采取了效力性强制性规定和非效力性强制性规定的区分。立法者最终没有采用"管理性强制性规定"的区分。但是,这并不意味着,立法者对强制性规定未作区分,从该条的立法宗旨来看,其就是确认以"法律、行政法规的强制性规定"为判断法律行为效力的依据以后,进一步将强制性规定区分为效力性强制性规定和非效力性强制性规定,只不过,此种区分是以"但书"的方式呈现的。这就是说,并非所有强制性规定的立法目的都必须通过否定当事人之间法律行为效力的方式才能实现。大量的非效力性强制性规定通过行政手段即可达到立法目的,如通过行政处罚、行政强制等方式有时可以达到立法者所追求的社会管理目的。[2] 就这些强制性规范而言,没有必要一定使其作用于当事人的合同关系之中,侵入意思自治的领域并否定民事法律行为效力。因此,必须依据强制性规范的立法目的具体判断是否有必要否定民事法律行为的效力,[3]这就有必要对强制性规定进行类型化区分。

具体而言,此种区分的意义主要体现于以下几个方面:

第一,贯彻合同严守原则,维护交易秩序。在市场经济条件下,"合同几乎从来不是单独出现的,某一合同之所以有成立的可能是由于其过去曾有上百个合同,即所谓上游合同。任何两个人都可以成立买卖铅笔的合同,但两个人单靠他们自己是

① 参见易军:《原则/例外关系的民法阐释》,载《中国社会科学》2019年第9期。
② 参见黄薇主编:《中华人民共和国民法典人格权编解读》,中国法制出版社2020年版,第65页。
③ See Hugh Becde (eds.), *Chitty on Contracts*, Thomson Reuters, 2008, p. 1178.

不能生产一支铅笔的”。[①] 由于各种合同关系形成了一个密切联系的交易链,因此,过多或不适当地宣告合同无效,必然会造成许多交易链中断,对其他一系列合同的履行造成障碍,给合同当事人的利益也造成不同程度的影响。这也是合同法强调“契约严守”(pactasunt suranda)的重要原因。合同严守是合同法的基本原则,只有合同得到严守,才能借助合同形成合理的交易预期,维系生产、生活的正常联系,保障经济生活的安定有序。经济学家已经反复证明,只有当合同得到严格遵守和履行的时候,陌生人之间才产生了比较强的交易信用,才有足够的信心去开展更广泛的合同交易,从而促进社会财富的流通和创造。[②]

第二,维护诚实守信。依据《民法典》第7条的规定,诚信原则的核心内容是“秉持诚实,恪守承诺”。如果判断合同无效的标准过于宽泛,一些合同当事人甚至会以无效为由,逃避违约责任,这将严重违反诚信原则,损害合同当事人的合法权益。实践中,此类案件时有发生。例如,在“西安闻天科技实业集团有限公司诉李某茹房产纠纷案”中,[③]开发商本应取得售房许可,但其因各种原因而没有办理,在发生纠纷后,其也可以补办而没有补办;后由于房屋涨价,合同继续履行对已经购房的业主是有利的,而对开发商不利,因此,开发商在法院起诉,要求宣告合同无效,并宣称“我违法了,我要告业主”。[④] 此时,如果认定合同无效,就将使守法的当事人也承受了违法的后果,反而不利于维护合同的公平正义。另外,在交易实践中,常常是一方当事人违反了法律的强制性规定,但另一方并没有违法,违反法律的强制性规定的后果本应当由违法的一方承担,而不应当由未违法的一方承担,如果不区分强制性规定的类型,一概将违反强制性规定的合同认定为无效,必将损害守法的一方当事人的合法权益。[⑤] 造成违法的一方从中获利,而未违法的一方反而因此利益受损。如

---

① 沈达明:《英美合同法引论》,对外贸易教育出版社1993年版,第87页。

② 关于合同交易中社会信用的建立机制的观察,参见熊丙万:《私法的基础:从个人主义走向合作主义》,载《中国法学》2014年第3期;[以色列]尤瓦尔·赫拉利:《人类简史:从动物到上帝》,林俊宏译,中信出版社2014年版,第320~321页。

③ 陕西省西安市长安区人民法院民事判决书,(2018)陕0116民初2519号。

④ 《西安开发商:我违法了,我要告业主!》,载“房地产营销兵法”微信公众号2018年8月6日,https://www.sohu.com/a/245431660_656035,最后访问日期:2022年10月5日。

⑤ 参见黄薇主编:《中华人民共和国民法典人格权编解读》,中国法制出版社2020年版,第465页。

此,也不符合诚信原则,前述案例就是实例。

第三,保护当事人合理信赖和预期。“关系契约”(Relational Contract)理论将合同交易置于社会关系的背景之中,认为所有合同交易都是在社会关系中进行的,因而所有的合同也都根植于社会关系,[①]真正的独立于社会关系的个别性合同根本并不存在。[②]“允诺源于信用”,[③]在市场交易中,当事人基于合同形成了信赖关系,彼此会对合同的履行产生信赖。信赖本身就体现了交易安全的利益。因此,合同法注重保障当事人之间的信赖关系,这也是合同法保障交易安全的重要体现。[④] 如果任何一方可以动辄以违法为理由而主张合同无效,就有可能破坏合同当事人的信赖。事实上,在交易实践中,有的当事人会违反诚实信用原则,利用强制性规定逃避合同义务。例如,有的合同当事人在订立合同时明知该合同违反强制性规定,但是基于自身利益仍然订立合同,而其后因商业风险可能遭受不利影响,又主张该合同违反强制性规定而无效,以逃避商业风险。也有合同当事人在处于不利地位、无法继续履行合同时,随意以某一强制性规定为依据主张合同无效,希望摆脱合同的约束,动辄以违反强制性规定否定合同效力,必将损害当事人合理信赖和交易安全。例如,2013 年修正的《商业银行法》第 39 条第 1 款对商业银行贷款应当遵循的负债比例管理进行规定,要求“贷款余额与存款余额的比例不得超过百分之七十五”。如果商业银行不符合该负债比例规定而进行贷款,将违反该强制性规定。但是,如果直接认定借款合同无效,就会损害无法获知金融机构内部管理状况的借款人的合理信赖。事实上,该款规定以维护金融的稳定性、安全性和流动性为目的,而认定借款合同无效恰恰有违这一目的。

第四,明确合同效力评价的依据,减少民事法律行为被确认为无效的概率。[⑤] 一方面,有利于维护私人自治的价值,如果过多地认定合同无效,可能使合同效力不能得到应有的维护,从而损害私法自治;另一方面,有利于促进司法裁判统一。传统民

---

① 参见[美]麦克尼尔:《新社会契约论》,雷喜宁、潘勤译,中国政法大学出版社 2004 年版,第 11 页。
② 参见王文军:《关系合同与继续性合同——一个比较分析框架》,载《法学论坛》2013 年第 4 期。
③ See E. Allan Farnsworth, *Contracts* (2nd edition), Little, Brown and Company, 1990, p. 8.
④ [德]卡尔·拉伦茨:《正确法:法伦理学基础》,雷磊译,法律出版社 2022 年版,第 74 页。
⑤ 易军:《〈民法总则〉对〈合同法〉的超越》,载《团结》2017 年第 2 期。

法使用强制性规定评价合同效力,但强制性规范数量众多,导致法官在适用过程中遇到障碍。尤其是我国立法语言经常采用“不得”“应当”“禁止”等表述,这些规定是否均可导致合同无效,法官在司法审判中面临较大困惑。在大量的强制性规定面前,法官没有明确的标准可供判断,[①]这也导致了在实践中出现的“同案不同判”、裁决不统一的现象,引发了法律适用规则的不规范。效力性和非效力性强制性规定的区分实际上是在明确:存在一种类型的强制性规定,违反该种规定不会导致合同无效。因此二者的区分至少可以提示法官,必须谨慎地以违反强制性规定判决合同无效,从而时刻提醒法官对强制性规定本身作更加深入的探究。虽然在对强制性规范是否影响合同的效力判断中,可能需要对强制性规范所保护的公共秩序与具体法律行为所违反的公共秩序在个案中进行比对,[②]但这也并不影响对众多强制性规定的违反效果进行区分。

第五,界定公法与私法的调整界限,辨别公法规范性质差异。公法规范类型多元,从规范对象来看,有的规范市场准入资格、有的规范合同内容、有的规范履行行为,但并非所有的规范都要指向合同无效。例如,《土地管理法》第 40 条第 1 款规定,“开垦未利用的土地,必须经过科学论证和评估,在土地利用总体规划划定的可开垦的区域内,经依法批准后进行”。该款规定的立法目的就并不当然指向合同效力。甚至有的公法规范并非强制性的,而是倡导性规范。从调整范围上看,有的公法规范只是提出整体性要求,有的则是具体行为规范,此时,违反前者不应当轻易认定合同无效。如果认为只要违反公法规范就一概导致合同无效,这就会忽视不同类型公法规范之间的价值差异、功能差异、目的差异和结构差异。

事实上,由于因违反强制性规定导致法律行为无效是国家管制介入私法自治的体现,[③]因此对效力性强制性规定的谨慎认定实际上担负划定公法与私法调整界限的功能。效力性强制性规定的认定与合同效力的肯定性评价存在反相关关系,即越

① 参见石一峰:《效力性强制性规定的类型化分析》,载《武汉大学学报(哲学社会科学版)》2018 年第 2 期。

② 参见李世刚:《法律行为内容评判的个案审查比对方法——兼谈民法典格式条款效力规范的解释》,载《法学研究》2021 年第 5 期。

③ 参见苏永钦:《以公法规范控制私法契约——两岸转介条款的比较与操作建议》,载《人大法律评论》编辑委员会组编:《人大法律评论》第 6 辑,法律出版社 2010 年版,第 3 页。

是宽泛地认定效力性强制性规定，就会越严格地限制合同效力的肯定性评价。① 换言之，效力性强制性规定越多，公法的调整范围就越大；对意思自治的干预越多，私法的作用范围就越小。这种此消彼长的关系就意味着，如果不对强制性规定进行有效区分，就会使公法规范过度干预合同关系，并过度侵蚀私法自治的空间。

三、如何依据《民法典》第153条区分效力性和非效力性强制性规定

《民法典》第153条第1款对强制性规定作出了效力性和非效力性的区分，为司法实践区分这两类规定了提供了一个基础性准则。但是，毕竟该条并没有提出两者明确区分的标准。原因在于，一方面，由于这两类规范的区分从根本上涉及政府对市场的干预及其界限，因此必须结合强制性规定的规范目的加以考量；另一方面，两者的区分标准问题很复杂，在实践中情形多元、状态各异，客观上也难以为二者的区分设定明确标准，因此仍然要采取多种路径。尤其是在不同的行业或领域中，法律、行政法规所规定的强制性规定的规范目的究竟为何，可能很难根据某一抽象标准加以清楚界定。笔者建议，可以从如下三个方面对二者作出区分。

（一）通过法律解释进行区分

“法无解释不得适用”，在认定某一强制性规范究竟为效力性强制性规范还是管理性强制性规范时，也需要借助法律解释方法。事实上，有的强制性规范明确界定了强制性规范的性质，即违反该规定是否导致民事法律行为无效，但许多强制性规范本身并没有明确规定其性质，这就有必要结合相关法律规范的文义、立法目的等，具体认定该规范的性质。对两类规范的区分首先涉及法律解释问题，为此，就需要借助其他法律解释的方法进行具体的考量。所谓通过法律解释进行区分，是指通过法律解释的方法，明确特定的强制性规范是否属于效力性规范。这些方法主要包括如下几种：

1. 文义解释规则

依据文义解释区分效力性强制性规定与非效力性规定应遵循如下步骤：

---

① 参见姚明斌：《“效力性”强制规范裁判之考察与检讨》，载《中外法学》2016年第5期。

第一步,识别相关规定是否是强制性规范。从文义上来看,如果法律条文中采用"可以"等表述,可以认为该条是任意性规范,但如果法律条文采用"应当""禁止""不得"等表述,则应当认为是强制性规范,但并不能据此直接认定其属于效力性强制性规定。事实上,大量的法律条文都采取"应当""不得"等表述,但并非效力性强制性规定,甚至只是宣示性规定。这就是说,法律法规虽然采取了"应当""必须"等表述,但法律法规明确规定违反该规定并不导致民事法律行为无效的,则该规定应属于非效力性规范。

第二步,识别相关规定是否明确规定违反该规定将导致民事法律行为无效。我国《民法典》的规则体系是围绕民事权利展开的,尤其是《民法典》分则大量涉及权限性规定,这些权限性规定实际上是赋予民事主体享有特定的权利,以及权利行使的规则。在民事主体违反相关权限性规定的情形下,不宜简单地认定相关民事法律行为无效。在司法实践中,当有关法律、行政法规明确规定一定情况下特定标的物禁止或限制转让时,可能涉及是适用总则编第153条第1款还是适用合同编第597条的问题。例如,《城市房地产管理法》第38条第4项规定,共有房地产,未经其他共有人书面同意的,不得转让。该规定虽然使用了"不得"的表述,但该规定属于权限性规定,如果某共有人未经其他共有人书面同意,将共有房地产转让给他人,此种行为构成无权处分,应当适用《民法典》第597条的规定,无权处分不影响合同效力,仅导致无处分权人的违约责任,而不应认为《城市房地产管理法》第38条第4项属于效力性强制性规定。[①] 当然,如果法律、行政法规明确规定违反权限性规定将导致民事法律行为不发生效力,则应当将其认定为效力性规定,如前述《民法典》第1007条的规定。

第三步,识别该规范是否与民事法律行为效力联系在一起。一些强制性规定直接明确规定法律行为无效的法律后果,此时依据文义解释即可得出结论。法官首先要意识到上述区分,不能因为规范文义中"不得""应当"就认为违反规范合同无效,同时要结合考量因素进行详细的论证说理。

---

① 参见最高人民法院民法典贯彻实施工作领导小组主编:《中华人民共和国民法典总则编理解与适用》,人民法院出版社2020年版,第757页。

2. 目的解释规则

法谚云,“认识法律并非固守它们的文辞,而要掌握它们的效力和意向”(Scire leges non est verba earum tenere,sed vim ac potestatem)。依据目的解释,就是要考虑法律设计该规则的目的,是维护公共利益,还是维护私人利益。拉兹曾经指出:“在解释现代法律的许多案件中,可以假定立法者的意图和目的是促进合理目标的实现。”①史尚宽先生指出,“何者为强行规定,何者为非强行规定……应依条文之体裁及法律规定本身之目的以定之”。② 所谓规范意旨,是指通过考察强制性规定的性质和目的,而认定其是否属于效力性规范。从比较法来看,一些国家也重视对这两种规范进行区分。在德国法中,存在所谓“规范性质说”(normcharaktertheorie),该理论认为,如果某个规范与其他违法行为一样都应当受到制裁,而不影响私法上的效力,则该强制性规定便不属于效力性规范。③ 该理论实际上也是从目的解释的角度出发,确定特定的强制性规范是否属于效力规范。笔者认为,目的解释可从如下几个方面来理解:

一是考虑法律规范的目的是保护公共利益还是当事人利益,如果法律规范的目的仅是维护当事人的利益,则违反该规定不应导致法律行为无效;如果法律规范的目的在于维护社会公共利益,则违反该规定可能导致法律行为无效。④ 例如,《民法典》第 791 条第 3 款规定:“禁止承包人将工程分包给不具备相应资质条件的单位。禁止分包单位将其承包的工程再分包。建设工程主体结构的施工必须由承包人自行完成。”该条明确使用了“禁止”这一表述,在性质上应当属于强制性规定,但该条中的两处“禁止”究竟是效力性规定还是管理性规定,则需要考虑该条的规范目的。该条第一句禁止承包人将工程分包给不具有相应资质条件的建设单位,目的在于保障建设工程的安全,从而维护公共利益和不特定多数人的利益,因此,其在性质上应当是效力性规定。而该条第二句禁止分包单位将其承包的工程再分包,则主要是出

① [英]约瑟夫·拉兹:《法律的权威》,朱峰译,法律出版社 2005 年版,第 181 页。

② 史尚宽:《民法总论》,中国政法大学出版社 2000 年版,第 329 页。

③ Vgl. RGZ1, 115 f.

④ 参见邓志伟、伍玉联:《违反强制性规定合同效力的法解释学分析》,载《人大法律评论》编辑委员会组编:《人大法律评论》第 1 辑,法律出版社 2012 年版,第 136 ~ 137 页。

于管理需要，尤其应当看到，如果分包单位将其承包的工程再次分包给其他有相应资质的承包人，且建设工程的质量符合规定，则没有必要否定该分包行为的效力，因此，考虑该句的规范目的，应当将该句界定为管理性规定。

二是考虑规制对象是一方当事人还是双方当事人。德国法上有“规范对象说”(Normrichtungstheorie)，该说认为，法律行为原则上只有在强制性规范以所有当事人为调整对象时，才能导致其无效。[①] 例如，房屋预售是规范开发商一方行为的，而不以买受人为规范对象，所以，违反房屋预售许可的合同并非无效。当然，这只是一个大致的判断标准，作出此种判断时还要考虑与公共利益、行政管理秩序等的关联程度。例如，就资质认定而言，它常常都是法律为一方当事人设定的，但这并非就是说，所有关于资质的规定都是非效力性强制性规定，仍然要区分不同的资质认定规定来确定其效力。例如，未取得出租车运营许可而进行运营，与未经国家许可从事期货交易，这两种资质涉及的公共利益不完全相同，后者对国家金融秩序有较大影响，因此，对顾客“打黑车”的交易行为不宜都认定为违反效力性强制性规定而无效，而对没有交易资格而进行场外期货交易则应当认定为无效。

三是如果违反规范既可能导致法律行为有效也可能无效，则应当尽可能让法律行为有效。从比较法上来看，“尽量作有效解释规则”(utres magis valeat guam preat)，已经达成了广泛共识。这就是说，对合同的解释要以最大限度地促进合同的成立为解释方向，促成合同的实际履行，尽量避免宣告合同不成立或无效。这一原则在判例法中也被广泛采用。[②] 因为法律的目的还是尽可能地促成交易，促进社会财富的增长。

四是强制性规定具有一定的规制目的，倘若为了实现这一规制目的，并不一定使合同无效，也可以通过诸如行政处罚等手段达到规制目的。也就是说，强制性规定本身已经明确规定了一定的行政责任，通过行政责任即可实现规制目的，此时就不一定要借助宣告合同无效的方式来实现规制目的。这也是比例原则的具体体现，因为使合同无效可能导致财富的更大损失和浪费。

---

① Vgl. BGH DB 1972, S. 1477.

② UNCITRAL, *Digest of Case Law: On the Unted Nations Convention on Contracts for the International Sale of Goods*, p. 45 (United Nations, 2012).

3. 体系解释

体系解释，是指以法律条文在法律体系中的地位（依其编章条节项款的前后关联位置）或相关法条的法意，阐明法律条文含义的解释方法。在针对某个规则进行解释时应当将该规则所处的位置，以及该规则与其他规则的关系一并考虑，从而决定其是效力性规范还是管理性规范。某一规范虽然采取“应当”的表述，但该规范在整个法律体系中都与其他的一般性强制性规定并列，这就可以作为认定其并非效力性强制性规定的基础。

例如，《民法典》第208条规定：“不动产物权的设立、变更、转让和消灭，应当依照法律规定登记。动产物权的设立和转让，应当依照法律规定交付。”依据该条规定，对基于法律行为的物权变动来说，不动产物权变动应当依法办理登记，动产应当依法交付，该条关于物权变动方式的规定应当属于强制性规定，当事人不得通过约定予以排除，但认定该条的规范属性，还需要结合《民法典》第215条的规定，即“当事人之间订立有关设立、变更、转让和消灭不动产物权的合同，除法律另有规定或者当事人另有约定外，自合同成立时生效；未办理物权登记的，不影响合同效力”。依据该条规定，即便当事人没有依法办理登记或者交付，也不应当否定合同的效力，因此，认定《民法典》第208条的规范性质时，需要将其与第215条结合起来进行体系考察。

再如，《民法典》第399条第4项规定，所有权、使用权不明的财产或者有争议的财产，不得抵押。如果违反该规定是否导致抵押无效？笔者认为，首先要明确财产的所有权归属，而并非当然导致抵押无效。最终查明结果，如果抵押人有所有权，就是有权处分，则合同有效；如果抵押人没有处分权，就是无权处分，无权处分的合同仍然有效，债权人是否享有抵押权，还要看是否符合善意取得的条件。该条第5项规定了依法被查封、扣押、监管的财产，不得抵押。如果违反是否导致抵押合同无效？按照体系解释，要考虑有关查封扣押效力的规范，在查扣财产上设定抵押的合同，仍然有效，但是要根据抵押的登记时间和查扣时间的先后判断顺位，能够通过顺位的划定实现规范目的，就无须让抵押合同无效。

（二）利益平衡

法谚云：“法爱衡平。”利益衡量是解释者针对个案中待适用的法律规范所涉及的利益进行平衡。在选择一种价值的同时,并不一定要放弃其他价值,而是要尽量在冲突利益之间寻找平衡,并使法律优先保护的利益获得保护。“在这方面,立法者或者法官需要衡量,这些相互冲突的利益当中,哪些利益应当给予优先保护。”①利益平衡也是判断强制性规范性质的重要方法,即在认定某强制性规范是否为效力性强制性规范时,要考虑利益平衡。正如王泽鉴教授所指出的,对取缔规定和效力规定难以区分时,应综合法规的意旨,权衡相冲突的利益(法益的种类、交易安全、其所禁止者究系针对双方当事人或仅一方当事人等)加以认定。② 具体而言:

一是公共利益和私人利益发生冲突。如果某一规范既具有保护公共利益的目的,也具有保护私益的目的,则应当考虑法律更倾向维护哪一种利益。例如,房屋预售虽然也要维护房地产市场的秩序,但它同时也体现了对业主利益的保护。因此,法官在裁判时,也要考虑业主利益的保护与房地产市场秩序的维护之间的利益平衡。

二是生命健康利益和其他利益发生冲突。天地间,人为贵,人之所贵,莫过于生。“皮之不存毛将焉附”,没有生命健康,其他人权都将化为乌有。在生命、健康与其他权利发生冲突时,其他的权利都要退居其次。生命健康权是第一位的人权,是最重要的民事权利,其他所有的权利在行使中与生命健康权发生冲突,都应当保障生命健康权。例如,《民法典》第731条规定:“租赁物危及承租人的安全或者健康的,即使承租人订立合同时明知该租赁物质量不合格,承租人仍然可以随时解除合同。”该条便是通过赋予当事人解除权的方式对其生命健康权进行保护的。但是,该条也可以认定为,租赁合同违反该强制性规定的,应当被宣告无效。

三是人格尊严优先于一般的财产利益。人格尊严具有价值上的统领性。马克思主义倡导人的解放,实现人的全面发展,归根结底是为了人。③ 维护人性和人格尊严的价值追求是指引权利秩序建构的基石。例如,《民法典》第1007条规定:“禁止以任何形式买卖人体细胞、人体组织、人体器官、遗体。违反前款规定的买卖行为无效。”此处并没有区分买卖人体器官究竟是出于医疗目的还是其他目的,而一概宣告

---

① [德]莱茵荷德·齐柏里乌斯:《法学导论》,金振豹译,中国政法大学出版社2007年版,第43页。
② 王泽鉴:《民法总则》,北京大学出版社2014年版,第270页。
③ 丰子义:《历史唯物主义与马克思主义哲学主题》,载《中国社会科学》2012年第3期。

买卖合同无效，其目的即在于强调人格尊严优先于其他利益。

四是在数种利益发生冲突时，要考虑通过其他方式是否已经足以制裁违法行为，而不必再通过宣告法律行为无效的方式来实现相关的立法目的。例如，《证券法》第36条第2款规定："上市公司持有百分之五以上股份的股东、实际控制人、董事、监事、高级管理人员，以及其他持有发行人首次公开发行前发行的股份或者上市公司向特定对象发行的股份的股东，转让其持有的本公司股份的，不得违反法律、行政法规和国务院证券监督管理机构关于持有期限、卖出时间、卖出数量、卖出方式、信息披露等规定，并应当遵守证券交易所的业务规则。"法律作出此种规定主要是为了保护中小股东的利益，收购上市公司股份达到5%的，应当进行信息披露，披露期间暂停买卖，违反该规定的目的是获得公司控制权，所以，法律规定未披露的不得行使表决权，这已经足以实现消除违法行为的目的。违反信息披露和操纵市场、内幕交易对比，后者明显更严重，后者都不导致合同无效，按照"举重以明轻"的解释规则，前者更不应当导致合同无效。

（三）类型化的方法

类型化是以事物的根本特征为标准对研究对象的类属划分。① 类型化本身是立法者调整社会生活的一种方式，德国学者考夫曼也有类似的观点。他认为，有概念而无类型是空洞的，有类型而无概念是盲目的。② 在界分效力性强制性规定和非效力性强制性规定时，也可以采用类型化的方法，即将强制性规定的重要类型进行列举。《九民会议纪要》采取类型化方式，即对司法实践进行经验总结，这一方法的优点主要在于：一方面，通过类型化，可以使法官处理与所列举的类型相似的案件时有明确参照。类型化的方法则是依据法律解释的路径，对现行法中的强制性规定究竟是效力性还是管理性规定进行分析得出的初步结论。另一方面，通过类型化，可以使法官进行类案比较。从中识别哪些强制性规定将会导致合同无效，哪些强制性规定不会导致合同无效，从而弥补抽象标准的补足，为司法实践提供更有实益的指引。

---

① 参见李可：《类型思维及其法学方法论意义——以传统抽象思维作为参照》，载《金陵法律评论》2003年第2期。

② 参见[德]阿图尔·考夫曼：《法律哲学》，刘幸义等译，法律出版社2011年版，第192页。

当然,在类型化过程中,也需要对类型的相似性进行准确判断,不能将差别较大的案件纳入其中作出无效判断。

依据我国司法实践,要在考量强制性规定所保护的法益类型、违法行为的法律后果以及交易安全保护等因素的基础上认定其性质。① 《九民会议纪要》第 30 条列举了一些效力性强制性规范的具体类型,这一规定对司法实践中准确区分效力性强制性规定和管理性强制性规定具有一定的意义。但是在具体的认定中还有必要进行进一步的细化。如果法律法规明确规定违反强制性规定将导致民事法律行为无效,该规定属于效力性强制性规定。在诸多赋权性的规定中,法律已经为法律行为的效力提供了明确规则,此时根本无须适用违法无效的规则。例如,在涉及代理、代表等情形时,虽然行为人可能违反了代表制度或代理权行使的规则,但是有关代表和代理的法律规范已经确认了法律行为的效力,此时就不能因为该行为违反了强制性规定而认为该行为无效。因此,有相应的法律规定已经明确规定了行为效力时,不能够再适用相应的强制性规定作为确认民事法律行为无效的依据。

因此,在法律没有明确规定相关的强制性规范究竟是效力性强制性规定还是非效力性强制性规定的情形下,需要综合考虑相关规范的规范意旨。具体而言,需要综合考虑如下因素:

一是要考虑强制性规定所保护的法益。《九民会议纪要》第 30 条将维护"金融安全、市场秩序、国家宏观政策等公序良俗"的强制性规定作为效力性强制性规定的识别标准,不无道理。该条列举的事项都涉及公共安全、重大公共利益,是至关重要的法益,关乎公序良俗,因此,这些规定一般应当被认定为效力性强制性规范;反之,则可能被认定为管理性强制性规范。涉及人身权益保护的规范一般也应当认定为效力性强制性规定,而如果法律行为所违反的规范所保护的仅是财产利益,则可能不一定可以据此宣告法律行为无效。

二是要考虑交易的性质、内容和方式。如果法律明确禁止了相关交易,则此类规范应当属于效力性强制性规范。例如,法律关于禁止人体器官、毒品、枪支等买卖

---

① 《九民会议纪要》第 30 条规定:"人民法院在审理合同纠纷案件时,要依据《民法总则》第 153 条第 1 款和合同法司法解释(二)第 14 条的规定慎重判断'强制性规定'的性质。"

的规定；关于特许经营中禁止从事某类行为的规定(如禁止订立期货、证券场外交易合同)，应当属于效力性强制性规范。此外，如果交易方式严重违法的，如违反招投标等竞争性缔约方式订立的合同，则可能被认为违反了效力性强制性规范。

三是要考虑违法行为的法律后果。法律法规虽没有明确规定违反强制性规定将导致民事法律行为无效，但违反该规定后可以通过行政责任、行政强制方式维护行政管理秩序和公共利益，也不必宣告合同无效，而只有在通过其他方式无法救济的情形下，宣告法律行为无效才具有必要性。如果当事人从事某种交易虽然违法，但宣告无效所造成的对一方的损失以及对交易安全带来的损害，要明显高于确认有效带来的损害后果，则不一定要认定该法律行为无效。例如，当事人在缺乏销售许可时签订商品房预售合同，该行为虽然违法，但不一定必须宣告无效，完全可以通过允许合同有效，采取合同的解除、违约责任等向相对人提供救济。当然，若使法律行为继续有效将损害国家利益和社会公共利益，也应当认为该规范属于效力性强制性规范。

四是要考虑是否涉及交易安全。如果法律规范的目的是维护交易安全，则此类规范可能被认定为效力性强制性规范。例如，在法律规定的交易场所之外进行期货交易，显然会危及交易安全，违反了效力性强制性规定。法律法规虽没有明确规定违反强制性规定将导致民事法律行为无效或不成立，违反该规定以后若使法律行为继续有效并不损害国家利益和社会公共利益，而只是损害当事人的利益，在此情况下该规范就不应属于效力性强制性规定，而是非效力性强制性规范。例如，关于预售商品房的登记主要关系当事人的利益，法律设立该制度的目的是保护买受人的利益，因此，要求办理预售登记的规范应属于管理性规范，而非效力性规范。

可见，除法律明确规定的情形外，在判断某一民事法律行为是否违反了法律、行政法规的强制性规定时，有时可能难以通过运用简单的法律解释方法而直接得出结论，还需要考虑交易环境、公序良俗等多种因素，综合予以认定。

四、《民法典》第153条要求厘清违反强制性规定与违背公序良俗的关系

(一)区分违反效力性强制性规定与违背公序良俗的关系

强制性规定和公序良俗之间存在天然的联系，因为强制性规定的设置就是为了

维护公序良俗。正因如此,日本学者提出了"强制性规范和公序良俗的一元化",主张应当以一元化的"公序良俗"作为判断法律行为效力的标准。① 我国《九民会议纪要》第30条规定:"下列强制性规定,应当认定为'效力性强制性规定':强制性规定涉及金融安全、市场秩序、国家宏观政策等公序良俗的……"该条采用了类型化方式规定强制性规定所涉及的利益,并将违背公序良俗作为兜底。可见,我国司法实践高度重视强制性规定和公序良俗之间的密切联系,甚至以公序良俗来作为认定效力性强制性规定的重要标准。

《民法典》第153条在第1款规定了违反强制性规定的民事法律行为无效的规则,又在该条第2款规定:"违背公序良俗的民事法律行为无效。"这也反映了说明了违反强制性规定和违背公序良俗之间的紧密关系。原《合同法》第52条曾将两者作为同一款的两项,两者是并列的类型。但《民法典》将其作为同一条的两款,并且将两者顺序作了颠倒,一方面,是体现两者的类似性;另一方面,是将违背公序良俗作为兜底,而没有将两者作为独立的类型。事实上,《民法典》第153条两款虽然规定了两类民事法律行为的无效事由,但二者之间并非孤立存在,而是具有一定的内在逻辑联系的。换言之,如果法律、行政法规并没有规定某一民事法律行为无效,在判断其效力时还需要看其是否违背了公序良俗。

虽然民事法律行为违反强制性规定与违背公序良俗之间存在密切联系,但两者又存在以下几个方面的区别:

第一,是否有法律的明确规定不同。在法律行为因违反强制性规定而无效时,该强制性规定应当是确定的、明晰的。但是法律行为因违背公序良俗而无效,则主要发生在法律没有明确规定的情形中。因此,法律行为因违背公序良俗而无效是一项具有补充和兜底性质的规则。只有在法律和行政法规欠缺明确规定时,才能依据违反公共秩序和善良风俗确定法律行为无效,可以说,公序良俗条款在适用上具有明显的劣后性。②

第二,是否涉及道德评价不同。在法律行为因违反强制性规定而无效的场合,

① 孙鹏:《违反强制性规定行为之效力——兼析〈中华人民共和国合同法〉第52条第5项的理解与适用》,载《法商研究》2006年第5期。

② 参见于飞:《〈民法典〉公序良俗概括条款司法适用的谦抑性》,载《中国法律评论》2022年第4期。

由于已经有具体明确的法律规定,因此裁判者无须再次对行为进行道德评价,因为立法者早已对此类型行为完成了评价,并通过成文法予以确认。而在因违背公序良俗而无效的情形下,需要裁判者对行为进行价值评价,进行充分的论证,强化裁判的说理。

第三,是否需要引致其他法律规范不同。《民法典》第153条第1款在性质上属于引致条款,其需要引致其他法律规范中予以适用。这些法律规范不仅可能存在于《民法典》之中,甚至可能存在于公法规范之中。而法律行为因违背公序良俗而无效,则并不涉及引致其他法律规范的问题。

第四,是否为法官提供较大自由裁量权不同。在因违反法律的强制性规定而无效的情形下,法官的自由裁量权相对较小。因为法官必须依据法律和行政法规之中的效力性强制性规范进行裁判,地方性法规、部门规章等规范性文件都不能作为判断无效的标准。但是在违背公序良俗而无效的场合,法官需要考量的内容则更加宽泛,其可能涉及公共利益、公共道德等内容,即使涉及公共利益,也要考虑公共利益是否具有重大性,因而法官的自由裁量权也较大。在这一过程中,必须严格限制法官的自由裁量权。因此,在依据违背公序良俗而裁判法律行为无效的场合,需要强化法官的裁判说理义务。

第五,是否以公共道德作为判断因素。就违反法律、行政法规强制性规定的民事法律行为而言,认定其无效通常并不需要考虑公共道德,而可以直接依据法律规定予以判断。而就违背公序良俗的民事法律行为而言,由于公序良俗本身就包含了对公共道德的考量,因此,在认定民事法律行为因违背公序良俗而无效时,通常需要以公共道德作为判断因素。

(二)准确适用违反效力性强制性规定与违背公序良俗的关系

首先,必须避免"向一般条款逃逸"。在判断法律行为的效力时,法官可能比较倾向于适用公序良俗条款,从而认定法律行为无效,毕竟公序良俗条款比较抽象,法官适用比较便利,因此,在实践中确实出现了"向一般条款逃逸"的现象。毕竟公序良俗是一个不确定概念,需要进行价值补充,[①]而效力性强制性规定都是具体性规

① 参见黄薇主编:《中华人民共和国民法典人格权编解读》,中国法制出版社2020年版,第466页。

定,有具体规定就不应当适用抽象的原则,因此,法官在认定法律行为效力时,必须首先适用法律、行政法规的具体的强制性规定,注重运用前面的法律解释方法,认定相关法律规范的性质。

其次,不能简单地借助公序良俗概念将规章等作为判断无效的标准。《九民会议纪要》第 31 条规定:“违反规章一般情况下不影响合同效力,但该规章的内容涉及金融安全、市场秩序、国家宏观政策等公序良俗的,应当认定合同无效……”如前所述,金融安全、市场秩序、国家宏观政策涉及重大公共利益,作为公序良俗认定合同无效具有合理性,但此处采用“等”的表述,就可能导致实践中简单地以违反规章就违反公序良俗,从而认定合同无效,进而产生扩大合同无效范围的危险。从我国《民法典》第 153 条发展的整个历程来看,之所以该条强调“法律、行政法规的强制性规定”,其重要原因在于,突出其位阶性,而将部门规章、地方性法规等从无效判断标准中排除,从而降低合同被宣告无效的概率。但是,上述规定虽然引入了公序良俗,但是,“公序良俗”是非常原则抽象且仍在发展变动中的概念。如果准确把握好“公序良俗”的内涵,也可能因人而异,而且很难进行事后审查。正是因为这一原因,简单地借助“公序良俗”概念将规章纳入合同无效的判断依据,与我国《民法典》第 153 条的规定不符。众所周知,规章众多,如果都能够作为判断法律行为无效的标准,就有可能不适当地扩大无效法律行为的范围。

《民法典》第 153 条第 1 款仍然规定了法律、行政法规的位阶限制。这意味着,如果民事法律行为违反了规章,在因此认定其无效时将突破该条第 1 款的法律位阶限制,对此应当进行严格限制,具体而言:一是有上位法依据。这就是说,如果规章只是上位法的细化规定,在此情形是可以适用规章的。二是会给公共利益造成重大损害。通常来说,如果涉及重大公共利益,一般都会反映到法律、行政法规中。确实由于诸多因素,如新业态新情况,法律行政法规来不及规定,而先有规章作规定,此时法官认为违反规章导致合同无效就应当承担更重的论证责任。

最后,不能将所有有违道德的行为均认定为违反公序良俗,从而认定相关的民事法律行为无效。公序良俗,通常是指公共道德,但如此很容易被误解为,似乎所有有违道德的行为均因违反公序良俗而无效。公序良俗概念表现了一般的伦理观念,它是"将道德伦理摄入于法的境界里,而对于其违反行为从法的领域驱逐"。① 笔者认为,对《民法典》第153条第2款中的公序良俗不应当作出过于宽泛的解释。也就是说,并非所有违背道德的法律行为都是无效的。尤其是在商事交易中,违背一般的商业道德的行为,如缺斤短两、以次充好等,并不一定均需要通过宣告法律行为无效的方式予以救济,而完全可以通过其他方式提供救济。对此,我们可以借鉴"动态系统论"的方法,在认定违背道德的法律行为是否违反公序良俗时,应当充分考虑各种因素的基础上进行认定。这些因素主要包括:一是行为所违反的是商业道德还是伦理道德。对商事交易中违反商业道德的行为,认定其因违背公序良俗而无效应该更为严格。而对违反伦理道德的行为,因为其对社会一般价值观念的损害更为严重,因而更可能被认为构成对公序良俗的违反。二是行为的后果。这一要素意味着在判断行为是否构成对公序良俗的违反时,需要考察如果肯定其效力将会带来的法律后果。例如,有偿代孕行为可能造成的后果是对人格尊严的损害,因而应当被认定为违反公序良俗。但是如果承认相关行为的效力只是造成一般的财产损失,则不能直接据此认定该行为无效。三是考虑法律行为所损害的对象是特定的第三人利益还是不特定人的利益。对损害特定第三人利益的行为可以直接适用恶意串通的规则。只有损害的是不特定人的利益,才可能构成对公序良俗的违反。如果损害的是特定第三人的利益,则应当适用《民法典》第154条的规定,认定其属于相对无效的民事法律行为,只能由该受害的第三人主张无效,因为此种情形无关社会公共利益保护,从尊重意思自治的原则出发,应由第三人去判断是否主张该民事法律行为无效。四是考虑比例原则的要求。比例原则要求行为要合比例、适度,着眼于相关主体利益的均衡,比例原则的精神在于反对极端,实现均衡,既不能"过",也不能"不及"。② 如果以违反某种公共道德认定无效,其结果所造成的不利后果与其所应当达到的目的之间必须不合乎比例或不相称,不必以违反公序良俗为由宣告合同无效。

---

① 刘得宽:《民法总则》,中国政法大学出版社2006年版,第200页。

② 具体参见蔡震荣:《行政法理论与基本人权之保障》,台北,五南图书出版股份有限公司1999年版,第105页。

五、结语

苏永钦教授指出,“现代的私法自治与国家管制从来就不是壁垒分明,而是枝蔓叶茂,广义的民法,已经越来越难勾勒出它的图像了”。[①] 区分效力性与非效力性强制性规定的困难也表明了此点。法律行为的无效本质上都具有违法性,所以,绝大多数法律行为都是因为违反法律、行政法规的强制性规定而被宣告无效。但因为宣告法律行为无效虽然维护了法秩序,保障了交易的安全,也维护了行政管理的秩序,但毕竟宣告无效带来的后果不仅是消灭交易,而且在当事人之间产生了恢复原状等法律后果,无效也是对当事人基于私法自治而形成的合意的全面否定。所以,法律行为无效的判断应当是审慎的、严肃的,正是因为这一原因,《民法典》第153条第1款采用但书的方式来区分效力性强制性规定和非效力性强制性规定,就是要减少依据此规定认定法律行为无效的概率。法官面对众多的、繁杂的强制性规定时,应当从《民法典》第153条的本意出发,准确认定法律行为无效,以维护当事人合法权益和交易安全。

① 苏永钦:《私法自治中的国家强制》,载《中外法学》2001年第1期。

专题二十　职务代理

本专题撰写人：冉克平

【《民法典》及其配套司法解释的新规则】

《民法典》第 170 条：

执行法人或者非法人组织工作任务的人员，就其职权范围内的事项，以法人或者非法人组织的名义实施的民事法律行为，对法人或者非法人组织发生效力。

法人或者非法人组织对执行其工作任务的人员职权范围的限制，不得对抗善意相对人。

【规则由来】

我国原《民法通则》第 43 条规定："企业法人对它的法定代表人和其他工作人员的经营活动，承担民事责任。"有学者将其解释为对职务代理人代理权限的规定。[①] 原《侵权责任法》第 34 条对用人单位的责任和劳务派遣单位、劳务用工单位的责任作了规定。第 34 条规定："用人单位的工作人员因执行工作任务造成他人损害的，由用人单位承担侵权责任。劳务派遣期间，被派遣的工作人员因执行工作任务造成他人损害的，由接受劳务派遣的用工单位承担侵权责任；劳务派遣单位有过错的，承担相应的补充责任。"1999 年《个人独资企业法》第 19 条第 4 款规定："投资人对受

① 参见梁慧星：《民法总则》，法律出版社 2017 年版，第 135 页。

托人或者被聘用的人员职权的限制,不得对抗善意第三人。"直到2017年制定原《民法总则》,才专门规定了职务代理。《民法典》第170条延续了原《民法总则》关于职务代理的规定。

【规范意旨】

职务代理,是指根据代理人所担任的职务而产生的代理,即执行法人或者非法人组织工作任务的人员,就其职权范围内的事项,以法人或者非法人组织的名义实施的民事法律行为,无须法人或者非法人组织的特别授权,对法人或者非法人组织发生效力。职务代理能够弥补商事交易中法定代表人制度的不足,满足法人对外交易的需求,也能够增强交易结果的确定性和可预见性,使交易相对人能够迅速、准确地判断代理人是否有代理权,维护正常的交易秩序、降低交易成本、提高交易效率。①

《民法典》第61条分为3款,分别规定法人法定代表人的地位、职务代表行为及对代表权限制的外部效力;第170条分为两款,分别是对法人或非法人组织的职务代理行为及对职权限制的外部效力。尽管这两个条文所处体系不同,但在历史沿革上,两者皆源于原《民法通则》第43条。代表与代理是合一抑或区分,与法人的本质是采"拟制说"还是"实在说"密切相关。"法人拟制说"和"法人实在说"均承认团体的民事权利能力,但区分点在于是否承认民事行为能力。拟制理论否认法人的民事行为能力,因此必须引入代理,此时代表和职务代理合一;而实在理论承认法人的民事行为能力,法定代表人是法人或非法人组织的对外代表机关,非法定代表人的法律行为只能通过代理由法人或非法人组织承担代理行为后果,此时代表和职务代理分开。② 我国学界主流学说长期坚持"法人实在说",《民法典》第57条明确承认了法人的民事行为能力,第108条又规定了非法人组织参照法人的一般规定,这是以

---

① 参见黄薇主编:《中华人民共和国民法典总则编释义》,法律出版社2021年版,第446页。

② 参见[德]福·博伊庭:《论〈德国民法典〉中的代理理论》,邵建东译,载《南京大学法律评论》1998年第2期。

实在说理论作为基础的，因此职务代理与代表在规范上也予以区分。[①]

《民法典》第61条第3款和第170条在形式上对法定代表人的代表行为与“执行法人或者非法人组织工作任务的人员”的代理行为作二元区分处理，而且分别规定对法定代表人代表权与职务代理代理权的限制不得对抗善意第三人。然而，职务代理与代表均源于委托人所授予的职权，所不同者仅在于委托人设置职位的不同(如法定代表人、经理权人等)，但在价值判断与法律效果上并无实质性的差异。[②]

【典型案例】

案例一："法律服务合同纠纷案"

2009年2月25日，建筑公司(甲方)与西陵所(乙方)签订《委托代理合同》，约定乙方接受甲方委托，指派律师杨某国为建筑公司与农创公司建设工程施工合同纠纷的代理人。杨某国之后为建筑公司代理多起诉讼案件。在一起破产案件申报债权的过程中，杜某表示建筑公司的法务工作由“黄部长”安排，并在此之后回复杨某国，“黄部长”代表公司解除与西陵所的《委托代理合同》等，要求西陵所寄回材料。后西陵所诉请建筑公司支付代理费。

一审法院认为，首先，西陵所已被明确告知“黄部长”系建设公司员工而非建筑公司员工。因此，“黄部长”的行为非职务行为，不能代表建筑公司。其次，西陵所提交的证据不足以证明建设公司与建筑公司人格混同。再次，不能以委托人同时委托他人执行委托事项认定建筑公司以行为解除了委托代理合同。最后，西陵所作为专业机构没有尽到审慎的注意义务，在收到解除合同的意思表示时未核实对方身份，

---

① 参见江苏省高级人民法院《关于适用〈中华人民共和国合同法〉若干问题的讨论纪要(一)》(苏高发审委〔2005〕16号)第16条规定：“职务行为可以分为职务代表和职务代理。法定代表人、其他组织负责人以法人或其他组织名义从事经营活动的构成职务代表，该行为视同为法人或其他组织自身的行为，行为后果由法人或其他组织承担。相对人知道或者应当知道该法定代表人、负责人超越权限的除外。法人或者其他组织的工作人员就其职权范围内的事项以法人或其他组织名义从事经营活动的构成职位代理，无须法人或其他组织的特别授权，其行为后果应当参照委托代理的规定，由法人或其他组织承担。法人或者其他组织的工作人员超越其职权范围，以法人或其他组织的名义从事经营活动的，构成无权代理。相对人有理由相信有代理权的，构成表见代理。”

② 参见王利明主编：《〈中华人民共和国民法总则〉详解》(下)，中国法制出版社2017年版，第763页。

存在过失。综上,一审法院认为,杜某或“黄部长”的行为不构成职务代理或者表见代理,委托代理合同尚未解除,应当继续履行。

二审法院认为,在实务中,关于职务行为的认定一般采外观主义原则,只要在客观上具备执行职务的特征,又以法人名义实施,相对人有充分理由相信该行为是执行职务的行为,就可以认定该工作人员的行为是执行职务的行为。在民商事活动中对职务行为的认定采外观主义原则,是为了更好地保护交易安全和善意第三人的利益。就本案而言,二审法院认为,杜某、“黄部长”与杨某国交流中关于解除服务合同的行为不宜被认定为职务行为。首先,法律服务合同为要式合同,涉及合同解除的重大事项一般应有正式文件或书面通知。其次,西陵所明知建筑公司与建筑公司之间关系复杂,在此情况下也没有尽到对职员所作出的涉及承认、变更、放弃公司相关权利义务的行为更加严格的审查义务。因此杨某国难以被认定为善意第三人。①

案例二:“船舶建造合同案”

2016 年 3 月 28 日,渤海修船公司作为甲方,曲某志作为乙方,签订了一份船舶建造管理合同。曲某志委托渤海修船公司建造一艘 70 米的客滚船。合同还约定由于施工需要所产生的电费、水费、气体、焊丝等由乙方承担。案涉船舶建造合同签订之后,曲某富与原告签订了一份船舶建造合同补充协议。渤海修船公司主张,曲某富代表曲某志与渤海修船公司还另行签订了一份钢材预处理合同。

一审法院认为,曲某富作为船方联系人、船舶所有人/定造人代表,其工作内容与职责范围,案涉船舶建造管理合同并未有任何说明或约定。曲某富以自己的名义与渤海修船公司签订一份钢材预处理合同,渤海修船公司未能提交证据证明曲某富签订此份合同系接受了曲某志的明确授权委托,以及曲某富是否正确履行了船舶所有人代表的职责。案涉钢材预处理合同根据合同相对性分析,系由曲某富与渤海修船公司签订的。根据本案现有证据,仅能认定曲某富的行为系无权代理行为。在本案中,亦没有任何证据证明曲某志事后曾对曲某富的签字行为作出追认的意思表示,曲某富的无权代理行为对曲某志不发生法律效力。即曲某富无权代表曲某志签

---

① 湖北省宜昌市中级人民法院民事判决书,(2021)鄂05民终1623号。

订案涉钢材预处理合同。

二审法院认为,曲某富受曲某志委托,代表曲某志参与合同的履行,曲某富在合同履行中的签字代表曲某志。船舶建造管理合同第3条第4项约定,施工需要所产生的电费、水费、气体、焊丝等由曲某志承担。上述费用是独立于船舶建造管理费75万元之外额外发生的费用,根据本案查明事实,曲某富在履行合同中对电费的签字确认共计499,250元,对材料费的签字确认共计10,390元,该部分费用应当额外计算,由曲某志承担。曲某富在履行船舶建造管理合同过程中,以自己的名义与渤海修船公司签订船舶建造管理合同补充协议,在该补充协议中已经涉及钢板数控下料的内容。其后,曲某富又以自己的名义与渤海修船公司签订钢材预处理合同,合同订立后,曲某志用自己的银行卡,以付款用途为钢板加工费的名义向渤海修船公司支付了15万元,表明曲某志开始履行钢材预处理合同,该行为可以推定曲某富代表曲某志签订钢材预处理合同。故钢材预处理合同产生的钢板预处理费247,000元和钢板切割增加款29,120元应由曲某志承担。①

案例三:"承揽合同案"

2018年,豪粤公司、明鹏公司建立业务往来,由豪粤公司为明鹏公司供应木制品。2018年9月16日,豪粤公司为乙方,明鹏公司为甲方,签订《金地集团东南区域杭州临平项目示范区精装修售楼处木制品加工制作及安装施工合同》。2018年10月31日,豪粤公司为乙方,明鹏公司为甲方,签订《金地集团东南区域杭州临平项目示范区精装修售楼处木制品加工制作及安装施工合同》(实为义乌项目)约定,甲方指定现场的负责人为廖某立。2021年1月24日,豪粤公司与明鹏公司方工作人员廖某立签订《上海明鹏建设木饰面结算汇总》。之后,豪粤公司向一审法院提出诉请,要求判决明鹏公司支付豪粤公司货款及逾期付款的利息损失。

一审法院认为,执行法人或者非法人组织工作任务的人员,就其职权范围内的事项,以法人或者非法人组织的名义实施的民事法律行为,对法人或者非法人组织发生效力。在本案中,明鹏公司方工作人员廖某立在涉案合同约定的职位为"现场

① 山东省高级人民法院民事判决书,(2021)鲁民终1726号。

负责人”,根据该职务的字面理解,应当认定其具有核对现场工作量的授权,故其向豪粤公司出具的工作量确认单中关于工作量的部分应具有法律效力。然而,关于现场工作量确认单中对单价以及税金的调整,廖某立并不具有相关授权。首先,合同单价及税金仍应以合同约定为准,不属于“现场负责人”文义上职务的范畴。其次,现场结算清单部分金额后已经注明为“暂定价”,部分在单价后亦有“审核价”一栏,据此可以认定廖某立出具的现场工作量确认单并不具有最终结算的效力。最后,廖某立加盖的印章并非公司公章或合同专用章,也印证了其在明鹏公司中不具有结算价格的权限,综上,廖某立并不具有对价格及税金结算的授权,应当认定为无权代理。

二审法院认为,廖某立有权代表明鹏公司对工作量进行确认。廖某立于2021年1月24日确认《上海明鹏建设木饰面结算汇总》,尽管明鹏公司对此不予确认,但其之后向豪粤公司支付51,304元、6111元,基本与结算汇总金额一致。一审法院据此认定豪粤公司进行了追认,有相应的事实依据。正如一审法院所述,明鹏公司无法提供其与对方就争议项目进行细目核对和结算的证据,明鹏公司理应积极行使自己的权利和义务,及时结算,但明鹏公司涉诉之前始终未向对方提出任何异议,一审法院认为其应承担相应的不利后果,本院予以认同,因此,结算汇总对明鹏公司具有法律约束力。①

【理论阐释】

一、职务代理的体系、结构与类型

(一)职务代理的法律结构

职务代理属于代理的范畴,但是与一般的委托代理显著不同。一方面,被代理人必须为法人或者非法人组织。法人,是指具有民事权利能力和民事行为能力,依法独立享有民事权利和承担民事义务的组织。非法人组织,是指不具有法人资格,

① 上海市第一中级人民法院民事判决书,(2021)沪01民终12259号。

但是能够依法以自己的名义从事民事活动的组织。法人、非法人组织作为被代理人时才能适用职务代理制度。如果被代理人是自然人,只能采用一般的委托代理。另一方面,代理人必须是执行法人或者非法人组织工作任务的人员。执行法人或者非法人组织工作任务的人员,既包括基于劳动、雇佣关系而产生的法人、非法人组织的工作人员,如工厂采购员、商店售货员等,也包括其他执行法人或者非法人组织工作任务的人员,如劳务派遣单位派到用工单位的工作人员。法人或非法人组织的共性是具有组织结构,这是职务代理产生的基础。依据我国现行法上的法定代表人制度,法定代表人仅限一人。

职务代理系以代理人在法人或者非法人组织内部担任特定职务、在特定职位任职而实施的代理,属于组织内部的代理,并通过等级、科层制嵌于商事组织的内部,具有社会公示性。与此类似的是代理商,其是以市场经营主体的形式通过契约服务于法人或者非法人组织,属于组织外部的代理。职务代理人与代理商相比,前者隶属于委托人,必须服从委托人的直接控制或监督,委托人对代理人的行动负有法律责任,委托人有权控制职务代理人的行动以实现特定的目标。相反,后者是独立的商人,委托人对代理商的行动不承担任何法律责任。在商事交易中,组织内部的职务代理相比独立于组织的代理商,可以节约交易成本。法人或非法人组织需要寻找关于产品和供应商的信息、谈判签订合同、监控绩效、执行合同与诉讼等事务,这些活动的高昂成本往往意味着,如果将它们置于科层等级组织即职务代理机构内,根据组织的权威关系作出决策会更有效率。由此可见,职务代理是代理人以组织中的职位为基础而处于能够反复且持续地实施代理行为的状态的代理,这与针对个别事务所实施的通常系单一的、偶发性的民事意定代理迥然不同。①

委托人对职务代理人在职权范围内从事的活动负责,然而两者的利益并非完全一致,因而委托人必须防止职务代理人因个人利益而影响职权的行使。虽然委托人

---

① 我国司法审判实践认识到职务代理与民事代理的不同。在“王某蛟与歌山建设集团有限公司、赵某青民间借贷纠纷再审复查与审判监督案”中,法院认为:“职务代理是指法人或者其他组织的工作人员就其职权范围内的事项以法人或其他组织名义从事经营活动,无须法人或其他组织的特别授权,其行为后果由法人或其他组织承担。”参见江苏省高级人民法院民事裁定书,(2015)苏审三商申字第00251号。

可以控制和监督代理人的行为,但委托人监督职务代理人的正式制度要么因为会带来很高的交易成本,要么仅是因为被监督的活动很难量化而根本无法展开。尤其是当职务代理人所实施的工作复杂或涉及高度的自由裁量权之时,代理权自主的需求也随之增大,监督和控制代理人的成本变得十分高昂。自由裁量权授予的适当程度将随着商事组织在一段时间中面临的内源性和外源性条件的改变而变化。所有的授权都涉及效率和风险的平衡,但商事组织往往难以确定风险和授权的适当程度。于此情形,委托人无法通过正式规定和标准作业程序来约束代理人的行为,交易相对人也难以深入错综复杂的商事组织体调查其内部职权的划分及其所受限制。职务代理法律规制的重心在于:其一,委托人对职务代理人的监督和控制与代理人的自由裁量权之间生成的内在冲突;其二,职务代理人的内部权限范围与交易第三人的信赖保护之间形成的外在冲突。

(二)民商合一体例与职务代理制度

职务代理制度兼有组织法与行为法两个方面的内容。一方面,市场交易中的职务代理本质上是组织内部代理权结构的分配和设置,所解决的是组织体的行为能力问题,即它如何通过代理人完成其必要的经营等行为。行为法层面的职务代理制度强调高度私法自治、自我负责原则,以确保交易迅速成立、信赖保护与交易安全的维护;①另一方面,在组织法层面,职务代理具有明显的强制法色彩。组织执行机构的职权及其限制的基本框架通常由法律明文规定,例如,公司组织机构的划分及职权配置就由公司法确立。相应地,职务代理人对外实施的职权行为依法归属于商事组织。

在《民法典》的实施背景之下,职务代理规范在立法与司法上应该如何进行合理配置及其适用?对此,学界依据民商合一抑或是分立而认识不一。主张民商合一的学者认为,民商合一体例意味着要求构建统一的代理制度,不过也要借鉴商法的基本原则,如外观主义对表见代理的重要影响。② 赞同民商分立的学者认为,民事代理

---

① S. Franz Bydlinski, System und Prinzipien des Privatrechts, 1996, S. 445 ff.

② 参见王利明:《民商合一体例下我国民法典总则的制定》,载《法商研究》2015 年第 4 期。

与商事代理一元结构的立法范式,必然产生代理立法的空缺与不周延现象。① 实质上,所谓民商合一与分立只是在立法形式层面的区分,而与商法的实质独立性无关。现代的民商立法与司法的发展,可以归纳为商法"在形式上"的民法化与民法"在实质上"的商法化。前者是指商行为法在法律形式上具有被整合到民法中的趋势;后者是指民法的实质内容和精神越来越受商法的实质内容和精神的影响。民商合一也许会在形式上实现私法统一,但在实质上未必能够如愿以偿。② 究其原因,与商人以及商行为追求营利目的、旨在持续从事营业行为相关。因此,商法比普通民法更彻底地贯彻自我决定原则,法律一般不随意否定当事人之意思表示,而是以行为外观主义为原则,以否定行为外观效力为例外。商法中的交易多体现为集团性、大规模、反复性交易,③在立法体例上,将商事合同纳入民法典或民事立法中,将商事组织法独立于民法典,构成了最近几十年来全球商事立法的趋势。④ 实质意义上的商法已经不再以商行为为中心,而是转而以"企业"概念为核心重构制度体系。诸多商法制度,如商号、商事登记、商事账簿、营业转让等,均围绕企业经营组织而展开,由此造成商法在规范特质上异于民法的事实。⑤

我国职务代理制度的构造,应当适应组织法与行为法的发展趋势。具体而言:一是对于职务代理的行为法部分,应当规定在《民法典》总则编之中。《民法典》第170条有关职务代理的规定是一个明显进步,可以统领各类代理行为。商事代理行为逐渐成为代理法的主要内容,这充分表现出民法实质意义上的商法化。二是对于职务代理的组织法部分,应以企业为规范对象。由于职务代理是通过等级、科层制嵌于商事组织的内部,职务代理对于结构比较复杂的商事组织才具有实际意义。企业之间的重要区别应该根据其规模或经济重要性的不同而存在差异,而不仅仅是根

① 参见肖海军:《商事代理立法模式的比较与选择》,载《比较法研究》2006年第1期。
② 参见张谷:《商法,这只寄居蟹——兼论商法的独立性及其特点》,载高鸿均主编:《清华法治论衡》第6辑,清华大学出版社2005年版,第12页。
③ 参见[法]伊夫·居荣:《法国商法》(第1卷),罗结珍、赵海峰译,法律出版社2004年版,第11页。
④ 参见纪海龙:《现代商法的特征与中国民法典的编纂》,载王洪亮等主编:《中德私法研究》第15卷,北京大学出版社2017年版,第4~12页。
⑤ 参见施鸿鹏:《民法与商法二元格局的演变与形成》,载《法学研究》2017年第2期。

据企业的形式。[①] 如果对组织成员采取宽泛的解释,一人公司或个人独资企业也可以据此名正言顺地跻身于商事组织之列,以适应现代商事组织的发展。[②] 但是纯粹的个人合伙应被排除在商事组织体之外。在具体内容上,法定代表人、经理人和商事辅助人的权限分配、公示方式以及行为效力,是企业经营组织的重要构成部分。从我国现行法来看,商事组织法定代表人的职权规定比较完备。然而,《公司法》第50条和第119条虽分别规定了经理的对内管理职责,但是并未规定经理的对外代理权,这无疑是《公司法》上的一个法律漏洞。

(三)职务代理的主要类型

从我国现行法来看,职务代理的"职务"主要包括各类公司或者非法人组织的总经理(总裁)、副总经理(副总裁)、财务主管、部门经理等。公司或者其他非法人组织可以借助本条规定对担任前述职务的人授予职权,被授予职权的人就可以绕开"由法定代表人签署授权委托书或由法定代表人控制下盖章出具授权委托书"这一事实上的限制,享有职务代理权。职务代理人在一定程度上可以制衡法定代表人的代表权,从而改变法定代表人权力畸重的局面,以适应经济与社会的发展。[③]

由于经理权经委任即可授予,为降低商业风险、保障交易安全,许多国家或地区建立了经理权公示登记制度(如德国《商法典》第53条第1款、意大利《民法典》第2206条第1款)。我国原《公司登记管理条例》第37条规定公司经理发生变动应当向登记机关备案。经理人的公示制度是商事外观主义的表现形式。[④] 由于商事职务代理权的范围可以依据法律和交易习惯从相应的职务推断而出,因而对于交易相对人而言,尤为重要的是职务代理人是否具有其所称的职务身份。交易相对人可以简便地查询法定代理人、经理人的基本信息,从而促进交易的便捷与安全。对于登记的效力,我国现行法并未规定,比较法上多采登记对抗主义,即登记程序并非经理权

① 参见[德]托马斯·莱塞尔、[德]吕迪格·法伊尔:《德国资合公司法》,高旭军等译,法律出版社2005年版,第27页。

② 参见冯珏:《作为组织的法人》,载《环球法律评论》2020年第2期。《民法典》第102条第2款规定:"非法人组织包括个人独资企业、合伙企业、不具有法人资格的专业服务机构等。"

③ 参见李宇:《民法总则要义:规范释论与判解集注》,法律出版社2017年版,第799页。

④ 参见蒋大兴、王首杰:《论民法总则对商事代理的调整》,载《广东社会科学》2016年第1期。

取得的生效要件，经理权的委任即使未经登记亦能产生授权效力，只是商事组织不得以未登记的事实对抗善意第三人（如德国《商法典》第15条、日本《商法典》第12条的规定）。

我国现行法并未针对代表权、代理权之外的商事职务代理权作出规定，而是依然适用民事代理相关规则。从我国的商事交易的实际运行状况来看，在商事交易领域，部门经理、业务经理、分店经理、财务负责人等，均拥有以商事组织的名义就其职权或职务范围内的事项与相对人实施法律行为的代理权。此类负责人权限的授予通常与特定职务结合在一起，担任该特定职务即在职权范围内拥有相应的代理权限。为适应商事交易的便捷与安全，此类代理权限应由法律予以类型化，使其具备构成权利外观的功能。上述职务代理人与总经理/副总经理相比，两者的差异在于：(1)前者属于中级管理人员，是从属性的商事代理人，与商事组织之间则属于劳动或雇佣关系。[①] 后者作为高级管理人员，是主要的商事代理人，与商事组织之间通常属于委任合同关系。(2)前者在处理某项事务范围内具有权限，因专业的分工而局限于其受任业务的范围，权限通常不予公示。在具体案件中，分管经理的职务代理权可以结合法律规定、该职务类型的目的以及当事人之间的交易习惯予以综合判断[②]。后者具有广泛概括性的权限，其权限通常予以公示。

二、职务代理组织法层面的构造

（一）经理权的授予：单独行为抑或是契约行为

从比较法上看，对经理人的规定涉及经理权的授予和撤销、经理权的范围和限制、经理人的注意义务和忠实义务、经理人的责任、表见经理权等。[③] 依据我国《公司法》，有限责任公司与股份有限公司设经理，由董事会聘任和解聘（第50条、第69条及

① 参见王天玉：《经理雇佣合同与委托合同之分辨》，载《中国法学》2016年第3期。

② 例如，在建设工程领域中，项目经理以项目部名义对外借款，对此应由谁承担责任的问题，2017年12月江苏省高级人民法院发布《江苏民事审判工作例会纪要》，其中第15条“关于建设工程项目经理借款的责任承担问题”认为：“项目经理不属于民间借贷司法解释第23条规定的负责人。项目经理不具有对外借款的职权，其对外借款应依据其是否获得授权或是否构成表见代理予以认定。”

③ 参见杨继：《商法通则统一立法的必要性和可行性》，载《法学》2006年第4期。

第119条),这属于强制性规定。合伙企业聘任经营管理人员则属于任意性规范(《合伙企业法》第31条第6项)。此处的经理应该属于总经理或者高级经理,通常负责业务经营的执行,并对商事组织日常经营管理事务负总责,是整个经营团队的负责人。

经理权的授予是源于委任合同还是另有单独授权行为?对于代理权的授予与基础合同(委任、雇佣等)的关系,学说与立法上有“一体论”与“区别论”的分歧。法国民法采前说,认为代理权由基础合同所生,在委任等基础合同之外,无所谓代理权授予的行为;德国民法则采后说,认为代理权仅依代理权授予的意思表示而成立,应当从基础合同中分离出来,这被誉为“法学上的重大发现”,对大陆法系产生了重大影响。① 德国学说认为,从表面上看,聘任、解聘和聘用合同都涉及同一法律关系,但是在特定的内容上,人们又把它们人为地区分开(所谓的分离原则)。尽管司法判例和学术界都强调“两者之间存在事实上和法律上的内在联系”。然而,实际上分离原则是法律为了解决复杂的法律问题而使用的一个方法,从理论上分析,确实可能用同一眼光来观察这一点。②

我国《民法典》第165条规定,“委托代理授权采用……”,解释上认为,应对基础合同与代理权的授予行为作出区分,后者属于有相对人的单方法律行为。③ 有学者认为,经理权的权限类型由法律明文规定,表明其通过抽象原则得以从基础关系独立出来,因此经理权的产生系依据法律直接规定。④ 鉴于经理权的授予与民事意定代理之间具有显著的差异,经理人与商事组织之间委任合同的签订表明经理权的授予无须另外的单独行为授予代理权,在结构上应将经理权置于委任合同一体考虑。采纳“契约说”更符合商事代理的形式与功能。这是因为,经理权既包括对内的事务管理权(《公司法》第50条、第119条),也包括对外代理权。事务管理权与代理权原本属于不同层面的权限,其权限的取得理应为不同的授权。然而,在商事委任的情形,总经理须经董事会聘任,此聘任过程实际是董事会将“事务管理权与代理

---

① 参见王泽鉴:《法学上之发现》,载王泽鉴:《民法学说与判例研究》第4册,北京大学出版社2009年版,第4页。

② 参见[德]托马斯·莱塞尔、[德]吕迪格·法伊尔:《德国资合公司法》,高旭军等译,法律出版社2005年版,第152页。

③ 参见陈甦主编:《民法总则评注》(下册),法律出版社2017年版,第1168页。

④ 参见尹飞:《体系化视角下的意定代理权来源》,载《法学研究》2016年第6期。

权”概括授予经理人的过程，系将以上两项概念合而为一统称为经理权。经理权授予的内容与效力互为表里，均与委任合同相一致。① 事务管理权是经理人与商事组织之间订立的委任合同重要的内容之一，并非单独行为。② 既然事务管理权与委任合同不可分离，那么代理权的授予与委任合同“一体论”是更合理的解释结论。

（二）总经理的权限范围及其限制

对于经理权的权限范围，我国《公司法》第 49 条第 2 项仅规定“组织实施公司年度经营计划与投资方案”。

我国有学者认为，代理权若是基于企业经营活动而获得的，则对于达成授权目的所必要的一切行为，代理权人均可获得授权。③ 交易第三人只需知悉行为人所处经理人之地位，在“营业的经营”全部必要范围内，即可善意信赖该经理人均有权限。在解释上，应从设置或选任经理人的目的探求经理权的界限，包括所有与为达成商业经营的目的可能有关的事项。

尽管职务代理人（法定代表人与经理权人）的权限范围非常广泛，但是仍然受到以下限制：（1）基础性行为或结构性行为。德国学说中所谓的基础性或结构性行为，如商事营业的转让、用益出租或者停止、商号的变更，接受商事组织成员以及提交开始支付不能程序的申请。④ 此类企业合同、变更合同以及转让公司资产合同只有经过股东大会的同意，才能生效。⑤ 经理权人不得实施此类关乎商事组织存续的重大事项，以防其擅权从而损害商事组织成员的利益。我国《公司法》虽然对此并无规定，但是依据该法第 148 条规定的董事和高级管理人员的忠实义务，可以作相应的推定解释。⑥ 我国《合伙企业法》规定的处分合伙企业的不动产、以合伙名义为他人

---

① 参见王天玉：《经理雇佣合同与委托合同之分辨》，载《中国法学》2016 年第 3 期。

② 参见邱聪智：《新订债法各论》（中），中国人民大学出版社 2006 年版，第 197 页。

③ 参见杜军：《公司经理权问题研究》，法律出版社 2011 年版，第 59 页。

④ Canaris, Handelsrecht, 24. Aufl., 2006, S. 224.

⑤ 参见［德］托马斯·莱塞尔、［德］吕迪格·法伊尔：《德国资合公司法》，高旭军等译，法律出版社 2005 年版，第 144 页。

⑥ 董事、高级管理人员违反忠实义务主要表现在两个方面：一是董事、高级管理人员将自己利益置于子公司和股东利益之上；二是董事、高级管理人员利用职权为自己谋利。参见施天涛：《公司法论》（第 3 版），法律出版社 2014 年版，第 421 页。这类行为显然违背了公司的经营目的。

提供担保,以及转让、处分合伙企业的知识产权和其他财产权利的,应当经全体合伙人同意(第31条)即属此类;(2)法律、行政法规对经理权的法定限制。例如,德国《商法典》第49条第2项、瑞士《债务法》第459条第2项,不动产买卖或设定抵押权等负担,须有明示授权。对于经理权的法定限制,具有对抗第三人的效力(瑞士《债务法》第460条第3款)。我国《公司法》规定的"公司对外提供担保的商事职务代理行为,须经董事会或者股东会、股东大会决议"(第16条)、"对于公司增资、减资、合并、分立,规定须经股东会、股东大会的绝对多数决"(第43条、第103条)即为典型;(3)公司章程或合伙协议对经理权以及其他权力机构的约定限制。对此,比较法上通常规定该限制不能对抗善意第三人。① 例如,《民法典》第61条第3款关于"法人章程或者法人权力机构对法定代表人代表权的限制不得对抗善意相对人"的规定;(4)交易习惯的限制。商人之间通行的习惯是商事规范的重要渊源,交易习惯对商事职务代理亦可构成限制。

对于职务代理权法定限制的效力,焦点问题即如何认识《公司法》第16条的规范性质。对此我国学界与实务争议较大:一是从效力性强制或管理性强制规范的角度出发,认为该条属于内部控制程序的管理性规范。② 这一观点有部分最高人民法院相关判决的支持。③ 二是从法定代表人的权限限制出发,认为该条规定的是越权担保的问题,并非仅仅是公司内部控制问题。④ 这一观点同样可由最高人民法院的相关判例予以佐证。⑤《公司法》第16条的规范目的主要在于保护公司及其股东的利益,而非维护社会公共利益。因而与效力性强制规范无关。况且,若在效力性强制性规定和管理性强制性规定二分法框架下进行判断,这种"全有全无"的方式必然陷入两难困境:如果认为《公司法》第16条为效力性强制性规定,必然对债权人保护

① 例如,英国《公司法》(1989年)第108条、法国《商法典》第L223－18条、德国《有限公司法》第37条第2款、日本《商法典》第262条。

② 参见钱玉林:《公司法第16条的规范意义》,载《法学研究》2011年第6期。

③ 参见最高人民法院民事裁定书,(2016)民申字第1006号;最高人民法院民事判决书,(2016)民再字第194号。

④ 参见高圣平:《公司担保中相对人的审查义务》,载《政法论坛》2017年第5期。

⑤ 参见最高人民法院民事裁定书,(2014)民申字第1876号;最高人民法院民事裁定书,(2016)最高法民申字第2633号。

不足;反之,如果认为《公司法》第 16 条为管理性强制性规定,则偏重追求交易的效率,强化了市场主体的滥权和机会主义心理,忽视对股东、雇员、其他债权人等多元法益的保护。[①] 因此,对于法律对商事职务代理权的法定限制,商事组织是否承受该越权行为的效果,有赖交易相对人是否为善意,从而可以弹性方式权衡商事组织与善意相对人之间的利益。由于《公司法》第 16 条对关联担保和非关联担保的决议机关作了区别规定,相应地对于债权善意的判断标准上也应当有所区别。[②]

(三)分管经理及其权限

在经理人外,德国商法还规定有代办权,作为企业授予商事辅助人对外经营事项的通常权限。[③] 依据德国《商法典》第 54 条的规定,代办权分为一般代办权、种类代办权与个别行为代办权。该条规范的目的在于对代理权的范围进行合法推断,其在德国商法中的作用并不在于代理权的授予,而是需要结合民法中的代理制度,推断代理人的代理权范围,并为与推定范围不符的情况提供善意保护。[④]

与经理权的授予通常基于董事会的聘任即明示(如德国《商法典》第 48 条第 1 项)不同,分管经理权的授予还可能基于默示的方式。所谓代理权的默示授予,是被代理人允许代理人实施行为来宣示其所享有的代理权。[⑤] 与之密切相关的是,代办权的默示授予如何与"容忍代理"(Duldungsvollmacht)相区分?容忍代理系德国学说与判例共同的产物,德国学者依据联邦最高法院的判决整理出三要素:(1)行为人以本人的代理人身份反复且持续一定时间出现;(2)本人对于该行为虽有机会干涉或阻止却置之不理;(3)对于代理行为及本人的容忍,第三人依诚信原则并考虑交易习惯可据此推出行为人有代理权。[⑥] 德国主流学说认为,默示授权既可以是本人以合理推定的行为表示对代理人作内部授权,也可以是本人对第三人作出可合理推断

---

① 参见罗培新:《公司担保法律规则的价值冲突与司法考量》,载《中外法学》2012 年第 6 期。

② 《九民会议纪要》(法〔2019〕254 号)第 17 条至第 19 条对于公司法定代表人越权担保进行比较详细的规定。

③ 参见刘文科:《商事代理法律制度论》,法律出版社 2013 年版,第 253 页。

④ 参见[德]C. W. 卡纳里斯:《德国商法》,杨继译,法律出版社 2006 年版,第 390 页。

⑤ 参见[德]维尔纳・弗卢梅:《法律行为论》,迟颖译,法律出版社 2013 年版,第 989 页。

⑥ MünchKomm/Lieb/Krebs, HGB, 1996, Vor § 48, Rn. 470.

的外部授权,这属于意思自治的范畴。相反,容忍代理则是本人并未对行为人作内部授权,但对第三人造成其曾经作出此种授权的表象,这属于权利外观责任的内容。①

我国原《民法通则》第66条第1款第3句在学说上被称为"容忍代理"。我国多数学者认为,容忍代理权属于表见代理的类型;②也有学者认为,容忍代理系默示授权所致,而非表见代理。③ 然而,从我国司法审判实践来看,主张容忍代理属于表见代理的观点占据主流。④ 对于这类案型,最高人民法院并未简单地依据"本人不作否认表示"及第三人对此的信赖,即判断表见代理的成立。相反,上述判决无一例外地强调了行为人被本人事先赋予一定的职位,如项目经理、实际施工人等与被代理人之间的关系给第三人所造成的合理信赖。在容忍代理中,行为人通常实施的是经常性、持续性的代理行为,这给交易第三人造成了其具有商事职务代办权的外观,加之被代理人明知而不否认,因此容忍代理在性质上主要为表见职务代理的类型,适用于行为人被推定为具有分管经理权的情形。

三、职务代理行为法的规范基础

(一)代理权授予无因性原理与权利外观责任之争

《民法典》第61条第3款与第170条第2款具有相似的结构,上述规范可以概括为"职务代理的约定限制不得对抗第三人规则"。对于该规则的理论基础,学说上分歧较大,这明显影响前述两个条文的体系定位:其与《民法典》总则编第172条表见代理规范之间,究竟是两个相似的平行关系,抑或是实质上相同的特殊与一般的

---

① Vgl. Canaris, Die Vertrauenshaftung im deutschen Privatrecht, 1970, S. 41.

② 参见杨代雄:《容忍代理抑或默示授权》,载《政治与法律》2012年第4期;张家勇:《两种类型,一种构造?〈民法通则〉第66条第1款第3句的解释》,载《中外法学》2012年第2期。

③ 参见朱庆育:《民法总论》(第2版),北京大学出版社2016年版,第356页。

④ 参见最高人民法院民事裁定书,(2015)民申字第700号。类似案件参见"中国铁路物资沈阳有限公司与天津市长芦盐业总公司买卖合同纠纷案",最高人民法院民事判决书,(2015)民二终字第335号,该案系"最高人民法院第二巡回法庭关于公正审理跨省民事判决书,重大民商事和行政案件典型案例"。

关系？

对此，有学者从商事组织的内部关系与外部关系的角度分析，认为商事组织"职务代理的约定限制不得对抗第三人规则"的规范目的，是抑制商事组织的内部约束对外部关系的制约，使职务代理权成为一种不受限制的权力，从而最大限度地保护交易安全，这与基于权利外观原理的表见代理制度迥然有别。[①] 有学者进一步认为，《民法典》总则编第170条第3款实际上遵循了代理权授予行为和基础关系的分离原则。在外部授权和内部限制不一致的情形，善意相对人的利益保护需要特别考虑。[②] 该观点所持的"法人内部关系与外部关系的区分规则"，实质上是代理权授予的独立性与无因性原理。根据授权行为无因性原理，基础关系对代理权的限制或具有瑕疵不能作用于代理权的外部关系，相对人无须关注代理人与被代理人之间的内部关系，仅需对代理权是否受到限制、是否存在瑕疵、是否持续有效进行审核即可确保代理行为的效力。[③] 然而，相反观点认为，《民法典》总则编第170条第2款规定的"职务代理的约定限制不得对抗第三人规则"属于表见代理的特殊规定，目的在于体现职务代理情形中表见代理构成的特殊性：只要职务代理人无代理权且相对人为善意，就会构成表见代理，不会因表见代理的其他可能构成要件阻碍表见代理的构成。这体现了商事职务代理不同于民事代理而更追求效率和外观信赖保护的特点，体现了《民法典》民商合一的立法特色。[④]

（二）企业组织风险归责与权利外观责任

商事代理系企业经营组织逐渐发达的产物。依据企业的职位，代表人、经理权人等分别享有概括或个别的代理权。代表人、经理人及其他所谓从属商事代理人，其代理权系与其职务相伴而生，其代理权存在之外观主要系因企业经营者以自己之行为表示将某人置于其企业经营组织中对外为交易行为之职位。在现代社会，由于企业经营组织越趋严密，且分工越来越细致，企业基于各种因素的考量可能对代表

---

① 参见朱广新：《信赖保护原则及其在民法中的构造》，中国人民大学出版社2013年版，第158页。

② 参见陈甦主编：《民法总则评注》（下册），法律出版社2017年版，第1207页。

③ 参见迟颖：《意定代理授权行为无因性解析》，载《法学》2017年第1期。

④ 参见王利明主编：《〈中华人民共和国民法总则〉详解》（下），中国法制出版社2017年版，第765页。

人、经理人等代理人的法定职权通过组织章程进行分配、管理及限制。而交易第三人对代理人有无代理权,通常只能依据法律、登记事项和交易惯例予以确认。至于职务代理人是否正确履行了职务,交易相对人通常无法作出判断。

"职务代理的约定限制不得对抗第三人规则"的实质理由,在于外部的交易第三人对于商事组织内部的权限分配、管理和限制常常不得而知。商事组织并没有自然人意义上的行为,只存在代理人所构成的行为领域。商事组织无法对各代理人的行为进行全方位的直接控制,各代理人也可能因企业结构所导致的信息传递问题而无法切实地执行商事组织的意志,此时商事组织的代理行为领域中就存在风险。相比交易第三人对代理人的审核成本,商事组织内部对代理权人的控制成本通常更小,而且商事组织通过职务代理这一理性化的科层管理制获得了收益,因此由商事组织承担经营和组织运营上的风险是合理的,这反映了商事代理与民事代理在维护交易安全上的本质差异。[①] 相反,在民事领域,对于代理人的行为及其外观,本人并不比交易第三人处于更有利的法律地位,仅在本人有过错时,才可由其承担法律上的不利后果。[②] 商事组织应对此类组织风险具有可归责性,这最明显地体现了风险归责和过错归责的差异。[③]

授权行为无因性理论与权利外观责任所欲实现的功能是一致的,均在于保护交易的安全,但是在技术构成上选取了不同的路径。前者使相对人可以不问商事职务代理权人的内部状况而与代理权人进行交易;后者则是通过相对人对商事职务代理权外观信赖合理与否的角度,来选择保护善意的相对人,维护市场交易秩序。相较而言,无因性理论结构单一,仅是简单地切断基础关系的影响力,其本身并不包含信赖有无以及是否合理的识别机制,这虽有利于减轻第三人的举证责任,但其结果是将恶意的第三人一并纳入保护范围,损害本人的正当利益,导致价值实现的偏离。相反,权利外观制度通过内在的结构合理筛选值得保护的第三人,将恶意及有过失

---

① Canaris, Die Vertrauenshaftung im deutschen Privatrecht, 1970, S. 195.

② 表见代理本人的可归责性是否属于表见代理的构成要件,我国学界长期存在分歧(相关分析,参见谢鸿飞:《代理部分立法的基本理念和重要制度》,载《华东政法大学学报》2016年第5期)。然而,完全不考虑本人的可归责性因素,本人无法基于自身情势提出任何抗辩,意味着信赖保护的追求达到极致,显然并不妥当。

③ 参见朱虎:《表见代理中的被代理人可归责性》,载《法学研究》2017年第2期。

的相对人排除在保护范围之外,真正实现对合理信赖的保护。①

职务代理权所受的约定限制虽最典型与常见,但除此之外,职务代理尚包括其他的限制类型。在行为人将代理权外观呈现第三人时,其他职务代理权受限的情形显然无法被授权行为无因性涵盖,而是有赖表见代理制度。同样是为第三人提供保护,在有因性的情况下,只需要一个表见代理制度就可以解决;在无因性的情况下,则需要两个价值取向相同但技术判断不一致的制度,这也是无因性本身的逻辑导致的缺陷,而且会使法律关系复杂化。

概言之,“职务代理约定限制不得对抗第三人规则”的理论基础是表见代理,核心问题是权限外观与相对人信赖之间的调和。在体系上,《民法典》第 61 条第 3 款与第 170 条第 2 款属于第 172 条的特别法,可以构成商法上的表见代理类型。

四、职务代理行为法:表见代理及其判断

(一)职务代理的无权代理类型

职务代理的无权代理包括 3 种类型:一是法定代表人、经理人或其职务代理人违反法律、公司章程/合伙协议或权力机构(股东会、董事会)对其代理权的限制,构成越权代理。二是本无授权的行为人连续地从事职务代理活动,商事组织对于权利外观的引发具有可归责性,但是对此明知且不否认,构成容忍代理。② 容忍代理属于广义的表见代理,可以通过解释将其纳入《民法典》总则编第 172 条的规定。三是本无授权的行为人重复地从事职务代理活动,商事组织虽然对此不知但应当(因过失而不知)可以阻止或干预行为人的代理行为。在德国法上,这被称为“表象代理”(Scheinvollmacht)。表象代理并不适用于民事代理,而是商法上的代理制度。③ 依据学说与判例的整理,表象代理授权行为的权利假象源于诚实信用原则和交易习惯,第三人可以从外观推知授权行为。经营者不知道代理人的行为,但是其可以通

① 参见叶金强:《论代理权授予行为的有因构造》,载《政法论坛》2010 年第 1 期。

② 参见石一峰:《沉默在民商事交往中的意义》,载《法学家》2017 年第 6 期。

③ Pawlowski, Allgemeiner Teil des BGB, 7. Aufl., 2003, Rn. 720.

过注意义务知悉并阻止该行为。[①] 卡纳里斯认为,表象代理的实质理由在于外部第三人对于企业内部的权限分配责任常常不得而知,因此企业主应在相关的经营组织风险上被归责。[②]

(二)职务代理权利外观形态的构建

商事组织的代表权人、经理权人及分管经理人的代理权系由法律类型化的代理权,交易相对人对代理权范围的信赖基础,并不在于本人对个别代理行为所为的授权表示,而系商事代理人被商事组织委任或雇佣及其通过职务行为实施商事交易的事实。若商事组织选任特定的自然人担任法定代表人、经理人或者其他商事职务代理人,则在营业的全部必要范围内,该自然人就被赋予该商事职务通常所表彰的代理权。此时就有可能发生法人或者非法人组织内部对于该商事职务代理人设定的职权范围与该职务表现出来的、其应当具有的职权范围并不相同的情况。这样,职务代理权限推定的规范就被引入"权利外观责任"的构成之中。

职务代理权外观以行为人所展现的使第三人信赖其被任命或授予相应的职务为基础。第一,行为人被工商登记系统公示的商事职务。随着商事登记系统的完善,交易相对人可以便捷地查询到商事组织的重要职位如法定代表人、经理权人的信息。这可以减轻交易相对人的调查义务,促进交易的快速展开。第二,行为人所掌管的商事组织的重要权力凭证,如公章、财务章、合同专业章等,由此可以形成相应的职务外观。若是商事组织将重要的权力凭证出借给他人,亦可形成相应的职务外观。比较典型的是工程项目部挂靠建筑企业,后者将公章出借给前者,构成借名实施法律行为的案型。[③] 第三,商事组织的法定住所或营业机构所在地,以及董事长、经理等高级管理人员的办公室、业务人员的对外窗口、服装以及标牌等,通常可以构成商事职务代理的外观。第四,依据社会的一般观念、商事习惯和交易惯例,行为人被认为具有相应职权范围内的代理权,而不得认为只要是商事组织的高管就享

---

① Brox/Walker, Allgemeiner Teil des BGB, 34. Aufl., 2010, Rn. 567.

② 参见[德]C. W. 卡纳里斯:《德国商法》,杨继译,法律出版社2006年版,第404页。

③ 参见冉克平:《论借名实施法律行为的效果》,载《法学》2014年第2期。

有代理权。①

不同类型的代理权外观，表征力强度有所不同。就商事职务代理而言，商事职务的公示信息、商事组织的经营场所的表征强度更高，重要权力凭证以及其他职务身份证明凭证的表征强度则相对较弱（容易被伪造或变造）。如果商事职务代理权具有瑕疵，是否还能够形成令相对人信赖的外观表象？典型的如公司法定代表人或经理权人在经营场所通过伪造的代理权凭证与第三人进行交易的案型。对于此种情形，最高人民法院除在极少数案件中否定表见代理之外，②近年来通常肯定表见代理的构成。③ 然而，如果交易行为并未发生在商事组织的经营场所，而职务代理人私刻、伪造企业公章，则需要结合具体情况考察其他外观形态证据，如相关文件是否齐全、有无篡改的痕迹等。④ 在具体案件中，需要面向个案相对人及其所处场景，通过法官认知模式判断相应的理性人在所重构的场景中对个案呈现的商事职务代理权外观产生的信赖是否合理。⑤ 可以肯定的是，如果行为人完全不存在表明其具有从事对外交易的职位的外观，即使其伪造公章，也难以被认定为表见代理。⑥ 例如，行

① 参见崔建远：《合同解释语境中的印章及其意义》，载《清华法学》2018 年第 4 期。最高人民法院认为，“宏安公司虽与张某某存在挂靠开发的关系，客观上使得张某某存在职务代理的授权外观，但第三人对该外观的合理信赖应当限于与工程开发相关的事务为宜。在与挂靠开发有关的事项范围内，张某某以宏安公司名义对外从事的法律行为，应当由宏安公司承受相应的法律后果。”参见“江西宏安房地产开发有限责任公司企业借贷纠纷再审案”。参见最高人民法院民事判决书，(2017)最高法民再 209 号。

② 参见最高人民法院民事判决书，(2008)民二终字第 124 号。从该案情况来看，被告呈现的办公场所、总经理职务身份具有很强的代理权外观表征，而伪造的公章难以被原告所识别，因此该案判决有失妥当。

③ 如“刘某诉汪某剑、朱某荣、天安保险盐城中心支公司交通事故人身损害赔偿纠纷案”（载《最高人民法院公报》2012 年第 3 期）；最高人民法院民事裁定书，(2013)民申字第 2－1 号；最高人民法院民事判决书，(2014)民一终字第 238 号；最高人民法院民事裁定书，(2016)最高法民申 255 号。

④ 最高人民法院认为，根据雪花秀公司提交的工商登记材料显示，案涉借款事实发生时，操某声是雪花秀公司的股东和管理人员，即使《情况说明》真实、操某声存在私刻公章的行为，其股东兼管理人员的身份足以使人相信其对外以公司名义签字盖章的行为是职务行为，其行为构成表见代理。参见最高人民法院民事判决书，(2016)民申第 917 号。

⑤ 参见叶金强：《表见代理中信赖合理性的判断模式》，载《比较法研究》2014 年第 1 期。

⑥ 如最高人民法院“裁判要旨”认为，吕某源自始不享有以第三工程处名义对外签订劳保用品买卖合同的身份和职权，并且吕某源签订涉案买卖合同所使用的第三工程处公章系其私刻。因此不构成表见代理。参见最高人民法院民事裁定书，(2013)民申字第 2016 号。

为人依据自身经验“凭空”私刻公章而实施法律行为,商事组织根本无法控制此种风险。[①] 反之,根据《九民会议纪要》(法〔2019〕254 号)第 41 条的规定如果行为人具有职务代理权,即使公章系伪造或者私刻,也可以构成有权代理并据此根据代理的相关规则来确定交易行为的效力。

(三)相对人合理信赖的判断

依据《民法典》第 172 条的规定,职务代理人的代理权权限虽然受到限制,但是交易相对人有理由相信其有代理权的,应该由商事组织承担交易行为的法律效果。所谓相对人有理由相信,意指一个理性的相对人对商事职务外观的信赖具有正当性与合理性。[②] 职务表见代理在构成上需要对职务的外观与交易相对人信赖合理性程度进行比较权衡,来确定相应法律效果是否发生。在理性人标准模式之下,因相对人是经营者(B2B)抑或是消费者(B2C)而又有所不同:相比消费者,法律对经营者所获信赖的正当性要求更高。

职务代理权的外观形态是相对人信赖的对象;反之,职务代理权的限制类型则是削弱相对人信赖的因素。代理权的外观形态与限制类型共同作用于交易相对人信赖合理性的判断。通常而言,代理权外观强度越高,而限制代理权类型的因素越弱,相对人的信赖合理性程度就会越高。但在具体判断中,这些限制代理权类型的客观因素是否均应被考虑进去及其削弱相对人信赖的程度,并非单纯的技术方式问题,而是事关本人静态法益保护与交易安全保护冲突的折中与调和。此利益冲突之解决,必须经价值判断。价值判断的基准不同,相对人合理信赖的判断就各异。[③]

职务代理的外观形态具有推定效力,尤其是法律赋予商事组织法定代表人与经理权人的职位具有广泛、概括性的代理权限,充分体现了尊重经营自由、强调商事交易的便捷、效率与交易安全的商事思维。若是商事组织在自我管理时对法定代理人、经理权人及分管经理人的代理权进行限制,此类内部决议因素原则上不影响对

---

① 参见杨代雄:《表见代理的特别构成要件》,载《法学》2013 年第 2 期。

② 参见叶金强:《表见代理中信赖合理性的判断模式》,载《比较法研究》2014 年第 1 期。

③ 参见陈自强:《代理权与经理权之间:民商合一与民商分立》,北京大学出版社 2008 年版,第 149 页。

相对人信赖的判断。相对人应当在交易过程中通过审查代理权外观形态确认行为人的职务身份,但无须查证商事组织的内部决议对代理权、代理行为是否有所指示或限制。该内部决议的风险不应转嫁给相对人承担,以尽可能地保障交易相对人的自由与安全。除非商事组织能够举证证明相对人对于限制商事职务代理权的明知或因重大过失而不知,①则该限制代理权的内部决议成为削弱相对人信赖的因素,从而影响商事职务表见代理的构成。

但是,并非相对人对任何内部决议均不负审核的义务。有学者主张,通过强化外观主义构建商事表见代理,交易第三人无须调查代理人的真实代理权,只需凭借代理权的外观即可以认定代理权的存在,从而免去调查真实权利的交易成本,减少市场交易的费用。② 这一认识显然忽略了国家管制的价值面向。为防止商事组织的管理层挥霍团体财产或将团体财产无偿赠送他人等利益冲突行为的发生,法律通过分权机制强制要求股东会、董事会以表决同意的方式决议商事组织的重大事项(如公司章程或合伙协议的变更、公司类型的改变、发行新股、增资、减资、关联交易等),剥夺管理层自行决定某些对股东利益有重大影响事项的权力,这是现代商法对交易实施必要管制的制度基础。若是法律、行政法规对职务代理权人的代表权进行限制,此类法定限制代理权的内容构成削弱相对人信赖的因素。在学说与司法实务中引起重大分歧的《公司法》第 16 条,在区分关联担保和非关联担保的基础上,强制性地以股东(大)会决议作为前者(为公司股东或者实际控制人提供关联担保)的前置程序,以公司章程所规定的董事会决议或股东(大)会决议作为后者(为公司股东或者实际控制人以外的人提供非关联担保)的前置程序,商事职务代理权人实施对外担保行为违反该法定权限限制,交易相对人的信赖就不具有正当性,因为任何人均不得以不知道法律有规定而免于适用该法律。但是,对于相关决议的真实性,交易

---

① 依据德国法,只有当相对人知道经理越权经营时或按照所谓的"显著理论"不得不为经理滥用代理权并给公司造成损害时,其才不得主张交易的有效性。[德]托马斯·莱塞尔、[德]吕迪格·法伊尔:《德国资合公司法》,高旭军等译,法律出版社 2005 年版,第 532 ~ 533 页。

② 参见刘文科:《商事代理法律制度论》,法律出版社 2013 年版,第 123 页。

相对人仅负有形式审查的义务。[①] 例如,企业的经营范围属于法律规定限制经营、特许经营的,应当依法经过批准(《公司法》第 11 条)。交易的相对人应当核实商事职务代理人所在企业是否取得经营许可证,此时实际上提高了相对人交易上的注意义务。[②] 商事职务代理人的代理权受法律、行政法规限制时,相对人在交易过程中应尽善意管理人的注意义务,对代理权外观的合法性进行形式上的审查。此外,商事组织的重大结构性事项同样构成削弱相对人合理信赖的因素。在法有明文规定之情形,重大结构事项属于对职务代理权的法定限制。即使法无明文规定,亦可谓职务代理权的权力界限,交易相对人从职务代理权的本质即可知该等行为不在权限内。[③] 申言之,重大结构性的事项与职务代理权的法定限制具有相同的效力,交易相对人不得主张其不知有此限制而受表见代理的保护,而应该承担形式审查的义务。交易相对人的形式审查的范围并非漫无边际。通常职务代理权人伪造、变造商事组织股东会、董事会的决议等文件,或者会议的召集程序、表决方式等方面存在程序瑕疵或者决议内容违反公司章程等事项(最高人民法院《公司法司法解释(四)》第 5 条第 6 项)并非形式审查的范围,而属于实质审查的范畴。[④] 相对人信赖合理性的程度与商事职务代理权外观的表征强度有关。若是外部表象具有的信赖性增强,而相对人进行形式审查的范围相应地减少。在具体案件中,以一个理性的相对人对个案情景呈现的商事代理外观所能产生合理信赖的程度,弹性地判断个案当事人的信赖及其相应的形式审查义务是否具有正当性。

---

① 《九民会议纪要》(法〔2019〕254 号)第 6 项规定的是“关于公司为他人提供担保”的合同效力,违反《公司法》第 16 条构成越权代表,“人民法院应当根据《合同法》第 50 条关于法定代表人越权代表的规定,区分订立合同时债权人是否善意分别认定合同效力”,即在“无权代表/表见代表”的框架判断法定代表人未经授权擅自为他人提供担保合同的效力。“善意”,是指债权人不知道或者不应当知道法定代表人超越权限订立担保合同。债权人对公司机关决议内容的审查,只要求尽到必要的注意义务即可,标准不宜太过严苛。公司以机关决议系法定代表人伪造或者变造、决议程序违法、签章(名)不实、担保金额超过法定限额等事由抗辩债权人非善意的,人民法院一般不予支持。但是,公司有证据证明债权人明知决议系伪造或者变造的除外。

② 参见高圣平:《担保物权司法解释起草中的重大争议问题》,载《中国法学》2016 年第 1 期。

③ 参见王文宇:《公司经理人之代理权限与表见代理》,载《台湾法学杂志》2003 年第 50 期。

④ 在“绵阳市红日实业有限公司案”中,最高人民法院认为:“出于保护善意第三人和维护交易安全的考虑,在公司内部意思形成过程存在瑕疵的情况下,只要对外的表示不存在无效的情形,公司就应受其表示行为的制约。”参见最高人民法院民事判决书,(2010)民提字第 48 号。

公司章程或合伙协议之中规定的经营范围、权力配置等虽属于对商事代理权的约定限制,但须在登记簿上记载,因而具有公示的因素。因此,登记的公司章程或合伙协议既不同于公司的内部决议(不公开),也不同于法律限制及重大结构性事项(推定知晓)。虽然公司章程记载的约定限制处于公示状态,但是并不假定公布章程即推定第三人均知悉章程的内容。从比较法角度看,交易相对人通常并无查阅登记簿的义务。依据法国《商法典》第 L223 – 18 条的规定,仅仅是公司章程的公示,不足以构成第三人知悉经理实施的行为超越公司宗旨范围的证据。日本《财团法人与社团法人法律》第 299 第 1 款亦规定,依据本法规定在登记机关注册登记的事项,不得对抗有正当理由而不知情的第三人。《欧盟公司法指令》(第 1 号)第 9 条亦有类似规定。笔者认为,直接推定行为人知晓公示事项必须依据法律规定,典型如不动产登记所具有的强大的公信力,不动产善意取得的构造即以此为基础(原《物权法》第 106 条)。相对而言,动产占有的公信力则弱得多(原《物权法》第 107 条)。从我国现行法来看,登记在工商管理部门的公司章程或合伙协议并不具有与不动产登记相当的公信力。因此,公司章程或合伙协议对商事职务代理权的限制的公示,并不当然属于削弱交易相对人信赖的因素。虽然相对人并无查阅登记簿的强制义务,但如果根据交易性质、金额或者交易习惯等,商事职务代理人超越权限如此显而易见,以至于一个理性的相对人对此会产生合理的怀疑,则相对人可以主张职务代理人提供公司章程或合伙协议,并对商事职务代理权是否受到限制的客观情况进行形式上的调查。否则,相对人不得主张信赖具有合理性。这就是说,相对人对公司章程或合伙协议的审核义务属于不真正义务(Obliegenheit)。

表 20-1 职务表见代理结构

<table>
<tr><th>职务类型权利推定</th><th>职务代理权外观(构建相对人信赖的因素)</th><th>限制代理权类型</th><th>限权的典型内容(削弱相对人信赖的因素)</th><th>相对人(B2B/B2C)合理信赖的判断</th><th>价值权衡</th></tr>
<tr><td rowspan="2">法定代表人与经理人,享有概括的代理权</td><td rowspan="4">1. 商事组织经营场所和标识;
2. 经过公示的职务代理人;
3. 合法管领商事组织的重要权力凭证;
4. 其他证明职务身份的凭证</td><td>内部决议</td><td>股东(大)会、董事会等对职务代理权的约束、代表人、总经理等伪造、盗窃公章</td><td>相对人无义务,除非明知或应知</td><td rowspan="2">交易效率(自治)</td></tr>
<tr><td>登记的公司章程或合伙协议</td><td>商事组织的经营范围、交易性质、交易习惯</td><td>通常交易上的注意义务</td></tr>
<tr><td rowspan="2">分管经理、财务负责人等,对某类事项的代理权</td><td>法律规定、交易习惯</td><td>《公司法》第16条、第43条、第103条,《合伙企业法》第31条,《合同法司法解释(二)》第11条</td><td rowspan="2">善良管理人的谨慎义务</td><td rowspan="2">交易安全(管制)</td></tr>
<tr><td>重大结构事项</td><td>商事营业转让或者停止,商号的变更、申请破产等</td></tr>
</table>

专题二十一　无权代理人的法律责任

本专题撰写人:朱　虎

【《民法典》及其配套司法解释的新规则】

《民法典》第171条第3款、第4款:

行为人实施的行为未被追认的,善意相对人有权请求行为人履行债务或者就其受到的损害请求行为人赔偿。但是,赔偿的范围不得超过被代理人追认时相对人所能获得的利益。

相对人知道或者应当知道行为人无权代理的,相对人和行为人按照各自的过错承担责任。

《总则编司法解释》第27条:

无权代理行为未被追认,相对人请求行为人履行债务或者赔偿损失的,由行为人就相对人知道或者应当知道行为人无权代理承担举证责任。行为人不能证明的,人民法院依法支持相对人的相应诉讼请求;行为人能够证明的,人民法院应当按照各自的过错认定行为人与相对人的责任。

【规则由来】

原《民法通则》第66条和原《合同法》第48条规定了无权代理,其中最大问题是未明确规定被代理人未追认时无权代理人对相对人所承担的具体责任为何,《民法典》第171条则在延续上述规定的基础上,进一步对无权代理人的责任予以了明确。

【规范意旨】

《民法典》第171条第3款、第4款规定了,在被代理人不承担代理行为后果的情况下,为保护相对人的利益,相对人可请求无权代理人承担责任;无权代理人所承担的责任,应区分相对人善意抑或恶意予以分别处理,善意相对人和恶意相对人请求无权代理人所承担的责任并不相同。《总则编司法解释》第27条明确了无权代理中相对人的善意推定规则,推定相对人为善意,而适用《民法典》第171条第3款;而由无权代理人提出反证推翻该善意规定,进而适用《民法典》第171条第4款。这一方面强化了对善意相对人的保护,另一方面厘清了《民法典》第171条第3款和第4款之间的适用关系。

【典型案例】

案例一:"上海朗域餐饮娱乐有限公司等诉上海蔚凤文化艺术发展有限公司演出合同纠纷案"

在该案中,[①]王甲以上海朗域餐饮娱乐有限公司(以下简称朗域公司)的名义与上海蔚凤文化艺术发展有限公司(以下简称蔚凤公司)签订演出合同,合同中存在违约金约定。法院判决认为,演出合同上没有加盖朗域公司的印章,也没有其他事实材料足以使蔚凤公司有合理的理由相信王甲有代理权,蔚凤公司在签约时没有审查王甲具有代理权的任何材料,其本身具有疏忽大意的过失,故王甲构成无权代理。且朗域公司又不予追认,因此蔚凤公司主张的演出费用应当由王甲承担,王甲拖欠蔚凤公司演出费用,应按约支付朗域公司违约金。

① 上海市第二中级人民法院民事判决书,(2013)沪二中民四(商)终字第447号。

案例二："宁波绣丰彩印实业有限公司与浙江杭州湾汽配机电市场经营服务有限公司等合同纠纷再审案"

在该案中，[①]浙江杭州湾汽配机电市场经营服务有限公司（以下简称机电公司）法定代表人孙某生通过私刻公章方式，代表机电公司与宁波绣丰彩印实业有限公司（以下简称绣丰公司）签订房地产转让协议。最高人民法院判决认为，绣丰公司应当知道孙某生的签约超越代表权限，不构成表见代理，房地产转让协议不能约束机电公司。至于孙某生对绣丰公司的责任，法定代表制度无明确规定时可以适用代理的一般规定，判决孙某生应当承担继续履行协议的责任，因为无权代理人对诉争的其余两套房产没有处分权，无法实际交付，应承担相应的违约损失赔偿责任。

案例三："戴某波与北京凯利门房地产经纪有限公司等房屋买卖合同纠纷再审案"

在本案中，[②]涉案房屋登记在孙某男名下，戴某波代孙某男与刘某奎签订《房屋定购协议》的行为系无权代理。孙某男与刘某奎之间并没有形成房屋买卖合同关系，《房屋定购协议》对孙某男不发生法律效力。行为人实施的行为未被追认的，善意相对人有权请求行为人履行债务或者就其受到的损害请求行为人赔偿，但赔偿的范围不得超过被代理人追认时相对人所能获得的利益。相对人知道或者应当知道行为人无权代理的，相对人和行为人按照各自的过错承担责任。关于损失责任承担及数额确定问题，刘某奎虽在订约时未认真履行注意义务，存在过失，但其仍为善意相对人，有权要求戴某波赔偿损失。戴某波应当双倍退还刘某奎定金数额，并参考涉案房屋作出的评估数额和双方责任确定损失数额。

---

① 最高人民法院民事判决书，（2012）民提字第208号。

② 北京市高级人民法院民事裁定书，（2019）京民申3833号。

【理论阐释】

我国《民法典》第171条是对无权代理的规定。在比较法上,德国《民法典》第177条以下规定了无权代理,对单方法律行为和其他法律行为分别作出规定,且区分相对人善意或恶意、无权代理人是否明知自己无代理权、代理人是否为限制行为能力人等不同情形规定了代理人对相对人所负的责任。日本《民法典》第113条以下、意大利《民法典》第1398条、荷兰《民法典》第3:69条、瑞士《民法典》第39条、《国际货物销售代理公约》第14条以下、《欧洲私法共同参考框架草案》第Ⅱ-6:107条和第Ⅱ-6:111条等均规定了无权代理,但在一些问题上仍存在差异,例如,善意相对人具有请求无权代理人履行债务或损害赔偿的选择权抑或只能请求损害赔偿、是否存在无权代理人不知无代理权时的责任承担的明确规定、相对人为恶意时是否有权请求无权代理人承担责任、相对人行使撤销权时是否仍可请求无权代理人承担责任等。这些问题在我国目前也未形成一致的意见。

一、相对人的善意

《民法典》第171条第3款、第4款区分相对人的善意和恶意而分别规定了其对无权代理人的请求权。因此,关键问题之一就是如何区分相对人的善意、恶意。该问题涉及《民法典》第171条的(狭义)无权代理与第172条表见代理中相对人善意的协调。《总则编司法解释》第28条第1款第2项规定,表见代理中相对人善意是"相对人不知道行为人行为时没有代理权,且无过失",但是,对无权代理中相对人善意未作明确规定。关于无权代理人中相对人善意的确定,最重要的是与表见代理中相对人的善意进行比较。

对此存在不同观点。一种观点认为,无权代理中相对人善意的要求应当比表见代理中相对人善意的要求更低,无权代理人的赔偿责任中,相对人的善意只要没有重大过失即可;①另一种观点认为,无权代理和表见代理中对相对人善意的要求相

① 参见陈甦主编:《民法总则评注》(下册),法律出版社2017年版,第1219页(方新军执笔)。在实践中也有采取此种观点,例如,在"戴某波与北京凯利门房地产经纪有限公司等房屋买卖合同纠纷再审案"[北京市高级人民法院民事裁定书,(2019)京民申3833号]中,法院认为:"关于损失责任承担及数额确定问题,刘某奎虽在订约时未认真履行注意义务,存在过失,但其仍为善意相对人,有权要求戴某波赔偿损失。"

同。综合来看,可能第二种观点更有力,即无权代理中和表见代理中的相对人善意应当采取相同的认定标准。[①] 首先,在文义上,《民法典》第171条第4款规定"相对人知道或者应当知道行为人无权代理的";相应地,善意相对人即不知道且不应当知道行为人无权代理的,并未存在对重大过失的特殊要求。其次,即使相对人善意的要求相同,表见代理和无权代理的适用范围仍然不会完全重合,表见代理还需要代理权外观、被代理人的可归责性等构成要件,且表见代理对相对人所提供的保护也并不必然比无权代理人责任更充分。最后,有助于减少区分过失和重大过失的实践困难。因此,无权代理中相对人善意的认定标准是,不知且未因过失而不知行为人无代理权。

《总则编司法解释》第27条明确了无权代理中相对人的善意推定规则,推定相对人为善意,而适用《民法典》第171条第3款;而由无权代理人提出反证推翻该善意规定,进而适用《民法典》第171条第4款。之所以采用相对人善意的推定规则,是因为由相对人证明自己为善意是一个"魔鬼证明",证明自己不知道某事物比证明他人知道某事物要困难得多。在现行法律规范中也多采取善意推定规则,例如,最高人民法院《民法典物权编解释(一)》第14条第2款和《民法典担保制度解释》第7条。因此,在无权代理中,贯彻此种善意推定原则,能够确保民商事审判中善意认定的一致性。[②]

二、相对人善意时的无权代理人责任

善意相对人信赖的是无权代理人并非无代理权,为保护善意相对人的此种信赖,虽然被代理人不承担代理行为的后果,但应由无权代理人承担代理行为的后果,如同代理行为对无权代理人发生了效力。因此,《民法典》第171条第3款规定,善意相对人有权选择请求无权代理人履行债务,或者就其受到的损害请求行为人赔偿。如果善意相对人请求无权代理人履行债务,则在相对人和无权代理人之间形成

① 笔者曾经主张第一种观点,参见王利明主编:《中国民法典释评·总则编》,中国人民大学出版社2020年版,第427页(朱虎执笔)。

② 参见贺荣主编:《最高人民法院民法典总则编司法解释理解与适用》,人民法院出版社2022年版,第398页。

法定的债之关系,无权代理人自然应负有其有权代理时被代理人所应负有的履行债务义务,但其也具有相应的权利,例如,享有对相对人的瑕疵担保责任请求权和代理行为本身所产生的各种抗辩。[①] 同时,相对人选择请求行为人履行债务的权利,也应当受到《民法典》第580条第1款中对请求继续履行的限制。

如果善意相对人选择请求无权代理人赔偿,那么赔偿范围应当是履行利益而非信赖利益。首先,根据《民法典》第171条第3款的规定,如果承认善意相对人有权请求无权代理人履行债务,相应地,其就当然有权请求无权代理人承担履行利益的赔偿。其次,与表见代理中的被代理人相比,代理人通常更加易于避免无权代理,或者更加易于制造代理权外观,而被代理人依据《民法典》第172条要承担履行利益的赔偿责任,故代理人显然不应仅承担赔偿信赖利益的赔偿责任。[②] 最后,善意相对人要求引发代理行为的无权代理人尽可能实现与其期待相接近的状态,更具有合理性。[③] 也有观点认为,应当根据无权代理人的主观状态区分赔偿范围,例如,无权代理人明知无代理权则应赔偿履行利益,而无权代理人不知或者因过失而不知无代理权则有承担信赖利益的余地。[④] 但我国《民法典》第171条第3款并未在文义上作出此种区分,国际性或者区域性法律文件一般也不在无权代理人的责任中作出此种区分;[⑤]并且,无权代理人对无权代理行为的控制能力要比相对人更强,使无权代理人承担履行利益的赔偿更符合风险分配的规则。由此,代理行为中所约定的违约金、定金等条款也应同样予以适用,如同代理行为对无权代理人发生了效力。当然,善意相对人也可以放弃主张履行利益的赔偿而选择信赖利益的赔偿,但是该信赖利益

---

① [德]汉斯-约哈希姆·幕斯拉克、[德]沃夫冈·豪:《德国民法概论》,刘志阳译,中国人民大学出版社2016年版,第365页。

② 参见纪海龙:《〈合同法〉第48条(无权代理规则)评注》,载《法学家》2017年第4期。

③ 王浩:《论无权代理人的责任——对民法总则第171条的一种解读》,载《华东政法大学学报》2017年第6期。

④ 参见陈甦主编:《民法总则评注》(下册),法律出版社2017年版,第1220页(方新军执笔),该思路借鉴了德国《民法典》的规定,其第179条第1款、第2款区分无权代理人是否"明知"其无代理权而承担履行利益或者信赖利益的赔偿责任;瑞士民法在解释上的通说亦如此。

⑤ 《国际货物销售代理公约》第16条第1款、《国际商事合同通则》第2.2.6条第1款、欧洲《合同法原则》第3:204条第2款、欧洲《示范民法典草案》第Ⅱ-6:107条均未从行为人对于代理权瑕疵是否存在过失的角度,将其责任方式区分为履行利益与信赖利益。具体整理,参见冉克平:《狭义无权代理人责任释论》,载《现代法学》2020年第3期。

不得超过履行利益。

但是，根据《民法典》第 171 条第 3 款的规定，对善意相对人信赖的保护不能超过被代理人追认时相对人所能获得的利益。这意味着，如果无权代理人可以证明，因被代理人无履行能力等原因，导致即使被代理人追认相对人也不能获得一些利益时，则代理人就被代理人无力履行的部分也不需要承担损害赔偿的责任。[①]

另外，如果善意相对人行使《民法典》第 171 条第 2 款所规定的撤销权，有观点认为，此时被代理人无法行使追认权，因此相对人无权请求无权代理人承担责任。[②]但此时似乎对相对人保护不周，因为撤销权本来是为了保护善意第三人，目的仅在于消除不确定关系状态，但却因善意相对人行使撤销权反而对善意相对人不利。此时，善意相对人要在两难中予以选择，要么不行使撤销权而请求被代理人承担责任，要么只能行使催告权但仍要忍受一定期间的不确定这种不利益，这在利益判断上存在问题。因此，即使善意第三人行使了撤销权，善意第三人仍可依据《民法典》第 171 条第 3 款的规定请求无权代理人承担责任。[③] 当然，相对人行使撤销权比其行使催告更能尽早解除不确定状态，同时也意味着，行使撤销权的相对人更容易受到避免损失扩大的不真正义务和过错相抵等规则的限制。

三、相对人恶意时的无权代理人责任

《民法典》第 171 条第 4 款规定："相对人知道或者应当知道行为人无权代理的，相对人和行为人按照各自的过错承担责任。"该条款仅涉及恶意相对人就其所受损

---

① 参见欧洲民法典研究组、欧洲现行私法研究组编著：《欧洲私法的原则、定义与示范规则》（第 1 ~ 3 卷），高圣平等译，法律出版社 2014 年版，第 381 页；［德］汉斯 – 约哈希姆 · 慕斯拉克、［德］沃夫冈 · 豪：《德国民法概论》，刘志阳译，中国人民大学出版社 2016 年版，第 366 页。一个特殊情形是，相对人为善意，但无权代理人也可能不知其无权代理且无过错，此时让无权代理人承担履行利益的赔偿责任似乎过于严苛，但不承担任何责任可能对相对人有失公允，一个折中方案是，此时仅让无权代理人承担信赖利益赔偿，参见王利明：《民法总则研究》，中国人民大学出版社 2018 年版，第 698 页。但此种情形较少见，故在此不予详细论述。

② ［德］汉斯 · 布洛克斯、［德］沃尔夫 · 迪特里希 · 瓦尔克：《德国民法总论》，张艳译，中国人民大学出版社 2012 年版，第 362 页；纪海龙：《〈合同法〉第 48 条（无权代理规则）评注》，载《法学家》2017 年第 4 期。

③ 相同观点，参见杨代雄：《〈民法典〉无权代理人责任制度的解释论》，载《南京社会科学》2021 年第 6 期。

害与无权代理人之间的责任分担,不涉及两者对被代理人的责任承担。被代理人有权在相对人和无权代理人存在共同侵权时,依据《民法典》第1168条的规定请求他们承担连带的侵权赔偿责任,但此时已经无须在代理中作出特别规定。[①]

相对人和行为人根据各自的过错分担的应当是信赖利益的赔偿责任。从《民法典》第171条第3款、第4款的文义上看,善意相对人和恶意相对人在赔偿范围上并不相同;并且,较之善意相对人,对恶意相对人的保护程度也应当较弱。[②] 在相对人明知行为人无权代理且不能合理期待被代理人追认时,在无权代理人对无权代理的发生有过错的前提下,无权代理的发生毕竟是因为无权代理人的原因,如果由相对人自己承担全部损失,未免在利益衡量上有失公允。因此,仍然应当适用《民法典》第171条第4款的规定,从而能够实现责任的更合理的分担。

在双方没有约定或者约定不明确的情况下,《民法典》第171条第4款规定"按照各自的过错"承担责任。相对人对无代理权为恶意并不必然意味着其对损害的发生有过错,[③]还需要考虑是否存在被代理人追认的合理期待可能。同时,无论将承担的此种信赖利益赔偿责任认为是缔约过失责任还是侵权责任,都不能排除《民法典》侵权责任编中的减责和免责事由规范,尤其是第1173条、第1174条的适用或者参照适用。

四、适用的限缩与扩张

在以下情形中,无权代理人对相对人不承担法律责任:(1)如果无权代理人作出代理行为时受欺诈或胁迫,被代理人不予追认,此时无权代理人应有权撤销代理行为。在这种情况下,即使无权代理人是有权代理,相对人也不可请求被代理人承担

---

① 同样观点,参见张家勇:《论无权代理人赔偿责任的双层结构》,载《中国法学》2019年第3期;夏昊晗:《无权代理人对恶意相对人之责任》,载《比较法研究》2019年第5期。

② 之前判例中存在不同观点,例如,在"宁波绣丰彩印实业有限公司与浙江杭州湾汽配机电市场经营服务有限公司等合同纠纷再审案"[最高人民法院民事判决书,(2012)民提字第208号]中,最高人民法院认为,相对人应当知道无代理权而不构成表见代理,但仍然判决无权代理人应当承担继续履行合同的责任和相应的违约损失赔偿责任。

③ 同样观点,参见张家勇:《论无权代理人赔偿责任的双层结构》,载《中国法学》2019年第3期;夏昊晗:《无权代理人对恶意相对人之责任》,载《比较法研究》2019年第5期。

有效代理行为的后果，故此时相对人不享有《民法典》第 171 条第 3 款所规定的对无权代理人的请求权。① (2)在承认无权代理人可以为限制行为能力人的前提下，如果其未得到法定代理人同意，则基于对限制行为能力人的保护优先于交易安全的价值判断，限制行为能力人不承担任何责任，相对人只能依据《民法典》第 1188 条请求限制行为能力人的监护人承担责任。②

以下情形，也可类推适用《民法典》第 171 条第 3 款、第 4 款：(1)法定代理。(2)行为人以不存在的人的名义作出代理行为。③ (3)无权传达。(4)冒名行为。在"冒名行为"(Handeln unter fremden Namen)中，行为人假冒他人名义，没有将法律效果归属他人的意思，因此与代理存在区别。如果行为人打算为自己缔结交易，且相对人不介意其行为人为何者(如用他人账户网上购物、在超市现货现款交易等)，那么该法律行为效力直接在行为人和相对人之间发生；如果按照行为的种类认为行为人的资格具有决定性意义时，则不存在行为人自己的行为，应类推适用《民法典》第 171 条第 3 款、第 4 款。(5)如果代理人作出代理行为时显示其为代理，但未明确被代理人是谁，之后在相对人请求后的合理期限内，代理人仍未予披露被代理人，相对人无法请求被代理人承担责任的，只能由代理人承担代理行为的后果，此时可类推适用《民法典》第 171 条第 3 款。④ (6)无权代表但法人或非法人组织不承受代表行为后果的情形。当然，此时，在不构成表见代表的情况下，在(狭义)无权代表中相对人为善意的可能性很小，故《民法典》第 171 条第 3 款一般不能被类推适用，但此时仍然可以考虑《民法典》第 171 条第 4 款的类推适用。

---

① 朱庆育：《民法总论》(第 2 版)，北京大学出版社 2016 年版，第 362 页。

② 相同观点，参见王泽鉴：《无权代理人之责任》，载王泽鉴：《民法学说与判例研究(重排合订本)》，北京大学出版社 2015 年版，第 276～277 页；朱庆育：《民法总论》(第 2 版)，北京大学出版社 2016 年版，第 362 页。

③ [德]汉斯·布洛克斯、[德]沃尔夫·迪特里希·瓦尔克：《德国民法总论》，张艳译，中国人民大学出版社 2012 年版，第 363 页以下。

④ [德]汉斯·布洛克斯、[德]沃尔夫·迪特里希·瓦尔克：《德国民法总论》，张艳译，中国人民大学出版社 2012 年版，第 364 页；《欧洲私法共同参考框架草案》第Ⅱ－6：108 条对此作出了类似规定。

专题二十二　表见代理

本专题撰写人：朱　虎

【《民法典》及其配套司法解释的新规则】

《民法典》第172条：

行为人没有代理权、超越代理权或者代理权终止后，仍然实施代理行为，相对人有理由相信行为人有代理权的，代理行为有效。

《总则编司法解释》第28条：

同时符合下列条件的，人民法院可以认定为民法典第一百七十二条规定的相对人有理由相信行为人有代理权：

（一）存在代理权的外观；

（二）相对人不知道行为人行为时没有代理权，且无过失。

因是否构成表见代理发生争议的，相对人应当就无权代理符合前款第一项规定的条件承担举证责任；被代理人应当就相对人不符合前款第二项规定的条件承担举证责任。

【规则由来】

原《民法通则》对表见代理未作出明确规定；原《合同法》第49条则作出了明确规定。《民法典》第172条延续了原《合同法》第49条的规范形式。表见代理在最高人民法院的一些司法解释中也有体现，如最高人民法院《关于在审理经济纠纷案件中涉及经济犯罪嫌疑若干问题的规定》第5条以下。

【规范意旨】

《民法典》第172条规定了表见代理的构成要件和法律后果，在构成表见代理的情况下，该代理行为对被代理人发生法律效力，代理行为的法律后果归属于被代理人，以维护交易的安全。《总则编司法解释》第28条进一步细化了表见代理的构成，在行为人没有代理权、超越代理权或者代理权终止后仍然实施代理行为的情况下，将"相对人有理由相信行为人有代理权"细化为"存在代理权的外观"和"相对人不知道行为人行为时没有代理权，且无过失"。同时，该条进一步细化了举证责任，"存在代理权的外观"的举证责任由相对人承担，在相对人尽到了此种举证责任的前提下，推定相对人为善意，即不知道行为人行为时没有代理权且无过失；之后由被代理人承担举证责任，在其能够证明相对人知道行为人行为时没有代理权，或者虽然相对人不知道行为人无代理人但有过失时，推翻相对人善意的推定。

【典型案例】

案例一："私刻公章骗取借款案"

深圳机场公司（以下简称机场公司）董事崔某某等人伪造文件，虚构贷款用途，通过私刻公章以机场公司的名义与兴业银行广州分行（以下简称兴业银行）签订借款合同，进行诈骗。在贷款即将到期时，崔某某又亲自用私刻的机场公司公章在其办公室与兴业银行签订了3份借新还旧合同。兴业银行直接或通过会计师事务所向机场公司发出贷款核数函和直接追收函，崔某某又亲自拟函和签名并使用私刻的公章行文答复。后崔某某等人因涉嫌贷款诈骗犯罪被深圳市公安局逮捕，并被刑事判决认定构成贷款诈骗罪。兴业银行提起诉讼，要求判决机场公司立即返还借款本金、利息和罚金。

一审法院判决认为，本案合同均因"以合法的形式掩盖非法目的"而无效，违反法律禁止性规定的合同,因此均应认定无效。但机场公司董事会严重失职,负有对公司高管人员失察、放任管理的重大过错责任,且与兴业银行的贷款损失具有直接的因果关系,因此,机场公司应当对兴业银行的贷款损失承担与其过错相适应的民事责任。兴业银作为商业银行,未依贷款规章对两人的权限和贷款用途、使用等情况进行严格审查,未履行金融机构发放贷款应尽的谨慎注意义务,轻信崔某某的行为系职务行为,致使崔某某等人能够轻易诈骗贷款,因此,兴业银行对本案所涉贷款被骗所造成的损失也负有重大的过错责任,应当分担本案的贷款损失。

二审法院判决认为,机场公司在本案中具有明显过错,应依法对兴业银行的损失承担主要的赔偿责任;兴业银行则未尽审慎注意义务,对私刻的机场公司公章、伪造的证明文件和董事会决议未进行必要的鉴别和核实,在本案中也存在一定过错,无表见代理适用余地,但应对本案的损失承担相应的民事责任。因此,机场公司和兴业银行应根据各自的过错程度承担相应的民事责任。①

案例二:"假冒银行行长骗取存款案"

谭某系中国农业银行云阳支行(以下简称银行)的客户经理,经介绍,李某得知在银行处办理存款有高额利息回报。谭某以假"行长"身份假造了"行长办公室",原告签订了一份同意定期存款的承诺书。之后,谭某通过仿制假存单,刻制假银行印章,在另一名不知情的工作人员的参与下,原告李某将1000万元款项存入谭某指定账号并拿到假存单,但该款项实际上并未存入银行。之后法院终审判决谭某构成金融诈骗罪,并将剩余的55万余元财产执行交付给李某。李某起诉,以谭某为其办理定期存款的行为构成表见代理为由,请求判令银行兑付到期存单。

一审法院判决,银行对李某存款中用资人不能偿还的本金部分承担40%的赔偿责任。

二审法院认为,李某未对银行有过存款的意思表示,银行亦未接受李某存款的承诺。谭某的行为不能代表银行。李某本身具有过错,谭某的行为不构成表见代理。李某的过错包括:一是仅凭陌生人的介绍就相信谭某是银行的行长,未尽到应

① 最高人民法院民事判决书,(2008)民二终字第124号。

尽的注意义务;二是李某明知银行的存款业务须在柜台办理,却相信谭某签名的承诺书具有存款凭证效力,而未在柜台交易时作出存款的意思表示;三是李某主观上有将该存款违规运作获取高利的故意。表见代理中的相对人应当是善意无过错的。二审法院判决驳回李某的诉讼请求。

再审法院认为,李某在与谭某商谈存款事宜过程中,在以下方面存在未尽合理注意义务的过失:一是对谭某行长的身份未经核实即轻信;二是李某对存款过程存在的诸多不合常规操作未产生怀疑;三是李某主观上具有违规追求高额利息的故意。因李某不符合善意无过错的表见代理构成要件要求,谭某的行为不构成表见代理,李某向谭某作出的存款意思表示不能视为向银行作出的意思表示。判决维持二审判决。①

案例三:“伪造文件提货案”

2015 年 5 月,通过上海米钢电子商务有限公司(以下简称米钢公司)的实际控制人朱某生、马某君的积极引荐和洽谈,山东宝华耐磨钢有限公司(以下简称宝华公司)与方大特钢公司(以下简称方大公司)签订《钢材购销协议》,约定 2015 年 6 ~ 12 月宝华公司向方大公司采用每旬预付货款的方式购买钢材。宝华公司据此与米钢公司按月签订 6 份《工业品买卖合同》,将购买的钢材加价销售给米钢公司。宝华公司每次在收到米钢公司应付货款的 15% 之后向方大公司预付全部货款,方大公司收款后发货,待米钢公司支付剩余货款后宝华公司将货物所有权转移给米钢公司。在《钢材购销协议》的履行过程中,各种行为均是通过马某君相互传递。2015 年 10 月,宝华公司开具了《关于购销业务货权转移流程确认函》,其中载明:方大公司未接到宝华公司的《货权转移函》时不能将宝华公司具有货权的货物转移至其他人。该函件交给马某君,马某君未转交给方大公司。朱某生、马某君伪造了宝华公司的《运输委托书》,方大公司按此通知将宝华公司购买的钢材提走并运至其他仓库,钢材被朱某生、马某君卖给其他客户。朱某生、马某君在资金回笼后将剩余 85% 的货款再汇给宝华公司,造成宝华公司误以为米钢公司付清了剩余 85% 货款,遂通过马某君

---

① 最高人民法院民事判决书,(2013)民提字第 95 号。

向方大公司发出货权转移函,但该函被朱某生、马某君截留,朱某生、马某君又伪造《方大特钢销售清单》向宝华公司回复。朱某生、马某君靠上述手段,完成了米钢公司与宝华公司签订的前3份《工业品买卖合同》。后3份《工业品买卖合同》宝华公司仅收到米钢公司支付的15%货款保证金,剩余货款均未收到。

法院判决认为,在判断相对人是否有理由相信行为人有代理权时,应从是否具有表征代理权存在的外观、相对人对相关权利外观的信赖是否合理、被代理人对该权利外观的存在是否具有可归责性及其程度这三个方面进行综合考量。在本案中,马某君具有代表宝华公司办理有关提货手续的代理权外观,方大公司对马某君权利外观的信赖具有合理性,宝华公司对于自身权利的疏于管理客观上导致马某君得以利用中间人的身份以宝华公司的名义向方大公司提货,产生了马某君具有提货权的外观。故方大公司收到宝华公司支付的货款后通知马某君提货的行为应当视为向宝华公司交货。①

【理论阐释】

一、表见代理的制度目的和适用范围

我国《民法典》第172条是对表见代理的规定。对于表见代理,在德国法中,表见代理(Rechtsscheinsvollmacht)包括德国《民法典》第171条至第173条所规定的情形,同时还包括判例中的容忍代理和表象代理(Duldungs-und Anscheinsvollmacht)。表象代理,是指被代理人不知道行为人为代理行为,但是其本可知悉并阻止该行为,但对其的承认仍然存在疑义。日本《民法典》第170条以下区分情形规定了表见代理。《国际商事合同通则》第2.2.5条、《欧洲合同法原则》第3:201条、《国际货物销售代理公约》第14条和《欧洲私法共同参考框架草案》第Ⅱ-6:103条则对于表见代理作出统一规定。虽然是区分情形规定抑或是统一规定的立法模式存在区别,但所具体规定的构成要件和法律后果都大致类似,当然基于是否承认代理授权行为的无因性,导致了表见代理适用范围的不同。

① 最高人民法院民事判决书,(2018)最高法民终122号。

表见代理的制度目的是保护善意相对人，使相对人在行为人无权代理的情形下，仍有权请求被代理人承担代理行为的后果，从而善意相对人不承担无权代理人破产或履行不能的风险，维护交易安全。表见代理是权利外观责任的一种，采取积极信赖保护方式，而非对相对人的信赖利益或消极利益予以赔偿的消极信赖保护方式。这是因为在存在代理权外观而导致相对人合理信赖有权代理的情形中，既存的代理权外观必须被承认，并使被代理人承担代理行为的后果，即使代理人是无权代理，据此实现意思自治和交易安全这两种价值之间的合理权衡。实现同样制度目的的，还包括《民法典》第 311 条所规定的善意取得。

学者普遍认为，表见代理规则仅适用于意定代理，不适用于法定代理。在未成年人的法定代理中，尤为如此。第一，本着保护未成年人利益优于交易秩序的一贯理念，宜采“否定说”排斥对法定代理的适用为妥；第二，法定代理制度的目的在于补足与扩充不完全行为能力者参与法律交易的机会，自然不得令受保护者承受违背其意愿并且多半损及其利益的法律后果；第三，作为表见代理构成要件之一的与真实情形不符的代理权外观，在法定代理之处并不存在。① 《民法典》第 1060 条规定的夫妻日常家事代理，②同样不能适用表见代理。对于日常家事范围的判断，应以理性第三人的客观认识为标准；夫妻一方代理他方实施的超出该范围的法律行为，如无他方授权，相对人不可能有理由相信行为人有代理权，不具备表见代理的构成要件。夫妻一方超出日常家事范围，无论是代理他方作出同意处分夫妻共同财产的意思表示，还是代理他方作出同意处分他方个人财产的意思表示，法律对相对人的保护强度，均不应超过善意取得制度对受让人的保护。换言之，夫妻一方处分上述财产的行为中，相对人受保护的要件，不应比善意取得的要件宽松；但是，如果适用表见代

① 参见杨芳：《〈合同法〉第 49 条（表见代理规则）评注》，载《法学家》2017 年第 6 期；张驰：《表见代理体系构造探究》，载《政治与法律》2018 年第 12 期。

② 需要说明的是，日常家事代理权（Schlüsselgewalt）并非代理权（Vollmacht），其无须以配偶另一方的名义作出法律行为，而是仅需要以自己的名义；在效果上也并非将法律行为的效果仅归属于配偶另一方，而是对配偶双方发生效力；作出行为的配偶方也通常缺乏代理的意思，交易相对人也仅有与参与交易的配偶方而非与配偶双方缔结交易的意思，参见王战涛：《日常家事代理之批判》，载《法学家》2019 年第 3 期；朱虎：《夫妻债务的具体类型和责任承担》，载《法学评论》2019 年第 5 期；贺剑：《〈民法典〉第 1060 条（日常家事代理）评注》，载《南京大学学报》2021 年第 4 期。

理制度,将使相对人受到比善意取得制度更强的保护,因为表见代理并不以相对人支付合理对价、完成不动产登记或动产交付为要件。①

如前所述,冒名行为与代理存在区别。但是,如果按照行为的种类认为行为人的资格具有决定性意义时,则不存在行为人自己的行为,此时应具有类推适用《民法典》第172条的可能性。② 在冒名处分他人财产的情形中,类推适用表见代理比适用善意取得更有利于保护相对人,因为在前者不要求以完成不动产登记或者动产交付为要件。如果适用善意取得,在未完成公示的情况下,则不符合善意取得要件,相对人不能取得物权,而只能依据其与冒名人之间的合同请求冒名人承担违约赔偿责任,不能请求被冒名人继续履行。但是,如果类推适用表见代理,即使未完成公示,由于合同对被冒名人发生效力,相对人有权依据合同请求被冒名人继续履行。当然,如果认为被代理人可归责性为表见代理的构成要件之一,则由于在此种冒名行为中,被冒名人较少具有可归责性,故表见代理的适用余地较小。

二、表见代理的构成

依据《民法典》第172条的规定,表见代理的构成要件包括行为人无权代理和相对人有理由相信行为人有代理权。根据《总则编司法解释》第28条更细致的规定,后者应包括代理权外观存在、相对人善意。学说中还普遍认为,应当包括被代理人具有可归责性这个要件。③ 当然,在具体适用过程中,相对人有理由相信行为人有代

---

① 李宇:《民法总则要义:规范释论与判解集注》,法律出版社2017年版,第819~820页。

② [德]维尔纳·弗卢梅:《法律行为论》,迟颖译,法律出版社2013年版,第929页以下;[德]汉斯·布洛克斯、[德]沃尔夫·迪特里希·瓦尔克:《德国民法总论》,张艳译,中国人民大学出版社2012年版,第318~319页;[德]汉斯-约哈希姆·慕斯拉克、[德]沃夫冈·豪:《德国民法概论》,刘志阳译,中国人民大学出版社2016年版,第352页;王泽鉴:《债法原理》,北京大学出版社2013年版,第268页。对于冒名处分他人不动产的行为,2008年最高人民法院《关于审理房屋登记行政案件中发现涉嫌刑事犯罪问题应如何处理的答复》中似乎主张适用无权处分和善意取得予以处理,2014年北京市高级人民法院《关于审理房屋买卖合同纠纷案件若干疑难问题的会议纪要》第8条则参照无权代理和表见代理处理。其中的争论,参见冉克平:《论冒名处分不动产的私法效果》,载《中国法学》2015年第1期;傅鼎生:《不动产善意取得应排除冒名处分之适用》,载《法学》2011年第12期。

③ 在此之前,最高人民法院《关于当前形势下审理民商事合同纠纷案件若干问题的指导意见》(2009年)第13条就规定:"合同法第四十九条规定的表见代理制度不仅要求代理人的无权代理行为在客观上形成具有代理权的表象,而且要求相对人在主观上善意且无过失地相信行为人有代理权……"

理权包含的3个具体构成要件，目的是在被代理人和相对人之间实现一种利益平衡，具有动态权衡的特征。

（一）无权代理

表见代理以构成无权代理为前提。首先，要求是代理行为；其次，要求行为人无代理权，包括行为人自始无代理权、享有代理权但行为超越代理权限以及在代理权终止后继续作出代理行为。

（二）代理权外观

代理权外观，即行为人无权代理行为在客观上形成具有代理权的外观表象。构成代理权外观的主要案型包括：第一，无权代理人具特定身份型；第二，外部授权或外部告知而内部撤回或限缩型；第三，持代理权凭证型；第四，本人事后履行型；第五，长期无权代理而本人并未反对型。① 在不同情形中，代理权外观的确定程度并不相同。

在实践中，客观上具有代理权外观的情形通常为：第一，本人向相对人直接或间接表示行为人具有代理权。如本人在签订原协议时以盖章确认的方式间接表示了行为人有全权代表签约的权限，构成代理权表象。② 第二，行为人持有代理权证明文件，虽已内部撤回代理权但无权代理人仍持授权书，③以及虽不具特殊身份但持有本人的印章，④构成代理权表象。第三，行为人被本人置于某种通常伴有代理权的职衔地位，具有特定身份，如私刻公章的董事长、⑤持合同章的法定代表人、⑥公司股东兼管理人员、⑦曾经的股东监事持本人的印章、⑧项目经理持假章、⑨行为人持本人与发

---

① 杨芳：《〈合同法〉第49条（表见代理规则）评注》，载《法学家》2017年第6期。

② 参见最高人民法院民事判决书，（2005）民一终字第94号。

③ 参见最高人民法院民事判决书，（2000）经终字第220号。

④ 参见最高人民法院民事判决书，（2000）经终字第290号。

⑤ 参见最高人民法院民事裁定书，（2016）民申字第733号。

⑥ 参见最高人民法院民事裁定书，（2013）民申字第903号。

⑦ 参见最高人民法院民事裁定书，（2016）民申字第917号。

⑧ 参见最高人民法院民事裁定书，（2016）民申字第2553号。

⑨ 参见最高人民法院民事裁定书，（2015）民申字第3065号；最高人民法院民事裁定书，（2015）民申字第3341号；最高人民法院民事裁定书，（2015）民申字第1620号；最高人民法院民事裁定书，（2013）民申字第1568号。

包人建设施工合同、[1]挂靠人持本人的印章[2]均构成代理权表象。在行为人与本人存在长期密切往来的前提下,须结合之前的合同签订和履行方式、涉案合同的签订方式以及合同履行期间行为等,判断行为人是否足以制造出本人委托的表象。[3] 第四,外部授权或外部告知而内部撤回或限缩型。[4] 例如,内部撤回对项目经理的授权而未外部告知、[5]外部授予房屋销售权而仅内部限缩、[6]法定代表人被撤职并未变更工商登记[7]等情形,构成代理权外观。第五,本人知道行为人实施无权代理而不否认,构成表见代理。[8]

上海市高级人民法院《商事合同案件适用表见代理要件指引(试行)》第6条列举了关于代理权利外观的主要考量因素,可供参考,包括:

(1)合同是否以被代理人名义订立。若签订合同未使用被代理人名义,合同文本没有任何与被代理人有关联的文字表述,须慎重认定表见代理。

(2)行为人的身份、职务是否与被代理人有关联。例如,行为人在被代理人处任职职务越高、与从事业务关联度越强,或者与被代理人之间的其他身份联系越密切,对表见代理的证明力就越强;反之则越弱。

(3)被代理人对行为人是否存在可合理推断的授权关系。例如,行为人原有代理权已被终止但被代理人未对外告知等情形。

(4)合同等对外文件材料上是否加盖与被代理人有关的、可正常对外使用的有效印章。例如,合同上加盖的被代理人项目部真实印章按常理可对外授权使用的,

---

① 参见最高人民法院民事裁定书,(2013)民申字第1060号。

② 参见最高人民法院民事裁定书,(2015)民申字第3402号。

③ 参见最高人民法院民事判决书,(2015)民二终字第335号。

④ 参见杨芳:《〈合同法〉第49条(表见代理规则)评注》,载《法学家》2017年第6期。

⑤ 参见最高人民法院民事裁定书,(2014)民申字第1242号。

⑥ 参见最高人民法院民事判决书,(2012)民抗字第24号。

⑦ 参见最高人民法院民事判决书,(2000)经终字第220号。

⑧ 参见最高人民法院民事判决书,(2016)民终字第110号;最高人民法院民事判决书,(2015)民二终字第212号;最高人民法院民事裁定书,(2015)民申字第1413号;最高人民法院民事裁定书,(2014)民申字第2013号;最高人民法院民事裁定书,(2013)民申字第683号;最高人民法院民事判决书,(2014)民一终字第227号;最高人民法院民事裁定书,(2013)民申字第2185号。仅在最高人民法院(2016)民再字第76号判决中明确表示本人的明知构成了默示,当属有权代理,非以无权代理为前提的表见代理。这一判断可能仅为无关法律推理的称谓选择问题,参见杨芳:《〈合同法〉第49条(表见代理规则)评注》,载《法学家》2017年第6期。

可作为考量因素；若按常理应当属于单位内部使用印章的，须慎重认定。

(5)合同关系的建立方式是否与双方以往的交易方式相符。例如，以往交易长期由某部门负责人实际操作进行，且被代理人从无异议并正常结算认可的，此次有争议交易也采相同方式的，可参考以往交易行为判断。

(6)合同订立过程、交易环境和周围情势等是否与被代理人有关。例如，行为人签约前曾陪同合同相对人参观考察被代理人的施工现场；签约地在被代理人营业地或办公场所的，可以作为判断因素。

(7)被代理人是否存在能够使人相信其参与合同履行的行为。例如，被代理人实际支付过合同价款；被代理人与合同相对人就履约问题进行过交涉等，可作为考量因素。

(8)标的物的用途、交付方式与交付地点等是否与被代理人有关，被代理人是否取得履行合同的利益。例如，合同标的物交付至被代理人营业场所或负责管领的其他场所；标的物被应用于被代理人本身或者直接从事的业务所需的，可以作为考量因素。

(9)其他具有代理权客观表象的情形。行为人在交易过程中存在其他行为，足以使一般商人合理推断该行为系基于被代理人合法授权的，可以作为认定的考量因素。

判断是否存在代理权外观，往往需要综合考量众多因素，上述因素及其组合可能形成或强或弱的代理权外观。例如，江苏省高级人民法院审判委员会《关于买卖合同纠纷案中当事人行为是否构成表见代理认定问题的纪要》(2013 年)中就认为：钮某浩与陈某林签订合同时，不具有足以使陈某林相信其有权代理中兴公司的事实和理由。陈某林主张钮某浩代表中兴公司的主要证据是，体育城项目部向钮某浩施工队所发的通知、函告以及陈某林称其在钮某浩办公室所拍摄的铭牌照片(中兴公司对照片的真实性不予认可)。通知及铭牌照片等证据仅能表明钮某浩的身份是“钮某浩施工队”负责人和工程项目质量领导小组及安全领导小组的成员，并不具有代表中兴公司对外购买建材的权限，且上述通知及照片均系陈某林于合同订立之后的供货期间取得。因此，没有证据证明陈某林在订立合同时相信钮某浩有权代表中兴公司。

此外,行为人持有被代理人的身份证复印件实施代理行为,这足以构成充分的代理权外观吗?此时,首先应当区分所办理的事项是否需要身份证原件抑或是仅需要身份证复印件。如果需要身份证原件,此时身份证复印件不足以构成充分的代理权外观;如果仅需要身份证复印件,但行为人仅持有身份证复印件仍然不足以构成充分的代理权外观,因为身份证复印件可能在多种情形下都会使用,甚至在商业机构办卡都会涉及身份证复印件,基于此种社会现实和日常生活经验,仅凭借身份证复印件无法构成充分的代理权外观。

(三)相对人善意

即使存在代理权外观,相对人仍有可能知道行为人无权代理,构成表见代理还要求相对人的善意。在表见代理中,相对人的善意以没有抽象轻过失为标准。[①] 最高人民法院《关于当前形势下审理民商事合同纠纷案件若干问题的指导意见》(2009年)第13条就规定,表见代理的构成"不仅要求代理人的无权代理行为在客观上形成具有代理权的表象,而且要求相对人在主观上善意且无过失地相信行为人有代理权"。但是,相对人善意本身就要求相对人无过失,无过失并非外在于善意而是善意的内在要求,因此,《总则编司法解释》将相对人善意更为精准地表述为"相对人不知道行为人行为时没有代理权,且无过失"。

同时,可以将具有同样制度目的的表见代理和善意取得予以对比,从而进一步确定表见代理中的相对人善意要求。《民法典物权编解释(一)》第13条将善意取得制度中受让人的"善意"解释为"不知道转让人无处分权,且无重大过失"。但较之善意取得,在表见代理中,由于行为人必须以被代理人名义作出代理行为,相对人至少知道被代理人的存在,获知行为人是无权代理的信息成本要低一些,因此,表见代理中相对人善意的要求更高一些。[②] 较之表见代表中的相对人善意,表见代理中的相对人善意更难构成,毕竟相对人一般更容易相信法定代表人,同时为了避免过

---

① 最高人民法院《关于当前形势下审理民商事合同纠纷案件若干问题的指导意见》第13条即要求行为人善意是"善意且无过失地相信行为人具有代理权"。

② 同样观点,参见贺荣主编:《最高人民法院民法典总则编司法解释理解与适用》,人民法院出版社2022年版,第408页。

高的交易成本，相对人一般不负有审查日常交易中的法定代表人权限的义务，即使在非日常交易如重大的担保交易中，《九民会议纪要》第18条第2款也特别强调，“债权人对公司机关决议内容的审查一般限于形式审查，只要求尽到必要的注意义务即可，标准不宜太过严苛”。但在表见代理中，相对人更应当注意审查代理人的代理权限。当然，无论如何，相对人所负有的审查代理权限的义务实质上是不真正义务。

代理权外观和相对人善意都要判断相对人信赖的合理性，需要根据个案及其所处场景具体作出判断，此时应当采取理性人标准，通过理性人标准的构建、理性人所处场景的重构，判断相应的理性人在所重构的场景中，对个案中呈现的代理权外观会不会产生合理的信赖。原则上采取“普通理性人标准”，即以具有通常智商情商、知识经验的普通理性相对人在相同或者近似场合所应具备的理性谨慎、注意勤勉、警觉和经验作为衡量标准。但是，若有证据证明相对人的职业类型及交易的方式、性质等具有特殊性，使相对人负有高于普通人的注意义务，则应改采“类型理性人”标准。应当注意的是，相对人信赖并非合理或不合理的截然两立状态，而是表现为合理性程度的综合判断。[①] 由此，代理权外观和相对人善意呈现一种相对的关系，即代理权外观程度越强，相对人越有可能是善意的；代理权外观程度越弱，相对人善意可能性越小。

一般认为，相对人对行为人的身份及有无代理权未进行核实，或者对订立合同过程中的异常做法未产生合理怀疑而不向被代理人核实，或者在订立违反常规的合同时未尽合理注意，则相对人非善意；代理权消灭或新增限制，被代理人已通知相对人，如向经常交易的相对人发函告知且函件到达相对人，则相对人非善意，即使相对人未拆阅该函；被代理人以合理方式公告上述事实，相对人尽到交易上必要的注意义务即可知道的，相对人也非善意。[②] 如果存在伪造的印章这一代理权外观，而相对人完全可以独立凭据其他权利外观判断行为人无代理权时，相对人非善意。[③] 最高人民法院《关于当前形势下审理民商事合同纠纷案件若干问题的指导意见》（2009

---

① 叶金强：《表见代理中信赖合理性的判断模式》，载《比较法研究》2014年第1期。

② 李宇：《民法总则要义：规范释论与判解集注》，法律出版社2017年版，第824～827页。

③ 周清林：《伪造印章下的表见代理构造》，载《法商研究》2020年第2期。

年)第14条规定:“人民法院在判断合同相对人主观上是否属于善意且无过失时,应当结合合同缔结与履行过程中的各种因素综合判断合同相对人是否尽到合理注意义务,此外还要考虑合同的缔结时间、以谁的名义签字、是否盖有相关印章及印章真伪、标的物的交付方式与地点、购买的材料、租赁的器材、所借款项的用途、建筑单位是否知道项目经理的行为、是否参与合同履行等各种因素,作出综合分析判断。”

总结实践判决,判断相对人善意的因素主要有:第一,相对人是否与被代理人间存在交易惯例,若存在交易惯例,但代理行为不符合交易惯例,相对人应该进行调查审核。① 第二,行为人的行为性质,如行为涉及的数额较大或者涉及不动产买卖,相对人应该尽谨慎义务,确认该权利表象的真实性,又如,行为人系代表被代理人签订合同但签字却是行为人自己,或收款账户为其本人账户。② 第三,代理权表象证明文件等存在瑕疵或可疑性。如代理权授权书上面的文字有明显被篡改的痕迹;相关证明文件缺失或加盖的是非被代理人的印章等。因为这些因素会使权利表象的表征强度减弱,故可判定未尽合理的注意义务,信赖不具有合理性。③ 第四,相对人的交易经验或交易标准。如相对人的行为不是遵从正常的操作程序或应该进行合理核实的标准。如在诸多行业中,若要进行代理行为,必须按照行业规定的流程或标准,若相对人未遵循,则其非善意无过失。④ 第五,相对人的交易身份。⑤

上海市高级人民法院《商事合同案件适用表见代理要件指引(试行)》第7条列举了关于相对人善意的主要考量因素,也可供参考:

一般而言,上述第6条权利外观因素越充分,越能够说明合同相对人主观上善意无过失。此外,可供用于判断相对人主观善意的其他考量因素还可包括:

(1)合同相对人与被代理人之间是否存在交易历史以及相互熟识程度。如交易

---

① 参见最高人民法院民事判决书,(2012)民提字第172号;江苏省高级人民法院民事判决书,(2014)苏商终字第00378号。

② 参见齐齐哈尔市中级人民法院民事判决书,(2017)黑02民终2176号;徐州市中级人民法院民事判决书,(2014)徐商终字第0019号;广东省高级人民法院民事裁定书,(2016)粤民申8165号。

③ 参见靖江市人民法院民事判决书,(2015)泰靖商初字第0147号。

④ 参见江苏省高级人民法院民事裁定书,(2020)苏民申3572号;江苏省高级人民法院民事裁定书,(2020)苏民申2198号;最高人民法院民事判决书,(2000)经终字第220号。

⑤ 参见海安县(现海安市)人民法院民事判决书,(2015)安商初字第00327号。

双方彼此陌生,则相对人需说明并证明其对行为人代理权产生信赖的理由。

(2)合同相对人在订立合同之前是否即已充分知悉权利外观事实。对权利外观事实的充分收集,是合理信任行为人具有代理权的前提。相对人主张自己善意且无过失,应证明自己知悉权利外观事实的时间早于实施交易行为,实施交易行为后或风险产生后才了解的相关事实则一般不能支持对相对人善意的判断。例如,某案合同相对人举证的权利外观证据系纠纷发生后为诉讼之需而收集获取,不足以证明相对人交易行为发生之时的主观善意。

(3)合同相对人注意义务与交易规模大小是否相称。一般而言,标的物数量大、金额高的大宗交易,合同相对人应更加谨慎,此类情况下其是否善意的审查判断标准也需相应更高;反之,小额、便捷的交易,审查判断相对人是否善意的标准相对降低。

(4)交易对效率的要求与合同相对人核实代理权限的成本是否相称。若合同相对人核实代理权所需的时间和经济成本难以承受,并可能妨碍交易目的实现,且其为追求效率而放松对代理权限的核实并承担相应风险在商业上是合理的,可作为判断善意与否的考量因素;反之,合同相对人有机会通过方便、廉价手段核实代理权限但并未采取相关措施,因此而承担了不合理商业风险的,可作为判断其过失的考量因素。

(5)其他影响合同相对人主观判断的因素。

但应当注意的是,在实践中,不宜过分强化相对人的注意义务,如果轻易地认定相对人具有过失,则一方面不构成表见代理,另一方面相对人无权依据《民法典》第171条第3款请求无权代理人履行债务或者赔偿,而只能依据《民法典》第171条第4款请求,这会导致相对人在所有场合皆尽可能对代理权有无进行调查核实,以致交易成本大幅增加。①

(四)被代理人具有可归责性

(1)既有的理论观点和实践观点

表见代理构成中是否考虑被代理人的可归责性,理论观点各异。无论是在原

① 王浩:《"有理由相信行为人有代理权"之重构》,载《华东政法大学学报》2020年第4期。

《合同法》还是《民法典》中,立法的释义书都基本认为,表见代理的构成不考虑被代理人的可归责性。① 但是,学说对此仍持续争论。有的主张无须考虑被代理人因素("单一要件说")。更多观点主张应当考虑,但其中仍存在区别:第一个区别是形式上的,即纳入"相对人有理由相信"要件中考虑("新单一要件说"),②还是独立考虑("双重要件说"),甚至有人主张纳入相对人善意信赖行为人代理权外观与被代理人的行为(作为或不作为)须有直接因果关系中;③第二个区别是实质上的,即被代理人因素的判断标准,是被代理人对代理权外观产生是否具有过错(过错归责),或者代理权外观的产生是否与被代理人存在关联(诱因归责),或者是否属于被代理人应承担的风险范围(风险归责),抑或综合考量所有因素(多重归责)。实践中也存在各种观点。④

最高人民法院《关于当前形势下审理民商事合同纠纷案件若干问题的指导意见》(2009年)第13条没有将被代理人的可归责性作为表见代理的独立要件,但是第14条提出要考虑多种因素,其中"建筑单位是否知道项目经理的行为"体现了被代理人的因素。最高人民法院《关于在审理经济纠纷案件中涉及经济犯罪嫌疑若干问题的规定》(法释〔2020〕17号)第4~6条区分了代理权外观证明被借用、作为被代理人的企业未收回代理权外观证明或未通知第三人的情形,和行为人盗用、伪造、擅自保留代理权外观证明的情形,作为被代理人的单位在前一种情形中应对善意相对人承担赔偿责任,在后一种情形中则不承担赔偿责任,这似乎是认为后一种情形中不构成表见代理,已考虑了被代理人的因素。细究其规范逻辑,似乎并未采纳过错归责原则,因为被代理人对代理权外观证明被盗用等可能是具有过错的,但却不

---

① 参见胡康生主编:《〈中华人民共和国合同法〉释义》,法律出版社2013年版,第97页;石宏主编:《中华人民共和国民法总则:条文说明、立法理由及相关规定》,北京大学出版社2017年版,第405页;黄薇主编:《中华人民共和国民法典总则编释义》,法律出版社2020年版,456页。

② 例如,陈甦主编:《民法总则评注》(下册),法律出版社2017年版,第1229页(方新军执笔);冉克平:《表见代理本人归责性要件的反思与重构》,载《法律科学(西北政法大学学报)》2016年第1期;杨芳《〈合同法〉第49条(表见代理规则)评注》,载《法学家》2017年第6期;张驰:《表见代理体系构造探究》,载《政治与法律》2018年第12期。

③ 徐海燕:《表见代理构成要件的再思考:兼顾交易安全和意思自治的平衡视角》,载《法学论坛》2022年第3期。

④ 对相关文献和实践观点的细致梳理,参见朱虎:《表见代理中的被代理人可归责性》,载《法学研究》2017年第2期;杨芳:《〈合同法〉第489条(表见代理规则)评注》,载《法学家》2017年第6期。

构成表见代理。但是,该司法解释第5条第2款又规定,行为人私刻单位公章或擅自使用代理权外观证明的,如果被代理人有明显过错,则应对相对人承担赔偿责任。有观点将该款中的赔偿责任理解为并非构成表见代理而将效果归属于被代理人的履行责任,即积极信赖保护的责任,而仅仅是缔约过失责任或者侵权责任,即消极信赖保护的责任。

各地方高院的意见中,有些未明确提出但却考虑了被代理人因素。例如,2012年的上海市高级人民法院《商事合同案件适用表见代理要件指引(试行)》第5条,没有将被代理人的可归责性作为表见代理的构成要件,但第6条"关于权利外观的主要考量因素"中却考虑了被代理人的一些因素。有些明确提出要考虑被代理人因素,但却在如何具体考虑被代理人因素上观点不一,例如,2005年江苏省高级人民法院《关于适用〈中华人民共和国合同法〉若干问题的讨论纪要(一)》(已失效)则在第四部分第14条规定,表见代理"应当以被代理人的行为与外观的形成具有一定的牵连性即被代理人具有一定的过错为前提",混合了诱因归责和过错归责;2014年北京市高级人民法院《关于审理房屋买卖合同纠纷案件若干疑难问题的会议纪要》第8条第2款则规定,"买受人信赖出卖人享有代理权法律外观的形成系不可归因于房屋所有权人的,不构成前款规定的表见代理",未采过错归责。

既有案例多依据现有规范展开论证,并未明确将被代理人因素作为表见代理的独立要件,但有大量判例在认定相对人有理由相信时考虑了被代理人因素。① 据统计,截至2018年2月27日,涉及表见代理的大量案例中,仅有59个案例明确提出被代理人的可归责性,最高人民法院的判决书有2个,高级人民法院的有3个,中级人民法院的有29个,基层人民法院的有25个。其中,最终认定构成表见代理,并对被代理人具有可归责性进行了分析的占35.59%;认定不构成表见代理,在讨论不存在代理权外观或(且)相对人非善意无过失的同时,在表见代理的构成要件中对被代理人的可归责性进行了提及和分析,或结合具体案情对被代理人不具有可归责性进行

① 例如,最高人民法院民事裁定书,(2017)最高法民再209号;最高人民法院民事判决书,(2018)最高法民终122号;最高人民法院民事判决书,(2009)最高法民终1527号;最高人民法院民事判决书,(2020)最高法民终594号;最高人民法院民事裁定书,(2020)最高法民申字1256号;最高人民法院民事裁定书,(2020)最高法民申1519号。

了分析的占 55.93%;在存在代理权外观且相对人善意无过失的情况下,认定不构成表见代理,原因在于被代理人不具有可归责性的占 5.09%;由于不存在代理权外观或(且)相对人非善意,法院认定不构成表见代理,但是因被代理人具有过错,让被代理人承担一定比例的赔偿责任的占 3.39%。[①]

在《总则编司法解释》的起草过程中,最高人民法院经过综合考量,鉴于这一问题仍然存在争议,对被代理人的可归责性是否作为表见代理的构成要件这一问题决定暂不规定,留待实践作进一步探索以积累经验,但也认为,"从比较法上看,各国或地区在借助表见代理制度保护交易安全的同时,并非无限度地牺牲被代理人的利益,而是尽量在本人可控制的范围内寻求最优的利益平衡"。[②]

(2)作为要件的被代理人可归责性及其具体判断

主张无须考虑被代理人因素的理由是,表见代理规则的目的是保护交易安全,且相对人难以证明被代理人因素。但是,首先,保护交易安全是保护了相对人的利益,但并未表明为何要牺牲被代理人的利益,将行为人所作行为的不利效果归属于被代理人,仍需要正当理由。[③] 其次,基于表见代理与善意取得的基本利益结构相似性,为了避免评价矛盾,在表见代理的构成中也应顾及相同价值判断。[④]《民法典》第 311 条、第 312 条隐含占有委托物和占有脱离物的区分,占有委托物能够适用善意取得,占有脱离物则不能,而区分占有委托物和占有脱离物的依据就是权利人是否基于自己意思丧失对物的控制,此时已经考虑到权利人的可归责性。据此,基于同样的价值判断结论可知,表见代理的构成中也应考虑被代理人的可归责性。最

---

① 参见韩康麒、丁俊峰:《表见代理中被代理人可归责性的实证研究》,载《法律适用》2018 年第 17 期。

② 参见贺荣主编:《最高人民法院民法典总则编司法解释理解与适用》,人民法院出版社 2022 年版,第 415 ~ 417 页。

③ 有的观点甚至认为,将被代理人可归责性作为表见代理的构成要件之一,仍然不足以限制表见代理适用的泛滥,进而无法完全克服以牺牲被代理人的意思自治为代价,过度保护交易安全的弊端,其认为,如果被代理人既未授权,又未对他人以自己名义实施的法律行为进行容忍,而仅仅因为自己的过失引起代理权存续的表象,则不构成表见代理,被代理人仅需因缔约过失而承担信赖利益的损害赔偿责任,参见迟颖:《〈民法总则〉表见代理的类型化分析》,载《比较法研究》2018 年第 2 期。但这可能会引起反向批评,即会导致过分注重被代理人的意思自治而削弱了对交易安全的保护。

④ 注意到善意取得与表见代理的评价一致性的:Vgl. Bork, Allgemeiner Teil des Bürgerlichen Gesetzbuchs, 2. Aufl., 2006, Rn. 1541;王利明:《民法总则研究》,中国人民大学出版社 2012 年版,第 691 页。

后，考虑被代理人的可归责性，则能够在不同情形中，具体考量被代理人和相对人的控制权利外观风险的成本（包括信息的获知成本、防免成本）、救济成本和获益，有助于降低整体的社会成本。

关于被代理人因素的判断标准，诱因归责的批评者认为其实质上是纯粹结果责任而放弃了归责要求；[①]过错归责的批评者认为，被代理人并非违反了法定义务，保管代理权外观证明有过失，可能意味着要承担缔约过失责任，但并不必然意味着其一定要承担履行责任；[②]风险责任和多重归责都着眼于动态的综合考量，批评者认为该标准难以捉摸，不利于法的安定性。[③]

采用不同的判断标准，虽然在一些情形中会出现结果的差异，但在很多情形中也会出现结果的重合。例如，基于被代理人和相对人间订立和履行合同的过程，可能会认为已经形成了行为人具有代理权的外观，但是，被代理人未积极地摧毁已经形成的外观，即具有可归责性，无论采取上述何种判断标准，都会推导出相同的结论。但是，考虑表见代理的实质是考虑代理权外观产生的无权代理风险究竟如何分配的问题，据此，重点考虑的是无权代理风险现实化前谁更可能控制风险以及在此风险现实化后谁更应承担风险，包括谁开启了风险、谁提升了风险、谁更有能力控制风险的发生和提升、谁更有能力转嫁风险、谁根据此风险而获益等，这就涉及对被代理人和相对人的控制权利外观风险的成本（包括信息的获知成本、防免成本）、救济成本和获益等因素的具体比较。因此，可能更合理的方案是“风险归责”。

为了避免“风险归责”的批评者所认为的不确定性，可以结合上述考量因素，区分为具体的类型，而在如下情形中可认定被代理人具有可归责性：[④]（1）在被代理人向相对人发出授权表示、通知或公告的情形中，被代理人具有可归责性，即使授权行

---

① 杨代雄：《表见代理的特别构成要件》，载《法学》2013 年第 2 期。

② 王浩：《表见代理中的本人可归责性问题研究》，载《华东政法大学学报》2014 年第 3 期。

③ 李宇：《民法总则要义》，法律出版社 2017 年版，第 830 页；王浩：《“有理由相信行为人有代理权”之重构》，载《华东政法大学学报》2020 年第 4 期。后者认为，应当回归法律行为视域下的既有规则更妥当，有关意思表示成立、效力的判断规则本来就是对表示风险进行分配的规则，并且相对明确客观，借助这些规则，本可为表见代理的归责问题形成相对明确客观的判断框架，无须求助“风险归责”。但是，风险归责并不与上述固定规则相矛盾，反而可能是上述规则的内在根据。

④ 以下结论的具体论证，参见朱虎：《表见代理中的被代理人可归责性》，载《法学研究》2017 年第 2 期。

为、通知或基础关系无效或事后被撤销。(2)在被代理人未向相对人发出授权表示、通知或公告且被代理人明知无权代理而不予以阻止的情形中,被代理人具有可归责性;(3)如果被代理人未向相对人发出授权表示、通知或公告且被代理人不知行为人无权代理,要区分行为人是否是基于被代理人意思而占有代理权外观证明:①如果行为人基于被代理人意思而占有代理权外观证明,或类似情形(例如,如果行为人之前基于被代理人意思多次作为代理人出现,但对目前所涉特定代理行为无代理权,而被代理人不知道的),则被代理人具有可归责性,即使基础关系无效或事后被撤销;②如果行为人非基于被代理人意思而占有代理权外观证明或类似情形,则被代理人一般不具有可归责性。

原《民法总则》第三次审议稿第 176 条规定了表见代理的构成要考虑被代理人的因素,在"行为人伪造他人的公章、合同书或者授权委托书等,假冒他人的名义实施民事法律行为的"和"被代理人的公章、合同书或者授权委托书等遗失、被盗,或者与行为人特定的职务关系已经终止,并且已经以合理方式公告或者通知,相对人应当知悉的"情形中,不构成表见代理。但不可否认,这些不构成表见代理的情形确实存在以下问题。

第一,在代理权外观证明被伪造的例外情形中,并未考虑到职务代理的特殊性。在该例外中,除"假冒他人的名义"这个表述不妥当外,①按照该条规定,代理权外观证明被伪造的,不构成表见代理,这是正确的;但是,其并未考虑职务代理的特殊性,因此即使行为人和被代理人之间存在职务关系,也不构成表见代理。依上文论述,虽然代理权外观证明被伪造,但行为人和被代理人之间存在职务关系的,则被代理人对组织缺陷具有可归责性,从而在相对人为善意的前提下同样有构成表见代理的可能性。

第二,代理权外观证明遗失、被盗的例外情形中,规范重点不清晰。依上文论述,在代理权外观证明遗失、被盗的情形中,行为人非依被代理人意思而占有代理权外观证明,只要不属于被代理人所应承担的组织风险范围(职务代理情形),则被代理人不具有可归责性,不构成表见代理,因此不承担代理行为后果;但是,如果被代

① 按照文义,"假冒他人名义",是指冒名行为而非无权代理行为。

理人未以合理方式公告或者通知,则其应承担消极信赖保护责任。如果将该项例外中“代理权外观证明遗失、被盗”、“被代理人已经以合理方式公告或者通知”和“相对人应当知悉的”作为3项各自独立的构成要件,则在代理权外观证明遗失、被盗而被代理人未以合理方式公告或者通知,且相对人为善意的情形中,将构成表见代理,被代理人所承担的就并非消极而是积极信赖保护责任,从而混淆了这两种责任之间的区别。避免此种混淆的可能方案是,将被代理人“以合理方式公告或者通知”与之后所规定的“相对人应当知悉”连接起来,作为一个独立的构成要件,其重心在于相对人是否善意,而被代理人是否以合理方式公告或者通知并非一项独立的构成要件,仅是作为判断相对人是否善意时应予考虑的因素,即被代理人如果以合理方式公告或者通知,则据此可判定相对人为恶意。故该项例外的重心应是判断相对人是否善意,而非判断被代理人是否具有可归责性。按照此种方案,在代理权外观证明遗失、被盗且相对人为善意的情形中,即使被代理人未以合理方式公告或者通知,被代理人也并不必然具有构成表见代理。

恰恰可能基于第三次审议稿中这些列举情形的不完善,并且有进一步解释的余地,《民法典》第172条最终将之删除,但这并非意味着在表见代理构成中无须考虑被代理人的可归责性,而仅是不明确规定排除表见代理构成的具体情形,交给学说和判例予以进一步类型化。

(3)特殊情形

在判断表见代理构成中的被代理人可归责性时,应当注意到以下情形。首先,应对职务代理予以特别考虑。如果行为人和被代理人存在特定的职务关系,且行为人职责在于管理代理权外观证明,则行为人是基于被代理人意思而占有代理权外观证明,发生无权代理时被代理人具有可归责性。如果行为人职责并非在于管理代理权外观证明,此时行为人非基于被代理人意思而占有代理权外观证明,但在行为人与被代理人存在职务关系时,此时应认为被代理人具有组织缺陷(organisationsmangel),被代理人对此等组织风险具有可归责性。基于同样理由,如果行为人基于职务关系,但其不具有作出特定代理行为之职责,而多次作为代理人作出代理行为,在商事交易中,即使被代理人不知,其仍然具有可归责性。换言之,在往往是个别授权的非职务代理中,对于代理人的行为及其外观,被代理人并不比相对人处于更有利的法律地位;但在通常是概括授权的职务代理中,相比交易第三人对代理人的审核成本,企业内部对代理人的控制成本通常更小。[①] 因此,在职务代理中,被代理人和行为人之间存在特定的职务关系本身往往即可证明被代理人的可归责性。这也表明了《民法典》第170条第2款为何要对表见代理的这种特殊情形予以特别规定,该条款所体现的这一立法思想应不仅适用职务代理人的职权范围被限制而超越该限制作出代理行为的情形,还应适用于职务代理人对代理行为无代理权的其他类型。

其次,还有一些交易也特别注重交易安全和效率,最典型的是电子交易,对此应作出与商事交易类似的处理。在电子交易中,行为人使用他人的账户和密码登录并作出行为,有可能构成冒名行为,也有可能构成无权代理行为,具有类推或者直接适用无权代理和表见代理的可能性,因此仍需考虑账户持有人的可归责性。如果明知之前存在盗用行为或者明知目前所涉的盗用行为,账户持有人可以通过修改密码等成本较低的方式予以避免,但其未如此作为,则账户持有人具有可归责性。在账户持有人对冒名行为不知情的情形中,如果账户持有人曾基于自己的意思将账户和密码交给他人,按照前述观点,则其应当具有可归责性。[②] 但是,即使账户持有人并未基于自己的意思而将账户和密码交给行为人,由于电子交易中特别注重交易安全和效率,因此类似商事交易,账户持有人的可归责性仍可能会构成。如果账户持有人在公共电脑中保存密码,或者将已进行账户登录的电脑放在公共空间内,或者在私人电脑中保存密码但未消除而将私人电脑交由他人修理或丢失,则该风险也应当属于账户持有人的风险领域。但如果行为人作为"黑客"避开电子交易保护机制盗用账户和密码,由于不可期待无权代理行为的发生,账户持有人也无义务进行最佳的电子交易保护机制,账户持有人不具有可归责性。[③]

---

① 参见刘浩然:《论商事表见代理中的风险归责》,载《甘肃政法学院学报》2018年第5期;冉克平:《论伪造、盗窃代理权凭证实施法律行为的私法效果》,载《清华法学》2018年第6期。

② 有观点认为,如果账户持有人为处理特定事务将账户和密码交给家庭成员等具有信赖关系的人,但之后行为人进行其他代理行为,则账户持有人不具有可归责性,但如果是交给无信赖关系的行为人,则具有可归责性。Vgl. MüKoBGB/Schubert, § 167, Rn. 128. 但是,只有在行为人非基于被代理人意思而占有代理权外观证明的情形中,才需要进行此等考虑,而在行为人基于被代理人意思而占有的情形中,无须进行此等考虑。

③ 同样的观点,参见 MüKoBGB/Schubert, § 167, Rn. 127。

与上述不同的是被代理人和行为人之间存在婚姻家庭关系的情况。[①] 在行为人非基于被代理人意思而占有代理权外观证明的情形中,仅因此等关系的存在就认定被代理人具有可归责性,无疑会增加被代理人的防免成本,甚至破坏婚姻家庭关系,违反我国《宪法》第 49 条第 1 款规定的保护婚姻家庭之条款,这似乎构成了对婚姻家庭关系的惩罚。

另外,原《民法通则》第 66 条第 3 句规定:"本人知道他人以本人名义实施民事行为而不作否认表示的,视为同意。"针对此种容忍行为的法律性质,早期文献存在"表见代理说""默示追认说""默示授权说""折中说"的分歧。[②] 但是,无论是默示内部授权还是默示外部授权,由于被代理人和行为人之间存在授权关系,被代理人似乎并不能向行为人追偿,但在容忍代理中,被代理人能够向行为人追偿;而默示追认说则实际上是将单纯沉默拟制为追认,且依据《民法典》第 503 条的规定,只有在被代理人存在积极的履行行为或者接受行为时才被视为追认,而非将单纯的沉默视为追认。从价值上来说,被代理人的单纯沉默,并不产生代理权外观,不具备表见代理的构成要件,因被代理人单纯的沉默即令其承受他人代理行为的后果,无视被代理人的意思,片面保护相对人,并不妥当。[③] 故《民法典》删除了原《民法通则》的上述规定。但是,这并非完全否认此种"容忍型表见代理"的存在余地,仍然可将容忍行为纳入"表见代理"的规范体系中加以考察,只是需要根据表见代理的上述构成要件进行判断。[④]

(五)举证责任

根据《总则编司法解释》第 28 条第 2 款,在表见代理构成要件中,相对人需要证

① 德国通说认为,婚姻关系本身并不能表明被代理人的可归责性。Vgl. Staudinger/Schilken, § 167, Rn. 36.

② 具体文献整理,参见朱虎:《表见代理中的被代理人可归责性》,载《法学研究》2017 年第 2 期。

③ 李宇:《民法总则要义:规范释论与判解集注》,法律出版社 2017 年版,第 819 页。

④ 关于这点,参见周清林:《合理类型化下的无权型表见代理确定》,载《政法论坛》2018 年第 1 期;冉克平:《民法典视野下"本人沉默视为同意"规则的再造》,载《当代法学》2019 年第 4 期。

明代理人无权代理和存在代理权外观。[①] 在该举证责任完成的情形下,为了避免道德风险,需要由被代理人举证证明,即使存在代理权外观但相对人并非善意,即相对人知道行为人无权代理,或者相对人因过失而不知道行为人无权代理。这进一步贯彻了善意推定的原则。[②] 同时,被代理人还应当证明自己不具有可归责性,因为被代理人是否具有可归责性取决于被代理人一方的因素以及被代理人和行为人之间的关系,故被代理人较之相对人更具有举证可能性。

(六)表见代理与其他保护相对人方式的区分衔接

特别应当注意的是,实践中往往过分扩张表见代理的适用。这种做法当然是为了保护善意相对人,但即使如此,保护善意相对人的方式并非仅有表见代理一种方式,通过其他方式仍然可以实现善意相对人保护的目的。

例如,代理权外观须在行为实施时存在,被代理人此后的行为仅能理解为对之前所实施的无权代理的追认,不能作为判断表见代理的基础,但在司法实务中,不乏将被代理人事后的履行视为代理权外观进而认为构成表见代理者。[③] 可是,即使因被代理人不具有可归责性、不存在代理权外观、相对人并非善意等原因而无法构成表见代理,在无权代理的情况下,仍然存在因被代理人追认而使代理行为对被代理人发生效力的可能性。《民法典》第503条规定:"无权代理人以被代理人的名义订立合同,被代理人已经开始履行合同义务或者接受相对人履行的,视为对合同的追

① 不同的是,最高人民法院《关于当前形势下审理民商事合同纠纷案件若干问题的指导意见》(2009年)第13条就规定,"……合同相对人主张构成表见代理的,应当承担举证责任,不仅应当举证证明代理行为存在诸如合同书、公章、印鉴等有权代理的客观表象形式要素,而且应当证明其善意且无过失地相信行为人具有代理权"。学说中也有相同观点,认为相对人除对存在代理权外观承担举证责任外,还应当证明自己善意无过失地相信该外观,参见李宇:《民法总则要义:规范释论与判解集注》,法律出版社2017年版,第820页;徐海燕:《表见代理构成要件的再思考:兼顾交易安全和意思自治的平衡视角》,载《法学论坛》2022年第3期。但该观点似乎忽略了消极事实证明的困难,参见贺荣主编:《最高人民法院民法典总则编司法解释理解与适用》,人民法院出版社2022年版,第410~411页。

② 贺荣主编:《最高人民法院民法典总则编司法解释理解与适用》,人民法院出版社2022年版,第409页。

③ 参见最高人民法院民事裁定书,(2014)民申字第710号;最高人民法院民事裁定书,(2017)最高法民申4441号。

认。”例如，行为人伪造公章与相对人签订买卖合同，此时被代理人不具有可归责性，无法构成表见代理，但是，如果被代理人虽不知伪造公章的事实，但已实际履行买卖合同的主要义务，可以认为，依据《民法典》第503条的规定，被代理人的行为构成追认，故代理行为的法律后果应当归属于被代理人。

在建设工程项目中，经常出现项目部负责人（或者实际施工人）签订建筑材料买卖合同、设备租赁合同等，公司（或者名义施工人）是否应当承受代理行为的后果，仍然要区分不同的情形。首先，要看是否构成代理。第一，不具有法人资格也并非分公司而仅是公司职能部门的项目部，以自己名义而非公司名义签订合同时，此时根本不构成代理，因为项目部不具有主体资格，合同根本不成立。第二，如果项目部以公司名义签订合同，此时也并非代理，而是项目部以公司名义作出的行为就会被认为是公司的行为，除非相对人对项目部超越权限为恶意，如知道或者应当知道存在挂靠、转包、违法分包等基础法律关系。如果以被代理人名义但未加盖被代理人公章，而是盖上了项目部的印章，如无其他相牵连的代理权事实证据，仅凭项目部印章名称与建设单位的关联，尚难以认为项目部的行为即建设单位的行为，除非相对人能够证明该枚印章由建设单位持有并曾于具有公示效力的场合使用过，该枚印章具有缔约或结算效力。因此，合同上加盖的建设单位项目部真实印章按常理是否可对外授权使用，可作为考量因素。技术专用章、资料专用章等印章，只能用于技术资料管理或报审施工资料等专用用途，就普通人理解，其不能用作缔约或财务结算，因此原则上不能认定该类印章具有缔约或结算效力，尚不能认为在此时构成建设单位的行为；相对人如果主张为建设单位的行为，应证明该印章曾被建设单位用于其记载用途外的交易活动，或依一般交易习惯，其有理由相信该印章具有超出其字面记载的实际功能。第三，如果项目部负责人以自己的名义签订合同，此时人必然并非代理，合同仅约束项目部负责人和相对人。

其次，在构成代理的情况下，是否构成有权代理。代理权限可以根据诸多证据予以综合判断，例如，行为人的身份是否已经载明于建筑单位出具的正式书面文件或公示性书面证据中，包括经建设主管部门备案登记的施工合同，建筑单位发给项目部经理本人的任命书，项目会议的会议纪要或记录，企业内部文件，加盖企业公章的对外证明材料、施工图纸，施工现场树立的明示牌。

再次,在构成代理的情况下,如果不是有权代理,则判断是否构成表见代理。此时要结合表见代理的构成要件予以判断,可以考虑的证据非常多,例如,上述证据都可以同时用来判断相对人是否有理由相信行为人有代理权,此外还要注意合同订立过程、交易环境和周围情势等是否与被代理人有关,以及被代理人是否知道行为人长期以其名义进行活动但不反对的情形等。仅凭行为人的单方陈述是远远不能达到"有理由相信"的证明要求的。如果已经看到内部承包合同,知道或者应当知道存在挂靠、转包、违法分包等基础法律关系,知晓因工程发生的债务应由行为人个人承担,但仍同意行为人以建筑单位名义与之发生交易的,不构成表见代理,因为在此相对人无法相信行为人有代理权。

又次,如果不足以构成有权代理和表见代理,则仍然要判断是否存在被代理人的追认行为。此时可以结合诸多证据判断是否存在追认行为,例如,合同标的物交付至被代理人营业场所或负责管领的其他场所的;标的物被应用于被代理人本身或者直接从事的业务所需的;以公司名义签订收货,支付部分价金的;或者在公司工地收货,虽然未明确以公司名义,但可以使相对人认为是建筑单位工地的;公司工作人员签字的送货单、入库单、验收单等交货凭证;货交承运人的运输凭证或送货人的运输证明;与交货凭证相对应的过桥过路费单据;材料供应商在相关时期进货的凭证;等等。

最后,如果不构成代理,而合同不成立或者仅约束项目部负责人等,此时,仍然可以考虑其他使合同对公司发生效力的法律可能性。例如,当事人虽然未以书面形式或者口头形式订立合同,但从双方从事的民事行为能够推定双方有订立合同意愿的,可以认为合同在公司和相对人之间成立;项目部负责人以自己名义签订合同时,可考虑《民法典》第925条、第926条适用的可能性。

因此,保护相对人利益具有多种途径,表见代理规则可以保护相对人,但并非只有表见代理规则才能保护相对人。在实践中,应当避免保护相对人这个目的仅通过表见代理这一种途径实现,从而将表见代理过分扩张适用,这会给表见代理增加太多本来不应由其解决的问题,使表见代理本身的适用范围和构成要件模糊不清。更重要的是,要注意到不同规则分工协调、相互配合的可能性,这恰恰是《民法典》体系性的表现。

三、表见代理的法律后果

按照《民法典》第 172 条的规定，如果构成表见代理，所产生的法律后果是“代理行为有效”，结合《民法典》第 171 条第 1 款中（狭义）无权代理中的“对被代理人不发生效力”，以及《民法典》第 162 条有权代理中的“对被代理人发生效力”可知，所谓的“代理行为有效”即意味着代理行为对被代理人发生效力，由被代理人承担代理行为的后果。简言之，表见代理弥补且仅弥补无代理权的瑕疵，犹如善意取得弥补且仅弥补无处分权的瑕疵，但不弥补其他瑕疵。[①]

被代理人承担代理行为的后果之后，有权依据其与代理人之间的内部基础关系（如原《合同法》第 929 条）或侵权关系向代理人请求追偿，《合同法司法解释（二）》第 13 条即如此规定，但这个后果无须在代理中予以特别规定，毕竟代理所主要解决的是外部关系问题。

即使不构成表见代理，仅仅意味着被代理人无须承担代理行为的后果，但其仍存在承担消极信赖利益赔偿责任的可能性。此时，法律效果上也具有反映比较权衡的弹性空间，当完全不保护相对人的信赖不妥，而判定构成表见代理又保护过度时，可否定表见代理的构成，同时以缔约过失责任或侵权责任为依据使被代理人承担消极利益的赔偿责任。此时，“信赖利益保护与期待利益保护之间，并非跳跃式的下降，而是平缓地衔接在一起的”。[②] 具体而言，在行为人非依被代理人意思而占有代理权外观证明或类似情形中，只要不属于被代理人所应承担的组织风险，则被代理人不具有可归责性，不构成表见代理，因此不承担代理行为的后果。但是，如果被代理人对代理权外观证明的遗失、被盗或被伪造等具有过错或存在其他过错，且相对人的信赖具有合理性，则被代理人应对相对人承担消极信赖利益的赔偿责任，由此实现对相对人合理信赖的保护，规范依据应为缔约过失责任或者侵权责任，[③]此时，

① 江苏省高级人民法院审判委员会《关于买卖合同纠纷案中当事人行为是否构成表见代理认定问题的纪要》（2013 年）中就认为，表见代理的构成要件之一是“行为人与相对人签订的合同应具备合同有效的一般条件，即不具有无效和可撤销的内容”。

② 叶金强：《表见代理中信赖合理性的判断模式》，载《比较法研究》2014 年第 1 期。

③ 究竟是采用缔约过失责任还是侵权责任，取决于是否认为缔约过失责任的主体要限缩于参与谈判者。

相对人仍然可以依据《民法典》第171条的规定请求无权代理人承担责任,但总体数额不得超过相对人的损失;反之,即使相对人具有合理信赖,被代理人也不承担任何责任,相对人只能请求行为人承担无权代理的责任。

最高人民法院《关于在审理经济纠纷案件中涉及经济犯罪嫌疑若干问题的规定》(法释〔2020〕17号)第4条至第6条似乎就是以此三层责任机制为基础的。[①] 具体而言,该规定第4条、第6条第1款第1句和第6条第2款中,行为人都是基于被代理人(单位)的意思而占有代理权外观证明,故被代理人具有可归责性,构成表见代理,承担积极的信赖保护责任。该规定第5条第1款和第6条第1款第2句强调的是行为人非基于被代理人的意思而占有代理权外观证明,因此,被代理人"不承担民事责任"指的应是被代理人不承担积极信赖保护责任。但是,在该规定第5条第2款中,虽然行为人非基于被代理人的意思而占有代理权外观证明,但被代理人具有明显过错,此时被代理人所应当承担的赔偿责任指的是消极信赖保护责任,即应赔偿信赖利益。[②]

---

① 其第4条规定:"个人借用单位的业务介绍信、合同专用章或者盖有公章的空白合同书,以出借单位名义签订经济合同,骗取财物归个人占有、使用、处分或者进行其他犯罪活动,给对方造成经济损失构成犯罪的,除依法追究借用人的刑事责任外,出借业务介绍信、合同专用章或者盖有公章的空白合同书的单位,依法应当承担赔偿责任。但是,有证据证明被害人明知签订合同对方当事人是借用行为,仍与之签订合同的除外。"第5条规定:"行为人盗窃、盗用单位的公章、业务介绍信、盖有公章的空白合同书,或者私刻单位的公章签订经济合同,骗取财物归个人占有、使用、处分或者进行其他犯罪活动构成犯罪的,单位对行为人该犯罪行为所造成的经济损失不承担民事责任。行为人私刻单位公章或者擅自使用单位公章、业务介绍信、盖有公章的空白合同书以签订经济合同的方法进行的犯罪行为,单位有明显过错,且该过错行为与被害人的经济损失之间具有因果关系的,单位对该犯罪行为所造成的经济损失,依法应当承担赔偿责任。"第6条规定:"企业承包、租赁经营合同期满后,企业按规定办理了企业法定代表人的变更登记,而企业法人未采取有效措施收回其公章、业务介绍信、盖有公章的空白合同书,或者没有及时采取措施通知相对人,致原企业承包人、租赁人得以用原承包、租赁企业的名义签订经济合同,骗取财物占为己有构成犯罪的,该企业对被害人的经济损失,依法应当承担赔偿责任。但是,原承包人、承租人利用擅自保留的公章、业务介绍信、盖有公章的空白合同书以原承包、租赁企业的名义签订经济合同,骗取财物占为己有构成犯罪的,企业一般不承担民事责任。单位聘用的人员被解聘后,或者受单位委托保管公章的人员被解除委托后,单位未及时收回其公章,行为人擅自利用保留的原单位公章签订经济合同,骗取财物占为己有构成犯罪,如给被害人造成经济损失的,单位应当承担赔偿责任。"

② 这在上述"兴业银行广州分行与深圳市机场股份有限公司借款合同纠纷案"[最高人民法院民事判决书,(2008)民二终字第124号]中有所体现。该案中,法院认为,相对人具有过失故并非善意,不构成表见代理,同时被代理人也具有明显过错,最终根据上述司法解释第5条第2款认定被代理人应承担赔偿责任。此时,被代理人根据该款所承担的赔偿责任只能是信赖利益的赔偿。当然在该案中,如果相对人为善意,则由于行为人与被代理人之间存在职务关系,应认为构成表见代理。

在越权代表中也是如此。以公司对外担保为例，如果相对人恶意，依据《民法典担保制度解释》第7条第1款第2项，担保合同对公司不发生效力，因此，公司无须承受担保合同的法律后果，不承担担保责任。但是，相对人仍可请求公司承担其他的赔偿责任，此时要参照适用《民法典担保制度解释》第17条第1款的规定：(1)债权人与担保人均有过错的，担保人承担的赔偿责任不应超过债务人不能清偿部分的1/2；(2)担保人有过错而债权人无过错的，担保人对债务人不能清偿的部分承担赔偿责任；(3)债权人有过错而担保人无过错的，担保人不承担赔偿责任。[①] 这同样体现了上述考虑，虽然作为被代表人的公司因相对人恶意无须承担担保责任，但并不意味着不承担任何责任。

在表见代理的法律后果中，争议很大的是，构成表见代理的情况下，相对人是否有权选择适用《民法典》第171条和第172条？如果可以选择适用《民法典》第171条，则相对人可行使撤销权排除被代理人追认可能性，并可请求无权代理人承担无权代理责任。这在价格剧烈波动或者被代理人无履行能力的情况下具有意义。[②] 关键的问题是，在表见代理已经得到证明的前提下，相对人是否有权进行选择。[③] 支持"不能选择说"的最重要理由是，如果允许相对人选择，对相对人的保护就会超越相对人的信赖，还会滋生投机风险。但是，首先，即使允许相对人选择适用《民法典》第171条第3款请求无权代理人承担责任，但由于"赔偿的范围不得超过被代理人追认时相对人所能获得的利益"，此时对相对人的保护程度也同样最多

---

① 《九民会议纪要》第20条规定："……公司举证证明债权人明知法定代表人超越权限或者机关决议系伪造或者变造，债权人请求公司承担合同无效后的民事责任的，人民法院不予支持。"《民法典担保制度解释》中并未对这种债权人明知越权代表的情形作出规定。但是，其在第9条第2款对上市公司对外提供担保作出了特殊规定："相对人未根据上市公司公开披露的关于担保事项已经董事会或者股东大会决议通过的信息，与上市公司订立担保合同，上市公司主张担保合同对其不发生效力，且不承担担保责任或者赔偿责任的，人民法院应予支持。"此时，相对人为恶意，则上市公司既不承担担保责任，也不承担其他赔偿责任。

② 具体文献整理，参见纪海龙：《〈合同法〉第48条（无权代理规则）评注》，载《法学家》2017年第4期；张家勇：《论无权代理人赔偿责任的双层结构》，载《中国法学》2019年第3期。

③ 关于表见代理构成不确定性的问题，可以考虑在相对人仅以行为人为被告请求其承担无权代理责任时，相对人和无权代理人都有权依据《民事诉讼法》第59条第2款的规定，请求法院将被代理人列为被告型无独立请求权第三人，被代理人为了避免责任，会提出有利于自己的证据，参见朱庆育：《民法总论》（第2版），北京大学出版社2016年版，第372页。

能达到有权代理的程度。其次,在构成表见代理的情况下,即使善意相对人选择行使撤销权,但该权利和相对人的追认权本来就存在相互限制的结构,因此,并未加大相对人的投机风险。① 最后,这也未对被代理人增加新的不利,因为被代理人本来也不想进入交易。

① 参见李宇:《民法总则要义:规范释论与判解集注》,法律出版社 2017 年版,第 832 ~ 833 页。

专题二十三　侵害英雄烈士等人格权益的民事责任

本专题撰写人：王叶刚

【《民法典》及其配套司法解释的新规则】

《民法典》第185条：

侵害英雄烈士等的姓名、肖像、名誉、荣誉，损害社会公共利益的，应当承担民事责任。

【规则由来】

《民法典》第185条来自原《民法总则》第185条，是原《民法总则》的新增条文。

【规范意旨】

《民法典》第185条是关于英雄烈士等的人格利益保护的规定，明确了侵害英雄烈士等人格利益民事责任成立的构成要件，即侵害对象是“英雄烈士等”，侵害了英雄烈士等的姓名、肖像、名誉、荣誉并且损害社会公共利益。该条对于维护民族精神、弘扬社会公共道德具有重要意义，同时，该条着眼保护社会公共利益，而不再局限于私权保护，这也是我国法上侵害人格权益民事责任制度的重大发展。

当然，该条规定在整体上较为概括、抽象，在理论上仍有继续解释的空间；同时，该条虽然规定了侵害英雄烈士等人格权益的民事责任,但并未规定相应的请求权主体以及各权利人请求权行使的顺序问题,对此仍需进一步探讨。

【典型案例】

案例一:"戍边烈士肖思远名誉荣誉案"①

戍边战士肖思远于2020年6月15日在边境冲突中誓死捍卫祖国领土,突围后又义无反顾地返回营救战友,最终遭遇敌人围攻,壮烈牺牲。后肖思远于2021年2月被中央军委追记一等功。2021年2~4月,陈某在人民日报、央视新闻、头条新闻等微博账号下,发布针对戍边烈士肖思远的不当评论内容共计20条,诋毁其形象和名誉。陈某的行为侵害戍边烈士肖思远的名誉和荣誉,损害社会公共利益。浙江省杭州市临平区人民检察院向杭州互联网法院提起民事公益诉讼,请求判令被告陈某在全国性的新闻媒体上公开赔礼道歉、消除影响。

法院认为,英雄烈士的事迹和精神是中华民族共同记忆,是社会主义核心价值观的重要体现。肖思远烈士的英雄事迹为广大人民群众树立了不畏艰辛、不怕困难,为国为民奋斗牺牲的榜样,是中华民族精神的内核之一,也是社会主义核心价值观的重要体现。被告涉案言行侵害英雄烈士名誉、荣誉,损害社会公共利益,应当承担赔礼道歉的民事责任。首先,被告涉案言行指向肖思远烈士。被告多次在缅怀、追思肖思远烈士的文章下发表针对肖思远烈士具有侮辱性的言论,其言论针对的对象明确,即为肖思远烈士。其次,被告陈某涉案言行侵害肖思远烈士的名誉、荣誉两项人格利益。在本案中,被告所用词汇具有侮辱性,明显构成对肖思远烈士名誉的侵害。同时,其对肖思远烈士戍边守土、保家卫国的英烈事迹发表诋毁和贬损言论,严重侵害了肖思远烈士的荣誉。最后,被告涉案言行损害了社会公共利益。英雄烈士的人格利益具有公共利益和私人利益的双重属性。抹黑英烈人物,是对社会主义核心价值观与革命英雄主义精神的否定,容易对群众尤其是年轻人的价值取向造成影响和冲击,损害广大人民群众的民族情感。被告多次发表针对肖思远烈士名誉、

① 《侵害戍边烈士名誉荣誉者被判公开赔礼道歉》,载《人民法院报》2022年4月13日,第3版。

荣誉的严重侮辱、诋毁、贬损、亵渎的言论，伤害了社会国民的共同情感和民族精神，损害了尊崇英烈、扬善抑恶的社会风气和公共道德，不利于民族的共同记忆赓续、传承，不符合社会主义核心价值观，其行为已构成对社会公共利益的侵害。因此，被告应当承担赔礼道歉的民事责任。

案例二："雷锋姓名案"①

A公司主营业务是搭建企业的资源对接平台，为付费用户提供企业间信息中介服务。该公司将其提供信息中介服务的平台称为"雷锋社群"，将付费用户称为"雷锋会员"。此外，该公司注册并运营的微信公众号名称为"雷锋哥"，且在微信公众号上发布有"雷锋会员"和"雷锋社群"字样的宣传海报和微信文章，公开招募"雷锋会员"，举办"雷锋会员回归日"活动，并以"雷锋社群"的名义与其他企业联合举办活动。2021年2月5日，浙江省杭州市上城区检察院根据《民法典》和《英雄烈士保护法》的规定提出两项诉讼请求：一是该公司停止在经营项目中以雷锋同志的名义进行宣传；二是该公司在省级媒体上就使用雷锋同志姓名的行为赔礼道歉。

浙江省杭州市上城区检察院认为，A公司使用的"雷锋"文字具有特定性，指向雷锋同志。首先，关于雷锋同志事迹和生平的报道表明雷锋同志的姓名已深入人心，雷锋同志的姓名和"雷锋精神"早已家喻户晓，"雷锋"二字等同雷锋同志。其次，该公司法定代表人及其近亲属以及自然人股东中均无姓名为"雷锋"者。最后，"雷锋哥"微信公众号的头像采用红星鸭舌帽，与"红星雷锋帽"的形象近似，并配以"雷锋哥"的字样，使文字和形象上存在明显的引导性。同时，雷锋同志属于英雄，其姓名应受《英雄烈士保护法》的保护，对其保护与立法目的相符。从立法目的看，《英雄烈士保护法》不仅保护英雄烈士的姓名、名誉、荣誉等，更保护英雄烈士为争取民族独立、人民解放，实现国家富强、人民幸福，促进世界和平、人类进步而英勇献身、毕生奋斗的英雄事迹和精神。在这种背景下制定的《英雄烈士保护法》，是将英雄烈士作为一个整体作出的规范。由此，从立法目的看，《英雄烈士保护法》中规定

---

① 卫东等：《以公益诉讼守护英雄之名——民法典施行后首例保护英烈姓名互联网民事公益诉讼案纪实》，载《人民检察》2021年第8期。

的“英雄烈士”应当解释为“英雄”和“烈士”。此外,该公司使用雷锋同志姓名的方式具有公共利益损害性。该公司公然将雷锋同志的姓名用于商业广告,从本质上曲解、违背了“雷锋精神”,不利于传承和弘扬“雷锋精神”,进而与社会主义核心价值观相违背,损害社会公共利益。

法院认为,英雄的事迹和精神是中华民族共同的历史记忆和精神财富,雷锋同志的姓名作为一种重要的人格利益,应当受到保护。A公司使用的“雷锋”文字具有特定意义,其为社会公众所广泛认知的雷锋同志的姓名。该公司明知雷锋同志的姓名具有特定意义,仍擅自将其用于开展网络商业宣传,会让公众对“雷锋社群”等称谓产生误解,侵犯了英雄烈士的人格利益。同时,被告将商业运作模式假“雷锋精神”之名推广,既曲解了“雷锋精神”,与社会公众的一般认知相背离,也损害了承载于其上的人民群众的特定感情,对营造积极健康的网络环境产生负面影响,侵害了社会公共利益。故判决被告停止使用雷锋同志姓名的行为,并在省级报刊向社会公众发表赔礼道歉的声明。

案例三:“狼牙山五壮士名誉案”①

在狼牙山战斗中,“狼牙山五壮士”英勇抗敌的基本事实和舍生取义的伟大精神,赢得了全中国人民的高度认同和广泛赞扬。新中国成立后,“狼牙山五壮士”的事迹被编入义务教育教科书,“狼牙山五壮士”被人民视为当代中华民族抗击外敌入侵的民族英雄。2013年,洪某某先后发表《小学课本〈狼牙山五壮士〉有多处不实》和《“狼牙山五壮士”的细节分歧》两篇文章,通过援引不同时期的材料、相关当事者不同时期的言论,甚至以“文化大革命”时期“红卫兵”的言论为主要证据,不考虑历史的变迁、各个材料所形成的时代背景以及各个材料的语境,对“狼牙山五壮士”作出似是而非的推测、质疑,对“狼牙山五壮士”的社会评价造成不良影响。葛某某作为“狼牙山五壮士”之一葛振林之子,向法院提出诉讼请求:(1)判令洪某某立即停止侮辱、诽谤、侵犯葛振林等“狼牙山五壮士”的民族英雄名誉;(2)判令洪某某在其新浪微博上公开道歉,并在指定的报纸和网站上公开向葛某某赔礼道歉,消除影响,

① 参见北京市第二中级人民法院民事判决书,(2016)京02民终6272号。

并向葛振林等“狼牙山五壮士”在天英灵登报谢罪。

一审法院认为，被告应承担侵犯“狼牙山五壮士”名誉的民事责任，主要理由在于：第一，自然人死亡后，其生前人格利益仍然受法律的保护。行为人发表的相关文章侵害的不仅是葛振林个人的名誉和荣誉，并且侵害了由英雄人物的名誉、荣誉所构成的社会公共利益。第二，行为人发表相关文章的行为构成加害行为。尽管行为人所发表的文章并无明显侮辱性的语言，但洪某某通过强调与基本事实无关或者关联不大的细节，引导读者对“狼牙山五壮士”这一英雄人物群体英勇抗敌事迹和舍生取义精神产生质疑，从而否定基本事实的真实性，进而降低他们的英勇形象和精神价值。第三，本案中的文章经由互联网广泛传播，产生了损害性后果。第四，洪某某在主观方面存在过错。第五，学术自由、言论自由以不侵害他人合法权益、社会公共利益和国家利益为前提。在本案中，行为人发表文章质疑“狼牙山五壮士”英勇抗敌、舍生取义的基本事实，颠覆“狼牙山五壮士”的英勇形象，贬损、降低“狼牙山五壮士”的人格评价，不可避免地会侵害“狼牙山五壮士”的名誉、荣誉，以及融入这种名誉、荣誉的社会公共利益，对此不予保护。因此，一审法院判决：被告洪某某立即停止侵害葛振林名誉、荣誉的行为；判决生效后3日内，被告洪某某公开发布赔礼道歉公告，向原告葛某某赔礼道歉，消除影响。该公告须连续刊登5日，公告刊登媒体及内容需经本院审核，若逾期不执行，法院将在相关媒体上刊登判决书的主要内容。洪某某不服，提起上诉。二审法院驳回上诉，维持原判。

【理论阐释】

一、《民法典》第185条的规范目的

关于《民法典》第185条的规范目的，在理论上存在一定的争议。从该条规定来看，一方面，强调对“英雄烈士等”的人格利益进行保护；另一方面，又以“损害社会公共利益”作为行为人承担民事责任的条件，这就给准确界定该条的规范目的带来了困难，这也是理论上对该条的理解产生争议的重要原因。

关于该条的规范目的，一种观点认为，该条属于对英雄烈士进行特别保护的规定，该条虽然规定了“损害社会公共利益”，但行为人依据该条规定承担民事责任并

不以“损害社会公共利益”为必要。[1] 另一种观点认为,该条属于死者人格利益保护条款,其主要目的是保护死者的人格利益,而不是保护社会公共利益,“即使本条文特别强调对英雄烈士的姓名、肖像、名誉、荣誉进行的保护,是弘扬社会主义核心价值观,是扬善抑恶,仍然是对死者人格利益的保护,适用的是同样的民法法理”。[2]

上述观点均从一定层面上解释了《民法典》第185条的规范目的,应当看到,《民法典》第185条将英雄烈士人格利益作为规范的出发点,具有侧重保护英雄烈士人格利益的目的;同时,除英雄烈士外,该条在列举保护对象时,还使用了“等”字这一兜底性规定,保持了保护对象的开放性,这也为将死者人格利益纳入保护范围提供了制度空间。但笔者认为,该条的规范目的并不仅仅是保护英雄烈士的人格利益,其也并非专门的死者人格利益保护条款,其规范目的在于保护社会公共利益,主要理由在于:

第一,从该条的文义来看,其并没有对“英雄烈士等”的人格利益进行全面列举,同时将损害社会公共利益作为行为人承担民事责任的条件,表明其主要目的在于保护社会公共利益。具体而言:一方面,如果将该条的立法目的认定为保护“英雄烈士等”的人格利益,则该条应当对“英雄烈士等”所享有的人格利益进行全面列举,但该条只是列举了“英雄烈士等”的姓名、肖像、名誉、荣誉4项人格利益,而没有对隐私等其他人格利益进行保护。事实上,除上述4项人格利益外,英雄烈士的隐私、个人信息等,都应当受到法律保护。[3] 可见,该条主要对“英雄烈士等”与公共利益密切相关的人格利益提供保护。[4] 另一方面,该条以“损害社会公共利益”作为行为人依据该条规定承担民事责任的条件,也意在强调该条保护社会公共利益的规范目的。如果将该条的规范目的界定为保护“英雄烈士等”的人格利益,则不应当额外增加“损害社会公共利益”这一责任成立条件。

---

① 张新宝:《〈中华人民共和国民法总则〉释义》,中国人民大学出版社2017年版,第401~403页。

② 参见杨立新主编:《中华人民共和国民法总则要义与案例解读》,中国法制出版社2017年版,第687页。

③ 我国《个人信息保护法》第49条对死者个人信息保护规则作出了规定,其保护对象也当然包括英雄烈士。

④ 从我国司法实践来看,在侵害英雄烈士等人格利益的纠纷中,影响社会道德风尚的行为主要体现为侵害英雄烈士的姓名、肖像、名誉、荣誉的行为。

第二,从历史解释来看,应当认定该规则的规范目的在于保护社会公共利益。本条来自原《民法总则》,从原《民法总则》的立法过程来看,《民法总则(草案)》的历次审议稿都未出现英雄烈士人格利益保护的条文,该条文是在第十二届全国人大第五次会议审议《民法总则(草案)》时所增加的条文,之所以增加该条文,是因为当时"有的代表提出,现实生活中,一些人利用歪曲事实、诽谤抹黑等方式恶意诋毁侮辱英烈的名誉、荣誉等,损害了社会公共利益,社会影响很恶劣,应对此予以规范。全国人大法律委员会(现全国人大宪法和法律委员会)经研究认为,英雄和烈士是一个国家和民族精神的体现,是引领社会风尚的标杆,加强对英烈姓名、名誉、荣誉等的法律保护,对于促进社会尊崇英烈,扬善抑恶,弘扬社会主义核心价值观意义重大",因此建议增加该条。① 从该规则的制定过程可以看出,立法机关增加该规则的直接诱因是实践中发生的"邱少云案"②"狼牙山五壮士案"③等侵害英雄烈士纠纷,而且该条有强化英雄烈士人格利益保护的立法意图,但其主要规范目的应当是"促进社会尊崇英烈,扬善抑恶,弘扬社会主义核心价值观",以及引领社会风气,保护社会公共利益。

第三,将该条的立法目的界定为保护死者人格利益,在解释上可能与《民法典》死者人格保护规则产生冲突,而且可能会不当弱化死者人格利益的保护。我国《民法典》第 994 条专门规定了死者人格利益保护规则,该条规定:"死者的姓名、肖像、名誉、荣誉、隐私、遗体等受到侵害的,其配偶、子女、父母有权依法请求行为人承担民事责任;死者没有配偶、子女且父母已经死亡的,其他近亲属有权依法请求行为人承担民事责任。"该条为专门的死者人格利益保护规则,而如果将《民法典》第 185 条解释为专门的死者人格利益保护规则,可能并不符合《民法典》立法目的,同时也可能不当弱化死者人格利益保护。因为,一方面,从死者人格利益的保护范围来看,《民法典》第 994 条首先具体列举了姓名、肖像、名誉、荣誉、隐私、遗体等人格利益,同时,该条还使用了"等"字这一兜底表述,表明受法律保护的死者人格利益并不限于该条所列举的上述人格利益,这就保持了受法律保护的死者人格利益范围的开放

① 石宏:《中华人民共和国民法总则条文说明、立法理由及相关规定》,北京大学出版社 2017 年版,第 440 页。

② 参见北京市大兴区人民法院民事判决书,(2015)大民初字第 10012 号。

③ 参见北京市第二中级人民法院民事判决书,(2016)京 02 民终 6272 号。

性;而从《民法典》第185条的规定来看,其仅列举了姓名、肖像、名誉、荣誉4项人格利益,而且该条没有使用兜底性规定,因此,如果将《民法典》第185条解释为专门的死者人格利益保护规则,则可能会不当限缩受法律保护的死者人格利益的范围。另一方面,从《民法典》第994条的规定来看,其在规定死者人格利益保护的条件时,并没有将损害社会公共利益作为行为人承担民事责任的条件,这也意味着,行为人侵害死者人格利益,只要符合该条所规定的条件,即便没有损害社会公共利益,死者近亲属也有权请求行为人承担民事责任;而《民法典》第185条将损害社会公共利益作为行为人承担民事责任的条件,显然提高了行为人承担民事责任的条件,可能会弱化对死者人格利益的保护。例如,在行为人侵害英雄烈士人格利益,如行为人擅自公开英雄烈士的隐私,或者未经许可利用英雄烈士的个人信息,但该行为人如果并没有损害社会公共利益,则行为人无须依据《民法典》第185条承担民事责任,而依据《民法典》第994条的规定,则死者近亲属有权依法请求行为人承担民事责任。

第四,将《民法典》第185条解释为专门的英雄烈士人格利益保护规则,在规范层面和价值层面均存在一定的问题。从规范层面看,将该条理解为仅保护"英雄烈士等"的人格利益,就需要明确"英雄""烈士"的认定标准,我国虽然对"烈士"的评定标准有一定的规定,但何为"英雄",则很难认定,[①]这将带来法律适用方面的难题。同时,英雄并不要求已经牺牲,对于仍在世的英雄来说,其享有各项具体人格权和人格利益。因此,如果将《民法典》第185条解释为英雄烈士等人格利益保护规则,可能使其中关于英雄人格利益保护的规则部分沦为具文,为避免这一结果,只能将该条中的"英雄"理解为已经牺牲的英雄,此时,《民法典》第185条将归属于死者人格利益保护规则。同时,从该条的文义来看,其保护对象为"英雄烈士等",这意味着其保护对象并不限于英雄烈士,将该条解释为专门的英雄烈士保护规则,与该条的文义也存在不符之处。从价值层面,如果将该条的保护对象限于英雄烈士,而不包括一般的人格利益,则在价值层面有违人格平等原则。我国立法历来重视对个人人格的平等保护,《宪法》第38条规定:"中华人民共和国公民的人格尊严不受侵犯。禁止用任何方法对公民进行侮辱、诽谤和诬告陷害。"该条规定每个公民的人格尊严

---

① 张新宝:《〈中华人民共和国民法总则〉释义》,中国人民大学出版社2017年版,第400页。

都受法律保护,意在宣示人格平等的价值理念。[①]《民法典》第 4 条规定了平等原则,第 109 条强调对个人人格尊严的保护,也意在强化个人人格的平等保护。有学者认为,民事主体法律地位的平等不仅体现为民事活动中的地位平等,还体现为死亡后的平等保护。[②] 此种观点值得赞同,如果法律对死者的人格利益进行保护,则每个人死亡后都应当受到法律保护,这也应当是人格平等的重要内容。将《民法典》第 185 条解释为专门的英雄烈士人格利益保护规则,可能使侵害其他死者人格利益但损害社会公共利益的行为无法纳入该条的调整范围,这显然有违我国立法所一贯坚持的人格平等的原则。

反之,如果将《民法典》第 185 条的规范目的界定为保护社会公共利益,则不会出现上述规范层面和价值层面的问题:从我国现行立法来看,《民法典》第 185 条仅调整侵害个人人格权益同时损害社会公共利益的行为,这就可以有效区分该条与《民法典》其他以私人利益保护为重点的人格权益保护规范,不会出现前述规范交叉与冲突等问题。同时,从我国司法实践来看,侵害个人人格权益同时损害社会公共利益的情形,主要是侵害英雄烈士人格利益的情形,出于保护社会公共利益的需要对其进行明确列举,并不会违反人格平等原则。还应当看到,该条使用"英雄烈士等"这一表述,也为规范侵害英雄烈士以外的人的人格利益,同时损害社会公共利益的行为提供了依据,而非一概排除对英雄烈士以外的人的人格利益保护。因此,将《民法典》第 185 条的规范目的界定为保护社会公共利益,可以使该条获得价值上的妥当性。

二、公共利益保护视野下侵害英雄烈士等人格利益民事责任之构成

(一)侵害对象是"英雄烈士等"

本条所规定的民事责任的成立,要求必须是侵害了"英雄烈士等"的人格利益。关于何为"烈士",《烈士褒扬条例》和《军人抚恤优待条例》分别对公民被评定为烈

① 郑贤君:《宪法"人格尊严"条款的规范地位之辨》,载《中国法学》2012 年第 2 期。

② 参见杨立新主编:《中华人民共和国民法总则要义与案例解读》,中国法制出版社 2017 年版,第 687 页。

士的条件和现役军人被批准为烈士的条件作出了规定,[①]如在依法查处违法犯罪行为、执行国家安全工作任务、执行反恐怖任务和处置突发事件中牺牲的公民,以及在执行外交任务或者国家派遣的对外援助、维持国际和平任务中牺牲的公民等。因此,该条中"烈士"的内涵和范围相对明确。但关于如何理解该条中"英雄"的含义,学者存在一定的分歧:一种观点认为,《民法典》第185条中的"英雄"属于形容词,用于修饰"烈士",即应当将该条的"英雄烈士"解释为"具有英雄品质的烈士"。按照此种观点,如果将此处的"英雄"理解为形容词,"则在其人格权益被侵害但尚未达到损害社会公共利益的程度时,应当由其自主决定是否要求侵权人承担民事责任,这是民法尊重意思自治的基本要求。只有在英雄烈士已经牺牲,其在事实上已经无法要求侵权人承担民事责任时,才需要本条特别规定该侵权人仍然需要承担民事责任"。[②] 另一种观点认为,该条中的"英雄"属于名词,即属于与烈士并列的人,此种观点又可以细分为两种:一种认为"英雄"可以是尚在世的英雄,也可以是已经去世的英雄人物;[③]另一种认为,此处的"英雄"应当是指已经去世的英雄人物。[④]

笔者认为,该条中的"英雄"应当属于名词,而且其不限于已经去世的英雄人物。将该条中的"英雄"解释为修饰"烈士"的形容词并不妥当。因为,一方面,从《烈士褒扬条例》和《军人抚恤优待条例》关于烈士评定和批准的规定来看,能够被认定为烈士的公民或者现役军人基本都是"英雄的",将《民法典》第185条中的"英雄"解释为形容词,用于修饰烈士,在客观上并不必要。而且将"英雄"理解为形容词用于形容"烈士",是否意味着不具有英雄特征的烈士就不受本条保护?另一方面,在将该条中的"英雄"解释为名词时,并不意味着该条没有意义。如前所述,《民法典》颁行前,我国立法虽然也保护人格权益,但其主要着眼保护个人的私益,缺乏对公共利益的关照。因此,《民法典》第185条强调对公共利益的保护,仍然具有重要意义,因为在行为人侵害英雄人物的人格权益且损害社会公共利益的情形下,英雄人物本人

---

① 参见《烈士褒扬条例》第8条、《军人抚恤优待条例》第8条。

② 张新宝:《侵害英烈人格权益应当承担侵权责任的规定解读》,载搜狐网2017年5月2日,https://www.sohu.com/a/129694328_120078003。

③ 王利明主编:《中华人民共和国民法总则详解》(下册),中国法制出版社2017年版,第857页。

④ 参见杨立新主编:《中华人民共和国民法总则要义与案例解读》,中国法制出版社2017年版,第687页。

仍然可能放弃请求行为人承担侵权责任，社会公共利益也将难以维护，[①]这就有必要借助《民法典》第185条的规定追究行为人的民事责任。此外，由于该条的规范目的在于保护社会公共利益，对英雄人物来说，无论其是否已经去世，对其人格利益的侵害均有损害社会公共利益的可能，而且从第185条的文义来看，该条并没有规定保护范围限定为已经去世的英雄。因此，该条中的“英雄”可以是仍在世的英雄人物，也可以是已经去世的英雄人物。[②]进言之，对仍在世的英雄人物来说，行为人侵害其人格权益，如果并未损害社会公共利益，则该英雄人物本人有权请求行为人承担民事责任，并不存在《民法典》第185条的适用；而在行为人侵害其人格权益并损害社会公共利益的情形下，英雄人物本人仍有权就其人格权益损害请求行为人承担民事责任，但其规范依据并非《民法典》第185条，此时，相关主体也有权依据《民法典》第185条的规定就社会公共利益的损害请求行为人承担民事责任。

关于该条中“等”字的理解，存在不同观点。一种观点认为，应当采用同类解释规则，将其解释为与英雄、烈士具有同等地位的人，[③]但关于何为“与英雄、烈士具有同等地位的人”，此种观点并没有作出明确说明。另一种观点认为，该条所规定的“等”具有特定指向，其是指“在我国近现代历史上，为争取民族独立和人民自由幸福、国家繁荣富强作出了突出贡献的楷模”，“只要是能够作为民族精神的代表、民族文化的旗帜的人，都可以纳入本条保护的主体范围”。[④]还有观点认为，无论是《英雄烈士保护法》所规定的“英雄烈士”，还是《民法典》第185条所规定的“英雄烈士等”，都应当被解释为死者，不能认为《民法典》第185条中的“等”字设定了一个“框架式的主体范围”，如果将该条的保护范围扩张到英雄烈士之外的自然人主体或者一般死者，可能造成逻辑上的混乱与立法资源的浪费。[⑤]

---

① 而且即使该英雄人物请求行为人承担侵权责任，也只是对其个人利益的救济，而没有对遭受损害的社会公共利益进行救济。

② 王叶刚：《论侵害英雄烈士等人格权益的民事责任——以〈民法总则〉第185条为中心》，载《中国人民大学学报》2017年第4期。

③ 王利明主编：《中华人民共和国民法总则详解》（下册），中国法制出版社2017年版，第858页。

④ 张新宝：《〈中华人民共和国民法总则〉释义》，中国人民大学出版社2017年版，第402页。

⑤ 参见王春梅：《〈民法典〉框架下英烈与死者人格利益保护的立法调适》，载《烟台大学学报（哲学社会科学版）》2020年第5期。

如前所述,《民法典》第 185 条并非专门的死者人格利益保护规则,因此,将该条中的“英雄烈士等”均解释为死者,并不妥当;同时,从《民法典》第 185 条的规定来看,其在规定保护对象时采用了“英雄烈士等”这一表述,显然是保持了保护对象范围的开放性,如果严格将其保护对象限定为已经去世的英雄烈士,而一概将英雄烈士之外的自然人主体或者一般死者排除在保护范围之外,与该条的文义显然存在冲突,因此,上述第三种观点显然并不妥当。关于《民法典》第 185 条中“等”字的解释,笔者赞成第一种观点,即应当采用同类解释规则解释其含义,所谓同类解释规则,是指如果法律上列举了具体的人或物,并将其归入“一般性的类别”,则该“一般性的类别”应当与具体列举的人或物属于同一类型。① 从该条规定来看,其使用“英雄烈士等”这一表述,意在扩大保护范围,但按照立法者的观点,其并没有无限扩大保护范围的意思。② 笔者认为,在运用同类解释规则确定该条中“等”字的含义时,需要考虑该条保护社会公共利益的规范目的,即对某人来说,凡是侵害其人格权益能够产生同侵害英雄烈士人格利益相似的结果(损害社会公共利益),则应当将其纳入该条中“等”字的范畴;反之,则不应当纳入“等”字的范畴。此种解释方案实际上要求在个案中对该条中“等”字的含义进行具体判断:如果行为人侵害了他人的人格权益,同时损害了社会公共利益,则无论受害人是否属于与英雄烈士具有同等品质的人,其都应当纳入该条中“等”字的范畴;反之,如果行为人侵害他人的人格权益,但没有损害社会公共利益,即便受害人属于“民族精神的代表、民族文化的旗帜”,其也不应当纳入该条中“等”字的范畴。

(二)侵害了英雄烈士等的姓名、肖像、名誉、荣誉

《民法典》第 185 条在规定所保护的人格利益范围时采用了具体列举的方式,即仅列举了姓名、肖像、名誉、荣誉 4 项人格利益,而且没有采用兜底性规定。也就是说,行为人只有侵害了英雄烈士等的姓名、肖像、名誉、荣誉时,其才需要依据该条规定承担民事责任。

---

① 王利明:《法学方法论》,中国人民大学出版社 2012 年版,第 395 页。

② 石宏:《中华人民共和国民法总则条文说明、立法理由及相关规定》,北京大学出版社 2017 年版,第 440 页。

问题在于,如果行为人侵害了英雄烈士等的其他人格权益,同时损害了社会公共利益,此时,行为人是否需要依据该条规定承担民事责任?例如,行为人披露英雄烈士等隐私,同时造成了不良的社会影响,此时,其是否需要依据《民法典》第185条承担民事责任?笔者认为,该条的规范目的在于保护社会公共利益,其主要规范侵害他人人格利益同时损害社会公共利益的行为,因此,无论行为人是侵害英雄烈士等的姓名、肖像、名誉、荣誉,还是侵害其隐私等其他人格利益,只要行为损害了社会公共利益,原则上都应当受到法律的同等评价。《民法典》第185条仅列举了姓名、肖像、名誉、荣誉4项人格利益,而没有规定其他类型的人格权益,导致了不同人格利益在价值评价上的失衡,构成法律漏洞。对此,可以考虑运用类推适用的方法填补该法律漏洞。也就是说,如果行为人的行为侵害了英雄烈士等的其他人格利益,同时损害社会公共利益的,可以考虑类推适用《民法典》第185条的规定追究行为人的民事责任。

(三)损害公共利益

从《民法典》第185条的规定来看,行为人侵害英雄烈士等的人格利益,同时必须损害了社会公共利益,此时才需要依据该条规定承担民事责任。公共利益是由法律和行政法规规定的,有关国家安全、促进国民经济和社会发展等方面的利益。[①] 公共利益应当与国家、社会的整体利益保持一致,应当是社会成员多数人的利益,而不应当是某一个小团体、极少数人,甚至是个别人的利益。[②] 该条将损害公共利益作为此种民事责任的构成要件,有利于凸显该条的规范目的,并可以为该规则的解释提供价值指引。但公共利益在性质上属于不确定概念,其在内涵和外延上都具有广泛的不确定性,[③]将其作为行为人承担民事责任的条件也会产生一定的问题:一方面,可能赋予法官过大的自由裁量权。由于公共利益的内涵和外延不确定,不同法官对公共利益的认识可能存在一定的差别,即便在同一案件中,在判断某一行为是否损害社会公共利益时,不同法官也可能得出相反结论,这就可能导致司法的不统一,进

---

① 王轶:《论物权法的规范配置》,载《中国法学》2007年第6期。

② 赵震江:《法律社会学》,北京大学出版社1998年版,第244~245页。

③ 胡鸿高:《论公共利益的法律界定——从要素解释的路径》,载《中国法学》2008年第4期。

而影响司法的权威性与公信力。另一方面,可能影响个人的行为自由。由于公共利益的内涵不确定,个人的行为一旦涉及英雄烈士等人格利益的保护,即便是纯粹的学术研究或者新闻报道,其也有可能会依据《民法典》第185条的规定承担责任,这将降低人们行为的可预期性,对个人的行为自由构成重大妨害。

基于上述原因,需要准确界定该条中"公共利益"的范围。就"公共利益"这一概念而言,其内涵具有不确定性和开放性,在不同领域内和不同情形下,其内涵会存在一定的差别。[①] 因此,在界定公共利益的范围时,应当考虑其所处的语境和情境,尤其需要考虑具体法律规则中使用该概念的立法背景和立法目的。从《民法典》第185条的立法背景来看,制定该规则的主要诱因是实践中发生的"邱少云案""狼牙山五壮士案"等侵害英雄烈士人格利益纠纷,制定该规则的主要目的是促进社会尊崇英烈,扬善抑恶,弘扬社会主义核心价值观。据此,应当将该条中的"社会公共利益"界定为维护社会风气与社会公共道德。[②]

从我国司法实践来看,在确定《民法典》第185条所规定的公共利益的范围时,需要妥当处理其与学术研究之间的关系。笔者认为,如果行为人假借学术研究为名,实则传播谣言,恶意侵害英雄烈士等的人格利益,并损害社会公共利益的,则其应当依据《民法典》第185条承担民事责任。但如果行为人只是对历史史实进行细节考证,在考证过程中并没有进行个人的主观评价,则该行为并没有超出学术研究的范畴。此时,即便客观上影响了英雄烈士等的人格利益,也不应当认定其损害了社会公共利益,行为人也不应当依据《民法典》第185条承担民事责任。

此外,还需要探讨的是,《民法典》第185条在规定侵害英雄烈士等人格利益的民事责任时,将损害社会公共利益作为责任构成要件,这是否意味着,如果行为人侵害英雄烈士等人格利益,并未损害社会公共利益时,其就无须承担民事责任?笔者认为,此种理解并不妥当,《民法典》第185条的规范目的在于保护社会公共利益,因此在行为人侵害英雄烈士等的人格利益并未损害社会公共利益时,其虽然不需要依据该条规定承担民事责任,但这并不意味着该行为不构成侵权。在行为人侵害英雄

① 胡鸿高:《论公共利益的法律界定——从要素解释的路径》,载《中国法学》2008年第4期。

② 王叶刚:《论侵害英雄烈士等人格权益的民事责任——以〈民法总则〉第185条为中心》,载《中国人民大学学报》2017年第4期。

烈士等人格利益符合侵权责任的构成要件时，其仍然需要承担侵权责任，具体而言：就仍然生存的英雄等人而言，其人格权益受法律保护，在行为人侵害其人格权益时，其有权依据《民法典》总则编、人格权编和侵权责任编的规定请求行为人承担侵权责任。就已经去世的英雄烈士等人而言，如果行为人侵害其人格利益，其近亲属有权依据《民法典》第 994 条的规定请求行为人承担侵权责任。同时，由于《民法典》第 185 条意在保护社会公共利益，因此，行为人在侵害英雄烈士等人格利益，同时损害社会公共利益的情形下，其除需要依据《民法典》第 185 条的规定承担损害社会公共利益的民事责任外，受害人本人或者其近亲属仍有权请求行为人承担侵害人格权益的侵权责任。[①]

三、公共利益保护视野下侵害英雄烈士等人格利益的请求权主体

《民法典》第 185 条只规定了行为人应当承担民事责任，但哪些主体有权向行为人提出请求，该条并没有作出规定。因为从《民法典》第 185 条的规定来看，就侵害英雄烈士等人格利益并损害社会公共利益的民事责任而言，该条并没有明确规定请求权主体。由于本条的规范目的在于保护社会公共利益，仍然在世的英雄等人和已去世的英雄烈士等人的近亲属无权就公共利益部分的损害向行为人提出请求。因此，在此情形下也无法依据《民法典》第 994 条的规定确定请求权主体。为了解决这一问题，《英雄烈士保护法》第 25 条对侵害英雄烈士人格利益的请求权主体作出规定，该条第 1 款、第 2 款规定："对侵害英雄烈士的姓名、肖像、名誉、荣誉的行为，英雄烈士的近亲属可以依法向人民法院提起诉讼。英雄烈士没有近亲属或者近亲属不提起诉讼的，检察机关依法对侵害英雄烈士的姓名、肖像、名誉、荣誉，损害社会公共利益的行为向人民法院提起诉讼。"依据该条款的规定，在行为人侵害英雄烈士等人格利益的情形下，适格的请求权主体首先是英雄烈士等的近亲属；同时，如果英雄烈士等没有近亲属或者近亲属不提起诉讼的，在侵害英雄烈士等人格利益损害社会公共利益的情形下，检察机关是适格的请求权主体。这就在一定程度上解决了侵害

① 王叶刚：《论侵害英雄烈士等人格权益的民事责任——以〈民法总则〉第 185 条为中心》，载《中国人民大学学报》2017 年第 4 期。

英雄烈士等人格利益并损害社会公共利益时的请求权主体问题。

但《英雄烈士保护法》第25条并没有完全解决侵害英雄烈士等人格权益并损害社会公共利益时的请求权主体的确定问题,因为从《英雄烈士保护法》第25条的规定来看,其保护对象限于英雄烈士,其并没有使用"等"这一兜底性表述,这实际上是将侵害英雄烈士之外的人的人格利益且损害社会公共利益的行为排除在其调整范围之外,[①]也就是说,在侵害英雄烈士之外的主体的人格利益且损害社会公共利益的情形下,无法依据《英雄烈士保护法》第25条的规定确定请求权主体。因此,无法依据《民法典》及相关立法确定主张此种民事责任的请求权主体。笔者认为,此时可以类推适用《英雄烈士保护法》第25条的规定确定请求权主体。在侵害英雄烈士等人格利益时,之所以可以类推适用《英雄烈士保护法》第25条的规定确定请求权主体,主要是因为:一方面,对于侵害英雄烈士人格利益损害社会公共利益的情形,英雄烈士人格利益本身属于社会公共利益的组成部分,而在侵害英雄烈士之外的主体或者死者的人格利益并损害社会公共利益时,此种情形下的被侵害主体的人格利益在某种意义上也属于社会公共利益的一种形式,二者具有同质性。另一方面,无论是侵害英雄烈士的人格利益并损害社会公共利益的行为,还是侵害英雄烈士之外的主体或者死者人格利益损害社会公共利益的行为,法律对其进行规范的目的都在于维护社会公共利益,这种目的和保护对象的共同性也使得可以类推适用《英雄烈士保护法》第25条的规定确定侵害英雄烈士等人格利益并损害社会公共利益的请求权主体。[②]

但是,《英雄烈士保护法》第25条规定的请求权主体及请求权行使顺序的合理性值得商榷,在类推适用该规定确定《民法典》第185条的请求权主体时,应作适当调整。因为从《英雄烈士保护法》第25条的规定来看,在英雄烈士人格权益遭受侵害的情形下,第一顺位的请求权主体为英雄烈士的近亲属,只有在英雄烈士没有近亲属或者近亲属不提起诉讼的情形下,检察机关才能提出请求。此种规定具有其合

① 参见王春梅:《英烈人格利益保护的请求权规范基础及其裁判路径》,载《东北师大学报(哲学社会科学版)》2022年第1期。

② 王叶刚:《论侵害死者人格利益的请求权主体——兼评〈民法典〉第994条》,载《清华法学》2021年第1期。

理性，因为公益诉讼制度的核心功能在于解决相关诉讼主体提起诉讼动力不足的问题，因此，在英雄烈士人格利益遭受侵害的情形下，如果英雄烈士的近亲属愿意提起诉讼，在客观上就没有必要再动用国家资源提起公益诉讼；同时，在英雄烈士人格利益遭受侵害的情形下，将英雄烈士的近亲属规定为第一顺序的请求权主体，也更有利于保护英雄烈士近亲属的利益，因为在检察机关提起诉讼的情形下，其主要是为了制止行为人实施侵害英雄烈士人格利益的行为，一般难以适用损害赔偿责任，而先由英雄烈士近亲属提起诉讼，则可以通过损害赔偿这一责任方式对英雄烈士近亲属的损害予以救济，而且通过运用损害赔偿这一责任承担方式，也有利于遏制行为人的侵权动机，预防和制止侵害英雄烈士人格利益的行为，从而更好地发挥损害预防功能。但笔者认为，虽然《英雄烈士保护法》对各请求权主体行使请求权的行为进行排序具有一定的合理性，但也存在一定的问题，因为在行为人侵害英雄烈士等人格权益的情形下，就社会公共利益的损害而言，仅检察机关可以提出请求，英雄烈士等的近亲属应当无权提出请求；同时，相较英雄烈士等的近亲属的请求权而言，检察机关的请求权也不具有次位性，具体而言：

1. 就社会公共利益的损害而言，检察机关是适格的请求权主体

在行为人侵害英雄烈士等人格权益的情形下，就社会公共利益的损害而言，由于其并非英雄烈士等的近亲属私益的损害，因此，英雄烈士等的近亲属应当无权提出请求。《英雄烈士保护法》第 25 条第 1 款只是笼统地规定，在英雄烈士人格利益遭受侵害时，其近亲属可以提出请求，至于该款所救济的究竟是侵害了英雄烈士近亲属的私益，还是社会公共利益，该条并没有作出明确规定；而从该条第 2 款的规定来看，其在规定检察机关提出请求的条件时，明确强调了其是对社会公共利益损害的救济，因此，在解释上需要对该条第 1 款的规定进行限缩解释，即只有在侵害英雄烈士人格利益造成英雄烈士近亲属私益的损害时，英雄烈士近亲属才能提出请求。对于侵害英雄烈士人格利益对社会公共利益所造成的损害，仅检察机关是适格的请求权主体。

此外，如前所述，《英雄烈士保护法》第 25 条严格限定了其调整对象，即其仅调整侵害英雄烈士人格利益的行为，而无法调整侵害英雄烈士之外主体或者死者的人格利益并损害社会公共利益的行为。在类推适用《英雄烈士保护法》第 25 条规定确

定此种情形下的请求权主体时,也应当认定,针对此种侵害行为的损害后果,就社会公共利益的损害而言,仅检察机关有权提出请求,而受害人本人或者其近亲属无权就社会公共利益的损害向行为人提出请求。

2. 检察机关的请求权并不具有次位性

在侵害英雄烈士等人格利益并损害社会公共利益时,英雄烈士等的近亲属等主体有权就其私益损害部分向行为人提出请求,而检察机关应当有权就社会公共利益损害部分向行为人提出请求。在此仍需进一步探讨的是,英雄烈士等的近亲属等主体的请求权与检察机关的请求权之间的关系如何?从《英雄烈士保护法》第25条第2款的规定来看,只有英雄烈士没有近亲属或者其近亲属不提起诉讼的,检察机关才能提出请求,这也意味着检察机关的请求权具有次位性。也有学者主张,在死者人格利益保护中,公共利益属性是第二位的,侵害死者人格利益主要侵害的是死者近亲属等主体的利益,在死者近亲属等主体已经向行为人提出请求时,其他主体没有必要再提出请求;只有在死者近亲属等主体不能或不主张权利时,公诉机关等主体才能向行为人提出请求。[①] 按照此种观点,在英雄烈士等人格权益遭受侵害的情形下,与英雄烈士等的近亲属等主体的请求权相比,检察机关的请求权具有次位性。

笔者认为,上述观点值得商榷。因为,一方面,在英雄烈士等人格权益遭受侵害的情形下,英雄烈士等的近亲属等主体的请求权的目的在于保护其私益,而检察机关请求权的目的在于保护社会公共利益。如果认定检察机关的请求权具有次位性,就意味着对社会公共利益的保护要劣后于对英雄烈士等的近亲属私益的保护,此种排序显然缺乏正当性基础,因为英雄烈士等的近亲属等主体的私益与社会公共利益之间并不存在包含关系或者次序关系,不宜认定检察机关的请求权具有次位性。另一方面,如果认定检察机关的请求权具有次位性,就意味着只要英雄烈士等的近亲属提出请求,即便该请求权的实现仅能救济英雄烈士等的近亲属等主体的私益,检察机关也无权提出请求,这一结果显然缺乏合理性,因为即便对英雄烈士等的近亲属等主体的私益予以充分救济,也无法替代对社会公共利益损害的救济。因此,在行为人侵害英雄烈士等人格利益并损害社会公共利益时,英雄烈士等的近亲属等主

① 张红:《死者人格精神利益保护:案例比较与法官造法》,载《法商研究》2010年第4期。

体的请求权与检察机关的请求权不应当有次序关系，二者救济对象不同，应当可以同时行使。①

四、小结

《民法典》第185条对侵害英雄烈士等人格利益的民事责任作出规定，其规范目的在于保护社会公共利益，该条并非专门的死者人格利益保护规则，其包括对象也不限于英雄烈士，对该规则的解释和运用也应以此为出发点。《民法典》对侵害英雄烈士等人格利益的民事责任规则作出规定，对于维护民族精神、弘扬社会公共道德、有效保护英雄烈士人格利益具有重要意义。② 当然，在解释、适用该规则时，既需要注意其与死者人格利益保护规则以及《英雄烈士保护法》相关规则的区分，也应当注意相关规则之间的联动关系。值得注意的是，该规则在保护英雄烈士等的人格利益时，考虑了其与社会公共利益的关联性，在一定程度上突破了私权保护的局限性，开始着眼社会公共利益的保护，这也是对我国民事责任制度与人格权保护制度的一种重大发展。

---

① 王叶刚：《论侵害死者人格利益的请求权主体——兼评〈民法典〉第994条》，载《清华法学》2021年第1期。

② 参见王利明主编：《中华人民共和国民法总则详解》（下册），中国法制出版社2017年版，第857页。

专题二十四　正当防卫与防卫过当

本专题撰写人:陈　璇

【《民法典》及其配套司法解释的新规则】

1.《民法典》第 181 条:

因正当防卫造成损害的,不承担民事责任。

正当防卫超过必要的限度,造成不应有的损害的,正当防卫人应当承担适当的民事责任。

2.《总则编司法解释》第 30 条:

为了使国家利益、社会公共利益、本人或者他人的人身权利、财产权利以及其他合法权益免受正在进行的不法侵害,而针对实施侵害行为的人采取的制止不法侵害的行为,应当认定为民法典第一百八十一条规定的正当防卫。

《总则编司法解释》第 31 条:

对于正当防卫是否超过必要的限度,人民法院应当综合不法侵害的性质、手段、强度、危害程度和防卫的时机、手段、强度、损害后果等因素判断。

经审理,正当防卫没有超过必要限度的,人民法院应当认定正当防卫人不承担责任。正当防卫超过必要限度的,人民法院应当认定正当防卫人在造成不应有的损害范围内承担部分责任;实施侵害行为的人请求正当防卫人承担全部责任的,人民法院不予支持。

实施侵害行为的人不能证明防卫行为造成不应有的损害,仅以正当防卫人采取的反击方式和强度与不法侵害不相当为由主张防卫过当的,人民法院不予支持。

【规则由来】

《民法典》第181条来自原《民法总则》第181条，该条完全承袭了原《民法通则》第128条、原《侵权责任法》第30条的规定。《总则编司法解释》第30条、第31条则是新规则，在我国民事司法领域首次就正当防卫的认定标准、防卫必要限度的判断因素以及责任范围作出具体明确。

【规范意旨】

正当防卫，是指当公共利益、他人或本人的人身或其他利益受到不法侵害时，行为人所采取的一种防卫措施。① 正当防卫作为行为人不承担责任和减轻责任的情形，其根据是行为的正当性、合法性，表明行为人主观上没有过错。正当防卫是法律赋予当事人自卫的权利，属于受法律鼓励的行为，目的是保护当事人本人、他人不受侵犯。②

正当防卫未超出必要限度、对侵害人造成损害的，行为人不承担法律责任；超出必要限度、造成不应有的损害的，行为人承担减轻的法律责任。防卫是否过当需要根据案件的具体情况，如防卫人当时所处的境遇、意志状态、行为的合理性、保护的利益和侵害的利益之间的比例性、损害的严重程度等进行综合衡量。③

【典型案例】

案例一："粟某与时某生命权、健康权、身份权纠纷案"

时某向有关部门反映粟某、耿某搭建违章建筑，有关部门向粟某、耿某了解情况，并要求时某到场进行调解。此时，粟某也来到事发现场，并与时某发生激烈冲

---

① 参见王利明：《民法总则研究》，中国人民大学出版社2017年版，第731页。

② 参见黄薇主编：《中华人民共和国民法典总则编释义》，法律出版社2020年版，第490页。

③ 参见王利明：《民法总则研究》，中国人民大学出版社2017年版，第733页。

突。粟某手持长约 1 米的木棍(上有钉子),扬言谁敢清理花草就打谁,并用木棍将正在拔花草的时某打伤。时某遂与粟某争夺木棍,在场人员当即进行劝阻,后将双方分开。此时,粟某称其感到手脚疼痛,随即被送往医院治疗。法院认为,双方因为相邻纠纷产生矛盾后应当通过正当途径解决。粟某针对时某清除花草的行为,选择以暴力方式伤害他人身体,明显超出了正常维权的合理限度。虽然根据现有证据,可以证明粟某的伤情系在与时某争夺木棍过程中产生的,但时某在遭受粟某暴力侵害时,为了维护自身安全而选择争夺粟某手中的木棍,系被动实施的防御行为,其行为并未超过必要限度,应当属于正当防卫。因正当防卫行为而造成粟某受伤,时某依法不承担赔偿责任。①

案例二:"张某诉杨某防卫过当损害责任纠纷案"

2020 年 4 月 12 日 0 时 30 分许,张某与朋友聚餐后骑电动车回家途中,把电动车停在路边,进入距离停车地点几十米远的杨某承包的种植地,之后闯入种植地内的马圈(事后,其解释为酒后进入种植地欲小解)。杨某被狗叫声惊醒后来到马圈,发现张某正伸手摸马,认为张某是偷马贼,便用钢条对其砍击、抽打,张某逃跑,杨某仍持钢条追打张某,造成张某多处砍伤、失血性休克,后经鉴定属轻伤一级。杨某的邻居报警称有人盗窃未遂,后派出所民警到场处理。经公安机关立案侦查并移送检察机关,经检察机关审查,认为现有证据无法认定杨某主观上是出于伤害的故意对张某实施殴打行为,检察机关于 2021 年 3 月 23 日对杨某作出不批准逮捕决定。现张某将杨某诉至法院,要求赔偿其因此次事故产生的医疗费、误工费、营养费等损失。

北京市第三中级人民法院经审理认为,通过审查本案相关证据材料,杨某共对张某实施 3 轮攻击行为:第一轮砍击行为系张某深夜闯入马圈引起,应属于正当防卫;在杨某已初步制止张某后,其又对张某进行的第二轮与第三轮砍击行为则属于超出必要限度的防卫行为。同时,综合不法侵害的手段、强度、危害程度和防卫的时

① 参见山东省青岛市中级人民法院民事判决书,(2019)鲁 02 民终 8772 号;山东省高级人民法院民事裁定书,(2020)鲁民申 5769 号。

机、手段、强度、损害后果等因素，张某当时手无寸铁，而杨某手持1米长的钢条进行防卫；杨某在第一轮砍击过后未及时报警，而是持续使用钢条砍击张某；杨某的防卫行为造成张某轻伤一级的损害后果，而杨某在此过程中没有受伤，故认定杨某的行为超过了必要限度，属防卫过当。根据最高人民法院《总则编司法解释》第31条之规定，正当防卫超过必要限度的，正当防卫人在造成不应有的损害范围内承担部分责任。因杨某的3轮砍击行为中，第二轮及第三轮属于超出必要限度的防卫行为，故法院酌定该部分行为所对应的不应有的损害范围（过当责任范围）为全部损害的70%；同时考虑张某自身过错等因素，酌定杨某承担70%损失中的部分损失，即70%中的70%左右，最终确定杨某对张某的损害后果承担50%的赔偿责任。[①]

【理论阐释】

关于我国《民法典》第181条正当防卫制度的解释论可以借鉴我国刑法理论予以展开，主要有以下3项理由：其一，民法与刑法中的正当防卫制度具有共通的法理与正当性基础。其二，民法与刑法中的正当防卫制度均为免责事由的一种，刑法教义学就该制度的理论研究与阐释更成熟，从概念、体系乃至于理论范式上可以为民法教义学的进一步发展提供借鉴。全国人大常委会法工委的释义也指出，虽然《民法典》第181条未对正当防卫制度的具体内容作出规定，但应当与我国刑法的规定保持一致。[②] 其三，从法秩序的整体上来看，有必要厘清民法与刑法中的正当防卫制度是否有所区别，二者在实质功能与构成要件上是否保持完全一致，抑或程度有别。下文将以我国刑法理论为基础，从这3个角度详细展开。

一、正当防卫的正当化根据

正当防卫的本质所要回答的问题是：作为一种对他人法益造成损害的行为，正当防卫合法化的实质根据和思想基础究竟何在？需要注意：第一，由于正当防卫的

① 参见北京市第三中级人民法院发布弘扬社会主义核心价值观十大典型案例之三。
② 参见黄薇主编：《中华人民共和国民法典总则编释义》，法律出版社2020年版，第492页。

本质是一个教义学范畴内的课题,故对它的探讨需要以现行法的规定为立足点。第二,正当防卫的本质不仅应能说明正当防卫与违法行为之间的区别,还应当能对正当防卫与紧急避险等其他紧急权相比所具有的特点作出解释。

关于正当防卫的正当化根据,学界存在不同看法。

1. 法益保护与法秩序维护“二元说”

传统理论认为,构成正当防卫正当化根据的支柱有二:一是法益保护原则,即正当防卫是用于保护公民法益不受侵害的有效且必要的手段。二是法秩序维护原则。正当防卫是直接针对违法行为所做的反击,即“正对正”的行为。由于正当防卫是通过制止他人不法侵害行为的方式保护了法益,故它除使生命、财产等具体法益转危为安外,还捍卫了国家法秩序的不可侵犯性,进而对违法犯罪行为产生了一般预防的效果。本学说是德国刑法理论界和判例的主流观点,[①]在日本刑法学界亦有广泛影响。[②] 尽管我国刑法学通说对正当防卫的本质着墨不多,但实际上也采取了与该说基本相同的立场。例如,有权威著作指出:“社会主义刑法中的正当防卫,其本质必定是制止不法侵害,保护合法权益,维护社会主义法制这三项任务的有机统一。”[③]近来,更有学者明确支持将法秩序维护原则与个人法益保护原则并列作为正当防卫的两大基石。[④]

2. 侵害人值得保护性下降说

笔者认为,在正当防卫中,不法侵害人的法益之所以在相当大的范围内被逐出

---

① Vgl. Spendel, in: LK-StGB, 11. Aufl., 1992, § 32 Rn. 13; Jescheck/Weigend, Lehrbuch des Strafrechts AT, 5. Aufl., 1996, S. 337; Roxin, Strafrecht AT Ⅰ, 4. Aufl., 2006, § 15 Rn. 1ff; Kindhäuser, Strafrecht AT, 8. Aufl., 2017, § 16 Rn. 1; Kühl, Strafrecht AT, 8. Aufl., 2017, § 7 Rn. 7ff; Perron/Eisele, in: Schönke/Schröder, StGB, 30. Aufl., 2019, § 32 Rn. 1a; BGHSt 24,359; BGHSt 48,212.

② 参见[日]大塚仁:《刑法概说(总论)》,冯军译,中国人民大学出版社2003年版,第322页。

③ 马克昌主编:《犯罪通论》,武汉大学出版社1999年版,第712页。类似的表述包括“正当防卫是对统治阶级的统治秩序有益的行为”(姜伟:《正当防卫》,法律出版社1988年版,第16页);“正当防卫与刑罚有着相同的功能,即报应的功能和预防的功能”(王政勋:《正当行为论》,法律出版社2000年版,第111页);“正当防卫的实质根据是国家维持秩序的需要”(彭卫东:《正当防卫论》,武汉大学出版社2001年版,第13页)。

④ 参见欧阳本祺:《正当防卫认定标准的困境与出路》,载《法商研究》2013年第5期。

了法律的庇护所，是因为它值得保护的程度较之遭受侵害的法益来说，出现大幅下降。[①] 其原因主要来自以下两个方面：

(1)被害人在本可避免的情况下自陷险境

尽管直接给侵害人的法益造成具体危险的是防卫人，侵害人自己对于制造危险的整个过程并无现实的支配和操控；但不容忽视的是，侵害人毕竟是整个事端的挑起者。实际上，一直到防卫人采取防卫措施实施反击之前，危险是否发生都还处在侵害人的掌控之中；正是他把自己从一个相对安全的状态带入了利益冲突的危险境地。[②] 若侵害人此时想要保护自己的法益免受反击行为的损害，则不必额外采取什么防御措施，只需悬崖勒马、放弃侵害计划即可。当然，除非经由被害人以承诺的方式自愿放弃，否则无论被害人自己是否采取了充分的防护措施，其法益一律处于国家法律的保护之下。但是，如果因为被害人疏于对自己法益的保护，从而导致自己的法益与他人的法益发生冲突，则就这两者相比而言，前者值得保护的程度就会低于后者，为解决该法益冲突所需要付出的代价也应更多地由被害人自己去承担。

(2)被害人违反了不得侵犯他人法益的义务

我国《宪法》第 33 条第 2 款和第 4 款分别规定，“中华人民共和国公民在法律面前一律平等”，“任何公民享有宪法和法律规定的权利，同时必须履行宪法和法律规定的义务”。据此，每一个公民都平等地享有要求他人尊重其法益的权利，同时也平等地负有对他人法益加以尊重的义务。在正常情况下，这种权利与义务的对等性，是由国家来保障实现的。例如，当某人伤害了他人或者毁损了他人的财物时，国家的公权力机关会出面制止这一举动，并且在事后对行为人判决赔偿、决定行政处罚甚至是判处刑罚，从而证明行为人并不享有高于其他公民之上、可恣意践踏他人法益的特权。但是，在公权力机关无法及时介入的紧急状态下，权利受到他人侵犯的公民在保卫自身法益的同时，当然也可以自行证明他所具有的平等地位，可以通过

① 参见陈璇《侵害人视角下的正当防卫论》，载《法学研究》2015 年第 3 期。

② Vgl. Frister, Die Notwehr im System der Notrechte, GA 1988, S. 302; Jakobs, Strafrecht AT, 2. Aufl., 1991, 11/9; Mitsch, Rechtfertigung und Opferverhalten, 2004, S. 119; Freund, Strafrecht AT, 2. Aufl., 2009, § 3 Rn. 92; Puppe, Strafrecht AT, 2. Aufl., 2011, § 12 Rn. 1.

防卫彰明不存在一方违反了义务还有权要求对方继续履行义务的道理。[①] 在正当防卫中,防卫行为的被害人并非单纯使自己的法益身处险境,他的自陷危险还是通过非法侵犯他人法益的方式完成的。既然被害人为侵害他人的法益而单方违背了自己对该人所承担的义务,那么与此相对应,在为保护该法益所必要的范围内,行为人对被害人所负有的不得侵害的义务原则上也归于消灭。

二、正当防卫的成立条件

(一)防卫起因

正当防卫的成立以存在正在进行的不法侵害为前提。对此可以从如下几点进行分析:

1. 侵害性

所谓侵害,是指所有可能对法益造成损害的人的行为。

(1)侵害必须是人的行为。由于正当防卫是对法秩序的维护,而只有人的行为才可能违反法秩序,故作为正当防卫起因条件的侵害只能是由人实施的有意识的行为。据此可知:

第一,对于他人在完全无意识状态下实施的举动,如睡梦或反射行为,不能进行正当防卫。但这并不意味着行为人只能听任自己的法益受损。因为虽然上述举动并非人的行为,但却属于正在发生的危险,故行为人可针对其实施防御性紧急避险。

第二,就"对物防卫"问题而言,如果是人故意利用动物侵害他人,或者因动物管理者疏于监管而导致动物袭击,那么动物的侵袭本身就可以看作人的故意或过失行为,故对之允许实施正当防卫;但如果管理者对动物的监管毫无过失,那么对该动物的侵害不能实施正当防卫,而只能进行紧急避险。

(2)侵害必须具有损害法益的紧迫危险。受到法益保护原则的制约,只有当侵害行为具有危及法益安全的现实可能性时,才存在正当防卫的空间。对此,有一个问题值得探讨:是否对一切具有法益侵害危险的行为都可以正当防卫?通说认为,

---

① Vgl. Hruschka, Extrasystematische Rechtfertigungsgründe, FS-Dreher, 1977, S. 199.

并非对所有的不法侵害都可以进行正当防卫，能够成为正当防卫起因的只能是具有攻击性、破坏性、紧迫性的不法侵害；因此，就贪污、受贿之类的犯罪而言，既然存在检举、揭发、控告等救济渠道，就不允许个人实施正当防卫。[①] 但笔者对这一说法存在疑问，原因如下：

第一，欠缺实定法依据。综观大陆法系各国的立法例，对于正当防卫中不法侵害的规定主要有两种模式。一是要求不法侵害必须具有紧迫性；二是只要求不法侵害应当正在进行。在我国，无论是民国时期的刑法典，还是1979年颁布并适用至今的《刑法》，均明确选择了前述第二种立法模式。这说明，立法者有意将侵害的紧迫性排除在正当防卫的要件之外。

第二，该标准并不能清晰地划定防卫权行使的边界。例如，盗窃被公认为是一种以平和甚至秘密的方式取得他人财物的侵害行为，它没有任何的暴力性和进攻性，所以用上述判断标准来衡量似乎也不具有紧迫性。然而，无论是刑法理论还是司法实践都没有争议地认为，公民针对盗窃犯可以实施正当防卫。而且，如果将正当防卫中的不法侵害限定于具有积极进攻性的侵害之上，那就等于否定了不作为成立不法侵害的可能。时至今日，中外刑法理论的通说均承认，既然作为和不作为在规范评价上完全可以实现等值，那就没有理由认为针对不作为的侵害行为不能实施正当防卫，故也没有理由认为只有积极进攻型的侵害才能成为正当防卫的起因。[②]

那么，为保障到期合法债权的实现能否实施正当防卫？对于这个问题，笔者主张，防卫权的成立条件并不等于防卫权的行使条件；确定不法侵害存在，只是为防卫权的成立奠定了基础，但国家完全可能出于某种政策考量为防卫权的行使设置额外的要件，从而在特定情形下“冻结”防卫权的行使，使之让位于事后的公力救济机制。[③] 据此，虽然债务人的违约行为构成对债权人债权乃至物权的不法侵害，故正当防卫的前提条件已经具备；但鉴于请求权纠纷的特殊性以及自助行为这一特别正当

---

① 参见马克昌主编：《犯罪通论》，武汉大学出版社1999年版，第719页；黎宏：《刑法学总论》，法律出版社2016年版，第128页；张明楷：《刑法学》，法律出版社2021年版，第259页。

② 参见高铭暄主编：《刑法专论》，高等教育出版社2006年版，第420页。Vgl. Günther, in：SK-StGB, 7. Aufl., 1999, § 32 Rn. 30; Erb, in：MK-StGB, 4. Aufl., 2020, § 32 Rn. 60.

③ 参见陈璇：《正当防卫中公力救济优先原则的适用——以暴力反抗强拆案与自力行使请求权案为例》，载《法学》2017年第4期。

化事由的存在,可以认为法律作出了在原则上禁止公民行使防卫权的决定。理由如下:

首先,在以债权债务为中心的民事纠纷中,赋予公力救济以优先的地位具有实质合理性。

债权纠纷在对象和当事人方面所具有的特点,使事后救济能够有效地维护受侵害方的利益。如前所述,国家能否期待公民放弃即时的私力救济,关键在于事后的公力救济能否为其提供足够有效的保护。① 这取决于以下两个因素:(1)纠纷所涉及的法益是否具有在事后得以恢复的可能?(2)寻求事后救济程序实现权利的成本与效率几何?在大多数侵权的情形中,公力救济之所以不享有优于公民防卫权的地位,原因有二:其一,就杀人、伤害、拘禁等侵犯人身法益的行为来说,由于人身法益不仅对个人的存在和尊严具有极其重要的意义,而且也具有不可交换和抵偿性,所以,对事后救济的消极等待会给受害人带来无可弥补的重大损失,这对于公民基本权利的保护来说是无法容忍的。其二,在侵犯财产法益的行为当中,诸如盗窃、抢夺之类的侵害往往发生在陌生人之间,侵害行为从类型上看具有较高的隐蔽性,而且侵害人在作案后都会想方设法逃遁、隐匿,故一旦不即时实施自救,则事后的公力救济将因为侵害人无迹可寻、证据难觅而遥遥无期,甚至不了了之。然而,债权纠纷的特点却恰好能够使这两个因素大幅削弱,甚至不复存在。第一,债权债务所涉及的是单纯财产法益。财产法益所具有的可修补性,为法律要求债权人承担一定的忍受义务创造了前提。第二,由于债权债务发生在特定的民事主体之间,双方在订立、履行合同的过程中往往会结成较密切的关系,故大多有充分的机会获得对方的信息。正是由于债权人和债务人之间这种"一对一"式紧密的人际关系的存在,使取证的困难和成本大为降低,也使在一方违约的情况下,另一方即便不能立即实现请求权,也可以通过向法院提供对方的信息及合同等证据材料,借助公力完成债权的追偿。

另外,合同法的特殊价值追求,使国家在保护债权的同时也更加注重对民事交易安全性和稳定性的维护。相较侵权责任法专注受害法益的补救而言,合同法的天

① Vgl. Lagodny, Notwehr gegen Unterlassen, GA 1991, S. 311.

平更加倾向对既有交易关系和平稳交易秩序的维护。自力救济虽然有利于具体当事人民事权益的保障,但却会对民事交易的平和状态产生消极影响。鉴于此,正如行政法为了保障公共管理秩序的稳定而赋予具体行政行为以公定力一样,合同法为了维护交易秩序的安定平和,也会为民事主体涉及合同的行为设置特殊的"保护层",从而要求相对方除非符合自助行为的要件,否则在国家最终确认该行为违法之前,均应暂时忍受其带来的不利后果,不得擅自实施防卫。

自助行为这一特殊违法阻却事由的存在,阻断了请求权人行使防卫权的进路。所谓自助(selbsthilfe)行为,是指权利人为保证自己的请求权得以实现,在情事紧迫而又不能及时求助于国家机关的情况下,对他人的财产或自由施加扣押、拘束或其他措施的行为。[①] 自助行为成文化的典型是德国《民法典》第 229 条,该条规定:"在来不及请求机关援助,并且非于当时为之则请求权无法实现或者实现显有困难的情况下,以自助为目的将物件押收、破坏或者毁损者,或者以自助为目的将有逃亡嫌疑的债务人施以扣留者,或者对于义务人应容忍的行为,因其抗拒而加以制止者,不为违法。"我国 2020 年颁布的《民法典》第 1177 条也明确规定:"合法权益受到侵害,情况紧迫且不能及时获得国家机关保护,不立即采取措施将使其合法权益受到难以弥补的损害的,受害人可以在必要范围内采取扣留侵权人的财物等合理措施;但是,应当立即请求有关国家机关处理。"

20 世纪初的德国法学界普遍认为,正当防卫中的不法侵害只能由积极作为的形式构成。所以,公民对于不作为没有实施正当防卫的权利。但是,由于德国《民法典》第 229 条允许债权人对于逾期不履行债务这一不作为实施有限的自力救济,故通说倾向将自助行为看成对正当防卫权的一种例外性的补充或者扩张。然而,随着刑法理论中不作为犯教义学的发展,人们逐渐认识到作为和不作为在规范层面上完全可以获得等值的评价。于是,作为正当防卫前提条件的不法侵害自然可以涵盖作为和不作为。在这种情况下,德国法学理论改变了以往观点,转而主张德国《民法典》第 229 条是对正当防卫权的限制。[②] 具体来说:本来,对于不履行债务的行为也

---

① 参见[德]梅迪库斯:《德国民法总论》,邵建东译,法律出版社 2013 年版,第 133 页;王利明等:《民法学》,法律出版社 2011 年版,第 768 页。

② Vgl. Arzt, Notwehr, Selbsthilfe, Bürgerwehr, FS-Schaffstein, 1975, S. 81.

可以实施正当防卫;但是,德国《民法典》第229条已经专门对债权人的自救权设置了特别的规范。从该条款来看,自助行为的权利空间明显窄于正当防卫。正当防卫允许公民采用暴力手段实现权利,但自助行为只允许债权人采取措施维护债务得到清偿的外在条件,却并不允许他使用窃取、抢劫、敲诈勒索等手段直接实现债权。换言之,“自助只是为促进纠纷的解决创造条件,并没有解决纠纷本身,因此,在行为人实施自助行为(如扣押债务人的财产、限制其人身自由)之后,还应积极寻求纠纷的解决”。① 既然对于“欠债不还”这种类型的不法侵害,出现了正当防卫与自助行为的竞合,那么根据特别法优于普通法的原则,应当排除债权人行使正当防卫权的可能,而仅适用民法关于自助行为的规定。②

在我国《民法典》颁布之前,具体到我国的法律解释,有一个问题值得探讨。当时,我国包括原《民法通则》、原《合同法》和原《侵权责任法》在内的民事法律均未规定自助行为。这种立法上的差异是否意味着,在我国,债权人可以直接援用正当防卫的条款去实现债权?回答是否定的。理由在于:我国的民事立法者此前之所以未对自助行为作出规定,恰恰是出于限制而非扩张请求权人自救权的考虑。本来,我国多部民法典草案或者建议稿均在侵权行为法编中规定了自助行为。但在原《侵权责任法(草案)》讨论过程中,人们对于相关规定的去留仍然存在巨大分歧。一种意见认为,一旦在侵权责任法中规定了自助行为,则意味着对私力救济的鼓励,这可能造成自力救济泛滥、社会秩序受损的恶果。③ 正是在这一背景下,立法者最终放弃了对自助行为的明文规定。另一种意见认为,对违法阻却事由的适用,并不以法律的明文规定为前提。所以,在我国的民事审判实践和民法理论实际上已将自助行为视为请求权行使领域中的唯一正当化事由的情况下,④应当承认自助行为对于正当防卫的“拦截”功能。此次《民法典》编纂过程中的一个亮点,就是经过反复讨论终于

① 张新宝:《侵权责任构成要件研究》,法律出版社2007年版,第70页。

② Vgl. Kühl, Angriff und Verteidigung bei der Notwehr, Jura 1993, S. 60; Günther, in: SK-StGB, 7. Aufl., 1999, § 32 Rn. 32; Rönnau/Hohn, in: LK-StGB, 12. Aufl., 2006, § 32 Rn. 105.

③ 参见杨立新:《侵权责任法立法最新讨论的50个问题》,载《河北法学》2009年第12期;王利明:《侵权责任法研究》(上卷),中国人民大学出版社2011年版,第438页。

④ 参见夏明贵:《上海真维斯服饰有限公司与魏长远租赁合同纠纷上诉案——出租人强行收回租赁物的自力救济行为辨析》,载《人民司法·案例》2013年第24期。

在侵权责任编中将自助行为法定化。① 因此,在《民法典》第1177条已经明文规定自助行为的情况下,自助行为相对正当防卫的优先适用地位已经无可置疑。

最后,禁止请求权人行使正当防卫权,这和刑法上对于权利行使行为的通行处理方法能够保持协调。

刑法理论界普遍认为,债权人采取盗窃、诈骗、敲诈勒索等手段直接行使到期债权的行为,不成立相应的财产犯罪。② 该命题与债权人对债务人不享有正当防卫权的论断并不矛盾。因为,自力行使债权的行为不成立财产犯罪的根据在于构成要件的欠缺,而不在于它成立违法阻却事由。财产犯罪的成立要求行为必须具有使被害人遭受财产损失的危险。但是,既然债务人本来就有义务向债权人交付相应的财产,那就难以认为权利行使行为具有给他造成财产损失的可能。需要注意的是,尽管在构成要件符合性层面就能得出权利行使行为无罪的结论,但对正当防卫问题的探讨绝非多此一举。因为,行使请求权的人虽然不成立财产犯罪,但如果其手段行为符合了其他犯罪的构成要件,则他依然有可能受到处罚。例如,债权人甲采用暴力手段从债务人乙处抢回了拖欠自己未还的3万元现金,并造成乙轻伤。尽管该行为因缺少给乙造成财产损失的危险而不成立抢劫罪,但它同时满足了故意伤害罪的构成要件,而且该行为又无法被正当防卫合法化,故甲仍需承担故意伤害罪的刑事责任。

(3)侵害既可以是作为也可以是不作为。由于当具有保证人地位者怠于履行作为义务时,这种消极的不作为可能与积极作为的法益侵害行为相等值,所以对于这种以不作为为表现形式的违法行为也可以实施正当防卫。需要注意的是,与不法侵害是积极作为的情形不同,该防卫行为必须能够达到促使对方履行义务的效果,而不能是纯粹给侵害者造成损害。

2. 不法性

针对正当防卫、紧急避险等完全合法的行为,不允许进行正当防卫。

---

① 参见王晨:《关于〈中华人民共和国民法典(草案)〉的说明》,载《人民日报》2020年5月23日,第6版。

② 参见黎宏:《刑法学各论》,法律出版社2016年版,第287页;张明楷:《刑法学》,法律出版社2021年版,第1227页。

(1)不法侵害包括犯罪行为,以及犯罪行为以外的一般违法行为。这是因为:第一,刑法设置正当防卫的目的是保障公民合理行使保护法益的正当权利,而不是追究惩罚犯罪。因此,只要是足以侵害合法权益的不法行为,皆可成为正当防卫制止的对象。第二,过失犯罪的成立以实害结果的发生为前提。如果认为只有犯罪行为才属于不法侵害,那就等于说,对过失不法行为无法进行正当防卫。因为在结果出现之前,过失行为还不成立犯罪,故不能对之正当防卫;结果出现之后,则由于损害事实已经无法挽回,防卫时机已经消失,故也不能实施正当防卫。这明显是不合理的。

(2)对于未达到刑事责任年龄的未成年人,或无刑事责任能力的精神病人能否实施正当防卫?对此有如下3种观点:

①“肯定说”。大多数学者主张,公民对无责任能力人的损害行为有权实施正当防卫。因为客观的违法性和主观的责任应当严格区分开:对违法性应采取客观立场加以理解,即只要行为客观上违反了法秩序,具有引起法益侵害的现实危险,则无论行为人的主观想法、精神状态如何,一概可以认定该行为违法;但是,与一般情况下的正当防卫有所区别,针对无责任能力者所实施的正当防卫应当有一定的限制。[①]

②“否定说”。该说认为,对缺乏责任能力者的损害行为不能采取正当防卫,而只能紧急避险。理由大致有两点:第一,只有具备了规范理解能力的人实施的行为才谈得上是违法行为,故违法性是综合了客观和主观要素的概念。第二,肯定对无责任能力人可以实施正当防卫的学者,往往还需要对防卫行为作出种种限制。例如,要求防卫只能在无法躲避的情况下迫不得已实施,要求应当尽量采取对无责任能力人损害较小的防卫措施等;但受到这些条件限制的防卫行为实际上和紧急避险并无本质区别。

③“折中说”。该说提出,在遇到无责任能力人的侵害时,防卫人若明知侵害人是无责任能力人,并且有条件用逃跑等方法躲避侵害时,则不得实行正当防卫;防卫人若不知道侵害人是无责任能力人,或者虽然知道但不能用逃跑等其他方法躲避侵

---

① 参见黎宏:《刑法学总论》,法律出版社2016年版,第130页;张明楷:《刑法学》,法律出版社2021年版,第260页;周光权:《刑法总论》,中国人民大学出版社2021年版,第206~207页;高铭暄、马克昌主编:《刑法学》,北京大学出版社、高等教育出版社2022年版,第130页。

害时，才可以实施正当防卫。[①] 最高人民法院、最高人民检察院和公安部2020年8月28日发布的《正当防卫指导意见》第7条采纳了这一观点，其规定："明知侵害人是无刑事责任能力人或者限制刑事责任能力人的，应当尽量使用其他方式避免或者制止侵害；没有其他方式可以避免、制止不法侵害，或者不法侵害严重危及人身安全的，可以进行反击。"

首先，某一行为本身是否违法，与他人对该行为情况的主观认识毫无关联。但按照"折中说"，无责任能力人的侵害行为是否违法不是取决于该行为本身的性质，而是随着防卫人的主观认知状态而发生变化，这是不合理的。其次，肯定论者赋予行为人的紧急权只有正当防卫之名，却无正当防卫之实。因为，如果主张完全从结果无价值的角度去理解侵害的不法性，则在肯定针对无责任能力者的侵害进行反击的行为可以成立正当防卫的同时，又必定需要为防卫行为附加种种额外限制。例如，要求行为人在能逃跑的情况下应当优先选择躲避的方式，并尽量避免造成对方重伤、死亡的结果。[②] 可是，人们一旦为正当防卫权设置这些限定条件，实际上就是对防卫人施加了一定的社会团结义务，要求其在反击过程中对侵害人给予适当的照顾，所谓正当防卫权就失去了其本应具有的果敢、强势的风格。由于真正融合了平等原则和社会团结原则的紧急权实乃防御性紧急避险，故经过限制的正当防卫最终将变得与防御性紧急避险并无二致。所以，究竟是把针对未违反法律义务之侵害所实施的反击行为认定为受限的正当防卫，还是将之列入防御性紧急避险，这在最终的处理结论上似乎差异不大。

(3)对于既无故意又无过失的损害行为能否实施正当防卫

我国刑法学通说从纯粹客观违法性理论的立场出发，认为即便是对于毫无罪过的行为，只要它给法益造成现实的侵害危险，也可以实施正当防卫。[③] 但是，不法侵害是结果无价值与行为无价值的统一体，因此仅有行为的客观法益侵害危险尚不足

---

① 参见刘艳红主编：《刑法学总论》，北京大学出版社2006年版，第147页。

② Vgl. Vgl. Spendel, in: LK-StGB, 11. Aufl., 1992, § 32 Rn. 235f.; Jescheck/Weigend, Lehrbuch des Strafrechts AT, 5. Aufl., 1996, S. 345f.

③ 参见马克昌主编：《犯罪通论》，武汉大学出版社1999年版，第720页；张明楷：《刑法学》，法律出版社2021年版，第193页。

以认定该行为违法,如果行为人并未违反任何的注意义务,则由于该行为缺少行为无价值,故不属于不法侵害。[①] 据此,针对意外事件的反击行为不成立正当防卫;但因为意外事件毕竟造成了一种现实的危险境况,故行为人为了保护自己或者他人的生命健康可以对之实施防御性紧急避险。

3. 现实性

不法侵害必须是现实存在的,而非行为人主观臆想的。如果原本并不存在不法侵害,但行为人误认为存在,并实施了防卫行为,造成无辜人员法益受到损害的,属于假想防卫。根据风险分担的原理,[②]在行为人误认为存在不法侵害从而导致无辜者的权益受损的情况下,通过对防卫人与被防卫人两者进行公平的衡量,可以发现,被防卫人作为没有实施任何非法举动的无辜公民,必须获得更多的保护。对因认识错误而发生的严重后果负责的风险应该由防卫人承担。所以,应当基于事后查明的客观事实否定防卫行为的合法性,以此表明法律不会对这种行为予以积极的肯定。如果防卫人在当时不可能预见到对方并非不法侵害人,那么防卫行为属于排除主观罪责的意外事件,被防卫者并没有忍受自身利益受损的义务,他有权通过正当防卫来进行反击;如果防卫人违反了一般公民在当时的情况下应该遵守的必要注意义务,那么他对于严重结果的发生就应当承担过失犯罪的责任。

据此,假想防卫不成立正当防卫,应根据行为人认识错误的类型区别对待:(1)如果行为人对自己的错误认识没有过失,即行为人在当时条件下根本无法认识到实际上并不存在不法侵害,那就说明这种错误是无法避免的,故行为人给无辜者造成法益损害的行为属于《刑法》第16条规定的意外事件。(2)如果行为人对自己的错误认识具有过失,即行为人在当时应当预见到不法侵害并不存在,但由于违反了必要的注意义务而产生了错误,那么该行为就成立相应的过失犯罪。

4. 正在进行

只有针对正在进行的不法侵害才能实施正当防卫,若不法侵害还未发生,或者已经结束,就不存在正当防卫成立的空间。因此,要认定不法侵害是否处于"正在进

---

① Vgl. Roxin, Strafrecht AT Ⅰ, 4. Aufl., 2006, § 15 Rn. 14ff.

② 参见陈璇:《正当防卫中风险分担原则之提倡》,载《法学评论》2009年第1期。

行”的状态，关键要分别弄清不法侵害开始和结束的时点。

首先需要明确的是，认定不法侵害开始和结束的标准与确定犯罪实行着手和既遂的标准并不一致。这是由两者的立法目的所决定的。刑法规定犯罪的着手和既遂，是站在惩罚犯罪的立场之上，力图将刑罚打击的重点限定在从法益面临迫在眉睫的危险开始，到已经实现了法益侵害的行为阶段之上。所以，犯罪的着手和既遂主要是法官审判时认定犯罪及刑事责任的标准。但刑法规定正当防卫的目的并不在于为国家惩罚相关的不法侵害行为提供依据，而在于为公民及时保护合法权益划定合理的时空范围。因此，认定不法侵害起始和终结的标准更多地需要考虑公民在事发当时及时挽救法益的有效性。①

(1)不法侵害开始的时间

一方面，如果对方行为已经进入着手阶段，例如，抢劫犯已经对被害人实施暴力、胁迫行为，盗窃犯已经将手伸进被害人的衣袋中，那么毫无疑问不法侵害已经开始。另一方面，即便从犯罪未完成形态的理论来看，侵害行为尚处于预备阶段，但已经十分接近着手，且如果此时不进行防卫就将无法有效制止法益侵害，那么也应认为不法侵害已经开始。例如，当乙把手伸进衣袋准备掏枪射击时，根据未遂犯的原理，该行为尚处于预备阶段(一般认为，只有当行为人举枪瞄准被害人时，才能认为故意杀人行为进入着手)，但由于从防卫人的角度来看，对方掏枪的举动距离开枪射击已近在咫尺，如果不在此刻果断反击，就可能丧失最佳的防卫时机，故应肯定不法侵害已经开始。又如，当乙纠集多人手持刀枪棍棒等凶器从远处向甲步步逼近时，就故意伤害罪或故意杀人罪来说尚未进入实行着手阶段(其着手以行为人利用武器开始袭击被害人为标志)，但由于乙等人杀伤行为的着手已迫在眉睫，故为使法益得到有效保护，应允许甲在这时向侵害人采取开枪射击等防卫措施。

在此有两个特殊问题值得讨论：

第一，“预防性防卫”(Präventivnotwehr)能否成立正当防卫?

所谓的“预防性防卫”，是指被害人尚未直接面临某种具体的不法侵害，但由于一旦侵害现实发生就难以再采取有效的防御措施，故为了避免将来遭受法益侵害而

---

① 参见陈璇：《论正当防卫中民众观念与法律解释的融合》，载《中国刑事法杂志》2007年第4期。

先下手为强,预先实施的损害行为。

司法实践中经常出现因反抗家庭暴力而致人死伤的案件。例如,乙生性暴虐,每次醉酒后都虐待、毒打其妻子和孩子。某天晚上,正当乙又打开酒瓶畅饮时,其妻甲为防不测,趁乙不备用平底锅将其砸晕。有的学者主张:由于受虐的家庭成员所面临的不法侵害具有连续性和经常性的特征,故应当将持续数年的家庭暴力看作一个完整的行为过程;如此一来,就可以认定在受虐者对施暴人实施杀害或伤害行为时,不法侵害仍在进行之中。① 很明显,这一见解受到了罪数理论中连续犯与徐行犯概念的影响。按照我国刑法学通说,当行为人基于概括的犯意,连续实施性质相同且独立成罪的数行为时,或者连续实施总和构成一个独立犯罪的多个行为时,均仅以一罪论处。② 但需要注意的是:罪的单一性不等于行为的单一性;不法侵害行为的个数与犯罪个数的确定标准并不一致。因为,定罪所追求的目的与正当防卫的规范目的存在重大差异。无论是连续犯还是徐行犯,都是在已经承认行为人实施了多个独立行为的前提下,基于入罪门槛的要求或者司法活动经济性的考虑所进行的犯罪单一化。具体来说:在徐行犯中,之所以不能认定数罪,是因为单个行为本身并未达到犯罪成立所需的法益侵害的严重程度,唯有将多个行为结合起来,才能认定一个犯罪实行行为的存在;在连续犯中,本来就已经存在多个独立的犯罪行为,仅仅是为了使定罪量刑活动更简便,才将其作为一罪论处。③ 由此可见,徐行犯和连续犯都是为实现刑事责任追究的合理性而创造的产物。然而,《刑法》第 20 条第 1 款之所以规定"不法侵害",其目的却不在于追究不法侵害人的法律责任,而是在于为公民防卫权的存在确立先决条件。因此,多个行为的连续性或许是使其被评价为一罪的理由,但却不足以成为使其融合为一个侵害行为的根据。例如,对于甲基于概括的犯意在一个月内连续对多户人家实施抢劫的案件,尽管根据连续犯的原理,最终对甲仅以一个抢劫罪论处,但不能由此认为甲的抢劫行为在这一月内一直延续不断,更

---

① 参见季理华:《受虐妇女杀夫案件中刑事责任认定的新思考》,载《政治与法律》2007 年第 4 期;钱泳宏:《"受虐妇女综合症"理论对我国正当防卫制度的冲击》,载《温州大学学报(社会科学版)》2008 年第 5 期。

② 参见高铭暄主编:《刑法专论》,高等教育出版社 2006 年版,第 388 页以下。

③ 参见吴振兴:《罪数形态论》,中国检察出版社 2006 年版,第 272 页。

不能认为,只要在此期间,即便甲正在从事与抢劫毫无关系的日常生活,他人为防止甲继续实施抢劫,也有权对其实施正当防卫。同样,虽然按照徐行犯的原理,对长时期多次实施家庭暴力者只能以一个虐待罪或故意伤害罪论处,但这并不意味着可以将多个家庭暴力行为"焊接"为一个永不停歇、毫无间断的侵害行为。所以,在上述案件中,无论如何都不能认定乙开始喝酒的行为属于不法侵害。故没有正当防卫成立的空间。但是,由于行为人毕竟面临某种危险,而且在当时的情况下没有其他避免危险的方式,故可以实施紧急避险。这就要求行为人应严守紧急避险的法益衡量要件,即必须是为了保护较大的法益而损害较小的法益。在上述案例中,甲为了保护自己和孩子的生命权、健康权免受侵害的危险,造成甲轻伤的行为可以成立防御性紧急避险。

第二,事先设立防卫装置以制止将来可能发生的不法侵害的,是否成立正当防卫?

例如,种植西瓜的农民为了预防盗窃,事先在瓜园周围的栅栏上布上电网,或者挖下陷阱。关键要看,该装置是否是在不法侵害正在进行时发挥作用,并给不法侵害人造成了符合必要限度的损害。即若盗窃者在试图进入瓜园偷瓜时,触电受伤或跌入陷阱中,则可以认为成立正当防卫。但有3点需要注意:其一,只有当防卫装置在阻止侵害人实施不法侵害的过程中造成损害时,才可能成立正当防卫。若防卫装置是在侵害结束之后才发挥作用,则由于不具有制止不法侵害的功能,故没有成立正当防卫的余地。例如,瓜农往西瓜里注射毒药,或者在西瓜中安装炸药,偷盗者因吃下有毒西瓜或在切开西瓜时引起爆炸而死伤的,瓜农成立故意杀人罪或故意伤害罪。其二,防卫装置对侵害人造成的损害不能超过正当防卫的必要限度。如果电网导致翻越栅栏的偷瓜人身亡,则由于该损害明显超过了为避免不法侵害所必要的限度,故属于防卫过当。其三,防卫装置的设立者应当履行一定的注意义务,防止无辜者受到该装置的损害;装置对无辜人造成损害的,应由设立者承担责任。例如,若瓜农没有设置必要的警示标志,从而导致路人经过瓜园时无意间触碰栅栏而触电伤亡,则瓜农应承担过失犯罪的责任。

(2)不法侵害的结束时间

不法侵害的结束有多种表现形式,包括:不法侵害人已被制服,不法侵害人已经丧失了侵害能力,不法侵害人已经自动中止了不法侵害,不法侵害人已经逃离现场,不法侵害已经造成了侵害结果并且不可能继续造成更严重的结果等。[①] 正当防卫成立的前提是,在行为当时还可以有效防止侵害结果的发生。但上述各种情况的一个共同点是,不法侵害不会再继续进行,故采取防卫措施对于防止、避免结果的发生已没有意义。因此,不能成立正当防卫。

但是需要注意的是,正如不法侵害的开始未必与犯罪的着手时刻相吻合一样,不法侵害的结束也无须和犯罪的既遂时刻完全一致。当不法侵害是抢劫、抢夺、盗窃等财产性违法犯罪行为时,纵使侵害人已经取得了对财物的占有,即财产性不法侵害已经实现了既遂,但若公民能够当场追回财物,则仍应认定不法侵害尚未结束,存在实施正当防卫的空间。[②]《正当防卫指导意见》第6条也明确了这一点。

如果行为人在不法侵害尚未开始或者已经结束时,对侵害人造成损害的,属于防卫不适时。防卫不适时具体包括事先防卫和事后防卫两种情况。防卫不适时不可能成立正当防卫,至于行为人是否承担刑事责任以及承担何种刑事责任,则应区分不同的情况:(1)若行为人明知不法侵害尚未开始或者已经结束,仍进行所谓防卫行为造成对方损害的,则成立故意犯罪。(2)若行为人误以为不法侵害正在进行,则属于假想防卫,应按照假想防卫的处理原则,区分情形可能成立意外事件或过失犯罪。

(二)防卫对象

根据《刑法》第20条第1款的规定,正当防卫只能“对不法侵害人造成损害”。据此,只有针对不法侵害人本人法益的损害行为才能成立正当防卫。

(三)正当防卫不得超过必要限度

依据《民法典》第181条的规定,“正当防卫超过必要的限度,造成不应有的损害

---

① 参见周光权:《刑法总论》,中国人民大学出版社2021年版,第210页。

② 参见刘家琛主编:《新刑法条文释义》(上),人民法院出版社2001年版,第88页;高铭暄主编:《刑法专论》,高等教育出版社2006年版,第422页;陈兴良:《刑法适用总论》(上卷),中国人民大学出版社2006年版,第301页。

的，正当防卫人应当承担适当的民事责任”。是否超过必要限度，是判断正当防卫与防卫过当的基本标准。下文将从两个方面进行分析：

1.“必要限度”

首先需要确定的是，什么是正当防卫的“必要限度”。对此，我国刑法理论主要有如下几种学说：

（1）“必要说”。该说认为，只要防卫行为是为有效制止不法侵害所必不可少的措施，即便行为的强度和造成的后果明显超过了不法侵害可能造成的损害，也不认为防卫行为超过了必要限度。

（2）“基本相适应说”。该说认为，防卫行为是否超出了必要限度，应当将防卫行为与不法侵害行为进行对比。若两者在性质、强度以及造成的后果方面大体相当，则可认为防卫行为符合必要限度；反之，则属于超出了必要限度。

（3）“折中说”。该说认为，应当将“必要说”和“基本相适应说”综合起来。即防卫行为符合必要限度的前提是，它必须是为制止不法侵害所必不可少的手段。但在此基础之上，还要求防卫行为在性质、手段和造成的后果等方面与侵害行为相比不能有明显的差距，两者应保持大体上相适应。①

笔者赞同“必要说”。关于防卫行为是否符合正当防卫必要限度的判断标准是，防卫行为是否属于为有效制止不法侵害所必不可少的手段。理由在于：

第一，从正当防卫的本质来看，由于正当防卫是“正对不正”的行为，故法律保护的天平理应在整体上向防卫人的利益倾斜，防卫人在此过程中所承担的风险也应在整体上低于侵害人。对于正当防卫行为来说，法律首要关注的应当是如何保障公民在遭遇到不法侵害时能有效地制止不法侵害，而不是确保不法侵害人免受损害。所以，正当防卫本来就不需要像紧急避险那样进行严格的法益衡量，防卫行为造成的损害完全可以高于侵害行为可能造成的损害。

第二，从正当防卫的现实来看，正当防卫行为要确保达到制止住不法侵害的效果，往往需要使用比侵害行为更强有力的措施，否则就会出现“正不压邪”的状况。

---

① 参见黎宏：《刑法学总论》，法律出版社 2012 年版，第 140 ~ 141 页；高铭暄、马克昌主编：《刑法学》，北京大学出版社、高等教育出版社 2022 年版，第 133 页。

例如,根据人们的一般生活经验,面对一个壮汉的殴打,体力上明显处于劣势者就不得不使用刀、枪等杀伤力较大的武器与之对抗。因为唯有如此,才能既有效地阻止对方继续侵害,同时也不使防卫者自己陷于更危险的境地。因此,要求防卫行为在强度上必须和侵害行为保持对等的观点,在许多情况下无异于剥夺了行为人的防卫权。

第三,所谓"折中说",实际上并未克服"基本相适应说"的缺陷。[①] "基本相适应说"在我国的司法实践中曾有很大影响,导致法院对于防卫限度的把握过于严格,经常出现只要不法侵害是伤害或财产犯罪,而防卫导致侵害人死亡者,则一律判决是防卫过当的现象。这样一来,在很大程度上挫伤了公民反击不法侵害的积极性。正是为了消除"基本相适应说"的这一缺陷,通说才试图将"必要说"和"基本相适应说"结合起来。通说一方面指出,"基本相适应说"用不法侵害的强度来衡量正当防卫的强度,过于强调防卫的客观效果,在一定程度上束缚了防卫人行使正当防卫权的能动性;但另一方面又认为,防卫限度的判断除以防卫行为是否能制止住不法侵害为标准之外,还要考察防卫行为在性质、强度等方面能否与不法侵害大体上相适应。于是,按照"折中说"的见解,即使可以确定防卫行为是制止不法侵害所必需的,这还不足以排除成立防卫过当的可能,如果防卫与侵害之间不能保持基本的相适应,那么防卫行为依然是超过必要限度的。可见,"基本相适应"的标准在"折中说"中仍旧牢牢把持着最终的否决权。这样一来,"折中说"的结论与"基本相适应说"就不可能有任何区别,而"基本相适应说"的弊端在通说中也根本没有得到有效克服。

综上所述,认定必要限度的关键在于行为本身的性质,而不在于行为所造成的后果。只要确定,从一般人的角度来看,行为是当时条件下行为人有效制止不法侵害,且不会使自己陷入更危险境地的最低限度的防卫措施,那么即便该行为所造成的损害明显高于不法侵害可能导致的损害,也不影响行为的正当性。值得注意的是,2015 年 3 月 2 日最高人民法院、最高人民检察院、公安部、司法部联合发布的《关于依法办理家庭暴力犯罪案件的意见》第 19 条指出:"认定防卫行为是否'明显超过

---

① 参见陈璇:《正当防卫中风险分担原则之提倡》,载《法学评论》2009 年第 1 期;劳东燕:《防卫过当的认定与结果无价值论的不足》,载《中外法学》2015 年第 5 期。

必要限度'，应当以足以制止并使防卫人免受家庭暴力不法侵害的需要为标准，根据施暴人正在实施家庭暴力的严重程度、手段的残忍程度，以及既往家庭暴力的严重程度等进行综合判断。"该司法解释对于防卫限度判断标准的界定，完全采纳了"必需说"的观点，丝毫未见"基本相适应说"的内容。

防卫限度的认定，实质上是关于不法侵害人的值得保护性在多大范围内不复存在的判断。对此，应当遵循以下两个基本原则：①

第一，在有效、安全地制止不法侵害的范围内，侵害人的值得保护性原则上归于消灭。由于不法侵害人是以违反义务的方式使自己的法益与他人的法益发生了冲突，故他本身在法律上就负有排除这一冲突境地的义务。② 假如侵害人履行该义务，并在终止冲突的过程中付出了相应的成本，则该损失自然只能由他自行承担。可是，若侵害人本人拒不履行该义务，而是由其他公民出面制止了不法侵害，那就可以认为其他公民是代侵害人完成了本应由他自己履行的义务。一方面，侵害人由此可能会享受到一定的好处。例如，若防卫人成功阻止了实害结果的发生，则侵害人的犯罪行为仅为未遂，其所承担的刑事责任就存在降低的可能，甚至在未造成任何损害的情况下，他还能免于担负民事损害赔偿责任。另一方面，侵害人在从中受益的同时也理应承受防卫行为为平息这场冲突而可能给自己带来的种种风险。故凡是在为制止不法侵害所必要的范围内出现的法益损害风险，无论它在性质和程度上是小于、大于还是等于不法侵害，原则上均应由侵害人自己承担。既然防卫人是在代替侵害人履行停止侵害、排除冲突的义务，那么法律在此首先要实现的是对被侵害之法益的保全，优先要保护的应当是防卫人而非不法侵害人，它不能以牺牲防卫的有效和防卫人的安全为代价降低侵害人可能遭受的损害。所以，尽管从法益保护原则出发，防卫人所采用的只能是为保护法益所需之最低度的反击手段，但要求防卫人选取较为和缓之防卫手段的先决条件是，这样做不会损害防卫行为的有效性，不会导致防卫人自己的人身、财产安全陷入更加危险的境地。换言之，"我们不能要求防卫人拿他自己的健康或其他重要的价值做赌注，去选择一种对侵害者威胁较小，

---

① 参见陈璇《侵害人视角下的正当防卫论》，载《法学研究》2015 年第 3 期。

② Vgl. Günther, Defensivnotstand und Tötungsrecht, in: FS-Amelung, 2009, S. 149.

但其效果却存在疑问的防卫手段”。[①]

第二,对侵害人值得保护性下降程度的认定应当贯彻“情境性”[②]的判断原则。判断时间点的选定其实就是在防卫行为人和被害人之间进行风险分担的过程。因为,在防卫行为已造成损害结果的情况下,若站在事后的时点去回看防卫行为,则必然会舍弃行为当时可能给防卫人的认识和行动能力产生制约的各种因素,从而以“事后诸葛亮”的姿态对防卫作出较严苛的评判,故风险就会更多地由行为人一方承担;反之,若站在事前的时点来评价防卫行为,则更容易给予防卫人“设身处地”“将心比心”式的体谅,故对防卫限度的把握就会较宽松,风险也将更多地转移到被害人一方。既然法益冲突状态是不法侵害人以违反义务的方式引起的,其掌控着选择不法侵害实施方式和环境的主动性,那么在冲突解决过程中所出现的风险,就理应更多地由防卫被害人来承担。因此,防卫限度的判断必须置身于行为当时的境地之中。

综上所述,在判断防卫限度时,我们需要考虑的是:作为一名与防卫人具有相同能力、条件的公民,他在当时情形下还有没有比现实案件中的行为更理想的其他防卫方案?如果行为人完全可以选择强度更小的反击措施,而且这样做既能达到同样的防卫效果,又不至于使自己的安全受到威胁,那他的防卫行为就超过了必要的限度;反之,若防卫人在现实防卫行为的基础上已退无可退,一旦减弱防卫的强度,要么无法保证能及时有效地阻止不法侵害,要么会增大防卫人本人面临的危险,则该行为造成的损害就属于侵害人必须承担的风险。

必要限度判断的具体考量因素大体有如下3类:

(1)侵害行为给有效防卫造成的困难程度

侵害人给有效防卫造成的困难和阻力越大,防卫人为排除障碍、制止不法侵害所采用之防卫手段的激烈和危险程度也必然会随之攀升,故侵害人值得保护的程度也就越小。这里需要考察的因素包括:第一,侵害行为的手段。防卫的难度无疑会随着不法侵害暴力程度的上升而增加,这具体又取决于以下事实:①侵害者所使用

---

① Warda, Die Eignung der Verteidigung als Rechtfertigungselement bei der Notwehr, Jura 1990, 397.

② 在我国正当防卫理论中较早地明确提倡“‘情境’判断”思想的是周光权教授。参见周光权:《正当防卫成立条件的“情境”判断》,载《法学》2006年第12期。

的工具;②侵害者的寡众。是否持有凶器以及持有何种凶器,并非决定防卫难度的唯一因素。在有的案件中,侵害人虽然并未持械,但却能够通过形成数量上的优势使受攻击的一方难以有效反抗。第二,侵害行为的环境。侵害人所选择的时间、地点也会对防卫行为的有效性产生影响。若侵害人将侵害时间选在夜间,则防卫人会因光线昏暗、视线不佳而无法准确掌握反击的方式、力度和部位,故此时实现有效防御的难度就高于白天。若侵害人将侵害地点选在对于防卫人来说十分陌生的偏僻之所或者空间极为封闭狭小的地方,则防卫人很难从容地选取反击工具和周旋策略,故这时制止侵害的困难将大于在防卫人较熟悉或回旋余地较大的地点。第三,侵害对象的防卫能力。侵害人所选择之对象的防卫能力越低,一方面其达到侵害目的的把握固然越大,另一方面对方由于无从选择较缓和的防卫方法,故为了有效保护法益就越有可能被迫求助于杀伤力难以控制的激烈手段。

(2)侵害人给防卫人安全带来的危险程度

防卫人因侵害行为面临的危险性越大,其就越有理由使用更加果断和强力的防卫措施保障自身安全,侵害人需要忍受的损害也就越大。① 对此,应当考虑的因素同样包括3项:第一,侵害行为的工具。一旦侵害人携带了凶器,则意味着“先发制人,后发制于人”,假如防卫人未能迅速抢占优势制服侵害人,则可能面临着对方动用凶器的危险。第二,侵害行为的环境。侵害人为了达到成功侵害他人法益的目的,往往会在时间、地点的选取上追求出其不意、趁其不备的效果,这导致防卫人根本无法准确认识侵害者的多寡、手段和最终意图。在此情况下,假如不对事态作出较严重的估计,或不断然采取较猛烈的反击手段,则防卫人的安全就没有可靠的保障。第三,侵害对象的防卫能力。正所谓“艺高人胆大”,防卫人的防卫能力越高,其排除危险因素的途径就越多,在保证自身安全的情况下选取较轻缓的防卫手段的空间也就越大。

(3)损害和保护之法益在价值上的悬殊程度

从原则上来说,只要是在为保证防卫有效性和安全性的限度之内,即使防卫人只是为了保护单纯的财产法益,其也有权造成侵害人重伤、死亡。但是,若防卫行为

① Vgl. Herzberg, Erlaubnistatbestandsirrtum und Deliktsaufbau, JA 1989, S. 247.

所保护的是价值极其低廉的财物,则应例外地绝对禁止防卫人采取直接导致侵害人死亡的反击措施。之所以对所涉财产数额极其微小的不法侵害绝对不允许使用明显具有致死危险的防卫措施,根据在于:尽管不法侵害人的整体利益遭遇了大幅贬值,但生命的值得保护性无论如何降低,也不可能连一个苹果、两只鸡蛋的价值都不如。可是,这毕竟只是正当防卫中的一种极端情况,是为了防止正当防卫权过度膨胀而背离社会正义情感所作的例外限定。但司法实践对于正当防卫成立的认定恰恰不是过于宽松,而是过于严格,对于不法侵害人也并非"保护不力",而是"过分偏爱"。在这种情况下,理论上的当务之急应当是着力树立"原则",而不是一味强调"例外"。

2. "明显超过"和"造成重大损害"

仅仅确定行为超过必要限度,未必就成立防卫过当。1979 年《刑法》对防卫过当的界定是:"正当防卫超过必要限度造成不应有的危害。"1997 年《刑法》为了尽最大可能保障公民充分行使正当防卫权,对防卫过当增加了程度上的要求,即只有明显超过必要限度,实际造成了重大损害结果的防卫行为,才成立防卫过当。根据《正当防卫指导意见》第 13 条的规定,所谓"重大损害",是指造成不法侵害人重伤、死亡。

3. 关于"特殊防卫权"

《刑法》第 20 条第 3 款规定:"对正在进行行凶、杀人、抢劫、强奸、绑架以及其他严重危及人身安全的暴力犯罪,采取防卫行为,造成不法侵害人伤亡的,不属于防卫过当,不负刑事责任。"由于在这种情形下,即便行为人造成不法侵害人伤亡这样最为严重的损害结果,也不认为是防卫过当,故理论界一般将之称为"特殊防卫"或"无过当防卫"。《刑法》第 20 条第 3 款是 1997 年《刑法》新增的条款,这一规定有其特殊的立法背景。在 1979 年《刑法》施行的年代,对于公民为制止重大暴力犯罪而导致不法侵害人死伤的许多案件,法院都仅以损害结果的严重性为根据认定行为属于防卫过当。但是,当公民遇到严重的暴力犯罪时,毕竟其生命健康这一最重大和根本性的法益正面临极为紧迫的威胁,故刑法理应为防卫人留出更宽松的防卫空间。出于这一考虑,立法者在 1997 年修订《刑法》时特别增设这一提示性条款,以防止法院在把握防卫限度时过于严苛。①

---

① 参见高铭暄:《中华人民共和国刑法的孕育诞生和发展完善》,北京大学出版社 2012 年版,第 198 页。

刑法上的特殊防卫权规定也可以借鉴到民法中,即在面临上述严重暴力犯罪的情形下,受害人即便采取了与侵害行为不相当的防卫方式,造成行为人的损害,也不应当认定其构成防卫过当。依据《总则编司法解释》第31条第3款规定:“实施侵害行为的人不能证明防卫行为造成不应有的损害,仅以正当防卫人采取的反击方式和强度与不法侵害不相当为由主张防卫过当的,人民法院不予支持。”依据这一规定,当公民遇到严重的暴力犯罪时,该司法解释作出此种规定,即使防卫人采取的反击方式和强度与不法侵害不相当(如采取防卫行为造成不法侵害人伤亡),也属于防卫过当。当然,如果公民遇到严重的暴力犯罪时,通过综合考量,可以确定防卫行为与不法侵害相差悬殊、明显过度的,应当认定防卫明显超过必要限度。

(四)防卫意识

1.防卫意识的必要性

《总则编司法解释》第30条规定:“为了使国家利益、社会公共利益、本人或者他人的人身权利、财产权利以及其他合法权益免受正在进行的不法侵害,而针对实施侵害行为的人采取的制止不法侵害的行为,应当认定为民法典第一百八十一条规定的正当防卫。”由此表明,防卫人应当具有防卫意识。有学者认为,防卫人主观目的的要求,故无论行为人主观心理如何,均不影响正当防卫的成立;[①]但绝大多数学者认为,正当防卫以行为人在实施防卫行为当时具有防卫意识为条件。

2.防卫意识的内容

只要行为人是在认识到自己与正在进行的不法侵害相对抗的情况下实施行为的,就可以认定防卫意识的成立,除此之外不需要积极的防卫目的。理由如下:

第一,在以法益侵害思想为基础的现代不法论框架内,必须将纯粹的道德要素排除于行为无价值的范畴之外。毫无疑问,主张防卫意识属于正当防卫之成立要件的观点是以结果无价值和行为无价值的二元不法论为基础的。因为二元论强调:只有结果无价值与行为无价值同时存在才能成立不法;只有两者同时被取消才能成立

① 参见张明楷:《刑法学》,法律出版社2021年版,第267页。

正当化事由。[1] 防卫意识的存在就是对行为无价值的否定。但需要注意的是,二元论中的行为无价值实际上经历了从伦理道德化逐渐向法益侵害化演变的过程。因此,要求防卫人必须以积极追求保护合法权益为其唯一目的,甚至强调"正当防卫的目的在正当防卫的构成中占有十分重要的地位,它……决定了防卫人主观上崇高的正义感和道德感"[2]的说法,实际上是从道德主义的立场出发对防卫意识提出了过分的要求。

第二,不法行为主观要素的多样性决定了违法阻却事由的主观要素也必然具有多种形式。从司法实践角度来看,如果要求正当防卫人在行为时一定要具有明确的制止不法侵害、保护合法权益的目的,那么对于诸如本想开枪警告却不料误击不法侵害人、本欲挥鞭策马避开不法侵害人不想却抽中后者的行为,由于行为人在实施行为的那一刻并不具有以防卫制止不法侵害的积极目的,所以就无法承认其为正当防卫,但这明显是不合理的。[3] 我国的通说之所以将防卫意识仅仅局限于积极追求正当化结果的目的之上,或许是源于对现实生活中常见的正当防卫案件的总结和归纳。但是,对法律概念之内涵与外延的把握不应拘泥于有限的典型事实,而应从规范的角度来加以确定。因此,只要行为人知道自己处于与不法侵害相对抗的状态之中,那么无论其在行为当时是希望、放任、低估还是未认识到制止不法侵害、保护合法权益的结果发生,都存在成立防卫意识的余地。

第三,从我国刑法对正当防卫的整体规定来看,立法者倾向尽量扩大正当防卫成立的范围。和1979年《刑法》相比,1997年《刑法》对正当防卫条款主要进行了两处修订:一是将防卫过当的定义由原来的"正当防卫超过必要限度造成不应有的损害"改为"正当防卫明显超过必要限度造成重大损害",从而对防卫过当的成立设置了更为严格的限定;二是增加了特殊防卫权的条款。可见,立法者对公民行使正当

---

① Vgl. Claus Roxin, Strafrecht AT, Bd. Ⅰ, 4. Aufl., 2006, S. 321, 641; Lenckner/Eisele/Sternberg-Lieben, in: Schönke/Schröder/StGB, 28. Aufl., 2010, vor § 13 Rn. 52ff, vor § 32 Rn. 13ff.

② 陈兴良:《刑法适用总论》(上卷),中国人民大学出版社2006年版,第293页。

③ 当然,对于这类案件也可以设想出另一种解释方案:虽然由于行为人不具有防卫意识,故该行为不成立正当防卫;但因为行为在客观结果上制止住了不法侵害,它欠缺结果无价值,所以同样不成立犯罪。不过,行为人毕竟是在不具有法敌对意志的情况下实施了有益于维护法秩序的行动,故该行为就不应仅是非罪行为,而应当属于为法律所肯定的正当行为。

防卫权的行为明显表现出鼓励和支持的态度。因此,不应将“为了……”的规定理解成立法者要求行为人必须在主观上明确具有制止不法侵害、保护法益的积极目的,而应当将其理解为:立法者旨在通过该规定防止将在主观上纯粹出于追求法益侵害的法敌对意志、仅在客观上偶然制止了不法侵害的行为也认定为正当防卫。根据刑法的真实目的,对刑法中从表面字义来看,失之过窄的条文进行适当的扩大解释符合刑法解释的原理。更何况,这种对防卫意识的扩大解释从根本上拓宽了正当化事由的成立空间,从而限制了刑罚处罚的范围,故并不存在违背罪刑法定原则的问题。事实上,德国《刑法典》第 32 条关于正当防卫的规定也使用了“为了……”(um-zu-Satz)的用语,但这并不妨碍通说和判例将防卫意识界定为行为人对正当防卫的前提事实有所认识的心理状态。①

三、防卫过当民刑二元模式

(一)现行法框架下防卫过当的双层意义

在 1997 年以前,民刑两大部门法对于防卫过当的规定是完全一致的。1997 年,立法者为《刑法》中的防卫过当条款添加了“明显”和“重大”这两项定量要素;但是,在民法领域,不仅原《民法通则》的相关规定依然如故,就连 2009 年的原《侵权责任法》第 30 条以及 2020 年的《民法典》第 181 条也并未对防卫过当的要件作出相应修改,而是几乎与原《民法通则》第 128 条的规定保持一致。我国的审判实践据此认为:“刑法对防卫过当的要求比民法更加严格,即刑事标准高于民事标准……因此,在民事诉讼中,对于未被追究刑事责任的防卫行为,仍有必要根据民法上的判断标准研究其是否构成民法上的防卫过当。”②

综合我国法律的规定来看,“防卫过当”并不是一个专属于刑法领域的概念,它

---

① Vgl. Roxin, Strafrecht AT, Bd. Ⅰ, 4. Aufl., 2006, § 14 Rn. 100ff.

② 参见邬砚:《唐建生诉王利侵犯人身权纠纷案——正当防卫时间与限度的民事判断》,载《人民司法·案例》2012 年第 14 期。

具有以下双重意义:①

首先,法律性质意义上的防卫过当,旨在从整体法秩序的视角出发解决防卫行为的法律定性问题。防卫行为是否超出了合法的限度,仅仅取决于防卫权行使行为自身,而与行为是否导致了实际损害结果的发生无关。防卫行为只要超过了必要限度,就属于全体法秩序意义上的违法举动。既然正当防卫是一项权利,那么一旦其行使行为逾越了该权利应有的边界,无论其违反的程度有多高,也无论它是否引起了损害结果,都必然遭到法秩序的反对和禁止。在这一点上,各个部门法的判断不应有任何分歧。

其次,法律责任意义上的防卫过当,旨在从部门法的视角出发解决防卫过当的具体法律责任问题。在确定防卫手段超出合法边界、属于违法行为的前提下,需要进一步考虑的问题是:对于防卫过当是否应当追究法律责任,应当追究何种法律责任?这时,不同的部门法就会基于各自的目的理性以及政策考量给出不同的回答。具体来说:

(1)从民法立场出发,由于侵权责任法的首要目的在于对损失进行填补,②所以只有当防卫过当行为现实地造成了不必要的损害时,行为人才需要为此承担侵权损害赔偿责任。这一点已经为《民法典》第181条第2款所肯定。

(2)从刑法视角来看,刑法旨在通过刑罚制裁手段维护行为规范的效力,从而防止未来再发生严重的法益侵害事件。我国《刑法》为可罚的防卫过当设置了“超严格的入罪标准”。这体现为:首先,程度要件的升级。在1997年《刑法》全面修改之前,《刑法》和原《民法通则》关于防卫过当的规定在内容上完全一致。但是,1997年修改后的《刑法》第20条第2款却大幅提升了可罚之防卫过当的成立要求,即超过必要限度必须达到“明显”的程度,造成的损害也必须达到“重大”的水平。其次,结果要件不可或缺。本来,从刑法学的一般原理来说,若行为人对防卫过当持故意心态,那么即便最终未造成任何损害结果,只要具有造成可罚之损害结果的危险性,也

① 参见陈璇:《防卫过当中的罪量要素——兼论“防卫过当民刑二元化”立法模式的法理依据》,载《政法论坛》2020年第5期。

② 参见王利明:《我国侵权责任法的体系构建——以救济法为中心的思考》,载《中国法学》2008年第4期。

完全可以按未遂犯论处。但根据现行《刑法》的规定,在过当行为未现实地造成损害结果的情况下,无论过当的严重程度多高,也不存在成立犯罪的余地。这种对防卫过当承担刑事责任的标准进行超严格管控的做法,是我国刑事立法独具的一个特色,①它具有深层次的法理依据。第一,刑法具有补充性的特点,尤其是我国《刑法》奉行“定性+定量”的模式,本就将可罚的行为严格限定在了严重的法益侵害行为之上。防卫过当罪量要素的设定与该模式一脉相承。第二,防卫过当毕竟是从一个原本正当的抗击不法侵害的权利行使行为异化而来的,它在相当程度上可归责于不法侵害人本人。第三,防卫过当的出现往往源于行为人极端和异常的情绪,如因突遇危局而产生的慌乱和恐惧,因复仇动机而产生的激愤和震怒等。这些情绪大都根植于人的生物本能之中,易于获得人们的谅解,也易于成立免责事由或者责任减轻事由。于是,只要防卫过限的幅度尚未达到极端严重的地步,即便不对其加以处罚,也不会使人们产生法规范效力受到了动摇的印象,不会令人们担心类似行为会被他人争相效仿从而导致违法行为泛滥。

从上述对两种意义上的防卫过当所作的区分中,可以进一步推导出以下观点:

第一,对于防卫行为是否逾越了限度这个问题来说,实害结果是否发生并不具有决定性意义。只要防卫行为是当时条件下为及时、有效和安全地制止不法侵害所不可缺少的手段,那么即使造成了重伤、死亡等重大损害结果,也应当认定防卫行为仍处在权利行使行为的合法范围之内;反之,只要防卫行为逾越了必要性的要求,即便未造成任何损害结果,也不能认为该行为成立正当防卫。既然只有在认定防卫行为因逾越了必要限度而违法的前提下,才有必要结合损害结果的情况确定行为人是否承担以及承担何种法律责任,那就说明损害结果只能在已经认定防卫手段过当的情况下发挥限制法律责任的功能。

第二,在法律责任的层面上,对民法和刑法上的防卫过当进行二元区分,有利于防卫过当法律处理的合理化。长期以来,理论和实践过于偏重防卫过当的刑事责任,以至于一旦认定某一行为成立防卫过当就意味着防卫人需要承担刑事责任。这

① 综观大陆法系的立法例,德国《刑法》第33条、瑞士《刑法》第16条、奥地利《刑法》第3条以及日本《刑法》第36条第2款,均未将实害结果的发生规定为防卫过当承担刑事责任的要件。

就导致一个防卫行为要么属于合法举动,要么成立犯罪行为,只能在这两种极端选项中择其一。在此情况下,为了避免刑事处罚范围过宽,无论是立法者还是理论界都普遍将正当防卫制度改革的重点放在了《刑法》中的防卫过当条款之上,将改革的希望寄托在放宽防卫限度的要求、扩张正当防卫的成立范围之上。① 然而,一旦将民、刑二法的防卫过当区分开,那么在正当防卫与构成犯罪的防卫过当这两极之间,就出现了一个缓冲地带。对于相当一部分超过了必要限度且造成损害的防卫行为,司法者完全可以以未达到罪量要素的标准为由对其仅适用民事赔偿责任。如此一来,就既可以通过民事责任确认防卫过当行为的违法性,又可以有效避免刑事责任的过度扩张。

防卫过当的层次划分见图 24－1:

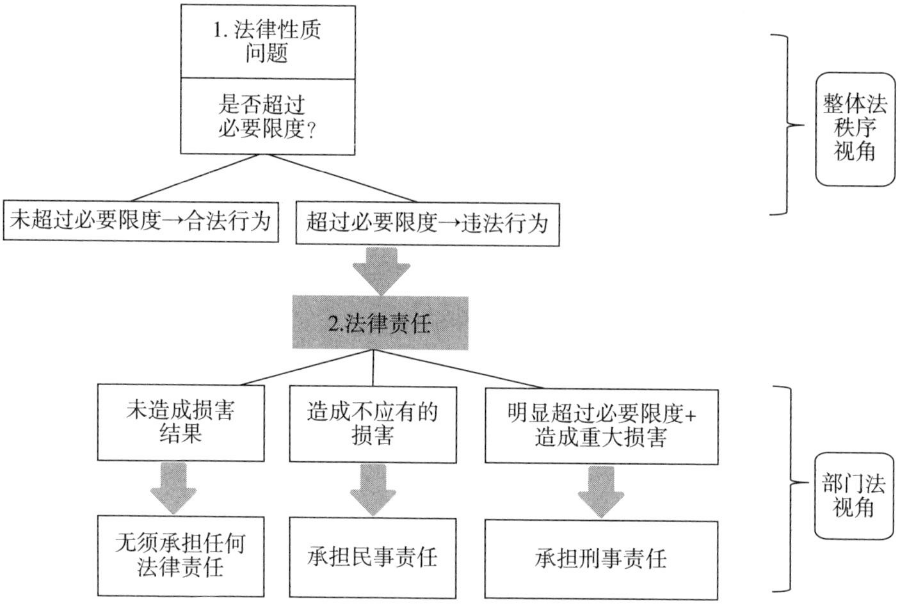

图 24－1 防卫过当层次划分

① 参见高铭暄:《中华人民共和国刑法的孕育诞生和发展完善》,北京大学出版社 2012 年版,第 197 页;陈航:《“民刑法防卫过当二元论”质疑》,载《法学家》2016 年第 3 期。

（二）应依据动态系统论确定是否超过必要限度

从民法立场出发，在实践中判断是否超过必要限度的情况较复杂，简单通过几个要件来认定可能是困难的，在不同的案件中，情形各不相同。因此，《总则编司法解释》第31条第1款规定："对于正当防卫是否超过必要的限度，人民法院应当综合不法侵害的性质、手段、强度、危害程度和防卫的时机、手段、强度、损害后果等因素判断。"该规定对于正当防卫是否超过必要限度，引入了动态系统论的观点。① 动态系统论最早由奥地利学者威尔博格（Walter Wilburg）在20世纪40年代提出，其基本观点是：调整特定领域法律关系的法律规范包含诸多构成要素，但在具体的法律关系中，相应规范所需要素的数量和要素的强度有所不同，也就是说，调整各个具体关系的规范要素是一个动态的系统。② 在具体法律关系中，通过对动态的因素考量认定责任。③ 这就是说，要授权方在具体的案件中，对于确定是否超过必要限度要进行综合考量，不仅要考虑不法侵害的性质、所采用的手段、强度等因素，还要考虑造成损害的紧迫性和现实可能性。④ 总之，该条通过动态系统论的规定，赋予法官一定的自由裁量权，由其依据法定的因素考量，结合具体情形以得出最终结论。⑤

---

① 参见王利明：《民法总则》（第3版），中国人民大学出版社2022年版，第438页。

② 参见［日］山本敬三：《民法中的动态系统论——有关法评价及方法的绪论性考察》，解亘译，载梁慧星主编：《民商法论丛》第23卷，法律出版社2002年版，第177页。

③ 参见王利明：《论禁止滥用权利——兼评〈总则编解释〉第3条》，载《中国法律评论》2022年第3期。

④ 参见陈璇：《正当防卫：理念、学说与制度适用》，中国检察出版社2020年版，第241页。

⑤ 参见王利明：《民法总则》（第3版），中国人民大学出版社2022年版，第438页。

专题二十五　紧急避险与避险过当

本专题撰写人:陈　璇

【《民法典》及其配套司法解释的新规则】

《民法典》第 182 条:

因紧急避险造成损害的,由引起险情发生的人承担民事责任。

危险由自然原因引起的,紧急避险人不承担民事责任,可以给予适当补偿。

紧急避险采取措施不当或者超过必要的限度,造成不应有的损害的,紧急避险人应当承担适当的民事责任。

《总则编司法解释》第 32 条:

为了使国家利益、社会公共利益、本人或者他人的人身权利、财产权利以及其他合法权益免受正在发生的急迫危险,不得已而采取紧急措施的,应当认定为民法典第一百八十二条规定的紧急避险。

《总则编司法解释》第 33 条:

对于紧急避险是否采取措施不当或者超过必要的限度,人民法院应当综合危险的性质、急迫程度、避险行为所保护的权益以及造成的损害后果等因素判断。

经审理,紧急避险采取措施并无不当且没有超过必要限度的,人民法院应当认定紧急避险人不承担责任。紧急避险采取措施不当或者超过必要限度的,人民法院应当根据紧急避险人的过错程度、避险措施造成不应有的损害的原因力大小、紧急避险人是否为受益人等因素认定紧急避险人在造成的不应有的损害范围内承担相应的责任。

【规则由来】

《民法典》第182条来自原《民法总则》第182条，是对原《民法通则》第129条与原《侵权责任法》第31条的整合。

我国先前民事规范未对紧急避险作出明确界定，同时也缺少判断避险限度和措施正当性的标准，实践中对于如何认定紧急避险、避险不当以及相应的责任承担缺乏明确的法律依据。《总则编司法解释》第32条、第33条填补了这一空白，是《总则编司法解释》的重要新增规则。①

【规范意旨】

紧急避险，是指为了使公共利益、本人或他人的合法权益免受现实和紧急的损害危险，不得已而采取的致他人和本人损害的行为。② 紧急避险是旨在排除损害的合法行为，是民事责任的阻却事由。与正当防卫不同，紧急避险中的危险源既可能源于人的行为，也可能源于自然原因。危险源不同并不影响紧急避险的构成，但影响终局的责任与损害承担者。此外，正当防卫只能针对加害人实施，而紧急避险行为一般只是对第三人或紧急避险人本人造成损害，因而通常体现为加害人、避险人与受损人之间的三方利益关系。

【典型案例】

案例一："紧急泄水案"

A水电站位于B水电站下游，甲公司承建了A水电站的部分工程。2015年10月28日16时30分许乙公司所属的B水电站泄水时，冲毁了下游在建A水电站的

① 参见贺荣主编：《最高人民法院民法典总则编司法解释理解与适用》，人民法院出版社2022年版，第460～469页。

② 参见王利明：《民法总则研究》，中国人民大学出版社2018年版，第733页。

部分围堰,造成甲公司作业基坑内施工物资损失与施工车辆损坏。一审、二审法院均判决乙公司构成侵权,应当承担赔偿责任。乙公司提出其开闸泄水为紧急避险,不承担责任。

最高人民法院再审认为,B 水电站早在 2015 年 10 月 27 日晚就已收到上游泄水的通知,10 月 28 日上午上游泄水后,B 水电站也获得了通知,但 B 水电站既未按照该流域的相关管理要求和操作规范通知下游的 A 水电站,亦未提前采取足以防范和化解风险的措施,不符合紧急避险的构成要件。①

相似案例:

甲发电公司(以下简称甲公司)在某坝段建设和运营三级电站。2014 年 6 月 26 日,乙水产合作社(以下简称乙合作社)与当地政府签订招商引资协议,在电站库区内网箱养鱼。2014 年 7 月 29 日,甲公司向当地政府报告称,近年来,电站库区网箱养鱼活动频繁,严重影响电站安全运行。2017 年 8 月 24 日 23 时,因电站上游各县区连降暴雨,洪水猛涨,经当地防洪抗旱指挥部同意,该一级、二级电站在 8 月 25 日 4 时之前完成敞泄,形成自然河道,三级电站在正常蓄水位下降 4 米,之后甲公司实施泄洪。在泄洪中,乙合作社在库区的网箱养鱼设施被挂在河岸边坡上,致使所喂养的鱼被洪水卷吸冲走,剩余部分网箱内的鱼死亡。为此,乙合作社向法院提起诉讼,要求甲公司赔偿损失 9,580,600.00 元。一审法院以乙合作社“提供的证据不足以证明财产损失的情况”为由驳回其诉讼请求。二审法院认为,甲公司的防水行为虽然造成了乙合作社的财产损害,但该行为是执行当地防汛指挥部的防洪调度指令,泄洪高度并未违反指令,是紧急避险,不具有违法性,被上诉人主观上并无过错,不符合侵权赔偿的构成要件。由于该案系自然原因引起的紧急避险,并无证据证明甲公司在执行紧急避险指令过程中存在紧急避险措施不当或者超过必要的限度的情况。② 再审法院认为,甲公司提交了由当地防汛抗旱指挥部办公室出具的情况说明,出具单位的负责人、经办人在该情况说明上签名,对防汛抗旱指挥部同意甲公司

① 参见最高人民法院民事裁定书,(2019)最高法民申 2855 号。

② 参见云南省昭通市中级人民法院民事判决书,(2019)云 06 民终 853 号。

泄洪过程进行说明,并且甲公司还提供雨情通报、洪水预报信息、洪水五次会商等资料,能够认定泄洪行为属于紧急避险的事实。乙合作社的养殖损失不应当由甲公司承担侵权责任。[①]

案例二:"避险倒车致伤案"

马某与辛某为夫妻关系,某日3时,辛某与他人饮酒后,在回家途中马某驾驶的汽车停靠在周某驾驶汽车的左后方,辛某怀疑停靠路边的周某嘲笑马某,持水果刀走到周某车旁并大声质问其为何要笑。周某见状倒车欲离开此地,在倒车过程中将站在其车尾的马某撞倒在地,致马某受伤。周某驾驶的汽车系周某与晏某共同购买,登记在晏某名下。法院认为,周某在辛某手持水果刀并大声质问,以及前方有车辆障碍的紧急情况下选择倒车离开,没有注意到马某在其车尾,其主观上只想避开辛某的加害,周某倒车发生交通事故后,没有驾车逃离,其行为符合紧急避险的构成要件。结合周某的倒车轨迹和马某被撞倒的位置,周某的避险行为并不存在避险不当或者超过必要限度,因此周某、晏某不承担赔偿责任,而应由引起险情发生的辛某承担民事责任。[②]

案例三:"紧急避险停电案"

由于历史原因,甲煤矿负责整个煤矿产区内的电力设备管理和转电供应。乙煤矿为矿区内的一家合伙企业。甲、乙双方签订有《供电协议》。2016年7月10日7时57分该煤矿电力科负责人孙某接到公安分局值班干警的电话,称煤矿旁的高压线路着火,火势较大,需要立刻采取断电措施,否则会发生高压线路被烧断后伤及地面人员和引发山火危险。孙某远距离观察确认火情后即电话通知乙煤矿卢某及其他用电单位,告知各用电单位高压线路起火需要停电检修。卢某接到孙某电话后明确表示停电时间不能太长,但未说明原因。8时11分许,孙某切断了甲煤矿向各用电单位的两路供电,并前往事发地沿线路勘查。孙某在确认起火线路不是甲煤矿用

① 参见云南省高级人民法院民事裁定书,(2020)云民申474号。
② 参见重庆市高级人民法院民事裁定书,(2020)渝民申256号。

电线路后即返回。其间,卢某电话催促孙某尽快送电。孙某即在途中通知各用电单位做好送电准备,并于9时6分许通知甲煤矿调度室送电。

乙煤矿之所以急于用电,原因是早在2016年6月29日乙煤矿在作业过程中发生透水,乙煤矿通过水泵电机向地面排水,当甲煤矿恢复供电后由于积水水位上涨,新购置的两台主井水泵电机均已被淹无法排水,此时乙煤矿经营者才向安全生产监督管理部门报告,后乙煤矿完全关闭并办理了注销登记。

一审法院认为,孙某在对险情作出初步判断后,并在通知各用电单位做好停电准备的情况下实施的停电行为,是在遭遇严峻险情时的合理处置行为。孙某在处置险情时对乙此前发生透水且水位正处于水泵电机临界面这一事实并不知情,而且在其通知乙做好停电准备时,乙煤矿卢某也未将矿井此前发生透水及井下水位情况告知孙某,孙某主观上没有侵害乙权益的故意或过失,不存在过错。

二审法院认为,甲煤矿的停电行为属于紧急避险且乙煤矿被淹主要原因是其管理者自身处置不当,但同时认为甲煤矿停电后至恢复供电的这一过程时间偏长(出事地点距离孙某住处仅1~2公里,孙某在现场查看后并未及时通知恢复供电),处置不当,对矿井可能产生意外情况没有足够的风险防控意识,主观上存在一定过失,对造成的损失应当承担适当的责任。①

案例四:"汽车躲避行人/自行车致事故案"

王某违规横过公路,恰好遇到驾车的柳某,柳某发现王某后立即采取向左打方向并刹车的避让措施。因有雪路滑和车速高,车头越过公路中心线,与对面驶来的由周某驾驶的大货车发生碰撞,致周某受伤;车尾向右侧滑,又将王某连人带车撞倒,致王某当场死亡。当地交通巡警大队的《道路交通事故责任认定书》认定:柳某违反了原《道路交通管理条例》第6条关于驾驶车辆必须右侧通行,第36条第3项关于机动车遇有风、雨、雪、雾天能见度在30米以内时最高时速不准超过20公里的规定,在雪天路滑的情况下超速行驶,发现险情时采取的避让措施不当,应负事故主要责任;王某违反了原《道路交通管理条例》第7条第1款关于"车辆、行人必须各行

① 参见江西省高级人民法院民事判决书,(2019)赣民终299号。

其道。借道通行的车辆或行人,应当让在其本道内行驶的车辆或行人优先通行"的规定,在横过公路时对车辆观察避让不够,应负事故的次要责任;周某正常驾驶,对事故不负责任。一审法院认为,王某的继承人应对周某承担20%的赔偿责任。二审法院认为,在这起紧急避险事故中,险情虽然是由违规横过公路的王某引起,但在宽阔路面上,王某的违规行为,不会迫使柳某只能采取两车相撞的办法避险。导致两车相撞的根本原因是,柳某超速驾驶和采取的紧急避险措施不当。道路交通事故处理机关认定,周某是正常驾驶,对事故不负责任,那么紧急避险事故的责任,自然应当由柳某全部负担,与王某无关。①

【理论阐释】

一、紧急避险的正当化根据

根据我国《刑法》第21条第1款的规定,紧急避险,是指为了使国家、公共利益、本人或者他人的人身、财产和其他权利免受正在发生的危险,不得已采取的损害另一较小合法权益的行为。

我国《刑法》第21条所规定的紧急避险究竟是单纯的违法阻却事由,还是同时兼具阻却违法和阻却责任这两项功能?对此学界有不同看法。② 根据利益衡量这一违法阻却事由的基础性原理,只有当行为所保护的利益高于其损害的利益时,它才能得以正当化。但笔者认为,尽管我国《刑法》第21条并未对避险限度的内容作出明确界定,也仍然应将该条规定内容确定为违法阻却事由。理由如下:

第一,从立法过程来看。在我国《刑法》草拟的过程中,包括1950年《刑法大纲草案》、1954年《刑法指导原则草案(初稿)》以及1957年《刑法草案(初稿)》(第22次稿)在内的历次稿本中,关于紧急避险的条文都明确规定了行为造成之损害应轻于所避免之损害的要件。只是从1963年的《刑法草案(修正稿)》(第33次稿)开

① 参见《最高人民法院公报》2002年第5期。

② 有学者明确主张,我国《刑法》中紧急避险的不罚根据在于责任阻却。参见刘为波:《紧急避险限度条件的追问》,载陈兴良主编:《刑事法判解》第1卷,法律出版社1999年版,第357页;童德华:《刑法中的期待可能性理论》,中国政法大学出版社2004年版,第251页。

始,才形成与现行《刑法》基本相同的表述。[①] 至少到目前为止,没有任何资料能够证明,这种条文措辞上的调整意味着立法者对紧急避险的定性发生了根本变化。相反,有关回顾和总结刑法制定过程的权威文献指出,现行《刑法》中的"紧急避险和正当防卫一样是公民的一项合法权利,正确行使这项权利,对社会也是有益无害的",紧急避险的"必要限度通常是指引起的损害比所避免的损害较轻的情况,因为只有在这种情况下,才能说紧急避险行为客观上对社会是有益的"。[②] 这就说明,立法者的本意仍然是将法益损害的正当性视为紧急避险的出罪根据。

第二,以条文本身视之。不可否认,"进行历史解释,意味着要参考法条的来龙去脉等因素得出解释结论。但是,这并不意味着对某个概念的解释必须永远采用该概念在刑法史上的意图与含义"。[③] 但是,即便从客观解释的立场出发去审视我国《刑法》第 21 条,依然难以认为其包含了责任阻却事由。众所周知,违法性的评价重点在于行为的法益侵害性,而责任的判断中心则在于行为人的可谴责性。[④] 首先,尽管我国《刑法》第 21 条未明确包含有关法益衡量的字眼,但其第 2 款规定紧急避险不能"超过必要限度造成不应有的损害"。这种对行为限度的强调实际上已表明,该条文至少是倾向根据行为本身所造成的法益损害是否值得法秩序予以肯定这一点,来确定能否排除避险行为的犯罪性。其次,从反面来说,倘若该条的紧急避险属于责任阻却事由的话,那么避险行为是否成立犯罪就并不取决于法益损害是否超过必要限度,而是取决于行为人本人是否具有值得宽恕和原谅的特殊情况;既然如此,客观的损益界限要求自然就显得多余。

第三,就民刑协调而言。我国民事法律并没有单独对紧急避险进行具体的定义,因此要把握《民法典》第 182 条中"紧急避险"的含义,就必须求助于《刑法》第 21 条的规定。这就说明,在我国,民、刑两大部门法中的紧急避险概念是一脉相承、桴

---

① 参见高铭暄、赵秉志编:《中国刑法规范与立法资料精选》,法律出版社 2013 年版,第 267 页、第 287 页、第 302 页、第 322 页。

② 高铭暄:《中华人民共和国刑法的孕育诞生和发展完善》,北京大学出版社 2012 年版,第 25 页、第 26 页。

③ 张明楷:《刑法分则的解释原理》(上),中国人民大学出版社 2011 年版,第 72 页。

④ Vgl. Schünemann, Die Funktion der Abgrenzung von Unrecht und Schuld, in: ders./de Figueiredo Dias (Hrsg.), Bausteine des europäischen Strafrechts, 1995, S. 160.

鼓相应的,故我们在界定紧急避险的性质时,就不能不考虑到两者的衔接关系。根据《民法典》第182条的规定可知,避险行为人在没有过错的情况下无须承担任何的侵权损害赔偿责任。即便按照第182条第2款的规定,在危险是由自然原因引起而避险人又无过错的情况下,可以要求行为人向受害人"给予适当补偿",但这里行为人承担的只是基于受益人身份的公平责任。① 可见,紧急避险连最轻微的民事违法性都没有,它是完全而彻底的违法阻却事由。在这种情况下,如果认为《刑法》第21条包含了责任阻却事由,则势必会破坏民法和刑法中紧急避险概念的统一性。因为责任阻却虽然意味着行为不构成犯罪,但它仍然是以承认违法性的存在为前提的,这样的情形无论如何也不能为民法中的紧急避险所包容。

我国刑法理论的通说主张,紧急避险的正当化根据在于避险行为保全了较大(或者较优越)的利益。② 这种观点是建立在功利主义哲学思想基础之上的,但该思想不适宜成为紧急避险的正当化根据。功利主义伦理学虽然发端于自由主义,但它实际上又隐藏某种集体主义的倾向。③ 因为,功利主义对行为效果的评判、对损益收支的计算最终落脚于"是否实现了最大多数人的最大幸福",或者说"对整个社会是否实现了利益最大化"这一标准。张明楷教授在论述行为功利主义违法观时,就曾明确指出:"如果从个人主义的观点出发,就不应当将自己面临的危难转嫁于他人;但从社会整体的立场出发,在不得不丧失两个合法利益中的某一利益时,无论是谁的利益,保存价值更高的利益才是理想的,正是基于对整体社会利益的考虑,紧急避险在刑法上才是允许的。因此,说紧急避险对社会有益是完全成立的。"④显而易见,这一思想意味着社会整体可以凌驾于公民个人之上,只要为了实现社会整体利益的最大化,个人权益可以随时成为被利用和牺牲的对象。因此,"用功利主义思想

---

① 参见张新宝:《侵权责任构成要件研究》,法律出版社2007年版,第65页;陈璇:《对紧急避险正当化根据的再思考》,载赵秉志主编:《刑法论丛》第12卷,法律出版社2007年版。

② 参见黎宏:《刑法学总论》,法律出版社2016年版,第144页;张明楷:《刑法学》,法律出版社2021年版,第288页;高铭暄、马克昌主编:《刑法学》,北京大学出版社、高等教育出版社2022年版,第136页。

③ 参见李强:《自由主义》,东方出版社2015年版,第100~101页。Vgl. Pawlik, Der rechtfertigende Notstand, 2002, S. 33.

④ 张明楷:《行为功利主义违法观》,载《中国法学》2011年第5期。

去论证违法阻却事由的根据,这种做法最终是与人的尊严相抵触的”。[①] 正因如此,目前越来越多的学者主张,应从保障个人自由的立场出发,借助社会团结的思想去探寻攻击性紧急避险的合法性根据。

紧急权(Notrecht)是公民在紧急状态下为保护法益而损害他人法益的权利。损害他人法益的行为之所以能够得到法秩序的认可,主要是基于以下两个基本的思想:[②](1)自由平等原则。我国《宪法》第33条规定:“中华人民共和国公民在法律面前一律平等。”第51条规定:“中华人民共和国公民在行使自由和权利的时候,不得损害……其他公民的合法的自由和权利。”据此,任何人未经他人同意,都无权损害其法益;任何人对于他人无正当根据损害自己法益的行为,也都没有忍受的义务。(2)社会团结原则。为了防止对自由平等的强调演变为极端的个人主义,社会团结的思想应运而生。该理论提出:社会共同体成员之间应当在一定程度上互相照应;任何人在必要时都应适当地为他人牺牲自身利益,部分地放弃自己的自由。[③] 社会团结原则的正当性可从以下两方面得到论证:第一,从实定法的角度出发。我国《宪法》第1条第2款规定:“社会主义制度是中华人民共和国的根本制度。”社会主义原则的确立,意味着我国的法秩序在维护公民个人自由的同时,必然也强调公民之间应当互相扶助、国家应当为弱者提供照顾。[④] 第二,从哲学思想的视角出发。在一个尊重公民的自我决定权、将维护公民自由不受侵犯视为核心任务的法治国里,对个人自由的限制只能来自公民自身基于理性的同意。当所有参与制定法律制度的人均立于“无知之幕”的背后时,谁也无法预先知晓,他在将来可能发生的紧急状态中究竟会处于需要帮助者还是提供帮助者的地位。于是,至少为了保护那些直接关乎个人生存的基本法益,人们愿意制定出要求社会成员相互给予协助的团结义务。

---

① Jäger, Die Abwägbarkeit menschlichen Lebens im Spannungsfeld von Strafrechtsdogmatik und Rechtsphilosophie, ZStW 115(2003), S. 785.

② 参见陈璇:《紧急权:体系建构、竞合适用与层级划分》,载《中外法学》2021年第1期。

③ 参见王钢:《紧急避险中无辜第三人的容忍义务及其限度——兼论紧急避险的正当化根据》,载《中外法学》2011年第3期;蔡桂生:《避险行为对被避险人的法律效果》,载《法学评论》2017年第4期。Vgl. Renzikowski, Notstand und Notwehr, 1994, S. 188,320f; Neumann, Die rechtsethische Begründung des „rechtfertigenden Notstands“ auf der Basis von Utilitarismus, Solidaritätsprinzip und Loyalitätsprinzip, in: Hirsch/Neumann/Seelmann (Hrsg.), Solidarität im Strafrecht, 2013, S. 164ff.

④ 参见张翔:《财产权的社会义务》,载《中国社会科学》2012年第9期。

正是在以上两个原则的基础上,紧急权的体系得以建构起来。首先,当某人以违反义务的方式侵入他人的自由空间时,基于自由平等原则,受侵犯者不负有忍受、逃避的义务,他有权在为有效制止侵害、保护法益所必要的限度内,对侵犯者的法益造成损害。由于这种紧急权几乎纯粹以个人自由为基础,故它在行使过程中所受的制约条件最少。① 这就是正当防卫权。其次,当某人虽然对他人的自由空间造成了威胁,但并未实施违反义务的行为时,公民的紧急权同时受到自由平等原则和社会团结原则的影响,一方面,由于这种威胁缺乏合法的依据,故遭受危险的人没有义务对之全盘容忍,他有权对危险来源者采取反击;另一方面,由于危险来源者毕竟要么并未现实地违反义务,要么不具备实施合法行为的能力,这些值得体谅的事由使其仍在一定范围内保留了要求对方给予照应的权利,故行为人对其展开的反击就要比正当防卫更加克制。② 此即防御性的紧急避险权。最后,当公民的某一法益遭遇险境时,基于社会团结原则,其他公民有义务作出一定的牺牲以协助其转危为安。但由于社会团结毕竟只是在坚持自由平等原则的前提下出现的例外,故建立在该思想基础上的紧急权必然会受到最严格的规制。这便是攻击性的紧急避险。

由此可见,随着紧急权损害的对象与危险源之间的关系不同,其法益值得保护性的大小也会发生变化,故不同的紧急权在进行利益衡量时所能容许的法益对比关系自然也就存在重大差别。在正当防卫中,由于被损害者自己就是以违反义务的方式引起法益冲突之人,故其法益的值得保护性与其所侵害的法益相比就会出现大幅下降。因此,即使防卫人为了保护财产法益而导致侵害人重伤甚至死亡,原则上,也同样可以认为他保护了更高的利益。在攻击性的紧急避险中,由于被损害者是与危险引起无关的第三人,故其法益的值得保护性本身并无减损,只有当其法益的价值明显低于受危险威胁的法益时,才能基于社会团结原则认为避险行为保护了较高的利益,进而要求被损害者承担忍受的义务。由于生命作为最高的法益,不可能在价值上明显低于其他法益,故它绝对不能成为攻击性紧急避险牺牲的对象。在防御性紧急避险中,有两个反向的因素共同影响着利益衡量的判断。一方面,避险对象者

① Vgl. Kühl, Freiheit und Solidarität bei den Notrechten, FS-Hirsch, 1999, S. 260ff.

② Vgl. Pawlik, Der rechtfertigende Defensivnotstand im System der Notrechte, GA 2003, S. 16f.

是危险的产生方,故其法益值得保护性必然会有所下降;但另一方面,由于避险对象者并未实施违法行为,故其法益值得保护性的下降幅度又不可能等同于正当防卫中的不法侵害人。由此决定,防御性紧急避险中的利益衡量标准较攻击性紧急避险要宽松,但又严于正当防卫。① 所以,只要保护和损害的法益在价值上基本相当,即可认为避险行为维护了较高的利益。②

二、紧急避险的成立要件

紧急避险的成立要件包括避险起因、避险对象、避险限制、避险限度与避险意识五个方面,每个方面中又包含了一些具体要素,下文将予以详细展开,对于部分理论上有争议或较抽象的要素,为便于理解,下文将通过部分典型示例予以展开。

(一)避险起因

1. 危险

(1)危险的来源

凡是使法益受到损害威胁的状态都属于这里所说的危险,其来源包括:自然力量;动物的侵袭;饥饿、疾病等人的自然生理状态;人所实施的不法侵害等。

(2)危险的判断标准

关于危险是否存在的判断,应当根据行为时存在的全部事实情况为基础,以行为当时的一般人为标准。③ 危险本来就是一种关于损害发生之概率大小的预测。危险的存在表明,损害是否出现具有一定的可能,但仍处于不完全确定的状态之中。所以,不能以最终没有发生损害结果为由,否定在行为当时存在危险状态。例如,甲为某海轮的船长。一日,其所带领的轮船由南美载货回国,途经公海时受到台风紧急预报,称该船途经的海面在24小时内有12级台风。由于船远离陆地,无法进港;而在原地抛锚或继续前行与返航都不能避开台风的袭击。甲为了减轻船的负荷,以免船毁人亡,便命令船员将所载货物的10%(价值人民币十几万元)抛入大海。抛

---

① Vgl. Lenckner, Der rechtfertigende Notstand, 1965, S. 306f.

② Vgl. Günther, in: SK-StGB, 7. Aufl., 2000, § 34 Rn. 40.

③ Vgl. Perron, in: Schönke/Schröder, StGB, 30. Aufl., 2019, § 34 Rn. 13.

货完毕后,该船继续航行。10 小时后,台风突然转向,该船未遭遇台风。① 在本例中,尽管轮船事实上并未受到台风的袭击,但站在行为时的角度来看,综合当时存在的全部事实情况进行预测,任何一名理性人都会认为轮船遭遇台风的可能性相当大,故应当认为现实的危险是存在的。

2. 正在发生

危险正在发生,是指危险已经出现而且并未结束。就危险开始的时间来说,需要注意的是,若危险的来源是他人的不法侵害,则可能在不法侵害开始之前就已经存在危险的状态,即危险的开始可能早于不法侵害的开始。若不法侵害开始之前就已产生某种危险,则在没有其他方法避免该危险的情况下,可以实施紧急避险。例如,在前述甲为防止丈夫乙喝醉酒后虐待自己和孩子,便在乙开始喝酒时趁其不备用平底锅将他砸晕的案件中,尽管乙喝酒时还不能认为不法侵害已经开始,但由于根据以往的经验,乙一旦喝到一定程度就有使用暴力的倾向,故可以认为此时危险已经出现,可以对乙实施紧急避险。

如果实际上并不存在正在发生的危险,但行为人误以为存在,并实施了所谓避险行为造成法益损害的,属于假想避险。和假想防卫的处理原则相类似,应根据行为人主观上是否具有过失,而分别认定为过失犯罪或者意外事件。

(二)避险对象

通说向来主张,紧急避险不能直接对抗危险的来源,而只能以无辜第三人的合法权益为对象,并认为这是紧急避险与正当防卫的重要区别之一。② 实际上,目前,已有越来越多的学者倾向主张,紧急避险的被害人既包括第三人,也包括虽引起了危险但并未实施不法侵害的人。根据避险对象的不同,紧急避险可以区分为两类,即攻击性的紧急避险(Agressivnotstand)和防御性的紧急避险(Defensivnotstand)。③

---

① 参见赵长青、谭向北:《疑奇刑案析》,重庆出版社 1988 年版,第 422 页。

② 参见高铭暄、马克昌主编:《刑法学》,北京大学出版社、高等教育出版社 2011 年版,第 138 页。

③ 参见刘明祥:《紧急避险研究》,中国政法大学出版社 1998 年版,第 56 ~ 57 页;冯军:《刑法教义学的立场和方法》,载《中外法学》2014 年第 1 期;陈璇:《家庭暴力反抗案件中防御性紧急避险的适用》,载《政治与法律》2015 年第 9 期;赵雪爽:《对无责任能力者进行正当防卫——兼论刑法的紧急权体系》,载《中外法学》2018 年第 6 期。

所谓攻击性的紧急避险,是指通过损害与危险来源无关的第三人法益,来保护另一合法权益的避险行为。我国传统理论所说的紧急避险就限于这种情况。所谓防御性的紧急避险,则是指通过直接对危险来源者的法益造成损害,来保护另一合法权益的避险行为。

在此,需要对可能适用防御性紧急避险的情形进行一个归纳。从总体上来说,只某一现实的危险无法被评价为正在进行的不法侵害,那么直接针对该危险来源进行反击的行为,就可能成立防御性紧急避险。具体来讲,主要包括如下 3 种情形:

1. 他人之物所生的危险

当公民面临他人之物引发的损害危险时,如果物的所有者或者占有者并不存在任何管理上的过失,那么由该物所生的危险就难以被评价为不法侵害。但是,任何公民对这种危险均不负有忍受的义务,故他为避免合法权益受损而直接对物实施的反击行为,可以成立防御性紧急避险。值得注意的是,我国已有个别判例在事实上认可了这一类型的防御性紧急避险的存在。例如:

"王某兴破坏交通设施案":"红花碛 2 号"航标船位于重庆市江北区五宝镇段长江红花碛水域,系国家交通部门为保障过往船只的航行安全而设置的交通设施,该航标船标出了该处的水下深度和暗碛的概貌及船只航行的侧面界限。2003 年 7 月 28 日 16 时许,王某兴与其妻胡某及王某书驾驶机动渔船行至该航标船附近时,见本村渔民王某及其妻田某等人下网捕鱼的"网爬子"(浮标)挂住了固定该航标船的钢缆绳,即主动驾船帮助。当王某兴驾驶的渔船靠近航标船时其渔船的螺旋桨亦被该航标船的钢缆绳缠住。在渔船存在翻沉的危险情况下,王某兴持砍刀砍钢缆绳未果,又登上该航标船将钢缆绳解开后驾船驶离现场,致使脱离钢缆绳的"红花碛 2 号"航标船顺江漂流至下游 2 公里的锦滩回水沱。17 时许,重庆市航道局木洞航标站接到群众报案后,巡查到漂流的航标船,并于当日 18 时许将航标船复位,造成直接经济损失人民币 1555.50 元。

法院最终以破坏交通设施罪判处王某兴有期徒刑 3 年、缓刑 3 年。法院在分析本案时,将被告人的行为分成了前后两个阶段:其一,王某兴在其渔船存在翻沉的现实危险下,不得已采取解开"红花碛 2 号"航标船钢缆绳,来保护其与他人人身及渔船财产的行为系紧急避险。其二,王某兴在其危险解除后,明知航标船流失会造成船舶在通过该航标船流域时发生危险,其应负有立即向航道管理部门报告以防止危害的义务,王某兴未履行该义务,其不作为的行为构成破坏交通设施罪,应负刑事责任。① 这一判例具有两方面的指导意义:第一,确立了针对危险来源的反击行为可以成立紧急避险的原则。在本案中,当王某兴所驾渔船的螺旋桨被航标船的钢缆绳缠住并由此存在翻沉之虞时,可以认为航标船对其生命法益造成了现实的危险。由于该危险的发生并不是由航道管理部门的过失所致,故不能将其评价为不法侵害行为。于是,王某兴解开航标船钢缆绳致使航标船漂流损毁的行为,属于直接针对危险来源所实施的防御性紧急避险。判例既然认可被告人的行为成立紧急避险,那就表明法官已经有意无意地突破了通说的桎梏,从而将紧急避险的损害对象扩展到了危险来源者之上。这便在实质上肯定了防御性紧急避险的适用空间。但需要注意的是,本案被告人所实施的避险行为不仅损害了航标船(航道管理部门的财物)本身,而且还给过往船舶的航行安全造成了威胁。由于其他船舶的航行安全属于第三人法益,故王某兴的行为也具有攻击性紧急避险的性质。第二,肯定了正当化事由也可能成为引起作为义务的先行行为。

2. 虽然不法侵害尚未开始,但危险已经出现

"窥探者案"(Spanner-Fall):一陌生男子 Y 多次在夜间偷偷潜入 X 夫妇的住所进行窥探,虽然他并未实施其他违法行为,而且一被发现即刻逃离,但仍给 X 夫妇造成难以忍受的惊扰和恐惧,致使夫妇2 人不敢在夜晚外出。1977 年 9 月 9 日 1 时 50 分左右,Y 再次潜入 X 的住宅,被发现后赶忙向屋外逃窜,X 在追赶的过程中开枪击中 Y 的腿部,致其重伤。②

德国州法院判决被告人成立危险的身体伤害罪。在上诉审中,联邦最高法院对该行为能否得到正当化的问题避而不谈,而是以被告人 X 夫妇的行动自由已经遭遇到无法通过其他方法排除的危险为由,根据德国《刑法典》第 35 条关于阻却责任之

---

① 参见重庆市第一中级人民法院刑事判决书,(2004)渝一中刑终字第 183 号;中华人民共和国最高人民法院刑事审判第一庭、第二庭编:《刑事审判参考》(第 38 集),法律出版社 2004 年版,第 82 ~ 87 页。

② Vgl. BGH, NJW 1979, S. 2053.

紧急避险的规定改判被告人无罪。[①] 但是,德国联邦最高法院这种跳过正当化事由直接进入责任阻却事由判断的做法,在学界引起了广泛的批判。首先可以确定的是,在 Y 逃离之时,本次非法侵入住宅的行为已告结束,单纯的逃窜行为并不属于不法侵害。[②] 但是,根据以往的经验,一旦这次放过了 Y,则他不久后仍会在深夜时分不期而至,故 X 的住宅安宁受到不法侵扰的危险状态一直持续存在。[③] 因此,X 为消除将来再度遭遇不法侵害的危险而对侵扰者实施反击的行为,就可能成立防御性紧急避险。[④]

3. 意外事件或者无责任能力之人产生的危险

"范某秀故意伤害案":被告人范某秀与被害人范某雨系同胞兄弟。范某雨患精神病近 10 年,因不能辨认和控制自己的行为,经常无故殴打他人。2003 年 9 月 5 日 8 时许,范某雨先追打其侄女范某辉,后手持木棒、砖头在公路上追撵其兄范某秀。范某秀在跑了几圈之后,因无力跑动,便停了下来,转身抓住范某雨的头发将其按倒在地,并夺下木棒朝持砖欲起身的范某雨头部打了两棒,致范某雨当即倒在地上。后范某秀把木棒、砖头捡回家。约 1 个小时后,范某秀见范某雨未回家,即到打架现场用板车将范某雨拉到其住处。范某雨于当日 11 时许死亡。

法院秉持通说观点,认为尽管范某雨因患精神病而缺乏责任能力,但其殴打行为依然成立不法侵害,范某秀的反击行为属于正当防卫明显超过必要限度造成重大损害,最终以故意伤害罪判处其有期徒刑 3 年,缓刑 3 年。[⑤] 但是,无论是意外事件还是无责任能力之人发动的袭击,其行为主体在归责方面都存在重大缺陷。尽管公民有权对此种侵害行为予以反击,但是在将反击型紧急权区分为强归责和弱归责两

① Vgl. BGH, NJW 1979, S. 2054.

② Vgl. Schroeder, Notstandslage bei Dauergefahr-BGH, NJW 1979, 2053, JuS 1980, S. 336.

③ Vgl. Kühl, Strafrecht AT, 8. Aufl., 2017, § 8 Rn. 69; Perron, in: Schönke/Schröder, StGB, 30. Aufl., 2019, § 34 Rn. 31.

④ Vgl. Hruschka, Rechtfertigung oder Entschuldigung im Defensivnotstand?, NJW 1980, S. 22; Jakobs, Strafrecht AT, 2. Aufl., 1991, 12/27; Koch, „Spanner-Fall"-Notstandslage bei Dauergefahr, Interessenabwägung im „Defensivnotstand", JA 2006, S. 809; Neumann, in: NK-StGB, 5. Aufl., 2017, § 34 Rn. 86.

⑤ 参见"范某秀故意伤害案",载陈兴良等主编:《人民法院刑事指导案例裁判要旨通纂》(上卷),北京大学出版社 2018 年版,第 726 ~ 727 页。

种类型的情况下,只能要求有归责瑕疵之人忍受弱归责反击型紧急权给他带来的损害。因此,笔者主张,本案被告人能够行使的紧急权应当是防御性紧急避险,而非正当防卫。

(三)避险限制

根据《刑法》第21条第1款的规定,紧急避险只能是在"不得已"的情况下才能实施。如上所述,紧急避险的本质是"正对正"。换言之,虽然紧急避险保护了更大的合法权益,但它毕竟是以损害另一合法权益为代价的,所以为了尽可能地维护公民的合法权益免遭损害,防止避险行为人随意牺牲他人的利益,故刑法对紧急避险实施的条件附加了比正当防卫更严格的限制。换言之,如有其他避免危险的合理方法可供选择,则不允许实施紧急避险;只有在毫无其他合理的方法可以排除危险,紧急避险已成为有效保护法益的唯一选择的前提下,行为人才可以实施避险行为。例如,在上述轮船抛货案件中,若本来驶入附近的避风港即可避开危险,则抛弃货物的行为并非不得已。

关于避险行为是否"不得已"的判断,应当结合事发当时的具体情况,以行为时的一般人为标准。由于在紧急状态下,普通公民往往很难准确、周密地权衡各种方案,故只要是在当时情况下一般人都会选择避险,即便客观上存在其他排险可能,也应认定避险是出于"不得已"。

(四)避险限度

紧急避险的成立,要求避险行为所保护的利益应当高于其损害的利益。这被称为紧急避险的利益衡量原则。

1. 利益衡量的基本方法

如何衡量避险行为所涉之两种利益的价值高低,这历来是刑法理论上的一个难题。对此,大致可以采取以下两个步骤来进行判断。

(1)法益抽象价值的比较

可以对牺牲的法益和保护的法益进行抽象价值上的衡量。某一法益的价值可以从法律对该法益实施保护的力度大小中推知,即价值越高的法益,法律对其保护的力度也就相应会越大。因此,基本上可以认为,当某一法益受到侵害时,若刑法对侵害行为所实施的惩罚越严厉,则该法益的抽象价值就越重要。据此,由于杀人罪的法定刑高于伤害罪,伤害罪的法定刑又高于财产罪,财产罪的法定刑根据侵犯财产的数额大小而有高低之分,故从整体上可以说,生命法益高于身体法益,身体法益高于财产法益,价值数额较大的法益高于数额较低的法益。

(2)法益值得保护程度的比较

法益的抽象价值仅是法益权衡的基础和框架,除此之外还需要综合考虑危险的紧迫性与重大性、危险源的具体情况、损害行为的程度以及当事人的忍受义务等各种因素。在此着重探讨两种因素。

①法益受到威胁的急迫程度

"醉驾救妻案":2018 年 12 月 7 日晚,被告人陈某勇为庆祝妻子生日,邀请朋友到住处吃晚饭。其间,被告人陈某勇喝了一杯多红酒。当日 23 时许,陈某勇妻子欲上楼休息时突然倒地昏迷不醒,陈某勇随即让女儿拨打"120"求救。"120"回复附近没有急救车辆,要从别处调车,具体到达时间不能确定。陈某勇得知后即驾驶小型轿车,将妻子送至医院抢救。后因与他人发生冲突,被当场查获。经鉴定,被告人陈某勇血液中检出乙醇成分,其含量为 223 mg 乙醇/100 ml 血液。

本案中,被告人为了保护妻子个人的生命,而采取醉酒高速行驶的方法使公共安全陷于危险的境地之中。如果仅从抽象的价值来看,不特定多数人的生命健康安全至少不低于个人的生命法益。但是,因为陈某勇妻子的个人生命正面临异常急迫的危险,而被告人醉酒高速行驶的行为给其他交通参与者生命健康所带来的却只是一种相对抽象的危险。两相对比,可以认为被告人的行为是为了保护较大利益而牺牲较小利益,符合紧急避险的限度要求。①

②自招的紧急避险

第一,可以确定的是,在避险挑拨的情形下不允许行为人实施紧急避险。所谓避险挑拨,是指行为人为了达到侵害他人法益的目的,故意招致危险状态,使自己的法益陷入危险的境地,然后借口紧急避险损害他人的合法权益。和防卫挑拨一样,

① 参见韩锋等:《为送亲属就医醉驾构成紧急避险》,载《人民司法》2020 年第 3 期。

既然在这种情形中,行为人是有意将危险状态作为实现自己目的的工具,那就说明其是自愿陷入危险的状态之中,可以认为他已经放弃了受到该危险状态威胁的那部分法益,故不允许他为了保护这部分法益而损害他人的法益。除避险挑拨的情形外,在危险是行为人自招的情况下,也不应否定其紧急避险的权利。

第二,虽然在自招危险的情况下,行为人并不丧失实施紧急避险的权利,但由于行为人对危险状态的发生毕竟负有责任,故在行为人保护的是自己的法益的情形中,该法益值得保护的程度就要比正常情况下有所降低,或者说,此时法益权衡原则要对行为人提出比正常情况下更严格的要求。

2. 生命对生命的避险[①]

在危难关头牺牲他人生命以保全另一生命的情形,不再是仅供思想实验的假设事例,而是早已成为司法实践需要面对的真实场景。

(1)基本原理

从宪法立场出发,应当坚持不同公民的生命法益在价值上不可比较的原则。"人的生命是一种'绝对的最高价值',一种'不可比较的人格价值'。该价值使得人享有与所有其他法益,尤其是物质性法益相比独一无二的地位。我们不得将生命贬低为一种可以进行收支结算的数值,从而使之变成单纯为实现其他目的而服务的手段。"[②]但这是纯粹就生命法益的抽象价值而言的。侵害某一法益的行为能否得到正当化,不仅取决于该法益在法律中的抽象价值与位阶,而且还取决于它在具体案件中值得保护的程度。[③] 尽管所有人的生命在法律上没有高低贵贱之分,但由个案的特殊情况所决定,不同主体之生命的值得保护性却可能存在差异。至于说在何种情形下会产生此种差别,从而导致杀人行为能够得到合法化,对该问题的回答还需要借助于紧急权体系的建构。

如前所述,以紧急权为分析框架,在攻击性的紧急避险中,由于被损害者是与危险引起无关的第三人,故其法益的值得保护性本身并无减损,只有当其法益的价值明显低于受危险威胁的法益时,才能基于社会团结原则认为避险行为保护了较高的

① 参见陈璇:《生命冲突、紧急避险与责任阻却》,载《法学研究》2016 年第 5 期。

② Lenckner, Der rechtfertigende Notstand, 1965, S. 30.

③ Vgl. Lenckner, Der Grundsatz der Güterabwägung als Grundlage der Rechtfertigung, GA 1985, S. 299.

利益,进而要求被损害者承担忍受的义务。由于生命作为最高的法益,不可能在价值上明显低于其他法益,故它绝对不能成为攻击性紧急避险牺牲的对象。在防御性紧急避险中,有两个反向的因素共同影响利益衡量的判断。一方面,避险对象者是危险的产生方,故其法益值得保护性必然会有所下降;另一方面,由于避险对象者并未实施违法行为,故其法益值得保护性的下降幅度又不可能等同于正当防卫中的不法侵害人。由此决定,防御性紧急避险中的利益衡量标准较攻击性紧急避险要宽松,但又严于正当防卫。① 所以,只要保护和损害的法益在价值上基本相当,即可认为避险行为维护了较高的利益。② 这就意味着,在行为人不得已导致了危险来源者死亡的情况下,如果该行为所保护之法益的价值与生命法益相比并不存在明显失衡的现象,那它就有可能以防御性紧急避险之名获得合法化。③

(2)具体判断

①危险共同体的内部牺牲

危险共同体,是指2人以上同处一个危险境地之中,只有牺牲其中一部分人才可能营救其他人的生命,也才能避免共同体内的所有成员同归于尽。根据被牺牲者与危险来源之间关系的不同,危险共同体又可以划分为两种类型。一种是差别型的危险共同体。在这种情形中,被牺牲者一方面与危险共同体的其他成员一样,属于危险所针对的对象,另一方面又与危险源有一定的联系。其典型就是类似"9·11"事件的情形:由于客机与建筑物即将相撞,故飞机上的无辜乘客与建筑物内的人员都面临着同一死亡危险;但由于恐怖分子的劫持行为,乘客又与危险来源,即高速撞向大楼的飞机,不可分割地捆绑在了一起。另一种是平等型的危险共同体。在这种情形中,危险共同体中的所有成员均处在危险源之外,都只是危险所威胁的对象。例如,发生在英国的"女王诉达德利与斯蒂芬斯案"。④

如前所述,在紧急避险的框架内,只有防御性紧急避险才可能使杀人行为得以

① Vgl. Lenckner, Der rechtfertigende Notstand, 1965, S. 306f.

② Vgl. Günther, in: SK-StGB, 7. Aufl., 2000, § 34 Rn. 40.

③ 关于能够通过防御性紧急避险得以正当化的杀人行为类型,参见陈璇:《家庭暴力反抗案件中防御性紧急避险的适用》,载《政治与法律》2015年第9期。

④ See R. v. Dudley and Stephens (1884), 14 QBD 273.

正当化。不可否认,在劫机撞楼案中,乘客“在空间上已被不可分离地卷入了危险源之中”。① 既然不能将乘客看作不法侵害者,那能否将他们视为单纯的危险来源,进而认为击落客机导致乘客死亡的行为成立防御性紧急避险?答案是否定的。因为,仅仅是某人与危险源在同一时空范围内连成一体,仅仅是某人的存在状态与他遭遇危险之间有事实上的条件关系,仅仅是不伤及某人就无法阻止危险,均不足以使其他公民获得对之实施如防御性紧急避险那样高强度的反击权。要成为防御性紧急避险的对象,还需要进一步满足以下两个要件:其一,权利人的独占性。即产生危险的法益空间处在权利人的排他性支配之下。这是其他公民对权利人产生信赖的根源,也是权利人对他人的防御性紧急避险负有容忍义务的关键所在。其二,法益空间的危险性。即避险行为所针对的法益,必须对危险的产生或者升高发挥了积极推动作用。劫机撞楼案的情形,却并不符合防御性紧急避险的这两个要件。首先,对于机长、领航员、乘务员等机组成员来说,由于他们接受过专门培训,在正确操作飞机、确保乘客安全方面具备远高于常人的专业技能,故其他公民有理由信赖其能够保障客机顺利和安全地航行、避免因事故给乘客和地面人员造成损害。所以,因第三人的强迫而丧失了对客机实际控制能力的机组人员,就可以被看作危险来源。但是,与机组人员不同,普通乘客只是为了长途旅行才暂时停留在机舱中,作为匆匆过客的他们既没有能力,也没有意愿对客机内的空间和设备实现独占性的支配。其次,由于正是客机的飞行状态引起了与地面建筑物撞击的危险,而机组人员对飞机的航行发挥着决定性的作用,甚至恐怖分子也必须通过控制飞行员才能完成袭击,故在客机成为危险来源的过程中,机组人员的存在是不可或缺的推动因素。然而,机舱内是否有乘客、究竟有多少乘客,这对于飞机撞击楼房的速度、强度和方式等都毫无积极影响。② 甚至,为了监视、排除乘客可能实施的反抗,劫机者还不得不额外分出相当的人力和精力,可见,众多乘客的存在有时反而会成为发动袭击的累赘,并对客机变为危险来源起到消极阻碍的作用。所以,乘客无论如何都不应被视作危险来源的组成部分,他们在恐怖袭击中所处的地位与地面建筑物内的人员完全相同,③

---

① Hirsch, Defensiver Notstand gegenüber ohnehin Verlorenen, FS-Küper, 2007, S. 154.

② Vgl. Pawlik, § 14 Ab. 3 des Luftsicherheitsgesetzes-ein Tabubruch?, JZ 2004, S. 1049.

③ Vgl. Roxin, Der Abschuss gekaperter Flugzeuge zur Rettung von Menschenleben, ZIS 2011, S. 559.

击落客机导致乘客死亡的结果无法以防御性紧急避险之名获得正当化。

在排除了成立防御性紧急避险的可能的情况下,无论差别型危险共同体还是平等型危险共同体,其内部牺牲的行为都只剩下最后一种可以考虑的正当化途径,即攻击性紧急避险。危险共同体内不同人在生还概率上的差异,不能成为证立避险行为合法性的依据。理由在于:

第一,对于危险共同体的案件来说,坚守"禁止杀人"的规范并不违背该规范的保护目的。作为故意杀人罪构成要件的基础,"不得杀人"这一命令的宗旨无疑在于保护生命法益不受损害。在一些学者看来,当危险共同体成员的生命无法全部得到保护时,若允许杀死其中已无生存希望者,则至少还能保住一部分的生命,可如果继续贯彻"不得杀人"的规范,却反而将导致全部成员丧生。可见,不加变通地坚持杀人禁令,其最终带来的后果恰恰与该规范所追求的目标南辕北辙。[①] 但细加推敲,这种说法实际上是难以成立的。因为,当我们在考虑某人是否有生还希望时,其实是在预测他能否彻底度过劫难、化险为夷,如能否躲过屠杀、能否避开飞机的撞击等。然而,不可忽视的是,即便是在危险共同体中无望逃离"鬼门关"的人,在避险行为不出现的情况下,原本也确定地享有一定的存活期间。例如,若客机不被击落,则乘客至少可以等到数秒之后才死于飞机撞击大楼所引起的爆炸。如前所述,刑法在捍卫生命安全时,只关心某人的生命长度是否被他人不当地缩短了,而不应考虑命运可能对该人寿命长短所作的安排。使一名本可寿及耄耋的健壮之人提前 50 年去世,和致一位濒死病人提早 15 分钟去世,由于 50 年的生命与 15 分钟的生命处在法律的同等保护之下,故这两种行为在刑法眼中同样都是不折不扣的杀人犯罪。

第二,生命不因其剩余时间的短暂而失去意义。为了防止杀人行为的正当化过度泛滥,支持该说的一些学者一再强调,只有当对死亡时间的提前微乎其微时,危险共同体的内部牺牲行为才有合法化的空间。[②] 可是,一方面,无论剩余的生命如何短暂,它都不可能被评价为不值一提。有论者在提出"微乎其微"这一限定标准时,其不便言明的潜台词是:与较长的生命相比,几秒钟的生命对于人来说不可能有什么

① Vgl. v. Weber, Das Notstandsproblem und seine Lösung in den deutschen Strafgesetzentwürfen, 1925, S. 30; Mangakis, Die Pflichtenkollision als Grenzsituation des Strafrechts, ZStW 84(1972), S. 475.

② Vgl. Neumann, in: NK-StGB, 5. Aufl., 2017, § 34 Rn. 77.

实际意义，几乎可以忽略不计。但这种看法不能成立。从法律上来说，生命的意义就在于它的存续本身，而不取决于它可能为个人、社会带来的功利性价值。即使是短暂的生存时间，对于生命主体来说也完全可能有至关重要的意义。另一方面，何为"微乎其微"，是仅限于数秒钟，还是可以扩及数分钟、数小时乃至 1 天？对此不可能存在一个客观确定的数值界限。

第三，否认牺牲行为的合法性，只不过是重申了在法律面前所有人的生命无论其剩余时间长短都应享有同等保护这一基本原则。正是基于这一原则，无论是否有逃脱险境的希望，危险共同体内每一成员的生命都难以获得优于其他成员的地位。因此，这样的结论丝毫没有不公正之处，它也没有为任何一方课以过重的义务。

在这种情况下，既然所有可能使行为正当化的方案已被一一排除，那么唯一可以考虑的出罪依据就只剩下责任阻却事由。

②生命危险的单纯转嫁

生命危险的单纯转嫁，是指行为人在不得已的情况下"祸水东引"，将自己或者他人面临的生命危险，转移到原本处在安全状态中的第三人身上。结合上文的分析，可以得出以下两个原则：第一，由于被牺牲者与危险源无关，故导致其死亡的行为不可能成立防御性紧急避险，不存在正当化的空间。第二，当行为人为了保全自己、近亲属或其他关系密切之人的生命时，可以根据期待可能性理论阻却行为人的责任。

（五）避险意识

传统刑法理论认为，避险意识的存在要求行为人必须对正在发生的危险有明确认识，并具有希望以损害另一较小法益的方法保护更大法益的目的。但是，这一观点可能对避险意识提出了过高要求。笔者认为，和防卫意识相似，避险意识的存在，只要求行为人对正在发生的危险有所认识即可。

三、避险过当的处理

根据《民法典》第 182 条第 3 款以及《刑法》第 21 条第 2 款的规定，避险行为超过必要限度造成不应有的损害的，应当承担适当的民事责任；若符合犯罪构成要件，则应当负刑事责任,但是应当减轻或者免除处罚。

四、关于特定主体避险禁止的规定

根据《刑法》第21条第3款的规定,本条第1款关于避免本人危险的规定,不适用于职务上、业务上负有特定责任的人。在我们的社会生活中,某些职业本来就是为消除人们面临的某种危险状态而设置。因此,如果允许从事该职业的人可以援引紧急避险的规定而不履行其义务,那么这一职业就根本无法发挥作用,社会的基本安全和秩序也就难以得到保障。例如,消防行业存在的意义就在于及时排除火灾对人们生命财产安全的威胁,一旦允许消防队员以"紧急避险"之名拒绝进入火场灭火,则消防职业也就形同虚设。同理,医疗人员的职责本来就在于为病人治疗疾病,所以医务人员也不能以为了避免自己的生命受到病菌威胁为由拒不参加救治活动。但需要注意的是:《刑法》第21条第3款所禁止的仅仅是特定责任主体以紧急避险为名拒不履行职责的行为,但它并没有剥夺这些主体在履行职责的过程中实施紧急避险的权利。换言之,特定责任主体在履行义务之时,有权通过损害另一较小法益从而避免自身生命健康法益受损。例如,消防队员固然不能为了保命而拒不参加救火;但如果是在救火的过程中,消防队员为了避免自己被火焰所伤而不得已损害了他人的部分财产,则完全可以成立紧急避险。

专题二十六　诉讼时效届满的效力

本专题撰写人：杨　巍

【《民法典》及其配套司法解释的新规则】

《民法典》第192条：

诉讼时效期间届满的，义务人可以提出不履行义务的抗辩。

诉讼时效期间届满后，义务人同意履行的，不得以诉讼时效期间届满为由抗辩；义务人已经自愿履行的，不得请求返还。

《民法典》第193条：

人民法院不得主动适用诉讼时效的规定。

《诉讼时效司法解释》（2020年修正）第2条：

当事人未提出诉讼时效抗辩，人民法院不应对诉讼时效问题进行释明。

《诉讼时效司法解释》（2020年修正）第19条：

诉讼时效期间届满，当事人一方向对方当事人作出同意履行义务的意思表示或者自愿履行义务后，又以诉讼时效期间届满为由进行抗辩的，人民法院不予支持。

当事人双方就原债务达成新的协议，债权人主张义务人放弃诉讼时效抗辩权的，人民法院应予支持。

超过诉讼时效期间，贷款人向借款人发出催收到期贷款通知单，债务人在通知单上签字或者盖章，能够认定借款人同意履行诉讼时效期间已经届满的义务的，对于贷款人关于借款人放弃诉讼时效抗辩权的主张，人民法院应予支持。

【规则由来】

《民法典》第192条来自原《民法总则》第192条,是原《民法总则》的重要新增条文。第192条第1款内容在原《民法通则》并无规定;第2款的部分内容(义务人自愿履行)继承了原《民法通则》第138条的内容,文字表述有所调整。

《民法典》第193条来自原《民法总则》第193条,其内容继承了2008年《诉讼时效司法解释》第3条的部分内容,文字表述有所调整。

《诉讼时效司法解释》(2020年修正)第2条保留了2008年《诉讼时效司法解释》第3条中"人民法院不应对诉讼时效问题进行释明"的规定。《诉讼时效司法解释》(2020年修正)第19条对时效届满规则予以进一步细化,且继承了最高人民法院相关批复的精神。第1款保留了2008年《诉讼时效司法解释》第22条的内容。第2款继承了最高人民法院《关于超过诉讼时效期间当事人达成的还款协议是否应当受法律保护问题的批复》(法复〔1997〕4号,已失效)的精神,规定"当事人双方就原债务达成新的协议"构成"义务人放弃时效抗辩权"。第3款继承了最高人民法院《关于超过诉讼时效期间借款人在催款通知单上签字或者盖章的法律效力问题的批复》(法释〔1999〕7号)的精神,规定:贷款人向借款人发出催收到期贷款(时效已届满)通知单,债务人在通知单上签字或者盖章的,可构成"借款人放弃时效抗辩权"。

【规范意旨】

《民法典》第192条是诉讼时效期间届满(以下简称时效届满)效力的基础规范。该条含两款:第1款规定,时效届满的基本效力是义务人取得抗辩权(抗辩权发生主义);第2款规定,时效届满后,义务人以"同意履行"方式放弃时效抗辩权的效力和自愿履行的效力。《民法典》第193条规定了职权禁用规则,即在当事人未主张时效事项的情形下,法院不得主动依职权适用时效规定。①

【典型案例】

案例一:"再审阶段援引时效抗辩权案"

2008年3月25日,景泰公司与中建三局二公司签订装饰工程分包协议书一份。约定由景泰公司分包由该公司总承包的郑州中原百姓生活广场项目(以下简称百姓广场项目)部分工程,并由景泰公司交付一定的工程保证金。协议签订后,景泰公司开始进场施工。2008年11月10日,经中建三局二公司以及鸿盛公司认可,景泰公司解除与中建三局二公司的施工协议,直接与鸿盛公司签订施工合同一份,约定由景泰公司承建鸿盛公司的百姓广场室内外装饰工程,范围包括a区1栋、2栋,b区办公楼,c区1栋、2栋室内外装修设计与施工及灯具安装。承包方式为包工包料。景泰公司施工期间,因鸿盛公司资金严重不足,无法按照原施工协议及补充协议的约定按形象进度付款,致使工期延误并导致景泰公司不能继续完成协议约定的所有施工项目。2010年1月16日,景泰公司对于施工完成的百姓广场项目a1区、a2区及c1区、c2区外墙装饰工程,c1区、c2区卫生间装饰工程,c1区室内装饰工程以及签证部分,向鸿盛公司提交总造价为6246.92451万元的工程结算书两套。鸿盛公司百姓广场项目工程部负责人罗某霞于同日签字确认收到了景泰公司的该结算报告书,且并未提出任何异议。2008年8月至今,在景泰公司的催促下鸿盛公司陆续分多次共支付景泰公司工程款3669.5万元,至今尚欠张某龙等5人工程款本金2577.42451万元,工程保证金300万元。

最高人民法院再审认为,关于本案的诉讼时效问题:首先,诉讼时效作为催促权利人尽快行使其所享有民事权利的法律制度,法律对于其起算时间进行了明确规

① 对于职权禁用规则与抗辩权发生主义的关系,比较法上存在3种模式:一是仅规定抗辩权发生主义而不规定前者(如德国《民法典》第214条第1款),因为前者是后者的当然推论;二是仅规定职权禁用规则而不规定后者(如日本《民法典》第145条、第167条),通过"权利消灭+法院不得主动援引时效"达到与模式一类似的效果;三是两者同时予以规定(如葡萄牙《民法典》第303条、第304条第1款),虽然该模式在立法技术上有重复规定之嫌,但其对避免无谓争议、明确法官职责范围亦有实益。我国系采模式三。

定,即自权利人知道或者应当知道其权利受到侵害之日起计算。在本案中,虽然景泰公司于 2010 年 1 月 16 日即向鸿盛公司提交了案涉工程的结算报告,但由于诸多原因,双方并未进行工程价款的最终决算,对于鸿盛公司是否侵犯了景泰公司的债权请求权,在本案诉讼前仍处于不确定状态,故鸿盛公司主张张某龙等 5 人的起诉已超过诉讼时效,无事实依据。其次,人民法院对于诉讼时效的审查系基于当事人的抗辩。而本案鸿盛公司虽于一审审理过程中提出诉讼时效抗辩,但一审法院未予采纳后,鸿盛公司对此并未提出上诉,其于再审审查期间再次主张本案超过诉讼时效,本院不予支持。①

案例二:“时效已届满债权抵销案”

2005 年 11 月 18 日,悦信公司以承诺人的名义向源昌公司和侯某出具《承诺函》,主要内容为:本人于 2005 年 4 月 1 日受贵司及阁下委托,负责办理厦门市“源昌山庄”项目南闽字第 2726A 号地块开发所需的部队手续;本人确认截至 2005 年 4 月 13 日,已经陆续收到贵司及阁下支付的委托费用 2000 万元;本人承诺于 2006 年 1 月 28 日之前完成委托事项,如不能在 2006 年 1 月 28 日之前完成委托事项,则本人将于 2006 年 2 月 18 日前将全部委托费用 2000 万元全额退还源昌公司及侯某,逾期退还的,则由侯某择选其他处置方式。2014 年 12 月 31 日,源昌公司向悦信公司发出《关于再次通知 2000 万元债权债务互相抵销的函》称,其将相关款项支付给悦信公司后,因悦信公司未完成委托事项又未另外退还委托费用,要求其对悦信公司享有的 2000 万元债权与悦信公司对其享有的 2000 万元款项相互抵销,抵销后,其对悦信公司不再负有债务。悦信公司否认收到该函。因悦信公司未偿还相关款项,源昌公司于 2015 年 4 月 22 日向厦门市中级人民法院提起本案诉讼,后因管辖权异议移送海口市中级人民法院处理。

2005 年,源昌公司与悦信公司协商投资合作事宜,2005 年 8 月 15 日,悦信公司向源昌公司账户汇入投资款 2800 万元,后源昌公司于 2005 年 10 月 26 日退还悦信公司投资款 800 万元。2014 年 6 月 26 日,悦信公司向海口市中级人民法院提起诉

① 参见最高人民法院民事裁定书,(2018)最高法民申 4644 号。

讼,请求源昌公司返还2000万元款项及利息。2014年12月26日,源昌公司提起反诉,请求:(1)确认源昌公司根据悦信公司出具的《承诺函》享有债权;(2)确认源昌公司有权根据法律规定及悦信公司出具的《承诺函》的约定将源昌公司的债权与债务抵销;(3)确认源昌公司与悦信公司的债权债务已互相抵销;(4)悦信公司承担全部诉讼费用。法院于2015年1月8日作出(2014)海中法民二初字第64-1号民事裁定书,认为源昌公司提起的反诉系委托合同纠纷,而悦信公司提起的本诉系借款合同纠纷,二者并非同一法律关系,亦非基于同一法律事实,遂裁定:对源昌公司的反诉,不予受理。源昌公司不服该裁定,提起上诉,海南省高级人民法院于2015年4月3日作出(2015)琼立一终字第94号民事裁定书,裁定:驳回上诉,维持原裁定。之后,该院于2015年12月29日作出判决:(1)源昌公司向悦信公司支付2000万元及利息(利息计算方法:以2000万元为本金,以年利率7%为标准,自2011年11月29日起计算至该判决限定履行之日止);(2)驳回悦信公司的其他诉讼请求。源昌公司不服该判决,上诉至海南省高级人民法院,2016年7月26日,海南省高级人民法院作出判决:驳回上诉,维持原判。

一审法院认为,双方互负2000万元债务达数年之久,源昌公司一直认为其负悦信公司的债务与悦信公司负其债务已互相抵销,从而未向悦信公司主张权利。因悦信公司就其对源昌公司享有2000万元借款债权于2014年6月26日另案起诉后,源昌公司才知道其权利被侵害,故本案诉讼时效应从源昌公司收到该案起诉状的时间计算,源昌公司于2015年4月22日向厦门市中级人民法院提起本案诉讼,未超过法律规定的两年诉讼时效。悦信公司关于"《承诺函》确定的最后还款期限为2006年2月28日,2011年悦信公司对源昌公司提起诉讼后,源昌公司违背诚信及基本公平原则向悦信公司主张债权,距2006年已经5年时间,早已超出诉讼时效"的辩解理由不成立,该院不予采纳。

二审法院认为,悦信公司上诉主张源昌公司提起本案诉讼已经超过诉讼时效,源昌公司抗辩其诉请解除合同没有诉讼时效,且源昌公司一直认为本案的2000万元债权已与悦信公司对源昌公司享有的另一笔2000万元债权相互抵销,在悦信公司提起分配利润的诉讼时才知道悦信公司否认本案债权已抵销,本案诉讼时效应自悦信公司提起分配利润的诉讼之日起计算,本案没有超过诉讼时效。对此,法院认为,抵销是处分债权的行为,应由债权人将抵销的意思表示通知债务人,并自通知到达对方时方可生效。在本案中,源昌公司虽主张其对悦信公司享有的2000万元债权与悦信公司对其享有的2000万元债权已相互抵销,但是源昌公司没有证据证明其曾在悦信公司起诉主张盈余分配前向悦信公司发出债务抵销通知,悦信公司也否认曾收到源昌公司的债务抵销通知,否认双方达成抵销债务的合意,且悦信公司对源昌公司的2000万元债权在该院2016年7月26日作出(2016)琼民终154号民事判决之前是尚未确定的,源昌公司一直认为已抵销系其主观认识,实际双方并未抵销。因此,对源昌公司关于其2000万元债权等额抵销与悦信公司之间的金钱债权债务的主张,不予支持。悦信公司在《承诺函》中承诺于2006年1月28日之前完成委托事项,如不能在2006年1月28日之前完成委托事项的,将于2006年2月18日前将2000万元委托费用全额退还源昌公司及侯某。《承诺函》出具后,悦信公司在2006年1月28日之前没有依据《承诺函》的约定,取得"源昌山庄"项目地块开发所需的手续及文件的原件并转交给源昌公司,悦信公司应在2006年2月18日前向源昌公司及侯某返还2000万元,但悦信公司逾期未向源昌公司或侯某返还该2000万元,源昌公司自2006年2月18日起就知道其权利被侵害,其应向悦信公司主张返还2000万元委托费用。根据原《民法通则》第135条的规定,本案诉讼时效应自2006年2月18日起算,至2008年2月18日届满,源昌公司未在此期间向悦信公司主张返还2000万元委托费用,依法不予保护,即便源昌公司认为其在悦信公司2011年提起盈余分配之诉时向悦信公司主张抵销,也已经超过诉讼时效。综上所述,源昌公司提起本案诉讼已经超过诉讼时效,一审判决所说的源昌公司一直认为其负悦信公司的债务与悦信公司负其债务已互相抵销,源昌公司自悦信公司2014年6月26日另案起诉时才知道其权利被侵害,源昌公司于2015年4月22日提起本案诉讼没有超过诉讼时效错误,应予以纠正。

最高人民法院再审认为,双方债务均已到期之条件当作如下理解:首先,双方债务均已届至履行期即进入得为履行之状态。其次,双方债务各自从履行期届至,到诉讼时效期间届满的时间段,应当存在重合的部分。即就诉讼时效在先届满的债权而言,其诉讼时效届满之前,对方的债权当已届至履行期;就诉讼时效在后届满的债权而言,其履行期届至之时,对方债权诉讼时效期间尚未届满。在上述时间段的重合部分,双方债权均处于没有时效抗辩的可履行状态,"双方债务均已到期"之条件即已成就,即使此后抵销权行使之时主动债权已经超过诉讼时效,也不影响该条件的成立。故判决,撤销一审判决和二审判决;确认厦门源昌房地产开发有限公司与海南悦信集团有限公司互负的2000万元到期债务已抵销。①

案例三:"以对账单对时效已届满债权重新确认纠纷案"

汝州市火电厂成立于1987年6月,原为集体性质,名称为"临汝县第一火电厂"。1993年12月29日,汝州市计划建设委员会批准同意汝州市火电厂在其原有资产基础上与香港恒捷企业有限公司合资兴办恒捷(汝州)电力有限公司。2000年7月14日平顶山对外经济贸易局同意合资企业名称变更为"中青电力公司"。2000年7月23日,恒捷(汝州)电力有限公司将自己的股份转让给中青电力有限公司,但汝州市火电厂仍以其名义从事民事活动,营业执照未予变更。2000年7月26日汝州市人民政府同意汝州市火电厂的产权和中青电力有限公司中汝州所拥有的国有资产部分出售给天瑞集团公司。合同签订后,因国家产业政策要求关停小火电,汝州市火电厂正常经营至2007年年底,之后停业至今,但汝州市火电厂的营业执照未予注销,仍以其名义从事民事活动。2010年汝州市火电厂及中青电力公司与汝州市电业公司对账,对账单显示汝州市电业公司应付汝州市火电厂及中青电力公司账款余额为11,537,845.14元。

关于汝州市火电厂与中青电力公司出具的两份对账单。(1)对账单1显示:落款时间为2010年11月25日,截止时间为2010年10月31日,中青电力公司应收账款调整后余额为11,537,845.14元,并加盖汝州市火电厂财务专用章、中青电力公司财务专用章及经办人李某京签章,汝州市电业公司应付账款调整后余额为11,537,845.14元,并加盖汝州市电业公司财务专用章及经办人高某红签章。(2)对账单2显示:落款时间为2011年10月10日,截止时间为2011年9月30日,其他显示名称及记载内容、调整后余额及加盖公章情况与上述对账单1记载一致,但无经办人签章。本案庭审中,汝州市电业公司对上述两份证据真实性均无异议,并认可

① 参见最高人民法院民事判决书,(2018)最高法民再51号,载《最高人民法院公报》2019年第4期。

对账单上记载的欠付电费余额为 11,537,845.14 元,但主张该笔 11,537,845.14 元欠款的权利已经超过诉讼时效,不应受法律保护。

关于争议电费偿还情况。双方从 1987 年发生供电业务,汝州市电业公司累积欠付的电费款在 2004 年 6 月 25 日至 2006 年 6 月 24 日未作任何清偿,汝州市电业公司在 2006 年 6 月 25 日之后最近一笔电费款还款时间是 2008 年 1 月 15 日。

另查明:首先,汝州市火电厂、中青电力公司提供:(1)2012 年 12 月 6 日汝州火电厂向汝州市电业公司邮寄对账单的证据及邮费发票;(2)2014 年 3 月 6 日汝州市火电厂向汝州市电业公司邮寄对账单的证据及邮费发票,后被拒收。汝州市电业公司否认收到上述两份对账单,认为汝州市火电厂在超过诉讼时效之后邮寄对账单对其不产生诉讼时效中断的效力。其次,汝州市火电厂、中青电力公司本案起诉的时间是 2014 年 4 月 24 日。

一审法院认为,本案争议的电费款在 2004 年 6 月 25 日至 2006 年 6 月 24 日因汝州市火电厂与中青电力公司未向汝州市电业公司主张权利而导致诉讼时效期间届满,为此汝州市火电厂、中青电力公司提供了 2010 年 10 月 31 日及 2011 年 9 月 30 日两份对账单,用以证明双方对超过诉讼时效的债务进行了重新确认。从上述两份对账单名称及内容分析,其内容中“应收账款余额”具有明确的催收欠款意思表示,“应付账款余额”具有同意履行的意思表示,并有汝州市电业公司加盖单位财务章表明其对该对账单的认可和同意。结合汝州市火电厂与中青电力公司分别于 2012 年 12 月 6 日、2014 年 3 月 6 日向汝州市电业公司邮寄两份对账单,并于 2014 年 4 月 24 日起诉本案的事实,可以认定汝州市火电厂与中青电力公司主张本案欠付款未超出诉讼时效,汝州市电业公司主张欠付电费款已经超过诉讼时效的理由,不符合法律规定,一审法院不予采信。

二审法院认为,尽管本案存在汝州市电业公司在 2004 年 6 月 25 日至 2006 年 6 月 24 日对所欠电费未做任何清偿的事实,但双方自发生供电业务以来,没有书面合同,双方之间事实上的电力买卖合同关系没有固定履行期限,至汝州市火电厂、中青电力公司正常供电至 2007 年年底,汝州市电业公司所欠电费滚动发生。从法院查明的事实看,汝州电业公司向汝州市火电厂或中青电力公司陆续支付电费至 2010 年 1 月 27 日。此后,汝州市火电厂、中青电力公司、汝州市电业公司 3 方先后于

2010 年 11 月 25 日、2011 年 10 月 10 日两次对账,形成两份对账单,汝州市电业公司在该两份对账单上对调整后的“应付账款余额”盖章,确认债务。2012 年 12 月6 日,汝州市火电厂向汝州市电业公司邮寄对账单,汝州市电业公司拒绝确认。依据《诉讼时效司法解释》第 10 条第 1 款第 2 项、第 6 条规定,自 2012 年 12 月6 日起算诉讼时效至 2014 年4 月24 日本案起诉,所诉债权不超过法定两年的诉讼时效保护期间。依据《诉讼时效司法解释》第 17 条的规定,汝州市火电厂、中青电力公司所诉债权应受法律保护。因本案不存在权利人主张权利超出法定诉讼时效之基本事实。①

【理论阐释】

一、诉讼时效届满的基本效力——“抗辩权发生主义”

时效届满的效力分为两个层面:一是时效届满的直接效力,即义务人取得抗辩权;二是行使抗辩权的效力(本体性效果),即援引抗辩权(积极行使)的效力和放弃抗辩权(消极行使)的效力。《民法典》第 192 条第 1 款系规定直接效力,该条第 2 款系规定放弃抗辩权的效力。

原《民法通则》对时效届满效力采胜诉权消灭主义,②但该说在概念合理性、法院应居中裁判、与处分原则相悖等方面受到强烈质疑。③ 2008 年《诉讼时效司法解释》第 1 条改采抗辩权发生主义。《民法典》第 192 条第 1 款继承了司法解释的做法,采取抗辩权发生主义,改变了原《民法通则》的做法。理由在于:时效制度的价值要求;缓和法律与道德的紧张关系;体现意思自治;借鉴立法通例;对旧法的反思等。④ 时效抗辩权是永久性抗辩权,援引该抗辩权能永久地阻止法院执行该项请求权,即请求权人提出的给付之诉会被认为无理由而被驳回。⑤

---

① 参见河南省高级人民法院民事判决书,(2014)豫法民三终字第 00136 号。
② 参见佟柔主编:《中国民法学 · 民法总则》,中国人民公安大学出版社 1990 年版,第 317 ~318 页。
③ 对胜诉权消灭主义的批评意见,参见杨巍:《民法时效制度的理论反思与案例研究》,北京大学出版社 2015 年版,第 222 ~226 页。
④ 参见黄薇主编:《中华人民共和国民法典总则编释义》,法律出版社 2020 年版,第 515 页。
⑤ 参见[德]卡尔 · 拉伦茨:《德国民法通论》(上册),王晓晔等译,法律出版社 2003 年版,第 329 ~330 页。

《民法典》第193条“职权禁用规则”与第192条“抗辩权发生主义”实为同一规则依不同角度所作规定,因为既然时效届满仅直接产生抗辩权,则该抗辩权当然只能由当事人享有和行使,法院自无权援引。《民法典》第193条继承了2008年《诉讼时效司法解释》第3条的部分内容,但未继承禁止法院就时效释明的规定。原因在于:一是理论与实践对该规则争议较大,尚未达成共识;①二是该规则的性质属于程序法规范,将其规定于《民法典》中并非妥当。依据最高人民法院的释义的解释,应禁止法院对诉讼时效进行积极释明,但并不禁止消极释明。理由是前者违反法院中立原则,而后者则否。② 笔者认为,虽然《民法典》第193条对禁止释明未作规定,但《民法典》施行后仍应采最高人民法院的该解释。理由如下:其一,法院对诉讼时效进行积极释明,违反民事诉讼的辩论原则和法院的中立地位。其二,在当事人未援引时效抗辩权的场合下,如果允许法院对诉讼时效进行积极释明,依常理义务人均会因此主张时效抗辩,这实际上变相地否定了职权禁用规则。其三,如果当事人已经援引时效抗辩权,只是表述不够清晰、准确或者证据与诉讼请求不一致,法院提示当事人明确或变更诉讼请求(消极释明),这并不违反职权禁用规则和现行证据规则。

诉讼时效和申请执行时效届满不影响法院受理案件[《民事诉讼法司法解释》(2022年修正)第219条、第481条第1款]。这是“抗辩权发生主义”和“职权禁用规则”在程序法上的体现。时效抗辩权是实体法上的抗辩权,相关争议应通过实体审理解决。③ 我国现行的做法是:其一,民事程序法设置申请执行时效制度[《民事诉讼法》(2021年修正)第246条],作为执行阶段的时效规则。其二,因现行法未设置“债务人异议之诉”制度,执行阶段就时效抗辩权存在纠纷的,参照《民事诉讼法》(2021年修正)第232条“对违法执行行为的异议”予以处理。

---

① 相关学理意见参见熊跃敏:《民事诉讼中法院释明的实证分析》,载《中国法学》2010年第5期;张海燕:《论法官对民事实体抗辩的释明》,载《法律科学》2017年第3期;任重:《我国民事诉讼释明边界问题研究》,载《中国法学》2018年第6期。

② 参见最高人民法院民事审判第二庭编著:《最高人民法院关于民事案件诉讼时效司法解释理解与适用》,人民法院出版社2015年版,第76页。

③ Vgl. Helmut Grothe, Kommentar zum §214, in: Münchener Kommentar zum BGB, 8. Aufl., München: C. H. Beck, 2018, Rn. 4.

二、时效抗辩权的援引

(一)援引场合

1. 诉讼外援引

援引行为在诉讼外与诉讼中均可实施,但诉讼中的援引具有决定意义。如果当事人曾在诉讼外援引时效抗辩权,其后在诉讼中又表示放弃该抗辩权,该情形应解释为虽然承认诉讼外的援引行为,但诉讼外的表示不是抗辩权的最终行使。① 当事人在诉讼外和诉讼中均实施援引行为且二者内容一致的,诉讼外援引行为完成时即发生抗辩效果。法院裁判仅是对诉讼外援引行为的效力予以确认。如果当事人在诉讼外作出放弃时效抗辩权的意思表示,其后在诉讼中又实施援引行为,该援引行为不被准许,因为诉讼外弃权行为导致诉讼中援引行为丧失了实体法依据。

2. 诉讼程序中援引

当事人未在一审阶段援引时效抗辩权,在二审中的援引行为不被准许,但基于新的证据能够证明时效届满的情形除外[《诉讼时效司法解释》(2020 年修正)第 3 条第 1 款]。虽然现行法在一般场合下采答辩任意主义[《民事诉讼法》(2021 年修正)第 128 条],但前述规定被认为是逾期答辩失权的例外规则,②或者是答辩失权制度在时效抗辩权上的体现。③ 实务中,下列情形不被认定为《诉讼时效司法解释》(2020 年修正)第 3 条第 1 款中“新的证据”:当事人在一审中误以为时效未届满;④当事人主张一审判决认定的事实才得出时效届满的结论;⑤一审判决⑥本身;等等。

在原一审、二审期间,当事人均未援引时效抗辩权,而在发回重审的一审程序中

---

① 参见[德]卡尔·拉伦茨:《德国民法通论》(上册),王晓晔等译,法律出版社 2003 年版,第 332 页。

② 参见杨巍:《论援引诉讼时效抗辩权的三种场合》,载《法学评论》2018 年第 6 期。

③ 参见湖北省襄阳市中级人民法院民事判决书,(2017)鄂 06 民终 2836 号。

④ 参见浙江省杭州市中级人民法院民事判决书,(2016)浙 01 民终 4535 号。

⑤ 参见海南省第二中级人民法院民事判决书,(2016)琼 97 民终 1449 号。

⑥ 参见最高人民法院民一庭:《二审中发包方以一审判决作为新证据主张承包方起诉时已经超过诉讼时效期间的诉请应否予以支持》,载最高人民法院民事审判第一庭编:《民事审判指导与参考》总第 58 辑,人民法院出版社 2014 年版,第 104 页以下。

援引，基于前述理由，该援引行为不被准许。① 当事人在终审判决作出前未援引时效抗辩权，又以时效届满为由申请再审或者在再审程序中援引时效抗辩权的，不被准许[《诉讼时效司法解释》（2020 年修正）第 3 条第 2 款]。理由是“保持司法程序安定性、维护司法既判力原则及诚信原则的要求”。② 当事人在一审阶段援引时效抗辩权但一审法院未予采纳，当事人对此未提出上诉，其后于再审阶段再次援引时效抗辩权（前述案例一）③或者以此作为申请再审的理由，④均不被准许。

3. 执行程序中援引

在现行法框架下，被执行人在执行程序中援引时效抗辩权的，参照《民事诉讼法》（2021 年修正）第 232 条“对违法执行行为的异议”予以处理。该处理模式是在债务人异议之诉制度缺失下，执行权处理时效争议的权宜之计。⑤ 学界对此多持批评意见，认为其没有充分保障当事人的司法救济权，导致执行阶段中的程序性保障未得到应有的重视。⑥ 未来修法时有必要设置债务人异议之诉或其他规则，为执行程序中对援引时效抗辩争议进行实体审理提供有效通道。⑦ 从立法论角度而言，作为申请执行对象的请求权是“执行名义所载请求权”，而非“执行请求权”，因其仍属实体法上的权利，故域外法均将其规定于民法典之中。我国亦有学者主张，将申请执行时效与诉讼时效采取统一立法体例。⑧

（二）援引主体

《民法典》第 192 条第 1 款规定时效抗辩权的援引主体是“义务人”，但依相关规定及实务做法，援引主体并非仅限于义务人本人，亦包括因时效届满而受影响的某

---

① 参见吉林省高级人民法院民事判决书，（2015）吉民二终字第 69 号。不同观点参见张雪楳：《诉讼时效审判实务与疑难问题解析》，人民法院出版社 2019 年版，第 98 页。

② 参见最高人民法院民事审判第二庭编著：《最高人民法院关于民事案件诉讼时效司法解释理解与适用》，人民法院出版社 2015 年版，第 91 ~ 92 页。相关案例，参见浙江省高级人民法院民事判决书，（2012）浙民再字第 76 号。

③ 参见最高人民法院民事裁定书，（2018）最高法民申 4644 号。

④ 参见最高人民法院民事裁定书，（2017）最高法民申 2522 号。

⑤ 参见乔宇：《论申请执行时效的适用程序》，载《法律适用》2013 年第 4 期。

⑥ 参见金印：《执行时效的体系地位及其规制方式》，载《法律科学》2017 年第 5 期。

⑦ 参见杨巍：《论援引诉讼时效抗辩权的三种场合》，载《法学评论》2018 年第 6 期。

⑧ 参见霍海红：《执行时效性质的过去、现在与未来》，载《现代法学》2019 年第 2 期。

些利害关系人。在比较法上,对于该利害关系人的认定标准并不一致。例如,法国《民法典》第 2253 条规定为“因时效完成而享有利益的人”;葡萄牙《民法典》第 303 条至第 305 条规定为“受益人”、“对时效完成之宣告有正当利益的第三人”和“检察院”(受益人无行为能力的场合);日本《民法典》第 145 条规定为“保证人、物上保证人、第三取得人及就权利消灭而有正当利益之人”。① 有学者认为,应参酌因果关系远近程度、与其他规则的兼容性等因素判断。② 例如,根据《民法典》第 553 条的规定,在债务承担的场合下,新债务人可以援引原债务人对债权人的抗辩(包括时效抗辩权)。③ 亦有裁判意见将该条扩张适用于替代清偿人。④

《民法典》第 701 条规定,保证人享有主债务人的抗辩权,通说认为包括主债务时效抗辩权。⑤ 其一,一般保证人和连带责任保证人均可援引主债务时效抗辩权。一般保证人可选择行使先诉抗辩权或主债务时效抗辩权以拒绝债权人的履行请求;行使先诉抗辩权无果后仍可援引主债务时效抗辩权。其二,《诉讼时效司法解释》(2020 年修正)第 18 条第 2 款规定,保证人未援引主债务时效抗辩权的,承担保证责任后无权向主债务人追偿,但主债务人同意给付的除外。此规定使保证人的援引行为具有一定程度的“义务”性质,因为保证人不实施该援引行为将丧失追偿权。所谓“同意给付”,是指主债务人向债权人作出“同意履行义务”的表示,即主债务人自己也实施了弃权行为。⑥ 其三,主债务时效抗辩权不属于主债务人专有,保证人系以自己名义独立行使该抗辩权。⑦

抵押人能否援引主债务时效抗辩权以拒绝承担担保责任?《民法典》第 419 条继承了原《物权法》第 202 条之规定:抵押权人在主债务时效期间内未行使抵押权的

---

① 此为 2017 年日本《民法典》修订后的内容。在修订以前,日本实务上采“因时效而直接受益者”标准。参见金山直樹『時効における理論と解釈』(有斐閣、2009 年),294 頁。

② 参见杨巍:《援引诉讼时效抗辩权的主体》,载《法学》2018 年第 10 期。

③ 参见最高人民法院民事判决书,(2005)民二终字第 210 号。

④ 参见江苏省南通市中级人民法院民事判决书,(2013)通中民终字第 0698 号。

⑤ 参见王利明:《合同法分则研究》(下卷),中国人民大学出版社 2013 年版,第 293 页。

⑥ 参见最高人民法院民事审判第二庭编著:《最高人民法院关于民事案件诉讼时效司法解释理解与适用》,人民法院出版社 2015 年版,第 343 页。

⑦ 参见全国人大常委会法制工作委员会民法室编著:《中华人民共和国担保法释义》,法律出版社 1995 年版,第 26 页。

后果是“人民法院不予保护”。但对此应解释为“抗辩权发生”还是“抵押权消灭”,争议甚大。[①] 有的最高人民法院公报案例采“抵押权消灭说”,[②]但亦有最高人民法院判决认为“抵押权丧失法律强制力保护”。[③]《民法典担保制度解释》采取“抗辩权发生说”:(1)其第 44 条第 1 款规定,“抵押人以主债权诉讼时效期间届满为由,主张不承担担保责任的,人民法院应予支持”,该文义更接近“抗辩权发生说”。(2)其第 20 条规定,抵押人(物上保证人)可以适用《民法典》第 701 条关于保证人抗辩权的规定,故抵押人可以援引主债务时效抗辩权。笔者认为,该司法解释的选择是合理的,理由如下:其一,在现行法语境下,“人民法院不予保护”是对时效届满后果的习惯性表述。其二,在实现担保物权案件中,法院并不主动审查主债务时效期间是否届满[《民事诉讼法司法解释》(2022 年修正)第 369 条],抵押人可依据 2020 年修正的最高人民法院《执行异议复议规定》(2020 年修正)第 7 条第 2 款“债权丧失强制执行效力”之事由提出执行异议。其三,主债务时效届满后,抵押人自愿与抵押权人达成实现抵押权协议的,法院通常认可其效力。[④] 此可解释为抵押人放弃抗辩权。

留置物所有人能否援引主债务时效抗辩权?《民法典担保制度解释》第 44 条第 2 款规定,主债权时效届满后,留置物所有人无权请求债权人返还留置物;但留置物所有人有权请求拍卖、变卖留置物并以所得价款清偿债务。该规定的理由在于,留置权以债权人占有标的物为成立要件,只要处于债权人占有留置物的状态,主债权时效届满也不导致留置权消灭或效力减损。因此,留置物所有人不能通过援引主债务时效抗辩权以请求债权人返还留置物,[⑤]而只能请求债权人将留置物变价以了结双方法律关系。

---

① “抗辩权发生说”,参见王利明:《物权法研究》(下卷)(第 3 版),中国人民大学出版社 2013 年版,第 1218 页;“抵押权消灭说”,参见程啸:《论担保物权之存续期限》,载《财经法学》2015 年第 1 期。

② 参见“王某诉李某抵押合同纠纷案”,北京市第三中级人民法院民事判决书,(2016)京 03 民终 8680 号,载《最高人民法院公报》2017 年第 7 期。

③ 参见最高人民法院民事裁定书,(2017)最高法民申 1355 号。

④ 参见广东省珠海市中级人民法院民事判决书,(2017)粤 04 民终 2591 号。

⑤ 参见林文学等:《〈关于适用民法典有关担保制度的解释〉的理解和适用》,载《人民司法·应用》2021 年第 4 期。

出质人能否援引主债务时效抗辩权？《民法典担保制度解释》第 44 条第 3 款区分质权公示方式的不同分别作出处理：(1) 以登记作为公示方式的权利质权，出质人有权援引主债务时效抗辩权（参照适用该条第 1 款）；(2) 动产质权、以交付权利凭证作为公示方式的权利质权，出质人不能通过援引主债务时效抗辩权请求债权人返还质物（参照适用该条第 2 款）。

连带债务人 A 取得的时效抗辩权，连带债务人 B 能否援引？《民法典》颁布以前，学界对此存在争议，[①]有的最高人民法院判决持肯定意见。[②]《民法典各分编草案（室内稿）》第 61 条曾经规定，“连带债务人可以主张其他债务人对债权人的抗辩”，但该条在“一审稿”之后的各“草案”版本及正式通过的《民法典》中均被删除。《民法典》第 520 条仅规定履行、抵销、提存等构成连带债务关系中的绝对效力事由，而对时效事项未予规定。而且，对于连带债务人之间的追偿关系，《民法典》第 519 条第 2 款规定，被追偿债务人对债权人的抗辩，可以向行使追偿权的债务人主张。这似乎表明，各债务人仅得援引自己所享抗辩权，而不能援引其他债务人的抗辩权用以对抗债权人及行使追偿权的债务人。因此，《民法典》施行后，时效届满在连带债务关系中仅具相对效力。

在代位权关系中，次债务人可以援引对债务人的时效抗辩权用以对抗债权人（《民法典》第 535 条第 3 款）。债务人对债权人享有的时效抗辩权，次债务人不能援引用以对抗债权人，因为代位权行使的是债务人对次债务人的权利，次债务人只能援引自己的抗辩权以抵御请求权。[③]

普通债权人能否援引债务人的时效抗辩权用以对抗其他普通债权人？A 对 B 享有 500 万元债权的时效届满，B 的另一普通债权人 C 因到期债权 200 万元未受清偿而申请查封了 B 的一批货物。A 也要求就该批货物受偿，C 能否援引 B 对 A 的时效抗辩权否定 A 的请求。对此，C 不能援引，因为：其一，C 作为普通债权人在因果

---

① “肯定说”，参见朱晓喆：《诉讼时效制度的价值基础与规范表达》，载《中外法学》2017 年第 3 期；“否定说”，参见周江洪：《连带债务涉他效力规则的源流与立法选择》，载《法商研究》2019 年第 3 期。

② 参见最高人民法院民事判决书，(2011) 民提字第 266 号。

③ 参见陈甦主编：《民法总则评注》（下册），法律出版社 2017 年版，第 1384 页。

关系上与该时效利益相距较远;其二,C 缺乏援引该抗辩权的程序法依据。[①]

(三)援引形式

援引时效抗辩权的行为是行使权利之表意行为、单方行为、不要式行为。[②] 诉讼外的援引行为以书面或口头形式作出,均无不可。在诉讼程序或执行程序中实施援引行为的,具体形式应符合法律规定。援引行为原则上不能以沉默形式作出。义务人针对权利人的请求,单纯地置之不理,不构成援引行为。

援引行为应包含依据时效规则拒绝履行义务的意思,至于是否明确采用"诉讼时效""时效抗辩权"等用语则并不影响援引行为的成立。实务中认定具有"拒绝履行义务"意思的情形,如当事人表示"年代久远,已无钱还贷"[③]"借条已经过了 20 年了,条子没用了"[④]等。在实务中不认定具有"拒绝履行义务"意思的情形,如当事人表示"没有还过贷款……没有追过"[⑤]"×年×月×日后再也没有交易往来"[⑥]等。

(四)援引效力

当事人的援引行为符合法律要求的,即产生"人民法院不予保护"之效力。当事人于诉讼外援引的,产生适法拒绝履行的抗辩效果,其后于诉讼中可作为抗辩效果已发生的依据。当事人于诉讼程序中援引的,经实体审理后,法院应以判决形式"驳回诉讼请求"(非以裁定形式"驳回起诉")。当事人于执行程序中援引的,经审查成立后,执行法院裁定"不予执行"。

基于"从随主"规则,当事人援引主债务时效抗辩权的效力及于从权利(如利息、定金、违约金)。保证债权、抵押权等担保权虽属从权利,但担保人独立享有时效

---

① 参见杨巍:《援引诉讼时效抗辩权的主体》,载《法学》2018 年第 10 期。

② 德国法认为,援引行为是准法律行为。Vgl. Helmut Grothe, Kommentar zum §214, in: Münchener Kommentar zum BGB, 8. Aufl., München: C. H. Beck, 2018, Rn. 4.

③ 参见黑龙江省高级人民法院民事判决书,(2011)黑监民再字第 139 号。

④ 参见福建省龙岩市中级人民法院民事判决书,(2014)岩民终字第 1263 号。

⑤ 参见广东省高级人民法院民事裁定书,(2017)粤民申 8649 号。

⑥ 参见江苏省扬州市中级人民法院民事判决书,(2017)苏 10 民终 642 号。

抗辩权,即债务人援引时效抗辩权的效力并不当然及于担保人。

时效届满之前产生的抵销权,于时效届满后仍可行使。换言之,债务人援引时效抗辩权不具有否认债权人行使该抵销权的效力。《九民会议纪要》第 43 条规定,抵销的效力溯及自抵销条件成就之时,双方互负的债务在同等数额内消灭。双方互负的债务数额,是"截至抵销条件成就之时"各自负有的全部债务数额。有最高人民法院公报案例(前述案例二)认为,双方债权均处于没有时效抗辩的可履行状态,"双方债务均已到期"之条件即为成就,即使此后用于抵销的主动债权之时效届满,亦不影响该条件的成立。[①] 被动债权时效届满的,应根据主动债权人是否明知采取不同处理,详见后文分析。

基于民事诉讼的处分原则,当事人在诉讼程序中的援引行为仅具相对效力,即仅对实施援引行为的当事人产生效力,而该效力并不当然及于其他诉讼参加人。而且,各诉讼参加人之间是否构成连带债务等实体关系并不影响该相对效力的发生,因为实体关系仅影响各主体如何享有时效抗辩权,而援引行为则须依自身意思作出。在实务中,法院多以"意思自治"[②]或"时效抗辩权是需要主张的抗辩权"[③]等理由解释援引行为的相对效力。但有最高人民法院裁判意见认为,共同被告(均为负有清算义务的股东)中的一人或数人缺席审理,到庭参加审理的共同被告之一援引时效抗辩权的,效力及于缺席审理的共同被告。理由是"缺席被告不属于到庭而不提出时效抗辩的情形""诉讼时效问题对三个被申请人是相同的"。[④] 该裁判理由及结论有待商榷。

(五)援引行为与诚信原则

援引时效抗辩权的行为应当遵循诚信原则(《民法典》第 7 条),否则可能构成滥用权利的行为(《民法典》第 132 条)。例如,债务人 A 在时效未届满时请求债权人 B 宽限一些时间以便核对账目并咨询法律顾问。B 因此等待一段时间,其后 B 再

---

① 参见最高人民法院民事判决书,(2018)最高法民再 51 号,载《最高人民法院公报》2019 年第 4 期。

② 参见上海市第二中级人民法院民事判决书,(2018)沪 02 民终 10877 号。

③ 参见四川省成都市中级人民法院民事判决书,(2018)川 01 民终 15525 号。

④ 参见最高人民法院民事裁定书,(2015)民申字第 284 号。

次主张权利时A援引时效抗辩权。由于A的表示并未明确包含“同意履行义务”，且现行法未规定“磋商”为中止事由，致使B不能通过时效中断、中止得到救济，故应依据诚信原则、禁止权利滥用否认A的援引行为。[①]

在实务中，被认定违反诚信原则或构成滥用权利的援引行为(悖信援引行为)主要包括以下类型：(1)义务人单纯逃避、拖延履行债务，其后援引时效抗辩权。例如，原告曾多次寻找被告，希望与其协商解决债务事宜，但因无法找到被告本人，导致原告主张权利的意思表示不能到达被告。[②] (2)双方存在长期合作关系，权利人合理相信时效不会成为履行障碍，义务人其后却援引时效抗辩权。例如，原告与被告在2008年至2015年12月存在3个加工合同关系，双方之间存在持续不间断的履约行为。在原告未能举证存在中断事由的情形下，被告援引时效抗辩权。[③] (3)时效届满后，义务人要求进一步确认债务是否存在、计算方法及具体数额，其后却援引时效抗辩权。例如，被告在时效届满后曾向原告表示：应该把其已经履行的付款都从本金中予以扣除；对债权转让也没有异议，但账目必须清楚地核对。但其后原告再次主张权利时，被告以时效抗辩为由拒绝还款。[④] (4)对援引行为存在争议的某些场合下，法院依据诚信原则进行解释。例如，诉讼时原告用于抵销的债权已过时效，被告以此主张时效抗辩。由于现行法对时效届满的债权能否用于抵销未作规定，法院认为，依据诚信原则和公平原则应对抵销权行使作从宽解释，因此认可了原告的抵销行为并否定了被告的援引行为。[⑤] 又如，当事人双方对本金债权时效中断的效力是否及于利息债权存在争议。在现行法无明确规定的前提下，法院基于诚信原则否定了被告的援引行为。[⑥]

由上述案型可知，适用诚信原则、禁止权利滥用限制援引行为的必要性在于：其一，因现行起算、中止、中断标准偏高或适用范围偏窄，致使某些悖信援引行为不能

---

① 亦有学者认为，援引时效抗辩权并无适用诚信原则、禁止权利滥用的必要，因为借助中断等规则足以保护权利人。参见李宇：《民法总则要义》，法律出版社2017年版，第909页。

② 参见湖南省常德市中级人民法院民事判决书，(2017)湘07民终1916号。

③ 参见江苏省无锡市中级人民法院民事判决书，(2017)苏02民终584号。

④ 参见浙江省宁波市海曙区人民法院民事判决书，(2013)甬海商初字第231号。

⑤ 参见江苏省高级人民法院民事判决书，(2008)苏民二终字第0424号。

⑥ 参见江西省高级人民法院民事判决书，(2014)赣民一终字第49号。

通过这些规则予以解决。其二,因现行法未规定权利失效制度,在需要保护权利人合理信赖的某些场合下,适用诚信原则等一般条款成为恰当选择。其三,现行法时效规则的简略和疏漏,导致适用诚信原则解释法律或进行漏洞补充成为必要。

但在实务中,也存在一些误用诚信原则"限制"援引行为的案例,常见案型包括:(1)宣示性适用。例如,将诚信原则或禁止权利滥用表述为诉讼时效制度的立法目的,此类表述与裁判说理既无直接联系也无独立规范意义,即使将其删除,也不影响裁判意见的完整性。① (2)向一般条款逃避。例如,被告在原审中未援引时效抗辩权,在原审判决生效后向检察机关申诉并于再审时援引时效抗辩权,法院依据诚信原则否认了该援引行为。② 事实上,《诉讼时效司法解释》(2020 年修正)第 3 条第 2 款对该情形设有明确规定。(3)强化式重复适用。例如,法院以时效中断为由否定了被告的援引行为,并进一步表示"诉讼时效制度不能成为义务人逃避债务的工具,违反依法依约履行义务的诚实信用原则"。③ 此类裁判意见是适用时效具体规则的当然结果,与诚信原则或禁止权利滥用并无关系。

三、义务人同意履行

(一)同意履行的性质

时效届满后义务人同意履行的,构成以明示形式放弃时效抗辩权的行为(以下简称弃权行为)。其为表意行为、处分行为、不要式行为、单方行为或双方行为。时效利益不得预先放弃(《民法典》第 197 条第 2 款),即时效届满之前当事人放弃时效利益的行为无效,以防止债权人利用优势地位苛责义务人提前放弃时效利益。④ 但时效届满后,当事人享有的时效利益已经确定,故允许依其意思放弃则属正当。从另一角度考虑,允许当事人弃权亦属抗辩权发生主义的当然结论,因为时效届满既然使当事人取得抗辩权,则积极行使(援引)或消极行使(放弃)该权利皆被允许,否

① 参见广东省广州市中级人民法院民事判决书,(2016)粤 01 民终 15711 号。
② 参见浙江省高级人民法院民事判决书,(2012)浙民再字第 76 号。
③ 参见辽宁省沈阳市中级人民法院民事裁定书,(2017)辽 01 民终 6601 号。
④ 参见葛承书:《民法时效——从实证的角度出发》,法律出版社 2007 年版,第 136 页。

则将致法律效果与胜诉权消灭主义无异。

在现行法框架下,“义务人同意履行”既为中断事由(《民法典》第195条第2项),又为弃权行为之表现形式,但后者应采更严格标准。原因在于:时效届满后义务人已经享有确定的时效利益,非有明确的弃权意思不能轻易认定丧失时效利益;中断事由发生于时效届满之前,由于此时义务人并未取得确定的时效利益,基于保护权利人的考虑,该中断事由应作从宽解释。① 因此,《诉讼时效司法解释》(2020年修正)第14条规定的“义务人同意履行”之认定标准,不能当然适用于弃权行为。在比较法上,多将“债务承认”规定为中断事由和弃权之表现形式,但二者差异与我国现行法类似。②

(二)同意履行的要件

1. 弃权人应具有相应的行为能力

因弃权行为系表意行为(法律行为),故弃权人具有相应行为能力始具有作出弃权意思表示的资格。

2. 弃权人应作出放弃时效抗辩权的意思表示,且该意思表示已生效

在实务中,该弃权意思表示常被称作“重新确认原债务”。有无弃权之意思表示,应依据意思表示解释规则予以判断。行为人虽未采“同意履行”“放弃时效抗辩权”之表述,但以下行为在实务中被认为具有弃权意思:(1)承诺以变卖的资产偿还债务;③(2)出具新欠条;④(3)提供担保物;⑤等等。

在实务中,认定不具有弃权意思的情形包括:(1)债务人针对公安机关的询问表示对借款“想办法近期解决”,即使债权人当时在场也不应认定债务人有弃权意思,因为公安机关并没有组织双方进行调解协商解决还款事宜,且该意思表示也不是向

---

① 参见最高人民法院民事审判第二庭编著:《最高人民法院关于民事案件诉讼时效司法解释理解与适用》,人民法院出版社2015年版,第275页。

② 参见金山直樹『時効における理論と解釈』(有斐閣、2009年),515頁。

③ 参见最高人民法院民事裁定书,(2012)民再申字第208号。

④ 参见四川省高级人民法院民事判决书,(2015)川民终字第539号。

⑤ 参见江西省高级人民法院民事判决书,(2018)赣民终644号。

债权人作出;[①](2)时效届满后向债权人进行小金额(100 元)转账;[②](3)双方谈判结论为“建议进行减免利息方式,由债务人向上级机构汇报并进行内部测算后,再行协商”;[③]等等。

弃权意思表示既可就权利之全部予以放弃,亦可就部分予以放弃。弃权行为通常为单方行为,即行为人向权利人作出弃权之意思表示(无须权利人同意),弃权行为即得以成立。但在实务中,亦有当事人以订立还款协议等双方行为的方式实施弃权行为。有疑问的是,双方已就偿还时效届满债务的协议进行磋商,但因有关条款未达成合意而最终未能订立协议,该情形能否认定已构成单方弃权行为?虽然义务人磋商系以愿意弃权为前提,但其既然选择以协议方式弃权,表明其本意是以与对方就相关事项达成合意为弃权行为的成立条件,故不能将作为磋商前提的弃权意愿剥离出来解释为单方弃权行为。

3. 弃权人对时效抗辩权应具有处分权

弃权行为生效导致时效抗辩权消灭,故其属于处分行为。以还款协议方式实施弃权行为的,该协议虽仅产生还款义务的“负担”,但只要弃权人对时效抗辩权具有处分权,就可确定地发生时效抗辩权消灭的后果。弃权人未依约履行协议的,通过违约责任救济。认为弃权行为是实践行为的观点显非妥当,因为其混淆了弃权行为与自愿履行两种规则的界限。[④]

4. 是否要求弃权人知悉时效届满(其享有时效抗辩权)

学界对此存在争议。“肯定说”认为,若义务人不知其抗辩权,自然不可能将处分表示指向该权利。义务人在不知时效届满的情形下作出同意履行的表示,因缺乏弃权之效果意思而构成错误。[⑤] “否定说”认为,义务人作出同意履行的意思表示,其同意的是义务的履行,而非是对时效届满后的义务履行,因此仅须知悉“义务的存在”,而无须知悉时效届满。[⑥] 笔者赞同“肯定说”,因为该说符合弃权法律行为的一

---

① 参见黑龙江省高级人民法院民事判决书,(2011)黑监民再字第 139 号。

② 参见广东省潮州市中级人民法院民事判决书,(2018)粤 51 民终 121 号。

③ 参见四川省达州市中级人民法院民事判决书,(2018)川 17 民终 99 号。

④ 参见张雪楳:《诉讼时效审判实务与疑难问题解析》,人民法院出版社 2019 年版,第 591 页。

⑤ 参见朱庆育:《民法总论》(第 2 版),北京大学出版社 2016 年版,第 543 页。

⑥ 参见陈甦主编:《民法总则评注》(下册),法律出版社 2017 年版,第 1385 页。

般原理,而“否定说”实则未将同意履行定性为弃权行为,而是将其与自愿履行规则采相同标准,这似与立法本意不符。但也应指出的是,如果义务人在不知时效届满的情形下作出同意履行的表示,但其言行致使权利人合理地相信时效不再构成行使权利的障碍,义务人其后再援引时效抗辩权的行为有可能因违反诚信原则而被认定无效。

(三)同意履行的形式

1. 诉讼外同意履行的形式

义务人于诉讼外实施弃权行为的,采口头或书面形式均无不可;也可以推定行为形式弃权;沉默不构成弃权行为的形式,即义务人对权利人的请求仅消极地不主张时效抗辩,并不导致丧失时效抗辩权,其后仍有机会援引该抗辩权。①

《诉讼时效司法解释》(2020 年修正)第 19 条新增第 2 款继承了最高人民法院《关于超过诉讼时效期间当事人达成的还款协议是否应当受法律保护问题的批复》(法复〔1997〕4 号,已失效)的精神,规定“当事人双方就原债务达成新的协议”构成“义务人放弃时效抗辩权”。依此规定,此类还款协议应被解释为以合同形式实施弃权行为。还款协议可以约定新的还款期限和方式;②未约定还款期限的,债权人可依据《民法典》第 511 条第 4 项的规定随时要求债务人履行。③

最高人民法院《关于超过诉讼时效期间借款人在催款通知单上签字或者盖章的法律效力问题的批复》(法释〔1999〕7 号)规定,信用社向借款人发出催收到期贷款(时效已届满)通知单,债务人在该通知单上签字或者盖章的,应当“视为对原债务的重新确认”,该债权债务关系应受法律保护。《诉讼时效司法解释》(2020 年修正)第 19 条新增第 3 款继承了上述批复的精神,但表述有所变化:一是该签字或者盖章还须“能够认定借款人同意履行时效已届满的义务”;二是“视为对原债务的重新确认”改为“借款人放弃时效抗辩权”。该表述变化没有实质性改变上述批复的适用后果,仅使文义更精准。依此规定,如果依据意思表示解释规则,能够认定此类催款

---

① 参见李宇:《民法总则要义》,法律出版社 2017 年版,第 909 页。
② 参见贵州省高级人民法院民事判决书,(2018)黔民终 386 号。
③ 参见四川省高级人民法院民事裁定书,(2015)川民申字第 1919 号。

通知单构成债权人向债务人作出的订立还款协议之要约，且债务人在催款通知单上签字或者盖章的行为构成承诺，则属于以合同形式实施弃权行为。对于该形式的弃权行为，应从以下两方面予以判断：

第一，债权人向债务人发出催款通知单的，基于该文件性质，推定其具有“主张权利”的意思。债权人发出对账单、询证函等其他文件的，不能直接推定其具有“主张权利”的意思，而应根据文义解释、体系解释等方法确定其意思内容。实务中，认定具有“主张权利”意思的情形包括：对账单中有“应收账款余额”之表述（前述案例三）；[①]通知中明确记载催缴数额及缴费时间；[②]等等。在实务中，不认定具有“主张权利”意思的情形包括：债权人发出的《企业询证函》中载明“本函仅为复核账之用，并非催款结算”；[③]债权人发出的对账单中未出现“还款”“催款”“欠款”等字样，且案涉对账单中记载的款项金额只有本金，不涉及约定的利息、复息、罚息；[④]等等。

第二，债务人在债权人向其发出的具有“主张权利”意思的通知单等文件上签字或盖章的，可推定其具有“同意履行”的意思，但明确具有相反意思的除外。债务人收到债权人“主张权利”的文件后，其本无必须签字或盖章的义务，但其在明知或应知可主张时效抗辩予以拒绝的情形下仍自愿签章，该行为应解释为具有弃权意思，[⑤]除非其签章时明确表达了相反意思。虽然实务中某些当事人签章时还附带表达了“同意履行”的意思，但即使没有该表达，仅有签章行为亦足以认定其具有弃权意思。[⑥] 实务中认定具有“同意履行”意思的情形包括：在计息清单上盖章；[⑦]在还款要求书上签字表示“尽快落实”；[⑧]等等。在实务中不认定具有“同意履行”意思的情形包括：最高人民法院《关于债务人签收“贷款对账签证单”的行为是否属于对已经超

---

① 参见河南省高级人民法院民事判决书，(2014)豫法民三终字第00136号。

② 参见安徽省合肥市中级人民法院民事判决书，(2018)皖01民终4929号。

③ 参见天津市高级人民法院民事裁定书，(2018)津民申1203号。

④ 参见广东省高级人民法院民事判决书，(2018)粤民再181号。

⑤ 参见最高人民法院民事判决书，(2003)民二终字第93号，载《最高人民法院公报》2003年第6期。

⑥ 也有裁判意见认为：“债务人在超过诉讼时效的催款通知书上仅有签名，未作出任何意思表示，故不能视为是债务人同意履行债务的意思表示。”参见浙江省高级人民法院民事判决书，(2009)浙商终字第291号。笔者认为，该裁判意见似与最高人民法院《关于超过诉讼时效期间借款人在催款通知单上签字或者盖章的法律效力问题的批复》的精神不符。

⑦ 参见最高人民法院民事判决书，(1999)经终字第457号。

⑧ 参见山西省运城市中级人民法院民事判决书，(2019)晋08民终2062号。

过诉讼时效的原债务的履行进行重新确认问题的复函》(〔2006〕民立他字第106号)指出,债务人在“贷款对账签证单”上签署“通知收到”,表明债务人已收到签证单的事实,但不能推定为其有偿还时效届满债务的意思表示;保证人在《担保人继续履行责任通知书》上签字,但该通知书中的欠款清单及担保人承诺部分为空白;[①]等等。

最高人民法院《关于超过诉讼时效期间后债务人向债权人发出确认债务的询证函的行为是否构成新的债务的请示的答复》(〔2003〕民二他字第59号)规定,时效届满后债务人主动向债权人发出确认债务询证函的行为,与最高人民法院《关于超过诉讼时效期间借款人在催款通知单上签字或者盖章的法律效力问题的批复》规定的“债务人在催款通知单签字或者盖章的行为”相类似,可参照最高人民法院《关于超过诉讼时效期间借款人在催款通知单上签字或者盖章的法律效力问题的批复》的规定进行认定和处理。所谓“类似”“可参照”,应解释为:债务人发出询证函的行为如果包含有“同意履行”的意思,方与债权人发出催款通知单的性质类似,债权人在此类询证函上签字或者盖章的,也构成以合同形式实施弃权行为。如果通知单或询证函中并不包含“主张权利”或“同意履行”的意思,则不产生弃权的效力。[②] 例如,债务人发出的询证函中注明“本函仅为复核账目之用,并非催款结算”,因其明确排除了“同意履行”的意思,故不能认定为弃权行为。[③]

2. 诉讼程序和执行程序中同意履行的形式

义务人在诉讼中实施弃权行为的形式包括:在言辞辩论中以口头形式作出弃权的意思表示、在答辩状中作出弃权的意思表示、在调解协议中作出弃权的意思表示等。义务人在一审中未援引时效抗辩权,构成以沉默形式实施弃权行为,因此在二审和再审中不得再实施援引行为。

义务人在执行程序中实施弃权行为的形式主要体现为:在执行和解协议中作出弃权的意思表示。义务人在执行程序中未依据《民事诉讼法》(2021年修正)第232

---

① 参见山东省临沂市中级人民法院民事判决书,(2018)鲁13民终1958号。

② 参见最高人民法院民事审判第二庭编著:《最高人民法院关于民事案件诉讼时效司法解释理解与适用》,人民法院出版社2015年版,第347页。

③ 参见江苏省高级人民法院民事裁定书,(2015)苏审二商申字第00384号。

条提出执行异议，构成以沉默形式实施弃权行为。

（四）同意履行的效力

《民法典》第192条第2款前段规定，义务人实施弃权行为的基本效力是“不得以诉讼时效期间届满为由抗辩”，即义务人因丧失时效抗辩权而不得再主张时效抗辩。该效力的发生并不考虑义务人于弃权后是否实际履行，这是同意履行规则与自愿履行规则的重要区别。

义务人实施弃权行为的，是导致新债务时效起算，还是原债务时效中断（恢复计算）？该问题的实际意义在于，弃权后时效计算是否仍受原债务20年最长时效期间的限制。主流意见认为，弃权行为的法律后果是债务从自然债务转为完全债务，时效期间从弃权之日起重新起算（中断）；约定新的还款期限的，时效期间从该还款期限届满之日重新起算（中断）。[①] 少数意见认为，债权人与债务人就时效届满债务达成和解协议，约定新的履行期限、还款数额或担保方式，其有别于原债务，“成立新的抽象之债”。[②] 笔者赞同主流意见，理由在于：其一，主流意见与“抗辩权发生主义”更为契合。其二，如果认为弃权行为产生一项新债务，则此时存在两项债务，包括时效届满的不完全债务以及新成立的完全债务。这意味着即使债务人自愿履行了前一债务，债权人仍可基于后一债务要求债务人再作出一次内容相同或相似的给付。该解释不恰当地加重了债务人的负担，也违反一个正常债务人的本意。其三，以“还款协议”形式弃权的，该还款协议虽是一个独立合同，但应被解释为对原债务履行条件的变更协议，因为该协议的主体、标的等要素均与原债务具有同一性，仅仅是履行条件发生变化。虽然最高人民法院《关于超过诉讼时效期间当事人达成的还款协议是否应当受法律保护问题的批复》（已失效）将时效届满后当事人达成还款协议的后果表述为“新的债权、债务关系”，但应将其视作用语上的不严谨，其含义与最高人民法院《关于超过诉讼时效期间借款人在催款通知单上签字或者盖章的法律效力问题的批复》表述的“对原债务的重新确认”应采相同解释。在实务中，通常认定弃权

① 参见最高人民法院民事审判第二庭编著：《最高人民法院关于民事案件诉讼时效司法解释理解与适用》，人民法院出版社2015年版，第354页。

② 参见芮沐：《民法法律行为理论之全部》，中国政法大学出版社2003年版，第168～169页。

行为完成时时效“重新计算”①或者“重新起算”,②即时效中断。

时效届满债务是可分债务的(在实务中多为金钱债务),义务人可以部分放弃时效抗辩权。在此情形下,弃权行为效力仅及于部分债务,义务人仍可就未弃权部分债务主张时效抗辩权。③ 时效届满债务是不可分债务的(如交付特定物),不存在部分弃权的可能。义务人仅同意履行时效届满的本金债务的,弃权行为效力不及于时效届满的利息债务,④时效重新计算后新产生的利息债务也不发生弃权效果。⑤

主债务人实施弃权行为的效力不及于保证人,即保证人仍有权向债权人行使该时效抗辩权(《民法典》第701条)。最高人民法院《关于锦州市商业银行与锦州市华鼎工贸商行、锦州市经济技术开发区实华通信设备安装公司借款纠纷一案的复函》(〔2002〕民监他字第14号)规定,保证期间届满后,保证人仅在债权人发出的催款通知单上签字或盖章而无其他明确表示的,不能成为重新承担保证责任的依据。最高人民法院《关于超过诉讼时效期间借款人在催款通知单上签字或者盖章的法律效力问题的批复》不适用于保证人。换言之,保证人在催款通知单上的单纯签章行为,不能解释为具有“同意履行”的意思。保证人同时享有主债务时效抗辩权和保证债务时效抗辩权,保证人放弃其一,还能否援引另一抗辩权?学理上对此存在“否定说”⑥和“区别说”⑦(“划一处理说”“附带情况考虑说”)之争。笔者认为,依据诚信原则及禁止自相矛盾行为(venire contra factum proprium)⑧的原理,应采“否定说”为宜。在实务中,保证人通常笼统地表示“同意履行”或“同意继续提供担保”,而未明确放弃何种时效抗辩权,因此法院大多直接认定为“未行使时效抗辩权”⑨“对原债务重新确认”⑩等,而不再允许主张时效抗辩。

---

① 参见最高人民法院民事裁定书,(2012)民再申字第208号。

② 参见天津市高级人民法院民事判决书,(2018)津民申1203号。

③ 参见湖北省高级人民法院民事判决书,(2014)鄂民二终字第00028号。

④ 参见福建省南平市中级人民法院民事判决书,(2018)闽07民终1336号。

⑤ 参见湖北省汉江中级人民法院民事判决书,(2018)鄂96民终1089号。

⑥ 参见潮見佳男『新債権総論Ⅱ』(信山社、2017年),684頁。

⑦ 参见金山直樹『時効における理論と解釈』(有斐閣、2009年),519頁。

⑧ 参见[德]汉斯·布洛克斯、[德]沃尔夫·迪特里希·瓦尔克:《德国民法总论》(第41版),张艳译,中国人民大学出版社2019年版,第302页。

⑨ 参见甘肃省定西市中级人民法院民事判决书,(2016)甘11民终169号。

⑩ 参见海南省高级人民法院民事判决书,(2005)琼民二终字第42号。

连带债务关系中连带债务人之一放弃时效抗辩权的，弃权效力不及于其他连带债务人。最高人民法院判决曾指出，“除非法律明确规定或者当事人特别约定，否则时效抗辩权不能由他人代为处分。连带债务人之一放弃时效抗辩权的，对其他连带债务人不具有涉他性”。[①]

四、义务人自愿履行

（一）自愿履行的性质

时效届满后义务人自愿履行的，仍属具有合法原因的履行行为，故可产生清偿效果，权利人受领之给付不构成不当得利。此为“抗辩权发生主义”应有之义。虽然自愿履行系依据法律规定而非当事人意思产生清偿效果，但自愿履行时义务人是否知悉时效届满（其享有时效抗辩权），对自愿履行行为性质的界定亦有影响。义务人明知时效届满而自愿履行的，可解释为以推定行为放弃时效抗辩权的默示弃权；义务人不知时效届满而自愿履行的，虽不构成弃权行为，但仍依据法律规定发生清偿效果。

（二）自愿履行的要件

1. 履行人应具有相应的行为能力

自愿履行构成默示弃权的，因其属于法律行为，故要求履行人应具有相应的行为能力。在自愿履行不构成弃权行为的情形下，虽然其不属于法律行为，但仍须履行人对给付对象、给付内容及给付意义具有明确认知才能产生清偿效果，因此亦对行为能力有所要求。自愿履行由无行为能力人作出的，可主张返还。[②]

2. 须已实际履行且被权利人接受

这是自愿履行规则与同意履行规则的最主要区别，因为自愿履行规则的法理基础是时效届满不导致实体权利消灭，故权利人受领的给付具有受领保持力，而不构

---

① 参见最高人民法院民事裁定书，（2017）最高法民申 2048 号。

② 参见张雪楳：《诉讼时效审判实务与疑难问题解析》，人民法院出版社 2019 年版，第 612 页。

成不当得利。[①] 如果义务人虽有履行行为但权利人未受领,因未产生清偿效果不能适用自愿履行规则,而有可能构成同意履行。义务人援引时效抗辩权后再自愿履行的,虽然请求权曾经受到限制,但其受领权并未受到影响,权利人仍可受领并保持该给付。[②]

3. 义务人实施履行行为时是自愿的

所谓自愿,是指义务人在对给付各要素具有正确认知的前提下,依其意思实施履行行为,而并非要求具有弃权意思。如果义务人因受胁迫或其他原因致使其在违背意愿的情形下实施履行行为,则不构成自愿履行。[③] 义务人因欺诈、重大误解等原因在违背真意的情形下实施的履行行为,亦属表意自由受侵害的结果,因此也不构成自愿履行。义务人自愿履行时是否知悉时效届满,不影响自愿履行的构成。由于债权人系就其本享有的权利受领给付,所以义务人在履行时是否知悉时效届满并不重要。[④] 这是自愿履行规则与同意履行规则的另一重要区别,因为自愿履行规则侧重于保护实体权利的受领权能,而非基于义务人意思产生弃权效果。

(三)自愿履行的形式

自愿履行通常发生于诉讼外,亦可发生于执行程序中[《民事诉讼法司法解释》(2022年修正)第481条第2款],但依其性质不大可能于诉讼程序中实施。自愿履行的常见形式包括:时效届满后继续支付货款、[⑤]交付货物等。义务人以新债清偿形式自愿履行的,亦被准许。[⑥] 例如,时效届满后订立"以房抵债"协议、[⑦]开立支票[⑧]等。

---

① 参见朱庆育:《民法总论》(第2版),北京大学出版社2016年版,第544页。

② 参见朱晓喆:《诉讼时效完成后债权效力的体系重构》,载《中国法学》2010年第6期。

③ 参见最高人民法院民事审判第二庭编著:《最高人民法院关于民事案件诉讼时效司法解释理解与适用》,人民法院出版社2015年版,第357页。

④ Vgl. Helmut Grothe, Kommentar zum §214, in: Münchener Kommentar zum BGB, 8. Aufl., München: C. H. Beck, 2018, Rn. 9.

⑤ 参见广东省高级人民法院民事判决书,(2018)粤民终279号。

⑥ 对于此类新债清偿协议性质的学理意见,参见朱晓喆:《诉讼时效完成后债权效力的体系重构》,载《中国法学》2010年第6期。

⑦ 参见海南省三亚市中级人民法院民事判决书,(2018)琼02民终495号。

⑧ 参见上海市第一中级人民法院民事判决书,(2014)沪一中民四(商)终字第551号。

义务人以其时效未届满的债权抵销对方时效已届满的债权，学理上亦被认为构成自愿履行。[①]《九民会议纪要》第43条规定，抵销权可以"抗辩的方式"行使。在主动债权时效未届满、被动债权时效已届满的情形下，主动债权人自愿以完全债权抵销对方不完全债权的，如果主动债权人明知时效已届满，该抵销行为构成以推定行为方式实施的默示弃权；如果主动债权人不知时效已届满，因双方实体权利尚存且抵销条件已成就而仍发生抵销效果。在实务中，有裁判意见将此类抵销行为界定为"同意履行"。[②] 笔者认为，由于抵销行为直接引起双方债务消灭的后果，故认定为"自愿履行"更准确。

义务人虽非直接履行合同给付义务，但为了履行合同给付义务而进行准备工作（如与权利人召开会议、交接资料），在实务中也被认定为自愿履行。[③] 该行为的实质是义务人自愿履行附随义务。因自愿履行附随义务交付的材料等，不得请求返还。由于给付义务尚未被实际履行，不存在返还问题，而应依据前文所述标准判断该行为是否构成同意履行。除依法律规定、当事人约定或债务性质不能代为清偿的情形外，自愿履行亦可以第三人代为清偿的形式实施。在实务中常见情形包括：时效届满后义务人的近亲属代为偿还借款；[④]受让人代为清偿时效届满债务作为股权转让的对价；[⑤]等等。

（四）自愿履行的效力

《民法典》第192条第2款规定，义务人自愿履行的基本效力是"不得请求返还"，即不得请求将双方的法律关系恢复至自愿履行之前的状态。具体而言，标的物是金钱的，不得请求返还同等数额的金钱；标的物是实物的，无论返还原物是否可能，均不得请求返还，亦不得请求折价补偿；以新债清偿形式自愿履行的，不得主张新债清偿行为无效或解除新债清偿协议；以抵销形式自愿履行的，不得主张抵销无

① 参见马俊驹、余延满：《民法原论》，法律出版社2010年版，第251页。
② 参见广东省广州市中级人民法院民事判决书，(2019)粤01民终9469号。
③ 参见重庆市高级人民法院民事判决书，(2018)渝民终328号。
④ 参见山东省德州市中级人民法院民事判决书，(2019)鲁14民终702号。
⑤ 参见贵州省贵阳市中级人民法院民事判决书，(2018)黔01民终230号。

效或请求继续履行。

时效届满后义务人自愿履行部分债务的,其效力是否及于剩余部分债务?无论是从默示弃权意思还是从受领保持力的角度,均应得出否定结论,即义务人仍可就剩余部分债务援引时效抗辩权。① 而且,从《民法典》第192条第2款后段的文义来看,由于剩余部分债务并未被实际履行,因此也无从发生"不得请求返还"之效果。时效届满后义务人自愿履行部分债务且承诺逐步偿还余款的,应认定放弃全部时效抗辩权。② 就已自愿履行部分,义务人不得请求返还;就承诺偿还的剩余部分,构成以"同意履行"方式的弃权行为,不得再主张时效抗辩。基于上述理由,时效届满后义务人自愿支付利息的,不能因此认定义务人丧失本金的时效抗辩权。③ 同理,反之亦然。

义务人自愿履行全部债务的,因清偿使债务消灭而不再有时效问题。义务人自愿履行部分债务的,已履行部分也不再有时效问题,未履行的剩余部分债务不能重新计算时效(中断)。因为在义务人自愿履行部分债务的情形下,不能由该履行行为推定义务人具有放弃剩余部分时效抗辩权的意思,故剩余部分时效抗辩权依旧存在。④ 但有个别裁判意见采相反观点,理由是"全部债权(股权转让款)是一个整体"⑤或者部分履行"符合《诉讼时效司法解释》第14条和《民法通则》第140条中'同意履行义务'的规定"。⑥ 笔者认为,这些裁判意见或者违反了可分债务的性质,或者混淆了中断规则中的"同意履行"和弃权规则中的"同意履行",因此其理由及结论值得商榷的。

一方面,义务人自愿履行(自行计算抵扣部分租金);另一方面,同时主张时效抗辩,应以自愿履行的效力为准。⑦ 因为自愿履行确定地产生清偿效果,使援引时效抗辩权的行为丧失意义。在执行程序中义务人(被执行人)自愿履行全部或部分义务

① 参见上海市高级人民法院民事裁定书,(2016)沪民申13号。
② 参见河北省沧州市中级人民法院民事判决书,(2018)冀09民终596号。
③ 参见浙江省衢州市中级人民法院民事判决书,(2015)浙衢商终字第172号。
④ 参见福建省高级人民法院民事判决书,(2017)闽民终98号。
⑤ 参见四川省巴中市中级人民法院民事判决书,(2017)川19民初33号。
⑥ 参见山东省淄博市中级人民法院民事判决书,(2017)鲁03民终1695号。
⑦ 参见北京市第一中级人民法院民事判决书,(2018)京01民终2667号。

后,不得以不知道申请执行时效期间届满为由请求执行回转[《民事诉讼法司法解释》(2022 年修正)第 481 条第 2 款]。

五、小结

对于时效届满的效力,《民法典》第 192 条放弃了“胜诉权消灭主义”,而采用“抗辩权发生主义”。该条一方面是基于“贯彻意思自治原则、平衡权利人与义务人的利益关系”等政策考量;另一方面也是继承司法解释规定的结果。在“抗辩权发生主义”框架下,时效届满的直接后果是义务人取得抗辩权(直接效果),而义务人欲使所负义务丧失强制执行力(本体性效果),还须实施援引行为才能达成该目的。《民法典》第 193 条规定的“职权禁用规则”是“抗辩权发生主义”在法官视角的体现,该规则在诉讼程序和执行程序中均应适用。

专题二十七　诉讼时效中断

本专题撰写人：杨　巍

【《民法典》及其配套司法解释的新规则】

《民法典》第195条：

有下列情形之一的，诉讼时效中断，从中断、有关程序终结时起，诉讼时效期间重新计算：

（一）权利人向义务人提出履行请求；

（二）义务人同意履行义务；

（三）权利人提起诉讼或者申请仲裁；

（四）与提起诉讼或者申请仲裁具有同等效力的其他情形。

《总则编司法解释》第38条：

诉讼时效依据民法典第195条的规定中断后，在新的诉讼时效期间内，再次出现第195条规定的中断事由，可以认定为诉讼时效再次中断。

权利人向义务人的代理人、财产代管人或者遗产管理人等提出履行请求的，可以认定为民法典第195条规定的诉讼时效中断。

《诉讼时效司法解释》（2020年修正）第8条：

具有下列情形之一的，应当认定为民法典第195条规定的“权利人向义务人提出履行请求”，产生诉讼时效中断的效力：

（一）当事人一方直接向对方当事人送交主张权利文书，对方当事人在文书上签名、盖章、按指印或者虽未签名、盖章、按指印但能够以其他方式证明该文书到达对方当事人的；

(二)当事人一方以发送信件或者数据电文方式主张权利，信件或者数据电文到达或者应当到达对方当事人的；

(三)当事人一方为金融机构，依照法律规定或者当事人约定从对方当事人账户中扣收欠款本息的；

(四)当事人一方下落不明，对方当事人在国家级或者下落不明的当事人一方住所地的省级有影响的媒体上刊登具有主张权利内容的公告的，但法律和司法解释另有特别规定的，适用其规定。

前款第(一)项情形中，对方当事人为法人或者其他组织的，签收人可以是其法定代表人、主要负责人、负责收发信件的部门或者被授权主体；对方当事人为自然人的，签收人可以是自然人本人、同住的具有完全行为能力的亲属或者被授权主体。

《诉讼时效司法解释》(2020年修正)第9条：

权利人对同一债权中的部分债权主张权利，诉讼时效中断的效力及于剩余债权，但权利人明确表示放弃剩余债权的情形除外。

《诉讼时效司法解释》(2020年修正)第10条：

当事人一方向人民法院提交起诉状或者口头起诉的，诉讼时效从提交起诉状或者口头起诉之日起中断。

《诉讼时效司法解释》(2020年修正)第11条：

下列事项之一，人民法院应当认定与提起诉讼具有同等诉讼时效中断的效力：

(一)申请支付令；

(二)申请破产、申报破产债权；

(三)为主张权利而申请宣告义务人失踪或死亡；

(四)申请诉前财产保全、诉前临时禁令等诉前措施；

(五)申请强制执行；

(六)申请追加当事人或者被通知参加诉讼；

(七)在诉讼中主张抵销；

(八)其他与提起诉讼具有同等诉讼时效中断效力的事项。

《诉讼时效司法解释》(2020年修正)第12条：

权利人向人民调解委员会以及其他依法有权解决相关民事纠纷的国家机关、事业单位、社会团体等社会组织提出保护相应民事权利的请求,诉讼时效从提出请求之日起中断。

《诉讼时效司法解释》(2020年修正)第13条:

权利人向公安机关、人民检察院、人民法院报案或者控告,请求保护其民事权利的,诉讼时效从其报案或者控告之日起中断。

上述机关决定不立案、撤销案件、不起诉的,诉讼时效期间从权利人知道或者应当知道不立案、撤销案件或者不起诉之日起重新计算;刑事案件进入审理阶段,诉讼时效期间从刑事裁判文书生效之日起重新计算。

《诉讼时效司法解释》(2020年修正)第14条:

义务人作出分期履行、部分履行、提供担保、请求延期履行、制定清偿债务计划等承诺或者行为的,应当认定为民法典第195条规定的“义务人同意履行义务”。

《诉讼时效司法解释》(2020年修正)第15条:

对于连带债权人中的一人发生诉讼时效中断效力的事由,应当认定对其他连带债权人也发生诉讼时效中断的效力。

对于连带债务人中的一人发生诉讼时效中断效力的事由,应当认定对其他连带债务人也发生诉讼时效中断的效力。

《诉讼时效司法解释》(2020年修正)第16条:

债权人提起代位权诉讼的,应当认定对债权人的债权和债务人的债权均发生诉讼时效中断的效力。

《诉讼时效司法解释》(2020年修正)第17条:

债权转让的,应当认定诉讼时效从债权转让通知到达债务人之日起中断。

债务承担情形下,构成原债务人对债务承认的,应当认定诉讼时效从债务承担意思表示到达债权人之日起中断。

【规则由来】

《民法典》第195条来自原《民法总则》第195条,该条在继承原《民法通则》第

140 条关于中断事由规定的基础上，增加了兜底条款，且文字有所调整。该条修改了诉讼时效期间重新计算时点的规定。

【规范意旨】

《民法典》第 195 条是诉讼时效中断（以下简称时效中断）的基础规范。该条前段规定了中断时点和时效期间重新计算（以下简称重新计算）时点，第 1 项至第 4 项规定了中断事由。《民法典》第 195 条吸收且扩大了原《民法通则》第 140 条规定的中断事由范围，并将重新计算时点由“中断时”修改为“中断、有关程序终结时”。

《总则编司法解释》第 38 条、《诉讼时效司法解释》第 12 条至第 17 条对时效中断规则予以进一步细化规定，包括时效中断的次数、诉讼外请求的具体情形、时效中断时点、与起诉具有同等时效中断效力的事项、义务承认的具体情形、《民法典》第 195 条之兜底条款涉及的情形、时效中断的效力等。

【典型案例】

案例一：“以资产调查表等方式确认债务以中断时效案”

1996 年 8 月 6 日，新疆烟草公司与温泉县人民政府签订《建立烟叶生产示范田协议书》，约定安排烟叶生产示范面积 3000 亩，由新疆烟草公司负责引进劳务，组建承包小组，并委托承包组从事生产和经营工作。1996 年 9 月 12 日，温泉县人民政府（甲方）与新疆烟叶公司（乙方）签订《土地承包协议书》，主要内容是在温泉县境内调整 5000 亩土地种植烟叶作为生产示范样板田。1996 年 9 月 24 日，新疆烟叶公司（甲方）与黎某（乙方）签订《协议书》，主要内容为：(1) 由甲方向乙方贴息提供生产周转金，垫付农用物资和生产资料，负责监督、检查、指导乙方烟叶生产和收购。(2) 乙方必须专款专用，并保证按技术操作规程从事烟叶生产和收购，并负责在每年年底偿还甲方提供的生产周转金及农用物质和生产资料点付款。(3) 乙方从甲方提供的生产周转金中购买一辆北京吉普 2020S6 型车，由乙方使用，产权属甲方所有。在乙方承包到期后，乙方应将此车归还甲方或由甲方折价卖给乙方。1999 年 2 月

14 日,黎某因涉嫌诈骗罪被博尔塔拉蒙古自治州公安局(以下简称博州公安局)刑事拘留。1999 年 8 月 31 日,博州公安局因黎某涉嫌诈骗证据不足作出《解除取保候审决定书》。

黎某向一审法院起诉要求新疆烟草公司、博州烟草公司、温泉县人民政府:返还其 1996 年至 1999 年 3 月 18 日投资建设塔秀烟草基地的财务凭证、账簿等书面资料;折价赔偿其荒地开垦费 15,918,060 元、其投资塔秀烟草基地 500 亩防风林带损失 850 万元、其应收账款 2,162,493.72 元、生产资料损失 760,858.34 元、物品损失 200,658 元、10,612.04 亩耕地土地补偿费 15,476,066.20 元,并返还其上述合法财产的孳息 42,667,503.26 元;赔偿其维权交通食宿费 2.4 万元;赔偿其精神损害抚慰金 10 万元。黎某还要求新疆烟草公司向其返还不当得利 176,683.44 元及利息 143,113.58 元,要求博州烟草公司向其返还不当得利 160,000 元及利息 129,600 元,要求温泉县人民政府向其返还不当得利 203,786.04 元及利息 165,066.66 元。

一审法院认为,黎某自 1999 年丧失对塔秀烟草基地的生产经营权后一直积极向新疆烟叶公司与新疆烟草公司主张权利。黎某曾于 2000 年 6 月 8 日与新疆烟叶公司工作人员签署《博州塔秀烟草基地黎明现有资产调查表》,于 2001 年 3 月 26 日与新疆烟叶公司工作人员签署《博州温泉县香料烟基地黎明资产清点汇总表》,故本案诉讼时效应自 2001 年 3 月 26 日中断。新疆烟草公司于 2004 年 12 月 15 日与黎某签订《协议书》承诺协助付款方将本息支付给黎某并在该协议签订 4 个月内清算完毕,故本案诉讼时效因新疆烟草公司的承诺行为中断,并应于 2005 年 4 月 15 日重新起算。黎某于 2007 年 4 月 12 日向人民法院提起诉讼主张权利,并于 2007 年 10 月 10 日撤诉,故本案的诉讼时效应于 2007 年 10 月 10 日重新起算。其后黎某又于 2009 年 9 月 29 日向该院提起诉讼主张权利,并未超过诉讼时效期间。黎某于 2010 年 4 月 19 日在原一审庭审中知悉新疆烟草公司、新疆烟叶公司、博州烟草公司和温泉县人民政府于 1999 年 3 月 2 日作出的《关于解决温泉县塔秀香料烟基地有关问题的会议纪要》中的内容,在该案二审后收到最高人民法院于 2015 年 1 月 31 日作出的(2013)民一终字第 208 号民事裁定后,即增加诉讼主体,以不当得利提起本案诉讼,其诉讼时效期间亦未经过。

二审法院认为,关于黎某的起诉是否超过诉讼时效的问题,根据一审查明的事实,黎某在权益受损后,一直向博州烟草公司主张权利,一审认定起诉未超过诉讼时效,并无不当。①

案例二:“撤诉导致时效中断案”

2007 年 4 月 9 日,萃圆公司(甲方)与梁某生(乙方)签订《项目合作协议书》,载明:(1)合作项目名称:贵州省锦屏县幸福小区。(2)合作内容:幸福小区开发建设全过程。(3)合作条件。2007 年 10 月 9 日,萃圆公司(甲方)与梁某生(乙方)签订《项目承包经营协议书》,载明:(1)承包项目名称:贵州省锦屏县三江镇幸福小区旧城改造。(2)承包内容:幸福小区开发建设全过程。

2008 年 5 月 13 日,萃圆公司锦屏县幸福小区项目部经理梁某生向萃圆公司发出《工作请示》,载明:为了加快幸福小区商住楼的建设,公司对该项目实行项目内部承包经营责任制,并最终于 2007 年 10 月 9 日与梁某生签订了幸福小区项目承包经营协议。现在场地已完成“三通一平”,具备了开工条件,2008 年 5 月 10 日公司已向梁某生下达了书面通知,梁某生已按照通知要求整理好报建资料和项目监理合同。请公司及时盖章,确保施工队伍能够按照锦屏县建设局的要求在 5 月 20 日前进场施工。杨某代表萃圆公司于 2008 年 5 月 14 日签收该请示。

梁某生拟以萃圆公司名义,向贵州发展建设工程有限公司发函,要求该公司于 2008 年 5 月 20 日进场施工。《关于协调有关工作的函》须萃圆公司盖章,该函于 2008 年 5 月 15 日送到萃圆公司办公室,但杨某未同意在该函上盖章。梁某生于 2008 年 5 月 13 日向贵州发展建设工程有限公司锦屏县幸福小区商住楼项目部负责人谢某秋发出《关于协调有关工作的函》,要求谢某秋敦促其公司在报送锦屏县建设局的相关资料上盖章和提供公司基本情况,确保 5 月 20 日前进场施工。谢某秋未签收。

2008 年 6 月 4 日,萃圆公司向梁某生发出通知,载明:因梁某生未能依约履行双方于 2007 年 10 月 9 日签订的《项目承包经营协议书》,未组织资金到位,也未能及时组织队伍开工,故通知收回梁某生的承包经营权,由萃圆公司组织建设。通知中

① 参见最高人民法院民事判决书,(2018)最高法民终 157 号。

同时还要求梁某生向萃圆公司提供该项目的财务报表及凭证票据复印件,以及由梁某生向萃圆公司书面提出补偿要求,并交回项目部的印章。

梁某生向一审法院起诉请求:(1)判令萃圆公司赔偿梁某生因其违约单方终止合同所造成的土地损失款35,256,800元,并支付迟延赔付的利息损失;(2)判令本案诉讼费用和评估鉴定费用由佳惠公司承担。

一审法院未论及诉讼时效。

二审法院认为,梁某生明确其于本案中所请求萃圆公司支付的土地损失,是因萃圆公司违约解除合同而给梁某生造成的预期可得利益损失,性质上属于违约损失。法院认为,2009年9月24日黔东南苗族侗族自治州中级人民法院(以下简称黔东南州中院)作出生效判决,确认萃圆公司于2008年6月4日送达给梁某生的通知有效,驳回梁某生要求履行《项目承包经营协议书》的诉讼请求。梁某生于2008年11月3日向怀化市中级人民法院起诉,要求萃圆公司承担违约责任,该案经移送,黔东南州中院于2010年10月13日立案受理。在该次诉讼中,梁某生最终的诉讼请求为要求对合伙盈亏进行清算,分配盈余,并由萃圆公司和杨某退还其投资款。梁某生在上述案件中的最终诉请,系基于双方合同解除的事实提出。该案经一审、二审、重审,于2013年5月15日经黔东南州中级人民法院裁定,准许梁某生撤回起诉,该次诉讼可以产生诉讼时效中断的法律效果。梁某生于2015年4月29日向法院提出本案诉讼,并未超过法律规定的诉讼时效期间。①

案例三:"时效中断对连带债务人效力案"

1998年4月3日,出云公司与东太堡村委会订立租赁合同,由东太堡村委会将其位于太原市柳巷南路86号的泰宝大厦一层南端中厅以南的五跨、二层过厅以南的五跨和地下室南面的四跨半租赁给出云公司使用,租赁期限15年,自1998年7月31日起到2013年7月30日止,年租金由135万元起租,逐年递增到150万元后不再增加。该合同履行期间,1999年12月17日出云公司与东太堡村委会、肯德基公司订立了租赁合同,由肯德基公司租赁太原市柳巷南路86号一层使用面积520平方

① 参见最高人民法院民事判决书,(2016)最高法民终815号。

米的房产，合同约定租期为10年，自1999年12月25日到2010年1月24日，年租金120万元，由肯德基公司直接付给东太堡村委会。同日，出云公司与东太堡村委会针对三方订立的租赁合同，为维护双方1998年4月3日签订的租赁合同的基本原则，就有关事宜又订立了补充协议。

2010年1月24日，三方租赁合同期满后，肯德基公司未将承租房交回，仍继续使用。肯德基公司与东太堡居委会（原为东太堡村委会）订立了租赁合同，租期自2010年1月25日起至2020年1月24日止，租期10年，年租金213万元，物业管理费每年30万元。出云公司以国内特快专递邮件形式分别于2010年1月19日、2011年7月20日、2013年1月31日通知肯德基公司，协商续租事宜未果。2013年7月30日，出云公司与东太堡村委会的租赁合同到期，出云公司已将其租赁的房屋（肯德基公司租赁的部分除外）移交给东太堡居委会。肯德基公司与东太堡居委会继续履行双方签订的10年期租赁合同。

出云公司一审诉称，东太堡居委会、龙鼎公司、肯德基公司共同侵权，造成了出云公司的经济损失。为此，请求法院判令：（1）肯德基公司与东太堡居委会订立的租赁合同无效；（2）肯德基公司赔付损失494.95万元，东太堡居委会和龙鼎公司承担连带责任；（3）东太堡居委会支付违约金386万元，龙鼎公司承担连带责任；（4）东太堡居委会、龙鼎公司、肯德基公司承担全部诉讼费用。

一审法院认为，依据出云公司与东太堡居委会签订的补充协议，三方租赁合同期满后，东太堡居委会、出云公司仍继续履行1998年4月3日签订的租赁合同，出云公司租赁的期限至2013年7月30日，在此期限内出云公司享有租赁房产的使用权。但三方签订的租赁合同期满后，肯德基公司与被告东太堡公司订立了续租的租赁合同，未与出云公司重新签订续租合同，肯德基公司与东太堡居委会存在违约行为。出云公司在东太堡居委会与肯德基公司签订续租合同时，即已明知其权利受损，但出云公司并未在合法的诉讼时效期间内向东太堡居委会主张权利，故其对被告东太堡居委会提出的主张已超过诉讼时效，法院不予支持；关于出云公司对肯德基公司的主张，因出云公司在法律规定的期间内通过特快专递方式向肯德基公司主张过权利，故对肯德基公司的主张未超过诉讼时效，肯德基公司应就其违约行为向出云公司赔偿损失。

二审法院认为,(1)出云公司自认在法定期限内未向东太堡居委会主张权利,且本案不存在出云公司上诉所称的,其向东太堡居委会主张有法定的中断时效的情形,因此,出云公司对东太堡居委会的主张已超过诉讼时效。(2)出云公司按照肯德基公司《年度租金结算通知单》上标明的地址,通过邮局以特快专递的方式多次向肯德基公司邮寄函件,主张权利。肯德基公司主张诉讼时效已过的辩解,证据不足,法院不予采信。因此,出云公司对肯德基公司的主张未超过诉讼时效。

最高人民法院再审认为,对于连带债务人中的一人发生诉讼时效中断效力的事由,应当认定对其他连带债务人也发生时效中断的效力。由于东太堡居委会与肯德基公司承担的是连带责任,如果发生对肯德基公司诉讼时效中断的事由,则应当认定对东太堡居委会也发生时效中断的效力……虽然出云公司未直接主张东太堡居委会赔偿损失,但仍可认定对东太堡居委会的诉讼时效中断,原审认定出云公司对东太堡居委会的侵权主张已超过诉讼时效确属不当。①

【理论阐释】

一、时效中断的性质和适用范围

(一)时效中断的性质

时效中断是权利人否认义务人时效抗辩的最常见、最有效手段,由于其效力是重新计算一个完整的时效期间,权利人所获保护程度优于时效中止和延长。时效中止和延长往往作为时效中断的补充或备用手段。在某种意义上,时效中断与时效抗辩权是一对保持制度上平衡的规则:前者为因时效受“不利益”者而设,后者为受“利益”者而设。两者的平衡使时效制度得以正常运转。②

时效中断与时效制度的价值关联密切,基于不同的时效观,对时效中断规则的解释和构建亦有不同。依据“法定证据说”(“诉讼法说”)的时效观,时效中断由阻

---

① 参见最高人民法院民事裁定书,(2017)最高法民申1529号。

② 参见[日]近江幸治:《民法讲义Ⅰ:民法总则》(第6版补订),渠涛等译,北京大学出版社2015年版,第333页。

止法定证据成立的理由引起,因此中断时效仅主张权利是不够的,应在公权力上确定权利的存在("权利确定说");依据"实体法说"的时效观,"权利人觉醒并行使权利,推翻以没有权利为前提建构的社会秩序"是时效中断的根据("权利行使说")。[①] 依据我国立法机关释义书的解释,时效中断制度的立法理由在于:权利人不行使权利是诉讼时效制度存在的事实基础,如果在时效期间内出现了与该基础相反的事实,就必须使已经过的时效期间归于无效,否则就背离了诉讼时效制度的设立宗旨。[②] 最高人民法院的释义的解释与之类似。[③] 该解释接近于"权利行使说",这与我国的实体法时效观相吻合。学界通说与官方解释基本一致,认为"中断事由表明权利人在积极行使权利,从而导致诉讼时效适用的基础丧失",[④]"诉讼时效的制度价值是督促权利人行使权利、避免义务人举证困难,倘若权利人已经主张权利或义务人作出承认,则上述目的已然实现,从而时效期间应重新计算"。[⑤]

近年来,德、日等大陆法系国家对时效中断制度进行重大改造,体现为:(1)废弃"中断"概念,改采"重新开始"[⑥]或者"时效更新"[⑦]等更直观的概念。(2)缩小中断事由的范围,扩大中止(不完成)事由的范围。修改后的德国《民法典》和日本《民法典》将原属中断事由的"提起诉讼"等若干情形修改为中止事由,[⑧]《欧洲示范民法典草案》亦采此做法。我国《民法典》,一方面,坚持"中断"概念;另一方面,《民法典》第195条在继承原《民法通则》中断事由的基础上增设兜底条款,明确认可了《诉讼

---

① 平野裕之『民法総則』(日本評論社,2017年)400頁参照。

② 参见黄薇主编:《中华人民共和国民法典总则编释义》,法律出版社2020年版,第524页。

③ 参见最高人民法院民法典贯彻实施工作领导小组主编:《中华人民共和国民法典总则编理解与适用(下)》,人民法院出版社2020年版,第984页。

④ 参见王利明:《民法总则研究》(第3版),中国人民大学出版社2018年版,第787页。

⑤ 参见朱晓喆:《诉讼时效制度的价值基础与规范表达》,载《中外法学》2017年第3期。

⑥ 债法改革后的德国《民法典》不再使用"时效中断"(Unterbrechung der Verjährung)概念,代之以"时效重新开始"(Neubeginn der Verjährung)。因为前者法律意义模糊,而后者清晰表达了该规则的法律效果。Vgl. Helmut Grothe, Kommentar zum § 212, in: *Münchener Kommentar zum BGB*, 8. Aufl., München: C. H. Beck, 2018, Rn. 1.

⑦ 2017年修订后的日本《民法典》将先前的中断事由区分为"时效完成延迟"和"时效更新"概念进行了整理。鈴木銀治郎 = 滝口博一 = 椿原直『時効の法律相談』(青林書院,2018年)60頁参照。

⑧ 德国法作此修改的理由在于,在提起诉讼的大部分情形下,缺乏适用中断规则保护权利人的必要。Vgl. Helmut Grothe, Kommentar zum § 204, in: *Münchener Kommentar zum BGB*, 8. Aufl., München: C. H. Beck, 2018, Rn. 2.

时效司法解释》对中断事由的扩张解释。

当事人虽不能改变《民法典》第195条的规范内容,但是否依据该条主张时效中断仍得自行决定。依据《民法典》第193条“职权禁用规则”之规定,法院不得主动适用时效中断规则,即使在案件中已经具备了时效中断的适用条件。有权主张时效中断的主体是该法律关系中的当事人,包括权利人、义务人及其代理人、财产代管人等。当事人是否主张时效中断,依其意思自行决定。时效中断原则上仅具相对效力,故不得以其他当事人之间发生的中断事由主张自己的时效中断,但法律有特殊规定的除外。在大多数场合下,时效中断系由权利人提出,以此否定义务人援引时效抗辩权的主张。法院受理案件时不应审查时效中断事项,受理后对当事人主张的时效中断和时效抗辩事项予以实体审理,以判决形式支持或驳回原告的诉讼请求。

(二)时效中断的适用范围

《民法典》第195条是《民法典》对时效中断的一般规定,其与特别法领域的时效中断规则构成一般规范与特别规范关系。单行法规定与第195条不一致的,原则上适用单行法规定;单行法对时效中断未作规定的,适用第195条规定。[①] 但是,如果单行法条文是对原《民法通则》中断规定的简单重复或变相重复,此类条文因不具有特殊规范意旨而不构成“真正意义的”特别规范。《民法典》施行后,此类条文不再适用,而应适用《民法典》第195条。

最高人民法院《关于审理票据纠纷案件若干问题的规定》(2020年修正)第19条规定,票据权利时效中断的,仅对发生中断事由的当事人有效。该条系基于票据关系的抽象性和独立性所作规定,在票据法领域具有特殊规范意义,因此于《民法典》施行后应继续适用。由于《票据法》及其司法解释对中断事由、中断时点和重新计算时点均未作出规定,故《民法典》第195条相关规定仍适用于票据权利时效。对于票据权利时效中断是否以“提示票据”为要件,现行法未作规定。通说采“否定说”,即票据权利时效中断无须提示票据,但请求付款则仍需提示。[②]

---

① 参见《立法法》第92条。

② 参见覃有土、吴京辉:《略论票据时效》,载《中南财经政法大学学报》2005年第2期。

最高人民法院《关于适用〈中华人民共和国企业破产法〉若干问题的规定(二)》(2020年修正)第19条对破产程序中的时效中断作出特殊规定。该条第1款规定:"债务人对外享有债权的诉讼时效,自人民法院受理破产申请之日起中断。"理由在于,由于管理人并未参与债务人原经营管理活动,而接管后客观上需要一定时间清理财产、查阅账簿等,以便催收债务人对外债权。为避免管理人接管过程中因时效届满导致债务人财产不当减损,故作此规定。[①] 该条第2款规定:"债务人无正当理由未对其到期债权及时行使权利,导致其对外债权在破产申请受理前一年内超过诉讼时效期间的,人民法院受理破产申请之日起重新计算上述债权的诉讼时效期间。"该款是针对《企业破产法》第31条第5项撤销债务人弃权行为作出的特例性规定。由于消极弃权行为(无正当理由未对其到期债权及时行使权利)导致客观上缺少撤销的对象,为避免债务人实施此类行为减少责任财产,故作此规定。[②] 由于该条在破产法领域具有特殊规范意义,因此于《民法典》施行后应继续适用。

《民法典》第198条规定,仲裁时效优先适用特别法规定。(1)商事仲裁领域中,现行法对仲裁时效中断未作规定,故应适用《民法典》第195条(《仲裁法》第74条)。(2)劳动争议仲裁领域中,仲裁时效中断适用《劳动争议调解仲裁法》第27条第2款。但对于仲裁时效重新计算时间点,该款规定的"中断时"系对原《民法通则》第140条的重复。因《民法典》已将其修改为"中断、有关程序终结时",故《民法典》施行后仲裁时效重新计算时间点应适用《民法典》第195条。(3)土地承包争议仲裁领域中,现行法对仲裁时效中断未作规定,故应适用《民法典》第195条,但中断事由与土地承包关系不兼容的除外。[③]

依据《民事诉讼法》(2021年修正)第246条第1款的规定,执行时效应当适用《民法典》第195条之时效中断规则。但应注意,申请执行时效适用第195条具有以下特殊性:(1)基于"一事不再理"原则,法律文书生效后,申请执行时效一般不能适

① 参见人民法院出版社法规编辑中心编:《企业破产法司法解释及司法观点全编》,人民法院出版社2019年版,第28页。

② 参见最高人民法院民事审判第二庭编著:《最高人民法院关于企业破产法司法解释理解与适用——破产法解释(一)·破产法解释(二)》,人民法院出版社2017年版,第255~256页。

③ 参见杨巍:《仲裁时效与诉讼时效衔接研究》,社会科学文献出版社2019年版,第241~243页。

用“提起诉讼或者申请仲裁”之中断事由。但如果当事人依法启动再审程序并获得有利裁判意见,该情形仍构成中断事由。(2)《民事诉讼法司法解释》(2022 年修正)第 466 条规定,“达成执行中的和解协议”构成中断事由。(3)当事人在执行程序之外“提出履行请求”和“同意履行义务”是否构成中断事由?立法机关释义书[①]和最高人民法院《执行程序解释》(2020 年修正)第 20 条对此均持肯定意见。

二、时效中断的适用条件

(一)存在时效中断的法定事由

1. 中断事由的特征和类型

在我国现行法框架下,中断事由具有以下特征:其一,表意性。该事由必须是当事人的某种表意行为,该行为表明当事人对权利行使或义务履行的态度。该行为可以是当事人直接向对方作出某种通知(请求履行、义务承认),也可以是通过诉诸第三方救济(起诉或申请仲裁)来实现该意思。因为该事由推翻了适用时效的基础(权利行使或义务履行处于停滞状态),因此先前已经过时效期间归于无效,待该事由消除后时效期间重新计算。[②] 其二,法定性。现行法对时效规则采取严格法定主义立场,故中断事由由法律规定,当事人约定无效。其三,即时性或持续性。与中止事由必然是某种持续状态不同,中断事由既可以是即刻结束的法律事实,也可以是持续存在的某种状态。前者如诉讼外请求和义务承认,此类行为生效时即导致中断事由发生完毕,且于此时重新计算时效期间;后者如提起诉讼或申请仲裁,在法院、仲裁机构收到起诉状、申请书至程序终结的时间段内,中断事由处于持续状态,故应于程序终结时重新计算时效期间。

中断事由最基本的分类是:权利行使型中断事由和义务承认型中断事由。前者包括诉讼外请求、起诉、申请仲裁等,后者是指义务承认。该分类最重要的意义在于,这两类中断事由的理论依据不同并由此影响其适用和解释。权利行使型中断事

① 参见王胜明主编:《中华人民共和国民事诉讼法释义》,法律出版社 2012 年版,第 561 页。

② 参见朱岩:《消灭时效制度中的基本问题》,载《中外法学》2005 年第 2 期。

由的正当性依权利行使说可得到解释，即此类事由结束了“权利行使的停滞状态”，故应中断时效。因此，只要是以某种方式“行使权利”，均有可能中断时效。这是我国实务上对此类中断事由作从宽解释的重要理论依据之一。义务承认型中断事由的依据是对权利人“信赖”的保护，即此类事由引发权利人合理地信赖义务人会作出履行，故不应继续计算原时效期间。① 因此，适用及解释此类事由时，应着重考察其是否足以引发权利人的合理信赖。

2.“诉讼外请求”应否为中断事由

对于该问题，并无立法通例可供遵循。② 我国法律将“诉讼外请求”规定为一般性的中断事由，该做法甚为少见，构成我国时效中断规则之最显著特点。在立法论角度上，我国学界对“诉讼外请求”的法律定位存在争议。③ 笔者赞同现行法将“诉讼外请求”规定为绝对中断事由的做法，除学界既有理由外，尚有以下几点值得注意：其一，在诚信缺失的社会现实下，该中断事由对保护权利人具有现实意义；其二，该中断事由可在一定程度上弥补现行时效期间偏短所造成的负面效果；其三，我国历来重视运用调解等诉讼外机制解决民事纠纷，该中断事由有助于诉讼外机制与时效制度的对接；其四，该中断事由有助于减轻法院负担，且与厌讼的文化习惯相契合。④

3.“提起诉讼”应为中断事由抑或中止事由

在传统民法中“提起诉讼”为中断事由，但如前文所述，最新立法动向将其修改为中止事由，这对我国学界产生了一定影响。在立法论层面，否定“提起诉讼”为中

---

① 松久三四彦『時効制度の構造と解釈』(有斐閣,2011 年)70 頁参照。

② 域外法对此态度不一：(1)多数立法(法国、德国、瑞士等)采否定态度；(2)少数立法(日本等)将“诉讼外请求”规定为相对中断事由，即权利人实施“诉讼外请求”后 6 个月内起诉的始生中断效力；(3)个别立法(荷兰)规定“诉讼外请求”为独立的中断事由。

③ “绝对中断事由说”，参见葛承书：《民法时效——从实证的角度出发》，法律出版社 2007 年版，第 201～202 页；“相对中断事由说”，参见汪渊智：《我国民法诉讼时效制度之构想》，载《法学研究》2003 年第 3 期；“中断事由否定说”，参见朱晓喆：《诉讼时效制度的价值基础与规范表达》，载《中外法学》2017 年第 3 期。

④ 参见杨巍：《民法时效制度的理论反思与案例研究》，北京大学出版社 2015 年版，第 420～421 页。

断事由的学理意见对该事由的定位并未达成共识。[①] 笔者认为,在现行法框架下规定“提起诉讼”为中断事由是合理的。其一,虽然某些立法将“提起诉讼”规定为中止事由,但其适用范围狭窄,仅为解决程序问题而设,而非一般意义的中止事由。在“提起诉讼”为中止事由的法律框架下,司法程序对请求权作出实体裁判的,存在两种可能的后果:一是原告胜诉的,请求权因得到司法程序确认而统一适用更长的时效期间(例如,德国《民法典》规定30年、日本《民法典》规定10年、《欧洲示范民法典草案》规定10年);二是原告败诉的,表明其权利不受保护而不存在时效问题。这两种情形下,“提起诉讼”并不构成中止事由。仅在司法程序(因程序性错误或因诉讼被撤回)没有对实体权利作出裁决时,才适用时效中止规则,允许债权人在剩余的时效期间内提起新的诉讼。[②] 在我国现行法框架下,因程序原因未作实体裁决的情形下重新计算一个完整时效期间,而非仅补足6个月时效期间,这对权利人更有利。其二,否认“提起诉讼”为中断事由的各观点,多是基于对申请执行时效性质的误解所得出的结论。申请执行时效的适用对象不是申请执行权,而仍然是(被生效裁判确认的)实体法上的请求权,因此,申请执行时效不过是诉讼时效在执行阶段的体现而已。2012年修正后的《民事诉讼法》规定,申请执行时效适用诉讼时效中止、中断规则,即体现了对其性质的界定。在此前提下,现行法规定“提起诉讼”为中断事由并无不妥。

(二)中断事由发生在时效期间之内

中断事由必须发生在“时效期间进行中”,即起算至届满的时间段,才能产生时

---

① 观点一认为“提起诉讼”应为中止事由,参见李永锋:《起诉对诉讼时效的影响》,载《环球法律评论》2007年第5期。观点二认为“提起诉讼”构成时效终结事由,参见韩松、焦和平:《对我国〈民法通则〉关于起诉引起诉讼时效中断规定的反思与重构》,载《法学论坛》2006年第5期。观点三认为,仅在“原告的诉请因程序原因被驳回或撤诉”情形下,“提起诉讼”才构成中断事由,而在“权利人胜诉”“因实体原因被驳回诉请”等情形下,“提起诉讼”并不构成中断事由,参见朱晓喆:《诉讼时效制度的价值基础与规范表达》,载《中外法学》2017年第3期。

② 参见欧洲民法典研究组、欧盟现行私法研究组编著:《欧洲私法的原则、定义与示范规则:欧洲示范民法典草案》(第一、第二、第三卷),高圣平等译,法律出版社2014年版,第1022页。

效中断的效力。[①] 时效起算之前，发生权利行使型中断事由的，由于履行期限尚未届满而使义务人享有期限利益，不因权利人单方面提前行使权利而使时效提前起算或中断。起算前发生义务承认型中断事由的，分以下两种情形：其一，义务人承诺提前履行义务，依法定或约定条件构成履行期限变更的，导致时效提前起算，而非中断。其二，义务人提前部分履行，且权利人接受或者依法不得拒绝接受的（《民法典》第530条、第531条），已履行部分不再有时效问题，义务人对未履行部分仍享有期限利益，不导致时效提前起算或中断。

时效届满之后，发生权利行使型中断事由的，不导致时效中断，也不影响义务人享有和行使时效抗辩权。[②] 但值得注意的是，时效届满后某些“义务承认”的后果与前述后果不同。由于“义务承认”之中断事由与时效届满后的“同意履行”和“自愿履行”在范围上有部分重合。因此，如果该“义务承认”构成弃权行为的，可导致时效恢复计算（中断）。

（三）时效中断须受20年最长时效期间的限制

《民法典》第188条第2款规定的20年时效期间是民事权利的最长保护期间，其目的在于防止“诉讼时效过分迟延地不能完成，影响制度的稳定性”。[③] 时效中断受20年时效期间的限制体现为，中断事由、重新计算和时效届满的时点都必须发生于该20年之内，否则不能产生完整的中断效力。分以下几种情形讨论：其一，中断事由、重新计算和时效届满时点均发生在该20年之内的，产生完整的中断效力。其二，中断事由和重新计算时点发生在该20年之内，时效届满时点在该20年之外的，该20年期间届满时时效届满。其三，中断事由发生在该20年之内，重新计算时点发生在该20年之外的，该20年期间届满时时效届满。一般而言，该情形下时效虽可中断，但不能重新计算。例外情形是，权利人起诉或申请仲裁发生在该20年之内，胜诉裁决生效时点发生在该20年之外的，重新计算的申请执行时效不受20年

① 参见最高人民法院民法典贯彻实施工作领导小组主编：《中华人民共和国民法典总则编理解与适用（下）》，人民法院出版社2020年版，第984页。

② 参见最高人民法院民事判决书，(2017)最高法民终129号。

③ 参见黄薇主编：《中华人民共和国民法典总则编释义》，法律出版社2020年版，第504页。

期间限制。其四,中断事由发生在该20年之外的,因义务人已经获得时效抗辩权而不再有中断问题。

在20年时效期间内,时效中断的次数不受限制。《民通意见》第173条第1款曾规定,诉讼时效因诉讼外请求或义务承认中断后,重新计算的时效期间内再次发生这两类中断事由的,时效再次中断。换言之,时效可因多次出现中断事由而多次中断,不受次数的限制。① 虽然该条仅列举诉讼外请求和义务承认这两种中断事由,但这可能是基于当时对起诉中断事由和申请执行时效认识的局限性所致。《总则编司法解释》第38条第1款将该规则的适用情形扩展至所有中断事由,因此《民法典》施行后任何中断事由均可导致时效反复中断。

三、中断事由之一:权利人向义务人提出履行请求

(一)诉讼外请求的性质

《民法典》第195条第1项规定的"权利人向义务人提出履行请求",系指"诉讼外请求"之中断事由。本项继承了原《民法通则》第140条"当事人一方提出要求"之规定,但表述更精准。诉讼外请求是权利人直接向义务人要求实现权利内容的意思通知,为准法律行为。例如,债权人请求债务人交付货物、支付价金、移转权利等。诉讼外请求应包含实现权利的意思,但不必具有中断时效的意思。即使权利人不了解时效中断规则的意义,其实施诉讼外请求亦可依据法律规定产生中断效力。诉讼外请求构成中断事由的理由在于,权利人实施诉讼外请求,意味着其在积极行使权利,这导致继续计算时效期间的基础已经丧失,故应引起时效中断。②

诉讼外请求是表意行为、单方行为、不要式行为。诉讼外请求以主张权利之意思为通知内容,其类推适用法律行为的相关规定。诉讼外请求仅须权利人单方具有主张权利的意思,而无须债务人对此同意。诉讼外请求可采取口头或书面形式,亦可采推定行为形式,但不能采取单纯沉默形式。即使义务人所应履行义务是要式行

① 参见梁书文主编:《民法通则贯彻意见诠释》,中国法制出版社2001年版,第149页。

② 参见黄薇主编:《中华人民共和国民法典总则编释义》,法律出版社2020年版,第525页。

为(如权利变更登记),诉讼外请求的形式也不必受其限制。[①] 基于对《民法典》第197条第1款目的性扩张解释,当事人约定诉讼外请求必须采取特定形式的,该约定无效。

诉讼外请求本为单方行为,无须义务人同意即可构成中断事由,但在实务中亦有权利人采取与义务人订立协议的方式主张权利。此类协议亦可能构成诉讼外请求,具体情形包括:在房屋未依约办理过户登记的情形下,出卖人与买受人签订《退回购房款计划书》;[②]出卖人(债权人)通过签订借款合同的方式向买受人(债务人)主张货款;[③]债权人与债务人就欠款达成和解协议,约定新的还款方式[④];等等。如果权利人向义务人作出订立此类协议的要约,但被义务人拒绝或者经磋商未能达成合意,该要约因具有主张权利的意思而仍可构成诉讼外请求。

(二)诉讼外请求的要件

1. 提出履行请求的主体须为权利人或者其他有资格的人

提出履行请求的主体应当是权利人本人或者其代理人、财产代管人等其他有资格的人。例如,债权人的律师向债务人发出《律师函》;[⑤]债权人下设机构(管理部)多次催收债权,债务人未提出异议[⑥];等等。

提出履行请求的权利人应否具有完全民事行为能力?通说认为,意思通知原则上类推适用法律行为关于行为能力的规定。[⑦] 因此,无民事行为能力人不具有独立提出履行请求的资格(《民法典》第20条)。限制民事行为能力人虽仅具部分行为能力,但因提出履行请求使其单方面受益而构成"纯获利益的行为",故可以独立实施(《民法典》第22条)。法人和非法人组织原则上当然具有提出履行请求的资格,而不受其主体类型及经营范围影响,但法律有特殊规定的除外(如法人进入破产程序)。

---

① 参见施启扬:《民法总则》,中国法制出版社2010年版,第340页。
② 参见最高人民法院民事判决书,(2014)民提字第106号。
③ 参见最高人民法院民事判决书,(2013)民二终字第122号。
④ 参见最高人民法院民事判决书,(2010)民提字第200号。
⑤ 参见最高人民法院民事判决书,(2014)民提字第224号。
⑥ 参见最高人民法院民事判决书,(2011)民二终字第27号。
⑦ 参见朱庆育:《民法总论》(第2版),北京大学出版社2016年版,第87页。

2. 履行请求应当包含要求实现权利的意思

履行请求的内容应包含两项要素:一是应当指向特定债权,而非“抽象意义”地主张权利。即使权利人请求的数额与最终认定的数额存在偏差,亦不影响中断事由的构成。二是应当包含“主张权利”或“确认权利”的意思。“主张权利”即狭义的请求履行,是指权利人要求通过清偿、抵销等方式实现自身权利。权利人请求“确认权利”虽非严格意义的请求履行,但该请求系为进一步请求履行做准备或强化请求履行的正当性,故亦属广义上的“主张权利”。而且在现行法框架下,债权转让通知亦可引起时效中断[《诉讼时效司法解释》(2020 年修正)第 17 条第 1 款],故该解释符合体系解释的要求。实务中请求“确认权利”被认为构成中断事由的情形包括:债权人与债务人签署《资产调查表》《资产清点汇总表》(前述案例一);①债权人委托银行与债务人对账确认欠款数额;②投资人与煤矿签署《煤矿产量情况表》,注明“本表产量数据经双方对账确认无异议”③;等等。

在实务中,因欠缺上述要素而被认定为不构成中断事由的情形包括:债权人发给债务人的文件采取公司(债权人)文件形式,且未体现索赔字样及内容;④债权人提交的律师函未加盖公章,未填写内容;⑤当事人表示“我方保留追究对方赔偿损失的权利”⑥;等等。

一种较特殊的情形是,合同当事人一方请求另一方履行义务,而另一方行使抗辩权(如同时履行抗辩权)予以拒绝,行使抗辩权的当事人虽非“主动地”请求履行,但其行使抗辩权的行为亦有可能构成中断事由。因为该行为虽然是“被动防御”,但包含了运用自身权利的某种效力维护其利益的意思,因此,对产生该抗辩权的基础权利之时效来说,该行为构成中断事由。例如,债权人以债务人未支付延期付款滞纳金为由,拒绝与其签订土地出让合同并拒交土地,该拒绝行为对债权人的合同债

① 参见最高人民法院民事判决书,(2018)最高法民终 157 号。
② 参见最高人民法院民事裁定书,(2017)最高法民申 165 号。
③ 参见最高人民法院民事判决书,(2016)最高法民终 306 号。
④ 参见最高人民法院民事判决书,(2018)最高法民终 1179 号。
⑤ 参见最高人民法院民事裁定书,(2013)民申字第 1957 号。
⑥ 参见最高人民法院民事判决书,(2018)最高法民终 186 号。

权之时效构成中断事由。[1]

债权人向债务人主张抵销的，如果债权因符合抵销条件而消灭，不再有时效问题。但在下列情形下，债权人的“抵销主张”可构成中断事由。其一，主动债权中仅部分债权被抵销，“抵销主张”对未消灭的剩余债权构成中断事由[《诉讼时效司法解释》(2020年修正)第9条]。其二，不符合抵销条件的情形下(如两项债权标的物种类不同)，[2]“抵销主张”可解释为债权人请求履行的变相方式。其三，债权人“以抗辩的方式”行使抵销权的(《九民会议纪要》第43条)，基于相同理由，亦可构成中断事由。

3. 履行请求的对象须为义务人或者与其有关联的主体

因诉讼外请求是意思通知，故该请求原则上应向义务人作出，才能使该行为成立及生效。如果请求的对象是义务人的代理人、财产代管人或者遗产管理人等有关联的主体，基于其与义务人之间特定法律关系的性质，该请求亦可构成中断事由。具体情形包括：债务人已被吊销营业执照，债权人向债务人的控股股东发送催款通知；[3]债权人不知或者不应知债务人的代理人已丧失代理权，仍向其主张权利；[4]债权人向债务人的关联企业(二级法人企业)发送催款通知[5]；等等。

《民法典》第536条新增保存行为规则：债权人可以代位向债务人的相对人请求其向债务人履行，以中断债务人所享债权的时效。该规则主要针对债权人的债权到期前，为防止债务人的债权或与该债权有关的从权利时效届满，而允许债权人通过中断时效来保全债务人责任财产。[6]《民法典》施行后，债权人依此规定向债务人的相对人请求履行的，亦构成中断事由。

《民通意见》第173条第2款规定，权利人向“保证人等”主张权利的，构成主债权时效中断事由。该司法解释将“向保证人主张权利”界定为主债权时效中断事由，

---

① 参见最高人民法院民事判决书，(2017)最高法民终888号。

② 关于不得抵销的具体情形，参见崔建远：《论中国民法典上的抵销》，载《国家检察官学院学报》2020年第4期。

③ 参见最高人民法院民事判决书，(2016)最高法民终819号。

④ 参见最高人民法院民事裁定书，(2016)最高法民申1018号。

⑤ 参见最高人民法院民事判决书，(2004)民二终字第88号。

⑥ 参见黄薇主编：《中华人民共和国民法典合同编释义》，法律出版社2020年版，第170页。

明显有悖于保证债务的从属性,且混淆了保证人与代理人、财产代管人的法律地位。[①] 因该司法解释已被废止,且《民法典》及新司法解释未继承该规定,故《民法典》施行后"向保证人主张权利"不再构成主债权时效中断事由。

权利人向义务人的上级主管机关主张权利,是否构成中断事由?虽然上级主管机关对义务人负有管理职责,但对义务人财产并无占有、处分等权利,且二者也非关联企业关系,因此该情形原则上不构成中断事由。如果上级主管机关将权利人主张权利的通知传达给义务人,可构成中断事由。[②] 如果上级主管机关属于《诉讼时效司法解释》(2020 年修正)第 12 条规定的"依法有权解决相关民事纠纷的国家机关、事业单位、社会团体等社会组织",可依据该条构成中断事由。最高人民法院《关于中国建设银行信阳分行民权路支行与信阳市自来水(集团)有限责任公司、河南华夏光学电子仪器厂借款担保合同纠纷一案请示的答复》(〔2005〕民二他字第 48 号)指出,负有管理职责的省计划委员会与债权人(银行)联合下发的贷款回收计划具有主张权利的内容,但其中 2 份文件的发放对象均非借款人,不构成中断事由;另 1 份文件的发放对象包括借款人,其是否构成中断事由视其是否到达债务人而定。

4. 履行请求之通知须已生效

履行请求之通知生效,意味着该意思通知确定地发生法律认可的效果,故此时才构成中断事由。依据《民法典》关于意思表示生效的规定,以对话方式作出的履行请求,采取"了解主义"标准;以非对话方式作出的履行请求,采取"到达主义"标准;以公告方式作出的履行请求,采取"完成主义"标准。履行请求之通知生效之前,表意人可依法撤回该通知。最高人民法院曾裁定认为,"债权人与债务人就借款清偿问题商谈时,曾向债务人的手机拨打电话,即使接电话的人并非债务人本人,也构成中断事由"。[③] 该认定仅限于有证据证明虽非债务人本人接听,但其应知该接听事实的情形。不能由此解释为,非债务人本人接听电话均可构成中断事由。

---

① 对该规定的批评意见,参见杨巍:《保证债务与主债务的诉讼时效关联》,载《法学》2020 年第 6 期。

② 参见吴庆宝:《诉讼时效中断的司法认定(上)》,载《人民法院报》2009 年 2 月 3 日,第 6 版。

③ 参见最高人民法院民事裁定书,(2021)最高法民申 2434 号。

四、中断事由之二：义务人同意履行义务

（一）义务承认的性质

《民法典》第195条第2项规定的“义务人同意履行义务”，系指“义务承认”之中断事由。该项继承了原《民法通则》第140条“当事人一方同意履行义务”之规定，仅将主体表述修改为“义务人”。义务承认，是指义务人向权利人承认其义务存在并同意履行的意思通知，为准法律行为。例如，债务人向债权人发函，称将尽快清偿欠款。义务承认不必包含中断时效的效果意思，其导致时效中断系基于法律规定而发生。义务承认构成中断事由的理由在于，该行为使当事人之间的权利状态得以明确，且导致权利人信赖义务人会继续履行，从而不急于行使权利，因此原时效期间不应继续计算。①

在绝大多数场合下，义务承认是诉讼外行为。在诉讼或执行程序中作出义务承认的，如果权利人胜诉或执行终结，该承认被此前“提起诉讼”或“申请强制执行”之中断事由所吸收，不单独构成中断事由；如果义务人胜诉（仅承认部分义务）或者基于程序原因执行异议得到支持[《民事诉讼法》（2021年修正）第232条]，该承认仍构成中断事由，时效期间自程序终结时起重新计算。在诉讼中，义务人为达成调解协议或和解目的而作出义务承认，其后调解或和解未成功，该承认不能单独构成中断事由。② 因为义务人作出此类“承认”是与对方进行调解或和解行为的组成部分，在调解或和解未成功的情形下，不应将该“承认”单独视作引起时效中断的行为，而作出对义务人不利的解释。

比较法上通常规定“承认”为中断事由，而无须同意履行。仅就文义而言，该项规定要求更高，即要求“承认义务＋同意履行”。但学理及实务主流意见认为，应将

---

① 立法机关释义书认为，义务承认构成中断事由的理由是：该承认是权利人积极行使权利的结果，表明权利人没有怠于行使权利。参见黄薇主编：《中华人民共和国民法典总则编释义》，法律出版社2020年版，第526页。该解释似有不妥，因为在义务人主动承认义务的情形下，其构成中断事由的合理性无法得到解释。

② 参见梁展欣主编：《诉讼时效司法实务精义》，人民法院出版社2010年版，第120页。

该项规定扩张解释为“义务承认”,即义务人承认义务即可构成中断事由,而不必要求有同意履行的意思。[①] 笔者认为,从解释论角度而言,该项之中断事由可解释为:该中断事由的内容是“承认义务+同意履行”,但如果义务人承认义务的,即推定其具有同意履行的意思,除非其表达了相反意思。理由如下:其一,义务本身依法定或约定当然具有拘束力,既然义务人承认义务存在,可推知其愿受该拘束力束缚,故一般情形下没有另行表达同意履行的必要。其二,如前所述,权利人请求“确认权利”构成中断事由,故将本项解释为“确认义务”(义务承认)构成中断事由符合体系解释的要求。在当事人通过双方行为(如签署协议、情况说明)确认权利义务的场合下,该解释的合理性更为明显。其三,在绝大多数场合下,依常理,义务人不会在没有履行意愿的前提下主动通知权利人“我对你负有义务”。在通常情形下,此类通知是义务人为履行义务所做的准备行为。其四,在现行法框架下,部分履行、提供担保和债务承担通知均可构成中断事由[《诉讼时效司法解释》(2020 年修正)第 14 条、第 17 条第 2 款]。这些行为均为某种形式的“确认义务”,而并未明确表示“同意履行”。其五,该项之“义务人同意履行义务”与域外法之“承认”的差异,并非像文义上那么大。例如,德国法中的“承认”,是指债务人对债权人的任何实际行为,从该行为中可以明确无误地认为债务人知道债务的存在,债权人由此可以合法地假定债务人的履行意愿继续存在,并且不受时间的影响。而且,这也并不需要特别作出声明。[②] 日本主流意见认为,“承认”构成中断事由的核心理由是保护债权人的信赖,引起该信赖的原因是“承认”往往包含“偿还约定”之意思表示,所以在该情形下时效继续计算或者债务人援用时效都是不恰当的。“承认”之中断事由应被视作根据诚信原则推导出的援用权限制的法律定型。[③] 换言之,域外法中的“承认”也包含了对“同意履行”不同程度的推定,只是没有将该推定表达于法条文义,而我国法律则直接在法条中予以表述。

---

① 参见陈甦主编:《民法总则评注(下册)》,法律出版社 2017 年版,第 1408 页(周江洪执笔);最高人民法院民事审判第二庭编著:《最高人民法院关于民事案件诉讼时效司法解释理解与适用》,人民法院出版社 2015 年版,第 275 页。

② Vgl. Helmut Grothe, Kommentar zum § 212, in: *Münchener Kommentar zum BGB*, 8. Aufl., München: C. H. Beck, 2018, Rn. 6.

③ 松久三四彦『時効制度の構造と解釈』(有斐閣,2011 年)70 頁参照。

义务承认是表意行为、单方行为、不要式行为。通说认为，义务承认是观念通知。[①] 但是，因义务承认包含有推定的“同意履行”的意思，似界定为意思通知更妥当，其类推适用法律行为的相关规定。义务承认只需通知权利人，而无须其对此同意。如前所述，在权利人采取与义务人订立协议的方式主张权利的情形下，从义务人角度而言，其签订此类协议亦构成义务承认。现行法对义务承认的形式未作限定，故采取明示（如口头、书面形式）或默示（推定行为）形式均可，但不能采取单纯沉默形式。即使义务人所应履行义务是要式行为，义务承认的形式也不必受其限制。义务承认不是负担行为，因为其承认的是既存权利，并非使义务人负担新义务；义务承认也非处分行为，其引起时效中断仅是维持完全债权的效力状态，而未直接引起权利变动。

该项规定与《民法典》第 192 条之时效届满后弃权规则均采“同意履行”之表述，但二者存在以下差异：其一，前者为准法律行为，发生于时效已起算至未届满阶段，意义在于中断时效；后者为法律行为（弃权），发生于时效届满后，其导致抗辩权消灭。其二，前者的认定依推定，即义务人承认义务存在且无相反表示即可；后者须有义务人单独作出的弃权意思表示。其三，前者发生于时效届满之前，其并非放弃已取得的时效利益，故认定标准较宽；后者是在时效届满后放弃已经确定的时效利益，因此认定标准更为严格。[②] 因此，该项规定的“同意履行”之认定标准，不能当然适用于《民法典》第 192 条之弃权行为。

（二）义务承认的要件

1. 作出义务承认的主体须为义务人或者其他有资格的人

作出义务承认的主体应当是义务人本人或者其代理人、财产代管人等其他有资格的人。所谓“其他有资格的人”，其认定标准参照上文诉讼外请求之要件 1。由于义务承认（准法律行为）类推适用法律行为关于行为能力的规定，且其并非使义务人

① 参见黄立：《民法总则》，中国政法大学出版社 2002 年版，第 481 页。

② 参见詹森林：《中断时效之债务承认与时效消灭后之契约承认债务，兼论时效利益之抛弃、时效抗辩与权利之不法行使》，载詹森林：《民事法理与判决研究》，中国政法大学出版社 2002 年版，第 37 页以下。

纯获利益,因此实施义务承认的义务人应当具有完全民事行为能力。不具有资格的主体作出“义务承认”,不构成中断事由。例如,业主欠缴物业费的情形下,业主委员会承诺“协助物业公司催缴业主欠费”。①

2. 义务承认应当包含承认义务有效存在的内容

义务承认的内容应包含两项要素:其一,“承认”应指向特定义务。如果义务人否认义务有效存在(如主张合同无效、没有侵权),不构成“承认”。如果义务人只是承认自己做错事而表达歉意,或者作出善意友好解决争端的提议,因均未指向特定义务,故也不构成“承认”。② 其二,应当包含“履行义务”或“确认义务”的意思,即义务人对自己受某项义务约束表示认可。“同意履行”虽可通过推定予以认定,但如果义务人明确表达了该意思,当然亦符合要求。在实务中具体情形包括:义务人与权利人签订《执行和解书》,表示同意履行该债务;③义务人向权利人寄送的信函中作出偿还借款的表示;④义务人在对账回执中对所欠工程款予以确认,并表示将于近期内支付⑤;等等。

义务人未提及履行,而仅仅是表示“确认义务”,最高人民法院相关裁判意见亦认定构成义务承认。例如,债务人签署《资产调查表》《资产清点汇总表》,以确认债务数额;⑥义务人向权利人发出《商洽函》,承认尚有货款未付清的事实⑦;等等。

3. 须不存在“同意履行”的相反意思表示

所谓“相反意思表示”,是指义务人虽然承认义务有效存在,但基于适当理由排除“同意履行”的意思。例如,义务人未作出同意履行的意思表示,而是要求“通过一定程序解决纠纷”。⑧ 应注意的是,义务人作出相反意思表示必须是基于适当理

---

① 参见广东省高级人民法院民事判决书,(2018)粤民再278号。该判决书认为,业主委员会的该承诺既不是债权人(物业公司)向债务人(业主)提出履行请求,也不是债务人作出“同意履行义务”的意思表示。

② Vgl. Helmut Grothe, Kommentar zum § 212, in: *Münchener Kommentar zum BGB*, 8. Aufl., München: C. H. Beck, 2018, Rn. 6.

③ 参见最高人民法院民事判决书,(2016)最高法民再355号。

④ 参见最高人民法院民事裁定书,(2012)民申字第861号。

⑤ 参见上海市高级人民法院民事判决书,(2018)沪民终528号。

⑥ 参见最高人民法院民事判决书,(2018)最高法民终157号。

⑦ 参见最高人民法院民事判决书,(2016)最高法民再320号。

⑧ 参见最高人民法院民事判决书,(2013)民提字第5号。

由。如果义务人表示“我是欠你钱,但现在没钱还你”或者“我是欠你钱,但有钱也不还你”,仍可构成义务承认,因为欠缺清偿能力和拒绝履行均非适当理由。在此类情形下,义务人承认义务有效存在即客观上使其受义务强制力的拘束,其基于不适当理由作出的相反表示不能排除义务的法律拘束力。该情形使双方权利义务停滞状态消除,原时效期间继续计算的基础丧失,故亦应产生中断时效的效力。

义务人承认义务的存在,但主张义务已消灭(如已清偿、抵销)而无须再履行,若其后权利人举证证明该义务并未消灭,义务人的该“承认”是否构成中断事由？实务主流意见对此持肯定态度,理由在于:通过对义务人意思通知进行整体解释,义务人虽意在否定其仍负有义务,但应认定其承认义务有效存在并同意履行,否则其不会主张已通过清偿等原因消灭该义务。① 实际上,该情形属于“事后证明的”不适当理由。类似情形还有,义务人承认义务的存在,但主张义务尚未到期、暂时不必履行(行使抗辩权),而其后证明并非如此。

4. 义务承认的相对人须为权利人或者与其有关联的主体

义务承认是意思通知,因此应向相对方作出,该行为才能成立及生效。所谓“与权利人有关联的主体”,是指代理人、财产代管人等,其认定标准参照上文诉讼外请求之要件3。如果义务承认未以上述主体为对象,因权利人不知“承认”之意思通知而不发生时效中断。有域外法判例认为,银行仅在本行账簿中记录利息不构成义务承认;债务人设立第二顺序抵押权,不构成对第一顺序抵押权所担保债权的承认,因为后顺序抵押权设立之意思表示非对前顺序抵押权人为之,而是将该意思记载于登记簿而已。②

值得注意的是,诉讼外请求因使对方(义务人)时效利益减损而不利,故仅在法定特殊场合下允许采公告方式。与之不同,义务承认使对方(权利人)时效利益维持而有利,因此在更大范围内允许采公告方式具有合理性。实务中,在权利人众多且义务内容具有同质性的场合下,采取公告方式实施义务承认被认可。例如,物业公司在小区公告栏发布温馨提示,表示愿意对被逾期办证的业主作出相应补偿,构成

---

① 参见最高人民法院民事审判第二庭编著:《最高人民法院关于民事案件诉讼时效司法解释理解与适用》,人民法院出版社 2015 年版,第 278 页。

② 鈴木銀治郎 = 滝口博一 = 椿原直『時効の法律相談』(青林書院,2018 年)60 頁参照。

义务承认。①

进一步产生的问题是,义务人在自己的公司年度报告等文件、账簿中记载某项债务,是否构成义务承认?有学者认为,此类单纯之记载尚不构成义务承认,但如果义务人以公告或其他方式,发表其资产负债表或营业年度决算报告,系以股东或其他利害关系人为相对人,则构成义务承认。② 但在实务上对此多倾向保守的否定意见,最高人民法院判例曾以"公司年度报告中披露的负债情况作为时效中断的意见,在实践和理论上未有共识"为由,认为债务人在公司年度报告中披露负债情况不构成中断事由。③ 近期判例亦坚持该裁判意见。④ 相较而言,前述学理意见更合理。理由在于:在公司年度报告被公告的情形下,足以使债权人信赖债务人会继续履行债务或对该债务作出适当处理,尤其在上市公司依法披露信息的场合下,由于《公司法》《证券法》对披露的内容、形式等有严格规定,因此该信赖的存在更为明显。

5. 义务承认之通知须已生效

义务承认之通知的生效标准,类推适用《民法典》关于意思表示生效的规定,即区分对话方式、非对话方式和公告方式,分别适用"了解主义""到达主义""完成主义"。义务承认之通知生效之前,表意人可依法撤回该通知。

五、中断事由之三:提起诉讼或者申请仲裁⑤

(一)起诉的性质

《民法典》第195条第3项规定的"权利人提起诉讼",系指"起诉"之中断事由。该项继承了原《民法通则》第140条"提起诉讼"之规定,仅增加主体"权利人"。起诉是权利人在法院提起诉讼,借助司法程序主张权利的行为。该项之中断事由专指"起诉"这一特定行为,不包括诉讼过程中的行为,诉讼过程中的各项主张不单独构

① 参见江苏省高级人民法院民事判决书,(2019)苏民再148号。

② 参见史尚宽:《民法总论》,中国政法大学出版社2000年版,第671页。

③ 参见最高人民法院民事判决书,(2003)民二终字第175号。

④ 参见湖南省岳阳市中级人民法院民事判决书,(2014)岳中民一初字第16号。

⑤ 本部分仅讨论"起诉"之中断事由,"申请仲裁"之中断事由另撰文讨论。

成中断事由。起诉构成中断事由的理由在于,起诉是权利人主张权利最有效、最强烈的方法,足以表明其积极行使权利。①

该项之起诉包括本诉和反诉。② 其主要是指提起民事诉讼,也包括刑事附带民事诉讼(《刑事诉讼法》第101条)和提起行政诉讼时申请一并解决相关民事争议(《行政诉讼法》第61条),以及权利人单独提起刑事自诉。权利人单独提起行政诉讼的,在以下情形可构成中断事由:其一,该诉讼系以民事法律关系为基础。例如,基于房屋买卖纠纷,当事人提起行政诉讼要求撤销案涉房产证,该起诉对买卖合同请求权构成中断事由。③ 其二,为进一步主张民事权利而先行提起行政诉讼。例如,原告为主张人身损害赔偿请求权,以劳动能力鉴定委员会为被告提起行政诉讼,该起诉对人身损害赔偿请求权而言构成中断事由。④ 其三,权利人为保护民事权利而提起行政诉讼,因对案件性质认识错误而不被受理,但主张的对象、事实理由均无错误。⑤

通说认为,提起给付之诉、确认之诉和形成之诉均构成中断事由。⑥ 少数学说认为,仅给付之诉构成中断事由,因为确认之诉的原告并非基于请求权而起诉,其诉讼请求并非要求被告履行义务;形成之诉的被告不是义务人,法院不得判决被告履行义务。⑦ 相较而言,通说更合理。其一,给付之诉标的是被告给付行为,其构成中断事由不存疑义。其二,起诉构成中断事由的理由是,权利人选择起诉方式主张权利结束了行使权利的停滞状态,至于义务人是否为诉讼参加人则并不重要。少数学说以确认之诉和形成之诉的被告不是义务人为由,否认这两类诉讼构成中断事由,不具有说服力。其三,权利人提起确认之诉的直接目的虽然仅是确认权利,但这通常

---

① 参见黄薇主编:《中华人民共和国民法典总则编释义》,法律出版社2020年版,第527页。

② 参见梁展欣主编:《诉讼时效司法实务精义》,人民法院出版社2010年版,第105页。实例参见最高人民法院民事判决书,(2018)最高法民再152号。

③ 参见河南省高级人民法院民事判决书,(2015)豫法民一终字第278号。

④ 参见湖北省高级人民法院民事判决书,(2019)鄂民再43号。

⑤ 参见宋晓明等:《〈最高人民法院关于审理民事案件适用诉讼时效制度若干问题的规定〉的理解与适用》,载《法律适用》2008年第11期。

⑥ 参见最高人民法院民事审判第二庭编著:《最高人民法院关于民事案件诉讼时效司法解释理解与适用》,人民法院出版社2015年版,第230页。

⑦ 参见李宇:《民法总则要义》,法律出版社2017年版,第932页。

是为请求履行所做的准备,亦属主张权利的形式之一。如前文所述,权利人请求“确认权利”构成诉讼外请求,那么采取更具强制力的起诉方式“确认权利”亦应构成中断事由。[①] 其四,权利人提起撤销、解除等形成之诉且胜诉的,原合同债权消灭不再有时效问题,代之以不当得利、赔偿损失请求权时效的起算[《诉讼时效司法解释》(2020 年修正)第 6 条];权利人败诉的,该起诉构成中断事由,因为权利人提起此类诉讼亦属主张权利的某种方式。

(二)起诉的要件

作为中断事由之“起诉”要件与程序法之起诉要件并非等同。在程序法上,现行起诉要件[《民事诉讼法》(2021 年修正)第 122 条]总体上标准偏高。[②] 虽然“立案登记制”改革很大程度上降低了立案门槛[《民事诉讼法司法解释》(2022 年修正)第 208 条],但由于“立案登记制”的适用及解释仍然是以《民事诉讼法》(2021 年修正)的规定为依据,因此起诉要件标准偏高的事实并未完全消除。中断事由之“起诉”无须完全具备程序法之起诉要件,因为只要该“起诉”构成权利人诉诸法院寻求救济的行为,即导致原时效继续计算的基础丧失。因此,对于中断事由之“起诉”的认定,学理及实务多持宽松态度,即认为如果起诉虽不符合全部法定要件,但其具备的要件足以认定权利人以提起诉讼的方式主张了争议权利的,该“起诉”仍可构成中断事由。[③] 据此,中断事由之“起诉”应具备以下要件:

1. 原告须为权利人或者其他有资格提起诉讼的人

所谓“原告与本案有直接利害关系”[《民事诉讼法》(2021 年修正)第 122 条第 1 项],是指原告自己的民事权益受到侵害或者与他人发生争议。如果原告既非权利人,也非其代理人、财产代管人等有资格起诉的主体,因其不具起诉资格而应裁定

---

① 参见最高人民法院民事判决书,(2014)民二终字第 147 号。

② 有学者指出,现行法规定的起诉要件混淆了诉讼程序开始的要件与法院作出实体判决的要件,导致了起诉条件的“高阶化”和诉讼程序开始的“高阶化”。参见张卫平:《起诉条件与实体判决要件》,载《法学研究》2004 年第 6 期。

③ 参见王利明:《民法总则研究》(第 3 版),中国人民大学出版社 2018 年版,第 789 页;宋晓明等:《〈最高人民法院关于审理民事案件适用诉讼时效制度若干问题的规定〉的理解与适用》,载《法律适用》2008 年第 11 期。

不予受理。在此情形下,真正权利人并未以起诉主张权利,不适格原告的起诉对真正权利人不构成中断事由。

2. 须有符合法定要求的起诉状或者依法口头起诉

起诉为要式行为,通常情形下应提交符合法定要求的起诉状,仅在“书写确有困难”的情形下允许口头起诉[《民事诉讼法》(2021 年修正)第 123 条]。所谓“书写确有困难”包括两种情形:一是原告本人因文化水平或法律知识欠缺造成自行书写起诉状确有困难;二是原告无诉讼行为能力时,其法定代理人因类似原因造成书写起诉状确有困难。①

起诉状内容不符合要求的,分两种情形处理:其一,原告提交的文书根本不属于法律意义上起诉状且无补正可能的,不构成中断事由。例如,在极端情形下未列明当事人、诉讼请求或者与请求相关的事实,由于缺乏主张权利的基本要素,该“起诉”既不符合程序法要求,也不能中断时效。其二,起诉状不完全符合形式要件和事实主张具体化要求的(如当事人信息不全、诉讼请求表述不准确),法官应要求原告补正。补正后符合要求的,可构成中断事由,时效自首次提交起诉状之日中断;不能补正、拒绝补正或补正仍不符合要求的,不构成中断事由。

义务人发生合并、分立、更名和变更住所等事实,权利人对此不知情且不应知情而仍以原义务人信息起诉的,是否构成中断事由?实务主流意见持肯定态度,因为义务人发生此类情形而未依法履行通知、公告等义务的,权利人对该事实不知情没有过错,且权利人向义务人主张权利的意思表示真实,因此,以原义务人信息起诉构成中断事由。② 此前最高人民法院《关于阜新液压件厂与盼盼集团有限公司购销合同纠纷案件诉讼时效请示问题的答复》(〔2002〕民二他字第 30 号)对“债务人已被吸收合并”情形的处理,与上述意见一致。

错列被告是否构成中断事由?分两种情形讨论:(1)权利人基于事实认识错误而错列被告。例如,A 与 B、C 发生纠纷斯打,A 受伤,以 B 为被告诉至法院。法院经审理查明,打人者实为 C,遂驳回诉讼请求。A 又以 C 为被告诉至法院,但 C 以已

① 参见王胜明主编:《中华人民共和国民事诉讼法释义》,法律出版社 2012 年版,第 294 页。

② 参见人民法院出版社编:《最高人民法院司法观点集成(民事卷③)》,人民法院出版社 2017 年版,第 1561 页。

过时效予以抗辩。A错列B为被告的起诉,对真正义务人C是否构成中断事由?[①]回答应为否定,因为A错列B为被告的起诉系基于A对侵权人的错误认识,此时因A不知真正义务人而尚未起算时效,故不存在中断问题。(2)权利人基于法律认识错误而错列被告。[②] 例如,A因B违约而以B的父母为被告诉至法院。在此情形下,法官应行使释明权要求原告变更当事人,将符合法定条件的人列为被告。[③] 变更被告后符合要求的,构成中断事由;拒绝变更或变更仍不符合要求的,不构成中断事由。但如果被错列的被告与真正义务人具有某种牵连关系,该起诉对真正义务人亦可构成中断事由。例如,原告起诉省教育厅给付全省各中小学软件使用费,包含某学校的费用,虽然起诉主体错误,但对某学校债权时效构成中断事由。[④]

3. 须向人民法院起诉

符合《民事诉讼法》(2021年修正)第122条第4项之起诉构成中断事由不存疑义,但即使不符合该规定,亦有可能构成中断事由。所谓"属于人民法院受理民事诉讼的范围",是指该纠纷属于法院主管范围的民事纠纷。不符合该条件包括两种情形:其一,该纠纷不是民事纠纷,而属行政纠纷、刑事案件等。在此情形下,因当事人之间非属民事法律关系,故不存在时效问题,此类起诉亦不构成中断事由。其二,该纠纷虽是民事纠纷,但不属于法院主管范围。例如,由于存在仲裁条款,该纠纷应通过仲裁而非诉讼解决。法院对此类起诉虽不应受理,但由于权利人请求司法机关保护其民事权利的意思真实存在,故此类起诉构成中断事由。[⑤]

所谓"属于受诉人民法院管辖",是指受诉法院对该民事纠纷享有管辖权。如果原告违反级别管辖、专属管辖等规定,向无管辖权的法院起诉,是否构成中断事由存在一定争议。实务中,主流意见持肯定态度。理由在于,此类起诉具备其他要件的

① 该案主审法官认为,构成中断事由,理由是"起诉虽错列被告,但仍属积极行使权利的表现"。参见魏少永:《错列被告起诉能否引起诉讼时效中断》,载《人民法院报》2008年11月18日,第6版。该裁判意见有误,理由见正文。

② 有法院认为,该情形构成《诉讼时效司法解释》第13条第9项之中断事由。参见福建省南平市中级人民法院民事判决书,(2015)南民终字第917号。

③ 参见吴庆宝:《诉讼时效中断的司法认定(上)》,载《人民法院报》2009年2月3日,第6版。

④ 参见吉林省高级人民法院民事判决书,(2019)吉民终45号。

⑤ 参见最高人民法院民事审判第二庭编著:《最高人民法院关于民事案件诉讼时效司法解释理解与适用》,人民法院出版社2015年版,第228页。

情形下，由于其向法院请求保护民事权利的意思表示明确，因此具有时效中断效力。[①] 在此情形下，无管辖权的受诉法院应当将案件移送有管辖权的法院[《民事诉讼法》(2021 年修正) 第 37 条]，时效中断时点仍为首次提交起诉状或者口头起诉之日。

4. 原告须完成起诉状的提交行为或者口头起诉行为

一个重要的争议问题是，法院不予受理或者驳回起诉的，该起诉是否构成中断事由？观点一认为，此类起诉不构成中断事由。最高人民法院的释义认为，2008 年《诉讼时效司法解释》第 12 条[《诉讼时效司法解释》(2020 年修正) 第 10 条]"诉讼时效从提交起诉状或者口头起诉之日起中断"之规定，系以起诉符合《民事诉讼法》(2021 年修正) 的起诉要件为前提，而非指任何起诉均可依据该条导致时效中断。[②] 该解释可以防止债权人为达到中断时效目的而不断起诉或者仓促起诉的投机行为。[③] 观点二认为，此类起诉并非绝对不构成中断事由，应依具体情形判断。因为不予受理或者驳回起诉的原因复杂多样，有的可归责于原告，有的不可归责于原告，有的则无法判断可否归责于原告，[④]应视不符合哪一项起诉要件予以判断。[⑤] 观点二更合理，理由如下：其一，中断事由之"起诉"要件与程序法之起诉要件非采同一标准。观点一实质是将二者等同，其不恰当地提高了"起诉"之中断事由的门槛。其二，最高人民法院的释义一方面主张观点一，另一方面又认为"虽不完全具备起诉要件，但足以认定真正权利人向真正义务人以起诉方式主张权利"亦导致时效中断。[⑥] 其三，在现行法承认诉讼外请求构成中断事由的背景下，观点一担心的"不断起诉的投机行为"似乎发生可能性较小。其四，最高人民法院有关文件倾向观点二。例如，最高人民法院《关于对全国证券回购机构间经统一清欠后尚余的债权债务诉讼时效

① 参见张雪楳：《诉讼时效审判实务与疑难问题解析》，人民法院出版社 2019 年版，第 435 页。

② 参见最高人民法院民事审判第二庭编著：《最高人民法院关于民事案件诉讼时效司法解释理解与适用》，人民法院出版社 2015 年版，第 230 页。

③ 参见葛承书：《民法时效——从实证的角度出发》，法律出版社 2007 年版，第 190 页。

④ 参见李永锋：《起诉对诉讼时效的影响》，载《环球法律评论》2007 年第 5 期。

⑤ 参见吴庆宝：《诉讼时效中断的司法认定(上)》，载《人民法院报》2009 年 2 月 3 日，第 6 版。

⑥ 参见最高人民法院民事审判第二庭编著：《最高人民法院关于民事案件诉讼时效司法解释理解与适用》，人民法院出版社 2015 年版，第 230 页。

问题的通知》(法〔2001〕9号)规定,对于已编入全国证券回购机构间债务清欠链条,经全国证券回购债务清欠办公室统一组织清欠后尚余的债权债务,法院以该理由不予受理的,该起诉导致中断时效。

在实务中,不予受理或者驳回起诉而被认定构成中断事由的情形包括:第一次起诉以公司为原告,因主体资格被驳回,其后以公司股东为原告另行起诉,诉求、诉因及诉由均与第一次起诉完全一致;①虽因原告主体资格问题被驳回起诉,但其主张债权的行为仍具有时效中断效力;②原告向无管辖权的法院起诉被裁定予以驳回;③等等。

与"法院受理"之高标准相反的另一极端观点认为,凭借"法院在类似银行和医院取号排队过程中提供的凭证",当事人即可主张时效中断。④ 该观点的不合理之处在于,依常识可知,取得叫号凭证后有放弃办理业务的可能,故取得叫号凭证与提交起诉状不能等同。

对本要件的合理解释是:"完成起诉状的提交行为",是指原告将起诉状提交给法院立案庭并被接受的事实;"完成口头起诉行为",是指原告口述起诉内容,法院立案庭记入笔录的事实。以下两点值得注意:其一,本要件的判断标准是"提交+接受"。"提交",是指原告以起诉为目的将起诉状交给立案庭,要求其接受的行为。⑤口头起诉的,原告口述内容应包含"提交"的意思。"接受",是指立案庭基于其法定职责接收原告提交的起诉状,或者将口头起诉内容记入笔录的行为。立案庭接受起诉状或者记录口头起诉后予以登记和出具给原告的收据(最高人民法院《关于人民法院登记立案若干问题的规定》第2条),仅具有证据意义。如果因特殊原因(如工作失误)未登记、未出具收据或者迟延登记、迟延出具收据,但有其他证据证明"接受"事实的,仍可认定具备本要件。其二,本要件与是否立案(受理)无必然关联。

① 参见最高人民法院民事判决书,(2012)民提字第17号。
② 参见最高人民法院民事判决书,(2011)民提字第7号。
③ 参见四川省高级人民法院民事判决书,(2018)川民终356号。
④ 参见曹志勋:《起诉中断诉讼时效规则的理论展开》,载《当代法学》2014年第6期。
⑤ 不具有起诉目的的情形如基于咨询目的交给立案庭工作人员修改、交给其保管等。

在立案登记制框架下,立案庭遵循的立案标准是诉的合法要件而非诉的成立要件,[①]这导致立案标准明显高于中断事由之“起诉”标准。因此,已发生“提交 + 接受”事实但尚未立案的,或者其后不予受理、驳回起诉的,仍可满足本要件。例如,因当场不能判定是否符合起诉条件而未立案[《民事诉讼法司法解释》(2022 年修正)第 208 条第 1 款]、因需要补充必要相关材料而未立案[《民事诉讼法司法解释》(2022 年修正)第 208 条第 2 款]等。

是否送达起诉状副本不影响中断事由的认定,因为:其一,起诉是原告向法院寻求救济的行为,法院接受起诉状即表明因原告行使权利而使原时效期间继续计算的基础丧失,而被告对此是否知情则并无影响。其二,《诉讼时效司法解释》(2020 年修正)第 10 条规定,起诉引起时效中断的时点是“提交起诉状或者口头起诉之日”,表明送达起诉状副本与时效中断并无关联。

(三)起诉后撤诉

1. 申请撤诉

原告起诉后申请撤诉的,该起诉是否构成中断事由?学理及实务对此争议较大。“中断说”认为,起诉导致“有关程序”开始而引起时效中断,至于“有关程序终结”系基于何种原因(如撤诉、判决)则无影响。[②]“有条件中断说”认为,撤诉一般不导致时效中断,但如果起诉状副本送达被告,可解释为因“诉讼外请求”而导致时效中断。[③]最高人民法院的释义及相关著述均采此观点。[④]“不中断说”认为,撤诉导

---

① 对我国立案标准的学理意见,参见段文波:《起诉程序的理论基础与制度前景》,载《中外法学》2015 年第 4 期。

② 参见李宇:《民法总则要义》,法律出版社 2017 年版,第 938 页。最高人民法院《关于四川高院请示长沙铁路天群实业公司贸易部与四川鑫达实业有限公司返还代收贷款一案如何适用法(民)复〔1990〕3 号批复中“诉讼时效期间”问题的复函》(〔1999〕民他字第 12 号)、江苏省高级人民法院《关于民商事审判适用诉讼时效制度若干问题的讨论纪要》(苏高法审委〔2005〕17 号)第 9 条采取该观点。

③ 参见王利明:《民法总则研究》(第 3 版),中国人民大学出版社 2018 年版,第 789 页。辽宁省高级人民法院《关于当前商事审判中适用法律若干问题的指导意见》(辽高法〔2005〕29 号)第 29 条采取该观点。

④ 参见最高人民法院民事审判第二庭编著:《最高人民法院关于民事案件诉讼时效司法解释理解与适用》,人民法院出版社 2015 年版,第 236 ~ 237 页;最高人民法院审判监督庭编:《审判监督指导》(总第 40 辑),人民法院出版社 2012 年版,第 246 ~ 247 页。

致起诉的中断效力归于消灭,因为起诉是"独立"中断事由,其不依附于"诉讼外请求"事由,故即使起诉状副本送达被告也不具有中断效力。[①] 撤诉表明权利人对主张权利之意思的撤回。[②] 笔者赞同"中断说",理由如下:其一,基于起诉构成中断事由的理论依据,起诉(行使权利)完成即确定地发生中断效力,其后的处理结果(实体判决、撤诉等)不影响之前的中断效力,而仅影响重新计算的时点。现行法关于中断时点、重新计算时点的规定,均遵循该逻辑设置。其二,撤诉与撤回"诉讼外请求"效力不同。后者不构成中断事由的原因是,该意思通知生效前因"撤回"被阻止生效。撤诉并非阻止主张权利的意思表示生效,而是依法定条件让已经启动的法律程序终结。撤诉效力非仅凭原告"撤回"意思能实现,是否准许撤诉由法院裁定[《民事诉讼法》(2021 年修正)第 148 条]。其三,"不中断说"强调,起诉是"独立"中断事由,混淆了中断事由之起诉要件与程序法之起诉要件,未虑及起诉构成中断事由的理论依据。其四,起诉完成即导致时效中断,至程序终结前发生的"请求""承认"均不能单独构成中断事由,因此"有条件中断说"认为"起诉状副本送达被告构成诉讼外请求"亦非妥当。而且依据该观点,重新计算时点为"起诉状副本送达被告时"而非"程序终结时",这不恰当地缩小了原告的时效利益。

在实务中,虽有少数判例采取"有条件中断说",[③]但大多数判例采取"中断说",而近年罕有采取"不中断说"的裁判意见。采取"中断说"的实例包括:该案经一审、二审、重审,重审法院准许原告撤诉,该次诉讼可以产生时效中断的法律效果(前述案例二);[④]原告于 2011 年 6 月申请撤诉,同年 9 月另行提起诉讼,时间间隔未超过法定时效期间;[⑤]先后依据最高人民法院函件中止诉讼、恢复审理,并按原审原告撤诉处理,构成中断事由[⑥];等等。

---

① 参见霍海红:《撤诉的诉讼时效后果》,载《法律科学》2014 年第 5 期。最高人民法院《关于民事诉讼当事人撤诉后再次起诉人民法院能否受理问题的批复》[法(民)复〔1990〕3 号]采取该观点。

② 参见冯恺:《诉讼时效制度研究》,山东人民出版社 2007 年版,第 185 ~ 186 页。

③ 参见最高人民法院民事裁定书,(2016)最高法民申 3020 号。

④ 参见最高人民法院民事判决书,(2016)最高法民终 815 号。

⑤ 参见最高人民法院民事判决书,(2014)民三终字第 8 号。

⑥ 参见最高人民法院民事判决书,(2004)民二终字第 111 号。

2. 按撤诉处理

《民事诉讼法》(2021 年修正)第 146 条规定,原告经传票传唤,无正当理由拒不到庭或者未经法庭许可中途退庭的,可以按撤诉处理。该情形之起诉亦构成中断事由。而且,该情形属于实体审理开始后原告实施违反程序法的行为而使法院所作的处理,其对起诉已中断时效的事实不生影响。①

依据《民事诉讼法司法解释》(2022 年修正)第 213 条和《诉讼费用交纳办法》第 22 条第 4 款的规定,原告未依法律规定或法院通知预交案件受理费,或者申请减、缓、免未获批准而仍不预交的,裁定按撤诉处理。实务主流意见认为,该情形之起诉不构成中断事由,因为该情形下起诉状副本并未送达被告,原告既未通过诉讼方式,也未通过诉讼外请求方式向义务人主张权利。② 该结论正确,但理由系以"有条件中断说"为前提,故并不合理。依据最高人民法院的释义的解释,对该情形之所以规定"按撤诉处理"之后果,是法院对当事人意思的一种拟制。因此,该情形不构成中断事由的合理解释是,既然权利人选择起诉行使权利,那么法定形式(起诉状或口头起诉)及按规定缴费就成为行使权利意思的正确表达方式。原告未按规定缴费导致起诉行为未完成,或者说,行使权利之意思未被依法表达(拟制未表达)。③ 但在实务中,亦有法院以"按撤诉处理不具有溯及力"④为由,或者未予说理而径行认定该情形构成中断事由⑤,此类裁判意见不妥。

在立法论层面,有学者认为,在原告申请诉讼救济的情况下,为保护弱势群体,应当例外地设置缴费宽限期。如果原告向法院申请减、缓、免交诉讼费用(《诉讼费用交纳办法》第 44 条第 1 款)却未被批准,应给予其一段时间准备预交的费用,以免在审查过程中发生时效届满的后果。⑥ 该意见可资赞同。在尚无宽限期的现有框架

---

① "有条件中断说"认为,该情形构成中断事由的理由是,该情形下起诉状副本必然已送达被告。参见张雪楳:《诉讼时效审判实务与疑难问题解析》,人民法院出版社 2019 年版,第 435 页。该解释并非妥当。

② 参见人民法院出版社编:《最高人民法院司法观点集成(民事卷③)》,人民法院出版社 2017 年版,第 1546 页。

③ 该情形可类比权利人投寄函件以实施诉讼外请求,但函件未贴邮票或未贴足邮资而未到达相对人。

④ 参见云南省高级人民法院民事判决书,(2019)云民终 40 号。

⑤ 参见江西省高级人民法院民事判决书,(2019)赣民终 147 号。

⑥ 参见曹志勋:《起诉中断诉讼时效规则的理论展开》,载《当代法学》2014 年第 6 期。

下,此类原告只要在合理期限内缴纳了诉讼费用,就应解释为溯及至提交起诉状或者口头起诉时中断时效。

(四)诉讼结果对时效中断的影响

我国现行法的特点在于:其一,《民法典》和《民事诉讼法》(2021 年修正)分别规定诉讼时效与执行时效,形成二者并立局面。其二,前者规定普通时效期间为 3 年,但后者对执行时效(2 年)尚未作修改,导致生效法律文书确定的请求权所受时效保护反不及未经裁判的请求权。

对于现行二元模式对中断规则的影响,存在两种观点。观点一认为,因起诉导致时效中断后,原则上不能从"有关程序终结时起"重新计算诉讼时效期间,而应适用执行时效,仅在少数场合下(如因程序原因未作实体判决)存在例外。① 该观点系以"两种时效分属性质不同的制度"为前提。观点二认为,执行时效的性质仍属诉讼时效,生效法律文书确定的请求权可以重新计算诉讼时效期间。② 笔者赞同观点二,理由如下:其一,申请执行时效的适用对象是实体法请求权,而非程序法权利。③ 执行时效是裁判文书生效后重新计算的诉讼时效之表现形式,其届满效力亦为抗辩权发生而非执行请求权消灭。④ 其二,现行二元时效模式是旧法对诉讼时效和执行时效误读的产物及遗存,将执行时效回归诉讼时效属性,不仅在学界已趋于共识,⑤现行法也已作出相应调整。其三,执行时效不仅适用诉讼时效之中止、中断规则[《民事诉讼法》(2021 年修正)第 246 条],亦适用职权禁用规则、抗辩权发生主义和自愿履行规则[《民事诉讼法司法解释》(2022 年修正)第 481 条]。除名称差异外,两种时效的规范内容几乎完全一致。因此,基于执行时效系诉讼时效在执行阶段表现形

---

① 参见戴孟勇:《论因起诉及与起诉类似的事项导致诉讼时效中断的效力》,载《交大法学》2016 年第 4 期;李永锋:《起诉对诉讼时效的影响》,载《环球法律评论》2007 年第 5 期。

② 参见王勤劳:《论起诉对诉讼时效的影响》,载《西南政法大学学报》2011 年第 6 期;唐超:《诉讼时效因起诉而中断如何可能?》,载《中国社会科学院研究生院学报》2009 年第 1 期。

③ 参见张卫平:《民法典与民事诉讼法的连接与统合》,载《法学研究》2016 年第 1 期。

④ 参见杨巍:《论援引诉讼时效抗辩权的三种场合》,载《法学评论》2018 年第 6 期。

⑤ 参见霍海红:《执行时效性质的过去、现在和未来》,载《现代法学》2019 年第 2 期;金印:《执行时效的体系地位及其规制方式》,载《法律科学》2017 年第 5 期。

式之前提，以下就不同诉讼结果对时效中断的影响予以分析。

1. 未作出实体判决

原告起诉后，因程序瑕疵被不予受理或者驳回起诉的，如果该起诉符合中断事由前述要件，构成中断事由；反之则否。原告申请撤诉或者按撤诉处理的，该起诉是否构成中断事由依前文所述判断。

2. 作出实体判决

法院经实体审理后驳回原告诉讼请求的，区分不同原因判断该起诉是否构成中断事由：(1)原告权利不成立或无效。该情形表明不存在受法律保护的权利，故没有时效问题。值得注意的一种情形是，原审由于证据不足被驳回诉讼请求，后发现证据或出现新证据而重新起诉且被支持的，原审起诉构成中断事由。① (2)被告行使时效抗辩权。在此情形下，因起诉发生在时效届满后，故不构成中断事由。(3)被告主张其他抗辩事由。在此情形下，法院认可原告权利有效存在，但由于被告抗辩发生阻碍效力而在本诉中对原告权利不予支持。因此，该起诉构成中断事由。法院经实体审理后支持原告诉讼请求的，"有关程序终结时起"重新计算时效期间。由于生效法律文书确认的请求权成为取得执行名义的请求权，该场合的诉讼时效体现为执行时效，故重新计算的是执行时效期间。

3. 申请再审

当事人在裁判生效后向法院申请再审[《民事诉讼法》(2021 年修正)第 206 条]，是否构成中断事由？学理上②及实务中③均存在较大争议。在现行法框架下，再审制度体现"有错必纠"之理念，但它是一种非常规的救济程序。④ 申请再审权是程序异议权，而非一般意义上的诉权。⑤ 因此较合理的解释是：其一，无论申请再审

① 参见人民法院出版社编：《最高人民法院司法观点集成(民事卷③)》，人民法院出版社 2017 年版，第 1538～1540 页。

② "肯定说"，参见李宇：《民法总则要义》，法律出版社 2017 年版，第 937 页；"否定说"，参见戴孟勇：《论因起诉及与起诉类似的事项导致诉讼时效中断的效力》，载《交大法学》2016 年第 4 期；"折中说"，参见张艳：《论当事人再审启动行为对执行时效的影响》，载《法学杂志》2019 年第 3 期。

③ 采"肯定说"的裁判意见，参见湖北省高级人民法院执行裁定书，(2017)鄂执复 34 号；采"否定说"的裁判意见，参见北京市海淀区人民法院执行裁定书，(2014)海执异字第 131 号。

④ 参见张卫平：《再审事由规范的再调整》，载《中国法学》2011 年第 3 期。

⑤ 参见吴英姿：《"再审之诉"的理论悖论与实践困境》，载《法学家》2018 年第 3 期。

是否得到支持,该申请均不构成中断事由。因为生效裁判导致权利由争议状态成为确定状态,权利人通过诉讼主张权利的正常程序已然结束。申请再审不是当事人通过诉讼主张权利的途径,也不具有暂停执行的效力[《民事诉讼法》(2021 年修正)第 206 条],其主要是针对程序事项启动重审程序的行为。其二,如果申请再审“成功”并作出新判决,再审程序终结时起重新计算时效期间。该“重新计算”具有溯及力:一是原审程序终结时起“重新计算”作废;二是原审起诉之日至再审程序终结之日时效处于中断状态,其间当事人不能援引时效抗辩权。

法院启动再审程序[《民事诉讼法》(2021 年修正)第 205 条]、检察院提出抗诉或者建议[《民事诉讼法》(2021 年修正)第 215 条]、当事人向检察院申请检察建议或者抗诉[《民事诉讼法》(2021 年修正)第 216 条]的,均不构成中断事由。如果由此启动再审程序并作出新判决,再审程序终结时起重新计算。

六、中断事由之四:与提起诉讼或者申请仲裁具有同等效力的其他情形

《民法典》第 195 条第 4 项规定的“与提起诉讼或者申请仲裁具有同等效力的其他情形”,系兜底性条款。原《民法通则》未设该兜底性条款,新增该项的意义在于,对司法解释扩张解释中断事由《诉讼时效司法解释》(2020 年修正)第 11 条至第 13 条予以承认。此类情形构成中断事由的理由在于,权利人实施的各种行为表明在积极行使权利而非怠于行使权利,故也应引起时效中断。①

(一)申请支付令[《诉讼时效司法解释》(2020 年修正)第 11 条第 1 项]

由于督促程序适用于“案情十分清楚,当事人不否认所欠债务数额”的案件,以实现“快速解决纠纷、节约司法资源”之目的,②因此,申请和受理条件相较起诉条件之标准更高。基于类似理由,该申请符合督促程序的适用范围且具备法定形式要件,即可构成中断事由,不予受理或者驳回申请无绝对影响。

其一,申请被法院受理的,该申请构成中断事由,中断时点为提交申请书之日

① 参见黄薇主编:《中华人民共和国民法典总则编释义》,法律出版社 2020 年版,第 527 ~ 528 页。
② 参见王胜明主编:《中华人民共和国民事诉讼法释义》,法律出版社 2012 年版,第 511 页。

[类推适用《诉讼时效司法解释》(2020 年修正)第 10 条]。分为以下几种情形:(1)义务人收到支付令之日起 15 日内不提出异议又不履行义务的,该期间届满之日重新计算。权利人可以向法院申请执行[《民事诉讼法》(2021 年修正)第 223 条第 2 款、第 3 款],申请执行导致时效再次中断。(2)义务人收到支付令后在法定期间内提出异议成立,支付令失效,督促程序转入诉讼程序的,诉讼程序终结时起重新计算。在该情形下,转入诉讼程序不导致时效再次中断,提交申请书至诉讼程序终结期间内时效停止计算。(3)义务人收到支付令后在法定期间内提出异议成立,但申请支付令的一方不同意提起诉讼的,"申请人(权利人)向法院表明不同意提起诉讼之日"重新计算。在该场合下,申请人有权提出"不同意提起诉讼"的时间是"收到终结督促程序裁定之日起七日内"[《民事诉讼法司法解释》(2022 年修正)第 438 条第 1 款],因此重新计算时点不是该裁定生效之日或收到该裁定之日,而是"申请人向法院表明不同意提起诉讼之日"①。(4)其他原因导致支付令失效的,分别予以判断。法院受理支付令申请后,债权人就同一债权债务关系又提起诉讼的[《民事诉讼法司法解释》(2022 年修正)第 430 条第 1 项],诉讼程序终结时起重新计算,另行提起诉讼不导致时效再次中断。法院发出支付令之日起 30 日内无法送达债务人的[《民事诉讼法司法解释》(2022 年修正)第 430 条第 2 项],督促程序终结时起重新计算。债务人收到支付令前债权人撤回申请的[《民事诉讼法司法解释》(2022 年修正)第 430 条第 3 项],该申请仍构成中断事由,督促程序终结时起重新计算。②

其二,申请被不予受理或者驳回的,该申请是否构成中断事由分为以下几种情形:(1)申请书欠缺法定记载事项[《民事诉讼法》(2021 年修正)第 221 条]或者未依法缴纳申请费而被不予受理,不构成中断事由。(2)申请不符合督促程序适用范围而被不予受理或者驳回申请,不构成中断事由。督促程序适用范围是"债权人请求债务人给付金钱、有价证券,且已到期、数额确定"[《民事诉讼法》(2021 年修正)第 221 条]。不符合该适用范围的情形包括:请求给付非金钱债权[《民事诉讼法司

---

① 参见戴孟勇:《论因起诉及与起诉类似的事项导致诉讼时效中断的效力》,载《交大法学》2016 年第 4 期。

② 参见西藏自治区林芝市中级人民法院民事判决书,(2016)藏 26 民终 53 号。相反裁判意见,参见河北省泊头市人民法院民事判决书,(2019)冀 0981 民初 639 号。前者更合理。

法解释》(2022 年修正)第 427 条第 1 款第 1 项]、请求给付的金钱债权未到期[《民事诉讼法司法解释》(2022 年修正)第 427 条第 1 款第 2 项]等。(3)申请虽被不予受理或者驳回,但符合督促程序适用范围,权利人另行起诉后形成的生效裁判支持其诉讼请求的,该申请构成中断事由,督促程序终结时起重新计算。① 因为该申请存在可消除的瑕疵,且内容具有可执行性与可辨识性,故可构成中断事由。② 依据《民事诉讼法司法解释》(2022 年修正)第 427 条第 1 款第 3 项至第 7 项、第 428 条第 1 款第 1 项至第 3 项的规定不予受理或者驳回申请的,属于此类情形。例如,法院以"债权人有对待给付义务"为由不予受理,债权人另行起诉后生效判决认定该给付义务并不存在。

(二)申请破产、申报破产债权[《诉讼时效司法解释》(2020 年修正)第 11 条第 2 项]

债权人申请债务人破产的,表明其欲通过破产程序实现权利,故该申请构成中断事由。债务人申请破产的,债权人须申报破产债权才能通过破产程序实现权利,故债务人之申请不构成中断事由,③债权人之申报才构成中断事由。④ 而且,该项之申报仅是指未提出破产申请之债权人的申报行为。法院受理破产申请后,债权人于破产程序外行使权利不具效力,故其仅能通过申报破产债权中断时效。如果法院受理破产申请时债权人的债权已处于执行阶段,该申请对执行时效构成中断事由。⑤ 该项之中断时点为提交破产申请书之日或者提交破产债权申报书之日[类推适用《诉讼时效司法解释》(2020 年修正)第 10 条]。由于破产程序涉及重整、和解、破产清算 3 种可能,因此该项之中断事由应扩张解释为包括相关程序中的申请行为和申报行为。

---

① 参见最高人民法院民事裁定书,(2013)民申字第 2092 号。

② 参见周翠:《再论督促程序电子化改革的重点》,载《当代法学》2016 年第 6 期。

③ 参见李国光主编:《新企业破产法理解与适用》,人民法院出版社 2006 年版,第 90 页。

④ 参见最高人民法院民事审判第二庭编著:《最高人民法院关于民事案件诉讼时效司法解释理解与适用》,人民法院出版社 2015 年版,第 244 ~ 245 页。

⑤ 参见四川省高级人民法院执行裁定书,(2019)川执复 114 号。

（三）为主张权利而申请宣告义务人失踪或死亡［《诉讼时效司法解释》（2020 年修正）第 11 条第 3 项］

义务人下落不明后，如果没有代理人、财产代管人或遗产管理人，由于无法确定行使权利的对象而构成“不能行使请求权的障碍”，这时权利人通常主张时效中止而非中断。可能基于该原因，现有数据库中未查阅到依据该项认定时效中断的实例。适用该项具有意义的可能情形是：义务人虽下落不明但有代理人，由于此时不具备时效中止条件，该项之申请可构成中断事由。

（四）申请诉前措施［《诉讼时效司法解释》（2020 年修正）第 11 条第 4 项］

该项的本意是指两种情形：一是诉前财产保全，二是适用于知识产权领域的诉前临时禁令。[①]《民事诉讼法》（2021 年修正）将诉前保全扩展为诉前财产保全和诉前行为保全，并规定诉前证据保全规则。据此，该项之中断事由应作相应扩张解释，具体包括申请诉前财产保全、申请诉前行为保全、申请诉前证据保全。该申请符合法定适用范围且具备法定形式要件，即可构成中断事由，驳回申请无绝对影响。[②] 由于诉前证据保全程序参照适用诉前财产保全和诉前行为保全的规定［《民事诉讼法》（2021 年修正）第 84 条第 3 款］，[③]以下一并讨论。

其一，法院接受申请后裁定采取保全措施的，该申请构成中断事由，中断时点为提交申请书之日［类推适用《诉讼时效司法解释》（2020 年修正）第 10 条］。分为以下几种情形：（1）申请人未在法定期间内起诉或申请仲裁导致解除保全的［《民事诉讼法》（2021 年修正）第 104 条第 3 款］，保全程序终结时起（解除保全裁定生效之日）重新计算。[④] （2）申请人在法定期间内起诉或申请仲裁但被不予受理或驳回的，

---

① 参见最高人民法院民事审判第二庭编著：《最高人民法院关于民事案件诉讼时效司法解释理解与适用》，人民法院出版社 2015 年版，第 245～246 页。

② 参见江苏省扬州市中级人民法院民事判决书，（2018）苏 10 民终 764 号。

③ 参见山东省德州市中级人民法院民事判决书，（2017）鲁 14 民终 1621 号。

④ 有观点认为，因该项情形导致时效中断，以申请人在采取保全措施后依法起诉或申请仲裁为条件。参见梁展欣主编：《诉讼时效司法实务精义》，人民法院出版社 2010 年版，第 111 页。该观点并不合理，因为其与第 195 条相悖。

如果该起诉或申请仲裁不具备中断事由要件,保全程序终结时起重新计算;如果该起诉或申请仲裁具备中断事由要件,不导致时效再次中断,重新计算时点是保全程序终结之日与诉讼或仲裁程序终结之日(不予受理或驳回起诉裁定生效之日)发生在后者。(3)申请人在法定期间内起诉或申请仲裁且被受理的,因时效处于停止计算状态,该起诉或申请仲裁不导致时效再次中断。由于诉讼或仲裁程序启动后保全程序并不自动终结,而两种程序终结时点通常并不一致,导致重新计算时点的界定成为难点。

一种较简单的情形是,诉讼或仲裁程序终结前解除保全措施或者查封、扣押、冻结期限届满的[《民事诉讼法司法解释》(2022 年修正)第 485 条],重新计算时点是诉讼或仲裁程序终结之日。该情形下的保全程序终结不导致重新计算,因为此时诉讼或仲裁程序仍在进行,时效处于停止计算状态。令人困扰的一种情形是,诉讼或仲裁程序终结时保全程序仍在继续,重新计算时点如何界定?最高人民法院的释义对此语焉不详,仅表述为“相关司法程序结束时”。[①] 学界对此存在争议。一种观点认为,此时应按起诉或申请仲裁导致时效中断的情形处理,即诉讼或仲裁程序终结时起重新计算。[②] 另一种观点认为,虽然诉讼或仲裁程序终结,但保全程序仍在继续,故时效仍处于中断状态,即重新计算时点应为保全程序终结之日。[③] 笔者基本赞同后一观点。保全制度与执行制度在目的、措施等方面具有一致性,现行法由此设计了两种制度的衔接规则,[④]故申请保全可解读为权利人为申请强制执行所做的准备。诉讼或仲裁程序终结后进入执行阶段,即使权利人尚未申请强制执行,此时保全措施已具有执行的意义。由于此时仍处于权利人通过公力救济行使权利的状态,故不应重新计算。在上文情形(3)下,应注意与申请强制执行之中断事由的衔接。诉讼或仲裁程序终结时保全程序仍在继续的场合下,虽仍处于时效中断状态,但如果权利人申请强制执行,应以申请强制执行之事由引起时效中断,而非再以保全程

① 参见最高人民法院民事审判第二庭编著:《最高人民法院关于民事案件诉讼时效司法解释理解与适用》,人民法院出版社 2015 年版,第 246 页。

② 参见戴孟勇:《论因起诉及与起诉类似的事项导致诉讼时效中断的效力》,载《交大法学》2016 年第 4 期。

③ 参见李宇:《民法总则要义》,法律出版社 2017 年版,第 942 页。

④ 参见《民事诉讼法司法解释》(2022 年修正)第 168 条。

序终结时起重新计算，因为权利人申请强制执行导致保全的“准备”意义丧失。

其二，申请被驳回的，该申请是否构成中断事由？分为以下几种情形：(1)申请书不符合法定适用范围、形式要件(最高人民法院《关于人民法院办理财产保全案件若干问题的规定》第1条)或者未依法缴纳申请费而被驳回，不构成中断事由。(2)申请人未提供担保导致被驳回申请，不构成中断事由。(3)申请虽被驳回，但符合诉前财产保全的法定适用范围且具备形式要件，该申请构成中断事由，保全程序终结时起重新计算。法院对申请保全的审查，一般采“四要素检验法”：①被申请人的行为是否构成侵权；②不采取措施是否会给申请人造成难以弥补的损害；③是否提供了担保；④保全措施是否会损害社会公共利益。[①] 法院依据要素①②④驳回申请的，属于此类情形。例如，法院以“不采取措施不会给申请人造成难以弥补的损害”为由驳回申请，债权人起诉后生效判决作出相反认定。

(五)申请强制执行［《诉讼时效司法解释》(2020年修正)第11条第5项］

依据最高人民法院《关于人民法院执行工作若干问题的规定(试行)》(法释〔1998〕15号)第2条的规定，该项之申请强制执行的对象包括法院裁判文书、仲裁裁决和调解书、公证机关依法赋予强制执行效力的债权文书等。由此类法律文书确定的权利系获得执行名义的权利，该申请对其构成中断事由。但在执行阶段，并非仅有“申请强制执行”构成中断事由。依《执行程序解释》(2020年修正)第20条的规定，当事人双方达成和解协议、诉讼外请求和义务承认亦构成中断事由。[②]

在代位执行场合下，申请执行人或被执行人向法院申请执行被执行人对案外第三人的到期债权［最高人民法院《关于人民法院执行工作若干问题的规定(试行)》第45条至第53条、《民事诉讼法司法解释》(2022年修正)第499条[③]］，该申请对申请执行人的权利构成中断事由。对于被执行人的权利，如果该申请由被执行人提

---

① 参见最高人民法院民事诉讼法修改研究小组编著：《〈中华人民共和国民事诉讼法〉修改条文理解与适用》，人民法院出版社2012年版，第225页。

② 诉讼外请求导致执行时效中断的实例，参见最高人民法院执行裁定书，(2015)执复字第17号。

③ 对该规定的批评意见认为，该债权是欠缺执行名义的权利，对其启动执行程序存在不可弥补的程序瑕疵。参见庄加园：《初探债权执行程序的理论基础》，载《现代法学》2017年第3期。

出,或者由申请执行人提出而被执行人知晓该事实的,该申请构成中断事由。[1] 提出该申请之日时效中断,代位执行程序终结时起重新计算。

权利人针对获得执行名义的权利申请强制执行,对未获得执行名义的权利是否构成中断事由?原则上应否定之,即使二者系基于同一事实产生,因为后者非属既判力所及而不具以申请强制执行中断时效的资格。具体情形包括:原告起诉要求返还装载机并赔偿停工损失,后撤回停工损失之诉讼请求,其后申请强制执行未涉及停工损失;[2]不当得利款(孳息和资金占用损失)并非生效法律文书确定的内容,申请强制执行对其不具有中断效力[3];等等。但基于前述理由,对于未获得执行名义的利息(如因迟延履行生效法律文书所生利息),申请强制执行构成中断事由。[4]

(六)申请追加当事人或者被通知参加诉讼[《诉讼时效司法解释》(2020年修正)第11条第6项]

该项之中断事由,是指当事人申请将自己或他人追加为诉讼当事人,或者被法院通知以诉讼当事人身份参加诉讼。此情形产生与起诉相同效力,故构成中断事由。如果该申请未被法院认可但申请人实体权利真实存在,亦可构成中断事由。[5] 当事人提出申请时或者通知生效之日时效中断,诉讼程序终结时起重新计算。该项之中断事由不包括原告或被告被通知参加诉讼、被通知以非诉讼当事人身份参加诉讼等情形。在执行程序中申请追加被执行人或者法院变更被执行人的[《民事诉讼法司法解释》(2022年修正)第470条至第473条],类推适用该项规定。

(七)在诉讼中主张抵销[《诉讼时效司法解释》(2020年修正)第11条第7项]

该项之中断事由应解释为,被告在诉讼中提出抵销抗辩,该抗辩对被告债权(主动债权)构成中断事由。因为如果原告主张抵销,该起诉构成中断事由,抵销之诉讼

---

① 参见最高人民法院民事审判第二庭编著:《最高人民法院关于民事案件诉讼时效司法解释理解与适用》,人民法院出版社2015年版,第248页。

② 参见云南省高级人民法院民事裁定书,(2017)云民申126号。

③ 参见浙江省高级人民法院民事裁定书,(2015)浙民申字第746号。

④ 参见山东省日照市中级人民法院民事判决书,(2019)鲁11民终272号。

⑤ 参见安徽省马鞍山市中级人民法院民事判决书,(2020)皖05民终832号。

请求不单独构成中断事由。[①] 被告在诉讼中提出抵销抗辩，表明其具有通过诉讼程序实现权利的意思，故即使其未就此提起反诉，亦可构成中断事由。而且，只要被告债权真实存在，该抵销主张即可构成中断事由，其是否符合实体法之抵销要件则无影响。被告提出抵销主张之日时效中断，诉讼程序终结时起重新计算。在执行程序中被执行人主张抵销的[《执行异议复议规定》(2020 年修正)第 19 条]，类推适用该项规定，即该抵销主张对被执行人债权构成中断事由。在破产程序中债权人主张抵销的，与申报债权性质类似，故亦构成中断事由。[②]

(八)向有权解决相关民事纠纷的社会组织提出保护相应民事权利的请求[《诉讼时效司法解释》(2020 年修正)第 12 条]

在我国诉讼外纠纷解决机制较发达的背景下，该条之中断事由具有现实合理性。立法机关的释义认为，该条构成《民法典》第 195 条第 4 项规定的“其他情形”。[③] 亦有学者认为，该条属于“诉讼外请求”。[④] 前者解释更合理，因为该中断事由是权利人寻求某种诉讼替代救济，而非直接向义务人主张权利。该中断事由应具备以下要件：

1. 权利人向社会组织提出请求

现行法对请求形式并无严格要求，这与起诉或申请仲裁差异甚大。例如，《人民调解法》对申请调解的形式未作规定，当事人采取书面或口头形式均可(司法部《关于贯彻实施〈中华人民共和国人民调解法〉的意见》第 11 条)。权利人向其他社会组织请求的，实践中多采口头反映情况、书面“情况说明”等形式。如果权利人未提出请求，即使社会组织或第三人的某些行为涉及权利人的权利，也不构成中断事由。例如，政府有关部门向其上级部门或其他政府部门就权利人纠纷作出报告、请示，传

① 参见最高人民法院民事审判第二庭编著：《最高人民法院关于民事案件诉讼时效司法解释理解与适用》，人民法院出版社 2015 年版，第 250 页。

② 参见王欣新：《破产程序与诉讼时效问题研究》，载《政治与法律》2015 年第 2 期。

③ 参见黄薇主编：《中华人民共和国民法典总则编释义》，法律出版社 2020 年版，第 527 页。

④ 参见陈甦主编：《民法总则评注(下册)》，法律出版社 2017 年版，第 1407 页。

阅流转范围仅限于政府内部;①第三人向镇政府举报涉案林地不在征地范围②;等等。

2. 请求应包含保护民事权利的内容

该请求的目的是通过社会组织行使职权以助于直接或间接实现权利,而非获取内容清晰、具体的裁决(如起诉、仲裁),因此该要件之"保护民事权利"应从宽解释。即使该请求并非直接要求义务人履行义务,但其最终目的是实现民事权利,亦满足该要件。具体情形包括:反映情况,主张权利;③请求进行行政处理;④要求协调处理⑤;等等。如果当事人向有行政执法权的行政机关举报行政违法行为,或者仅提出意见或建议,而不具有保护民事权利的内容,则不构成中断事由。⑥

3. 被请求的应为人民调解委员会以及其他依法有权解决相关民事纠纷的国家机关、事业单位、社会团体等社会组织

此类社会组织可分为两类:其一,不受案型限制的社会组织,包括人民调解委员会、信访机构和各级人民政府。人民调解委员会的受案范围是"民间纠纷"[《人民调解法》第2条],信访的内容是"向各级人民政府、县级以上人民政府工作部门反映情况,提出建议、意见或者投诉请求"(原《信访条例》第2条),二者文义均涵盖所有类型民事纠纷。在实践中,人民调解委员会的运作形式较为灵活,既包括村委会、居委会和企业事业单位依法设立的人民调解委员会(《人民调解法》第8条第1款),也包括驻人民法庭的调解工作室⑦等形式,均可符合本要件。基于"有困难、找政府"观念,在实务中当事人向各级政府请求保护民事权利亦属常见,该情形被普遍认定为构成中断事由。⑧ 有最高人民法院判例认为,当地"政法委"亦构成该条规定之社

① 参见最高人民法院民事判决书,(2018)最高法民终232号。

② 参见四川省高级人民法院民事判决书,(2019)川民再148号。

③ 参见最高人民法院民事判决书,(2016)最高法民终149号。

④ 参见最高人民法院民事裁定书,(2009)民申字第569号。

⑤ 参见北京市高级人民法院民事判决书,(2016)京民再42号。

⑥ 参见最高人民法院民事审判第二庭编著:《最高人民法院关于民事案件诉讼时效司法解释理解与适用》,人民法院出版社2015年版,第256页。

⑦ 参见最高人民法院民事判决书,(2019)最高法民再257号。

⑧ 参见天津市高级人民法院民事判决书,(2019)津民终363号。

会组织。[①] 其二,受特定案型限制的社会组织,即仅仅针对特定类型纠纷有权依法处理的社会组织。具体情形包括:矿管局、煤炭工业局(采矿权纠纷);[②]知识产权局(专利权纠纷);[③]人力资源和社会保障局(劳动争议纠纷)[④];等等。在实务中,因不具有解决相关民事纠纷的权限,而被认定不属于该条之社会组织的情形包括:小区业主委员会(物业服务合同纠纷);[⑤]林场(金融借款合同纠纷)[⑥];等等。

依该条情形导致时效中断的,中断时点是"提出请求之日",即提交书面请求或者口头请求之日[类推适用《诉讼时效司法解释》(2020 年修正)第 12 条];重新计算时点是"有关程序终结之日"(《民法典》第 195 条前段)。值得注意的是,由于缺乏类似诉讼或仲裁程序终结之明确时点,且各类社会组织亦无统一适用的处理程序,因此"有关程序终结之日"应解释为社会组织作出正式书面或者口头处理意见之日。例如,作出不予受理通知书、[⑦]信访事项告知单、[⑧]处理意见函、[⑨]行政处罚决定书[⑩]等。最高人民法院的释义认为,区分纠纷是否被解决,重新计算时点分别是"调处决定或协议规定的履行期限届满之日"或者"权利人知道或应当知道纠纷未获解决之日"。[⑪] 该解释并不合理,因为其既缺乏法律依据,又由于"未获解决"纯属事后判断而难有一个清晰时点。

(九)刑事案件受害人(权利人)向司法机关报案或者控告[《诉讼时效司法解释》(2020 年修正)第 13 条]

该条是民刑交叉案件的时效中断规则。虽然报案或者控告的直接目的是追究

---

① 参见最高人民法院民事裁定书,(2016)最高法民申 585 号。
② 参见最高人民法院民事判决书,(2015)民提字第 75 号。
③ 参见最高人民法院民事裁定书,(2009)民申字第 569 号。
④ 参见湖北省高级人民法院民事裁定书,(2019)鄂民申 4818 号。
⑤ 参见广东省高级人民法院民事判决书,(2018)粤民再 355 号。
⑥ 参见江西省高级人民法院民事裁定书,(2018)赣民申 1420 号。
⑦ 参见四川省高级人民法院民事判决书,(2017)川民申 4782 号。
⑧ 参见江苏省高级人民法院民事裁定书,(2016)苏民申 5763 号。
⑨ 参见北京市高级人民法院民事判决书,(2013)高民终字第 4387 号。
⑩ 参见天津市高级人民法院民事判决书,(2013)津高民三终字第 19 号。
⑪ 参见最高人民法院民事审判第二庭编著:《最高人民法院关于民事案件诉讼时效司法解释理解与适用》,人民法院出版社 2015 年版,第 260 页。

他人刑事责任而非主张民事权利,但因某些刑事案件与民事权利具有密切关联性,故权利人实施此类行为可推定其具有主张权利的意思,而构成中断事由。最高人民法院《关于在审理经济纠纷案件中涉及经济犯罪嫌疑若干问题的规定》(法释〔2020〕17号)第9条对此设有规定,《诉讼时效司法解释》(2020年修正)第13条对其作出修改,故前者不再适用。该条之中断事由应具备以下要件:

1.权利人以刑事案件为由进行报案或者控告

其一,原则上应由权利人主动报案或控告。司法机关主动查处刑事案件且权利人对此不知情的,无论时效是否已起算,均不构成中断事由。司法机关在主动查处刑事案件过程中将犯罪嫌疑情况通知权利人,[①]如果此前时效未起算,权利人收到通知之日时效起算且立刻中断;如果时效已起算,权利人收到通知之日时效中断。因为,此时处于刑事侦查阶段,权利人合理信赖司法机关通过法律程序保护其权利,故时效不应继续进行。[②] 其二,权利人应实施报案或控告行为,该行为目的是启动刑事案件法律程序。如果权利人向司法机关进行信访请求保护民事权利,不构成本条之中断事由,而是应适用2008年《诉讼时效司法解释》第14条[《诉讼时效司法解释》(2020年修正)第12条]。[③] 检察院在侦查过程中冻结有关人员财产,无论是否基于权利人申请,均不构成中断事由[不类推适用《诉讼时效司法解释》(2020年修正)第11条第5项]。[④] 其三,第三人报案、控告或提供侦查线索的行为,原则上对权利人不构成中断事由。

2.须向公安机关、检察院、法院报案或者控告

"向法院报案或者控告"应解释为权利人提起刑事自诉案件。权利人向公安机关、检察院报案或者控告,并由此提起公诉的,该报案或者控告构成中断事由,提起公诉不导致时效再次中断。最高人民法院《关于审理银行卡民事纠纷案件若干问题的规定》第3条第3项规定,"发卡行以持卡人恶意透支存在犯罪嫌疑为由向公安机

---

① 此处仅讨论犯罪嫌疑情况具备时效起算要件的情形,否则,时效未起算则无须考虑中断问题。

② 参见最高人民法院民事审判第二庭编著:《最高人民法院关于民事案件诉讼时效司法解释理解与适用》,人民法院出版社2015年版,第268页。实例参见上海市知识产权法院民事判决书,(2015)沪知民终字第6号。

③ 参见江苏省高级人民法院民事裁定书,(2016)苏民申5763号。

④ 参见最高人民法院民事判决书,(2005)民二终字第100号。

关报案”构成中断事由。司法机关在主动查处刑事案件过程中将犯罪嫌疑情况通知权利人导致时效中断的,权利人被通知参加刑事诉讼不导致时效再次中断。需注意的是,该条之“请求保护民事权利”采推定方法予以认定,即只要客观上该刑事案件与保护民事权利具有密切关联性,报案或控告即可推定为具有该意思,而无须于报案或控告时明确表达“请求保护民事权利”。常见情形包括:因借款到期后无法联系债务人向公安机关报案;①以他人涉嫌挪用资金罪向检察院报案②;等等。

3. 该刑事案件与保护民事权利具有密切关联性

司法机关查处或审理的刑事案件所涉事实与民事权利被侵害应属同一事实或者相互关联,才可构成中断事由。义务人被采取刑事强制措施导致权利人不能行使请求权的,可构成中止事由而非中断事由。依据该条情形导致时效中断的,中断时点是“报案或者控告之日”:向公安机关、检察院报案或者控告的,为提交书面材料或者口头报案、控告之日;向法院提起刑事自诉的,为提交起诉状或者口头起诉之日[类推适用《诉讼时效司法解释》(2020 年修正)第 10 条]。

关于重新计算时点,分为两种情况。其一,决定不立案、撤销案件、不起诉的,又分为两种情形:(1)自始不立案。虽有民事权利受侵害的事实,但公安机关、检察院认为没有犯罪事实或犯罪事实显著轻微,不需要追究刑事责任而不予立案的,仍构成中断事由,权利人知道或者应当知道不立案之日重新计算。如果不存在民事权利受侵害的事实,因当事人认识错误报案或者控告的,不构成中断事由,亦无重新计算问题。提起刑事自诉被法院不予受理或驳回起诉的。(2)立案后撤销案件、不起诉。在该情形下,权利人知道或者应当知道撤销案件、不起诉之日重新计算。司法机关作出决定但未通知权利人的,时效期间不重新计算。③

其二,刑事案件进入审理阶段且作出刑事裁判文书的,刑事裁判文书生效之日重新计算。但应注意的是,民刑交叉案件中刑事裁判文书是否已处理追赃、退赔对于权利人能否另行提起民事诉讼具有直接影响,并由此影响重新计算的认定。(1)被告人非法占有、处置被害人财产的,刑事判决应依法追缴、责令退赔。被害人

---

① 参见最高人民法院民事裁定书,(2019)最高法民申 2247 号。

② 参见最高人民法院民事判决书,(2016)最高法民终 265 号。

③ 参见江苏省高级人民法院民事判决书,(2017)苏民终 258 号。

提起附带民事诉讼或另行提起民事诉讼的,法院不予受理(最高人民法院《关于适用〈中华人民共和国刑事诉讼法〉的解释》第176条)。该情形下,权利人通过刑事诉讼请求保护民事权利,法院对此予以受理、处理,并采取追赃、退赔方式保护了民事权利。因此,重新计算时点为刑事裁判文书生效之日,①权利人另行提起民事诉讼被不予受理或驳回不导致时效再次中断。(2)权利人可依法另行提起民事诉讼(最高人民法院《关于审理经济纠纷案件中涉及经济犯罪嫌疑若干问题的规定》第8条),且刑事裁判文书未处理追赃、退赔的,分为以下几种情形:一是刑事诉讼先于民事诉讼终结,民事诉讼程序终结时起重新计算。二是民事诉讼终结时刑事诉讼尚未终结,民事诉讼作出实体判决的,民事诉讼程序终结时起重新计算;未作出实体判决的,刑事裁判文书生效之日重新计算。三是民事诉讼程序终结后,如果权利人的权利仍然存在、时效期间仍需计算的,当事人进行刑事报案或提起刑事自诉构成中断事由,刑事裁判文书生效之日重新计算。②

七、时效中断的效力

(一)中断时点和重新计算时点

1. 中断时点

中断时点的意义是时效期间于此时停止计算。《民法典》第195条中"有下列情形之一的,诉讼时效中断"应解释为,中断时点是"中断事由发生完毕之时"。具体而言:(1)诉讼外请求和义务承认之中断时点是该意思通知生效之日;(2)起诉之中断时点是"提交起诉状或者口头起诉之日";(3)其他情形之中断时点详见上文第六部分。

《诉讼时效司法解释》(2020年修正)第17条第1款规定,在债权转让场合下,

---

① 有观点认为,追赃、退赔过程中时效处于持续中断状态,即时效期间重新计算时点为追赃、退赔程序结束之日。参见张雪楳:《诉讼时效审判实务与疑难问题解析》,人民法院出版社2019年版,第661页。考虑该情形下权利人缺乏类似民事诉讼中申请强制执行的权利,亦无类似申请执行时效之法定期间,因此该观点具有相当合理性。

② 参见最高人民法院民事判决书,(2015)民抗字第24号。

中断时点是“转让通知到达债务人之日”。虽然债权转让通知为观念通知,但由于该通知包含了债权人向债务人“确认权利”的意思,因此在时效中断场合下亦兼具意思通知的属性,而构成诉讼外请求之中断事由,中断时点为通知生效之日。该款应缩限解释为转让通知是书面形式的情形,且仅是指清偿期后的通知,因为清偿期前时效尚未起算。[①] 该通知生效时点准用意思表示生效标准(《民法典》第 137 条、第 139 条),即应区分通知的形式分别认定:通知是对话方式的,采了解主义;通知是非对话方式的,采到达主义;通知是公告方式的,采完成主义。如果债权人未予通知,其对债务人进行催收仍构成中断事由。[②]

《诉讼时效司法解释》(2020 年修正)第 17 条第 2 款规定,债务承担场合下,构成原债务人对债务承认的,中断时点是“债务承担意思表示到达债权人之日”(应解释为“债务承担意思通知生效之日”)。该款的适用条件包括:(1)债务承担之法律关系成立。(2)当事人的言行可解释出原债务人对债务承认(确认义务)的意思。由于无论是否在债务承担场合下,原债务人向债权人作出确认义务通知均可构成义务承认之中断事由。因此,该款对依据新债务人和债权人言行解释出原债务人对债务承认的意思更具意义。

分以下几种情形予以讨论:其一,在免责债务承担的情形下,原债务人为取得债权人同意而通知其债务承担事实的,该通知直接构成原债务人“义务承认”,故无论债权人是否同意,该通知均构成中断事由,中断时点为通知生效之日。新债务人与债权人达成债务承担协议的,如果原债务人知情且未作拒绝表示,该协议构成中断事由,中断时点为协议生效之日;如果原债务人不知情或者虽然知情但表示拒绝,该协议因不产生债务承担效果而不构成中断事由。[③] 其二,在原债务人与新债务人约定加入债务的情形下,原债务人将该约定通知债权人的,该通知直接构成原债务人“义务承认”,故无论债权人是否拒绝(《民法典》第 552 条前段),该通知均构成中断

① 参见徐涤宇:《〈合同法〉第 80 条(债权让与通知)评注》,载《法学家》2019 年第 1 期。

② 参见最高人民法院民事判决书,(2014)民提字第 220 号。

③ 对于新债务人与债权人达成债务承担协议是否须以“原债务人同意”为生效要件,现行法未作规定,但依据《民法典》第 522 条第 2 款的精神和立法机关释义的解释,应采肯定结论。参见黄薇主编:《中华人民共和国民法典合同编释义》,法律出版社 2020 年版,第 201 ~ 202 页。

事由,中断时点为通知生效之日。新债务人将该约定通知债权人的,分以下两种情形:(1)债权人未明确拒绝的,该通知构成中断事由,中断时点为通知生效之日。由于原债务人与新债务人达成加入债务协议中包含有原债务人“义务承认”的意思,故该情形可解释为新债务人将原债务人“义务承认”的意思向债权人代为通知。(2)债权人明确拒绝的,该通知不构成中断事由。由于新债务人的代为通知系以加入债务为目的,因此在加入债务未成立的情形下,不应将该“代为通知”单独解释为原债务人“义务承认”。其三,新债务人向债权人表示愿意加入债务并通知债权人的,分以下两种情形:(1)债权人未明确拒绝的,债务加入成立(《民法典》第552条后段),无论原债务人对此是否知情,该通知对原债务人时效均不构成中断事由。在原债务人不知情的情形下,新债务人不能代替其放弃时效利益,故该通知对原债务人时效不应产生影响。① 即使原债务人知情,如果其未向债权人或新债务人作出义务承认的表示,仅凭其知情亦不应解释为“义务承认”。值得注意的是,由于该通知生效前原债务人与新债务人之间的连带债务关系尚未成立,因此该通知不能依据《诉讼时效司法解释》(2020年修正)第15条第2款对原债务人产生时效中断效力。(2)债权人明确拒绝的,由于债务加入不成立,基于上述理由,该通知不构成中断事由更为明显。

2. 重新计算时点

重新计算时点的意义是于此时计算另一完整时效期间。原《民法通则》第140条规定,中断与重新计算适用同一时点,第195条将其修改为重新计算时点是“中断、有关程序终结时”。具体而言,(1)诉讼外请求和义务承认之重新计算时点是“中断时”;(2)起诉和其他情形之重新计算时点是“有关程序终结时”,以防止法律程序尚未终结而时效已届满,从而有违中断制度目的。②

应注意两种特殊情形:一是双方以协议方式实施诉讼外请求或义务承认的,重新计算时点为该协议所载履行期限届满之日或催告宽限期届满之日。③ 二是给付之

---

① 参见最高人民法院民事审判第二庭编著:《最高人民法院关于民事案件诉讼时效司法解释理解与适用》,人民法院出版社2015年版,第321页。

② 参见黄薇主编:《中华人民共和国民法典总则编释义》,法律出版社2020年版,第528页。

③ 参见四川省高级人民法院民事判决书,(2018)川民再108号。

诉中原告胜诉的,法律文书通常确定被告履行期限,重新计算时点为该履行期限届满之日[《民事诉讼法》(2021 年修正)第 246 条第 2 款],因为该期限届满前被告尚享有期限利益,原告还不能行使权利(申请强制执行);[①]法律文书未确定被告履行期限的,重新计算时点为法律文书生效之日。在确认之诉、形成之诉和给付之诉因程序原因被驳回等情形下,重新计算时点为法律文书生效之日。此外,其他情形之中断事由涉及诸多规则,其重新计算时点详见上文第六部分。

3. 重新计算时效期间的种类

现行法对此未有明确规定,通说认为,时效中断后仍应重新计算原种类时效期间。[②] 但如果因起诉及类似事由中断时效的,生效法律文书确定的权利应重新计算执行时效期间[《民事诉讼法》(2021 年修正)第 246 条第 1 款]。

(二)时效中断效力的相对性

由于时效中断效力对债务人而言十分不利,因此该效力范围应限于直接当事人、继承人、受让人之间,即中断效力原则上仅具相对性。[③] 我国现行法对此虽无规定,但亦应采此解释。例如,原告胜诉后仅针对一被告申请强制执行,该中断效力不发生于其他被告;[④]债权人向按份共同保证人之一请求履行,中断效力不及于其他保证人;[⑤]等等。

(三)时效中断效力相对性的例外

1. 连带债权债务关系

对于连带债务关系中时效中断是否具有绝对效力,比较法上态度不一,[⑥]我国学

---

① 参见葛承书:《民法时效——从实证的角度出发》,法律出版社 2007 年版,第 194 页。

② 参见王利明:《民法总则研究》(第 3 版),中国人民大学出版社 2018 年版,第 793 页。

③ 参见沈建兴:《民法总则逐条释义》,台北,元照出版有限公司 2018 年版,第 703 页。

④ 参见最高人民法院民事裁定书,(2019)最高法民申 3010 号。

⑤ 参见山西省高级人民法院民事判决书,(2018)晋民终 547 号。

⑥ 绝对效力模式,参见法国《民法典》第 2245 条;相对效力模式,参见德国《民法典》第 425 条;旧日本《民法典》第 434 条仅就部分中断事由(请求)采绝对效力模式,但 2017 年修订后的日本《民法典》删除了该条。

界亦存争议。[1]《民法典》施行前,司法解释和最高人民法院判例(如前述案例三)均采"绝对效力说"。[2] 修正后的《诉讼时效司法解释》(2020 年修正)第 15 条仍保留了该规定。有疑问的是,《民法典》第 520 条中连带债务关系之绝对效力事项并无时效中断,司法解释该规定是否与其抵触而无效,抑或是构成特殊规定而继续适用?笔者认为,《诉讼时效司法解释》(2020 年修正)第 15 条构成诉讼时效领域的特殊规定,但其应缩限解释为:该条仅适用于知道或应当知道连带债务关系存在的当事人。理由如下:其一,《民法典》第 520 条的本意是列举出具有绝对效力的"典型事项",[3] 以弥补此前的立法缺漏。该条仅正面列举若干绝对效力事项,但并未规定此外皆为相对效力事项,亦未另行列举相对效力事项,这与德国《民法典》第 422 条至第 425 条显著不同。其二,考虑到现行时效期间(3 年)偏短及信用状况不佳的社会现实,《诉讼时效司法解释》(2020 年修正)第 15 条具有强化债权人时效利益保护的特殊规范意旨。其三,连带债务大多基于某种共同事业关系(如合伙)或共同生活关系(如婚姻)产生。无论对债权人或债务人来说,该共同关系均使其产生以下心理预期:时效中断对整个团体有效,而不必向各债务人一一请求或要求每个债务人均作出承认。因此,对未被请求或未作出承认的债务人来说,时效中断对其有效是其加入该团体的默认结果。其四,某些连带债务(如数人侵权)并非基于共同关系产生,理由三对其难以成立,考虑《诉讼时效司法解释》(2020 年修正)第 15 条明确规定绝对效力之前提,将其解释为"未被请求或未作出承认的债务人知道或应当知道连带债务关系,对其才产生中断效力"似较妥当。因为债务人"知情",才能产生债务共同性的心理预期。

依据《诉讼时效司法解释》(2020 年修正)第 15 条的规定,连带债权关系中时效中断亦具有绝对效力。除上述理由外,由于某一债权人主张权利或被义务承认对于其他债权人(也应解释为对连带债权关系知情的债权人)亦属有利,故该规则的合理性更明显。

---

① "相对效力说"的观点,参见王利明:《债法总则研究》,中国人民大学出版社 2015 年版,第 233 页;"绝对效力说"的观点,参见梁展欣主编:《诉讼时效司法实务精义》,人民法院出版社 2010 年版,第 174 页。

② 参见最高人民法院民事裁定书,(2017)最高法民申 1529 号。

③ 参见黄薇主编:《中华人民共和国民法典合同编释义》,法律出版社 2020 年版,第 130 页。

2. 主债权与从债权

对于主债权时效中断效力是否及于保证债权，司法解释态度历经反复，①学界分歧较大。②《民法典》和《诉讼时效司法解释》(2020 年修正)对此未作规定。基于保证债权从属性原理，应解释为主债权时效中断导致保证债权时效中断(无论基于何种中断事由)，反之则否。③ 例如，债权人向主债务人催收债务，导致主债权时效和保证债权时效同时中断。④

对于本金债权与利息债权的关系，实务主流意见主张适用《诉讼时效司法解释》(2020 年修正)第 9 条"同一债权"之规定，即权利人主张本金债权或利息债权之一的，中断效力及于另一债权。

主债权时效中断是否导致违约责任(如违约金)请求权时效中断？有域外法对此持肯定态度(德国《民法典》第 213 条)，理由在于基于同一原因产生的履行请求权、违约金请求权、替代给付损害赔偿请求权等具有"选择性"。⑤ 我国现行法对此虽无规定，但基于主流意见对《诉讼时效司法解释》(2020 年修正)第 9 条"同一债权"扩张解释的精神以及违约责任请求权时效的从属性，⑥可采与德国法相同解释。简言之，主债权时效中断导致违约责任请求权时效中断。具体情形包括：原告多次要求被告办理房屋产权登记手续，虽未同时主张违约金，亦导致违约金时效中断；⑦原告与被告达成的"协调会议纪要"涉及维修基金、契税退还及办理房产证事宜，能够引起逾期办证违约金时效中断；⑧义务人(出卖人)同意交房导致交房义务时效中

① 参见最高人民法院《关于审理经济合同纠纷案件有关保证的若干问题的规定》(法发〔1994〕8 号，已失效)第 29 条、《担保法司法解释》第 36 条。

② 参见张鹏：《我国保证债务诉讼时效问题研究》，载《中外法学》2011 年第 3 期；崔建远：《债法总论》，法律出版社 2013 年版，第 199 页。

③ 参见杨巍：《保证债务与主债务的诉讼时效关联》，载《法学》2020 年第 6 期。

④ 参见江西省高级人民法院民事判决书，(2018)赣民终 657 号。

⑤ Vgl. Helmut Grothe, Kommentar zum § 213, in: Münchener Kommentar zum BGB, 8. Aufl., München: C. H. Beck, 2018, Rn. 4.

⑥ 亦有学者认为，虽然违约金请求权为性质独立之请求权，而非一般意义的从权利，但时效规则对其和合同债权仍应一体适用。参见姚明斌：《〈合同法〉第 114 条(约定违约金)评注》，载《法学家》2017 年第 5 期。

⑦ 参见甘肃省平凉市中级人民法院民事判决书，(2019)甘 08 民终 503 号。

⑧ 参见贵州省黔东南苗族侗族自治州中级人民法院民事判决书，(2019)黔 26 民终 1825 号。

断,亦导致违约金时效中断[①];等等。

3. 债权人行使代位权

《诉讼时效司法解释》(2020年修正)第16条规定,债权人提起代位权诉讼的,对债权人的债权(前位债权)和债务人的债权(次债权)均发生时效中断效力。因为该诉讼被告虽不是债务人,但该起诉表明债权人就前位债权寻求司法救济,故引起前位债权时效中断;债务人以第三人身份参加该诉讼,足以知悉其权利是否受到侵害,故同样满足次债权时效中断条件。[②] 债权人虽非提起代位权诉讼,而是以代位权人身份申请保全次债权的,亦可产生该条之中断效力。[③]

如果次债权额大于前位债权,该起诉对次债权额超出部分是否具有中断效力?较合理的解释是,如果债务人并无放弃超出部分债权的意思,该起诉对超出部分债权亦具有中断效力[类推适用《诉讼时效司法解释》(2020年修正)第9条]。[④]

由于《民法典》第535条将代位权客体扩展至"与前位债权有关的从权利",故债权人起诉代位行使担保物权、形成权等,[⑤]亦可产生《诉讼时效司法解释》(2020年修正)第16条之中断效力。由于《民法典》第536条新增保存行为规则,《诉讼时效司法解释》(2020年修正)第16条的适用范围应扩张解释为亦适用于保存行为。因此《民法典》施行后,债权人于诉讼外向次债务人请求其向债务人履行、向破产管理人申报债权等保存行为,对前位债权和次债权均发生时效中断效力。

4. 被保险人与第三责任人事由

最高人民法院《关于审理海上保险纠纷案件若干问题的规定》第15条规定,保险人取得保险代位权后,被保险人就第三人起诉、申请仲裁、申请扣船或者第三人同意履行义务导致时效中断的,效力及于保险人。该第三人是指对保险事故造成损害负有法律责任之人,其与保险人形成不真正连带之债。由于被保险人就保险金请求

① 参见福建省厦门市中级人民法院民事判决书,(2018)闽02民终376号。

② 参见最高人民法院民事审判第二庭编著:《最高人民法院关于民事案件诉讼时效司法解释理解与适用》,人民法院出版社2015年版,第306页。

③ 参见甘肃省高级人民法院民事判决书,(2018)甘民终61号。

④ 参见韩世远:《合同法总论》,法律出版社2018年版,第448~449页。

⑤ 参见龙俊:《民法典中的债之保全体系》,载《比较法研究》2020年第4期。

权和对第三人责任请求权可选择行使，[①]而第三人是否履行会直接影响保险代位权的成立及行使，故时效中断效力具有牵连性。第三人向被保险人履行的，保险金应作相应扣减（《保险法》第60条第2款），被保险人请求保险人支付剩余部分保险金时，时效再次中断。前述规定虽系针对海上保险所作，依理亦应适用于陆上保险。

5. 证券市场虚假陈述

最高人民法院《关于审理证券市场虚假陈述侵权民事赔偿案件的若干规定》（法释〔2022〕2号）第32条第2款规定，对于虚假陈述责任人中的一人发生的时效中断事由，对其他连带责任人也发生时效中断的效力。第33条第1款规定，在诉讼时效期间内，部分投资者向人民法院提起人数不确定的普通代表人诉讼的，该起诉行为对所有具有同类诉讼请求的权利人发生时效中断的效果。上述规定是证券法领域中“强化保护投资者权益”之立法目的在时效中断规则上的体现。

八、小结

在权利人主张权利、义务人承认义务等情形下，由于权利行使之停滞状态得以消弭，故继续计算诉讼时效的基础丧失，而应重新计算时效期间。对权利人来说，时效中断是维护其时效利益最有利的手段，在我国现行法规定“诉讼外请求”之中断事由的前提下显得更明显。“起诉”之中断事由标准低于程序法上的起诉标准，因为前者仅须以起诉方式行使权利即可。司法解释列举多项与起诉具有同等时效中断效力的事项，体现了在司法实务中对中断事由扩张解释的倾向。在现行普通时效期间偏短的前提下，这种强化保护权利人的做法具有合理性。

---

① 最高人民法院保险法司法解释起草小组：《〈中华人民共和国保险法〉保险合同章条文理解与适用》，中国法制出版社2010年版，第391页。

后　记

随着2021年1月1日《民法典》的贯彻实施，广大民法学者在习近平法治思想的指导下，以《民法典》为核心展开我国民法理论体系的建构工作，将《民法典》的解释论进一步细致化、全面化，特别是针对《民法典》中的许多新规则进行解释，回应了《民法典》全面贯彻实施所需解决的重大问题，促进了民法学的发展。可以说，一个解释《民法典》的时代已经来临。为了配合《民法典》的贯彻实施，我们邀请国内部分民法学者撰写了本书。

本书是中国人民大学重大规划项目“《民法典》新规则适用要旨研究”（批准号：22XNLG01）的阶段性成果。书稿形成后，由王利明教授负责统一修改。本书在统稿过程中，得到了中国人民大学法学院李潇洋博士后、中央财经大学王叶刚副教授、南京大学法学院潘重阳博士等人的帮助，法律出版社法治与经济出版分社长沈小英等同志为本书的出版提供了大量帮助，在此一并致谢！由于时间仓促，作者水平有限，敬请广大读者批评指正。